차례

KB214445

↓ 정답과 해설은 EBS 초등사이트(primary.ebs.co.kr)에서 다운로드 받으실 수 있습니다.

교 재 내용 문의 | 교재 내용 문의는 EBS 초등사이트 (primary.ebs.co.kr)의 교재 Q&A 서비스를 활용하시기 바랍니다.

교 재 정오표 공지 | 발행 이후 발견된 정오 사항을 EBS 초등사이트 정오표 코너에서 알려 드립니다. 교재 검색 ▶ 교재 선택 ▶ 정오표

교 재 정정 신청 | 공지된 정오 내용 외에 발견된 정오 사항이 있다면 EBS 초등사이트를 통해 알려 주세요. 교재 검색 ▶ 교재 선택 ▶ 교재 Q&A

자기주도학습
체크리스트

날짜		강의명	확인	날짜		강의명	확인
	강				강		
	강				강		
	강				강		
	강				강		
	강				강		
	강				강		
	강				강		
	강				강		
	강				강		
	강				강		
	강				강		
	강				강		
	강				강		
	강				강		
	강				강		
	강				강		
	강				강		
	강				강		
	강				강		
	강				강		
	강				강		
	강				강		
	강				강		
	강				강		

자기주도학습 체크리스트로 공부의 기쁨이 차곡차곡 쌓일 것입니다.

만점왕 통합본

국어 6-1

구성과 특징

개념책 교과서 개념을 충실하게 반영하였으며 실전 문제로 교과 학습을 완벽하게 이해할 수 있도록 내용을 구성하였습니다.

단원 평가 다양한 문제를 풀어 보며 자신의 학습 상태를 점검하고 학교 단원 평가에 대비할 수 있도록 내용을 구성하였습니다.

1 교과서 지문 학습

국어 교과서 지문과 활동을 자세히 살펴보고, 문제를 통해 해당 내용을 꼼꼼하게 익힐 수 있습니다.

2 교과서 핵심 정리

국어 교과서 각 단원에서 익혀야 할 학습 목표와 관련된 개념을 정리할 수 있습니다.

3 단원 정리 평가

꼭 알아야 할 단원의 핵심 문제를 풀어 봄으로써 자신의 실력을 점검해 볼 수 있습니다.

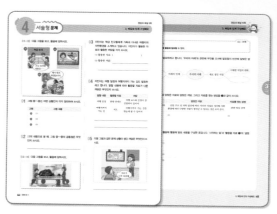

4 서술형 문제 & 수행 평가

각 단원에서 익힌 내용을 활용하여 학교 시험의 서술형 문제와 수행 평가에 대비할 수 있습니다.

차례와 교과서 작품

교과서 지문 학습

① 비유하는 표현

✍️ 단원 학습

비유하는 표현을 살려 생각을 다양하게 표현할 수 있어요.

○ 글의 종류: 이야기(그림책)
○ 글쓴이: 고일
○ 글의 특징: 뻥튀기하는 모습과 뻥튀기의 냄새를 비유하는 표현을 사용하여 재미있게 나타낸 이야기입니다.

❶ 뻥튀기가 사방으로 날리는 모양을 표현하였습니다.
❷ 뻥튀기의 고소한 냄새를 표현하였습니다.

○ 비유하는 표현
어떤 현상이나 사물을 비슷한 현상이나 사물에 빗대어 표현하는 것을 말합니다.

🤖 낱말사전

뻥이요 '뻥이오'가 바른 표기임.
함박눈 굵고 탐스럽게 내리는 눈.
폭죽 가는 대통이나 종이로 만든 통에 화약을 재어 불을 지르고 화약을 공중에서 터트려서 소리가 나고 불꽃이 일어나게 하는 물건.
메밀꽃 메밀(마디풀과의 한해살이풀)의 꽃.

뻥튀기

❶ "뻥이요. 뻥!"

㉠봄날 꽃잎이 흩날리는 것처럼 아름답게 보였습니다.
아니야, 아니야, 나비가 날아갑니다.
아니야, 아니야, 함박눈이 내리는 거야.

맞아요, 맞아요, 폭죽입니다.

❷ 하얀 연기 고소하고요.

가을날 ㉡메밀꽃 냄새가 납니다.
아니야, 아니야, ㉢새우 냄새가 납니다.
아니야, 아니야, ㉣멍멍이 냄새가 납니다.

맞아요, 맞아요, ㉤옥수수 냄새입니다.

☆☆
01 이 글에서 ㉠과 같이 '뻥튀기가 사방으로 날리는 모양'을 비유하는 표현으로 알맞은 것을 보기 에서 모두 골라 기호를 쓰시오.

> **보기**
> ㉮ 나비　　　㉯ 새우　　　㉰ 폭죽　　　㉱ 멍멍이
> ㉲ 함박눈　　㉳ 메밀꽃　　㉴ 옥수수

(　　　　　　　　　　)

교과서 문제
02 ㉡～㉤과 '뻥튀기 냄새'의 공통점으로 알맞은 것은 무엇입니까? (　　)

① 냄새가 고약하다.
② 냄새가 나지 않는다.
③ 냄새가 고소하고 달콤하다.
④ 옛날을 떠올리게 하는 냄새이다.
⑤ 도시에서만 맡을 수 있는 냄새이다.

03 (　　) 안의 알맞은 말에 ○표 하시오.

> 비유하는 표현은 어떤 현상이나 사물을 (1) (다른 , 비슷한) 현상이나 사물에 빗대어 표현하는 것으로, 이 글은 비유하는 표현을 사용해서 상황이 더욱 생생하고 (2) (복잡하게 , 실감 나게) 느껴진다.

기본 **봄비** 비유하는 표현을 생각하며 시를 읽어 봅시다.

1 비유하는 표현

봄비

해님만큼이나
큰 은혜로
내리는 교향악

㉠이 세상
모든 것이 다
악기가 된다.

달빛 내리던 ㉡지붕은
두둑 두드둑
큰북이 되고

아기 손 씻던
㉢세숫대야 바닥은

도당도당 도당당
작은북이 된다.

앞마을 냇가에선
풍풍 포옹 풍
뒷마을 연못에선
풍풍 푸웅 풍

외양간 엄마 소도 함께
댕그랑댕그랑

엄마 치마 주름처럼
산들 나부끼며 / 왈츠
봄의 왈츠 / 하루 종일 연주한다.

○ **글의 종류**: 시
○ **글쓴이**: 심후섭
○ **글의 특징**: 봄비가 지붕과 세
숫대야 등에 부딪치며 내리는
소리를 교향악에 비유하여 표
현한 시입니다.

○ **은유법**
어떤 대상을 '~은/는 ~이다'로
빗대어 표현하는 방법입니다.
예 달빛 내리던 **지붕은** / 두둑
두드둑 / **큰북이 되고**

운율은 시가 음악
처럼 느껴지게 하는 요소로,
소리가 비슷한 글자나
일정한 글자 수가
반복될 때 생겨요.

---

04 이 시에 대한 설명으로 알맞지 <u>않은</u> 것은 무엇입니까? (　　　)

① 경쾌하고 밝은 느낌을 준다.
② 소리를 흉내 내는 말을 사용하였다.
③ 봄비 내리는 장면을 실감 나게 표현하였다.
④ 교향악단의 연주 소리를 아름답게 표현하였다.
⑤ 어떤 대상을 '~은/는 ~이다'로 빗대어 표현하는 방법인 은유법을 사용하였다.

☆☆
05 이 시에서 ㉠~㉢을 비유하는 표현으로 알맞은 것을 선으로 이으시오.

(1) ㉠ •　　　　　　　　　• ㉮ 큰북

(2) ㉡ •　　　　　　　　　• ㉯ 악기

(3) ㉢ •　　　　　　　　　• ㉰ 작은북

교과서 문제
06 이 시에서 운율이 느껴지는 부분으로 가장 알맞지 <u>않은</u> 것은 무엇입니까? (　　　)

① 3연의 '두둑 두드둑'　　　② 5연의 '도당도당 도당당'
③ 6연의 '풍풍 포옹 풍'과 '풍풍 푸웅 풍'　④ 7연의 '댕그랑댕그랑'
⑤ 8연의 '엄마 치마 주름처럼'

낱말사전

은혜 고맙게 베풀어 주는 신세
나 혜택.

교향악 관현악을 위해 만든 음
악을 통틀어 이르는 말.

산들 사늘한 바람이 가볍고 보
드랍게 부는 모양.

왈츠 3박자의 경쾌한 춤곡. 또는
그에 맞추어 남녀가 한 쌍이 되
어 원을 그리며 추는 춤.

○ 글의 종류: 시
○ 글쓴이: 정완영
○ 글의 특징: 내가 좋아하는 친구의 모습을 풀잎과 바람에 비유하여 표현한 시입니다.

○ **직유법**
'~같이', '~처럼', '~듯이'와 같은 말을 써서 두 대상을 직접 견주어 표현하는 방법입니다.
⑩ 풀잎 같은 친구 / 바람 같은 친구

○ **시에서 비유하는 표현을 쓰면 좋은 점**
• 시의 내용이 쉽게 이해됩니다.
• 시의 장면이 쉽게 떠오릅니다.
• 시의 대상을 새롭게 보게 해 줍니다.
• 시의 대상이나 상황이 더욱 실감 나게 느껴집니다.
• 말하는 이의 의도나 생각을 잘 이해하게 됩니다.

> 비유하는 표현은 대상 하나를 다른 대상에 빗대어 표현하기 때문에 두 대상 사이에는 공통점이 있어요.

낱말사전

엉켰다가 실이나 줄 따위가 풀기 힘들 정도로 서로 한데 얽히게 되었다가.
헤질 '헤어질'의 준말.
얼싸안는 두 팔을 벌리어 껴안는.

풀잎과 바람

나는 풀잎이 좋아, 풀잎 같은 친구 좋아
바람하고 엉켰다가 풀 줄 아는 풀잎처럼
헤질 때 또 만나자고 손 흔드는 친구 좋아.

나는 바람이 좋아, ㉠바람 같은 친구 좋아
풀잎하고 헤졌다가 되찾아 온 바람처럼
만나면 얼싸안는 바람, 바람 같은 친구 좋아.

07 이 시를 읽고 떠오르는 장면으로 가장 거리가 먼 것은 무엇입니까? (   )

① 다투었던 친구와 화해한 장면
② 헤어졌던 친구와 다시 만나는 장면
③ 친구끼리 다투고 서로 말을 하지 않는 장면
④ 친구와 헤어질 때 다시 만나자고 약속하는 장면
⑤ 친구를 오랜만에 만나 서로 기쁘게 얼싸안는 장면

☆☆
08 이 시에서 친구를 비유한 대상을 두 가지 찾아 쓰시오.

(,   )

교과서 문제
09 ㉠과 같이 표현한 까닭으로 알맞은 것은 무엇입니까? (   )

① 바람이 잘 엉키는 친구 같아서
② 풀잎이 늘 씩씩한 친구 같아서
③ 바람이 만나면 얼싸안는 친구 같아서
④ 풀잎이 헤어졌다 다시 만난 친구 같아서
⑤ 바람이 헤어질 때 또 만나자고 손 흔드는 친구 같아서

10 이 시의 주제로 알맞은 것은 무엇입니까? (   )

① 자연의 소중함   ② 친구와의 이별
③ 친구 간의 경쟁   ④ 친구 간의 다툼
⑤ 친구 간의 우정

기본 비유하는 표현을 살려 시를 써 봅시다.

1 비유하는 표현

가

개나리꽃
목련꽃
벚꽃
─ ㉠

사람 ─ ㉡
친구들

?

㉢
의자 ─ 새 교실
책상

㉣ ─ 따뜻한 햇살
오락가락하는 기온

나

봄에 만난 꽃들의 아름다운 모습을 표현하고 싶어.

새롭게 만난 친구들과 앞으로 잘 지내고 싶은 마음을 표현하고 싶어.

가 봄이 되면 새롭게 만날 수 있는 것을 떠올려 본 생각 그물입니다.

나 봄이 되어 새롭게 만난 대상에 대해 어떤 생각이나 마음을 표현하고 싶은지 대화를 하는 장면입니다.

1
단원

11 **가**의 생각 그물에서 떠올린 내용은 무엇입니까? ( )

① 봄에 떠나는 여행
② 친구 사귀는 방법
③ 봄에 피는 꽃의 종류
④ 학교에서 만날 수 있는 것
⑤ 봄이 되면 만날 수 있는 것

교과서 문제

12 ㉠~㉣에 들어갈 내용으로 알맞은 것을 선으로 이으시오.

(1) ㉠ •

• ㉮ 꽃

(2) ㉡ •

• ㉯ 칠판

(3) ㉢ •

• ㉰ 날씨

(4) ㉣ •

• ㉱ 선생님

서술형 문제

13 **가**를 참고하여 봄이 되어 새롭게 만난 대상을 하나 정한 뒤, **나**의 친구들처럼 그 대상에 대해 어떤 생각이나 마음을 표현하고 싶은지 쓰시오.

(1) 봄이 되어 새롭게 만난 대상: ( )

(2) 표현하고 싶은 생각이나 마음:

낱말사전

오락가락하는 계속해서 왔다 갔다 하는.

표현하고 생각이나 느낌 따위를 언어나 몸짓 따위의 형상으로 드러내어 나타내고.

교과서 핵심 정리

핵심 1 비유하는 표현

- 어떤 현상이나 사물을 비슷한 현상이나 사물에 빗대어 표현하는 것을 말합니다.
- 한 대상을 다른 대상에 빗대어 표현하기 때문에 두 대상 사이에 공통점이 있습니다.
- 비유된 대상 사이에도 공통점을 발견할 수 있습니다.

예 「뻥튀기」에 나오는 비유하는 표현 찾기

대상	비유하는 표현	비유한 까닭
뻥튀기가 사방으로 날리는 모양	봄날 꽃잎	하늘에 흩날려서
	나비	다양한 방향으로 움직여서
	함박눈	소복하게 내려서
	폭죽	멀리 퍼져 나가서
뻥튀기 냄새	메밀꽃·새우·멍멍이·옥수수 냄새	냄새가 고소하고 달콤해서

핵심 2 비유하는 표현 방법

- 은유법: 어떤 대상을 '~은/는 ~이다'로 빗대어 표현하는 방법입니다.
- 직유법: '~같이', '~처럼', '~듯이' 등과 같은 말을 써서 두 대상을 직접 견주어 표현하는 방법입니다.

예 비유하는 표현을 생각하며 시 읽기

시	표현 방법	예시
「봄비」	은유법	아기 손 씻던 / 세숫대야 바닥은 // 도당도당 도당당 / 작은북이 된다.
「풀잎과 바람」	직유법	바람하고 엉켰다가 풀 줄 아는 풀잎처럼

핵심 3 비유하는 표현을 사용하면 좋은 점

- 글이나 그림책의 내용이 쉽게 이해됩니다.
- 글쓴이의 의도를 쉽게 파악할 수 있습니다.
- 상황이 실감 나게 느껴집니다.
- 장면이 쉽게 떠오릅니다.

예 비유하는 표현에 대한 생각이나 느낌 말하기

비유하는 표현으로 말하는 이의 의도나 생각을 잘 이해할 수 있었어요.

비유하는 표현을 보니 상황이 실감 나게 느껴졌어요.

핵심 4 비유하는 표현을 살려 시 쓰기

- 시로 표현하고 싶은 대상과 그 특징을 생각해 봅니다.
- 시로 쓰고 싶은 대상의 특징에 맞게 비유하는 표현을 생각해 봅니다.
  - 시로 쓰고 싶은 대상의 특징과 어울리는 비유하는 표현을 생각해 보고, 시로 쓰고 싶은 대상의 특징과 비유하는 표현의 공통점을 생각해 봅니다.
  - 시로 쓰고 싶은 대상의 특징을 비유하는 표현을 사용해 나타내 봅니다.
- 자신이 정한 대상의 특징을 담아 비유하는 표현을 살려 시 전체를 완성해 봅니다.

예 '친구'에 관해 비유하는 표현을 살려 시 쓰기

시로 표현하고 싶은 대상	친구
비유할 대상	호수, 바다
공통점	깊고 넓다.

⇩

비유하는 표현	넓은 호수와 같이 날 안아 주고 넓은 바다와 같이 날 품어 주는 내 친구

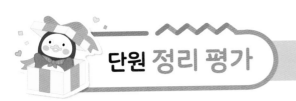

단원 정리 평가

01 비유하는 표현에 대한 설명으로 알맞은 것에 ○표, 알맞지 <u>않은</u> 것에 ×표 하시오.

(1) 비유하는 두 대상 사이에는 공통점이 있다.
( )

(2) 비유하는 방법에는 직유법, 은유법 등이 있다.
( )

(3) 비유하는 대상 중 하나는 반드시 사람이어야 한다.
( )

(4) 어떤 현상이나 사물을 비슷한 현상이나 사물에 빗대어 표현하는 것을 말한다. ( )

[02~05] 다음 글을 읽고, 물음에 답하시오.

뻥튀기

"뻥이요, 뻥!"

㉠봄날 꽃잎이 흩날리는 것처럼 아름답게 보였습니다.
아니야, 아니야, ㉡나비가 날아갑니다.
아니야, 아니야, ㉢함박눈이 내리는 거야.

맞아요, 맞아요, ㉣폭죽입니다.

하얀 연기 고소하고요.

가을날 메밀꽃 냄새가 납니다.
아니야, 아니야, 새우 냄새가 납니다.
아니야, 아니야, 멍멍이 냄새가 납니다.

맞아요, 맞아요, ㉤옥수수 냄새입니다.

02 이 글에서 표현하려는 대상으로 알맞은 것을 <u>두 가지</u> 고르시오. (,)

① 함박눈이 펑펑 내리는 모습
② 밤하늘에 폭죽이 터지는 모습
③ 봄꽃이 아름답게 흩날리는 모습
④ 뻥튀기를 튀길 때 나오는 고소한 냄새
⑤ 뻥튀기가 튀겨질 때 사방으로 튀는 모습

03 ㉠~㉤ 중 비유하는 대상이 <u>다른</u> 하나는 무엇인지 기호를 쓰시오.

( )

04 폭죽과 '뻥튀기가 사방으로 날리는 모양'의 공통점으로 보기 어려운 것은 무엇입니까? ( )

① 아름답게 보인다.
② 하늘에 흩날린다.
③ 멀리 퍼져 나간다.
④ 냄새가 고소하고 달콤하다.
⑤ 다양한 방향으로 움직인다.

05 '뻥튀기'를 빗대어 표현할 대상과 그 까닭을 알맞게 말한 사람의 이름을 쓰시오.

> 은주: 나는 벚꽃에 빗대어 표현하고 싶어. 봄에만 볼 수 있다는 점이 비슷하기 때문이야.
> 현진: 나는 솜사탕에 빗대어 표현하고 싶어. 작은 것이 큰 것으로 변하는 것이 비슷하기 때문이야.

( )

[06~10] 다음 시를 읽고, 물음에 답하시오.

봄비

해님만큼이나
큰 은혜로
내리는 교향악

㉠이 세상
모든 것이 다
악기가 된다.

달빛 내리던 ㉡지붕은
두둑 두드둑
큰북이 되고

아기 손 씻던
세숫대야 바닥은

도당도당 도당당
작은북이 된다.

06 이 시에서 '봄비 내리는 소리'를 빗대어 표현한 대상을 찾아 세 글자로 쓰시오.

(   )

☆☆
07 ㉠에 대한 설명으로 알맞지 <u>않은</u> 것은 무엇입니까?

(   )

① ㉠에 쓰인 표현 방법은 직유법이다.
② ㉠에서 비유한 표현은 '악기'이다.
③ ㉠에서 비유하고 있는 대상은 '이 세상 모든 것'이다.
④ ㉠에는 어떤 대상을 '~은/는 ~이다'로 표현하는 방법이 사용되었다.
⑤ ㉠과 같이 비유한 까닭은 '이 세상 모든 것'과 '악기'는 소리가 나는 것이 비슷하기 때문이다.

08 이 시에서 악기가 되는 것을 두 가지 고르시오.

(,   )

① 봄비
② 지붕
③ 달빛
④ 해님
⑤ 세숫대야 바닥

서술형 문제
09 이 시에서 ㉡을 비유한 표현과 그렇게 비유한 까닭은 무엇인지 각각 쓰시오.

(1) 비유한 표현: (   )

(2) 비유한 까닭: _____

_____

10 이 시에서 운율이 잘 느껴지는 부분을 알맞게 말한 사람은 누구입니까? (   )

① 찬희: '큰 은혜로 / 내리는 교향악' 부분에서 잘 느껴져.
② 인영: '아기 손 씻던 / 세숫대야 바닥' 부분에서 잘 느껴져.
③ 지은: '도당도당 도당당' 부분 한 군데에서만 잘 느껴져.
④ 우진: '이 세상 / 모든 것이 다 / 악기가 된다.' 부분에서 잘 느껴져.
⑤ 민정: '두둑 두드둑'과 '도당도당 도당당' 부분에서 잘 느껴져.

[11~15] 다음 시를 읽고, 물음에 답하시오.

풀잎과 바람

나는 풀잎이 좋아, ㉠풀잎 같은 친구 좋아
바람하고 엉켰다가 풀 줄 아는 풀잎처럼
헤질 때 또 만나자고 손 흔드는 친구 좋아.

나는 바람이 좋아, 바람 같은 친구 좋아
풀잎하고 헤졌다가 되찾아 온 바람처럼
만나면 얼싸안는 바람, 바람 같은 친구 좋아.

11 이 시에 대한 설명으로 알맞지 <u>않은</u> 것은 무엇입니까? ( )

① 2연 6행이다.
② 은유법이 사용되었다.
③ 주제가 친구 간의 우정이다.
④ 다투었던 친구와 화해하는 장면이 떠오른다.
⑤ '~는, ~좋아, ~ 같은 친구 좋아, ~처럼, ~친구 좋아'에서 운율이 느껴진다.

12 이 시에서 '친구'를 비유한 대상으로 알맞은 것을 <u>두 가지</u> 고르시오. (,)

① 만나면 얼싸안는 풀잎
② 스쳐 지나가 버리는 바람
③ 헤어질 때 또 만나자고 흔드는 손
④ 바람하고 엉켰다가 풀 줄 아는 풀잎
⑤ 풀잎하고 헤어졌다가 되찾아 온 바람

13 12와 같이 비유하여 얻은 효과로 알맞지 <u>않은</u> 것은 무엇입니까? ( )

① 친구가 정겹게 느껴진다.
② 친구가 친근하게 느껴진다.
③ 친구와의 우정을 의심해 볼 수 있다.
④ 친구의 성격과 특성을 생각해 볼 수 있다.
⑤ 친구의 모습을 훨씬 구체적으로 떠올릴 수 있다.

서술형 문제

14 이 시에서 두 대상의 어떤 점을 찾아 비유하여 표현하고 있는지 쓰시오.

_____

_____

☆☆
15 ㉠과 같은 비유하는 방법을 사용한 것은 무엇입니까? ( )

① 내 마음은 호수
② 쟁반같이 둥근 달
③ 이 세상 모든 것이 악기가 된다.
④ 바람은 만나면 얼싸안는 친구이다.
⑤ 봄비는 큰 은혜로 내리는 교향악이다.

[16~18] 다음 생각 그물을 보고, 물음에 답하시오.

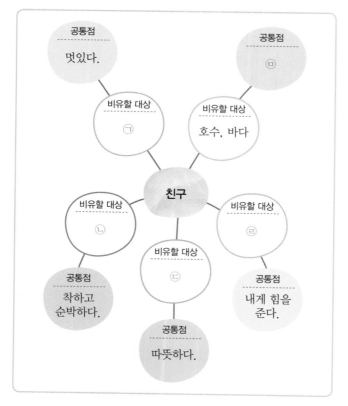

16 ㉠~㉣에 들어갈 말로 가장 알맞은 것을 선으로 이으시오.

(1) ㉠ •

(2) ㉡ •

(3) ㉢ •

(4) ㉣ •

• ㉮ 흥부

• ㉯ 발전소

• ㉰ 밝은 햇살

• ㉱ 연예인, 조각상

17 ㉤에 들어갈 말로 가장 알맞은 것은 무엇입니까? ( )

① 뜨겁다.　　② 노랗다.
③ 네모나다.　④ 시끄럽다.
⑤ 깊고 넓다.

18 이 생각 그물을 바탕으로 '친구'에 관한 시를 쓰려고 합니다. 이때 비유하는 표현을 사용하여 시를 쓰면 좋은 점이 아닌 것은 무엇입니까? ( )

① 시의 장면이 쉽게 떠오른다.
② 시의 내용이 쉽게 이해된다.
③ 시의 상황이 실감 나게 느껴진다.
④ 시를 오랜 시간 동안 읽을 수 있다.
⑤ 말하는 이의 의도를 쉽게 파악할 수 있다.

19 시 낭송을 잘하는 방법을 잘못 말한 사람은 누구인지 이름을 쓰시오.

> 병찬: 시의 분위기와 느낌을 살려서 읽어야 해.
> 선미: 노래하듯이 부드럽고 자연스럽게 읽어야 해.
> 인국: 시에서 떠오르는 장면을 상상하면서 읽어야 해.
> 승원: 친구들 앞에서 부끄러워하지 않고 자신 있게 읽어야 해.
> 미나: 최대한 감정 없이 일정한 높낮이로 또박또박 읽어야 해.

( )

20 시화전을 하기 위해 시에 어울리는 그림을 그리는 방법으로 알맞지 않은 것은 무엇입니까? ( )

① 시의 장면을 상상하며 그린다.
② 그림은 시를 잘 표현해야 한다.
③ 시 내용이 잘 드러나게 그려야 한다.
④ 그림이 시 읽는 것을 방해해서는 안 된다.
⑤ 시의 내용과 상관없이 자신이 그리고 싶은 대로 마음껏 그린다.

술형 문제

답과 해설 4쪽

1. 비유하는 표현

[01~02] 다음 시를 읽고, 물음에 답하시오.

봄비

해님만큼이나 / 큰 은혜로 / 내리는 교향악

이 세상 / 모든 것이 다 / 악기가 된다.

달빛 내리던 지붕은 / 두둑 두드둑 / 큰북이 되고

아기 손 씻던 / 세숫대야 바닥은

도당도당 도당당 / 작은북이 된다.

앞마을 냇가에선 / 풍풍 포옹 풍
뒷마을 연못에선 / 풍풍 푸웅 풍

외양간 엄마 소도 함께 / 댕그랑댕그랑

엄마 치마 주름처럼 / 산들 나부끼며
왈츠 / 봄의 왈츠 / 하루 종일 연주한다.

01 이 시에서 다음 대상을 비유하는 표현을 찾아 그렇게 비유한 까닭과 함께 쓰시오.

대상	비유하는 표현	비유한 까닭
봄비 내리는 소리	교향악	여러 가지 소리가 섞여 있는 것이 비슷해서
이 세상 모든 것	(1)	(2)
지붕	(3)	큰 소리가 나는 것이 비슷해서 / 크기가 큰 것이 비슷해서
세숫대야 바닥	(4)	(5)
봄비 내리는 모습	(6)	(7)

02 봄비 내리는 장면을 상상하여 떠오르는 대상을 쓰고, 그 대상의 특성을 다른 악기에 비유하여 표현하시오.

대상	비유하는 표현	비유한 까닭
가로수	리코더	가로수가 비를 맞으며 일자로 서 있는 모습이 리코더와 비슷해서
(1)	(2)	(3)

03 '친구'란 어떤 의미인지 생각해 보고, 보기 와 같은 방식으로 비유하는 표현을 사용하여 '친구'의 의미를 표현하시오.

> **보기**
> (1) 의미: 소중함
> (2) 비유하는 표현: 공기 같은 친구 좋아.
>   언제나 내 옆에서 함께해 주는 공기처럼.
> (3) 비유한 까닭: 공기처럼 친구가 항상 소중하고 필요하기 때문에

(1) 의미: _____

(2) 비유하는 표현: _____ 같은 친구 좋아.

_____ 처럼.

(3) 비유한 까닭: _____

_____

04 03과 같이 우리에게 익숙한 대상을 비유하는 표현을 살려 표현하면 좋은 점을 한 가지 쓰시오.

_____

_____

1. 비유하는 표현 | **13**

수행 평가

학습 주제 비유하는 표현을 생각하며 시 읽기

학습 목표 시를 읽고 비유하는 표현을 찾아 그 효과를 말할 수 있다.

내 친구

연예인같이 잘생긴 / 내 친구

지나가는 사람 돌아보게 하는 / 조각상 같은 내 친구

넓은 호수와 같이 날 안아 주고 / 넓은 바다와 같이 날 품어 주는

착한 흥부처럼 자기 것 다 내어 주고도 헤헤 웃는

내 친구는 늘 내게 밝은 햇살 / 내 친구는 늘 내게 밝은 가로등

내 친구는 변하지 않는 / 나의 영원한 발전소

---

1 이 시에서 비유한 대상과 그 대상을 비유하는 표현은 각각 무엇인지 쓰시오.

비유한 대상	(1)
비유하는 표현	(2)

2 이 시에서 직유법과 은유법이 사용된 연을 각각 모두 찾아 쓰시오.

표현 방법	뜻	이 시에서 사용된 연
직유법	'~같이', '~처럼', '~듯이'와 같은 말을 써서 두 대상을 직접 견주어 표현하는 방법	(1)
은유법	어떤 대상을 '~은/는 ~이다'로 빗대어 표현하는 방법	(2)

3 이와 같은 시에서 비유하는 표현의 효과는 무엇인지 한 가지 쓰시오.

_____

준비 **황금 사과** 이야기 속 사건의 흐름을 살펴봅시다.

황금 사과

1 오래전 일이야. / 어느 작은 도시 한가운데에 예쁜 사과나무가 있었어.

나무는 두 동네를 정확하게 반으로 가르는 곳에 있었지.

하지만 아무도 그 나무를 눈여겨보지 않았어.

그 나무에 황금 사과가 열린다는 걸 누군가 알아채기 전까지는 말이야.

"얘기 들었어? 사과나무에 황금 사과가 열린대!"

"황금 사과? 말도 안 돼!"

"가 보면 알 거 아냐. 우리 눈으로 직접 확인하자고!"

그 소식은 아랫동네부터 윗동네까지 쫙 퍼져 나갔지.

사람들은 황금 사과를 따려고 마법의 나무 주위로 벌 떼처럼 우르르 몰려들었어.

"이 사과들은 우리 거예요!"

"천만에! 이건 우리 것입니다!"

"이 사과를 처음 본 건 우리라고요."

두 동네 사이에는 툭하면 싸움이 벌어졌어.

다들 황금 사과를 갖겠다고 아우성이었지.

할 수 없이 사람들은 모여서 의논을 했어.

"이 나무는 우리 두 동네의 한가운데에 있습니다. 그러니 잘 나누기 위해 땅바닥에 금을 그읍시다. 금 오른쪽에 열리는 사과는 윗동네, 금 왼쪽에 열리는 사과는 아랫동네에서 갖도록 말입니다." / 그렇게 해서 땅바닥에 금이 생겼지.

---

01 글 **1**에 나오는 등장인물은 누구입니까? ( )

① 어린 딸 ② 꼬마 아이 ③ 작은 도시의 시장

④ 사과나무 관리인 ⑤ 윗동네와 아랫동네 사람들

02 글 **1**에서 두 동네의 한가운데에 있었던 것은 무엇인지 찾아 쓰시오.

( )

교과서 문제

03 두 동네 사이에 있었던 일은 무엇입니까? ( )

① 황금 사과를 사이좋게 나눠 먹었다.

② 황금 사과를 서로 갖겠다고 싸웠다.

③ 황금 사과를 어떻게 할지 함께 의논하였다.

④ 작은 도시를 차지하기 위해서 서로 싸웠다.

⑤ 서로 더 예쁜 사과나무를 심겠다고 경쟁하였다.

단원 학습

이야기 구조를 생각하며 내용을 간추릴 수 있어요.

○ **글의 종류:** 이야기
○ **글쓴이:** 송희진
○ **옮긴이:** 이경혜
○ **글의 특징:** 황금 사과를 서로 갖겠다고 다투었던 두 동네의 이야기를 통해 소통의 중요성에 대해 생각하게 하는 이야기입니다.

1 윗동네와 아랫동네 두 동네의 한가운데에 있는 사과나무에 황금 사과가 열렸는데, 두 동네 사람들이 황금 사과를 서로 갖겠다고 싸우다 땅바닥에 금을 그었습니다.

낱말사전

아우성 떠들썩하게 기세를 올려 지르는 소리.

의논 어떤 일에 대하여 서로 의견을 주고받음.

❷ 황금 사과 때문에 다시 싸움이 일어나자, 두 동네 사람들은 담까지 높게 쌓았는데, 담을 세운 까닭을 잊고 서로 미워하는 마음만 남았습니다.

❸ 어느 날, 어린 딸이 엄마께 담 너머에 누가 사느냐고 묻자 엄마는 괴물들이 사니 담 옆에 가지 말라고 하였습니다.

○ **질문 만들어 글 내용 파악하기**

답이 여러 개인 질문을 만들려면 '왜' 질문, '만약' 질문, '어떻게' 질문을 활용할 수 있습니다.

• '왜' 질문: 왜 이런 일이 일어났을까요?

• '만약' 질문: 만약 자신이라면 어떻게 했을까요?

낱말사전

보초 부대의 경계선이나 각종 출입문에서 경계와 감시의 임무를 맡은 병사.

감시했지 단속하기 위하여 주의 깊게 살폈지.

의심하는 확실히 알 수 없어서 믿지 못하는.

무시무시한 몹시 무서운.

---

❷ 잠깐 동안은 별일 없이 평화롭게 지냈어. / 하지만 사람들은 곧 약속을 어겼어.

사과를 따려고 금을 넘어가기 시작한 거야. / 두 동네 사이에는 다시 싸움이 일어났지.

결국 금보다 더 확실하고 분명한 방법이 있어야 했어.

이런저런 생각 끝에 사람들은 드나들 수 있는 작은 문이 달린 나무 울타리를 세웠지.

그렇지만 나무 울타리도 사람들의 욕심을 막을 수가 없었어.

사람들은 이제 담을 쌓기 시작했어. / 사방이 꽉 막힌 높고 단단한 담을.

그런 다음 양쪽에 보초를 세우고 담을 넘는 사람이 있나 잘 감시했지.

윗동네도 아랫동네도 서로를 의심하는 마음이 차츰차츰 쌓여 갔어.

그러다 나중에는 서로 잡아먹을 듯이 미워하게 되었지.

세월이 흘러갈수록 담은 점점 더 높아졌지.

그러다 어느 때부터인가 아무도 그 담에 관심을 갖지 않게 되었어.

언제 담을 세웠는지, 왜 세웠는지조차 사람들은 까맣게 잊고 만 거야.

담을 넘는 사람들이 없어지자 보초도 사라졌고, 황금 사과까지 사라졌어.

오직 남은 것은 가슴 깊숙이 뿌리박힌 서로 미워하는 마음뿐이었지.

❸ 어느 날, 한 꼬마 아이가 물었어. / "엄마, 저 담 너머에는 누가 살아요?"

"쉿! 아가야, 절대로 저 담 옆에 가면 안 돼. 저 담 너머에는 심술궂고 못된, 아주 나쁜 사람들이 산단다." / 그 아이가 어른이 되어 다시 딸을 낳았지.

어느 날, 어린 딸이 물었어. / "엄마, 저 담 너머에는 누가 살아요?"

"쉿! 아가야, 절대로 저 담 옆에 가면 안 돼. 저 담 너머에는 무시무시한 괴물들이 산단다." / 시간이 지날수록 윗동네는 점점 바뀌어 갔어.

어느새 커다란 현대식 건물들로 가득 찬 엄청나게 큰 동네가 되었지.

....

☆☆☆

04 글 ❶~❸의 이야기 속 사건의 흐름에 맞게 차례대로 기호를 쓰시오.

> ㉮ 두 동네 사람들은 담까지 높게 쌓았다.
> ㉯ 두 동네 사람들은 땅바닥에 금을 그었다.
> ㉰ 한 꼬마 아이가 엄마께 담 너머에 누가 사느냐고 물었다.
> ㉱ 두 동네의 한가운데에 있는 사과나무에서 황금 사과가 열렸다.

(   ) → (   ) → (   ) → (   )

서술형 문제

05 윗동네와 아랫동네가 평화를 유지하려면 두 동네 사람들이 어떻게 해야 할지 자신의 생각을 쓰시오.

_____

_____

하지만 아랫동네는 높은 담 때문에 멀리까지 그늘이 졌어.

그래서 낮에도 햇볕이 들지 않고, 동네는 늘 어두웠어.

그늘진 곳에 살던 사람들은 따뜻하고 밝은 곳을 찾아 멀리 떠났지.

❹ 그러던 어느 날, 한 꼬마 아이가 공놀이를 하다가 공을 놓치고 말았어.

공은 떼굴떼굴 담 쪽으로 굴러갔지.

아이는 아무도 살지 않는 <u>으스스한</u> 그곳으로 걸어갔어.

그런데 담 쪽으로 다가가 보니 작은 문이 언뜻 보이는 거야.

몸이 <u>오싹거렸지만</u> 그 아이는 계속 다가갔어.

열쇠 구멍에서 희미한 빛이 새어 나왔거든.

아이는 무서운 마음을 꾹 누르고 구멍 속을 들여다보았어. / "와, 세상에 이럴 수가!"

아이의 눈에 보인 건 공을 가지고 즐겁게 노는 아이들이었어.

엄마가 말한 끔찍한 괴물들이 아니라 자기하고 비슷한 또래 친구들 말이야.

끼이이이익 — / 아이가 문을 밀자 쓱 열렸어.

문은 낡았고, 자물쇠는 망가져 있었거든. / 환한 햇살 때문에 아이는 눈이 부셨지.

㉠<u>아이는 친구들에게 다가가 말했어.</u>

"애들아, 안녕! 내 이름은 사과야. 너희 이름은 뭐야?"

❹ 한 꼬마 아이가 공을 주우려고 담 쪽으로 갔다가 담에 있는 문을 열자, 그곳에는 아이들이 즐겁게 놀고 있었습니다.

교과서 문제

06 ㉠에서 아이의 말과 행동에 대한 생각이나 느낌을 알맞게 말한 사람의 이름을 쓰시오.

> 지영: 어른들의 말을 듣지 않고 친구들에게 다가간 것은 나쁜 행동이라고 생각해.
> 현수: 괴물들이 산다며 담 옆에도 가지 말라는 어른들과 달리, 친구들에게 먼저 다가가 말을 건네는 '사과'가 용기 있다고 생각해.

(   )

서술형 문제

07 두 동네 사람들의 관계는 앞으로 어떻게 될지 자신의 생각을 쓰시오.

_____

_____

☆☆
08 이 이야기의 주제로 가장 알맞은 것을 <u>두 가지</u> 고르시오. (,   )

① 욕심을 부리지 말자.   ② 부모님 말씀을 잘 듣자.

③ 서로 대화하고 소통하자.   ④ 원인과 결과를 잘 파악하자.

⑤ 낯선 사람에게 다가가지 말자.

🐧 낱말사전 ----------

으스스한 차거나 싫은 것이 몸에 닿았을 때 크게 소름이 돋는 느낌이 있는.

오싹거렸지만 무섭거나 추워서 자꾸 몸이 움츠러들거나 소름이 끼쳤지만.

- 글의 종류: 옛이야기
- 글의 특징: 저승에 간 원님이 저승 곳간에서 쌀을 꾸어 이승에 돌아와 갚았다는 이야기로, 덕진 다리의 유래를 알 수 있는 옛이야기입니다.

❶ 저승에 간 원님이 염라대왕에게 이승에서 좀 더 살게 해 달라고 간청하자 염라대왕은 원님을 저승사자에게 돌려보냈고, 저승사자는 원님에게 이승으로 가려면 수고비를 내놓으라고 하였습니다.

저승에 있는 곳간

❶ 옛날, 전라남도 영암 땅에서 있던 일이다.

영암 원님이 죽어서 염라대왕 앞으로 끌려갔다.

"염라대왕님, 소인은 아직 할 일이 많습니다. 그런데 벌써 저를 데려오셨습니까? 이승에서 좀 더 살게 해 주십시오."

원님은 머리를 조아리며 간청했다. 그러자 염라대왕은 수명을 적어 놓은 책을 들여다보고는 아직 원님이 나이가 젊어 딱하다는 생각이 들었다.

"좋다, 내 마음이 변하기 전에 얼른 사라져라."

㉠염라대왕은 원님을 저승사자에게 돌려보냈다.

"이승으로 나가려는데 어떻게 가면 될까요?"

"여기까지 데려왔는데 그냥 보내 줄 수는 없다. 너 때문에 헛걸음을 했으니 수고비를 내놓아라."

"어떡하지요? 지금 저는 빈털터리인데……."

"그러면 저승에 있는 네 곳간에서라도 내놓아라."

사람은 누구나 저승에 곳간이 하나씩 있다. 그렇지만 이승에서 부자라고 해서 그 곳간이 꽉 차 있지는 않다. 마찬가지로 가난하게 사는 사람이라고 해서 저승 곳간까지 텅 빈 것도 아니었다. 그 곳간은 이 세상에서 좋은 일을 한 만큼 재물이 쌓이게끔 되어 있었다.

교과서 문제

09 이 이야기의 사건이 시작되는 곳은 어디입니까? ( )

① 저승   ② 원님의 집   ③ 원님의 곳간
④ 저승사자의 집   ⑤ 염라대왕의 곳간

10 염라대왕이 ㉠과 같이 한 까닭은 무엇입니까? ( )

① 저승사자가 간청해서
② 수명이 잘못 적혀 있어서
③ 저승사자가 잘못 데려와서
④ 빈털터리인 것이 딱해 보여서
⑤ 나이가 젊어 딱하다는 생각이 들어서

11 저승사자가 원님에게 이승으로 가려면 무엇을 내놓으라고 했는지 글 ❶에서 찾아 세 글자로 쓰시오.

( )

😀 **낱말사전**

저승 사람이 죽은 뒤에 그 혼이 가서 산다고 하는 세상.

염라대왕 저승에서, 지옥에 떨어지는 사람이 지은 생전의 선악을 심판하는 왕.

이승 지금 살고 있는 세상.

간청했다 간절히 청했다.

저승사자 저승에서 염라대왕의 명을 받고 죽은 사람의 넋을 데리러 온다는 심부름꾼.

수고비 수고한 대가로 받는 돈.

곳간 물건을 간직하여 두는 곳.

원님은 저승사자를 쫓아 얼마쯤 갔다. 드디어 이승 문 앞에 이르렀다.

저승사자는 그 문을 열며

"이 컴컴한 데로만 들어가면 이승으로 나갈 수 있다. 속히 나가거라."

하면서 원님을 문밖으로 밀쳤다.

❸ 원님이 깜짝 놀라 정신을 차려 보니, 그곳은 바로 이승이었고, 자신도 이승 사람이 되어 있었다. 원님은 즉시 나졸들을 시켜 덕진이라는 아가씨를 찾으라고 명령했다. 얼마 뒤, 덕진이라는 아가씨가 어머니와 주막을 차려 살고 있으며, 인정이 많아 손님을 후하게 대접한다는 것을 알았다.

사실을 확인하고 싶은 ㉠원님은 허름한 선비 모습으로 변장하고, 밤에 덕진의 주막을 찾아갔다.

덕진은 따뜻하게 원님을 맞이했다. 술을 달라는 원님에게 덕진은 술상을 정성스럽게 차려서 가지고 왔다.

"한 잔에 두 푼씩 여섯 푼만 주십시오."

"술값이 무척 싼 편이로군. 무슨 까닭이라도 있소?"

"다른 집에서 두 푼을 받으면 저희 집은 한 푼을 받고, 다른 집에서 서 푼을 받으면 저희 집에서는 두 푼을 받아 왔습니다."

원님은 며칠 뒤에 다시 덕진의 주막을 찾았다. 원님은 머뭇거리며 말했다.

"저, 돈 열 냥만 빌려줄 수 있소?"

"그렇게 하지요."

덕진은 선뜻 열 냥을 내주었다.

"아니, 모르는 사람에게 돈을 빌려주었다가 안 갚으면 어쩌려고 그러시오?"

"걱정 마시고 형편이 어렵거든 가져다 쓰시고, 돈이 생기거든 갚으십시오."

덕진은 웃으며 대답했다. 원님은 열 냥을 받아 가지고 나오면서 생각했다.

☆☆
14 글 ❸은 이야기 구조 중 어느 부분에 해당하는지 알맞은 것에 ○표 하시오.

(1) 이야기의 사건이 시작되는 '발단' 부분　　　　　　　　(　　)

(2) 사건이 본격적으로 발생하는 '전개' 부분　　　　　　　(　　)

(3) 긴장감이 가장 높아지는 '절정' 부분　　　　　　　　　(　　)

(4) 사건이 해결되는 '결말' 부분　　　　　　　　　　　　(　　)

서술형 문제

15 ㉠처럼 원님이 허름한 선비 모습으로 변장하고 덕진의 주막을 찾아간 까닭은 무엇일지 자신의 생각을 쓰시오.

_____

_____

옆단 (왼쪽 단)

❸ 원님이 이승으로 돌아와 덕진을 만나고 덕진의 말과 행동에 크게 감명받아 덕진에게 쌀 삼백 석을 갚았습니다.

○ **질문의 종류**

• 사실 질문: '사건이 언제, 어디에서 일어났나요?'와 같이 사실을 묻는 질문

• 추론 질문: '왜 …… 했을까요?', '까닭은 무엇일까요?'와 같이 사실을 바탕으로 하여 추론한 정보를 묻는 질문

• 평가 질문: '만약 자신이라면 …… 했을까요?'와 같이 사실에 대한 가치 판단을 묻는 질문

낱말사전

나졸 조선 시대에, 포도청에 속하여 관할 구역의 순찰과 죄인을 잡아들이는 일을 맡아 하던 하급 병졸.

변장하고 본래의 모습을 알아볼 수 없게 하기 위하여 옷차림이나 얼굴, 머리 모양 따위를 다르게 바꾸고.

'이런 것이 만인에게 적선하는 것이로구나. 이런 식으로 덕진은 수많은 사람을 도와주고, 돈 수천 냥을 다른 사람들에게 나누어 주었을 것이다. 그러니 덕진의 저승 곳간에는 곡식이 가득 차 있을 수밖에…….'

원님은 크게 감명받아 며칠 뒤에 달구지에 쌀 삼백 석을 싣고 덕진의 주막을 찾아갔다. 주모가 호들갑스럽게 원님을 맞이했다.

"주모 딸을 좀 불러 주게."

"아니, 소인의 딸은 무슨 일로……."

"해코지하려는 게 아니니 염려 말게."

잠시 뒤, 덕진은 마당에 나와 원님 앞에 다소곳이 섰다.

"너에게 빚진 쌀 삼백 석을 갚으러 왔느니라."

그러자 덕진은 어리둥절해하며 원님을 쳐다보았다.

"하여튼 받아 두어라. 먼 훗날, 너도 알게 될 것이니라."

덕진이 받을 수 없다고 하자 원님은 강제로 쌀을 떠맡겼다.

❹ 원님이 가고 난 다음에도 덕진은 영문을 몰라 그 자리에 멍하게 서 있었다. 덕진은 어머니와 함께 쌀을 어떻게 할 것인지 의논했다.

"나도 영문을 모르겠구나. 무슨 까닭이 있는 것 같긴 한데……. 네가 주인이니 네 뜻대로 해라."

그날 밤, 덕진은 이리저리 몸을 뒤척이며 고민하다가 결론을 내렸다.

'어차피 내 쌀이 아니니 좋은 일에 쓰도록 하자.'

그리하여 덕진은 쌀을 팔아서 마을 앞을 가로지르는 강가에 다리를 놓기로 했다. 마을 사람들 모두가 그곳에 다리가 없어서 불편을 겪던 참이었다. 이렇게 해서 돌다리를 놓자, 사람들은 그 다리를 '덕진 다리'라고 했다.

---

16 덕진이 원님에게 받은 쌀을 팔아서 한 일은 무엇입니까? ( )

① 주막을 크게 넓혔다.

② 저승사자에게 적선하였다.

③ 가난한 사람에게 적선하였다.

④ 마을 앞 강가에 다리를 놓았다.

⑤ 쌀을 판 돈을 다른 사람들에게 나누어 주었다.

서술형 문제

17 글 ❹의 내용을 요약하여 한 문장으로 쓰시오.

_____

_____

---

❹ 덕진이 원님에게 받은 쌀을 팔아서 마을 앞을 가로지르는 강가에 다리를 놓았습니다.

○ **이야기를 요약하는 방법**

• 이야기 구조를 생각하며 각 부분에서 중요한 사건이 무엇인지 찾습니다.

• 이야기 흐름에서 중요하지 않은 내용은 삭제하거나 간단히 씁니다.

• 중요한 사건이 일어난 원인과 그에 따른 결과를 찾습니다.

• 여러 사건이 있을 때에는 관련 있는 사건을 하나로 묶습니다.

2 단원

낱말사전

적선하는 착한 일을 많이 하는.

감명 감격하여 마음에 깊이 새김. 또는 그 새겨진 느낌.

해코지하려는 남을 해치고자 하려는.

염려 앞일에 대하여 여러 가지로 마음을 써서 걱정함. 또는 그런 걱정.

영문 일이 돌아가는 형편이나 그 까닭.

- 글의 종류: 이야기
- 글쓴이: 유순희
- 글의 특징: 폐지를 주우며 의미 없이 살던 종이 할머니가 아이가 그린 우주 그림을 통해 삶에 애착을 갖게 된다는 내용의 이야기입니다.

[앞 이야기]

종이 할머니는 허리를 굽혀 땅만 보며 종이를 주웠습니다. 하루는 빈 상자를 빼앗기지 않으려고 눈에 혹이 난 할머니를 밀어 버렸습니다. 메이가 가져다주는 종이를 매일 기다렸는데, 메이가 놓고 간 스케치북의 우주 그림을 보고 어릴 적 꿈을 떠올렸습니다. 그 그림을 벽에 붙이고, 그림 속의 초록색 아이가 누굴지 궁금해하였습니다.

❶ 종이 할머니는 우주 호텔로 날아가고 싶다는 생각에 고개를 들어 하늘을 올려다보았습니다.

우주 호텔

❶ "우주 호텔이 뭐여? 우주에도 호텔이 있단 말이여?"

"네, 우주는 아주아주 넓은 곳이니까요. 우주 호텔은 우주를 여행하다가 쉬는 곳이에요. 목성에 갔다가 쉬고, 토성에 갔다가 쉬고……. 우주여행은 무척 힘들어요. 그래서 우주 호텔에 들러 잠깐 쉬는 거예요. 외계인 친구를 만나서 차도 마시면서요."

"외계인? 진짜 외계인이 있는 거?"

종이 할머니의 눈이 커다래졌어. 그러자 아이는 초록색 아이를 가리켰어.

"애는 뽀뽀나예요. 내가 우주를 여행할 때 만난 외계인 친구예요. 뽀뽀나는 뽀뽀하는 걸 좋아해요. 그래서 입을 개구리처럼 내밀고 다녀요."

아이는 이렇게 말하고는 밖으로 달려 나갔어.

아이가 나가고, 종이 할머니는 아이의 말을 곰곰이 생각해 보았어.

'그래, 아이의 말이 맞을지도 모르겠군. 하늘도 저렇게 넓은데 저 하늘 밖의 우주는 얼마나 넓을까?'

종이 할머니의 눈에는 우주 호텔이 보이는 것 같았어. 바람개비처럼 돌고 있는 별들 사이에 우뚝 솟아 있는 우주 호텔.

종이 할머니는 그곳으로 비둘기처럼 날아가고 싶었단다.

종이 할머니는 작은 마당으로 나갔어. 그리고 힘겹게 허리를 펴고 천천히 고개를 들었단다. 그러고는 하늘을 올려다보았지. 하늘엔 먹구름이 물러가고 환한 빛이 눈부시게 쏟아지고 있었어.

"눈은 아직 늙지 않았구먼. 아주 멀리 있는 것도 볼 수 있지."

종이 할머니는 환한 빛 너머, 하늘 너머, 별 너머, 우주 호텔 너머 유리 바다에 둘러싸인 성을 보았지.

종이 할머니는 결심했어. ㉠쉽게 허리를 구부리지 않기로 말이야. 쉽게 허리를 구부리면 다시는 저 우주 호텔을 보지 못할 것 같았거든.

───────────

교과서 문제

18 종이 할머니가 ㉠과 같이 결심한 까닭은 무엇입니까? ( )

① 허리가 뻐근하게 아파서
② 메이랑 같이 놀고 싶어서
③ 우주 그림을 그리고 싶어서
④ 폐지를 더 많이 줍기 위해서
⑤ 다시는 우주 호텔을 보지 못할 것 같아서

☆☆
19 글 ❶은 이야기 구조 중 어느 부분에 해당하는지 쓰시오.

( )

낱말사전

곰곰이 여러모로 깊이 생각하는 모양.

우뚝 두드러지게 높이 솟아 있는 모양.

❷ 다음 날, 종이 할머니는 다른 날과 마찬가지로 손수레를 끌며 동네를 돌아다녔어. 가게마다, 집집마다 버려진 폐지들을 주워서 손수레에 실었지.

도서관 앞을 지날 때였어. 전봇대 앞에 고개를 숙이고 강낭콩을 파는 할머니가 보였어. 며칠 전, 채소 가게 앞에서 본 눈에 혹이 난 할머니였어.

아마 폐지를 줍는 것은 포기한 모양이야. 하긴 앞이 잘 보이지 않으니 폐지 줍기가 쉽지는 않았을 거야. 종이 할머니는 손수레를 멈추고 눈에 혹이 난 할머니에게 다가갔어.

"이 강낭콩, 얼마유?"

강낭콩이 그릇마다 수북하게 담겨 있었어.

"천 원만 주소."

눈에 혹이 난 할머니가 힘없이 말했어. 얼마 전, 자신과 다투었던 것도 모르는 눈치였어. 잘 볼 수 없으니 자신이 누구인지 알 리가 없겠지. 종이 할머니는 시치미를 떼며 말했어.

"너무 싸게 파는구먼."

종이 할머니가 한마디 던지자, 눈에 혹이 난 할머니가 씁쓸하게 말했단다.

"그래도 잘 안 팔려라."

㉠그때 동네 꼬마들이 지나가며 소리쳤어.

"눈에 혹이 났어!"

"외계인이다! 도망가자."

종이 할머니는 외계인이라는 소리에 깜짝 놀라서 눈에 혹이 난 할머니의 얼굴을 찬찬히 살펴보았지. 그러고 보니 메이가 그린 초록색 외계인 친구하고 닮은 것도 같았어.

❷ 종이 할머니는 눈에 혹이 난 할머니와 친구처럼 지내며 자신이 사는 곳이 바로 우주 호텔이라고 생각하였습니다.

20 글 ❷의 내용으로 볼 때 종이 할머니와 눈에 혹이 난 할머니 사이에 있었던 일로 가장 알맞은 것은 무엇입니까?   (   )

① 둘이 다투었다.   ② 함께 여행을 갔다.
③ 함께 강낭콩을 길렀다.   ④ 사이좋게 폐지를 주었다.
⑤ 동네 꼬마들을 혼내 주었다.

서술형 문제

21 ㉠의 장면에서 자신이라면 어떤 생각이 들었을지 그렇게 생각한 까닭과 함께 쓰시오.

(1) 자신의 생각: _____

(2) 그렇게 생각한 까닭: _____

_____

낱말사전

폐지 쓰고 버린 종이.

수북하게 쌓이거나 담긴 물건 따위가 불룩하게 많게.

시치미를 떼며 자신이 하고도 하지 않은 체, 알고도 모르는 체 하며.

"이 동네로 이사 왔수?"

종이 할머니가 넌지시 물었어.

"한 달 조금 됐는디 말 상대가 없어라. 생긴 게 이래서……."

"……."

종이 할머니는 강낭콩을 받아 들고 돈을 내밀었어.

"심심하면…… 놀러 오우. 우리 집은 도서관 뒷골목 세 번째 집이라오. 참, 대문 안쪽에 폐지들이 쌓여 있어서 금방 찾을 수 있다우."

종이 할머니는 손수레를 끌며 고물상으로 향했어. 그리고 이제는 허리를 구부리지 않았어. 더 이상 고개도 수그리지 않았지.

여러 계절이 왔다가 가고, 다시 왔다가 갔단다. 종이 할머니는 여전히 폐지를 모았어. 그렇지만 이제는 혼자가 아니야. 눈에 혹이 난 할머니와 같이 주웠어. 그리고 ㉠저녁이 되면 따뜻한 밥도 같이 먹고 생강차도 나누어 마셨지.

종이 할머니는 벽에 붙여 놓은 우주 그림을 보며 잠깐잠깐 이런 생각에 빠졌단다.

'㉡여기가 우주 호텔이 아닌가? 여행을 하다가 잠시 이렇게 쉬어 가는 곳이니……, 여기가 바로 우주의 한가운데지.'

교과서 문제

22 ㉠에서 종이 할머니의 감정으로 알맞은 것은 무엇입니까?   (   )

① 괴롭다.   ② 화난다.   ③ 외롭다.

④ 행복하다.   ⑤ 쓸쓸하다.

23 종이 할머니가 ㉡과 같이 생각한 까닭은 무엇인지 쓰시오.

(   )

☆☆
24 이 이야기의 주제로 알맞지 **않은** 것은 무엇입니까?   (   )

① 꿈을 가지면 삶이 변한다.

② 이웃과 더불어 살면 행복해진다.

③ 자원을 낭비하지 말고 재활용하자.

④ 이웃과 마음을 나눌 줄 아는 사람이 되자.

⑤ 행복은 마음먹기에 달려 있고 우리 가까이에 있다.

등장인물이
'기쁘다', '행복하다'와
같은 긍정적 감정 상태인지,
'슬프다', '화가 난다'와 같은
부정적 감정 상태인지 생각
하며 글을 읽어 보세요.

낱말사전

고물상 고물을 사고파는 장사.
또는 그런 장수.

실천 소나기 이야기 구조를 생각하며 작품을 감상해 봅시다.

2 이야기를 간추려요

소나기

동영상 자료

[만화 영화의 줄거리]

소년은 집으로 돌아가던 개울가에서 물장난하는 소녀와 마주쳤습니다. 소년은 옷차림이 초라해서 말을 걸 엄두가 나지 않았습니다. 그래서 소녀에게 비켜 달라는 말도 못 하고 소녀가 징검다리에서 비키기만을 기다렸습니다. 며칠 뒤 징검다리에서 다시 만난 소녀는 세수를 하다 물속에서 하얀 조약돌 하나를 집어 "이 바보."라고 외치며 소년에게 던졌습니다. 소년은 소녀가 던진 조약돌을 간직했습니다.

소년과 소녀가 가까워졌습니다. 소녀는 소년에게 산 너머에 가자고 했습니다. 둘은 함께 산으로 놀러갔습니다.

산에서 소나기를 만난 소년과 소녀는 수숫단 속에서 비를 피했습니다. 소나기를 피하고 돌아오는 길에 물이 불어나 돌다리가 없어졌습니다. 소년은 소녀를 업고 흙탕물이 된 개울을 건넜습니다. 소년에게 업혔던 소녀의 옷 앞자락에 소년의 등에서 옮은 진흙물이 들었습니다.

그 뒤로 소녀의 모습이 보이지 않자 소년은 주머니 속의 조약돌만 만지작거리며 소녀를 기다렸습니다. 며칠 뒤 다시 만난 소녀는 그동안 많이 아팠으며 곧 이사를 간다고 쓸쓸해했습니다.

며칠 뒤, 소년은 소녀가 앓다가 죽었다는 소식을 듣게 되었습니다. 소녀의 유언은 자신이 입던 옷을 꼭 그대로 입혀서 묻어 달라는 것이었습니다.

25 소녀가 소년에게 "이 바보."라고 하면서 던진 것은 무엇인지 찾아 세 글자로 쓰시오.

(   )

26 '전개' 부분의 내용을 간추린 것은 무엇입니까? (   )

① 소년과 소녀는 가까워져 함께 산으로 놀러 간다.
② 소년은 소녀가 앓다가 죽었다는 소식을 듣게 된다.
③ 소녀는 그동안 많이 아팠으며 곧 이사를 간다고 쓸쓸해한다.
④ 산에서 소나기를 만난 소년과 소녀는 수숫단 속에서 비를 피한다.
⑤ 소년은 개울가에서 소녀와 마주치고 소녀가 던진 조약돌을 간직한다.

서술형 문제

27 이 이야기에서 가장 인상 깊은 장면과 그 장면을 보고 든 생각이나 느낌을 쓰시오.

(1) 인상 깊은 장면: ＿＿＿＿＿＿＿＿＿＿＿＿＿＿＿＿＿

(2) 생각이나 느낌: ＿＿＿＿＿＿＿＿＿＿＿＿＿＿＿＿＿

○ 만화 영화의 특징: 시골을 배경으로 한 소년과 소녀 사이의 아름답고 슬픈 사랑을 담은 소설 「소나기」를 만화 영화로 표현한 작품입니다.

○ 소설과 만화 영화의 차이점
• 소설은 독자가 상상력을 발휘할 수 있습니다.
• 소설은 문장 자체가 주는 울림이 있습니다.
• 만화 영화는 인물과 배경을 다 정해서 보여 주어 상상할 수 없습니다.
• 만화 영화는 화려하고 아름다운 영상미가 있습니다.

2
단원

인상 깊었던 점을 떠올릴 때에는 인물 표정, 배경, 들리는 소리, 인물의 말과 행동, 배경 음악과 같이 다양한 점을 생각해 봐요!

낱말사전

징검다리 개울이나 물이 괸 곳에 돌이나 흙더미를 드문드문 놓아 만든 다리.
조약돌 작고 동글동글한 돌.
유언 죽음에 이르러 말을 남김. 또는 그 말.

교과서 핵심 정리

핵심 1   이야기 속 사건의 흐름 살펴보기

- 이야기 속 사건의 흐름을 생각하며 글을 읽어 봅니다.
- 인물들 사이에 어떤 일이 일어났는지 글의 내용을 파악합니다.
- 인물에게 일어난 일을 차례대로 정리합니다.
- 인물들의 관계는 앞으로 어떻게 될지 생각해 봅니다.

예 「황금 사과」 속 사건의 흐름 살펴보기

①	두 동네의 한가운데에 있는 사과나무에 황금 사과가 열렸는데, 두 동네 사람들이 황금 사과를 서로 갖겠다고 싸우다 땅바닥에 금을 그었다.
②	두 동네 사람들은 담까지 높게 쌓았는데, 담을 세운 까닭을 잊고 미워하는 마음만 남았다.
③	어느 날, 어린 딸이 엄마께 담 너머에 누가 사느냐고 묻자 엄마는 괴물들이 사니 담 옆에 가지 말라고 했다.
④	한 꼬마 아이가 공을 주우려고 담 쪽으로 갔다가 담에 있는 문을 열자, 아이들이 즐겁게 놀고 있었다.

핵심 2   이야기 구조

- 이야기 구조에는 '발단, 전개, 절정, 결말'이 있습니다.

발단	이야기의 사건이 시작되는 부분
전개	사건이 본격적으로 발생하고 갈등이 일어나는 부분
절정	사건 속의 갈등이 커지면서 긴장감이 가장 높아지는 부분
결말	사건이 해결되는 부분

예 「저승에 있는 곳간」의 이야기 구조

발단	저승에 간 원님이 염라대왕에게 이승에서 좀 더 살게 해 달라고 간청하자 염라대왕은 원님을 저승사자에게 돌려보냈고, 저승사자는 원님에게 이승으로 가려면 수고비를 내놓으라고 하였다.
전개	저승사자는 원님에게 덕진이라는 아가씨의 곳간에서 쌀을 꾸어 수고비를 계산하게 하고 원님을 이승으로 보냈다.
절정	원님이 이승으로 돌아와 덕진을 만나고 덕진에게 감명받아 덕진에게 쌀 삼백 석을 갚았다.
결말	덕진이 원님에게 받은 쌀을 팔아서 마을 앞을 가로지르는 강가에 다리를 놓았다.

핵심 3   이야기를 요약하는 방법

- 이야기 구조를 생각하며 각 부분에서 중요한 사건이 무엇인지 찾습니다.
- 이야기 흐름에서 중요하지 않은 내용은 삭제하거나 간단히 씁니다.
- 중요한 사건이 일어난 원인과 그에 따른 결과를 찾습니다.
- 여러 사건이 관련 있을 때에는 관련 있는 사건을 하나로 묶습니다.

예 「우주 호텔」의 이야기 구조에 따라 요약하기

발단	종이 할머니는 허리를 굽혀 종이를 주웠다.
전개	종이 할머니는 빈 상자를 빼앗기지 않으려고 눈에 혹이 난 할머니를 밀어 버렸다.
절정	종이 할머니는 메이가 놓고 간 스케치북의 우주 그림을 보고 어릴 적 꿈을 떠올렸다.
결말	종이 할머니는 눈에 혹이 난 할머니와 친구처럼 지내며 자신이 사는 곳이 바로 우주 호텔이라고 생각했다.

단원 정리 평가

[01~05] 다음 글을 읽고, 물음에 답하시오.

가 ㉠두 동네 사이에는 툭하면 싸움이 벌어졌어.
다들 황금 사과를 갖겠다고 아우성이었지.

나 세월이 흘러갈수록 담은 점점 더 높아졌지.
그러다 어느 때부터인가 아무도 그 담에 관심을 갖지 않게 되었어.
언제 담을 세웠는지, 왜 세웠는지조차 사람들은 까맣게 잊고 만 거야. / 담을 넘는 사람들이 없어지자 보초도 사라졌고, 황금 사과까지 사라졌어.
오직 남은 것은 가슴 깊숙이 뿌리박힌 서로 미워하는 마음뿐이었지.

다 어느 날, 어린 딸이 물었어.
"엄마, 저 담 너머에는 누가 살아요?"
"쉿! 아가야, 절대로 저 담 옆에 가면 안 돼. ㉡저 담 너머에는 무시무시한 괴물들이 산단다."

라 공은 떼굴떼굴 담 쪽으로 굴러갔지.
아이는 아무도 살지 않는 으스스한 그곳으로 걸어갔어. / 그런데 담 쪽으로 다가가 보니 작은 문이 언뜻 보이는 거야.

마 아이가 문을 밀자 쓱 열렸어.
문은 낡았고, 자물쇠는 망가져 있었거든.
환한 햇살 때문에 아이는 눈이 부셨지.
아이는 친구들에게 다가가 말했어.
"얘들아, 안녕! ㉢내 이름은 사과야. 너희 이름은 뭐야?"

☆☆
01 ㉠과 같이 두 동네 사람들이 싸운 까닭은 무엇입니까?
( )

① 황금 사과를 서로 갖겠다고 해서
② 서로를 의심하지 않고 너무 믿어서
③ 서로 미워한다는 사실을 알게 되어서
④ 서로 담을 높게 쌓으려고 경쟁을 해서
⑤ 아랫동네 사람들이 윗동네 사람들에게 못된 사람이라고 해서

서술형 문제
02 두 동네 사람들이 서로 화해하려면 어떻게 하는 것이 좋을지 자신의 생각을 쓰시오.

_____

_____

03 글 **다**의 내용으로 볼 때 엄마가 딸에게 ㉡과 같이 말하게 된 까닭으로 가장 알맞은 것은 무엇입니까?
( )

① 황금 사과가 사라져서
② 담 너머에 괴물들이 사는 것을 보아서
③ 두 동네가 오래도록 소통하지 않아서
④ 담 너머 아이들과는 놀지 못하게 하려고
⑤ 담 너머 사람들에게 황금 사과를 빼앗길 것 같아서

04 ㉢에서 아이 이름이 '사과'인 까닭을 가장 알맞게 짐작한 사람의 이름을 쓰시오.

> 민우: 먹는 사과일 거야. 두 동네가 화해를 하게 되면 사과나무를 많이 심게 될 것이기 때문이야.
> 석희: 먹는 사과가 아니라 화해를 뜻하는 사과일 거야. 두 동네가 대화와 소통이 필요하기 때문이야.

( )

05 이 이야기의 주제로 가장 알맞은 것은 무엇입니까?
( )

① 자연을 잘 가꾸자.
② 내 재산은 내가 지키자.
③ 서로 대화하고 소통하자.
④ 아이들을 자유롭게 놀게 하자.
⑤ 욕심이 꼭 나쁜 것만은 아니다.

2 단원

[06~10] 다음 글을 읽고, 물음에 답하시오.

가 원님이 깜짝 놀라 정신을 차려 보니, 그곳은 바로 이승이었고, 자신도 이승 사람이 되어 있었다. 원님은 즉시 나졸들을 시켜 덕진이라는 아가씨를 찾으라고 명령했다. 얼마 뒤, 덕진이라는 아가씨가 어머니와 주막을 차려 살고 있으며, 인정이 많아 손님을 후하게 대접한다는 것을 알았다.

사실을 확인하고 싶은 ㉠원님은 허름한 선비 모습으로 변장하고, 밤에 덕진의 주막을 찾아갔다.

덕진은 따뜻하게 원님을 맞이했다. 술을 달라는 원님에게 덕진은 술상을 정성스럽게 차려서 가지고 왔다.

나 원님은 며칠 뒤에 다시 덕진의 주막을 찾았다. 원님은 머뭇거리며 말했다.

"저, 돈 열 냥만 빌려줄 수 있소?"

"그렇게 하지요."

덕진은 선뜻 열 냥을 내주었다.

"아니, 모르는 사람에게 돈을 빌려주었다가 안 갚으면 어쩌려고 그러시오?"

㉡"걱정 마시고 형편이 어렵거든 가져다 쓰시고, 돈이 생기거든 갚으십시오."

덕진은 웃으며 대답했다. 원님은 열 냥을 받아 가지고 나오면서 생각했다.

㉢'이런 것이 만인에게 적선하는 것이로구나. 이런 식으로 덕진은 수많은 사람을 도와주고, 돈 수천 냥을 다른 사람들에게 나누어 주었을 것이다. 그러니 덕진의 저승 곳간에는 곡식이 가득 차 있을 수밖에…….'

원님은 크게 감명받아 며칠 뒤에 달구지에 쌀 삼백 석을 싣고 덕진의 주막을 찾아갔다.

06 이 이야기에 대한 설명으로 알맞지 <u>않은</u> 것은 무엇입니까? ( )

① 시간적 배경은 옛날이다.

② 공간적 배경은 저승이다.

③ 이야기 구조 중 '절정'에 해당한다.

④ 사건의 전개 과정 중 긴장감이 가장 높은 부분이다.

⑤ 원님이 허름한 선비 모습으로 변장해 덕진을 만나는 내용이다.

07 원님이 ㉠과 같이 한 까닭으로 알맞지 <u>않은</u> 것을 보기 에서 골라 기호를 쓰시오.

보기
㉮ 자신의 신분을 감추기 위해서
㉯ 덕진이 가난한 사람에게도 따뜻하게 대하는지 확인하기 위해서
㉰ 덕진의 이승 곳간에도 쌀 삼백 석이 있는지 확인하기 위해서

( )

서술형 문제
08 자신이 덕진이라면 모르는 사람에게 ㉡과 같이 돈을 빌려줄 수 있을지 그 까닭과 함께 쓰시오.

_____

_____

_____

_____

09 ㉢에서 원님의 마음으로 가장 알맞은 것은 무엇입니까? ( )

① 샘난다.　　② 화난다.　　③ 반갑다.
④ 의심스럽다.　　⑤ 감동스럽다.

10 이 이야기의 내용을 가장 알맞게 요약한 것에 ○표 하시오.

(1)	원님이 저승사자에게 줄 쌀 삼백 석을 덕진에게 꾸기 위해 이승에서 덕진의 주막에 찾아왔다.	( )
(2)	원님이 이승으로 돌아와 덕진을 만나고 덕진의 말과 행동에 크게 감명을 받아 덕진에게 쌀 삼백 석을 갚았다.	( )

[11~15] 다음 글을 읽고, 물음에 답하시오.

㉮ 할머니는 머리를 수그린 채 땅만 보며 걸었어. 할머니는 자신의 나이만큼 늙지 않은 건 눈뿐이라고 생각했어. 웬만한 것은 다 보였지. 껌 종이, 담배꽁초, 빨대, 어딘가에 박혀 있다 떨어져 나온 녹슨 못…….

그리고 갈라진 시멘트 틈도 보였어.

할머니는 이리저리 땅을 살폈어. 종이를 찾는 거야. 무게가 조금도 나가지 않을 것 같은 작은 종이라도, 할머니의 눈에는 무게가 있어 보였거든. 그래서 점점 더 등을 납작하게 구부리고 땅을 뚫어져라 살피게 되었어. 그럴수록 할머니는 하늘을 쳐다보는 일이 줄어들었지. 어느 날부터인가 하늘이 어떻게 생겼는지, 구름이 어떻게 흘러가는지도 까맣게 잊게 되었단다.

그런 할머니를 사람들은 ㉠'종이 할머니'라고 불렀어.

㉯ "아!"

종이 할머니는 자신도 모르게 탄성을 질렀어. 지금까지 한 번도 보지 못한 세상이 그려져 있었기 때문이야. 약간 찌그러진 똥그스름한 파란 지구, 아름다운 테를 두른 토성, 몸빛이 황갈색으로 빛나는 불퉁불퉁한 목성, 붉은빛이 뿜어져 나오는 태양……. 그리고 그 주위를 돌고 있는 버섯 모양의 우주선까지.

'그러고 보니 하늘을 본 지 꽤 오래됐구먼.'

하늘을 본 게 언제였더라? 별을 본 건 언제였지? 달을 본 건…….

아주 어릴 적에 달을 올려다보면서 '꼭 한 번 달에 가고 싶다'고 꿈꿨던 기억이 아슴아슴 떠올랐어. 하지만 도무지 이루지 못할 꿈이라 아주 금세 버렸던 기억도 함께 났지.

종이 할머니는 하늘을 품은 듯한, 별을 품은 듯한, 달을 품은 듯한 기분이었단다.

"다 늙어 빠졌는데 품고 싶은 게 생기다니……."

11 할머니가 ㉠과 같이 불린 까닭은 무엇입니까?

( )

① 종이를 팔아서 ② 종이를 만들어서
③ 매일 종이를 버려서 ④ 종이에 그림을 그려서
⑤ 땅만 살피며 종이를 주워서

12 종이 할머니가 어릴 적에 달을 올려다보며 가졌던 꿈은 무엇인지 찾아 쓰시오.

( )

☆☆
13 글 ㉮, ㉯에서 할머니의 감정은 어떻게 바뀌었습니까?

( )

① 반갑다. → 슬프다.
② 화난다. → 힘들다.
③ 기쁘다. → 즐겁다.
④ 힘들다. → 감동스럽다.
⑤ 행복하다. → 우울하다.

서술형 문제

14 그림을 보고 난 뒤 종이 할머니의 생활과 생각이 어떻게 달라졌는지 쓰시오.

그림을 보기 전		그림을 본 뒤
매일 폐지를 주우려고 땅만 쳐다보며 의미 없이 살았다.	⇨	

15 글 ㉮와 ㉯는 이야기 구조 중 어느 부분에 해당하는지 각각 골라 선으로 이으시오.

(1) 글 ㉮ •   • ㉮ 발단

                    • ㉯ 전개

                    • ㉰ 절정

(2) 글 ㉯ •   • ㉱ 결말

[16~19] 다음 만화 영화의 줄거리를 읽고, 물음에 답하시오.

가 소년은 집으로 돌아가던 개울가에서 물장난하는 소녀와 마주쳤습니다. 소년은 옷차림이 초라해서 말을 걸 엄두가 나지 않았습니다. 그래서 소녀에게 비켜 달라는 말도 못 하고 소녀가 징검다리에서 비키기만을 기다렸습니다. 며칠 뒤 징검다리에서 다시 만난 소녀는 세수를 하다 물속에서 하얀 조약돌 하나를 집어 "이 바보."라고 외치며 소년에게 던졌습니다. 소년은 소녀가 던진 조약돌을 간직했습니다.

나 소년과 소녀가 가까워졌습니다. 소녀는 소년에게 산 너머에 가자고 했습니다. 둘은 함께 산으로 놀러갔습니다.

다 산에서 소나기를 만난 소년과 소녀는 수숫단 속에서 비를 피했습니다. 소나기를 피하고 돌아오는 길에 물이 불어나 돌다리가 없어졌습니다. 소년은 소녀를 업고 흙탕물이 된 개울을 건넜습니다. 소년에게 업혔던 소녀의 옷 앞자락에 소년의 등에서 옮은 진흙물이 들었습니다. / 그 뒤로 소녀의 모습이 보이지 않자 소년은 주머니 속의 조약돌만 만지작거리며 소녀를 기다렸습니다. 며칠 뒤 다시 만난 소녀는 그동안 많이 아팠으며 곧 이사를 간다고 쓸쓸해했습니다.

라 며칠 뒤, 소년은 소녀가 앓다가 죽었다는 소식을 듣게 되었습니다. 소녀의 유언은 자신이 입던 옷을 꼭 그대로 입혀서 묻어 달라는 것이었습니다.

16 이 이야기에서 일어난 사실에 대한 질문에 해당하는 것은 무엇입니까? ( )

① 이야기의 제목을 「소나기」로 한 까닭은 무엇일까요?

② 이야기에 왜 소년과 소녀의 이름이 나오지 않을까요?

③ 이야기 속의 소년은 왜 소녀에게 비켜 달라는 말도 못 했을까요?

④ 소녀는 소년에게 "이 바보."라고 하면서 무엇을 던졌나요?

⑤ 소녀가 자신이 입던 옷을 꼭 그대로 입혀서 묻어 달라고 한 까닭은 무엇일까요?

17 소년이 소녀와 주로 마주친 곳은 어디입니까? ( )

① 학교
② 산 너머
③ 수숫단 속
④ 소년의 집
⑤ 개울가 징검다리

18 글 **가**~**라** 중 이야기 구조에서 '절정' 부분에 해당하는 것의 기호를 쓰시오.

( )

19 이야기 매체로서 만화 영화가 갖는 특성으로 알맞은 것을 모두 고르시오. ( )

① 배경을 다 정해서 보여 준다.

② 인물을 다 정해서 보여 준다.

③ 문장 자체가 주는 울림이 있다.

④ 독자가 상상력을 발휘할 수 있다.

⑤ 화려하고 아름다운 영상미가 있다.

20 이야기를 요약하는 방법으로 알맞지 <u>않은</u> 것의 기호를 쓰시오.

㉮ 중요하지 않은 내용도 기록한다.
㉯ 관련 있는 사건은 하나로 묶는다.
㉰ 이야기 구조에 따라 부분을 나눈다.
㉱ 간추릴 때에는 각 부분이 잘 어우러지도록 연결해야 한다.

( )

서술형 문제

[01~02] 다음 글을 읽고, 물음에 답하시오.

> **가** 오래전 일이야.
>
> 어느 작은 도시 한가운데에 예쁜 사과나무가 있었어.
>
> 나무는 두 동네를 정확하게 반으로 가르는 곳에 있었지. / 하지만 아무도 그 나무를 눈여겨보지 않았어.
>
> 그 나무에 황금 사과가 열린다는 걸 누군가 알아채기 전까지는 말이야.
>
> **나** 그 소식은 아랫동네부터 윗동네까지 쫙 퍼져 나갔지. / 사람들은 황금 사과를 따려고 마법의 나무 주위로 벌 떼처럼 우르르 몰려들었어.
>
> "이 사과들은 우리 거예요!"
>
> "천만에! 이건 우리 것입니다!"
>
> "이 사과를 처음 본 건 우리라고요."
>
> 두 동네 사이에는 툭하면 싸움이 벌어졌어.
>
> 다들 황금 사과를 갖겠다고 아우성이었지.
>
> 할 수 없이 사람들은 모여서 의논을 했어.
>
> "이 나무는 우리 두 동네의 한가운데에 있습니다. 그러니 잘 나누기 위해 땅바닥에 금을 그읍시다. 금 오른쪽에 열리는 사과는 윗동네, 금 왼쪽에 열리는 사과는 아랫동네에서 갖도록 말입니다."
>
> 그렇게 해서 땅바닥에 금이 생겼지.

01 두 동네 사람들에게 어떤 일이 일어났는지 정리하여 쓰시오.

_____

_____

02 두 동네 사람들의 말과 행동을 보고 난 뒤에 든 자신의 생각이나 느낌을 쓰시오.

| 두 동네 사람들의
말과 행동 | (1) |
| 자신의 생각이나
느낌 | (2) |

[03~04] 다음 글을 읽고, 물음에 답하시오.

> 산에서 소나기를 만난 소년과 소녀는 수숫단 속에서 비를 피했습니다. 소나기를 피하고 돌아오는 길에 물이 불어나 돌다리가 없어졌습니다. 소년은 소녀를 업고 흙탕물이 된 개울을 건넜습니다. 소년에게 업혔던 소녀의 옷 앞자락에 소년의 등에서 옮은 진흙물이 들었습니다.
>
> 그 뒤로 소녀의 모습이 보이지 않자 소년은 주머니 속의 조약돌만 만지작거리며 소녀를 기다렸습니다. 며칠 뒤 다시 만난 소녀는 그동안 많이 아팠으며 곧 이사를 간다고 쓸쓸해했습니다.
>
> 며칠 뒤, 소년은 소녀가 앓다가 죽었다는 소식을 듣게 되었습니다. 소녀의 유언은 자신이 입던 옷을 꼭 그대로 입혀서 묻어 달라는 것이었습니다.

03 이 이야기에서 일어난 일을 생각하며 다음 유형에 해당하는 질문을 각각 한 가지씩 쓰시오.

일어난 사건에 대한 질문	(1)
이야기 내용을 추론하는 질문	(2)
친구들 생각을 알고 싶은 질문	(3)

04 자신이 지은이가 되어 이 이야기의 뒷이야기를 상상하여 쓰시오.

수행 평가

학습 주제 이야기 구조를 생각하며 요약하는 방법 알기
학습 목표 이야기 구조를 생각하며 내용을 요약할 수 있다.

소금을 만드는 맷돌

옛날 옛적에 어느 임금이 신기한 맷돌을 가지고 있었습니다. "나와라, 밥!" 하면 밥이 나오고, "그쳐라, 밥!" 하면 뚝 그치는 신기한 맷돌이었습니다.

어느 날, 도둑이 궁궐에 들어와 맷돌을 훔쳐 갔습니다. 도둑은 배를 타고 바다를 건너가다 외쳤습니다.

"나와라, 소금!"

그러자 맷돌에서 하얀 소금이 쏟아져 나왔고, 점점 배 안에 쌓였습니다. 배가 기우뚱거리자 도둑은 너무 놀라 "그쳐라, 소금!"이라는 말을 잊어버렸습니다. 결국 맷돌은 도둑과 함께 바닷속에 가라앉고 말았습니다.

바닷속에서도 맷돌은 쉬지 않고 돌았습니다. 그래서 바닷물이 짜게 되었습니다.

1 「소금을 만드는 맷돌」을 읽고, 사건 전개 과정을 정리한 다음, 그것을 바탕으로 이야기 구조에 따라 내용을 요약하시오.

이야기 구조	사건 전개 과정	중요한 사건 간추리기
발단	• 옛날 옛적에 어느 임금이 신기한 맷돌을 가지고 있었다. • "나와라, 밥!" 하면 밥이 나오고, "그쳐라, 밥!" 하면 뚝 그치는 신기한 맷돌이었다.	옛날 옛적에 어느 임금이 신기한 맷돌을 가지고 있었다.
전개	(1) • • •	(2)
절정	(3) • • •	(4)
결말	• 바닷속에서도 맷돌은 쉬지 않고 돌았다. • 바닷물이 짜게 되었다.	바닷속에서도 맷돌이 쉬지 않고 돌아 바닷물이 짜게 되었다.

준비 전교 학생회 회장단 선거 후보의 연설 공식적인 말하기 상황을 살펴봅시다.

전교 학생회 회장단 선거 후보의 연설

듣기 자료

① 선생님: 다음은 기호 2번 나성실 학생의 소견 발표를 들어 보겠습니다.

나성실: 안녕하세요? 저는 전교 학생회 회장단 선거에 입후보한 나성실입니다. 저는 가고 싶은 학교, 즐거운 학교를 만들고 싶어서 이 자리에 섰습니다. 우리 학교에서는 지난해에 학생들이 학교에 바라는 점을 설문 조사했습니다. 학생들이 학교에 바라는 점 가운데에서 가장 많이 나온 의견은 바로 "깨끗한 화장실을 만들어 주세요."라는 의견으로 47퍼센트가 나왔습니다.

학생들: 맞아요, 좋아요.

교과서 문제

01 글 **①**은 어디에서 누구에게 말하고 있는 상황입니까? ( )

① 집에서 친구들에게 말하고 있다.
② 공원에서 친구들에게 말하고 있다.
③ 강당에서 선생님들께 말하고 있다.
④ 강당에서 학생들에게 말하고 있다.
⑤ 교실 밖에서 선생님께 말하고 있다.

02 글 **①**과 말하기 상황이 같은 것에 ○표 하시오.

(1)

( )

(2)

( )

교과서 문제

03 우리 주변에서 볼 수 있는 공식적인 말하기 상황이 <u>아닌</u> 것은 무엇입니까? ( )

① 친구와 인사하기
② 수업 시간에 토론하기
③ 학급 회의에서 발표하기
④ 학급 임원 선거에서 소견 발표하기
⑤ 전교 임원 회의에서 의견 발표하기

✎ 단원 학습

다양한 자료를 체계 있게 짜서 발표할 수 있어요.

○ 글의 특징: 말하기 상황의 장소와 대상, 특성 등을 살펴보면서 공식적인 말하기 상황에 대해 생각해 볼 수 있는 전교 학생회 회장단 후보의 연설문입니다.

① 전교 학생회 회장단 선거에 입후보한 나성실이 학생들의 설문 조사 결과를 근거로 연설하고 있습니다.

3
단원

공식적인 말하기 상황에는 학급 회의에서 발표하기, 국어 시간에 토론하기, 학급 임원 선거에서 소견 발표하기 등이 있어요.

낱말사전

소견 어떤 일이나 사물을 살펴보고 가지게 되는 생각이나 의견.

입후보한 선거에 후보자로 나선.

설문 조사를 하거나 통계 자료 따위를 얻기 위하여 어떤 주제에 대하여 문제를 내어 물음.

❷ 나성실이 『오늘의 순위』라는 책에 실린 자료를 바탕으로 자신이 어떤 전교 학생회 회장단이 되고 싶은지 밝히고 있습니다.

공식적인 말하기 상황의 특성

· 여러 사람 앞에서 발표하는 상황이기 때문에 큰 소리로 또박또박 말해야 합니다.

· 듣는 사람은 집중해서 들어야 합니다.

· 여러 사람 앞에서 말하는 것이므로 높임 표현을 사용해야 합니다.

· 듣는 사람이 알아듣기 쉽게 자료를 활용하면 좋습니다.

❷ 나성실: 저는 이러한 여러분의 의견을 교장 선생님께 적극적으로 말씀드리고 전교 학생회에서도 의견을 모아 꼭 깨끗한 화장실을 만들겠습니다. 저는 최근에 『오늘의 순위』라는 책을 우연히 보았습니다. 이 책은 우리나라의 여러 가지를 조사한 순위를 알려 주는 책인데, 우리나라의 초등학생들 가운데에서 꿈이 없는 사람이 남학생은 14.2퍼센트, 여학생은 16.7퍼센트라고 합니다. 꿈을 정하지 못한 것이 아니라 꿈이 없는 학생들이 그만큼이라는 얘기입니다. 백 명 가운데 열다섯 명이 꿈이 없는 학생이라니, 어릴 때부터 공부만 열심히 하라는 말을 지겹게 들어 온 결과가 아닌가 싶습니다. 그래서 저는 우리 학교의 학생들만큼은 꼭 누구나 꿈을 하나씩 정하고 그 꿈을 이루려고 노력하도록 도와주고 싶습니다. 그래서 첫째, 여러분이 꿈을 찾을 수 있게 여러 가지 직업을 체험할 수 있는 직업 체험 학습을 가도록 노력하겠습니다. 둘째, 우리가 모르는 직업을 알 수 있도록 선생님의 도움을 받아서 여러 가지 꿈 찾기 기획을 진행하려고 합니다. 여러분, 깨끗한 환경과 꿈이 있는 학교를 만들려고 최선을 다하겠습니다. 기호 2번 나성실, 꼭 뽑아 주십시오. 감사합니다.

☆☆
04 이 글과 같은 공식적인 말하기 상황의 특성이 <u>아닌</u> 것은 무엇입니까?　（　　）

① 높임 표현을 사용한다.
② 여러 사람 앞에서 발표한다.
③ 듣는 사람은 집중해서 들어야 한다.
④ 개인적인 이야기를 자유롭게 나눌 수 있다.
⑤ 여러 사람이 들을 수 있게 큰 소리로 말해야 한다.

05 이 글에서 나성실 후보자는 어떤 자료를 활용해 발표하고 있는지 <u>두 가지</u>를 고르시오.　（　　，　　）

① 학교 안내 지도　　　　② 설문 조사 결과 도표
③ 『오늘의 순위』라는 책　④ 학생들의 인터뷰 동영상
⑤ 자신의 성과를 담은 사진들

서술형 문제
06 05와 같이 발표할 때 자료를 활용하면 좋은 점이 무엇인지 쓰시오.

_____

기본 다양한 자료의 특성을 알아봅시다.

3 짜임새 있게 구성해요

종목	축구	배드민턴	줄넘기	합계
인원 (명)	10	5	8	23

우리 반 친구들이 좋아하는 운동

가

나

2022년 서울 강수량 분석

다

라

07 자료 **가**~**라**의 종류로 알맞은 것을 선으로 이으시오.

(1) 자료 **가** •

(2) 자료 **나** •

(3) 자료 **다** •

(4) 자료 **라** •

• ㉠ 표

• ㉡ 도표

• ㉢ 사진

• ㉣ 동영상

교과서 문제

08 자료 **가**~**라** 중 다음과 같은 특성을 지닌 것은 무엇인지 기호를 쓰시오.

음악이나 자막을 넣어 분위기를 생생하게 전달한다.

( )

서술형 문제

09 발표자가 다음 자료를 활용해 발표한 까닭은 무엇인지 쓰시오.

사라진 직업	사라진 까닭
물장수	수돗물이 집집마다 나오기 때문이다.
전화 교환원	전화가 자동으로 연결되기 때문이다.

이 표는 과거에는 있었지만 지금은 사라진 직업의 종류를 보여 줍니다. 기술이 발달해 사라진 직업이 많습니다.

• 말할 내용: 사라진 직업의 종류 • 활용한 자료: 표

○ **자료의 특징**: 공식적인 말하기 상황에서 활용할 수 있는 자료들입니다.

가 자료 종류는 표로, 여러 가지 자료의 수량을 비교하기 쉽고, 많은 양의 자료를 간단하게 나타낼 수 있습니다.

나 자료 종류는 사진으로, 설명하는 대상의 정확한 모습을 보여 줄 수 있고, 설명하는 대상을 한눈에 보여 줄 수 있습니다.

다 자료 종류는 도표로, 수량의 변화 정도를 알 수 있고, 정확한 수치를 나타낼 수 있습니다.

라 자료 종류는 동영상으로, 대상의 움직이는 모습을 잘 전달할 수 있고, 음악이나 자막을 넣어 분위기를 생생하게 전달할 수 있습니다.

○ **여러 가지 자료의 뜻**

• 표: 어떤 내용을 일정한 형식과 순서에 따라 보기 쉽게 나타낸 것.

• 사진: 물체의 형상을 감광막 위에 나타나도록 찍어 오랫동안 보존할 수 있게 만든 영상.

• 도표: 여러 가지 자료를 분석하여 그 관계를 일정한 양식의 그림으로 나타낸 표. ⓔ 그림표.

• 동영상: 컴퓨터 모니터의 화상이 텔레비전의 화상처럼 움직이는 것. ⓔ 동화상.

낱말사전

강수량 비, 눈, 우박, 안개 따위로 일정 기간 동안 일정한 곳에 내린 물의 총량. 단위는 mm.

○ **그림의 특징:** 자료를 활용해 발표할 때 주의할 점을 보여 줍니다.

🅐 자료가 너무 길어서 지루해하고 있습니다.

🅑 자료가 너무 복잡해서 이해하기 어려워하고 있습니다.

🅒 자료의 출처(가져온 곳)를 궁금해하고 있습니다.

○ **자료를 활용할 때의 주의할 점**
• 자료가 너무 길거나 복잡하지 않아야 합니다.
• 자료의 출처(가져온 곳)을 꼭 밝혀야 합니다.

10 그림 🅐에서 발표자의 <u>잘못된</u> 점으로 알맞은 것은 무엇입니까? (　　)

① 자료에 글씨가 없다.　　　　② 자료가 화려하지 않다.

③ 자료의 크기가 너무 작다.　　④ 자료의 종류가 발표 내용과 맞지 않다.

⑤ 꼭 필요한 내용 외에 자료가 너무 많다.

11 그림 🅑에서 발표자가 좀 더 효과적으로 발표하기 위해 고쳐야 할 점으로 알맞은 것에 모두 ○표 하시오.

(1) 좀 더 많은 자료를 보여 주어야 한다.　　　　　　　　　　　(　)

(2) 한 번에 적절한 분량만 보여 주어야 한다.　　　　　　　　　(　)

(3) 듣는 사람의 수준에 맞는 자료를 보여 주어야 한다.　　　　　(　)

(4) 복잡한 자료는 간단하게 만들어서 보여 주어야 한다.　　　　　(　)

교과서 문제

12 그림 🅒와 같은 문제 상황이 생기지 않으려면 발표 자료를 활용할 때 어떤 점을 주의해야 하는지 빈칸에 들어갈 말을 쓰시오.

> 발표 자료를 활용할 때에는, 자료의 (1) ☐☐☐☐☐ 을/를 꼭 밝히고 원작자의 (2) ☐☐☐☐☐ 을/를 구해야 한다.

(1) (　　　　　　　　)　　　　(2) (　　　　　　　　)

기본 발표할 내용을 정리해 봅시다.

3 짜임새 있게 구성해요

① 〈시작하는 말〉 안녕하세요? 1모둠 발표를 맡은 김대한입니다. 우리의 미래를 생각하면서 우리 모둠은 '미래에는 어떤 인재가 필요할까'라는 주제로 발표를 준비했습니다. 우리 모둠이 준비한 자료는 표와 동영상입니다. 자료를 보면서 발표를 들어 주십시오.

② 〈자료 1〉 ㉠100대 기업의 인재상 변화

	2008년	2013년	2018년
1순위	창의성	도전 정신	소통과 협력
2순위	전문성	주인 의식	전문성
3순위	도전 정신	전문성	원칙과 신뢰
4순위	원칙과 신뢰	창의성	도전 정신
5순위	소통과 협력	원칙과 신뢰	주인 의식

■ 출처: 대한상공회의소, 2018.

〈설명하는 말〉 미래에는 어떤 인재가 필요할까요? 대한상공회의소에서 조사한 '100대 기업의 인재상 변화'에 따르면 2008년에는 [㉡]이 1순위였는데 2013년에는 [㉢]이, 2018년에는 [㉣]이 1순위입니다. 이처럼 시대에 따라 필요한 인재상은 달라지고 있습니다.

우리가 어른이 되는 미래에는 어떤 인재가 필요할까요? 우리 모둠은 인공 지능, 사물 인터넷 같은 4차 산업 혁명으로 이전과는 다른 산업 형태가 나타나면서 필요한 인재상도 달라질 것이라고 예상했습니다. 미래에는 변화가 굉장히 빠른 속도로 일어나기 때문에 미래의 인재에게 가장 중요한 것은 계속 배우려는 의지라고 생각합니다.

13 이 글의 제목으로 가장 알맞은 것은 무엇입니까? ( )

① 세계의 인재 ② 과거의 인재 ③ 미래의 인재
④ 인재상의 종류 ⑤ 일자리의 미래

서술형 문제

14 대한이네 모둠이 〈자료 1〉의 ㉠을 표로 만들어 활용한 까닭은 무엇인지 쓰시오.

_____

_____

15 ㉡~㉣에 들어갈 낱말은 무엇인지 표를 보고 찾아 쓰시오.

(1) ㉡: ( ) (2) ㉢: ( ) (3) ㉣: ( )

16 대한이네 모둠이 미래 인재에게 가장 중요하다고 생각하는 것에 ○표 하시오.

(1) 계속 배우려는 의지가 있는 사람 ( )
(2) 한 가지 분야에 탁월한 능력이 있는 사람 ( )

○ **글의 특징:** '미래에는 어떤 인재가 필요할까'라는 주제로 대한이가 발표할 내용을 쓴 글입니다.

① 시작하는 말로, 발표 주제를 밝힙니다.
② 첫 번째 발표 자료인 '100대 기업의 인재상 변화'를 정리한 표를 바탕으로 시대에 따라 필요한 인재상이 달라지고 있음을 설명합니다.

○ **발표하는 상황의 특성에 따른 자료 제시 방법**
• 발표하는 상황: 교실에서 학급 친구들에게 발표할 때
• 발표하는 상황의 특성: 여러 사람 앞에서 발표합니다. / 발표 장소가 넓습니다.
• 자료 제시 방법: 교실에서 발표할 때에는 멀리 있는 친구에게도 자료가 잘 보이도록 자료를 크게 확대해 사용해야 합니다.

시작하는 말에는 발표 주제 또는 제목을 넣거나 듣는 사람의 주의를 집중시킬 수 있는 내용을 넣어요.

😊 **낱말사전**

인재 어떤 일을 할 수 있는 학식이나 능력을 갖춘 사람.

창의성 새로운 것을 생각해 내는 특성.

소통 막히지 아니하고 잘 통함.

③ 짜임새 있게 구성해요　　**기본** 미래의 인재

❸ 두 번째 발표 자료인 「일자리의 미래」라는 동영상을 바탕으로 미래의 핵심 역량과 일자리 변화에 맞춰 인간만이 지닐 수 있는 능력을 더욱 키워 나가야 한다고 설명합니다.

❹ 끝맺는 말로, 발표 주제와 발표를 준비하며 생각해 본 점을 밝히며 발표를 마치고 있습니다.

○ **자료를 활용해서 말하면 좋은 점**
• 듣는 사람이 흥미를 느끼게 할 수 있습니다.
• 정보를 효과적으로 전달할 수 있습니다.
• 듣는 사람이 더 잘 이해할 수 있습니다.

> 끝맺는 말에는 발표할 내용을 간단하게 정리하고 함께 생각할 점을 넣어요.

낱말사전

역량 어떤 일을 해낼 수 있는 힘.

상호 상대가 되는 이쪽과 저쪽 모두.

자주적 남의 보호나 간섭을 받지 아니하고 자기 일을 스스로 처리하는.

③ 〈자료 2〉

■출처: 한국교육방송공사(2018), 「지식 채널 e: 일자리의 미래」

〈설명하는 말〉 다음으로 준비한 자료는 한국교육방송공사에서 방송한 「일자리의 미래」입니다. 자료를 보면서 발표를 이어 가겠습니다.

이 동영상에서는 ㉠2020년까지 사라지는 일자리는 510만 개로, 미래에는 한 사람이 평균 4~5개의 직업을 가져야 한다고 합니다. 우리가 이러한 미래 사회에서 성공하려면 여러 분야에서 다양한 능력을 갖춰야 합니다. 경제협력개발기구[OECD]가 정리한 ㉡미래 핵심 역량은 도구 활용 능력, 사회적 상호 작용 능력, 자기 삶에 대한 자주적 관리 능력입니다. 앞서 발표한 '100대 기업의 인재상 변화'에서도 나타난 소통, 협력, 전문성과 관련 있다고 생각합니다. 이러한 능력을 키우려고 핀란드, 독일, 아르헨티나와 같은 세계 여러 나라에서는 단순한 암기 교육이 아니라 현실에 적용할 수 있는 능력을 키우는 역량 중심 교육을 강화한다고 합니다. / ㉢미래에는 더 많은 변화가 더 빨리 이루어질 것입니다. 미래에 우리에게 필요한 능력은 ㉣기계가 대신할 수 없는, 인간만이 지니는 능력이라고 생각합니다. 기술과 지식을 창의적으로 활용하고 이로써 문제를 해결해 내는 인간만이 지닐 수 있는 능력을 더욱 키워 나가야 할 것입니다.

④ 〈끝맺는 말〉 지금까지 '미래에는 어떤 인재가 필요할까'라는 주제로 발표했습니다. 발표를 준비하면서 미래에 훌륭한 사람이 되려면 어떻게 준비해야 할지 친구들과 생각해 볼 수 있었습니다. 이상으로 우리 모둠 발표를 마치겠습니다. 끝까지 잘 들어 주셔서 감사합니다.

17 ㉠~㉣ 중 〈자료 2〉를 통해 알게 된 사실은 무엇인지 기호를 쓰시오. (　　　　)

☆☆
18 다음에서 발표할 내용을 정리하는 방법으로 알맞은 것을 선으로 이으시오.

(1) 시작하는 말 ・　　・㉮ 발표한 내용을 정리하고 함께 생각할 점을 넣음.

(2) 자료를 설명하는 말 ・　　・㉯ 자료의 핵심 내용 설명 및 자료의 출처를 밝힘.

(3) 끝맺는 말 ・　　・㉰ 발표하려는 주제나 제목을 넣음.

교과서 문제
19 발표할 내용을 정리한 뒤의 점검 내용으로 알맞지 않은 것에 ×표 하시오.

(1) 설명하는 말에 자료의 핵심 내용이 담겨 있는지 점검해야 한다. (　　)
(2) 끝맺는 말에 발표한 내용을 자세하게 정리했는지 점검해야 한다. (　　)
(3) 발표할 내용에 듣는 사람의 관심을 끌 수 있는 말이 들어 있는지 점검해야 한다.

(　　)

핵심 1 　　**공식적인 말하기 상황 살펴보기**

• 공식적인 말하기 상황
　– 여러 사람 앞에서 발표하는 상황으로, 학급 회의에서 발표하기, 국어 시간에 토론하기 등이 있습니다.

• 공식적인 말하기 상황의 특성
　– 큰 소리로 또박또박 말해야 합니다. / – 자료를 활용하면 효과적입니다. / – 높임 표현을 사용해야 합니다. / – 듣는 사람은 집중해서 들어야 합니다.

예 「전교 학생회 회장단 선거 후보의 연설」의 말하기 상황 살펴보기

말하는 상황	강당에서 학생들에게 말한다.
말하는 내용	회장단이 될 경우 자신이 지킬 공약을 발표한다.
발표 자료	• 설문 조사 결과 도표 / • 책
후보자 태도	바른 태도로 말하고, 높임 표현을 사용한다.

핵심 2 　　**자료의 다양한 특성 알기**

• 공식적인 상황에서 활용할 수 있는 여러 가지 자료
　– 발표할 내용에 따라 효과적으로 활용할 자료가 다릅니다.

자료의 종류	자료의 특성
표	• 여러 가지 자료의 수량을 비교하기 쉽다. • 많은 양의 자료를 간단하게 나타낼 수 있다.
사진	• 설명하는 대상의 정확한 모습을 보여 준다. • 설명하는 대상을 한눈에 보여 줄 수 있다.
도표	• 수량의 변화를 알 수 있다. • 정확한 수치를 나타낼 수 있다.
동영상	• 움직이는 대상을 잘 전달할 수 있다. • 음악·자막을 넣어 분위기를 잘 전달할 수 있다.

• 자료를 활용하여 말하면 좋은 점
　– 듣는 사람이 흥미를 느낄 수 있습니다.
　– 정보를 효과적으로 전달할 수 있습니다.
　– 듣는 사람이 더 잘 이해할 수 있습니다.

예 발표할 자료에 알맞은 자료 선택하기

사라진 직업의 종류와 그 까닭을 알려 주려면 어떤 자료가 좋을까요?

직업별로 사라진 까닭을 정리해서 보여 주려면 표가 좋을 것 같아요.

예 자료를 활용할 때 주의할 점

자료가 너무 길거나 복잡하지 않아야 해요.

자료를 가져온 곳을 꼭 밝혀야 해요.

핵심 3 　　**발표할 내용 정리하기**

시작하는 말	• 발표하려는 주제나 제목을 넣습니다. • 듣는 사람의 주의를 집중시킬 내용을 넣습니다.
설명하는 말	• 자료 종류에 따라 설명 방법을 다르게 합니다. • 자료에 대한 핵심 내용이 들어가야 합니다. • 자료를 가져온 곳을 밝힙니다.
끝맺는 말	• 발표한 내용을 간단하게 정리합니다. • 함께 생각할 점을 넣습니다.

예 발표를 들을 때 주의할 점

발표를 들을 때에는 발표 내용에 집중하여 바른 자세로 듣고 중요한 부분을 적으며 들어야 해요.

발표하는 내용과 방법에 어울리는 자료인지 생각하며 들어야 해요.

[01~02] 다음 글을 읽고, 물음에 답하시오.

> **가** 나성실: 안녕하세요? 저는 전교 학생회 회장단 선거에 입후보한 나성실입니다. 저는 가고 싶은 학교, 즐거운 학교를 만들고 싶어서 이 자리에 섰습니다. 우리 학교에서는 지난해에 학생들이 학교에 바라는 점을 설문 조사했습니다. 학생들이 학교에 바라는 점 가운데에서 가장 많이 나온 의견은 바로 "깨끗한 화장실을 만들어 주세요."라는 의견으로 47퍼센트가 나왔습니다.
>
> **나** 나성실: 저는 이러한 여러분의 의견을 교장 선생님께 적극적으로 말씀드리고 전교 학생회에서도 의견을 모아 꼭 깨끗한 화장실을 만들겠습니다. 저는 최근에 『오늘의 순위』라는 책을 우연히 보았습니다. 이 책은 우리나라의 여러 가지를 조사한 순위를 알려 주는 책인데, 우리나라의 초등학생들 가운데에서 꿈이 없는 사람이 남학생은 14.2퍼센트, 여학생은 16.7퍼센트라고 합니다. 꿈을 정하지 못한 것이 아니라 꿈이 없는 학생들이 그만큼이라는 얘기입니다. 백 명 가운데 열다섯 명이 꿈이 없는 학생이라니, 어릴 때부터 공부만 열심히 하라는 말을 지겹게 들어온 결과가 아닌가 싶습니다. 그래서 저는 우리 학교의 학생들만큼은 꼭 누구나 꿈을 하나씩 정하고 그 꿈을 이루려고 노력하도록 도와주고 싶습니다.

01 이 말하기 상황에 대한 설명으로 알맞은 것은 무엇입니까? (   )

① 높임 표현을 사용하고 있다.
② 개인적인 말하기 상황이다.
③ 듣는 사람은 선생님들이다.
④ 자료를 활용하지 않고 발표하고 있다.
⑤ 후보자가 집에서 친구들에게 말하고 있다.

02 글 **가**와 **나**에서는 각각 어떤 자료를 활용해 발표하고 있는지 쓰시오.

⑴ 글 **가**: (   ) ⑵ 글 **나**: (   )

[03~04] 다음 그림을 보고, 물음에 답하시오.

03 그림 **가**와 **나**의 공통된 점은 무엇입니까? (   )

① 교실 밖에서 자유롭게 말한다.
② 말하는 사람과 듣는 사람이 있다.
③ 친구들과 개인적인 이야기를 한다.
④ 여러 사람 앞에서 공식적으로 말한다.
⑤ 수업 시간에 여러 사람 앞에서 말한다.

04 그림 **나**와 같은 말하기 상황에 ○표 하시오.

⑴ 엄마와 통화하는 상황 (   )
⑵ 선생님과 상담하는 상황 (   )
⑶ 교내 방송으로 연설하는 상황 (   )

서술형 문제

05 다음 그림을 보고, 자료를 활용해 발표하면 좋은 점은 무엇인지 쓰시오.

어떤 내용을 소개하는지 잘 모르겠어.

06 다음 내용으로 발표할 때 활용할 수 있는 자료로 가장 알맞은 것을 선으로 이으시오.

발표 내용		활용 자료
(1) 지역 축제를 조사해 친구들 앞에서 발표함.	•	㉮ 축제 사진, 축제 안내 자료
		㉯ 도표, 지도
(2) 옛사람의 생활 모습을 발표함.	•	㉰ 동영상, 그림

[07~08] 다음 자료를 보고, 물음에 답하시오.

07 ㉠~㉣에 들어갈 자료 종류는 무엇인지 각각 쓰시오.

(1) ㉠: (   )

(2) ㉡: (   )

(3) ㉢: (   )

(4) ㉣: (   )

08 ㉮~㉣ 중 다음 특성을 가진 자료의 기호를 쓰시오.

- 수량의 변화 정도를 알 수 있다.
- 정확한 수치를 나타낼 수 있다.

(   )

[09~10] 다음 그림을 보고, 물음에 답하시오.

09 그림 ㉮에 대한 설명으로 잘못된 것은 무엇입니까?

(   )

① 사라진 직업의 종류에 대해 발표한다.

② 사라진 직업을 표로 정리해 발표한다.

③ 직업이 사라진 까닭도 함께 발표한다.

④ 지도를 활용하면 더 효과적일 것이다.

⑤ 발표 주제가 '사라진 직업의 수'라면 도표를 활용하는 것이 좋다.

서술형 문제

10 그림 ㉯의 발표자가 동영상을 발표 자료로 활용한 까닭은 무엇인지 쓰시오.

_____

_____

11 다음을 주제로 하여 발표할 때 활용하면 좋은 자료를 두 가지 고르시오. (,)

> 새로 생길 직업

① 사라진 직업들 사진
② 직업별 소득을 비교한 도표
③ 미래 사회의 변화를 정리한 책
④ 시대 변화에 따라 새로 생긴 직업 표
⑤ 직업에 따른 성별 차이를 보여 주는 동영상

☆☆
12 다음과 같은 발표 상황에 알맞은 자료 제시 방법에 ○표 하시오.

> 강당에서 백 명 넘는 친구들 앞에서 발표한다.

(1) 발표 자료는 멀리서도 잘 보이게 만든다. ( )
(2) 친구들의 흥미를 끌 수 있도록 동영상 자료만 사용한다. ( )
(3) 가능한 한 많은 내용을 넣을 수 있게 작은 글씨로 만든다. ( )

13 다음과 같은 문제가 생길 경우의 해결 방법으로 알맞은 것은 무엇입니까? ( )

> 자료가 너무 복잡해.

① 동영상 자료로 재구성한다.
② 자료를 좀 더 화려하게 꾸민다.
③ 발표를 마친 뒤 다시 설명한다.
④ 한 번에 적절한 분량씩 제시한다.
⑤ 이해를 돕는 새로운 자료를 덧붙인다.

[14~16] 다음 글을 읽고, 물음에 답하시오.

순위	2008년	2013년	2018년
1순위	창의성	도전 정신	소통과 협력
2순위	전문성	주인 의식	전문성
3순위	도전 정신	전문성	원칙과 신뢰
4순위	원칙과 신뢰	창의성	도전 정신
5순위	소통과 협력	원칙과 신뢰	주인 의식

⊙

〈자료 1〉 100대 기업의 인재상 변화

ⓛ

〈설명하는 말〉 미래에는 어떤 인재가 필요할까요? 대한상 공회의소에서 조사한 '100대 기업의 인재상 변화'에 따르 면 2008년에는 창의성이 1순위였는데 2013년에는 도전 정신이, 2018년에는 소통과 협력이 1순위입니다. 이처럼 ⓒ시대에 따라 필요한 인재상은 달라지고 있습니다.

우리가 어른이 되는 미래에는 어떤 인재가 필요할까 요? 우리 모둠은 ②인공 지능, 사물 인터넷 같은 4차 산업 혁명으로 이전과는 다른 산업 형태가 나타나면서 필요한 인재상도 달라질 것이라고 예상했습니다. ⑩미 래에는 변화가 굉장히 빠른 속도로 일어나기 때문에 미 래의 인재에게 가장 중요한 것은 계속 배우려는 의지라 고 생각합니다.

14 ⊙에 들어갈 내용으로 알맞지 않은 것을 두 가지 고르시오. (,)

① 제목
② 자료 설명
③ 발표하려는 주제
④ 도움을 주신 분
⑤ 주의를 집중시키는 말

☆☆
15 ⓛ에 들어갈 내용으로 알맞은 것을 빈칸에 쓰시오.

> 자료의 [ ]

( )

16 ⓒ~⑩ 중 발표자가 〈자료 1〉을 통해 얻은 핵심 내용 은 무엇인지 기호를 쓰시오. ( )

[17~19] 다음 글을 읽고, 물음에 답하시오.

가 지금까지 '⟨　　　⟨⊙⟩　　　⟩', 라는 주제로 발표했습니다. 발표를 준비하면서 미래에 훌륭한 사람이 되려면 어떻게 준비해야 할지 친구들과 생각해 볼 수 있었습니다. 이상으로 우리 모둠 발표를 마치겠습니다. 끝까지 잘 들어 주셔서 감사합니다.

나 다음으로 준비한 자료는 한국교육방송공사에서 방송한 「일자리의 미래」입니다. 자료를 보면서 발표를 이어 가겠습니다.

이 동영상에서는 2020년까지 사라지는 일자리는 510만 개로, 미래에는 한 사람이 평균 4~5개의 직업을 가져야 한다고 합니다. 우리가 이러한 미래 사회에서 성공하려면 여러 분야에서 다양한 능력을 갖춰야 합니다. 경제협력개발기구[OECD]가 정리한 미래 핵심 역량은 도구 활용 능력, 사회적 상호 작용 능력, 자기 삶에 대한 자주적 관리 능력입니다. 앞서 발표한 '100대 기업의 인재상 변화'에서도 나타난 소통, 협력, 전문성과 관련 있다고 생각합니다. 이러한 능력을 키우려고 핀란드, 독일, 아르헨티나와 같은 세계 여러 나라에서는 단순한 암기 교육이 아니라 현실에 적용할 수 있는 능력을 키우는 역량 중심 교육을 강화한다고 합니다.

미래에는 더 많은 변화가 더 빨리 이루어질 것입니다. 미래에 우리에게 필요한 능력은 기계가 대신할 수 없는, 인간만이 지니는 능력이라고 생각합니다. 기술과 지식을 창의적으로 활용하고 이로써 문제를 해결해 내는 인간만이 지닐 수 있는 능력을 더욱 키워 나가야 할 것입니다.

다 〈자료 2〉

⟨⊙⟩

17 글 **가**~**다**를 발표 순서에 알맞게 기호를 쓰시오.

(　　　) → (　　　) → (　　　)

18 ⊙에 들어갈 발표 주제는 무엇입니까? (　　　)

① 인간만의 능력은 무엇인가
② 일자리는 어떻게 사라질까
③ 미래에는 어떤 인재가 필요할까
④ 인간이 기계보다 앞설 수 있는가
⑤ 미래에는 어떤 일자리가 생겨날까

19 이 글의 내용으로 볼 때, ⊙에 들어갈 발표 자료의 종류는 무엇인지 쓰시오.

(　　　　　　　　　)

20 발표할 내용을 정리한 뒤, 점검할 내용으로 알맞지 않은 것은 무엇입니까? (　　　)

① 동영상 자료가 있는지 살펴본다.
② 주제에 알맞은 자료인지 살펴본다.
③ 자료의 출처를 밝혔는지 살펴본다.
④ 자료의 핵심 내용이 담겨 있는지 살펴본다.
⑤ 듣는 사람의 관심을 끌 수 있는 말이 들어 있는지 살펴본다.

[01~02] 다음 그림을 보고, 물음에 답하시오.

01 그림 ②~③는 어떤 상황인지 각각 정리하여 쓰시오.

그림	그림 내용
②	(1)
④	(2)
⑤	(3)

02 01의 내용으로 볼 때, 그림 ②~③의 공통점은 무엇인지 쓰시오.

[03~04] 다음 그림을 보고, 물음에 답하시오.

03 지민이는 학급 친구들에게 가족과 다녀온 여행지의 자연환경을 소개하고 있습니다. 지민이가 활용한 자료와 활용한 까닭을 각각 쓰시오.

(1) 활용한 자료: (   )

(2) 활용한 까닭:

04 지민이는 여행 일정과 여행지까지 가는 길도 발표하려고 합니다. 말할 내용에 따라 활용할 자료가 <u>다른</u> 까닭은 무엇인지 쓰시오.

말할 내용	활용할 자료	까닭
여행 일정	관광 안내도	여행 코스와 일정이 잘 설명되어 있어서
여행지까지 가는 길	지도	여행지까지 가는 길을 한눈에 볼 수 있어서

05 다음 그림과 같은 문제 상황이 생긴 까닭은 무엇인지 쓰시오.

수행 평가

배점 | 20점

학습 주제 발표할 내용 정리하기

학습 목표 주제에 알맞은 자료를 활용해 발표할 수 있다.

1 '우리의 미래'에 대해 발표하려고 합니다. '우리의 미래'와 관련해 무엇을 조사해 발표할지 빈칸에 알맞은 말을 쓰시오.

인재상의 변화

갖추어야 할 능력

미래의 인재

우리의 미래

새로 생길 직업

시대별 직업의 변화

3
단원

2 1에서 정한 발표 내용에 알맞은 자료와 알맞은 까닭, 그리고 자료를 찾는 방법을 ❶과 같이 쓰시오.

알맞은 자료	알맞은 까닭	자료를 찾는 방법
❶ 시대별 직업의 변화와 관련된 동영상	산업 구조 및 과학 발전에 따라 사라진 직업을 정리해 사회 환경에 따라 다양한 직업이 생겨날 수 있다는 것을 보여 준다.	관련 영상 검색
❷ (1)	(2)	(3)

3 다음은 2의 자료 ❷를 활용해 발표 내용을 구성한 표입니다. '시작하는 말'과 '활용할 자료 ❷'의 '설명하는 말'을 쓰시오.

시작하는 말	(1)
활용할 자료 ❷	(2)
	(3)
설명하는 말	

동물원은 필요한가

① 시은: 동물원은 살아 있는 동물들을 모아서 기르는 곳입니다. 자연 상태에서 보기 힘든 다양한 동물을 가까이에서 볼 수 있어 동물의 **생태**와 **습성**, 자연환경의 소중함을 배울 수 있는 교육 장소입니다. 하지만 좁은 우리에 갇혀 살아가는 동물들은 스트레스를 많이 받습니다. '⟨ ㉠ ⟩'에 대해 우리 모둠 친구들은 어떻게 생각하나요?

② 지훈: 저는 동물원이 있어야 한다고 생각합니다. 그 까닭은 첫째, 동물원은 우리에게 큰 즐거움을 줍니다. 3000년 전에 이미 동물원을 만들었을 만큼 사람은 동물을 좋아하고 가까이해 왔습니다. 동물원에서는 쉽게 만날 수 없는 동물을 가까이에서 볼 수 있는데, 열대 지역에 사는 사자나 극지방에 사는 북극곰도 쉽게 만날 수 있습니다. 서울 동물원에만 한 해 평균 350만 명이 방문한다고 합니다. 이렇게 많은 사람이 동물원을 좋아하고 동물원에서 즐거움을 느낍니다. 둘째, 동물원은 동물을 보호해 줍니다. **야생**에서는 약한 동물이 더 강한 동물에게 공격당하거나 먹이가 없어 굶어 죽기도 합니다. 동물원은 자유를 제한하더라도 먹이와 안전을 보장하기 때문에 동물에게 훨씬 이롭습니다. 최근에는 **친환경** 동물원으로 **탈바꿈**하는 곳도 많습니다. 동물들이 지내는 환경을 **개선하면** 동물원은 사람에게도, 동물에게도 이로운 곳이 될 것입니다.

---

01 ㉠에 들어갈 주제로 알맞은 것에 ○표 하시오.

(1) 동물원은 필요한가 ( )
(2) 동물원은 사람에게 이로운가 ( )

서술형 문제

02 시은이가 제시한 문제 상황은 무엇인지 쓰시오.

_____

_____

☆☆
03 지훈이의 주장을 고르고 그것을 뒷받침하는 근거를 **두 가지** 골라 선으로 이으시오.

(1)	동물원은 있어야 한다.	·	· ㉮	동물원은 동물을 보호해 준다.
			· ㉯	동물은 그 자체로 존중받아야 한다.
			· ㉰	동물원은 우리에게 큰 즐거움을 준다.
(2)	동물원은 없애야 한다.	·	· ㉱	우리에 갇혀 사는 동물은 스트레스를 많이 받는다.

❸ 미진: ⊙동물원은 없애야 합니다. 첫째, ⓛ동물원은 동물의 자유를 구속하고, 동물에게 사람의 구경거리가 되는 고통을 줍니다. 동물원에서 동물은 제한된 공간에 갇혀 수많은 관람객과 마주해야 합니다. 이러한 상황에서 동물은 극심한 스트레스를 받습니다. 동물은 사람의 눈요깃거리가 아니라 그 자체로 존중받아야 하는 소중한 생명체입니다. 둘째, ⓒ동물원은 인공적인 환경이기 때문에 자연을 대신할 수 없습니다. 동물원의 우리는 동물의 행동반경에 비해 턱없이 좁습니다. 친환경 동물원이 생기고 있지만 동물이 원래 살던 환경을 그대로 동물원으로 옮기는 것은 불가능합니다. 동물은 인위적으로 만든 동물원보다 생태계가 어우러진 광활한 자연에서 살아야 합니다. ⓔ동물에게 이로움보다 해로움이 훨씬 더 많은 동물원은 없애야 한다고 생각합니다.

04 미진이의 주장은 무엇입니까? ( )

① 동물원은 필요하다.
② 동물원은 없애야 한다.
③ 동물원이 과연 필요할까?
④ 동물은 그 자체로 존중받아야 한다.
⑤ 동물은 광활한 자연에서 살아야 한다.

[교과서 문제]
05 ⊙~ⓔ 중 미진이의 주장을 뒷받침하는 근거를 두 가지 골라 기호를 쓰시오.

(,)

[교과서 문제]
06 지훈이와 미진이가 같은 문제 상황에 대해 다른 주장을 하는 까닭으로 알맞은 것을 두 가지 고르시오. (,)

① 나이가 다르기 때문이다.
② 겪은 일이 다르기 때문이다.
③ 참고한 자료가 다르기 때문이다.
④ 다른 의견을 말해야 하기 때문이다.
⑤ 처한 상황이 서로 다르기 때문이다.

❸ 미진이는 동물원은 없애야 한다고 주장합니다. 동물원은 동물의 자유를 구속하고, 동물에게 사람의 구경거리가 되는 고통을 주기 때문입니다. 또한 인공적인 환경인 동물원보다 생태계가 어우러진 광활한 자연이 동물이 살기에 더 이롭다고 주장합니다.

낱말사전
구속하고 행동이나 의사의 자유를 제한하거나 속박하고.
극심한 매우 심한.
눈요깃거리 눈으로 보기만 하면서 어느 정도 만족을 느끼는 대상.
인공적인 사람의 힘으로 만든.
행동반경 사람이나 동물이 행동할 수 있는 범위.
턱없이 이치에 닿지 아니하거나, 그럴 만한 근거가 전혀 없이.

- 글의 종류: 주장하는 글(논설문)
- 글의 특징: 우리 전통 음식에 관심을 가지고 우리 전통 음식을 사랑하자는 글쓴이의 주장이 나타난 글입니다.

❶ 서론 부분으로, 우리 전통 음식을 사랑하자고 주장합니다.
❷ 본론 부분으로, 우리 전통 음식을 사랑해야 할 첫 번째 근거는 우리 전통 음식은 건강에 이롭기 때문입니다.

○ 논설문의 특성
- 논설문은 읽는 사람을 설득하는 것을 목적으로 자신의 주장을 논리적으로 쓴 글입니다.
- 논설문은 어떤 문제를 놓고 글쓴이가 내세우는 주장과 주장을 뒷받침하는 근거로 이루어져 있습니다.
- 논설문은 서론, 본론, 결론으로 짜여 있습니다.

😊 **낱말사전** ----------

유래한 사물이나 일이 생겨난.
체질 날 때부터 지니고 있는 몸의 생리적 성질이나 건강상의 특성.
항암 암세포가 늘어나는 것을 억제하거나 암세포를 죽임.
해독 몸 안에 들어간 독성 물질의 작용을 없앰.

우리 전통 음식의 우수성

❶ 요즘에 우리 전통 음식보다 외국에서 유래한 햄버거나 피자와 같은 음식을 더 좋아하는 어린이를 쉽게 볼 수 있습니다. ㉠이러한 음식은 지나치게 많이 먹으면 건강이 나빠지기도 합니다. 그에 비해 우리 전통 음식은 오랜 세월에 걸쳐 전해 오면서 우리 입맛과 체질에 맞게 발전해 왔기 때문에 여러 가지 면에서 우수합니다. 우리 전통 음식을 사랑합시다. 왜 우리 전통 음식을 사랑해야 할까요?

❷ 첫째, ㉡우리 전통 음식은 건강에 이롭습니다. 우리가 날마다 먹는 밥은 담백해 쉽게 싫증이 나지 않으며 어떤 반찬과도 잘 어우러져 균형 잡힌 영양분을 섭취하기 좋습니다. 또 된장, 간장, 고추장과 같은 발효 식품에도 무기질과 비타민이 풍부하게 들어 있어 몸을 건강하게 해 줍니다. 특히 청국장은 항암 효과는 물론 해독 작용까지 뛰어나다고 합니다. 된장도 건강에 이로운 식품으로 알려져 있습니다.

....

교과서 문제

07 이 글에서 말하고 있는 문제 상황은 무엇입니까? ( )

① 외국 음식 소비량이 늘어난 것
② 우리 전통 음식이 사라지고 있는 것
③ 외국에서 너무 다양한 음식이 들어오고 있는 것
④ 우리 전통 음식보다 외국에서 유래한 음식을 더 좋아하는 어린이가 많아진 것
⑤ 외국에서 유래한 음식보다 우리 전통 음식을 더 좋아하는 어린이가 많아진 것

교과서 문제

08 글쓴이의 주장으로 알맞은 것은 무엇입니까? ( )

① 우리 전통 음식을 사랑하자.
② 우리 전통 음식에 대해 공부하자.
③ 외국에서 유래한 음식을 먹지 말자.
④ 어린이에게 전통 음식의 소중함을 알리자.
⑤ 우리 전통 음식은 어린이들의 건강에 이롭다.

09 글 ❷에 대한 설명으로 알맞은 것의 기호를 쓰시오.

> ㉮ 글 내용을 요약한다.   ㉯ 글쓴이의 주장을 밝힌다.
> ㉰ 글을 쓴 문제 상황에 대해 밝힌다.   ㉱ 글쓴이의 주장을 다시 한번 강조한다.
> ㉲ 글쓴이의 주장에 적절한 근거를 제시한다.

( )

☆☆
10 ㉠~㉡ 중 글쓴이의 주장에 대한 근거를 모두 찾아 기호를 쓰시오.

( )

❸ 둘째, ㉢우리 전통 음식을 가까이하면 계절과 지역에 따라 다양한 맛을 즐길 수 있습니다. 우리 조상은 생활 주변에서 나는 여러 가지 재료를 이용해 계절에 맞는 다양한 음식을 만들어 왔습니다. 주변 바다와 산천에서 나는 풍부하고 다양한 해산물과 갖은 나물이나 채소와 같은 재료에는 각기 고유한 맛이 있습니다. 이러한 재료를 이용해 만든 여러 가지 음식은 지역 특색을 살린 독특한 맛을 냅니다. [　　　　㉮　　　　]

❹ 셋째, ㉣우리 전통 음식에서 우리 조상의 슬기와 문화를 경험할 수 있습니다. 우리 조상은 겨울을 나려고 김장을 하고, 저장 온도와 저장 기간을 조절해 겨울철에도 신선하게 채소를 먹을 수 있도록 했습니다. 삼국 시대부터 발달한 염장 기술로 고기류와

▲ 백김치

▲ 갓김치

어패류를 오랫동안 보관해 맛있게 먹을 수 있도록 했습니다. 또 농경 생활을 하면서 설이나 추석과 같은 명절에 가족이나 이웃과 함께 세시 음식을 만들어 먹으며 정답게 어울려 지냈습니다.

❺ ㉤우리나라 전통 음식은 세계 여러 나라 사람에게 주목받고 있습니다. 우리 조상의 넉넉한 마음과 삶에서 배어 나온 지혜가 담긴 우리 전통 음식은 그 맛과 멋과 영양의 삼박자를 모두 갖추고 있습니다. 우리는 우리 전통 음식의 과학성과 우수성을 알고 우리 전통 음식에 관심을 가지고 우리 전통 음식을 사랑해야겠습니다.

❸ 우리 전통 음식을 사랑해야 할 두 번째 근거는 우리 전통 음식을 가까이하면 계절과 지역에 따라 다양한 맛을 즐길 수 있기 때문입니다.

❹ 우리 전통 음식을 사랑해야 할 세 번째 근거는 김장과 염장 기술 등을 통해 우리 조상의 슬기와 문화를 경험할 수 있기 때문입니다.

❺ 결론 부분으로, 우리 전통 음식의 과학성과 우수성을 알고 우리 전통 음식에 관심을 가지고 사랑하자고 다시 한번 주장합니다.

11 ㉮에 들어갈 수 있는 음식에 해당하는 예로 가장 알맞은 것을 두 가지 고르시오. (　,　)

① 김치　　② 떡국　　③ 국수　　④ 비빔밥　　⑤ 떡볶이

12 글 ❺와 관련이 있는 내용에 모두 ○표 하시오.
(1) 글 내용을 요약한다. (　　)
(2) 새로운 근거를 제시한다. (　　)
(3) 글쓴이의 주장을 다시 한번 강조한다. (　　)

13 다음 빈칸에 들어갈 알맞은 낱말은 무엇인지 쓰시오.

논설문은 (1) [　　　　]와/과 이를 뒷받침하는 근거로 이루어져 있으며, (2) [　　　　], 본론, (3) [　　　　](으)로 짜여 있다.

(1) (　　　　) (2) (　　　　) (3) (　　　　)

📖 낱말사전

염장 소금에 절여 저장함.
어패류 어류와 조개류를 아울러 이르는 말.

- 글의 종류: 주장하는 글(논설문)
- 글의 특징: 자연을 보호하자고 주장하는 글입니다.

① 서론 부분으로, 자연의 목소리에 귀를 기울이고 자연을 보호해야 한다고 주장합니다.

② 본론 부분으로, 자연을 보호해야 하는 첫 번째 근거는 자연은 한번 파괴되면 복원되기 어렵기 때문입니다.

③ 자연을 보호해야 하는 두 번째 근거는 무리한 자연 개발은 생태계를 파괴하기 때문입니다.

자연 보호는 우리가 꼭 해야 할 일

① ㉠우리나라뿐만 아니라 세계 곳곳에서 벌어지는 자연 개발은 우리 삶을 위협한다. 이러한 무분별한 개발로 우리 삶의 터전인 자연은 몸살을 앓고, 이제 인류의 생존까지 위협하는 상황에 이르렀다. ㉡우리는 자연의 목소리에 귀를 기울이고 자연을 보호해야 한다. 왜 자연을 보호해야 할까?

② 첫째, ㉢자연은 한번 파괴되면 복원되기가 어렵다. 어린나무 한 그루가 아름드리나무로 성장하는 데 약 30년에서 50년이 걸린다고 한다. 우유 한 컵(150밀리리터)으로 오염된 물을 물고기가 살 수 있는 깨끗한 물로 만들려면 우유 한 컵의 약 2만 배의 물이 필요하다. 이처럼 환경을 오염시키는 것은 순식간이지만 오염된 환경을 되살리는 데는 수십, 수백 배의 시간과 노력이 든다. 자연의 힘이 아무리 위대해도 자정 능력을 넘어서는 오염을 감당하기는 어렵다.

③ 둘째, ㉣무리한 자연 개발은 생태계를 파괴한다. 생물은 서로 유기적인 생태계로 얽혀 있으며 주변 환경과 영향을 주고받으면서 살아간다. 자연 개발로 생태계를 파괴하면 결국 사람의 생활 환경을 악화시키는 결과를 초래한다. 예를 들어 사람의 편의를 돕는 시설을 만들면서 무분별하게 산을 파헤치면 동식물은 삶의 터전을 잃는다. 무리한 자연 개발의 결과로 기후 변화 현상까지 나타나 동물이 멸종 위기에 처하고, 지구 환경이 위협을 받기도 한다. 동식물이 살 수 없는 곳은 사람도 살 수 없는 곳이 된다. 사람도 자연의 일부분이므로 자연과 조화를 이루어야 우리 삶이 풍요로워진다.

14 이 글을 쓰게 된 문제 상황으로 알맞은 것에 ○표 하시오.

(1) 자연은 한번 파괴되면 복원하기 어렵다. ( )

(2) 무분별한 개발로 우리 삶의 터전인 자연은 몸살을 앓고, 인류의 생존까지 위협받고 있다. ( )

15 ㉠~㉂ 중 이 글의 주장에 해당하는 것의 기호를 쓰시오. ( )

교과서 문제

16 자연이 한번 파괴되면 복원되기 어려운 까닭은 무엇입니까? ( )

① 너무 많은 비용이 들기 때문이다.

② 이상 기후가 연이어 발생하기 때문이다.

③ 동물들이 멸종되어 회복이 어렵기 때문이다.

④ 후손들이 복원된 자연을 또다시 망가뜨리기 때문이다.

⑤ 자연이 자정 능력을 넘어서는 오염은 감당하기 어렵기 때문이다.

교과서 문제

17 ㉠~㉂ 중 이 글의 주장을 뒷받침하는 근거를 모두 골라 기호를 쓰시오.

( )

낱말사전

위협한다 힘으로 으르고 협박한다.

복원되기가 원래대로 회복되기가.

아름드리나무 둘레가 한 아름이 넘는 큰 나무.

자정 오염된 물이나 땅 따위가 물리학적·화학적·생물학적 작용으로 저절로 깨끗해짐.

유기적인 생물체처럼 전체를 구성하고 있는 각 부분이 서로 밀접하게 관련을 가지고 있어서 떼어 낼 수 없는.

❹ 셋째, ⓜ자연은 우리 후손이 살아갈 삶의 터전이다. 당장의 편리와 이익만을 추구하다 보면 우리 후손에게 훼손된 자연을 물려주게 된다. 환경을 고려하지 않은 개발로 물, 공기, 토양, 해양과 같은 자연환경이 돌이키기 힘들 정도로 훼손되면 우리 후손은 그 훼손된 자연 속에서 살아가야 한다. 조상으로부터 금수강산을 물려받은 우리는 후손에게 아름다운 자연을 물려주어야 할 의무가 있다. 자연은 조상이 남긴 소중한 환경 유산이자 후손이 앞으로 살아갈 삶의 터전임을 기억해야 한다.

❺ ⓑ자연은 우리의 영원한 안식처이다. 더 이상 무분별한 개발로 금수강산을 훼손해서는 안 된다. 자연 개발로 사라져 가는 동식물을 다시 이 땅으로 돌아오게 하여 더불어 살아야 한다. 지나친 개발 때문에 나타나는 지구 온난화와 이상 기후 현상이 더 이상 심해지지 않도록 노력하는 일도 우리 모두에게 남겨진 과제이다. 이제 우리 모두 자연 보호를 실천해야 한다.

18 글 ❺에 대한 설명으로 알맞은 것은 무엇입니까? ( )

① 문제 상황을 밝히고 있다.
② 주장에 대해 반론을 펼치고 있다.
③ 근거를 뒷받침하는 예와 자료를 제시하고 있다.
④ 주장을 뒷받침하는 근거를 조목조목 이야기하고 있다.
⑤ 자연을 보호해야 한다는 주장을 다시 한번 이야기하고 있다.

☆☆
19 글 내용의 타당성을 제대로 판단하지 <u>못한</u> 사람을 <u>두 명</u> 고르시오. (,)

① 윤하: 세 가지 근거 모두 주장을 뒷받침하고 있다.
② 희서: 세 가지 근거 모두 주장하는 바와 관련이 있다.
③ 채원: 자연을 보호해야 한다는 주장은 실천하기 어렵다.
④ 민준: 근거에 포함된 예시들이 주장하는 바와 관련이 없다.
⑤ 준열: 자연을 보호해야 한다는 주장은 가치 있고 중요하다.

[서술형 문제]
20 이 글과 같은 논설문에 다음과 같은 표현을 쓰면 무엇이 문제인지 쓰시오.

> 적당히 먹어야 건강에 좋다.

❹ 자연을 보호해야 하는 세 번째 근거는 자연은 우리 후손이 살아갈 삶의 터전이기 때문입니다.

❺ 결론 부분으로, 자연 보호를 실천하자고 다시 한번 강조합니다.

○ **논설문의 짜임**
• 서론: 글을 쓴 문제 상황과 글쓴이의 주장을 밝힙니다.
• 본론: 글쓴이의 주장에 적절한 근거를 제시합니다.
• 결론: 글 내용을 요약하기도 하고 글쓴이의 주장을 다시 한번 강조할 수도 있습니다.

4
단원

○ 낱말사전
훼손된 헐거나 깨뜨려 못 쓰게 된.
안식처 편히 쉬는 곳.
이상 기후 기온이나 강수량 따위가 정상적인 상태를 벗어난 상태.

○ **그림의 특징**: 우리 주변에서 일어나는 문제 상황을 나타낸 그림입니다.

가 스마트폰 중독에 대한 문제 상황입니다.
나 즉석 음식을 즐겨 먹는 것에 대한 문제 상황입니다.
다 한 가지 갈래의 책만 읽는 것에 대한 문제 상황입니다.

가

스마트폰 중독

나

즉석 음식 즐겨 먹기

다

한 가지 갈래의 책만 읽기

라

?

21 그림 **가**에서 발견할 수 있는 문제 상황에 ○표 하시오.

(1) 스마트폰 중독은 일상생활을 어렵게 한다. 　　　　　　(　　)
(2) 스마트폰을 사용해 공부하는 것은 바람직하지 않다. 　(　　)

22 그림 **나**의 문제 상황을 해결할 수 있는 주장으로 알맞은 것은 무엇입니까? (　　)

① 외식을 하지 말아야 한다. 　　　② 일회용품 사용을 줄여야 한다.
③ 즉석 음식을 적게 먹어야 한다. 　④ 음식은 되도록 적게 먹어야 한다.
⑤ 즉석 음식 판매를 금지해야 한다.

교과서 문제

23 그림 **다**에서 발견한 문제 상황을 해결할 주장에 대해 논설문을 쓸 때, 그 쓰는 과정을 차례대로 번호를 쓰시오.

(1) 정리한 내용을 바탕으로 논설문을 쓴다. 　　　　　　　　(　5 　)
(2) 문제 상황에 대해 어떻게 주장할지 정한다. 　　　　　　　(　　)
(3) 그림을 보고 한 갈래의 책만 읽는 문제 상황을 찾는다. 　(　　)
(4) 근거와 자료가 타당한지 판단하고 부족한 부분을 보완한다. 　(　　)
(5) 주장을 뒷받침할 만한 근거와 근거를 뒷받침할 자료를 찾는다. (　　)

서술형 문제

24 그림 **라**에 들어갈 문제 상황과 그 문제 상황을 해결할 수 있는 자신의 주장을 쓰시오.

(1) 문제 상황: _____

(2) 자신의 주장: _____

😊 낱말사전

즉석 음식 그 자리에서 바로 먹거나 간단히 조리하여 만들어 먹는 음식.
갈래 문예 양식의 갈래. 특히 문학에서는 서정, 서사, 극 또는 시, 소설, 희곡, 수필, 평론 따위로 나눈 기본형을 이름.

가

- 객관적인 표현을 썼는지 살펴봐야 해.
- 모호한 표현이 있는지도 확인해 봐야겠지?
- ㉠단정하는 표현은 조심해서 써야 해.

나

평가 기준 친구 이름	㉡ 주장이 가치 있고 중요하다.	㉢ 근거가 주장과 관련 있다.	㉣ 근거가 주장을 뒷받침한다.	㉤ 표현이 적절하다.
	○○○	○○○	○○○	○○○
	○○○	○○○	○○○	○○○
	○○○	○○○	○○○	○○○
	○○○	○○○	○○○	○○○

매우 그렇다: ●●●, 그렇다: ●●, 보통이다: ●

25 다음 주장으로 논설문을 쓸 때, 각 부분에 알맞은 내용이 <u>아닌</u> 것은 무엇입니까? (   )

> 일회용품을 줄이자.

① 서론, 본론, 결론으로 나누어 쓴다.
② 본론에는 일회용품 사용을 줄이자는 주장을 쓴다.
③ 서론에는 일회용품 사용량이 늘어나는 문제 상황을 쓴다.
④ 본론에는 일회용품 사용을 줄여야 하는 근거와 뒷받침할 내용을 쓴다.
⑤ 결론에는 내용을 요약한 뒤 다시 한번 일회용품 사용을 줄이자고 주장한다.

26 ㉠에 따라 표현의 적절성을 판단할 때, 고쳐 써야 할 문장은 무엇입니까? (   )

① 나는 설거지하는 것을 귀찮아한다.   ② 나는 일회용품 없이도 살 수 있다.
③ 일회용품 사용을 최대한 줄여야 한다. ④ 일회용품의 재사용 역시 많은 비용이 든다.
⑤ 일회용품을 계속 쓴다면 결코 지구를 구할 수 없다.

☆☆
27 논설문의 주장과 근거가 다음과 같을 때, 나의 ㉡~㉤ 중 어느 부분에서 낮은 점수를 받을지 두 가지를 골라 기호를 쓰시오.

> • 문제점: 일회용품 사용을 줄이자는 주장에 대해 막대한 자원의 낭비, 환경 오염, 사회 불평등 조장 등을 근거로 들었다.

(,   )

○ **그림의 특징:** 논설문을 쓴 뒤 판단하고 평가할 내용을 보여 주는 그림입니다.

가 논설문에 쓴 표현이 적절한지 판단합니다.
나 논설문을 판단할 때 필요한 평가 기준입니다.

○ **표현의 적절성 판단하기**
• 논설문에서는 자신만의 생각이나 감정에 치우치는 주관적인 표현보다는 사실을 있는 그대로 드러내는 객관적인 표현을 써야 합니다.
• 모호한 표현은 낱말이나 문장이 나타내는 의미가 분명하지 않아 정확하게 해석할 수 없는 표현인데, 논설문은 자신의 견해나 관점을 정확하게 표현하는 글이므로 모호한 표현을 쓰지 않아야 합니다.
• '반드시', '절대로', '결코'와 같이 어떤 사실을 딱 잘라 판단하거나 결정해 단정하는 표현은 조심해서 써야 합니다.

낱말사전

객관적인 자기와의 관계에서 벗어나 제삼자의 입장에서 사물을 보거나 생각하는.

모호한 말이나 태도가 흐리터분하여 분명하지 않은.

단정하는 딱 잘라서 판단하고 결정하는.

교과서 핵심 정리

핵심 1 논설문의 특성 알기

- 주장과 근거
  - 논설문은 어떤 문제 상황에 대해 글쓴이의 주장을 논리적으로 쓴 글입니다.
  - 주장에는 주장을 뒷받침하는 타당한 근거를 제시해야 합니다.
  - 사람마다 주장이 다른 까닭은 겪은 일이 다르고 처한 상황이 다르기 때문입니다.
- 논설문의 짜임
  - 논설문은 서론, 본론, 결론으로 짜여 있습니다.

서론	글을 쓴 문제 상황과 글쓴이의 주장을 밝힘.
본론	글쓴이의 주장에 대한 적절한 근거를 제시함.
결론	글의 내용을 요약하고 글쓴이의 주장을 다시 한번 강조함.

예 「우리 전통 음식의 우수성」의 짜임

서론	우리 전통 음식을 사랑하자.
본론	• 우리 전통 음식은 건강에 이롭다. • 우리 전통 음식을 가까이하면 계절과 지역에 따라 다양한 맛을 즐길 수 있다. • 우리 전통 음식에서 우리 조상의 슬기와 문화를 경험할 수 있다.
결론	우리 전통 음식의 과학성과 우수성을 알고, 우리 전통 음식을 사랑하자.

핵심 2 내용의 타당성과 표현의 적절성 판단하기

- 내용의 타당성을 판단하는 기준
  ① 주장이 가치 있고 중요한지 살펴봅니다.
  ② 근거가 주장과 관련이 있는지 살펴봅니다.
  ③ 근거가 주장을 뒷받침하는지 살펴봅니다.
- 표현의 적절성을 판단하는 기준
  ① 주관적인 표현을 쓰지 않았는지 살펴봅니다.
    - 사실을 있는 그대로 드러내는 객관적인 표현을 씁니다.
  ② 모호한 표현을 쓰지 않았는지 살펴봅니다.
    - 낱말이나 문장의 의미를 정확하게 알 수 없는 모호한 표현은 쓰지 않아야 합니다.
  ③ 단정적인 표현을 쓰지 않았는지 살펴봅니다.
    - '반드시', '절대로', '결코'와 같은 단정하는 표현은 조심해서 써야 합니다.

예 「자연 보호는 우리가 꼭 해야 할 일」의 내용의 타당성 판단하기

주장	자연을 보호해야 한다.
근거	• 자연은 한번 파괴되면 복원되기가 어렵다. • 무리한 자연 개발은 생태계를 파괴한다. • 자연은 우리 후손이 살아갈 삶의 터전이다.

→ 주장이 가치 있고 중요한가? (○)
→ 근거가 주장과 관련 있는가? (○)
→ 근거가 주장을 뒷받침하는가? (○)

핵심 3 타당한 근거를 들어 논설문 쓰기

문제 상황 생각하기 → 주장 정하기 → 주장을 뒷받침할 근거와 근거를 뒷받침할 자료 찾기 → 내용의 타당성 판단 뒤 보완하기 → 짜임에 맞게 글 쓰기

예 논설문 쓰기

논설문을 쓰기 전에 주장과 근거를 가지고 내용의 타당성을 먼저 검토해 봐야 해요.

단원 정리 평가

[01~05] 다음 글을 읽고, 물음에 답하시오.

가 지훈: ☐

그 까닭은 첫째, ㉠동물원은 우리에게 큰 즐거움을 줍니다. 3000년 전에 이미 동물원을 만들었을 만큼 사람은 동물을 좋아하고 가까이해 왔습니다. 동물원에서는 쉽게 만날 수 없는 동물을 가까이에서 볼 수 있는데, 열대 지역에 사는 사자나 극지방에 사는 북극곰도 쉽게 만날 수 있습니다. 서울 동물원에만 한 해 평균 350만 명이 방문한다고 합니다. 이렇게 많은 사람이 동물원을 좋아하고 동물원에서 즐거움을 느낍니다. 둘째, ㉡동물원은 동물을 보호해 줍니다. 야생에서는 약한 동물이 더 강한 동물에게 공격당하거나 먹이가 없어 굶어 죽기도 합니다. 동물원은 자유를 제한하더라도 먹이와 안전을 보장하기 때문에 동물에게 훨씬 이롭습니다. ㉢최근에는 친환경 동물원으로 탈바꿈하는 곳도 많습니다. 동물들이 지내는 환경을 개선하면 동물원은 사람에게도, 동물에게도 이로운 곳이 될 것입니다.

나 미진: ☐

첫째, ㉣동물원은 동물의 자유를 구속하고, 동물에게 사람의 구경거리가 되는 고통을 줍니다. 동물원에서 동물은 제한된 공간에 갇혀 수많은 관람객과 마주해야 합니다. 이러한 상황에서 동물은 극심한 스트레스를 받습니다. 동물은 사람의 눈요깃거리가 아니라 그 자체로 존중받아야 하는 소중한 생명체입니다. 둘째, ㉤동물원은 인공적인 환경이기 때문에 자연을 대신할 수 없습니다. 동물원의 우리는 동물의 행동반경에 비해 턱없이 좁습니다. 친환경 동물원이 생기고 있지만 동물이 원래 살던 환경을 그대로 동물원으로 옮기는 것은 불가능합니다. 동물은 인위적으로 만든 동물원보다 생태계가 어우러진 광활한 자연에서 살아야 합니다. 동물에게 이로움보다 해로움이 훨씬 더 많은 동물원은 없애야 한다고 생각합니다.

서술형 문제

01 글 **가**와 **나**의 빈칸에 들어갈 지훈이와 미진이의 주장은 각각 무엇인지 쓰시오.

(1) 글 **가**: _____

(2) 글 **나**: _____

☆☆
02 ㉠~㉤ 중 지훈이의 주장을 뒷받침하는 근거는 무엇인지 두 가지 고르시오. (,)

① ㉠ ② ㉡ ③ ㉢ ④ ㉣ ⑤ ㉤

03 ㉢의 친환경 동물원에 대해 지훈이와 미진이는 각각 어떻게 생각하는지 골라 선으로 이으시오.

(1) 지훈 •

(2) 미진 •

• ㉮ 인공적인 환경이어서 자연환경보다 동물에게 이롭지 않다.

• ㉯ 동물들이 지내는 환경이 개선되어 동물에게 이롭다.

04 지훈가 중요하다고 생각한 것에는 '지훈'을, 미진이가 중요하다고 생각한 것에는 '미진'을 쓰시오.

(1) 동물의 자유: ( )
(2) 동물의 먹이와 안전: ( )

05 지훈이와 미진이가 같은 문제 상황에 대해 다른 주장을 하는 까닭을 잘못 말한 사람의 이름을 쓰시오.

> 지원: 사람마다 이름이 다르기 때문이야.
> 소라: 사람마다 겪은 일이 다르기 때문이야.
> 윤주: 사람마다 처한 상황이 다르기 때문이야.

( )

[06~11] 다음 글을 읽고, 물음에 답하시오.

가 ㉠요즘에 우리 전통 음식보다 외국에서 유래한 햄버거나 피자와 같은 음식을 더 좋아하는 어린이를 쉽게 볼 수 있습니다. 이러한 음식은 지나치게 많이 먹으면 건강이 나빠지기도 합니다. 그에 비해 우리 전통 음식은 오랜 세월에 걸쳐 전해 오면서 우리 입맛과 체질에 맞게 발전해 왔기 때문에 여러 가지 면에서 우수합니다. ㉡우리 전통 음식을 사랑합시다. 왜 우리 전통 음식을 사랑해야 할까요?

나 첫째, ㉢우리 전통 음식은 건강에 이롭습니다. 우리가 날마다 먹는 밥은 담백해 쉽게 싫증이 나지 않으며 어떤 반찬과도 잘 어우러져 균형 잡힌 영양분을 섭취하기 좋습니다. 또 [㉮] 같은 발효 식품에도 무기질과 비타민이 풍부하게 들어 있어 몸을 건강하게 해 줍니다. 특히 청국장은 항암 효과는 물론 해독 작용까지 뛰어나다고 합니다. 된장도 건강에 이로운 식품으로 알려져 있습니다.

다 둘째, ㉣우리 전통 음식을 가까이하면 계절과 지역에 따라 다양한 맛을 즐길 수 있습니다. 우리 조상은 생활 주변에서 나는 여러 가지 재료를 이용해 계절에 맞는 다양한 음식을 만들어 왔습니다. 주변 바다와 산천에서 나는 풍부하고 다양한 해산물과 갖은 나물이나 채소와 같은 재료는 각각 고유한 맛이 있습니다. 이러한 재료를 이용해 만든 여러 가지 음식은 지역 특색을 살린 독특한 맛을 냅니다.

라 셋째, ㉤우리 전통 음식에서 우리 조상의 슬기와 문화를 경험할 수 있습니다. [㉯]

마 ㉥우리나라 전통 음식은 세계 여러 나라 사람에게 주목받고 있습니다. 우리 조상의 넉넉한 마음과 삶에서 배어 나온 지혜가 담긴 우리 전통 음식은 그 맛과 멋과 영양의 삼박자를 모두 갖추고 있습니다. 우리는 우리 전통 음식의 과학성과 우수성을 알고 우리 전통 음식에 관심을 가지고 우리 전통 음식을 사랑해야겠습니다.

06 ㉠~㉥ 중 문제 상황에 해당하는 것은 무엇인지 기호를 쓰시오. ( )

07 ㉠~㉥ 중 주장과 근거는 무엇인지 기호를 각각 쓰시오.

주장	근거
(1)	(2)

08 ㉮에 들어갈 말로 알맞지 <u>않은</u> 것은 무엇입니까? ( )

① 떡   ② 간장   ③ 된장
④ 김치   ⑤ 고추장

09 글 **가**~**마** 중 다음 자료를 근거 자료로 사용할 수 있는 문단의 기호를 쓰시오. ( )

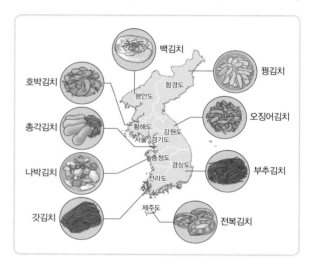

10 ㉯에 들어갈 내용으로 알맞은 것에 모두 ○표 하시오.

(1) 겨울철에도 채소를 먹도록 한 김장 ( )
(2) 지역에 따라 다른 재료로 만든 김치 ( )
(3) 고기류와 어패류를 보관하는 염장 기술 ( )

11 글 **가**~**마**를 논설문의 짜임에 맞게 기호를 쓰시오.

서론	(1)
본론	(2)
결론	(3)

[12~16] 다음 글을 읽고, 물음에 답하시오.

가 둘째, 무리한 자연 개발은 생태계를 파괴한다. 생물은 서로 유기적인 생태계로 얽혀 있으며 주변 환경과 영향을 주고받으면서 살아간다. 자연 개발로 생태계를 파괴하면 결국 사람의 생활 환경을 악화시키는 결과를 초래한다. 예를 들어 사람의 편의를 돕는 시설을 만들면서 무분별하게 산을 파헤치면 동식물은 삶의 터전을 잃는다. 무리한 자연 개발의 결과로 기후 변화 현상까지 나타나 동물이 멸종 위기에 처하고, 지구 환경이 위협을 받기도 한다. 동식물이 살 수 없는 곳은 사람도 살 수 없는 곳이 된다. 사람도 자연의 일부분이므로 자연과 조화를 이루어야 우리 삶이 풍요로워진다.

나 첫째, ㉠자연은 한번 파괴되면 복원되기가 어렵다. ┃㉮┃ 이처럼 환경을 오염시키는 것은 순식간이지만 오염된 환경을 되살리는 데는 수십, 수백 배의 시간과 노력이 든다. 자연의 힘이 아무리 위대해도 자정 능력을 넘어서는 오염을 감당하기는 어렵다.

다 우리나라뿐만 아니라 세계 곳곳에서 벌어지는 자연 개발은 우리 삶을 위협한다. ㉡이러한 무분별한 개발로 우리 삶의 터전인 자연은 몸살을 앓고, 이제 인류의 생존까지 위협하는 상황에 이르렀다. 우리는 자연의 목소리에 귀를 기울이고 자연을 보호해야 한다. 왜 자연을 보호해야 할까?

라 자연은 우리의 영원한 안식처이다. 더 이상 무분별한 개발로 금수강산을 훼손해서는 안 된다. 자연 개발로 사라져 가는 동식물을 다시 이 땅으로 돌아오게 하여 더불어 살아야 한다. ㉢지나친 개발 때문에 나타나는 지구 온난화와 이상 기후 현상이 더 이상 심해지지 않도록 노력하는 일도 우리 모두에게 남겨진 과제이다. 이제 우리 모두 자연 보호를 실천해야 한다.

마 셋째, 자연은 우리 후손이 살아갈 삶의 터전이다. ㉣당장의 편리와 이익만을 추구하다 보면 우리 후손에게 훼손된 자연을 물려주게 된다. 환경을 고려하지 않은 개발로 물, 공기, 토양, 해양과 같은 자연환경이 돌이키기 힘들 정도로 훼손되면 우리 후손은 그 훼손된 자연 속에서 살아가야 한다. 조상으로부터 금수강산을 물려

받은 우리는 후손에게 아름다운 자연을 물려주어야 할 의무가 있다. 자연은 조상이 남긴 소중한 환경 유산이자 후손이 앞으로 살아갈 삶의 터전임을 기억해야 한다.

12 이 글의 제목으로 알맞은 것은 무엇입니까? (   )

① 생태계 보존
② 분리수거의 힘
③ 자연 친화적 개발
④ 미래 유산으로서의 자연
⑤ 자연 보호는 우리가 꼭 해야 할 일

13 ㉠~㉣ 중 주장을 하게 된 문제 상황은 무엇인지 기호를 쓰시오.

(   )

14 ㉮에 들어갈 내용으로 알맞은 것은 무엇입니까?
(   )

① 매연을 없애는 방법
② 석유를 만드는 데 드는 시간
③ 탄소 중립 국가가 되기 위한 노력
④ 지구 온난화로 인한 이상 기후 현상
⑤ 오염된 물을 깨끗하게 만드는 데 필요한 자원

15 글 **가**~**마**를 논설문 짜임에 맞게 차례대로 기호를 쓰시오.

(   ) → (   ) → (   ) → (   ) →
(   )

☆☆
16 이 글을 읽고 내용이 타당한지 알맞게 판단한 것에 모두 ○표 하시오.

(1) 근거가 주장과 관련이 있다.   (   )
(2) 근거들이 주장을 뒷받침한다.   (   )
(3) 근거들의 출처를 밝히고 있다.   (   )
(4) 자연을 보호해야 한다는 주장이 가치 있고 중요하다.   (   )

[17~18] 다음 문장을 읽고, 물음에 답하시오.

> ② 나는 자전거 타기보다 걷기를 더 좋아한다. 그래서 걷기는 좋은 운동이다.
> ④ 국립 공원에 절대로 케이블카를 설치해서는 안 된다.
> ⑤ 내 생각에 급식 시간에 음식을 남기는 것은 괜찮은 것 같다.
> ⑥ 건강하려면 반드시 밖으로 나가 걸어야 한다.
> ⑦ 적당히 먹어야 건강에 좋다.
> ⑧ 운동회는 우리 학교 전통이니까 하면 좋겠지만, 재미는 없을 것이다.

17 다음은 논설문에 적절하지 <u>않은</u> 표현에 대한 설명입니다. 각 설명의 예를 문장 ②~⑧에서 <u>두 가지</u>씩 골라 기호를 쓰시오.

(1)
> '반드시', '절대로', '결코'와 같이 어떤 사실을 딱 잘라 판단하거나 결정해 단정하는 표현은 조심해야 한다.

(,   )

(2)
> 낱말이나 문장이 나타내는 의미가 분명하지 않아 정확하게 해석할 수 없는 모호한 표현은 쓰지 않아야 한다.

(,   )

(3)
> 자신만의 생각이나 감정에 치우치는 주관적인 표현보다 사실을 있는 그대로 드러내는 객관적인 표현을 써야 한다.

(,   )

18 문장 ⑥를 논설문에 적절한 표현으로 바꾸어 쓴 것은 무엇입니까? (   )

① 나는 밖으로 나가 걷는 것을 좋아한다.
② 건강하려면 절대로 걸어서는 안 된다.
③ 건강하려면 밖으로 나가 걸어야 한다.
④ 건강하려면 밖으로 나가 적당히 걸어야 한다.
⑤ 건강하려면 결코 밖으로 나가 걸어서는 안 된다.

[19~20] 다음 그림을 보고, 물음에 답하시오.

19 이 그림에 나타난 문제 상황으로 알맞은 것은 무엇입니까? (   )

① 통신료가 너무 비싸다.
② 이어폰 사용을 단속해야 한다.
③ 게임을 하는 아이들이 늘고 있다.
④ 걸을 때 스마트폰을 사용하는 경우가 많다.
⑤ 아이들의 스마트폰 사용 시간이 늘어나고 있다.

서술형 문제

20 19의 문제 상황을 해결하기 위한 주장과 근거 <u>두 가지</u>를 쓰시오.

주장	(1)
근거 1	(2)
근거 2	(3)

서술형 문제

01 시은이가 제시한 문제 상황에 대한 자신의 주장과 근거를 <u>두 가지</u> 쓰시오.

> 시은: 동물원은 살아 있는 동물들을 모아서 기르는 곳입니다. 자연 상태에서 보기 힘든 다양한 동물을 가까이에서 볼 수 있어 동물의 생태와 습성, 자연환경의 소중함을 배울 수 있는 교육 장소입니다. 하지만 좁은 우리에 갇혀 살아가는 동물들은 스트레스를 많이 받습니다. '동물원은 필요한가'에 대해 우리 모둠 친구들은 어떻게 생각하나요?

주장	⑴ 동물원은 ( ) 한다.
근거 1	⑵
근거 2	⑶

02 다음은 논설문의 짜임 중 어느 부분에 해당하는 것인지 그렇게 생각하는 까닭과 함께 쓰시오.

> 우리나라뿐만 아니라 세계 곳곳에서 벌어지는 자연 개발은 우리 삶을 위협한다. 이러한 무분별한 개발로 우리 삶의 터전인 자연은 몸살을 앓고, 이제 인류의 생존까지 위협하는 상황에 이르렀다. 우리는 자연의 목소리에 귀를 기울이고 자연을 보호해야 한다. 왜 자연을 보호해야 할까?

⑴ 글의 짜임: ( )

⑵ 그렇게 생각한 까닭:

03 다음과 같은 표현은 논설문에서 왜 적절하지 <u>않은</u>지 쓰시오.

> • 나는 여름보다 겨울에 더 많이 다닌다. 그래서 겨울에 더 많은 축제를 열어야 한다.
> • 내 생각에 연예인 팬클럽에 가입하는 것은 괜찮은 것 같다.

04 다음 문장을 논설문에 알맞은 표현으로 바꾸어 쓰시오.

> 학교에 절대로 외부 사람을 들이면 안 된다.

→

05 다음 글에서 표현이 적절하지 <u>않은</u> 문장을 찾아 밑줄을 긋고, 바르게 고쳐 쓰시오.

> 어떤 음식이든 적당히 먹어야 건강에 좋다. 하지만 최근 유행하는 먹방 프로그램들은 출연자에게 일반 성인의 하루 권장 칼로리를 훌쩍 넘는 많은 음식을 먹도록 제작하고 있다.

→

4 단원

수행 평가

| 학습 주제 | 타당한 근거를 들어 알맞은 표현으로 논설문 쓰기 | 배점 \| 20점 |
| 학습 목표 | 타당한 근거를 들어 알맞은 표현으로 논설문을 쓸 수 있다. | |

1 다음 그림에서 발견할 수 있는 문제 상황과 그 문제를 해결할 수 있는 주장을 쓰시오.

즉석 음식 즐겨 먹기

➡

문제 상황	주장하고 싶은 것
(1)	(2)

2 1에서 정한 주장을 뒷받침할 만한 근거를 <u>두 가지</u> 쓰시오.

근거 1	(1)
근거 2	(2)

3 1과 2에서 정리한 주장과 근거로 논설문을 쓰려고 합니다. 빈칸에 들어갈 내용을 쓰시오.

서론	(1)
본론	(2)
결론	당분과 염분이 많고 영양소가 부족하며 칼로리가 높은 즉석 음식은 성장기 어린이들이 피해야 할 음식이다. 건강하게 잘 성장하기 위해 즉석 음식 섭취를 줄이자.

준비 **뜻이 같은 여러 속담** 속담을 사용하는 까닭을 생각해 봅시다.

교과서 지문 학습

5 속담을 활용해요

1

와, 교실이 깨끗하게 정리 정돈 되었네요.

2

선생님, 우리나라 ⓐ속담에 ⓑ"백지장도 맞들면 낫다."라는 말이 있는데, 친구들과 함께 청소하니 쉬웠어요.

그랬군요! 여러분이 협동의 힘을 알았군요.

3

그러면 협동을 말한 속담에는 또 무엇이 있을까요?

4

ⓒ (이)라는 속담이 있어요.

단원 학습

속담을 활용해 자신의 생각을 효과적으로 표현할 수 있어요.

○ **그림의 특징:** 뜻이 같은 여러 속담을 떠올려 볼 수 있는 상황을 나타내는 그림입니다.

○ **속담**

예로부터 민간에 전하여 오는 쉬운 격언이나 잠언으로, 옛사람의 생각과 지혜, 생활 모습과 교훈 따위가 담겨 있습니다.

01 ⓐ에 대한 설명으로 알맞지 <u>않은</u> 것에 ×표 하시오.

(1) 예로부터 민간에 전해 오는 쉬운 격언이나 잠언이다. ( )

(2) 한자 네 자로 이루어진 말로, 교훈이나 유래를 담고 있다. ( )

(3) 우리 민족의 지혜와 해학, 생활 방식과 교훈이 담겨 있는 말이다. ( )

도서관에 있는 속담 사전이나 국립국어원 누리집에 있는 표준국어대사전을 활용하면 더 많은 속담을 쉽게 찾을 수 있어요.

교과서 문제

02 ⓑ의 속담 뜻으로 가장 알맞은 것은 무엇입니까? ( )

① 일부만 보고 전체를 미루어 안다.

② 쉬운 일이라도 협력해서 하면 훨씬 쉽다.

③ 일이 이미 잘못된 뒤에 손을 써도 소용이 없다.

④ 내가 남에게 말이나 행동을 좋게 해야 남도 나에게 좋게 한다.

⑤ 주관하는 사람이 없이 여러 사람이 자기주장만 내세우면 일이 제대로 되기 어렵다.

낱말사전

정리 정돈 흐트러지거나 혼란스러운 상태에 있는 것을 한데 모으거나 가지런히 바로잡아 질서 있는 상태가 되게 함.

협동 서로 마음과 힘을 하나로 합함.

서술형 문제

03 ⓒ에 들어갈 속담을 한 가지 쓰시오.

_____

○ **특징:** 생활 속에서 속담을 사용하는 다양한 상황을 보여 주는 글과 그림으로, 속담을 사용하는 까닭을 생각해 볼 수 있습니다.

⑦ 글을 쓸 때 속담을 사용한 상황으로, 속담을 통해 자기 생각을 효과적으로 드러내고 있습니다.
⑭ 서로 말을 주고받을 때 속담을 사용한 상황으로, 속담을 통해 듣는 사람의 흥미를 끌고 있습니다.
⑮ 자신의 의견을 제시할 때 속담을 사용한 상황으로, 속담을 통해 주장의 논리를 뒷받침하여 상대를 쉽게 설득하고 있습니다.

○ **속담을 사용하면 좋은 점**
• 듣는 사람이 흥미를 느낄 수 있습니다.
• 조상의 지혜와 슬기를 알 수 있습니다.
• 자신의 의견을 쉽고 효과적으로 전달할 수 있습니다.

낱말사전

사공 배를 부리는 일을 직업으로 하는 사람.

몸가짐 몸의 움직임. 또는 몸을 거두는 일.

의견 어떤 대상에 대하여 가지는 생각.

---

⑦ 글을 쓸 때

영주네 가족은 이삿짐 싸는 차례를 서로 다르게 생각했어요.

할머니와 이모께서는 깨지기 쉬운 항아리나 유리그릇부터 싸라고 하셨고, 삼촌께서는 텔레비전이나 컴퓨터부터 옮기라고 하셨어요. ㉠"사공이 많으면 배가 산으로 간다."라는 속담처럼 서로 의견을 굽히지 않아 시간만 흘렀어요.

⑭ 서로 말을 주고받을 때

윤경아, 내가 청소 도와줄게.

우진아, 괜찮아. 혼자서도 할 수 있어.

㉡"바늘 가는 데 실 간다."라고 했어. 우리는 짝이니까 함께하자.

재미있는 말이네. 고마워!

⑮ 자신의 의견을 제시할 때

친구들이 바른 몸가짐으로 항상 웃으며 인사하면 좋겠어. ㉢"하나를 보면 열을 안다."라는 말이 있듯이 작은 행동 하나에 그 사람의 많은 것이 드러나게 돼.

친구의 의견이 옳은 것 같아.

☆☆
04 ㉠~㉢의 속담 뜻으로 알맞은 것을 선으로 이으시오.

(1) ㉠ •

(2) ㉡ •

(3) ㉢ •

• ㉮ | 일부만 보고 전체를 미루어 안다.

• ㉯ | 사람의 긴밀한 관계를 비유적으로 이르는 말이다.

• ㉰ | 주관하는 사람이 없이 여러 사람이 자기주장만 내세우면 일이 제대로 되기 어렵다.

교과서 문제
05 ⑦~⑮에서 속담을 사용한 까닭을 보기 에서 각각 골라 기호를 쓰시오.

보기
㉮ 듣는 사람이 흥미를 가질 수 있어서
㉯ 자기 생각을 효과적으로 드러낼 수 있어서
㉰ 주장의 논리를 뒷받침해 쉽게 설득할 수 있어서

(1) ⑦: (   )   (2) ⑭: (   )   (3) ⑮: (   )

기본 속담을 사용할 수 있는 다른 상황 다양한 상황에서 쓰이는 속담의 뜻을 알아봅시다.

5 속담을 활용해요

가 어제 뉴스 봤니? 퓨마가 탈출했던 동물원에서 안전 관리 실태를 점검하고 있대.

미리 점검하지 않고, ㉠소 잃고 외양간 고치는 격이구나.

나 일 년 동안 모은 동전이 20만 원이나 돼.

그래? ㉡   (이)라더니 그 말이 맞네.

다 피아노를 배우다 그만두고, 태권도도 힘들어 그만두고, 이제 수영을 배우려고 해.

우물을 파도 한 우물을 파라는 말이 있듯이 이번 수영을 끝까지 배우면 좋겠어.

라 영주에게 태권도 겨루기를 하자고 했어.

하룻강아지 범 무서운 줄 모른다더니, 한 달 배운 네가 태권도 대표 선수인 영주를 이길 수 있겠니?

○ **그림의 특징:** 속담이 쓰이는 다양한 상황을 보여 주는 그림입니다.

가 뒤늦게 안전 관리 실태를 점검하는 동물원의 문제를 안타까워하는 상황입니다.

나 일 년 동안 동전을 모아서 큰 돈을 마련한 상황입니다.

다 중간에 포기하지 말고 끝까지 배우면 좋겠다고 말하는 상황입니다.

라 태권도를 한 달 배운 실력으로 태권도 대표 선수인 영주에게 겨루기를 하자고 한 것을 걱정하는 상황입니다.

06 ㉠의 속담 뜻을 알맞게 말한 사람의 이름을 쓰시오.

> 철민: 철없이 덤빈다는 말이야.
> 민희: 사람의 긴밀한 관계를 비유적으로 이르는 말이야.
> 영지: 일이 잘못된 뒤에는 손을 써도 소용이 없다는 말이야.

(   )

07 ㉡에 들어갈 속담으로 알맞은 것에 ○표 하시오.

(1) 티끌 모아 태산   (   )   (2) 우물 안 개구리   (   )

(3) 바늘 가는 데 실 간다   (   )   (4) 천 리 길도 한 걸음부터   (   )

교과서 문제

08 그림 **다**와 **라**에 쓰인 속담을 사용할 수 있는 다른 상황을 알맞게 연결한 것을 두 가지 고르시오.   (,   )

① 그림 **다** – 동생들이 기어코 농구 시합을 하자고 하는 상황

② 그림 **다** – 여러 가지 일을 하다 보니 아무것도 이룬 것이 없는 상황

③ 그림 **다** – 용돈을 저축해 부모님께 선물을 사 드려서 자랑스러웠던 상황

④ 그림 **라** – 어린아이들이 농구 선수에게 농구 시합을 하자고 하는 상황

⑤ 그림 **라** – 친구들과 안전에 주의하지 않고 놀다가 다친 뒤에 후회했던 상황

😊 **낱말사전**

실태 있는 그대로의 상태. 또는 실제의 모양.

점검하고 낱낱이 검사하고.

속담 하나 이야기 하나

[독장수구구]

❶ 옛날 어느 마을에 독을 만들어 파는 독장수가 있었습니다. 옛날에는 간장이나 된장을 담거나 곡식을 보관할 때 또는 술을 담글 때 독을 사서 썼습니다. 어느 마을에서는 독을 무덤으로 쓰기도 했습니다.

독은 잘만 팔면 큰 부자가 될 수 있었지만 워낙 크고 무거워서 많이 가지고 다니지 못했습니다.

하루는 독장수가 지게에 큰독 세 개를 지고 독을 팔러 나섰습니다.

그러나 하루 종일 지고 다녀도 독은 팔리지 않고 어깨만 빠지도록 아팠습니다. 땀이 목덜미를 타고 내려 등줄기를 적셨습니다.

㉠"아이고, 어깨야. 어째 오늘은 독을 사는 사람이 하나도 없네."

독장수는 고갯길을 힘겹게 올랐습니다. 숨을 헐떡거리며 높은 고개턱을 겨우 올라왔습니다. 혹시라도 몸을 잘못 가누면 독이 굴러떨어져 산산조각이 나고 맙니다. 독장수는 너무 힘들어 눈앞이 핑핑 돌 지경이었습니다.

"아이고, 저 나무 밑에서 좀 쉬었다 가야겠다."

독장수는 고개를 다 오르고는 나무 그늘 밑에다 지겟작대기로 지게를 받쳐 세워 놓았습니다. 독장수는 허리춤에 찼던 수건을 꺼내 이마와 얼굴의 땀을 닦았습니다.

"아, 이제 살 것 같다. 아이고, 그놈의 고개 오지기도 해라."

교과서 문제

09 독장수가 하는 일은 무엇인지 쓰시오.

(　　　　　　　　　)

10 이 글의 내용으로 볼 때, 옛날에 독의 쓰임새로 알맞지 <u>않은</u> 것은 무엇입니까?

(　　　)

① 무덤으로 쓴다.　　　　　② 술을 담아 둔다.
③ 곡식을 보관한다.　　　　④ 무거운 것을 옮긴다.
⑤ 간장이나 된장을 보관한다.

11 ㉠에 나타난 독장수의 마음으로 알맞은 것에 ○표 하시오.

(1) 독이 많이 남아 있어 든든한 마음 　　　　　(　)
(2) 독을 많이 팔 생각에 신나는 마음 　　　　　(　)
(3) 독이 팔리지 않아 실망스러운 마음 　　　　　(　)

- **글의 종류:** 이야기
- **글쓴이:** 임덕연
- **글의 특징:** '독장수구구'와 '까마귀 고기를 먹었나'의 속담이 나오게 된 유래를 알려 주는 이야기입니다.

❶ 독장수는 힘겹게 고개에 올라 나무 그늘 밑에다 지겟작대기로 지게를 받쳐 놓고 쉬었습니다.

🗣 **낱말사전**

헐떡거리며 숨을 자꾸 가쁘고 거칠게 쉬는 소리를 자꾸 내며.

산산조각 아주 잘게 깨어진 여러 조각.

지경 '경우'나 '형편', '정도'의 뜻을 나타내는 말.

오지기도 허술한 데가 없이 알차기도.

② 독장수는 지게 옆에 벌렁 누웠습니다.

"야, 정말 시원하구나. 저 독 둘은 팔아 빚을 갚는 데 쓰고, 나머지 독을 팔면 다른 독 두 개는 살 수 있겠지? 그 독 둘을 다시 팔면 독 네 개를 살 수 있고, 넷을 팔면 가만 있자, 이 이는 사, 이 사 팔. 그래 여덟 개를 살 수 있구나. 그다음에 여덟 개를 팔면, 가만있자……."

이렇게 계산해 나가니 열여섯 개가 서른두 개가 되고, 서른두 개면 예순네 개가 되고, 예순네 개는 백스물여덟 개가 되었습니다.

"야, 이렇게 계산해 보니 며칠 안 가 독이 천만 개나 되겠는걸. 그럼 그 돈으로 논과 밭을 사는 거야. 그리고 남는 돈으로는 고래 등 같은 기와집을 짓는 거야."

독장수는 너무 기쁜 나머지 팔을 번쩍 들었습니다. 그러다가 팔로, 지게를 받치던 지 겟작대기를 밀어 버렸습니다. 지게는 기우뚱하더니 옆으로 팍 쓰러졌습니다. 지게에 있던 독들도 와장창 깨지고 말았습니다.

㉠"아이고, 망했다. 이걸 어쩐다?"

독장수는 눈물을 뚝뚝 흘리며 박살 난 독 조각들을 쓰다듬었습니다.

이와 같이 허황된 것을 궁리하고 미리 셈하는 것을 '독장수구구'라고 하고, 실현성이 없는 허황된 계산은 도리어 손해만 가져온다는 뜻으로 ㉡"독장수구구는 독만 깨뜨린 다."라는 속담이 쓰입니다.

② 허황된 생각을 하던 독장수는 자신도 모르게 지겟작대기를 밀어 버려서 지게에 있던 독 들이 깨지고 말았습니다.

○ **글에 나타난 속담의 뜻 익히기**
• 말하는 상황과 말한 내용을 확 인합니다.
• 속담이 사용된 상황을 찾아보 고 그 뜻을 짐작합니다.

---

12 교과서 문제

㉠에 나타난 독장수의 마음으로 알맞은 것은 무엇입니까? ( )

① 외롭다. ② 설렌다. ③ 반갑다.

④ 행복하다. ⑤ 속상하다.

☆☆

13 ㉡의 속담 뜻은 무엇인지 이 글에서 찾아 쓰시오.

( )

14 서술형 문제

「독장수구구」의 주제는 무엇일지 자신의 생각을 쓰시오.

_____

_____

낱말사전

허황된 헛되고 황당하며 미덥지 못한.

궁리하고 마음속으로 이리저리 따져 깊이 생각하고.

손해 물질적으로나 정신적으로 밑짐.

[까마귀 고기를 먹었나]

1 "여봐라, 게 아무도 없느냐?"

저승의 염라대왕이 소리치자 까마귀가 냉큼 달려왔습니다.

"네, 까마귀 여기 대령했습니다."

"급히 인간 세상에 다녀오너라."

"네, 인간 세상에 무슨 일이라도 났습니까?"

까마귀가 놀란 얼굴로 물었습니다.

"아무 말 말고 어서 이 편지를 ㉠강 도령에게 전해 줘라."

염라대왕이 말했습니다.

"강 도령요?"

"그래, 이 녀석아, 인간 세상의 모든 일을 맡아보는 강 도령을 모른단 말이냐!"

"아, 그 강 도령요. 알고말고요. 어서 편지나 주세요. 휑하니 다녀오겠습니다."

까마귀가 머리를 긁적이며 말했습니다.

"가다가 딴전 부리지 말고 곧장 강 도령에게 전해야 한다. 아주 중요한 편지야."

염라대왕이 몇 번씩 다짐을 받았습니다.

"네, 네. 심부름 한두 번 해 보나요. 전 심부름 하나는 틀림없다니까요."

2 까마귀는 염라대왕이 준 편지를 물고 인간 세상에 내려왔습니다. 한참 맴을 돌며 내려오는데 어디선가 아주 고소한 냄새가 났습니다.

"이야, 참 고소하다. 어디서 고기 냄새가 날까?"

까마귀는 그만 고기 냄새에 넋을 잃었습니다.

"앗, 저기다. 아니, 말이 쓰러져 있잖아. 어디 가까이 가 볼까?"

교과서 문제

15 까마귀는 인간 세상에서 누구를 만나야 했는지 쓰시오.

(   )

16 ㉠이 하는 일은 무엇입니까? (   )

① 염라대왕의 심부름을 한다.   ② 저승에서 까마귀를 기른다.

③ 저승의 모든 일을 맡아본다.   ④ 인간 세상의 모든 일을 맡아본다.

⑤ 인간 세상에 염라대왕의 편지를 전한다.

17 글 **1**, **2**의 장소 변화를 알맞게 나타낸 것에 ○표 하시오.

(1) 이승 → 하늘나라   (   )   (2) 인간 세상 → 저승   (   )

(3) 이승 → 지하 세계   (   )   (4) 저승 → 인간 세상   (   )

[옆 칸]

1 염라대왕은 까마귀에게 인간 세상의 강 도령에게 편지를 전하라는 심부름을 시켰습니다.

2 까마귀는 말고기를 먹다가 강 도령에게 전할 편지를 잃어버렸습니다.

낱말사전

딴전 어떤 일을 하는 데 그 일과는 전혀 관계없는 일이나 행동.

다짐 이미 한 일이나 앞으로 할 일에 틀림이 없음을 단단히 강조하거나 확인함.

까마귀는 메밀밭가에 죽어 쓰러져 있는 말에게 날아갔습니다.

"꼴깍!"

까마귀는 침을 삼키며 강 도령에게 빨리 편지를 전하고 와서 배불리 먹어야겠다고 생각했습니다.

'아냐, 그새 누가 와서 다 먹어 버리면 어떡하지? 조금만 먹고 빨리 갔다 와야지.'

까마귀는 생각을 바꿔 말고기를 먹고 가기로 했습니다. 까마귀가 말고기를 먹으려고 입을 벌리는 순간, 입에 문 편지가 바람에 날려 어디론가 사라졌습니다. 그래도 까마귀는 정신없이 말고기를 먹었습니다.

"후유, 정말 잘 먹었다. 인간 세상은 참 좋아. 나도 여기서 살았으면 좋겠다. 배불리 먹고 나니 부러울 게 하나도 없구나."

까마귀는 좀 쉬고 난 뒤 편지를 찾았습니다. 그러나 편지는 온데간데없었습니다.

㉠"아니, 편지가 없어졌네. 이거 큰일 났다."

까마귀는 높이 날아올라 이리저리 편지를 찾았습니다. 지나가는 새들을 붙잡고 물어보았지만 편지를 본 새가 아무도 없었습니다.

"하는 수 없다. 아무렇게나 꾸며 댈 수밖에!"

❸ 까마귀는 편지 찾는 걸 포기하고 강 도령에게 갔습니다.

"강 도령님, 염라대왕께서 보내서 왔습니다."

"그런데 왜 이리 늦었느냐?"

"네, 염라대왕께서 다른 곳에도 심부름을 시켜 거기 먼저 다녀오느라 늦었습니다."

까마귀가 시치미를 떼고 말했습니다.

"그건 그렇고, 어디 편지를 보자꾸나."

강 도령이 손을 내밀며 말했습니다.

❸ 까마귀는 강 도령에게 거짓말을 하여 하늘로 올라가지 못하고, 인간 세상에 눌러앉게 되었습니다.

---

18 까마귀가 편지를 잃어버린 까닭으로 알맞은 것은 무엇입니까? ( )

① 말이 편지를 몰래 훔쳐 가서

② 말고기 값으로 편지를 주어서

③ 강 도령이 편지를 건네받다 놓쳐서

④ 세찬 바람이 불어와 물고 있던 편지를 날려 버려서

⑤ 편지가 바람에 날려 갔는데도 정신없이 말고기를 먹어서

교과서 문제

19 ㉠에 나타난 까마귀의 마음으로 알맞은 것은 무엇입니까? ( )

① 신나는 마음　　② 행복한 마음　　③ 설레는 마음

④ 기대되는 마음　　⑤ 걱정되는 마음

낱말사전 -----

온데간데없었습니다 감쪽같이 자취를 감추어 찾을 수가 없었습니다.

포기하고 하려던 일을 도중에 그만두어 버리고.

④ 까마귀가 강 도령에게 염라대왕의 뜻을 잘못 전한 뒤부터는 어른, 아이 할 것 없이 아무나 먼저 죽게 되어 나이에 상관없이 사람들이 죽게 되었습니다.

○ **주제를 생각하며 글 읽기**
· 인물의 마음과 인물이 처한 상황을 살펴봅니다.
· 이야기에 사용된 속담의 뜻을 살펴보면 이야기의 주제를 찾을 수 있습니다.

"편지는 안 주시고 그냥 아무나 빨리 끌어 올리라고 하셨습니다."

"뭐, 아무나 끌어 올리라고? 그럴 리가 없을 텐데."

강 도령은 고개를 갸우뚱했습니다.

"저는 염라대왕께서 말씀하신 대로 전하는 것입니다."

"그래, 알았다. 어서 가 봐라." / 강 도령이 말했습니다.

까마귀는 강 도령과 헤어지고 한숨을 내쉬었습니다.

"어휴, 간이 콩알만 해졌네. 이럴 줄 알았으면 편지 내용을 한번 보는 건데. 그러나저러나 큰일이네. 하늘에 올라가면 분명 염라대왕께서 이 사실을 알고 호통을 치실 텐데. 할 수 없지, 인간 세상에 눌러앉는 수밖에. 여기서는 누가 뭐라는 사람도 없겠지."

까마귀는 하늘로 올라가는 것을 포기하고 말고기가 있는 자리로 갔습니다.

④ 강 도령은 갑자기 바빠졌습니다. 아무나 되는대로 저승으로 보내야 했기 때문입니다.

그전까지는 나이 많은 순서대로 저승에 보내졌습니다. 그래서 사람들은 죽음을 슬픔이 아닌 당연한 일로 받아들였습니다. 본디 왔던 곳으로 돌아간다고 생각했기 때문입니다. / 그러나 까마귀가 염라대왕의 뜻을 잘못 전한 뒤부터는 어른, 아이 할 것 없이 아무나 먼저 죽게 되었답니다. 이때부터 나이에 상관없이 사람들이 죽게 되었지요.

"까마귀 고기를 먹었나."라는 속담은 이런 경우와 같이 ［　　⊙　　］을 가리켜 사용됩니다.

···

서술형 문제

20 까마귀가 강 도령을 만난 뒤 인간 세상은 어떻게 되었는지 쓰시오.

_____

_____

_____

21 ⊙에 들어갈 말로 가장 알맞은 것은 무엇입니까?　　　　　　（　　　）

① 게으른 사람　　　　　　　　② 지저분한 사람

③ 거짓말을 잘하는 사람　　　　④ 무엇이든 잘 먹는 사람

⑤ 무엇인가를 잘 잊어버리는 사람

☆☆
22 「까마귀 고기를 먹었나」의 주제로 가장 알맞은 것은 무엇입니까?　　（　　　）

① 심부름을 잘하자.　　　　　　② 음식을 가려 먹자.

③ 거짓말을 하지 말자.　　　　　④ 헛된 욕심을 버리자.

⑤ 중요한 일을 잊어버리지 않도록 노력하자.

낱말사전

갸우뚱했습니다 물체가 한쪽으로 약간 갸울어졌습니다. 또는 그렇게 하였습니다.

호통 몹시 화가 나서 크게 소리 지르거나 꾸짖음. 또는 그 소리.

실천 **속담 사전 만들기** 속담 사전을 만들어 봅시다.

속담 사전 만들기

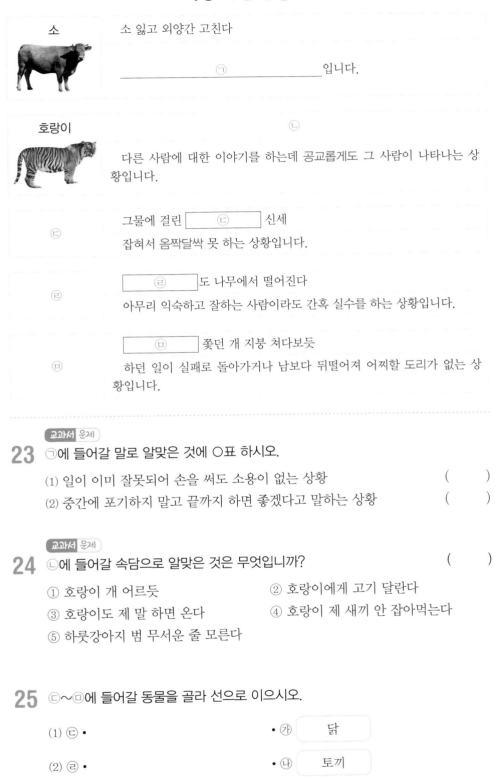

소

소 잃고 외양간 고친다

_____ ㉠ _____ 입니다.

호랑이

㉡

다른 사람에 대한 이야기를 하는데 공교롭게도 그 사람이 나타나는 상황입니다.

㉢

그물에 걸린 [㉢] 신세

잡혀서 옴짝달싹 못 하는 상황입니다.

㉣

[㉣] 도 나무에서 떨어진다

아무리 익숙하고 잘하는 사람이라도 간혹 실수를 하는 상황입니다.

㉤

[㉤] 쫓던 개 지붕 쳐다보듯

하던 일이 실패로 돌아가거나 남보다 뒤떨어져 어찌할 도리가 없는 상황입니다.

○ **특징:** 생활 속에서 자주 사용되는 속담들을 모아 속담 사전을 만드는 활동입니다.

동물과 관련 있는 속담이 많은 까닭은 동물의 행동이나 특징에 빗대어 어떤 사람의 성격이나 태도를 표현할 수 있기 때문이에요.

5
단원

교과서 문제

23 ㉠에 들어갈 말로 알맞은 것에 ○표 하시오.

(1) 일이 이미 잘못되어 손을 써도 소용이 없는 상황 ( )

(2) 중간에 포기하지 말고 끝까지 하면 좋겠다고 말하는 상황 ( )

교과서 문제

24 ㉡에 들어갈 속담으로 알맞은 것은 무엇입니까? ( )

① 호랑이 개 어르듯 ② 호랑이에게 고기 달란다

③ 호랑이도 제 말 하면 온다 ④ 호랑이 제 새끼 안 잡아먹는다

⑤ 하룻강아지 범 무서운 줄 모른다

25 ㉢~㉤에 들어갈 동물을 골라 선으로 이으시오.

(1) ㉢ • • ㉮ 닭

(2) ㉣ • • ㉯ 토끼

(3) ㉤ • • ㉰ 원숭이

🙂 **낱말사전**

공교롭게도 생각지 않았거나 뜻하지 않았던 사실이나 사건과 우연히 마주치게 된 것이 기이하다고 할 만하게도.

옴짝달싹 몸을 아주 조금 움직이는 모양.

도리 어떤 일을 해 나갈 방도.

교과서 핵심 정리

핵심 1 속담을 사용하는 까닭 생각하기

• 속담의 뜻
- 예로부터 민간에 전해 오는 쉬운 격언이나 잠언입니다.
- 우리 민족의 지혜와 해학, 생활 방식과 교훈이 담겨 있는 말입니다.

• 속담을 사용하는 까닭
- 자기 생각을 효과적으로 드러낼 수 있습니다.
- 듣는 사람이 흥미를 느낄 수 있습니다.
- 주장의 논리를 뒷받침해 상대를 쉽게 설득할 수 있습니다.
- 생활의 지혜를 얻을 수 있습니다.

예 다양한 상황에서 쓰이는 속담의 뜻 알기

속담	뜻	사용되는 상황
티끌 모아 태산	아무리 작은 것이라도 모이고 모이면 나중에 큰 덩어리가 된다.	일 년 동안 동전을 모아서 큰돈을 마련한 상황
우물을 파도 한 우물만 파라	어떤 일이든 한 가지 일을 끝까지 해야 성공할 수 있다.	중간에 포기하지 말고 끝까지 배우면 좋겠다고 말하는 상황
하룻강아지 범 무서운지 모른다	철없이 함부로 덤빈다.	태권도를 한 달 배운 실력으로 태권도 대표 선수에게 겨루기를 청하는 상황

핵심 2 주제를 생각하며 글 읽기

• 글 속에 담긴 속담의 뜻 익히기
- 말하는 상황과 말한 내용을 확인합니다.
- 속담이 사용된 상황을 찾아보고 속담의 뜻을 짐작합니다.

• 주제를 생각하며 글 읽기
- 인물의 마음과 인물이 처한 상황을 살펴봅니다.
- 이야기 속 속담의 뜻을 살펴보면서 이야기의 주제를 찾습니다.

예 주제를 생각하며 「속담 하나 이야기 하나」 읽기

제목	주제
독장수구구	헛된 욕심은 손해를 가져온다.
까마귀 고기를 먹었나	중요한 일을 잊어버리지 않도록 노력하자.

핵심 3 속담 사전 만들기

• 탐구하고 싶은 대상과 그 까닭을 알아봅니다.
• 탐구 대상을 정하고 그것과 관련 있는 속담을 찾습니다.
• 속담 사전에 들어갈 내용과 속담 사전의 모양을 정합니다.
• 속담 사전을 만듭니다.

예 띠 동물과 관련 있는 속담 찾아 모으기

소	소 잃고 외양간 고친다 → 일이 이미 잘못되어 손을 써도 소용이 없는 상황
호랑이	호랑이도 제 말 하면 온다 → 다른 사람에 대한 이야기를 하는데 공교롭게도 그 사람이 나타나는 상황
토끼	그물에 걸린 토끼 신세 → 잡혀서 옴짝달싹 못 하는 상황
원숭이	원숭이도 나무에서 떨어진다 → 아무리 익숙하고 잘하는 사람이라도 간혹 실수를 하는 상황
닭	닭 쫓던 개 지붕 쳐다보듯 → 하던 일이 실패로 돌아가거나 남보다 뒤떨어져 어찌할 도리가 없는 상황

단원 정리 평가

01 다음에서 설명하는 것은 무엇입니까? ( )

> 예로부터 민간에 전해 오는 쉬운 격언이나 잠언으로, 우리 민족의 지혜와 해학, 생활 방식과 교훈이 담겨 있는 말이다.

① 속담 ② 전설 ③ 연설
④ 신화 ⑤ 미담

[02~03] 다음 그림을 보고, 물음에 답하시오.

① 와, 교실이 깨끗하게 정리 정돈 되었네요.

② 그랬군요! 여러분이 ⊙ 의 힘을 알았군요.

선생님, 우리나라 속담에 "백지장도 맞들면 낫다."라는 말이 있는데, 친구들과 함께 청소하니 쉬웠어요.

③ 그러면 협동을 말한 속담에는 또 무엇이 있을까요?

④ ⊙"손이 많으면 일도 쉽다."라는 속담이 있어요.

02 ⊙에 들어갈 말을 그림 ❸에서 찾아 두 글자로 쓰시오.

( )

03 ⓒ과 바꾸어 쓸 수 있는 속담으로 알맞은 것은 무엇입니까? ( )

① 누워서 떡 먹기 ② 땅 짚고 헤엄치기
③ 내 얼굴에 침 뱉기 ④ 아는 길도 물어 가랬다
⑤ 두 손뼉이 맞아야 소리가 난다

[04~05] 다음을 보고, 물음에 답하시오.

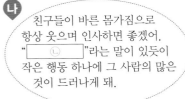 영주네 가족은 이삿짐 싸는 차례를 서로 다르게 생각했어요.
　할머니와 이모께서는 깨지기 쉬운 항아리나 유리그릇부터 싸라고 하셨고, 삼촌께서는 텔레비전이나 컴퓨터부터 옮기라고 하셨어요. "⌐　⊙　⌐"라는 속담처럼 서로 의견을 굽히지 않아 시간만 흘렀어요.

나 친구들이 바른 몸가짐으로 항상 웃으며 인사하면 좋겠어. "⌐ ⓒ ⌐"라는 말이 있듯이 작은 행동 하나에 그 사람의 많은 것이 드러나게 돼.

친구의 의견이 옳은 것 같아.

04 ⊙과 ⓒ에 들어갈 속담으로 알맞은 것을 선으로 이으시오.

(1) ⊙ •　　　• ㉮ 하나를 보면 열을 안다.

(2) ⓒ •　　　• ㉯ 사공이 많으면 배가 산으로 간다.

☆☆
05 ㉮와 ㉯를 예로 들어 속담을 사용하면 좋은 점을 잘못 말한 사람의 이름을 쓰시오.

> 진현: 글 ㉮에서처럼 글을 쓸 때 속담을 사용하면 자신의 생각을 효과적으로 드러낼 수 있어.
> 주은: 그림 ㉯에서처럼 자신의 의견을 제시할 때 속담을 사용하면 듣는 사람이 이해하기 어려울 수 있어.

( )

5
단원

[06~08] 다음 그림을 보고, 물음에 답하시오.

06 그림 ㉮와 ㉯ 중 다음 상황에 해당하는 것은 무엇인지 기호를 쓰시오.

> 중간에 포기하지 말고 끝까지 배우면 좋겠다고 말하는 상황

( )

07 ㉠의 속담 뜻으로 알맞은 것은 무엇입니까? ( )

① 철없이 함부로 덤빈다.
② 상황이 이치에 맞지 않는다.
③ 일부만 보고 전체를 미루어 안다.
④ 쉬운 일이라도 협력해서 하면 훨씬 쉽다.
⑤ 어떤 일이든 한 가지 일을 끝까지 해야 성공할 수 있다.

서술형 문제

08 ㉡의 속담을 사용할 수 있는 다른 상황을 한 가지 쓰시오.

_____

_____

[09~10] 다음 글을 읽고, 물음에 답하시오.

㉮ 만 원을 주고 장난감을 샀습니다. 그런데 가지고 놀다가 고장 나서 고치러 갔더니 수리비가 만오천 원이라고 합니다. 장난감 가격보다 수리비가 더 비쌉니다.

㉯ 우리 반 지우는 야구를 좋아하고 야구 선수가 되고 싶어 합니다. 그래서 지우가 가는 곳에는 언제나 야구공과 야구 장갑이 있습니다.

㉰ 지난주에 내 자랑 발표 대회가 있었습니다. 그런데 친구들과 놀고 싶은 마음에 말할 내용을 준비하지 않아서 더듬거리며 발표했습니다. 좀 더 노력하지 않은 제 모습에 후회가 되었습니다.

☆☆
09 다음은 글 ㉮, ㉯ 중 무엇과 관련된 속담인지 기호를 각각 쓰시오.

⑴ 바늘보다 실이 굵다
( )

⑵ 바늘 가는 데 실 간다
( )

⑶ 배보다 배꼽이 더 크다
( )

10 다음은 글 ㉰와 관련된 속담들입니다. ( ) 안의 알맞은 말에 ○표 하시오.

⑴ (콩 , 팥) 심은 데 콩 나고 팥 심은 데 (콩 , 팥) 난다
⑵ 오이 덩굴에 (오이 , 가지) 열리고 가지 나무에 가지 열린다
⑶ 가시나무에 (가지 , 가시)가 난다

11 다음 속담 뜻으로 알맞은 것에 ○표 하시오.

> 발 없는 말이 천 리 간다

(1) 무슨 일이나 그 일의 시작이 중요하다. (　　)

(2) 말은 비록 발이 없지만 천 리 밖까지도 순식간에 퍼진다. (　　)

[12~15] 다음 글을 읽고, 물음에 답하시오.

"야, 정말 시원하구나. 저 독 둘은 팔아 빚을 갚는 데 쓰고, 나머지 독을 팔면 다른 독 두 개는 살 수 있겠지? 그 독 둘을 다시 팔면 독 네 개를 살 수 있고, 넷을 팔면 가만있자, 이 이는 사, 이 사 팔. 그래 여덟 개를 살 수 있구나. 그다음에 여덟 개를 팔면, 가만있자……."

이렇게 계산해 나가니 열여섯 개가 서른두 개가 되고, 서른두 개면 예순네 개가 되고, 예순네 개는 백스 물여덟 개가 되었습니다.

"야, 이렇게 계산해 보니 며칠 안 가 독이 천만 개나 되겠는걸. 그럼 그 돈으로 논과 밭을 사는 거야. 그러고 남는 돈으로는 고래 등 같은 기와집을 짓는 거야."

독장수는 너무 기쁜 나머지 팔을 번쩍 들었습니다. 그러다가 팔로, 지게를 받치던 지겟작대기를 밀어 버렸습니다. 지게는 기우뚱하더니 옆으로 팍 쓰러졌습니다. 지게에 있던 독들도 와장창 깨지고 말았습니다.

12 독장수가 독을 팔아 하고 싶은 일로 알맞은 것을 모두 고르시오. (　　　　　)

① 빚을 갚고 싶다.

② 논과 밭을 사고 싶다.

③ 더 좋은 독을 만들고 싶다.

④ 지게 대신 수레를 사고 싶다.

⑤ 고래 등 같은 기와집을 짓고 싶다.

13 독장수는 어떻게 하다가 독을 깨뜨렸습니까? (　　)

① 땀을 닦다가 독을 손으로 쳐서

② 지겟작대기가 바람에 쓰러져서

③ 지게를 지고 가다가 몸을 잘못 가누어서

④ 지게 위에 있던 독들이 갑자기 굴러떨어져서

⑤ 허황된 생각에 신이 나 자신도 모르게 지겟작대 기를 밀어 버려서

☆☆
14 이 글의 내용과 가장 관련이 깊은 속담은 무엇입니까? (　　)

① 입에 문 혀도 깨문다

② 두부 먹다 이 빠진다

③ 원숭이도 나무에서 떨어진다

④ 독장수구구는 독만 깨뜨린다

⑤ 닭도 홰에서 떨어지는 날이 있다

서술형 문제
15 독장수에게 해 주고 싶은 말은 무엇인지 간단히 쓰시오.

_____

_____

5
단원

16 다음 속담을 사용할 상황으로 알맞지 <u>않은</u> 것에 ×표 하시오.

> 까마귀 고기를 먹었나

(1) 친구가 알림장을 쓰지 않고 자주 준비물을 챙겨 오지 않는 상황 ( )

(2) 친구가 노력은 하지 않고 욕심만으로 헛된 장래 희망을 꿈꾸는 상황 ( )

(3) 부모님께서 항상 책상 주변을 깨끗이 정리 정돈 하라고 하시는데, 매번 잊어버려서 꾸중을 듣는 상황 ( )

[17~20] 다음을 읽고, 물음에 답하시오.

㉠	_____㉠_____ 잃고 외양간 고친다 일이 이미 잘못되어 손을 써도 소용이 없는 상황입니다.
호랑이	㉡
토끼	그물에 걸린 토끼 신세 _____㉢_____ 입니다.
원숭이	원숭이도 나무에서 떨어진다 _____㉣_____ 입니다.
닭	닭 쫓던 개 지붕 쳐다보듯 _____㉤_____ 입니다.

17 ㉠에 공통으로 들어갈 동물은 무엇인지 쓰시오.

( )

18 ㉡에 들어갈 속담으로 알맞은 것을 <u>두 가지</u> 고르시오.

(,)

① 쇠뿔도 단김에 빼랬다
② 메뚜기도 유월 한철이다
③ 고사리도 꺾을 때 꺾는다
④ 호랑이도 제 말 하면 온다
⑤ 하룻강아지 범 무서운 줄 모른다

19 ㉢~㉤에 들어갈 상황으로 알맞은 것을 선으로 이으시오.

(1) ㉢ •   • ㉮ 잡혀서 옴짝달싹 못 하는 상황

(2) ㉣ •   • ㉯ 아무리 익숙하고 잘하는 사람이라도 간혹 실수를 하는 상황

(3) ㉤ •   • ㉰ 하던 일이 실패로 돌아가거나 남보다 뒤떨어져 어찌할 도리가 없는 상황

20 이와 같이 우리 속담에 동물과 관련된 속담이 많은 까닭으로 알맞은 것을 <u>두 가지</u> 고르시오.

(,)

① 사람의 마음을 읽을 수 있기 때문에
② 우리는 관계를 중요하게 생각하기 때문에
③ 다른 사람에게 관심을 가질 수 있기 때문에
④ 사람의 태도를 동물에 빗대어 표현할 수 있기 때문에
⑤ 사람의 성격을 동물에 빗대어 표현할 수 있기 때문에

01 다음 그림에서 우진이가 속담을 사용한 까닭을 짐작하여 쓰시오.

윤경아, 내가 청소 도와줄게.

우진아, 괜찮아. 혼자서도 할 수 있어.

"바늘 가는 데 실 간다."라고 했어. 우리는 짝이니까 함께하자.

재미있는 말이네. 고마워!

_____

_____

02 다음 상황과 관련 있는 속담을 한 가지 쓰고, 그 뜻을 함께 쓰시오.

> 사랑하는 영주야!
> 처음에는 어렵다고 느껴지는 책도 두세 번씩 읽다 보면 어느덧 담긴 뜻을 생각하며 쉽게 읽을 수 있단다. 그러니 힘든 일이 있더라도 꿋꿋하게 견디며 희망을 가졌으면 좋겠다.

관련 속담	(1)
속담의 뜻	(2)

[03~05] 다음 글을 읽고, 물음에 답하시오.

> **가** "편지는 안 주시고 그냥 아무나 빨리 끌어 올리라고 하셨습니다."
> "뭐, 아무나 끌어 올리라고? 그럴 리가 없을 텐데."
> 강 도령은 고개를 갸우뚱했습니다.
> "저는 염라대왕께서 말씀하신 대로 전하는 것입니다."
> **나** 강 도령은 갑자기 바빠졌습니다. 아무나 되는대로 저승으로 보내야 했기 때문입니다.
> 그전까지는 나이 많은 순서대로 저승에 보내졌습니다. 그래서 사람들은 죽음을 슬픔이 아닌 당연한 일로 받아들였습니다. 본디 왔던 곳으로 돌아간다고 생각했기 때문입니다.
> 그러나 까마귀가 염라대왕의 뜻을 잘못 전한 뒤부터는 어른, 아이 할 것 없이 아무나 먼저 죽게 되었답니다. 이때부터 나이에 상관없이 사람들이 죽게 되었지요.

03 까마귀가 강 도령에게 전해야 했던 편지는 어떤 내용이었을지 자신의 생각을 쓰시오.

_____

_____

04 자신이 염라대왕이라면 이 글에 나타난 문제를 어떻게 해결할지 쓰시오.

_____

_____

_____

05 까마귀가 강 도령에게 염라대왕의 뜻을 잘 전달했다면 이야기는 어떻게 달라졌을지 쓰시오.

_____

_____

배점 | 20점

학습 주제 다양한 상황에서 쓰이는 속담의 뜻 알기

학습 목표 속담을 활용해 자신의 생각을 효과적으로 표현할 수 있다.

1 '즐거운 학교생활을 하려면 우리가 지켜야 할 일'에 대해 친구들에게 하고 싶은 말을 생각해 보고, 자신의 의견과 활용할 속담을 그 뜻과 함께 정리하여 쓰시오.

의견	(1)
활용할 속담	(2)
속담의 뜻	(3)

2 1에서 정리한 내용을 바탕으로, '즐거운 학교생활을 하려면 우리가 지켜야 할 일'에 대해 친구들에게 하고 싶은 말을 쓰시오.

교과서 **지문 학습**

6 내용을 추론해요

준비 **야묘도추** 말이나 행동에서 드러나지 않은 내용을 짐작해 봅시다.

야묘도추

✎ **단원 학습**

이야기를 듣거나 읽고 드러나지 않은 내용을 추론할 수 있어요.

○ **그림의 특징**: 병아리를 훔쳐 달아나는 고양이를 쫓는 어미 닭과 부부의 모습을 생동감 있게 표현한 그림입니다. 조선 시대의 화가 김득신의 작품으로, 그림을 보고 드러나지 않은 여러 가지 내용들을 추론할 수 있습니다.

○ **추론**

이미 아는 정보를 근거로 삼아 다른 판단을 이끌어 내는 것을 말합니다.

01 다음은 이와 같은 그림을 보고 드러나지 않은 내용을 추론하는 것에 대한 설명입니다. 빈칸에 들어갈 말로 가장 알맞은 것은 무엇입니까? ( )

> 자신의 ☐☐☐☐☐을/를 떠올리거나 여러 가지 상황을 생각하며 드러나지 않은 내용을 짐작해 보면 좀 더 깊고 넓게 내용이나 상황을 이해할 수 있다.

① 나이   ② 이름   ③ 생김새

④ 배경지식   ⑤ 가족 관계

교과서 문제

02 이 그림을 보고 추론할 수 있는 사실로 알맞은 것에 ○표 하시오.

(1) 고양이가 입에 병아리를 물고 달아나는데 어미 닭이 새끼를 되찾으려고 기를 쓰고 쫓아가고 있다. ( )

(2) 남자가 장난감을 물고 가는 고양이가 귀여워서 고양이의 등을 토닥여 주려고 담뱃대를 뻗고 있다. ( )

(3) 어미 닭이 병아리들 앞에서 날개를 펼치자 고양이가 그 모습을 구경하느라 어미 닭 주위를 맴돌고 있다. ( )

서술형 문제

03 추론하며 글을 읽으면 좋은 점은 무엇인지 쓰시오.

_____

😀 **낱말사전**

야묘도추 고양이가 병아리를 훔쳐 달아나다.

○ 글의 종류: 설명하는 글
○ 글쓴이: 유지현
○ 글의 특징: 수원 화성에 성을 쌓는 과정을 기록한 책인 『화성성역의궤』에 대해 설명하는 글입니다.

❶ 수원 화성에 성을 쌓는 과정을 기록한 책인 『화성성역의궤』를 보고, 6.25 전쟁 때 파괴된 수원 화성을 원래의 모습대로 다시 만들어 수원 화성이 유네스코 세계 문화유산으로 등록될 수 있었습니다.

❷ 『화성성역의궤』는 건축과 관련된 의궤 가운데에서도 가장 내용이 많고 자세한 공사 보고서입니다.

○ **다의어**
여러 가지 뜻이 있는 낱말을 말합니다.

○ **동형어**
형태가 같지만 뜻이 다른 낱말을 말합니다.

🙂 **낱말사전**

의궤 예전에, 나라에서 큰일을 치를 때 후세에 참고하기 위하여 그 일의 처음부터 끝까지의 경과를 자세하게 적은 책.

일대 일정한 범위의 어느 지역 전부.

훼손되기 헐리거나 깨져 못 쓰게 되기.

치밀해서 자세하고 꼼꼼해서.

수원 화성을 어떻게 만들었을까

❶ 『화성성역의궤』는 수원 화성에 성을 ㉠쌓는 과정을 기록한 책인 의궤야. 수원 화성은 ㉡일제 강점기를 거치면서 성곽 일대가 훼손되기 시작하고 ㉢6.25 전쟁 때 크게 파괴되었는데, 『화성성역의궤』를 보고 원래의 모습대로 다시 만들어졌단다. 덕분에 수원 화성이 1997년에 유네스코 세계 문화유산으로 등록될 수 있었어.

❷ 『화성성역의궤』는 정조 임금이 갑자기 세상을 떠나는 바람에 다음 임금인 순조 때 만들어졌는데, 건축과 관련된 의궤 가운데에서도 가장 내용이 많아. 수원 화성 공사와 관련된 공식 문서는 물론, 참여 인원, 사용된 물품, 설계 등의 기록이 그림과 함께 실려 있는 일종의 보고서인 셈이야. 내용이 아주 세세하고 치밀해서 공사에 참여한 기술자 1800여 명의 이름과 주소, 일한 날수와 받은 임금까지 적혀 있어. 공사에 사용된 모든 물건의 크기와 값은 또 얼마나 상세히 적었는지 입이 떡 벌어질 정도라니까. 당시에 이렇게 자세한 공사 보고서를 남긴 나라는 우리나라밖에 없다고 해.

···

교과서 문제

04 『화성성역의궤』에 담겨 있는 기록으로 알맞지 <u>않은</u> 것은 무엇입니까? ( )

① 수원 화성 공사의 설계   ② 수원 화성 공사의 참여 인원
③ 수원 화성을 다시 만드는 과정   ④ 수원 화성 공사에 사용된 물품
⑤ 수원 화성 공사와 관련된 공식 문서

교과서 문제

05 ㉠의 '쌓다'의 뜻으로 알맞은 것을 보기 에서 골라 기호를 쓰시오.

> 보기
> ㉮ 여러 개의 물건을 겹겹이 포개어 얹어 놓다.
> ㉯ 물건을 차곡차곡 포개어 얹어서 구조물을 이루다.

( )

☆☆
06 다음은 ㉡과 ㉢을 통해 추론한 내용입니다. 어떤 방법으로 추론한 것인지 골라 ○표 하시오.

> 수원 화성은 여러 위기를 거치면서 원래의 모습을 잃었다.

(1) 자신의 경험 떠올리기   ( )
(2) 이야기에서 찾을 수 있는 단서 확인하기   ( )

❸ 수원 화성은 정조 임금의 원대한 꿈이 담긴 곳으로 볼거리가 많아. 건물 하나만 보는 것보다는 주변 경치를 함께 ㉠감상하는 것이 더 좋아. ㉡정조 임금이 엄격하게 고른 좋은 자리에 지었으니까. 수원 화성은 규모가 커서 다 돌아보려면 꽤 시간이 걸려. 다리가 아프면 화성 열차를 타는 것도 좋겠지. 화성 열차는 수원 화성 구경을 하러 온 사람들을 위해 마련한 열차야.

❹ 더 둘러보고 싶은 친구가 있다면 근처에 있는 융건릉과 용주사에 가 볼 것을 추천할게. 융건릉은 사도 세자의 무덤인 융릉과 정조 임금의 무덤인 건릉을 합쳐서 ㉢부르는 이름이고, 용주사는 사도 세자의 명복을 빌려고 지은 절이야.

❸ 정조 임금의 원대한 꿈이 담긴 수원 화성은 주변 경치가 좋고 볼거리가 많습니다.

❹ 수원 화성 근처에 더 둘러볼 만한 곳으로 융건릉과 용주사가 있습니다.

6 단원

○ 글 내용을 추론하는 방법
- 인물의 말, 행동, 표정을 보고 알 수 있는 사실을 자세히 살펴봅니다.
- 자신이 평소에 아는 사실과 경험한 것을 떠올려 보고 무엇을 더 알 수 있는지 생각해 봅니다.
- 글에 쓰인 다의어나 동형어가 어떤 뜻인지 정확히 이해하려면 국어사전을 찾아봅니다.
- 이야기의 특정 부분을 바탕으로 하여 알 수 있는 내용과 더 추론할 수 있는 사실을 살펴봅니다.
- 글 내용을 바탕으로 하여 친구들과 함께 질문을 만들고 서로 묻거나 답해 봅니다.

교과서 문제

07 ㉠과 ㉢의 뜻으로 알맞은 것을 선으로 이으시오.

(1) ㉠ •

- ㉮ 먹은 것이 많아 속이 꽉 찬 느낌이 들다.
- ㉯ 주로 예술 작품을 이해하여 즐기고 평가하다.
- ㉰ 무엇이라고 가리켜 말하거나 이름을 붙이다.

(2) ㉢ •

- ㉱ 하찮은 일에도 쓸쓸하고 슬퍼져서 마음이 상하다.

교과서 문제

08 수원 화성 근처에 있는 문화유산으로 알맞은 것을 두 가지 고르시오.

(,)

① 용주사 　　② 서삼릉 　　③ 용문사
④ 서오릉 　　⑤ 융건릉

서술형 문제

09 ㉡에서 알 수 있는 내용을 바탕으로 하여 추론할 수 있는 사실을 쓰시오.

알 수 있는 내용	수원 화성은 정조 임금이 엄격하게 고른 좋은 자리에 지었다.
추론한 사실	정조 임금은 수원 화성을 _____

낱말사전

원대한 계획이나 희망 따위의 장래성과 규모가 큰.

엄격하게 말, 태도, 규칙 따위가 매우 엄하고 철저하게.

명복 죽은 뒤 저승에서 받는 복.

서울의 궁궐

❶ 현재 서울에 남아 있는 조선 시대의 궁궐은 모두 다섯 곳으로 경복궁, 창덕궁, 창경궁, 경희궁, 경운궁이다.

[궁궐의 건물]

궁궐에는 왕과 왕비뿐만 아니라 왕실의 가족과 관리, 군인, 내시, 나인 등 많은 사람이 살았다. 이 사람들은 각자 자신의 신분에 알맞은 건물에서 생활했고, 건물의 명칭 또한 주인의 신분에 따라 달랐다. 예컨대 궁궐에는 강녕전이나 교태전과 같이 ㉠'전' 자가 붙는 건물이 있는데, 이러한 건물에는 궁궐에서 가장 신분이 높은 왕과 왕비만 살 수 있었다. 왕실 가족이나 후궁들은 주로 '전'보다 한 단계 격이 낮은 '당' 자가 붙는 건물을 사용했다. 그 밖의 궁궐 사람들은 주로 '각', '재', '헌'이 붙는 건물에서 생활했다. 그러나 경우에 따라서는 왕도 '전'이 아닌 다른 건물을 사용했다.

교과서 문제

10 이 글에서 현재 서울에 남아 있는 조선 시대 궁궐을 모두 찾아 쓰시오.

(　　　　　　　　　　　　　　　　　　　　　　　　　　)

교과서 문제

11 ㉠에서 살 수 있는 신분으로 알맞은 것을 두 가지 고르시오. 　(　　,　　)

① 왕　　　　　　　② 궁녀　　　　　　　③ 내시
④ 왕비　　　　　　⑤ 후궁

☆☆
12 다음은 글 ❶을 읽고 내용을 추론하면서 정리한 것입니다. (　　) 안의 알맞은 말에 ○표 하시오.

> 궁궐에는 사람이 많이 살았는데, 각자 (나이 , 신분)에 알맞은 건물에서 생활했다.

글의 종류: 설명하는 글

글의 특징: 현재 서울에 남아 있는 조선 시대 궁궐 다섯 곳에 대해 설명하는 글입니다.

❶ 현재 서울에 남아 있는 조선 시대 궁궐은 경복궁, 창덕궁, 창경궁, 경희궁, 경운궁 다섯 곳입니다. 궁궐에 사는 사람들은 각자 자신의 신분에 알맞은 건물에서 생활했고, 궁궐 건물의 명칭은 주인의 신분에 따라 달라졌습니다.

낱말사전

궁궐 임금이 거처하는 집.

명칭 사람이나 사물 따위의 이름. 또는 그것을 일컫는 이름.

신분 개인의 사회적인 위치나 계급.

후궁 제왕의 첩.

❷ [경복궁]

'큰 복을 누리며 번성하라'는 뜻을 지닌 ㉠경복궁은 조선 시대 최초의 궁궐이면서 여러 궁궐 가운데 가장 대표적인 것이다. 경복궁은 태조 이성계가 조선을 세운 뒤에 한양, 즉 지금의 서울에 세운 조선의 법궁이다.

경복궁의 건물은 7600여 칸으로 규모가 어마어마하다. 경복궁에서 가장 웅장한 건물은 '부지런히 나라를 다스리라'는 뜻을 지닌 근정전이다. 근정전은 왕의 ㉡즉위식, 왕실의 혼례식, 외국 사신과의 만남과 같은 나라의 중요한 행사를 치르던 곳이다.

경복궁에서 안쪽에 자리 잡은 교태전은 왕비가 생활하던 곳이다. 교태전은 중앙에 대청마루를 두고 왼쪽과 오른쪽에 온돌방을 놓은 구조로 되어 있다. 교태전 뒤쪽으로는 아미산이라는 작고 아름다운 후원이 있다.

'경사스러운 연회'라는 뜻의 경회루는 커다란 연못 중앙에 섬을 만들고 그 위에 지은, 우리나라에서 가장 큰 누각이다. 이곳은 왕이 외국 사신을 접대하거나 신하들에게 연회를 베풀던 장소이다.

☆☆
13 ㉠에 대한 설명으로 알맞지 <u>않은</u> 것은 무엇입니까? ( )

① 조선의 법궁이다.
② 건물이 7600여 칸이다.
③ 조선 시대 최초의 궁궐이다.
④ 창경궁과 함께 동궐로 불렸다.
⑤ '큰 복을 누리며 번성하라'는 뜻을 지녔다.

서술형 문제

14 앞뒤 문장에서 추론한 ㉡의 뜻과 그렇게 생각한 까닭은 무엇인지 쓰시오.

(1) 추론한 뜻: _____

(2) 그렇게 생각한 까닭: _____

_____

15 경복궁에 있는 다음 건물에 대한 설명으로 알맞은 것을 선으로 이으시오.

(1)	근정전	•	• ㉮	왕비가 생활하던 곳이다.
(2)	교태전	•	• ㉯	왕이 외국 사신을 접대하거나 신하들에게 연회를 베풀던 장소이다.
(3)	경회루	•	• ㉰	왕의 즉위식, 왕실의 혼례식, 외국 사신과의 만남과 같은 나라의 중요한 행사를 치르던 곳이다.

❷ 경복궁은 조선 시대 최초의 궁궐이자 조선의 법궁으로, 경복궁 안에는 근정전, 교태전, 경회루가 있습니다.

○ **내용을 추론하며 글 읽기**
• 글 내용과 관련해 내가 이미 아는 사실을 떠올립니다.
• 글 내용과 관련된 자신의 경험을 떠올립니다.
• 글에서 뜻을 알지 못하는 낱말이나 문장의 뜻을 추론해 봅니다.

낱말사전

번성하라 한창 성하게 일어나 퍼져라.

법궁 나라의 공식적인 궁궐.

후원 대궐 안에 있는 동산.

누각 사방을 바라볼 수 있도록 문과 벽이 없이 다락처럼 높이 지은 집.

사신 임금이나 국가의 명령을 받고 외국에 사절로 가는 신하.

연회 축하, 위로, 환영, 석별 따위를 위하여 여러 사람이 모여 베푸는 잔치.

6
단원

❸ 창덕궁은 건물과 후원이 잘 어우러져 유네스코 세계 문화유산으로 기록된 아름다운 궁궐입니다.

❹ 창경궁은 여러 번의 화재, 사도 세자의 죽음, 일제 강점기 때 창경원으로 바뀌는 수난 등을 겪은 궁궐입니다.

❸ **[창덕궁]**

창덕궁은 경복궁 동쪽에 있다고 하여 창경궁과 함께 '동궐'로도 불렸다. 건물과 후원이 잘 어우러져 아름다우며 유네스코 세계 문화유산으로 기록되었다. 산이 많은 우리나라답게 산자락에 자연스럽게 배치한 건물이 인상적이다. 넓은 후원의 정자와 연못들은 우리나라 전통 정원의 모습을 잘 보여 주고 있다.

특히 ㉠부용지는 '하늘은 둥글고 땅은 네모나다'는 전통적 사상을 반영하여, 땅을 나타내는 네모난 연못 가운데 하늘을 뜻하는 둥근 섬을 띄워 놓은 형태이다. 연못 가장자리에 있는 부용정은 십자(十) 모양의 정자로, 단청이 화려하고 처마 끝 곡선이 무척 아름답다.

❹ **[창경궁]**

㉡창경궁은 성종이 할머니들을 모시려고 지은 궁궐로, 효자로 유명한 정조가 태어난 곳이기도 하여 효와 인연이 깊다. 창경궁은 임진왜란 때 불탔다가 광해군 때 제 모습을 찾았으나, 그 뒤로도 큰 화재를 겪는 수난을 당했다. 문정전 앞뜰은 사도 세자가 목숨을 잃은 비극이 일어난 곳으로 유명하다. 왕비가 생활하던 통명전 서쪽에는 아름다운 연못이 있고, 뒤쪽에는 '열천'이라는 우물이 남아 있다.

교과서 문제

16 다음에서 설명하는 궁궐의 이름은 무엇인지 쓰시오.

> 건물과 후원이 잘 어우러져 아름다우며 유네스코 세계 문화유산으로 기록되었다.

(   )

17 ㉠에 대한 설명으로 알맞은 것에 모두 ○표 하시오.

(1) '하늘은 둥글고 땅은 네모나다'는 전통적 사상을 반영하였다.   (   )

(2) 연못 가장자리에는 부용정이라는 십자(十) 모양의 정자가 있다.   (   )

(3) 하늘을 나타내는 네모난 연못 가운데 땅을 뜻하는 둥근 섬을 띄워 놓은 형태이다.   (   )

18 ㉡과 관련이 <u>없는</u> 것은 무엇입니까?   (   )

① 여러 번의 화재   ② 부용지라는 연못

③ 정조가 태어난 곳   ④ 사도 세자가 목숨을 잃은 곳

⑤ 성종이 할머니들을 모시려고 지은 궁궐

🗨️ 낱말사전

배치한 사람이나 물자 따위를 일정한 자리에 나누어 둔.

단청 옛날식 집의 벽, 기둥, 천장 따위에 여러 가지 빛깔로 그림이나 무늬를 그림. 또는 그 그림이나 무늬.

처마 지붕이 도리 밖으로 내민 부분.

인연 어떤 사물과 관계되는 연줄.

수난 견디기 힘든 어려운 일을 당함.

한편 일제 강점기에는 일본 사람들이 창경궁에 동물원과 식물원을 만들면서 많은 건물을 헐고, 이름도 '창경원'으로 바꾸었다. 1983년에 동물원과 식물원 일부를 옮기고 창경궁이라는 이름을 되찾았다.

정답과 해설 17쪽

⑤ **[경희궁]**

경희궁의 처음 이름은 경덕궁이었으나, 영조 때 경희궁으로 고쳐 불렀다. 인조 이후 철종에 이르기까지 10대에 걸쳐 왕들이 머물렀다. 특히 영조는 25년 동안이나 이곳에 머물렀다고 한다. 경희궁은 경복궁 서쪽에 있다고 하여 '서궐'로도 불렸다. 궁궐의 원래 규모는 1500칸에 이르렀으나, 일제 강점기에 강제로 헐려 터만 남아 있다가 최근에 옛 모습의 일부를 되찾았다.

이 궁궐 안에는 왕이 신하들과 나랏일을 논의하거나 사신을 접대하는 등의 행사를 치르던 숭정전과 영조의 어진을 모신 태령전이 있다.

⑤ 경희궁은 처음 이름인 경덕궁에서 영조 때 경희궁으로 고쳐 불렀으며 영조가 25년 동안 머물렀던 곳입니다. 일제 강점기에 헐려 터만 남아 있다가 최근에 옛 모습을 되찾았으며, 경희궁 안에는 숭정전과 태령전이 있습니다.

6 단원

19 일제 강점기 때 창경궁을 부르던 이름은 무엇입니까? (　　)

① 창경궁　　　　② 식물원　　　　③ 동물원
④ 창경원　　　　⑤ 경덕궁

교과서 문제

20 다음은 글 ⑤를 읽고, 그 내용을 추론하면서 정리한 것입니다. 빈칸에 들어갈 건물의 이름은 무엇인지 찾아 쓰시오.

> 경희궁은 처음 이름인 경덕궁에서 고쳐 부른 이름으로, (　　　　)과/와 태령전이 있다.

(　　　　　　　)

☆☆
21 글 ⑤를 읽고 새롭게 안 내용으로 알맞지 <u>않은</u> 것은 무엇입니까? (　　)

① 경희궁의 원래 규모는 1500칸에 이르렀다.
② 영조는 경희궁에 25년 동안이나 머물렀다.
③ 경희궁은 경복궁 서쪽에 있어 '서궐'로도 불렸다.
④ 터만 남아 있던 경희궁이 일제 강점기 때 옛 모습을 일부 되찾았다.
⑤ 경희궁은 인조 이후 철종에 이르기까지 10대에 걸쳐 왕들이 머물렀던 곳이다.

낱말사전

논의하거나 어떤 문제에 대하여 서로 의견을 내어 토의하거나.
어진 임금의 얼굴 그림이나 사진.

6 내용을 추론해요　　　기본　서울의 궁궐

6 [경운궁]

　지금의 덕수궁은 원래 ㉠경운궁이라고 불렸는데, 성종의 형인 월산 대군의 집이었다. 선조가 임진왜란이 끝난 뒤에 서울로 돌아오니 궁궐이 모두 불타 버려서 이곳을 넓혀 행궁으로 만들었다고 한다. 선조가 죽고 광해군이 왕위에 오른 뒤에 이 행궁을 경운궁이라고 했다. 그러다가 조선 왕조 말기에 고종이 강한 나라들의 정치적 ㉡소용돌이에 휘말리면서 거처를 경운궁으로 옮긴 뒤, 비로소 궁궐다운 모습을 갖추었다.

　경운궁 안에는 중화전과 같은 전통적 건물, 석조전이나 정관헌과 같은 서양식 건물이 함께 들어서 있다. 중화전은 국가적 의식을 치르던 곳이고, 석조전은 왕이 일상생활을 하던 곳이다. 정관헌은 고종 황제가 커피를 마시며 여가를 즐기거나 손님을 맞이하던 곳이다.

6 지금은 덕수궁으로 불리고 있는 경운궁은 임진왜란이 끝난 뒤에 행궁으로 만들었다가, 고종 때 비로소 궁궐의 모습을 갖추었으며, 경운궁 안에는 전통적 건물과 서양식 건물이 함께 들어서 있습니다.

---

22 ㉠에 대한 설명으로 알맞지 <u>않은</u> 것은 무엇입니까?　　　(　　)

① 예전에는 덕수궁이라 불렸다.　　② 선조 때에 행궁으로 만들었다.
③ 성종의 형인 월산 대군의 집이었다.　　④ 고종 때 비로소 궁궐다운 모습을 갖추었다.
⑤ 전통적 건물과 서양식 건물이 함께 들어서 있다.

교과서 문제

23 ㉡의 뜻을 가장 알맞게 추론한 사람의 이름을 쓰시오.

> 정민: '소용없다'와 앞의 글자가 같은 것으로 보아, '아무런 쓸모나 득이 될 것이 없음.'을 뜻하는 것 같아.
> 희영: 낱말 뒤에 '휘말리면서'라는 말이 있고, 낱말에 '돌이'라는 표현이 있어 돌아가는 모습을 생각해 보니 '서로 엉켜 혼란스러운 상태'를 뜻하는 것 같아.

(　　　　)

24 다음에서 설명하고 있는 것은 무엇입니까?　　　(　　)

> 경운궁 안에 있는 전통적 건물로, 국가적 의식을 치르던 곳이다.

① 태령전　　② 중화전　　③ 정관헌　　④ 숭정전　　⑤ 석조전

☆☆
25 글쓴이가 「서울의 궁궐」을 쓴 까닭으로 보기 어려운 것에 ×표 하시오.

(1) 서울의 궁궐의 역사적 가치를 알려 관람료를 많이 벌기 위해서　(　　)
(2) 서울에 남아 있는 조선 시대의 궁궐이 몇 곳인지 알려 주고 싶어서　(　　)
(3) 서울의 궁궐에는 각각의 의미와 아름다움이 있음을 우리 모두 알고 있어야 한다고 생각했기 때문에　(　　)

낱말사전

행궁 임금이 나들이 때에 머물던 궁궐.

왕위 임금의 자리.

의식 행사를 치르는 일정한 법식. 또는 정하여진 방식에 따라 치르는 행사.

교과서 핵심 정리

핵심 1 　추론에 대해 알기

- 이미 아는 정보를 근거로 삼아 다른 판단을 이끌어 내는 것을 '추론'이라고 합니다.
- 추론하며 글을 읽으면 내용이나 상황을 좀 더 깊고 넓게 이해할 수 있습니다.

핵심 2 　내용을 추론하는 방법

- 이야기에서 찾을 수 있는 단서를 확인합니다. '단서'는 어떤 일이나 사건이 일어난 까닭을 풀 수 있는 실마리를 뜻합니다.
- 자신이 평소에 아는 사실과 경험한 것을 떠올려 보고 무엇을 더 알 수 있는지 생각해 봅니다.
- 글에 쓰인 다의어나 동형어가 어떤 뜻인지 정확히 이해하려면 국어사전을 찾아봅니다.
- 이야기의 특정 부분을 바탕으로 하여 알 수 있는 내용과 더 추론할 수 있는 사실을 살펴봅니다.
- 글 내용을 바탕으로 하여 친구들과 함께 질문을 만들고 서로 묻거나 답해 봅니다.

핵심 3 　내용을 추론하며 글 읽기

- 글 내용과 관련해 내가 이미 아는 사실을 떠올립니다.
- 글 내용과 관련된 자신의 경험을 떠올립니다.
- 글에서 뜻을 알지 못하는 낱말이나 문장의 뜻을 추론해 봅니다.
- 글쓴이의 생각을 추론해 봅니다.

글에서 뜻을 알지 못하는 낱말이나 문장은 앞뒤 문장에서 알 수 있는 사실을 바탕으로 하여 그 뜻을 추론할 수 있어요.

예 「야묘도추」를 보고 드러나지 않은 내용 추론하기

- 그림을 보고 추론할 수 있는 내용: 고양이가 입에 병아리를 물고 달아나는데 어미 닭이 새끼를 되찾으려고 기를 쓰고 쫓아가고 있다.
- 자신의 경험을 떠올리거나 인물의 행동을 더 자세히 살펴보고 알 수 있는 사실: 고양이가 신발을 물고 달아나서 깜짝 놀란 적이 있는데, 그림 속 남자의 마음도 같을 것 같다.

예 「수원 화성을 어떻게 만들었을까」에서 알 수 있는 내용과 추론한 사실

알 수 있는 내용	추론한 사실
수원 화성이 1997년에 유네스코 세계 문화유산으로 등록되었다.	수원 화성은 세계적인 문화유산으로 인정받을 만큼 훌륭한 건축물이다.
『화성성역의궤』에는 수원 화성 공사에 사용된 물품, 설계 등의 기록이 실려 있다.	『화성성역의궤』가 자세하게 기록되었기 때문에 수원 화성을 원래의 모습대로 다시 만들 수 있었다.

예 「서울의 궁궐」에서 뜻을 알지 못하는 낱말의 뜻 추론

낱말	추론한 뜻	그렇게 생각한 까닭
즉위식	임금 자리에 오르는 것을 백성과 조상에게 알리기 위해 치르는 식	낱말 앞에 '왕의', 낱말 뒤에 '왕실의 혼례식, 외국 사신과의 만남과 같은 나라의 중요한 행사를 치르던 곳'이라고 했으므로 임금 자리에 오르는 식일 것 같다.
단청	옛날식 건물에 그린 그림이나 무늬	단청이 화려하다고 했기 때문에 그림이나 무늬를 말하는 것으로 생각했다.
소용돌이	서로 뒤엉켜 어수선하고 혼란스러운 상태	낱말 뒤에 '휘말리면서', 낱말에 '돌이'라는 표현이 있어 돌아가는 모습을 생각해 보니 혼란스러운 상태일 것 같다.

01 다음 (   ) 안의 알맞은 말에 ○표 하시오.

> 이미 아는 정보를 근거로 삼아 다른 판단을 이 끌어 내는 것을 (단서 , 추론)(이)라고 한다.

☆☆
02 다음은 북한 이탈 주민들이 남한에서 정착하여 살아 가는 모습을 담은 「우리는 이미 하나」라는 영상 광고 를 보고 제목을 이해하려고 떠올린 생각입니다. 어떤 방법으로 생각했는지 골라 선으로 이으시오.

(1) 낯선 곳을 잠깐 여 행하는 것도 힘든 점 이 많던데 잘 적응하 며 사시는 게 놀라워. ·

· ㉮ 자신의 경험 떠올리기

(2) 표정이나 행동을 보면 모두 즐겁게 자 신의 일을 하시는 것 같아. ·

· ㉯ 말이나 행동에서 단서 확인하기

[03~04] 다음 그림을 보고, 물음에 답하시오.

03 이 그림을 통해 알 수 있는 사실이 <u>아닌</u> 것은 무엇입 니까? (   )

① 고양이가 병아리를 물고 달아나고 있다.
② 물려 가지 않은 병아리는 모두 네 마리이다.
③ 고양이가 어미 닭과 숨바꼭질을 하고 있다.
④ 어미 닭이 고양이를 기를 쓰고 쫓아가고 있다.
⑤ 남자가 고양이를 잡으려고 담뱃대를 뻗고 있다.

04 이 그림을 보고 자신의 경험을 떠올려 더 알 수 있는 사실을 말한 사람의 이름을 쓰시오.

> 영민: 고양이를 쫓는 저 긴 막대는 옛날 사람들이 쓰던 담뱃대라고 해.
> 승우: 남자의 몸이 앞으로 쏠려 있는 것으로 보아 달아나는 고양이를 잡으려고 하는 것 같아.
> 현주: 고양이가 내 신발을 물고 달아나서 깜짝 놀 란 적이 있는데, 그림 속 남자의 마음도 같았 을 것 같아.

(   )

05 추론하며 글을 읽으면 좋은 점으로 가장 알맞은 것에 ○표 하시오.

(1) 글을 긴 시간 동안 읽을 수 있다. (   )
(2) 글에 없는 내용을 더 잘 꾸며 낼 수 있다. (   )
(3) 내용이나 상황을 좀 더 깊고 넓게 이해할 수 있다.
(   )

[06~10] 다음 글을 읽고, 물음에 답하시오.

> ㉠『화성성역의궤』는 수원 화성에 성을 ㉡쌓는 과정을 기록한 책인 의궤야. 수원 화성은 ㉢일제 강점기를 거치면서 성곽 일대가 훼손되기 시작하고 ㉣6.25 전쟁 때 크게 파괴되었는데, ㉤『화성성역의궤』를 보고 원래의 모습대로 다시 만들어졌단다. 덕분에 수원 화성이 ㉥1997년에 유네스코 세계 문화유산으로 등록될 수 있었어.
>
> 『화성성역의궤』는 정조 임금이 갑자기 세상을 떠나는 바람에 다음 임금인 순조 때 만들어졌는데, 건축과 관련된 의궤 가운데에서도 가장 내용이 많아. ㉦수원 화성 공사와 관련된 공식 문서는 물론, 참여 인원, 사용된 물품, 설계 등의 기록이 그림과 함께 실려 있는 일종의 보고서인 셈이야. 내용이 아주 세세하고 치밀해서 공사에 참여한 기술자 1800여 명의 이름과 주소, 일한 날수와 받은 임금까지 적혀 있어. 공사에 사용된 모든 물건의 크기와 값은 또 얼마나 상세히 적었는지 입이 떡 벌어질 정도라니까. 당시에 이렇게 자세한 공사 보고서를 남긴 나라는 우리나라밖에 없다고 해.

06 이와 같은 글에서 내용을 추론하는 방법으로 알맞지 않은 것은 무엇입니까? ( )

① 이야기에서 찾을 수 있는 단서를 확인한다.
② 글 내용과 상관없이 자유롭게 질문을 만들고 친구들과 서로 묻거나 답해 본다.
③ 글에 쓰인 다의어나 동형어가 어떤 뜻인지 정확히 이해하려면 국어사전을 찾아본다.
④ 이야기의 특정 부분을 바탕으로 알 수 있는 내용과 더 추론할 수 있는 사실을 살펴본다.
⑤ 자신이 평소에 아는 사실과 경험한 것을 떠올려 보고 무엇을 더 알 수 있는지 생각해 본다.

07 ㉠에 대한 설명으로 알맞지 않은 것은 무엇입니까? ( )

① 정조 임금 때 만들어졌다.
② 내용이 아주 세세하고 치밀하다.
③ 건축과 관련된 의궤 중 가장 내용이 많다.
④ 수원 화성에 성을 쌓는 과정을 기록한 책이다.
⑤ 공사와 관련된 공식 문서, 참여 인원, 사용된 물품, 설계 등의 기록이 그림과 함께 실려 있다.

08 ㉡의 '쌓다'의 뜻으로 알맞은 것은 무엇입니까? ( )

① 먹은 것이 많아 속이 꽉 찬 느낌이 든다.
② 성품이나 인격 따위가 원만하거나 선하다.
③ 여러 개의 물건을 겹겹이 포개어 얹어 놓다.
④ 주로 예술 작품을 이해하여 즐기고 평가한다.
⑤ 물건을 차곡차곡 포개어 얹어서 구조물을 이루다.

☆☆
09 ㉢~㉥ 중 다음과 같은 사실을 추론할 수 있는 단서를 두 가지 골라 기호를 쓰시오.

> 수원 화성은 여러 위기를 거치면서 원래의 모습을 잃었다.

(,)

서술형 문제
10 ㉦을 통해 추론할 수 있는 사실을 한 가지 쓰시오.

_____

_____

[11~15] 다음 글을 읽고, 물음에 답하시오.

가 '큰 복을 누리며 번성하라'는 뜻을 지닌 경복궁은 조선 시대 최초의 궁궐이면서 여러 궁궐 가운데 가장 대표적인 것이다. 경복궁은 태조 이성계가 조선을 세운 뒤에 한양, 즉 지금의 서울에 세운 조선의 법궁이다.

경복궁의 건물은 7600여 칸으로 규모가 어마어마하다. 경복궁에서 가장 웅장한 건물은 '부지런히 나라를 다스리라'는 뜻을 지닌 근정전이다. 근정전은 왕의 ㉠즉위식, 왕실의 혼례식, 외국 사신과의 만남과 같은 나라의 중요한 행사를 치르던 곳이다.

나 경희궁의 처음 이름은 경덕궁이었으나, 영조 때 경희궁으로 고쳐 불렀다. 인조 이후 철종에 이르기까지 10대에 걸쳐 왕들이 머물렀다. 특히 영조는 25년 동안이나 이곳에 머물렀다고 한다. 경희궁은 경복궁 서쪽에 있다고 하여 '서궐'로도 불렸다. 궁궐의 원래 규모는 1500칸에 이르렀으나, 일제 강점기에 강제로 헐려 터만 남아 있다가 최근에 옛 모습의 일부를 되찾았다.

이 궁궐 안에는 왕이 신하들과 나랏일을 논의하거나 사신을 접대하는 등의 행사를 치르던 숭정전과 영조의 어진을 모신 태령전이 있다.

11 글 **가**와 **나**에서 설명하고 있는 궁궐의 이름은 무엇인지 각각 쓰시오.

(1) 글 **가**: (   )
(2) 글 **나**: (   )

12 앞뒤 문장을 통해 ㉠의 뜻을 알맞게 추론한 것에 ○표 하시오.

(1) 서로 엉켜서 혼란스러운 상태.   (   )
(2) 임금 자리에 오르는 것을 백성과 조상에게 알리기 위해 치르는 식.   (   )

13 다음 건물에 대한 설명으로 알맞은 것을 선으로 이으시오.

(1) 근정전 •

(2) 숭정전 •

(3) 태령전 •

• ㉮ 영조의 어진을 모신 곳이다.

• ㉯ 경희궁에서 왕이 신하들과 나랏일을 논의하거나 사신 접대 등의 행사를 치르던 곳이다.

• ㉰ 경복궁에서 즉위식, 혼례식, 사신과의 만남 같은 나라의 중요한 행사를 치르던 곳이다.

14 글 **가**와 **나**를 읽고 새롭게 안 점을 알맞게 말한 사람은 누구입니까?   (   )

① 지수: 조선의 법궁은 경희궁이구나.
② 민희: 경희궁의 처음 이름은 경복궁이구나.
③ 영우: 경복궁은 영조가 25년 동안이나 머문 곳이구나.
④ 형준: 경복궁은 '큰 복을 누리며 번성하라'는 뜻을 지녔구나.
⑤ 승호: 경희궁은 '부지런히 나라를 다스리라'는 뜻을 지녔구나.

☆☆
15 글 **가**와 **나**를 읽고 추론한 내용으로 알맞지 않은 것은 무엇입니까?   (   )

① 경복궁은 경희궁의 동쪽에 있다.
② 경복궁이 경희궁보다 규모가 크다.
③ 경복궁이 경희궁보다 먼저 세워졌다.
④ 경복궁과 경희궁 모두 서울에 세워졌다.
⑤ 경복궁은 왕이 살았던 곳이고, 경희궁은 중요한 행사만 치르던 곳이다.

[16~19] 다음 글을 읽고, 물음에 답하시오.

창덕궁은 경복궁 동쪽에 있다고 하여 창경궁과 함께 '동궐'로도 불렸다. 건물과 후원이 잘 어우러져 아름다우며 유네스코 세계 문화유산으로 기록되었다. 산이 많은 우리나라답게 산자락에 자연스럽게 배치한 건물이 인상적이다. 넓은 후원의 정자와 연못들은 우리나라 전통 정원의 모습을 잘 보여 주고 있다.

특히 ㉠부용지는 '하늘은 둥글고 땅은 네모나다'는 전통적 사상을 반영하여, 땅을 나타내는 네모난 연못 가운데 하늘을 뜻하는 둥근 섬을 띄워 놓은 형태이다. 연못 가장자리에 있는 부용정은 십자(十) 모양의 정자로, ㉡단청이 화려하고 처마 끝 곡선이 무척 아름답다.

16 다음 중 창덕궁에 대한 설명으로 알맞지 <u>않은</u> 것은 무엇입니까? ( )

① 경복궁 동쪽에 있다.
② 부용정이라는 연못이 있다.
③ 창경궁과 함께 동궐로 불렸다.
④ 건물을 산자락에 자연스럽게 배치하였다.
⑤ 후원은 우리나라 전통 정원의 모습을 잘 보여 준다.

17 창덕궁이 유네스코 세계 문화유산에 기록될 수 있었던 까닭을 가장 알맞게 추론한 사람의 이름을 쓰시오.

> 나래: 경복궁의 동쪽에 있어서 그런 것 같아.
> 현수: 일제 강점기 때 강제로 허물어졌다 다시 지어져서인 것 같아.
> 민석: 건물과 후원이 잘 어우러져 아름답기 때문일 거야.

( )

18 이 글에서 ㉠에 반영된 전통적 사상은 무엇인지 찾아 쓰시오.

( )

서술형 문제
19 앞뒤 문장을 바탕으로 하여 ㉡의 뜻을 추론하여 그렇게 생각한 까닭과 함께 쓰시오.

| 추론한 뜻 | (1) |
| 그렇게 생각한 까닭 | (2) |

20 영상 광고를 만드는 순서를 떠올려 다음 기호를 차례대로 나열하시오.

> ㉮ 역할 나누기
> ㉯ 장면 촬영하기
> ㉰ 편집 도구로 자막 넣기
> ㉱ 촬영 도구와 편집 도구 준비하기
> ㉲ 영상 광고의 주제, 내용과 분량 정하기
> ㉳ 완성한 영상 광고를 함께 보며 고치기

( ) → ( ) → ( ) → ( ) →
( ) → ( )

서술형 문제

[01~02] 다음 그림을 보고, 물음에 답하시오.

01 이 그림을 보고 알 수 있는 사실을 <u>두 가지</u> 쓰시오.

(1) _____

_____

(2) _____

_____

02 이 그림을 보고 자신의 경험을 떠올리거나 인물의 행동을 더 자세히 살펴보고, 더 알 수 있는 사실을 한 가지 쓰시오.

_____

_____

_____

[03~05] 다음 글을 읽고, 물음에 답하시오.

창경궁은 성종이 할머니들을 모시려고 지은 궁궐로, 효자로 유명한 정조가 태어난 곳이기도 하여 효와 인연이 깊다. 창경궁은 임진왜란 때 불탔다가 광해군 때 제 모습을 찾았으나, 그 뒤로도 큰 화재를 겪는 수난을 당했다. 문정전 앞뜰은 사도 세자가 목숨을 잃은 비극이 일어난 곳으로 유명하다. 왕비가 생활하던 통명전 서쪽에는 아름다운 연못이 있고, 뒤쪽에는 '열천'이라는 우물이 남아 있다.

한편 일제 강점기에는 일본 사람들이 창경궁에 동물원과 식물원을 만들면서 많은 건물을 헐고, 이름도 '창경원'으로 바꾸었다. 1983년에 동물원과 식물원 일부를 옮기고 창경궁이라는 이름을 되찾았다.

03 창경궁이 효와 인연이 깊다고 한 까닭 <u>두 가지</u>를 찾아 한 문장으로 정리하여 쓰시오.

_____

_____

04 일제 강점기 때 일본 사람들이 창경궁에 한 일을 <u>두 가지</u>로 정리하여 쓰시오.

(1) _____

(2) _____

05 이 글을 통해 추론할 수 있는 내용을 한 가지 쓰시오.

_____

_____

수행 평가

배점 | 20점

학습 주제 내용을 추론하며 글 읽기

학습 목표 이야기를 읽고 내용을 추론할 수 있다.

"이승으로 나가려는데 어떻게 가면 될까요?"

"여기까지 데려왔는데 그냥 보내 줄 수는 없다. 너 때문에 헛걸음을 했으니 수고비를 내놓아라."

"어떡하지요? 지금 저는 빈털터리인데…….." / "그러면 저승에 있는 네 곳간에서라도 내놓아라."

사람은 누구나 저승에 곳간이 하나씩 있다. 그렇지만 이승에서 부자라고 해서 그 곳간이 꽉 차 있지는 않다. 마찬가지로 가난하게 사는 사람이라고 해서 저승 곳간까지 텅 빈 것도 아니었다. 그 곳간은 이 세상에서 좋은 일을 한 만큼 재물이 쌓이게끔 되어 있었다.

원님은 그렇게 하기로 하고 자기 곳간으로 갔다. 그런데 그 곳간에는 특별한 재물이랄 게 없었다. 고작 볏짚 한 단만이 있을 뿐이었다.

"이 사람, 남에게 덕을 베푼 일이라곤 없는 모양이네!" / 옆에 서 있던 저승사자가 코웃음을 치며 말했다.

"어찌해 제 곳간에는 볏짚 한 단밖에 없습니까?" / "너는 이승에 있을 때 남에게 덕을 베푼 일이 없지 않느냐?"

원님은 순간, 쥐구멍이라도 숨고 싶을 만큼 ⬚ ㉠ ⬚ . 생각해 보니 자신은 남에게 좋은 일 한 번 변변히 한 적이 없었다. / 단 한 번, 몹시 가난한 아낙이 아기를 낳을 때 짚이 없어서 쩔쩔매는 것을 우연히 보고 볏짚 한 단을 구해다 준 게 전부였다. 저승 곳간에 볏짚이나마 있는 것은 그 때문이었다.

"남에게 덕을 베풀려면 어떻게 해야 합니까?"

"배고픈 사람에게는 밥을 주고, 옷이 없는 사람에게는 옷을 주고, 돈이 없는 사람에게는 돈을 주는 것이 다 남에게 덕을 베푸는 일이니라." / 원님은 자기 곳간이 비어 이승으로 갈 수 없다고 생각하니 ⬚ ㉡ ⬚ .

'어쩐다……?' / 그때였다. 저승사자가 핀잔하듯 말했다.

"네 고을에 사는 주막집 딸은 곳간을 그득하게 채웠는데, 고을 원님이라는 사람이 이게 무슨 꼴이냐?"

"아니, 그게 무슨 얘깁니까?" / "덕진이라는 아가씨의 곳간에는 쌀이 수백 석이나 있으니, 일단 거기서 쌀을 꾸어 계산하고 이승에 나가서 갚도록 해라."

저승사자가 원님에게 제안했다. 결국 원님은 덕진의 곳간에서 쌀 삼백 석을 꾸어 셈을 치를 수 있었다.

1 2단원에서 학습한 「저승에 있는 곳간」의 일부분을 읽고, ㉠과 ㉡에 들어갈 '원님'의 마음은 무엇일지 문장의 앞뒤 내용을 통해 추론해 보고 그렇게 추론한 까닭을 쓰시오.

㉠	'원님'의 마음	(1)
	그렇게 추론한 까닭	(2)
㉡	'원님'의 마음	(3)
	그렇게 추론한 까닭	(4)

단원 학습

올바른 우리말 사용을 주제로 근거를 들어 글을 쓸 수 있어요.

○ **그림의 특징:** 여자아이가 줄임말, 신조어, 비속어 등을 사용하여 아빠가 여자아이의 말을 이해하지 못하는 상황을 나타낸 그림으로, 자신의 언어생활을 점검해 볼 수 있게 합니다.

○ **자신의 언어생활을 점검해 볼 수 있는 질문 만들기**

• 언어 예절을 지키며 대화한 경험이 있나요?

• 언어 예절에 어긋나게 대화한 경험이 있나요?

• 최근의 언어생활 가운데에서 가장 잘했다고 생각하는 것을 이야기해 볼까요?

준비 자신의 언어생활 생각해 보기 자신의 언어생활을 점검해 봅시다.

01 여자아이가 그림 ❶과 같은 말을 사용한 까닭으로 알맞은 것을 <u>두 가지</u> 고르시오.

(,)

① 아빠를 놀려 주려고 　　　② 줄임 말이 재미있어서

③ 아빠가 아는지 궁금해서 　　④ 아빠와 대화하고 싶지 않아서

⑤ 줄임 말을 평소에 즐겨 사용하기 때문에

교과서 문제

02 아빠가 이해하지 <u>못한</u> 여자아이의 말을 보기 에서 모두 골라 기호를 쓰시오.

보기		
㉮ 헐	㉯ 생선	㉰ 친구
㉱ 핵노잼	㉲ 생일 선물	

( )

☆☆
03 아빠와 여자아이가 말이 통하지 않은 까닭으로 보기 <u>어려운</u> 것은 무엇입니까?

( )

① 여자아이가 비속어를 사용해서 　　② 여자아이가 신조어를 사용해서

③ 여자아이가 높임말을 사용해서 　　④ 여자아이가 줄임 말을 사용해서

⑤ 여자아이가 아빠는 이해하지 못하는 말을 사용해서

낱말사전

생선 '생일 선물'을 줄여 이르는 말.

핵노잼 몹시 재미가 없음.

솔연아, 너희 모둠은 그 정도밖에 못하니? 그냥 기권하지 그래.

강민아, 끝까지 열심히 하는 모습이 멋지다. 힘내.

○ **그림의 특징:** 경기에서 지는 것에 대해 비난하는 말과 격려하는 말을 듣는 상황을 보여 주는 그림으로, 자신의 언어생활을 반성해 볼 수 있게 합니다.

7 단원

자신의 언어생활 중에서 바람직한 면이나 고칠 점 등을 스스로 살펴보면 한층 더 나은 언어생활 습관을 가질 수 있어요.

교과서 문제

04 경기에서 이기고 있는 모둠의 친구가 그림 ❷와 ❸과 같이 말한 까닭으로 알맞은 것을 선으로 이으시오.

(1) 그림 ❷ •

(2) 그림 ❸ •

• ㉮ 무시하고 싶어서

• ㉯ 힘을 내라는 격려의 말이 하고 싶어서

교과서 문제

05 그림 ❷의 솔연이와 그림 ❸의 강민이의 마음으로 알맞은 것을 보기 에서 각각 골라 기호를 모두 쓰시오.

보기
㉮ 창피하다. ㉯ 속상하다. ㉰ 기분 좋다.
㉱ 힘이 난다. ㉲ 기분 나쁘다.

(1) 솔연이의 마음: (   ) (2) 강민이의 마음: (   )

서술형 문제

06 그림 ❸과 같이 언어 예절을 지키며 대화한 자신의 경험을 쓰시오.

_____

낱말사전

모둠 초·중등학교에서, 효율적인 학습을 위하여 학생들을 작은 규모로 묶은 모임.

기권하지 투표, 의결, 경기 따위에 참가할 수 있는 권리를 스스로 포기하고 행사하지 아니하지.

● **사례의 특징:** 교실에서 일어난 일을 통해 우리말 사용 실태를 보여 주는 글과 그림입니다.

[사례] 교실에서 일어난 일

며칠 전 우리 반 교실에서 일어난 일입니다. 준형이와 수진이가 교실 뒤쪽을 걷다가 뜻하지 않게 서로 부딪혔습니다. 준형이와 수진이는 서로 노려보면서 눈살을 찌푸렸습니다.

교과서 문제

07 준형이와 수진이 사이에 다툼이 커진 까닭으로 알맞은 것을 <u>두 가지</u> 고르시오.

(,   )

① 일부러 부딪혀서   ② 교실에서 시끄럽게 굴어서
③ 배려하는 말을 하지 않아서   ④ 비속어를 사용하며 비난해서
⑤ 뜻을 알 수 없는 줄임 말을 사용해서

☆☆
08 이 사례와 같이 우리 주변에서 올바르지 못한 말을 사용하는 예가 <u>아닌</u> 것은 무엇입니까?

(   )

① 영어 발음을 정확하게 하지 못 한다.
② 친구들이 쓰는 감탄사에 비속어가 많다.
③ 거리 간판이 우리말보다는 외국어로 된 것이 많다.
④ 길고양이 보호 활동을 하는 사람을 '캣맘, 캣대디'라고 부른다.
⑤ 절반 가까운 초등학생들이 욕을 열 개 이상 버릇처럼 사용한다.

09 다음에서 올바른 우리말 사용과 거리가 <u>먼</u> 질문을 한 사람의 이름을 쓰시오.

> 한결: 대화할 때 어떤 마음으로 해야 하나요?
> 미진: 외국어나 줄임 말을 많이 사용하면 얼마나 좋을까요?
> 영수: 욕설이나 비속어를 섞어서 말하는 친구와 대화하면 기분이 어떠한가요?
> 혜찬: 배려하는 말, 긍정하는 말, 올바른 우리말로 대화하면 좋은 점은 무엇인가요?

(   )

😊 낱말사전

사례 어떤 일이 전에 실제로 일어난 예.

부딪혔습니다 무엇과 무엇이 힘 있게 마주 닿게 되거나 마주 대게 되었습니다.

노려보면서 미운 감정으로 어떠한 대상을 매섭게 계속 바라보면서.

눈살 두 눈썹 사이에 잡히는 주름.

찌푸렸습니다 얼굴의 근육이나 눈살 따위를 몹시 찡그렸습니다.

기본 우리말 사용 실태를 조사하고 발표해 봅시다.

초등학생이 가장 많이 사용하는 신조어와 줄임 말	
핵노잼	23퍼센트
생선	22퍼센트
노답	18퍼센트
○○	18퍼센트
멘붕	16퍼센트
⋮	⋮

나는 텔레비전 뉴스 기사를 인터넷에서 찾았어. 「초등학생 줄임 말, 신조어 '심각'」이라는 뉴스야.

지원아, 조사를 참 잘했구나. 나는 선생님과 학생, 학생과 학생끼리도 서로 높임말을 사용하는 언어문화를 조사했어.

그랬구나. 중화야, 그 사례를 좀 더 자세히 이야기해 주겠니?

○○초등학교에서는 선생님과 학생, 학생과 학생끼리 공부 시간은 물론이고 학교에서 지내는 동안 높임말을 사용한대. 학생들이 서로 "진수 님, 창문 좀 닫아 줄 수 있을까요?"라고 존칭과 높임말을 쓰고, 선생님께서도 "연화 님, 연화 님은 배려심이 참 많아 칭찬해 주고 싶어요." 처럼 존칭과 높임말을 사용하는 문화가 자리 잡았다고 해. 그래서 존중하고 배려하는 생활 공동체를 만들어 나가고 있대.

와, 그런 학교도 있구나. 우리 반에서도 하루 정도 날을 정해 선생님과 아이들, 친구들 사이에 높임말을 쓰거나 올바른 우리말을 사용해 보면 어떨까? 그러고 난 뒤에 어떤 마음이 들었는지 이야기도 나눠 보고 말이야.

교과서 문제

10 이 글의 지원이와 중화가 조사한 내용을 골라 선으로 이으시오.

(1) 지원 •

(2) 중화 •

• ㉮   좋은 언어문화

• ㉯   잘못된 우리말 사용 실태

서술형 문제

11 이와 같은 우리말 사용 실태를 보고 어떤 생각이 들었는지 간단히 쓰시오.

글의 특징: 지원이와 중화가 우리말 사용 실태에 대해 조사한 내용을 이야기하는 대화 글로, 올바른 언어문화가 무엇인지 생각해 볼 수 있습니다.

우리말 사용 실태를 조사하고 발표하기
• 우리말 사용 실태에 대하여 조사할 내용을 생각합니다.
• 우리말 사용 실태 조사 계획을 세웁니다.
• 자료 조사한 것을 정리합니다.
• 자료를 활용하여 조사한 내용을 발표합니다.

낱말사전

신조어 새로 생긴 말. 또는 새로 귀화한 외래어.

심각 상태나 정도가 매우 깊고 중대함. 또는 절박함이 있음.

언어문화 일상의 언어생활 또는 언론, 문학, 출판 등 언어에 의하여 이루어지는 모든 문화를 통틀어 이르는 말.

존칭 남을 공경하는 뜻으로 높여 부름. 또는 그 칭호.

배려심 도와주거나 보살펴 주려는 마음.

공동체 생활이나 행동 또는 목적 따위를 같이하는 집단.

기본 실태 조사를 바탕으로 하여 올바른 우리말 사용을 주제로 글을 써 봅시다.

○ 글의 종류: 주장하는 글(논설문)
○ 글의 특징: 긍정하는 말과 고운 우리말을 사용하자고 주장하는 글입니다.

❶ 요즘 우리 반 친구들이 대화할 때 짜증 난다는 말이나 비속어, 욕설 따위를 사용합니다.

❷ 공놀이할 때마다 실수하는 친구에게 긍정하는 말을 해 주니 그 친구가 승점을 냈습니다.

❸ 긍정하는 말을 하면 말하는 사람은 물론 듣는 사람도 마음이 편해집니다.

❶ 요즘 우리 반 친구들이 대화할 때 짜증 난다는 말이나 비속어, 욕설 따위를 사용합니다. 그런 말을 들으면 기분이 나빠지고 화가 나서 다툼도 일어납니다.

❷ 우리 반에는 공놀이할 때마다 실수해서 같은 편이 되기를 꺼려 하는 친구가 있습니다. 대부분 그 친구와 같은 편이 되면 "짜증 나."라는 말이나 비속어, 욕설을 합니다. 그러던 어느 날, 그 친구가 안쓰러워서 "괜찮아, 넌 잘할 수 있어."라고 말했습니다. 그랬더니 신기하게도 그 친구가 승점을 냈습니다.

❸ 이 일이 있은 뒤에 우리 반 친구들을 대상으로 조사해 보니 긍정하는 말이 부정하는 말보다 듣기가 좋다는 결과가 나왔습니다. 긍정하는 말을 하면 말하는 사람은 물론 듣는 사람도 마음이 편안해집니다. 예를 들면 "안 돼."보다는 "할 수 있어.", "짜증 나."보다는 "괜찮아.", "이상해 보여."보다는 "멋있어 보여.", "힘들어."보다는 "힘내자."와 같이 부정하는 말을 긍정하는 말로 고쳐 사용하면, 말하는 사람과 듣는 사람 모두 기분도 좋아지고 자신감도 생긴다는 것입니다.

12 이 글에서 문제 상황은 무엇입니까? ( )

① 공놀이할 때마다 실수를 하는 것
② 지나치게 신조어를 많이 사용한다는 것
③ 줄임 말 사용으로 의사소통이 잘 안 되는 것
④ 우리말 대신 외래어나 외국어를 사용하는 것
⑤ 짜증 난다는 말이나 비속어, 욕설 등을 사용하는 것

13 공놀이할 때마다 실수하는 친구에게 용기를 준 말을 보기에서 골라 기호를 쓰시오.

> 보기
> ㉮ "짜증 나."   ㉯ 비속어, 욕설
> ㉰ "괜찮아, 넌 잘할 수 있어."

( )

교과서 문제

14 이 글(❶~❸)의 바탕이 된 실태 조사로 알맞은 것을 두 가지 고르시오.

(,)

① 우리 토박이말 사용 실태
② 우리말 간판보다 외국어 간판이 더 많은 실태
③ 초등학생들이 사용하는 감탄사에 비속어가 많다는 결과
④ 긍정하는 말이 부정하는 말보다 듣기가 좋다는 우리 반 친구들의 실태
⑤ 거친 말보다는 고운 우리말 사용이 자신과 상대의 마음을 아름답게 해 준다는 결과

😀 낱말사전

비속어 격이 낮고 속된 말.

욕설 남의 인격을 무시하는 모욕적인 말. 또는 남을 저주하는 말.

실수해서 조심하지 아니하여 잘못해서.

승점 더 나은 점수.

자신감 자신이 있다는 느낌.

④ 또 비속어나 욕설 같은 거친 말보다는 고운 우리말 사용이 자신과 상대의 마음을 아름답게 해 준다는 결과도 있습니다. 상대의 실수에는 너그러운 말을 하고, 내 잘못에는 미안하다는 말을 하며, 상대의 배려에는 고마운 말을 하는 것입니다. 비속어나 욕설을 사용하면 추한 마음이 생길 것인데 고운 우리말을 사용하면 너그러운 마음이 생기고, 미안한 마음이 생기며, 고마운 마음이 생기므로 아름다운 사람이 된다는 것입니다.

⑤ 긍정하는 표현은 자신은 물론 주변 사람들 마음에 긍정하는 힘을 줍니다. 그리고 고운 우리말 사용이 아름다운 소통을 이루고, 진정한 말맛을 느끼게 합니다. 그러므로 긍정하는 말과 고운 우리말을 사용해야 합니다.

☆☆
15 글쓴이가 이 글을 쓴 까닭으로 알맞은 것은 무엇입니까? ( )

① 비속어와 욕설의 뜻을 알려 주려고
② 긍정하는 말과 부정하는 말을 설명하려고
③ 공놀이할 때 실수하지 말자는 주장을 하려고
④ 긍정하는 말과 고운 우리말을 사용하자는 주장을 하려고
⑤ 부정하는 말의 사용에 대해 우리 반 친구들의 생각을 조사하려고

16 글쓴이의 생각을 뒷받침하는 근거로 알맞은 것에는 ○표, 알맞지 않은 것에는 ×표 하시오.

(1) 친구에게 긍정하는 말을 해 주니 좋은 일이 생겼다. ( )
(2) 긍정하는 말을 하면 말하는 사람은 물론 듣는 사람도 마음이 편해진다. ( )
(3) 고운 말을 사용하면 말하는 사람과 듣는 사람의 마음을 아름답게 해 준다. ( )
(4) 우리 반에는 공놀이할 때마다 실수해서 같은 편이 되기를 꺼려 하는 친구가 있다. ( )

서술형 문제
17 이 글에 알맞은 제목을 붙이고, 그렇게 붙인 까닭을 쓰시오.

(1) 제목: _____

(2) 그렇게 붙인 까닭: _____

_____

④ 비속어나 욕설 같은 거친 말보다는 고운 우리말 사용이 자신과 상대의 마음을 아름답게 해 준다는 결과도 있습니다.
⑤ 긍정하는 말과 고운 우리말을 사용해야 합니다.

○ **실태 조사를 바탕으로 올바른 우리말 사용을 주제로 글 쓰기**
• 주장은 무엇으로 정하는 것이 좋을지 생각합니다.
• 조사했던 실태 가운데에서 주장과 관련 있는 근거는 무엇인지 생각합니다.
• 글쓰기할 내용을 정리합니다.
• 글의 개요를 작성합니다.
• 작성한 개요에 따라 제목을 정한 뒤 우리말 사용을 주제로 근거를 들어 주장하는 글을 씁니다.

🐧 **낱말사전**
추한 옷차림이나 언행 따위가 지저분하고 더러운.
소통 막히지 아니하고 잘 통함.

7 우리말을 가꾸어요

- **모음 사례의 특징:** 영상 광고와 신문으로 올바른 우리말 사례집을 만든 예입니다.

㉮ 너무 줄여 말하는 낱말을 바르게 고쳐 쓴 사례를 영상 광고로 만든 것입니다.

㉯ 국립국어원 우리말 다듬기 누리집에서 자료를 수집해 신문으로 만든 것입니다.

가

너무 줄여 말하는 낱말을 바르게 고쳐 쓴 사례를 영상 광고로……

여러분에게는 어떤 의미가 떠오르시나요?

고답이 솔까 안물 ㅇㅇ

줄임 말이 떠오른다고요? 여러분에게는 올바른 우리말이 어울립니다!

나

국립국어원 우리말 다듬기 누리집에서 자료를 수집해 신문으로……

다듬은 우리말 신문

20○○년 ○○월 호

우리말로 다듬어 새로운 낱말 탄생!

국립국어원 우리말 다듬기 누리집에서는 들어온 지 얼마 안 된 어려운 외국어를 쉬운 우리말로 바꾼 사례를 볼 수 있다.

우리말 다듬기 누리집에 올라온 다듬은 말을 오른쪽 표와 같이 사례집으로 엮어 보았다.

앞으로 외국어를 우리말로 다듬은 낱말을 자주 사용해 올바른 우리말 사용의 터전을 닦아 나가야겠다.

다듬을 말	다듬은 말
포스트잇	붙임쪽지
이모티콘	그림말
버킷 리스트	소망 목록
타임캡슐	기억상자
무빙워크	자동길

18 ㉮와 ㉯에서 활용한 매체와 사례집에서 담고 있는 내용을 각각 골라 선으로 이으시오.

(1) ㉮ •   • ㉠ 신문   • ㉮ 우리가 너무 줄여 말하는 낱말을 바르게 고쳐 쓴 사례집

(2) ㉯ •   • ㉡ 영상 광고   • ㉯ 국립국어원 우리말 다듬기 누리집에 올라온 다듬은 말을 엮은 사례집

19 다듬을 말과 다듬은 말이 알맞게 연결되지 <u>않은</u> 것은 무엇입니까? (   )

	다듬을 말	다듬은 말		다듬을 말	다듬은 말
①	포스트잇	메모지	②	이모티콘	그림말
③	타임캡슐	기억상자	④	무빙워크	자동길
⑤	버킷 리스트	소망 목록			

낱말사전

영상 광고 텔레비전이나 인터넷 따위의 영상 매체를 이용하는 광고.

누리집 개인이나 단체가 월드 와이드 웹(각종 멀티미디어를 이용하는 인터넷)에서 볼 수 있게 만든 하이퍼텍스트. 개인의 관심사나 단체의 업무, 홍보 따위의 내용을 다양하게 제공함. ⓑ 홈페이지.

사례집 전에 실제로 일어난 예를 모아 엮은 책.

터전 자리를 잡은 곳.

교과서 핵심 정리

핵심 1 　우리말 사용 실태 알아보기

- 우리말 사용 실태와 관련된 사례를 보고, 올바른 우리말 사용이 무엇일지 생각합니다.
- 올바른 우리말 사용과 관련 있는 질문을 만듭니다.
- '언어생활 자기 점검표'를 바탕으로 하여 우리말 사용 실태를 조사합니다.
- 조사한 내용을 한눈에 보기 쉽게 도표로 나타냅니다.

예 올바른 우리말 사용과 관련 있는 질문 만들기

- 대화할 때 어떤 마음으로 해야 하나요?
- 외국어, 줄임 말, 욕설이나 비속어를 섞어서 말하는 친구와 대화하면 기분이 어떠한가요?
- 배려하는 말, 긍정하는 말, 올바른 우리말을 사용하여 대화하면 좋은 점은 무엇인가요?

핵심 2 　우리말 사용 실태를 조사하고 발표하기

- 우리말 사용 실태를 찾아보고 조사할 내용을 생각합니다.
- 우리말 사용 실태 조사 계획을 세웁니다.
- 계획에 따라 조사합니다.
- 발표할 때에 주의할 점을 생각하며 친구들 앞에서 발표합니다.

발표할 때에는 일정한 목소리보다는 중요한 부분은 강조하며 발표해요. 또한 발표 효과를 높이려면 사진이나 그림, 도표, 동영상 따위의 자료를 사용해요.

예 우리말 사용 실태 조사를 위한 계획 세우기

조사 날짜와 시간	20○○년 ○○월 ○○일, 방과 후
조사 장소	학교 앞, 학교 도서관, 학교 컴퓨터실 등
준비물	컴퓨터, 필기도구, 기록장
조사 방법	직접 조사, 인터넷 검색
조사 자료	뉴스 영상
주의할 점	• 출처를 정확하게 밝힌다. • 큰 소리로 말해 다른 사람에게 피해를 주지 않는다. • 조사와 관련 없는 이야기나 장난을 해서 피해를 주면 안 된다.

핵심 3 　실태 조사를 바탕으로 하여 올바른 우리말 사용을 주제로 글 쓰기

- 조사한 우리말 사용 실태를 떠올려 보고, 올바른 우리말 사용에 대해 글을 쓰려면 어떻게 해야 할지 생각합니다.
- 조사했던 실태를 바탕으로 하여 올바른 우리말 사용을 주제로 글을 씁니다.
  - 주장은 무엇으로 정하는 것이 좋을지 생각합니다.
  - 조사했던 실태 가운데에서 주장과 관련이 있는 근거는 무엇인지 살펴봅니다.
  - 글로 쓸 내용을 정리합니다.
  - 올바른 우리말 사용을 주제로 글을 씁니다.

예 '긍정하는 말과 고운 우리말'(국어 250쪽)에 나타난 문제 상황과 실태 조사

문제 상황	부정하는 말과 비속어, 욕설 따위의 거친 말을 자주 사용하는 것
실태 조사	• 긍정하는 말이 부정하는 말보다 듣기가 좋다는 우리 반 친구들의 실태 • 비속어나 욕설 같은 거친 말보다는 고운 우리말 사용이 자신과 상대의 마음을 아름답게 해 준다는 결과

[01~03] 다음 그림을 보고, 물음에 답하시오.

01 여자아이와 아빠가 생각하는 ㉠의 의미를 각각 골라 선으로 이으시오.

(1) 여자아이 ·   · ㉮ 물고기

(2) 아빠 ·   · ㉯ 생일 선물

☆☆
02 다음은 여자아이가 ㉠과 같은 말을 사용한 까닭입니다. ( ) 안의 알맞은 말에 ○표 하시오.

(줄임 말 , 높임말)이 재미있고, 평소에 즐겨 사용하기 때문이다.

서술형 문제
03 아빠와 여자아이가 말이 통하지 <u>않은</u> 까닭을 쓰시오.

_____

_____

[04~05] 다음 그림을 보고, 물음에 답하시오.

04 경기에서 이기고 있는 모둠의 친구가 그림 ❷와 같이 말한 까닭으로 알맞은 것은 무엇입니까? ( )

① 경기가 재미없어서

② 경기에 관심이 없어서

③ 경기에서 지는 모둠의 친구들을 무시하고 싶어서

④ 경기에서 지는 모둠의 친구들에게 격려의 말을 하고 싶어서

⑤ 경기에서 지는 모둠의 친구들에게 힘을 내라는 말을 하고 싶어서

05 그림 ❸에서 강민이의 마음으로 알맞은 것은 무엇입니까? ( )

① 화난다.   ② 창피하다.

③ 짜증 난다.   ④ 힘이 난다.

⑤ 기분 나쁘다.

[06~09] 다음 그림을 보고, 물음에 답하시오.

06 그림 **가**의 내용으로 가장 알맞은 것은 무엇입니까?
( )

① 외국 관광지의 모습이다.

② 사투리를 사용한 간판이 많은 모습이다.

③ 아름다운 건물이 있는 도시의 모습이다.

④ 외국어를 사용하는 간판이 많은 모습이다.

⑤ 우리 토박이말을 사용하는 간판이 많은 모습이다.

07 그림 **나**~**라**는 어떤 내용인지 골라 선으로 이으시오.

(1) 그림 **나** ·   · ㉠ 우리 토박이말을 다룬 사전

(2) 그림 **다** ·   · ㉡ 욕설하는 습관을 고치자는 텔레비전 프로그램

(3) 그림 **라** ·   · ㉢ 욕설이나 비속어를 사용하는 청소년들에 대한 뉴스

08 그림 **마**와 **바**의 자료를 찾은 곳은 어디인지 보기 에서 골라 각각 쓰시오.

보기

책	뉴스	간판
신문	인터넷	텔레비전 프로그램

(1) 그림 **마**: ( )

(2) 그림 **바**: ( )

서술형 문제

09 그림 **가**~**바**를 보고 알 수 있는 문제점을 한 가지 쓰시오.

_____

_____

10 우리말 사용 실태를 조사하여 발표할 때 주의할 점으로 알맞지 <u>않은</u> 것을 <u>두 가지</u> 고르시오.
(,)

① 다양한 자료를 활용한다.

② 일정한 목소리로 발표한다.

③ 중요한 부분은 강조하며 발표한다.

④ 가능한 동영상 자료는 사용하지 않는다.

⑤ 듣는 사람이 이해하기 쉽도록 알맞은 목소리로 발표한다.

[11~15] 다음 글을 읽고, 물음에 답하시오.

가 요즘 우리 반 친구들이 대화할 때 짜증 난다는 말이나 비속어, 욕설 따위를 사용합니다. 그런 말을 들으면 기분이 나빠지고 화가 나서 다툼도 일어납니다.

우리 반에는 공놀이할 때마다 실수해서 같은 편이 되기를 꺼려 하는 친구가 있습니다. 대부분 그 친구와 같은 편이 되면 "짜증 나."라는 말이나 비속어, 욕설을 합니다. 그러던 어느 날, 그 친구가 안쓰러워서 "괜찮아, 넌 잘할 수 있어."라고 말했습니다. 그랬더니 신기하게도 그 친구가 승점을 냈습니다.

이 일이 있은 뒤에 우리 반 친구들을 대상으로 조사해 보니 긍정하는 말이 부정하는 말보다 듣기가 좋다는 결과가 나왔습니다. 긍정하는 말을 하면 말하는 사람은 물론 듣는 사람도 마음이 편안해집니다.

나 비속어나 욕설 같은 거친 말보다는 ㉠고운 우리말 사용이 자신과 상대의 마음을 아름답게 해 준다는 결과도 있습니다. 상대의 실수에는 너그러운 말을 하고, 내 잘못에는 미안하다는 말을 하며, 상대의 배려에는 고마운 말을 하는 것입니다. 비속어나 욕설을 사용하면 추한 마음이 생길 것인데 고운 우리말을 사용하면 너그러운 마음이 생기고, 미안한 마음이 생기며, 고마운 마음이 생기므로 아름다운 사람이 된다는 것입니다.

다 ㉡긍정하는 표현은 자신은 물론 주변 사람들 마음에 긍정하는 힘을 줍니다. 그리고 고운 우리말 사용이 아름다운 소통을 이루고, 진정한 말맛을 느끼게 합니다. 그러므로 긍정하는 말과 고운 우리말을 사용해야 합니다.

11 이 글의 우리 반 친구들에게 나타난 문제 상황으로 알맞은 것을 보기 에서 모두 골라 기호를 쓰시오.

> **보기**
> ㉮ 짜증 난다는 말을 사용한다.
> ㉯ 비속어, 욕설 따위를 사용한다.
> ㉰ 친구들에게 높임말을 사용한다.

( )

12 ㉠의 결과로 알맞지 않은 것은 무엇입니까? ( )

① 추한 마음이 생긴다.
② 아름다운 사람이 된다.
③ 미안한 마음이 생긴다.
④ 고마운 마음이 생긴다.
⑤ 너그러운 마음이 생긴다.

13 ㉡의 예를 보기 에서 모두 골라 기호를 쓰시오.

> **보기**
> ㉮ 안 돼.   ㉯ 힘내자.   ㉰ 재밌어.
> ㉱ 힘들어.   ㉲ 망했어.   ㉳ 할 수 있어.

( )

☆☆
14 이 글에서 글쓴이의 주장이 나타난 문장을 찾아 쓰시오.

( )

15 이 글의 제목으로 가장 알맞은 것은 무엇입니까?

( )

① 화를 잘 다스리는 법
② 줄임 말을 사용하는 재미
③ 긍정하는 말과 고운 우리말
④ 초등학생들의 비속어 사용 실태
⑤ 공놀이를 할 때 실수하지 않는 법

[16~18] 다음 글을 읽고, 물음에 답하시오.

> ### 다듬은 우리말 신문   20○○년 ○○월 호
>
> #### 우리말로 다듬어 새로운 낱말 탄생!
>
> 국립국어원 우리말 다듬기 누리집에서는 들어온 지 얼마 안 된 어려운 외국어를 쉬운 우리말로 바꾼 사례를 볼 수 있다.
>
> | 다듬을 말 | 다듬은 말 |
> |---|---|
> | 포스트잇 | 붙임쪽지 |
> | 이모티콘 | 그림말 |
> | 버킷 리스트 | 소망 목록 |
> | 타임캡슐 | 기억상자 |
> | 무빙워크 | 자동길 |
>
> 우리말 다듬기 누리집에 올라온 ㉠다듬은 말을 오른쪽 표와 같이 사례집으로 엮어 보았다.
>
> 앞으로 외국어를 우리말로 다듬은 낱말을 자주 사용해 올바른 우리말 사용의 터전을 닦아 나가야겠다.

16 이 글은 어떤 형식의 우리말 사례집입니까? (   )

① 책
② 신문
③ 누리집
④ 만화 영화
⑤ 영상 광고

☆☆☆
17 이 글은 어떤 내용으로 우리말 사례집을 만든 것입니까? (   )

① 비속어를 올바른 우리말로 바꾼 사례집
② 외국어 간판을 우리말로 바꾸어 보는 사례집
③ 너무 줄여서 말하는 낱말을 바르게 고쳐 쓴 사례집
④ 우리말을 훼손하는 사례를 수집해 올바르게 고쳐 쓴 사례집
⑤ 국립국어원 우리말 다듬기 누리집에 올라온 다듬은 말을 엮은 사례집

18 ㉠의 예가 아닌 것은 무엇입니까? (   )

① 그림말
② 자동길
③ 포스트잇
④ 기억상자
⑤ 소망 목록

19 다음에서 친구들이 올바른 우리말 사례집을 만들기 위해 무엇에 대해 의견을 나누는지 골라 ○표 하시오.

> 무현: 신문 같은 자료로 만들면 어떨까?
> 우석: 책으로 만드는 건 어때?
> 희진: 영상 광고나 만화 영화로도 좋을 것 같아.

(1) 주제는 무엇으로 정할까요?   (   )
(2) 어떤 내용으로 만들까요?   (   )
(3) 어떤 형식으로 만들까요?   (   )

서술형 문제
20 올바른 우리말 사례집을 만들기 위해 계획을 세우려고 합니다. 주제는 무엇으로 정하면 좋을지 자신의 생각을 쓰시오.

_____

_____

_____

서술형 문제

[01~03] 다음 글을 읽고, 물음에 답하시오.

> 며칠 전 우리 반 교실에서 일어난 일입니다. 준형이와 수진이가 교실 뒤쪽을 걷다가 뜻하지 않게 서로 부딪혔습니다. 준형이와 수진이는 서로 노려보면서 눈살을 찌푸렸습니다.

ㄱ야, 넌 눈도 없나? 똑바로 보고 다녀야지!

ㄴ뭐라고? 재수 없어. 네가 날 쳤잖아.

01 이 글에서 준형이와 수진이의 다툼이 커진 까닭은 무엇인지 쓰시오.

_____

_____

02 ㉠과 ㉡을 올바른 말로 고쳐 쓰시오.

㉠	(1)
㉡	(2)

03 이 글을 통해 자신의 언어생활을 돌아보고 바람직한 점과 고칠 점은 무엇인지 쓰시오.

_____

_____

[04] 다음 글을 읽고, 물음에 답하시오.

> **가** 우리 반에는 공놀이할 때마다 실수해서 같은 편이 되기를 꺼려 하는 친구가 있습니다. 대부분 그 친구와 같은 편이 되면 "짜증 나."라는 말이나 비속어, 욕설을 합니다. 그러던 어느 날, 그 친구가 안쓰러워서 "괜찮아, 넌 잘할 수 있어."라고 말했습니다. 그랬더니 신기하게도 그 친구가 승점을 냈습니다.
>
> **나** 이 일이 있은 뒤에 우리 반 친구들을 대상으로 조사해 보니 긍정하는 말이 부정하는 말보다 듣기가 좋다는 결과가 나왔습니다. 긍정하는 말을 하면 말하는 사람은 물론 듣는 사람도 마음이 편안해집니다.
>
> **다** 비속어나 욕설 같은 거친 말보다는 고운 우리말 사용이 자신과 상대의 마음을 아름답게 해 준다는 결과도 있습니다. 상대의 실수에는 너그러운 말을 하고, 내 잘못에는 미안하다는 말을 하며, 상대의 배려에는 고마운 말을 하는 것입니다. 비속어나 욕설을 사용하면 추한 마음이 생길 것인데 고운 우리말을 사용하면 너그러운 마음이 생기고, 미안한 마음이 생기며, 고마운 마음이 생기므로 아름다운 사람이 된다는 것입니다.
>
> **라** 긍정하는 표현은 자신은 물론 주변 사람들 마음에 긍정하는 힘을 줍니다. 그리고 고운 우리말 사용이 아름다운 소통을 이루고, 진정한 말맛을 느끼게 합니다. 그러므로 긍정하는 말과 고운 우리말을 사용해야 합니다.

04 이 글에서 글쓴이의 주장과 근거를 정리하여 쓰시오.

주장	(1)
근거	(2) • • •

수행 평가

배점 | 20점

학습 주제 실태 조사를 바탕으로 하여 올바른 우리말 사용을 주제로 글 쓰기

학습 목표 올바른 우리말 사용을 주제로 글을 쓸 수 있다.

※ 다음에 제시된 우리말 사용 실태 조사를 바탕으로 하여 올바른 우리말 사용을 주제로 주장하는 글을 쓰시오.

조사 주제	욕설·비속어에 중독된 청소년들
조사 내용	우리말을 잘못 사용하는 실태
조사 결과	초등학생의 97퍼센트가 비속어를 사용한 경험이 있음.
출처	「KBS 아침 뉴스 타임: 욕설·비속어에 중독된 청소년들」, 한국방송공사, 2012. 10. 24.

1 어떻게 글을 쓸 것인지 글의 개요를 작성하시오.

서론	(1)
본론	(2)
결론	(3)

2 제목을 정하고 올바른 우리말 사용을 주제로 주장하는 글을 쓰시오.

제목: _____

단원 학습

이야기에서 인물이 추구하는 가치를 파악하고 자신의 삶과 관련지을 수 있어요.

○ **글의 특징:** 책을 통해 꿈을 이룬 작가가 어린이들에게 책을 읽자는 주제로 쓴 글입니다.

❶ 나는 『꿀벌 마야의 모험』을 읽고 발데마르 본젤스처럼 작가가 되겠다는 꿈을 꾸게 되었습니다.

❷ 나는 『레 미제라블』, 『노인과 바다』, 『갈매기의 꿈』 등 많은 책을 읽으며 작가가 되려고 노력했습니다.

책이 주는 선물을 받고 싶은 어린이들에게

❶ 이야기책을 좋아하니? 나는 이야기를 쓰는 작가야. 책을 읽고 작가가 되는 꿈을 꾸게 되었고 책을 읽으면서 그 꿈을 키웠단다. 너희에게 내가 기억하는 책들을 소개해 줄게.

내가 처음으로 재미있게 읽은 책은 발데마르 본젤스의 『꿀벌 마야의 모험』인데, 아기 꿀벌이 꿀을 모으러 바깥세상에 나갔다가 모험을 시작하는 이야기야. 그 꿀벌이 여러 가지 경험을 하며 자신의 삶을 이끌어 가는 모습이 내게 꿈과 희망을 줬어. 이야기가 어찌나 흥미로웠던지 발데마르 본젤스처럼 작가가 되는 꿈을 갖게 되었지.

❷ 나는 책을 많이 읽었어. 누구보다 빅토르 위고 작품을 좋아했는데, 『레 미제라블』은 여러 번 읽었단다. 자신이 받은 도움을 생각하며 어려운 사람들을 돕는 인물 모습이 내 마음을 울렸거든. 이렇듯 빅토르 위고는 현실에서 소외된 사람들의 이야기에도 관심이 있었는데 빈민 구제를 주장하며 정치가로도 활동했어. 어니스트 헤밍웨이가 쓴 『노인과 바다』에서는 온갖 어려움에도 의지를 굽히지 않는 늙은 어부의 용기와 도전을

01 글쓴이의 직업으로 알맞은 것은 무엇입니까?　　　　（　　）

① 작가　　　　　　　　　　② 서점 주인
③ 사회 복지사　　　　　　　④ 곤충 채집가
⑤ 사회 운동가

교과서 문제

02 글쓴이가 『레 미제라블』을 여러 번 읽은 까닭은 무엇입니까?　　　　（　　）

① 이야기가 너무 흥미로워서
② 빈민을 구제하자는 주장이 인상적이어서
③ 어려움에도 의지를 굽히지 않는 용기와 도전이 좋아서
④ 여러 가지 경험을 하며 꿋꿋이 살아가는 모습이 꿈과 희망을 주어서
⑤ 자신이 받은 도움을 생각하며 어려운 사람들을 돕는 모습이 감동적이어서

낱말사전

소외된 어떤 무리에서 꺼리고 피해 따돌림을 당하거나 배척된.
빈민 가난한 백성.
구제 자연재해나 사회에서 피해를 당해 어려운 처지에 있는 사람을 도와줌.
용기 씩씩하고 굳센 기운. 또는 사물을 겁내지 아니하는 기개.
도전 정면으로 맞서 싸움을 걺.

03 글쓴이에게 『갈매기의 꿈』이 특별한 까닭은 무엇인지 빈칸에 공통적으로 들어갈 낱말을 쓰시오.

> ＿＿＿＿＿을/를 이루려고 끊임없이 나는 법을 연습했던 갈매기를 보며,
> ＿＿＿＿＿을/를 이루려면 어떻게 해야 하는지 배울 수 있었습니다.

（　　　　　　　）

만날 수 있었어. 『갈매기의 꿈』은 『꿀벌 마야의 모험』만큼 내게 특별한 책이었지. 단지 먹으려고 날았던 다른 갈매기와는 달리 자신만의 꿈을 이루려고 끊임없이 나는 법을 연습했던 특별한 갈매기 이야기였거든. 그 책은 내게 꿈을 이루려면 어떻게 해야 하는지 가르쳐 줬어. 그래서 작가라는 꿈을 이루려고 더 많은 책을 읽었단다.

❸ 책 속에는 많은 이야기가 숨어 있어. 그리고 이야기 속 인물들은 우리를 다양한 경험 세계로 데려다주지. 꿈과 희망, 소외된 사람들에 대한 관심, 용기와 도전같이 ㉠작가가 말하고자 하는 생각도 듣는단다. 그 많은 이야기에 공감하며 이야기 속 인물의 삶에서 내 삶을 돌아보는 기회가 되는 것도 책이 주는 선물이야. 그래서 ㉡책을 읽는 사람은 지혜롭게 세상을 살 수 있다고 해. 나는 책에서 꿈을 찾았고 꿈을 이루는 방법까지 배웠으니 책이 주는 더 특별한 선물을 받은 거지.

책이 주는 선물을 받고 싶니? 너희도 책을 읽어 봐.

---

04 ㉠을 뜻하는 말은 무엇입니까? ( )

① 상상　　　　　② 주제　　　　　③ 제목

④ 사상　　　　　⑤ 근거

교과서 문제

05 글쓴이가 ㉡과 같이 말한 까닭으로 알맞은 것을 모두 고르시오. ( )

① 지식을 쌓을 수 있어서

② 많은 인물이 등장해서

③ 내 삶을 돌아보는 기회가 되어서

④ 작가가 말하고자 하는 생각을 들을 수 있어서

⑤ 이야기 속 인물들이 다양한 경험 세계로 데려다주어서

☆☆
06 이 글을 통해 글쓴이가 말하고자 하는 생각은 무엇입니까? ( )

① 책을 읽자.　　　　② 책을 쓰자.

③ 책을 선물하자.　　　④ 지혜롭게 살자.

⑤ 꿈을 위해 노력하자.

---

❸ 이야기 속 인물의 삶에서 내 삶을 돌아보는 기회가 되므로, 책을 읽은 사람은 지혜롭게 세상을 살 수 있습니다.

○ **글쓴이가 말하고자 하는 생각을 찾으며 글을 읽으면 얻을 수 있는 점**

• 글 내용을 더 깊이 이해할 수 있습니다.

• 글을 쓴 의도나 목적을 알 수 있습니다.

• 대상에 대한 자신의 생각을 다시 점검할 수 있습니다.

• 자신의 삶을 되돌아볼 수 있습니다.

글쓴이가 말하고자 하는 생각을 글의 주제라고 해요. 글의 제목, 중요한 낱말, 중심 문장을 살펴보면 글의 주제를 파악할 수 있어요.

🔖 **낱말사전**

공감하며 남의 감정, 의견, 주장 따위에 대하여 자기도 그렇다고 느끼며.

8 단원

○ 글의 종류: 시조
○ 글쓴이: ㉮ 이방원, ㉯ 정몽주
○ 글의 특징: 고려 말 혼란스러운 상황에서 각각 다른 뜻을 품고 살았던 이방원과 정몽주의 생각을 파악할 수 있는 시조입니다.

㉮ 고려를 무너뜨리고 새로운 왕조를 세우고자 했던 이방원이 쓴 시조로, 정몽주에게 뜻을 모아 새로운 왕조를 세우자고 제안하는 내용입니다.

○ **인물의 생각 파악하기**
• 인물의 생각이 잘 드러난 표현을 찾아봅니다.
　㉔ 「하여가」: 얽혀진들, 우리
　　「단심가」: 죽어, 일편단심
• 인물의 생각이 잘 드러난 표현에서 인물의 상황을 찾아봅니다.

낱말사전

무인 무예와 무술을 닦은 사람.

개혁하려고 제도나 기구 등을 새롭게 뜯어고치려고.

만수산 개성 북쪽에 있는 산. 송악산의 다른 이름.

드렁칡 드렁(두렁의 방언)에 있는 칡덩굴.

얽혀진들 얽힌들.

얽혀져 얽혀.

[고려 말 상황]

　고려 말에 새로 등장한 정치 세력과 무인들은 고려 사회를 개혁하려고 했다. 그러나 그들 가운데에서 정몽주와 이성계가 생각하는 개혁 방법은 서로 달랐다. 정몽주는 고려를 유지하면서 개혁해야 한다고 생각했고, 이성계는 고려를 무너뜨리고 새로운 왕조를 세우려고 했다. 이러한 상황에서 이성계의 아들 이방원은 「하여가」를 썼고, 정몽주는 「단심가」를 썼다.

㉮

하여가

이방원

㉠이런들 어떠하며 ㉡저런들 어떠하리
㉢만수산 드렁칡이 얽혀진들 어떠하리
㉣우리도 이같이 얽혀져 백 년까지 누리리

----

07 글쓴이가 처한 상황을 생각하며 「하여가」를 읽기 위해 알아야 할 내용이 <u>아닌</u> 것은 무엇입니까?　　　　　　　　　　　　　　　　　（　　）

① 고려의 태조는 왕건이다.
② 이방원은 이성계의 아들이다.
③ 고려 말 정몽주는 고려를 유지하면서 개혁하려고 했다.
④ 고려 말 이성계는 고려를 무너뜨리고 새로운 왕조를 세우려고 했다.
⑤ 이 시조들은 새로 등장한 정치 세력과 무인들이 고려 사회를 개혁하려고 해서 혼란스러웠던 고려 말에 썼다.

교과서 문제

08 ㉠~㉣ 중 이방원의 생각을 가장 잘 드러내고 있는 낱말을 골라 기호를 쓰시오.

（　　　）

☆☆ **교과서 문제**

09 「하여가」에서 이방원이 말하려는 생각은 무엇입니까?　　　　　　　（　　）

① 함께 오래 살자.
② 자연을 벗하여 살자.
③ 서로 사이좋게 지내자.
④ 마음 가는 대로 즐기며 살자.
⑤ 새 왕조를 세우는 데 함께하자.

나

단심가

정몽주

이 몸이 죽고 죽어 일백 번 고쳐 죽어

㉠백골이 ㉡진토 되어 ㉢넋이라도 있고 없고

㉣임 향한 ㉤일편단심이야 가실 줄이 있으랴

....

교과서 문제

10 ㉠~㉤ 중 정몽주의 생각을 가장 잘 드러내고 있는 낱말은 무엇입니까?

( )

① ㉠   ② ㉡   ③ ㉢   ④ ㉣   ⑤ ㉤

서술형 문제

11 「단심가」의 초장, 중장, 종장 중 정몽주의 마음이 가장 잘 드러난 장은 어디인지 그 까닭과 함께 쓰시오.

(1) 정몽주의 마음이 가장 잘 드러난 장: ( )

(2) 그 까닭: _____

_____

교과서 문제

12 ㉮와 ㉯에서 이방원과 정몽주는 어떤 것으로 자신의 생각을 말하고 있습니까?

( )

① 춤   ② 말   ③ 그림

④ 음악   ⑤ 시조

교과서 문제

13 ㉮와 ㉯에서 이방원과 정몽주는 각각 무엇에 빗대어 자신의 생각을 말했는지 선으로 이으시오.

(1) 이방원 •   • ㉮ 백골이 진토 되어

(2) 정몽주 •   • ㉯ 만수산 드렁칡

㉯ 정몽주가 쓴 시조로, 고려에 대한 충심을 지키겠다며 이방원의 제안을 거절하는 내용입니다.

○ **이방원과 정몽주의 생각**

이방원	뜻을 함께 모아 새 나라를 세우자.
정몽주	변함없이 고려에 충성을 다하겠다.

㉮와 ㉯처럼 고려 말기부터 발달해 온 우리 고유의 시를 '시조'라고 해요. 시조에서 첫 장은 초장, 가운데 장은 중장, 마지막 장은 종장이라고 불러요.

😊 **낱말사전**

백골 죽은 사람의 몸이 썩고 남은 뼈.

진토 티끌과 흙을 통틀어 이르는 말.

일편단심 한 조각의 붉은 마음이라는 뜻으로, 진심에서 우러나오는 변치 않는 마음을 이르는 말.

가실 어떤 상태가 없어지거나 달라질.

제게 12척의 배가 있으니

① 1597년 8월, 나라에서는 이순신을 다시 삼도 수군통제사로 세웠습니다. 이순신은 전라도로 내려가면서 남은 배와 군사를 모았습니다. 그나마 여기저기 상한 배 12척과 120여 명의 군사를 모을 수 있었습니다. 나라에서는 아예 바다를 포기하고 육군으로 싸우라고 했습니다. ㉠이순신은 임금님께 글을 올렸습니다.

"지난 5, 6년 동안 일본이 충청도와 전라도 쪽으로 공격해 오지 못한 것은 수군이 그 길목을 막고 있었기 때문입니다. 이제 제게 12척의 배가 있으니 죽을힘을 다해 싸운다면 이길 수 있을 것입니다."

② 이순신은 오랜 고민 끝에 ㉡'울돌목(명량 해협)'을 싸움터로 정했습니다. 울돌목은 육지와 육지 사이에 낀 아주 좁은 바다였습니다. 그 사이를 흐르는 물살이 어찌나 빠른지, 물 흘러가는 소리가 꼭 흐느껴 우는 소리 같다고 해서 그런 이름이 붙은 곳입니다. 또 물살 방향도 하루에 네 번씩이나 바뀌는 특이한 곳이었습니다.

○ 글의 종류: 전기문
○ 글쓴이: 이강엽
○ 글의 특징: 명량 대첩 당시 이순신이 처한 상황과 이순신의 말과 행동을 통해 이순신이 추구하는 가치가 무엇인지 파악할 수 있습니다.

① 이순신이 다시 삼도 수군통제사가 된 뒤, 나라로부터 바다를 포기하고 육군으로 싸우라는 명을 받았습니다. 하지만 이순신은 임금님께 글을 올려 수군으로 싸울 의지를 전했습니다.

② 이순신은 울돌목(명량 해협)을 싸움터로 정했습니다.

○ **가치와 가치관**

• 가치: 정의, 행복, 책임 따위를 통틀어 이르는 말로 가치관과 관련이 있습니다.

• 가치관: 사람이 어떤 행동이나 일을 선택하고 실천하는 데 바탕이 되는 생각을 말하는데, 이야기에서는 인물이 처한 상황에서 한 말과 행동으로 인물이 추구하는 가치를 파악할 수 있습니다.

서술형 문제

14 글 **①**에서 이순신이 처한 상황을 '누가, 언제, 왜, 무엇을, 어떻게'에 맞게 정리하여 쓰시오.

누가	언제	왜	무엇을	어떻게
(1)	다시 삼도 수군통제사가 되었을 때	(2)	(3) ＿＿＿＿ ＿＿＿＿ ＿＿＿＿ (라)는 명을	받았다.

교과서 문제

15 ㉠에서 이순신은 왜 임금님께 글을 올렸습니까?　　　　　　（　　）

① 임금 뜻에 따르려고
② 자신의 업적을 전하려고
③ 부족한 군사를 더 요청하려고
④ 포기하지 않고 싸울 의지를 밝히려고
⑤ 삼도 수군통제사에서 물러나겠다는 뜻을 전하려고

낱말사전

수군통제사 조선 시대에 바다에서 국방과 치안을 맡아보던 군대인 수군을 통솔하던 정이품 무관의 벼슬.

해협 육지 사이에 끼어 있는 좁고 긴 바다. 양쪽이 넓은 바다로 통한다.

16 ㉡에 대한 설명으로 알맞지 <u>않은</u> 것은 무엇입니까?　　　　　　（　　）

① 물살이 빠르다.
② 물살 방향이 하루에 네 번씩 바뀐다.
③ 배 여러 척이 한 번에 지나가기 좋다.
④ 육지와 육지 사이에 낀 아주 좁은 바다이다.
⑤ 물 흘러가는 소리가 흐느껴 우는 소리 같아 붙여진 이름이다.

③ 이순신은 작전을 짰습니다. / "①우리는 모든 것이 적다. 무기도 적고, 군사도 적고, 배도 적다. 적은 것을 갑자기 늘릴 방법은 없다. 그러나 많아 보이게 할 수는 있을 것이다."

이순신은 우선 고기잡이배와 피난 가는 배들을 판옥선처럼 꾸미게 했습니다. 비록 실제로 싸울 수 있는 배는 먼저 구한 12척과 나중에 구한 1척, 이렇게 총 13척밖에 안 되었지만, 멀리서 보면 수십 척의 판옥선이 갖추어진 것처럼 보이게 한 것입니다. 백성들에게는 바다가 보이는 육지의 산봉우리에서 계속 돌아다니게 했습니다. 마치 우리 군사의 수가 많은 것처럼 보이도록 한 것입니다.

이순신은 모든 준비를 끝낸 뒤 부하 장수들을 불러 모았습니다. / ②"죽으려 하면 살고, 살려 하면 죽는다. 오늘 우리는 이 말처럼 죽기를 각오하고 싸워야 한다."

④ 마침내 수많은 적선이 흐르는 물살을 타고 우리 수군 쪽으로 빠르게 쳐들어왔습니다. 그러나 이순신은 물살 방향이 조선 수군에게 유리해질 때까지 공격하지 못하게 했습니다. 드디어 물살 방향이 반대로 바뀌자 이순신은 일제히 공격하도록 지시했습니다. 단번에 30척이 넘는 적의 배가 부서져 버렸습니다. 일본 배들은 뒤로 물러나려고 했습니다. 그렇지만 물살이 너무 세서 배를 돌릴 수도 없고 앞으로 나아갈 수도 없었습니다. 우리 수군은 이때를 놓치지 않았습니다. 적의 배를 향해 총통을 쏘고 불화살을 날리며 총공격을 했습니다. / 단 13척의 배로 133척의 배를 물리친 기적 같은 전투였습니다. 이 전투가 바로 '명량 대첩'입니다.

교과서 문제

17 ①의 상황에서 이순신이 한 행동으로 알맞은 것에 ○표 하시오.

(1) 부하 장수들에게 전투를 맡긴 뒤 일반 백성들과 함께 피난을 간다.　　(　　)

(2) 적은 것을 많아 보이게 만들고 부하 장수들에게 죽을힘을 다해 싸우게 한다.

(　　)

☆☆
18 ②을 통해 알 수 있는 이순신이 추구하는 가치를 알맞게 말한 사람의 이름을 쓰시오.

> 우영: 승부에서는 반드시 이겨야 한다는 가치를 추구한다.
> 준이: 어려움이 있더라도 끝까지 싸워 극복해야 한다는 가치를 추구한다.

(　　　)

19 글 ④를 통해 알 수 있는 내용은 무엇입니까?　　(　　)

① 일본이 전쟁 준비를 제대로 하지 않았다.
② 이순신은 임금의 도움으로 싸움에서 이겼다.
③ 조선 수군은 이순신 없이 아무것도 할 수 없다.
④ 조선과 일본의 싸움은 얼마나 오래 버티느냐에 달려 있었다.
⑤ 울돌목을 싸움터로 정한 것도 불리한 조건을 극복하기 위해서였다.

③ 이순신은 작전을 짜서 배와 군사의 수가 많은 것처럼 보이도록 하고, 장수들에게 죽기를 각오하고 싸워야 한다고 말했습니다.

④ 이순신이 이끄는 조선 수군은 단 13척의 배로 일본의 133척의 배를 물리쳤는데, 이 기적 같은 전투가 '명량 대첩'입니다.

○ **인물이 추구하는 가치를 파악하는 방법**
· 인물이 처한 상황을 떠올려 봅니다.
· 인물이 처한 상황에서 인물이 한 말과 행동을 알아봅니다.
· 인물이 처한 상황에서 그렇게 말하고 행동한 까닭을 생각해 봅니다.

8
단원

낱말사전

판옥선 조선 시대에 널빤지로 지붕을 덮은 전투선. 명종 때 개발한 것으로 임진왜란 때 크게 활약함.

적선 전쟁 상대국의 배.

총통 화약의 힘으로 탄알을 쏘는, 전쟁에 쓰이는 기구를 통틀어 이르던 말.

명량 울돌목의 이름.

○ 글의 종류: 이야기(동화)

○ 글쓴이: 황선미

○ 글의 특징: 도깨비인 몽당깨비가 자신이 사랑한 버들이에 대한 이야기를 인형인 미미에게 들려주는 형식의 이야기입니다.

〈앞 이야기〉

은행나무 뿌리에 갇혀 삼백 년 동안 잠자던 도깨비가 깨어났습니다. 대낮이나 위험할 때에는 몽당빗자루로 변해 몽당깨비라 불리는 도깨비입니다. 환경미화원 아저씨 때문에 쓰레기 소각장에 도착한 몽당깨비는 그곳에서 인형 미미를 만났습니다. 몽당깨비는 미미에게 그가 돌아가야 할 곳, 샘마을 기와집에 얽힌 이야기를 들려줍니다.

❶ 어머니가 위독해지자, 버들이는 도깨비 샘가에 오두막을 짓고 살겠다고 말했습니다.

❷ 몽당깨비는 버들이를 위해 도둑질까지 해서 큰 기와집을 지어 주었습니다.

○ 몽당깨비의 말과 행동에 나타난 인물이 추구하는 가치

· 몽당깨비의 말과 행동
 – "버들이는 착한 여자라 그럴 리가 없어."
 – 버들이에게 기와집을 지어 주려고 돈을 만들고 부자들의 보물도 훔쳤습니다.

· 몽당깨비가 추구하는 가치
 – 진심을 담아 상대를 대하는 것을 추구합니다.
 – 믿음과 사랑을 추구합니다.

낱말사전

위독하다고 병이 매우 중하여 생명이 위태롭다고.

호통쳤지만 크게 꾸짖거나 주의를 줬지만.

버들이를 사랑한 죄

❶ "어느 날, 버들이가 울면서 어머니가 위독하다고 했어. 어머니께 샘물을 좀 더 드리고 싶은데 샘이 너무 멀어서 조금밖에 못 길어 가니까 샘가에 오두막을 짓고 살겠다더군. 하지만 그건 위험한 생각이었어. 그 물은 산에 사는 온갖 동물들도 마시거든. 밤이면 여우도 나오고 호랑이도 나오는 곳이야. 밤마다 도깨비들까지 모였으니 사람이 얼씬거릴 곳이 아니었지." / ㉠미미는 더 물을 수가 없었습니다. 왠지 도깨비는 인형과 뭔가 다를 것 같았기 때문입니다. / "파랑이와 의논했어. 파랑이는 펄쩍 뛰더군. 사람이 샘가에서 살기 시작하면 결국 도깨비들은 샘을 뺏기고 떠나야 한다고 했어. ㉡버들이는 착한 여자라 그럴 리가 없다고 했지만 소용없었어. 버들이가 나를 꾐에 빠뜨리고 있다고 파랑이는 걱정만 했지. 대왕님이 알기 전에 버들이를 모른 체하라고 야단쳤어. 정말 화가 났단다." / 몽당깨비 몸이 부르르 떨렸습니다. 온몸의 털이 부스스 일어서는 걸 보면서 미미는 조용히 고개를 끄덕거렸습니다.

❷ "샘가에 집을 지으면 우리가 더 오래 만날 수 있다고 버들이가 말했을 때에는 아주 행복했단다. 그래서 결심했어. 샘가에서 살 수 없다면 조금 떨어진 곳에 집을 짓기로. 파랑이도 더 반대하지 못했지. 그때부터 나는 재주를 한껏 발휘해 돈을 만들었단다. ㉢부자들의 보물도 훔쳐 냈어. 버들이에게 오두막이 아닌 대궐 같은 기와집을 지어 주고 싶어서 말이야. 낮에는 사람들이 집을 지었지만 밤에는 내가 지었지. 아주 튼튼하게. 대왕님이 알고 호통쳤지만 하나도 무섭지 않았어. 그런데……."

· ·

교과서 문제

20 글 ❶에서 버들이가 처한 상황은 무엇입니까? (   )

① 어머니가 위독하시다.
② 동물들이 자주 나타난다.
③ 몽당깨비가 귀찮게 따라다닌다.
④ 어머니가 집을 갖고 싶어 하신다.
⑤ 어머니가 몽당깨비와 사귀는 것을 싫어하신다.

21 ㉠으로 볼 때, 다음 빈칸에 들어갈 말은 무엇인지 쓰시오.

> 미미는 (1) [   ] 이고, 몽당깨비는 (2) [   ] 이다.

(1) (   )   (2) (   )

☆☆
22 ㉡과 ㉢을 통해 알 수 있는 것을 골라 선으로 이으시오.

(1) ㉡ •

(2) ㉢ •

· ㉮ 몽당깨비는 버들이를 의심하고 있다.

· ㉯ 몽당깨비는 버들이를 많이 사랑하고 있다.

· ㉰ 몽당깨비는 버들이를 철썩같이 믿고 있다.

· ㉱ 몽당깨비는 버들이가 욕심쟁이라고 생각하고 있다.

❸ "그런데?"

"버들이가 이번에는 샘을 기와집 뒤란으로 옮겨 달라고 하잖아. 그러면 집에서 샘물을 긷게 될 거라고." / "이제 보니 ㉠버들이는 욕심쟁이구나. 샘을 옮기다니! 그러면 다른 동물들은 샘물을 못 마시잖아?"

"파랑이도 그렇게 말했어. 하지만 나도 그걸 원했으니까 버들이를 탓하지는 마. 나도 어느새 버들이랑 똑같은 생각을 하게 되었던 거야." / "그래서 샘을 옮겨 주었니?"

"땅속의 샘물줄기를 기와집 뒤란으로 흐르도록 해 주겠다고 약속했어. 그때 버들이가 기뻐하던 모습이라니, 지금도 잊을 수가 없어."

❹ 미미는 허공을 향해 빙그레 웃는 몽당깨비가 못마땅해서 고개를 저었습니다. 그런데 이내 몽당깨비의 표정이 어두워졌습니다.

"버들이가 묻더군. 도깨비가 제일 무서워하는 게 뭐냐고." / "무서운 거?"

"말 머리와 말 피를 무서워한다고 했지. 그랬더니 그걸로 도깨비들이 집 안에 얼씬거리지 못하도록 수를 써야 한다고 했어. 내가 샘물줄기를 바꾸고 나면 틀림없이 도깨비들이 노여워할 거라고 말이야. 샘물줄기를 찾아 물길을 바꾸고 며칠 뒤에 가 보니까 기와집 앞은 온통 아수라장이었어." / "왜?"

"샘이 마른 이유를 알아내고 동물과 도깨비 들이 모두 그곳으로 모인 거야. 대왕님은 나를 잡아 오라고 불호령을 내렸지. 하지만 아무도 기와집은 건드리지 못했어. ㉡기와집 담에는 빈틈없이 말 피가 뿌려져 있었고 대문에는 말 머리가 높이 올려져 있었던 거야. 끔찍한 광경이었어."

교과서 문제

23 이 글에서 버들이가 한 말이나 행동으로 알맞은 것에 모두 ○표 하시오.

(1) 샘을 기와집 뒤란으로 옮겨 줘. ( )

(2) 샘가에 기와집을 짓고 살아야겠어. ( )

(3) 샘가에 집을 지으면 우리가 더 오래 만날 수 있어. ( )

24 미미가 ㉠과 같이 생각한 까닭은 무엇입니까? ( )

① 몽당깨비 것을 빼앗으려고 해서
② 몽당깨비를 계속 난처하게 해서
③ 몽당깨비에게 은혜를 갚지 않아서
④ 샘물을 마시는 다른 동물들을 생각하지 않아서
⑤ 어머니를 핑계로 자신이 원하는 것을 얻으려고 해서

☆☆
25 기와집에서 ㉡과 같이 행동한 것으로 볼 때, 버들이가 추구하는 가치로 알맞은 것에 ○표 하시오.

(1) 사랑과 믿음 ( )　　　(2) 현실적인 이익 ( )

---

❸ 버들이가 이번에는 샘을 기와집 뒤란으로 옮겨 달라고 했습니다. 몽당깨비는 버들이를 위해 땅속의 샘물줄기를 기와집 뒤란으로 흐르게 해 주었습니다.

❹ 샘이 마르자 동물과 도깨비 들이 화가 나 버들이가 사는 기와집으로 찾아갔습니다. 하지만 기와집에는 말 머리와 말 피가 뿌려져 있어서 도깨비들이 들어갈 수 없었습니다.

○ **버들이의 말과 행동에 나타난 인물이 추구하는 가치**

• 버들이의 말과 행동
– "위독하신 어머니께 샘물을 좀 더 드리고 싶으니 샘가에 오두막을 짓고 살겠어."
– 점점 더 샘물을 쉽게 얻을 수 있는 방법을 원했습니다.

• 버들이가 추구하는 가치
– 효를 추구합니다.
– 현실적인 이익을 추구합니다.

낱말사전

뒤란 집 뒤 울타리 안.

허공 텅 빈 공중.

얼씬거리지 조금 큰 것이 잇따라 눈앞에 잠깐씩 나타났다 없어지지.

노여워할 화가 치밀 만큼 분해하거나 섭섭해할.

아수라장 싸움이나 그 밖의 다른 일로 큰 혼란에 빠진 곳. 또는 그런 상태.

불호령 몹시 심하게 하는 꾸지람.

- 글의 종류: 전기문
- 글의 특징: 케냐에서 그린벨트 운동을 펼친 환경 운동가 왕가리 마타이의 이야기입니다.

〈앞 이야기〉

아프리카 케냐에서 태어난 왕가리 마타이는 엄마와 오빠 덕분에 학교에 다니게 되었고, 총명함을 인정받아 외국까지 가서 공부하고 돌아왔습니다.

❶ 왕가리 마타이가 외국 공부를 마치고 케냐로 돌아왔지만 그 사이 케냐는 매우 황폐해졌습니다. 케냐의 파괴된 환경으로 고통받는 사람들을 위해 왕가리 마타이는 나무 심어 주는 회사를 세웠습니다.

❷ 회사가 어려울 즈음, 왕가리 마타이는 해비탯 회의에 참석해 푸른 도시에 대한 꿈을 갖게 되었습니다.

🗣 낱말사전

황폐해진 집, 토지, 삼림 따위가 거칠어져 못 쓰게 된.

벌목 숲의 나무를 벰.

비옥했던 땅이 기름지고 영양분이 많았던.

고갈되어 어떤 일의 바탕이 되는 돈이나 물자 따위가 다하여 없어져.

삭막한 쓸쓸하고 막막한.

묘목 옮겨 심는 어린나무.

전람회 소개, 교육, 선전 따위를 목적으로 물건이나 예술 작품을 진열하여 놓고 여러 사람에게 보이는 모임.

해비탯 집을 짓거나 고치는 활동으로 전 세계의 집 없는 사람들이 스스로 살아갈 수 있도록 돕는 국제단체.

나무를 심는 사람

❶ 외국에서 공부를 마치고 케냐로 돌아온 왕가리 마타이는 ㉠황폐해진 케냐의 마을 풍경을 보고 깜짝 놀랐다. 케냐의 새로운 지도자들이 돈벌이를 위해 숲을 없애고 차나무와 커피나무를 심은 것이었다. 울창했던 숲은 벌목으로 벌거벗은 모습이 되었고, 비옥했던 토양은 영양분이 고갈되어 동물과 식물을 제대로 길러 낼 수 없는 상태가 되었다. 이러한 변화로 사람들은 땔감을 구하기 어려웠고, 작물이 잘 자라지 않아 가난과 굶주림 속에서 고통받게 되었다.

㉡파괴된 환경이 그녀와 그녀의 아이들 그리고 케냐의 모든 이에게 고통을 주고 있다는 것을 깨달은 왕가리 마타이는 자신이 할 수 있는 일이 무엇인지 생각해 보았다.

'나무를 심는 거야.' / 왕가리 마타이는 나무를 심기로 마음먹고, 방법을 고민한 끝에 ㉢나무를 심어 주는 회사를 세웠다. 그녀는 이 회사가 헐벗고 삭막한 도시를 풍요롭게 만들 뿐만 아니라, 가난한 사람들에게 나무를 심고 관리하는 일자리를 제공할 것이라고 생각했다. 그러나 사업은 적자를 면하기 어려웠고, 누구도 그녀를 도와주지 않았다.

❷ 회사 운영이 어려워지자 왕가리 마타이는 묘목 장사를 해서 회사를 살리기로 하고, 1975년 나이로비에서 열린 국제 전람회에 참석해 묘목을 전시했다. 그러나 묘목을 사는 사람은 아무도 없었다. 실망스러웠지만 왕가리 마타이는 포기하지 않았다. 때마침 그녀는 국제연합 해비탯 회의에 참석할 수 있는 기회를 얻었다. 왕가리 마타이는 그곳에서 테레사 수녀와 마거릿 미드에게 큰 감명을 받고, 나무와 숲이 있는 더 푸른 도시를 만들기로 결심했다. 하지만 새로운 꿈을 품고 케냐로 돌아온 왕가리 마타이를 맞이한 것은 말라 죽은 묘목들이었다. / "이제 나무 심기는 그만하면 어때?"

주위 사람들은 나무 심기에만 열중하는 왕가리 마타이를 설득했다.

"나무 심기를 포기할 수는 없어요." / 왕가리 마타이는 포기하지 않고 나무 심기를 계속할 수 있는 방법을 찾아보았다. 그리고 곧 그 기회가 왔다.

- -

26 다음은 케냐가 ㉠과 같이 된 까닭입니다. (　　) 안의 알맞은 말에 ○표 하시오.

> 케냐의 새로운 지도자들이 (국민 복지 / 돈벌이)를 위해 숲을 없애고 차나무와 커피나무를 심었다.

교과서 문제

27 왕가리 마타이는 ㉡으로 무엇을 하기로 결정하였습니까?　　　　　　　(　　)

① 나무 심기　　　　　② 정치가 되기　　　　　③ 새 나라 만들기
④ 새로운 기술 들여오기　　⑤ 커피 사업 시작하기

28 왕가리 마타이가 ㉢에 기대하던 내용이 <u>아닌</u> 것은 무엇입니까?　　　　　(　　)

① 케냐 지도자들이 바뀌는 것　　　② 케냐의 파괴된 환경이 회복되는 것
③ 삭막한 도시를 풍요롭게 하는 것　　④ 파괴된 환경으로 사람이 고통받지 않는 것
⑤ 가난한 사람들이 나무를 심고 관리하는 일자리를 얻는 것

3 1977년, 케냐여성위원회에서 왕가리 마타이에게 해비탯 회의에서 보고 들은 것을 연설해 달라고 부탁한 것이다. 왕가리 마타이의 연설은 많은 사람에게 감동을 주었고, 그 뒤 왕가리 마타이는 케냐여성위원회의 위원이 되어 나무 심기 운동을 추진했다.

케냐여성위원회는 나무 심기 운동을 전파하려고 여성들이 기른 묘목을 숲이나 정원에 옮겨 심을 때마다 한 그루에 4센트씩 대가를 지불하기로 했다. 여성들은 농사를 지어 본 경험이 많아 나무를 잘 길러 냈다. 때로는 땅에 화단을 일구었고, 때로는 깨진 화분에 묘목을 키웠다. 일자리를 가져 본 경험이 없는 여성들은 비록 적은 돈이었지만 스스로 돈을 벌 수 있다는 사실에 기쁨을 느끼며 열심히 일했다.

왕가리 마타이는 ㉠시골 여성들과 함께 나무를 심었다. 그리고 그녀들을 격려하며 나무 심기 운동을 전파해 달라고 부탁했다. 이러한 노력들이 모여 나무 심기 운동은 큰 변화를 가져왔다. ㉡묘목을 한꺼번에 약 1000그루씩 적당한 간격을 두고 심어 '벨트'를 만들도록 권장하면서 나무 심기 운동은 '그린벨트 운동'으로 불렸다.

그린벨트 운동은 성공적이었지만, ㉢심은 나무를 가꾸기까지는 시간과 노력이 많이 필요했다. 나무를 가꾸는 데 지친 몇몇 사람은 나무를 심기보다는 베어서 쓰고 싶어 했다. ㉣"나무가 빨리 자라지 않으니 나무를 심기 싫어요."

㉤

---

29 ㉠~㉢ 중 왕가리 마타이의 나무 심기 운동을 '그린벨트 운동'으로 부르게 된 까닭으로 알맞은 것의 기호를 쓰시오.

(   )

30 왕가리 마타이가 어려움을 극복하는 모습으로 보아, ㉣과 같은 상황에서 ㉤에 들어갈 왕가리 마타이의 행동으로 알맞은 것은 무엇입니까? (   )

① 일단 포기하고 다른 방법을 찾는다.   ② 필요한 대로 나무를 베어 가게 한다.
③ 목표한 양의 반의 나무만 심게 한다.   ④ 사람들을 협박해 많은 나무를 심게 한다.
⑤ 사람들을 설득해 인내심을 지니고 나무를 심게 한다.

☆☆
31 왕가리 마타이가 다음과 같이 행동한 것으로 보아, 왕가리 마타이가 중요하게 여기는 가치로 알맞은 것을 두 가지 고르시오. (,   )

> 나무 심는 운동을 통해 왕가리 마타이는 케냐의 자연환경을 회복하고 가난한 사람들에게 일자리를 갖게 해 주었다. 또한 몇몇을 위해 자연을 훼손하지 못하도록 많은 운동을 벌였다.

① 자유로운 삶   ② 청렴한 문화   ③ 자연환경 보호
④ 모두의 이익과 행복   ⑤ 세계를 이끌어 가는 나라

---

❸ 왕가리 마타이는 케냐여성위원회의 위원이 되어 나무 심기 운동을 추진했고, 이 운동은 그린벨트 운동으로 변화되었습니다.

> 왕가리 마타이가 나무 심기 운동을 꾸준히 실천하고 우후루 공원에 건물 짓는 것을 반대한 것은 자신뿐만 아니라 현재와 미래의 케냐 사람들을 생각하는 마음 때문일 거예요. 따라서 왕가리 마타이가 추구하는 가치는 자연환경을 지키고 모두의 이익과 행복을 추구하는 모습이라고 할 수 있어요.

🔍 **낱말사전**

전파하려고 전하여 널리 퍼뜨리려고.
권장하면서 권하여 장려하면서.

핵심 1 **글쓴이가 말하고자 하는 생각(글의 주제) 찾기**

• 글쓴이가 말하고자 하는 생각을 글의 주제라고 합니다.
• 글의 제목, 중요한 낱말, 중심 문장을 살펴보면 글의 주제를 파악할 수 있습니다.

예「책이 주는 선물을 받고 싶은 어린이들에게」를 읽고 글의 주제 찾기

자주 등장하는 말	주제
책	

중심 문장	➡	책을 읽자.
책을 읽는 사람은 지혜롭게 세상을 살 수 있다고 해.		

핵심 2 **인물이 추구하는 가치 파악하기**

• 인물이 처한 상황을 떠올려 봅니다.
• 인물이 처한 상황에서 인물이 한 말과 행동을 살펴봅니다.
• 인물이 그렇게 말하고 행동한 까닭을 생각해 봅니다.

예「제게 12척의 배가 있으니」에서 이순신이 추구하는 가치 파악하기

인물이 처한 상황	인물의 말과 행동
적은 군사와 배를 가지고 일본군과 울돌목에서 싸우는 상황	• 미리 작전을 짜서 배와 군사를 많아 보이게 함. • 울돌목의 특성을 이용해 적선을 공격함. • "죽으려 하면 살고, 살려 하면 죽으니 죽기를 각오하고 싸워야 한다."

→ 인물이 추구하는 가치: 어떤 고난에도 포기하지 않고 극복하려는 의지를 추구함.

핵심 3 **인물들이 추구하는 다양한 가치 비교하기**

• 이야기 속 인물과 비슷한 경험을 떠올려 봅니다.
• 이야기 속 인물이 추구하는 가치를 생각해 봅니다.
• 이야기 속 인물과 자신이 추구하는 가치를 비교해 봅니다.

예「버들이를 사랑한 죄」에 나온 인물들의 가치 비교하기

몽당깨비	버들이
• 상대에게 진심을 담아 대하는 것을 추구함. • 믿음과 사랑을 추구함.	• 부모에 대한 효를 추구함. • 현실적인 이익을 추구함.

핵심 4 **인물이 추구하는 가치를 자신의 삶과 관련짓기**

• 이야기와 관련 있는 자신의 경험을 생각해 봅니다.
• 인물이 추구하는 가치를 자신의 삶과 관련지어 봅니다.

예「나무를 심는 사람」을 읽고 인물과 자신의 삶 비교하기

앞날을 멀리 내다보고 자신뿐만 아니라 모두의 이익과 행복을 추구하는 왕가리 마타이의 삶의 모습을 통해 그동안 나만 생각하며 이기적으로 살았던 나의 삶의 모습을 되돌아보게 되었어요.

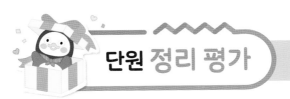

[01~02] 다음 글을 읽고, 물음에 답하시오.

> 책 속에는 많은 이야기가 숨어 있어. 그리고 이야기 속 인물들은 우리를 다양한 경험 세계로 데려다주지. 꿈과 희망, 소외된 사람들에 대한 관심, 용기와 도전같이 작가가 말하고자 하는 생각도 듣는단다. 그 많은 이야기에 공감하며 이야기 속 인물의 삶에서 내 삶을 돌아보는 기회가 되는 것도 책이 주는 선물이야. 그래서 ⊙책을 읽는 사람은 지혜롭게 세상을 살 수 있다고 해. 나는 책에서 꿈을 찾았고 꿈을 이루는 방법까지 배웠으니 책이 주는 더 특별한 선물을 받은 거지.

01 이 글에서 글쓴이가 말하고자 하는 생각을 알 수 있는 가장 중요한 낱말은 무엇입니까? ( )

① 꿈   ② 책   ③ 지혜
④ 용기   ⑤ 이야기

02 ⊙과 같이 말한 까닭으로 알맞지 않은 것을 골라 ×표 하시오.

(1) 꿈을 이룰 수 있다. ( )
(2) 다양한 경험을 할 수 있다. ( )
(3) 내 삶을 돌아볼 기회를 갖게 된다. ( )
(4) 작가가 말하고자 하는 생각을 듣게 된다. ( )

[03~05] 다음 시조를 읽고, 물음에 답하시오.

> **가** 이런들 어떠하며 저런들 어떠하리
> 만수산 드렁칡이 얽혀진들 어떠하리
> 우리도 이같이 얽혀져 백 년까지 누리리
>
> **나** 이 몸이 죽고 죽어 일백 번 고쳐 죽어
> 백골이 진토 되어 넋이라도 있고 없고
> 임 향한 일편단심이야 가실 줄이 있으랴

03 다음은 시조 **가**와 **나**를 쓰게 된 상황에 대한 설명입니다. 설명을 읽고, 시조 **가**와 **나**의 제목을 쓰시오.

> 고려 말에 새로 등장한 정치 세력과 무인들은 고려 사회를 개혁하려고 했다. 그러나 그들 가운데에서 정몽주와 이성계가 생각하는 개혁 방법은 서로 달랐다. 정몽주는 고려를 유지하면서 개혁해야 한다고 생각했고, 이성계는 고려를 무너뜨리고 새로운 왕조를 세우려고 했다. 이러한 상황에서 이성계의 아들 이방원은 「하여가」를 썼고, 정몽주는 「단심가」를 썼다.

(1) 시조 **가**의 제목: ( )
(2) 시조 **나**의 제목: ( )

04 시조 **가**에 나타난 글쓴이의 생각은 무엇입니까? ( )

① 고려를 위해 싸우자.
② 더 이상 다투지 말자.
③ 함께 새 왕조를 세우자.
④ 오래도록 권력을 누리자.
⑤ 너무 애쓰지 말고 편하게 살자.

05 시조 **나**의 종장에서 드러난 글쓴이의 생각을 알맞게 말한 사람의 이름을 쓰시오.

> 수민: 새 왕조를 같이하고 싶다는 뜻이야.
> 민준: 고려를 향한 마음을 지키겠다는 뜻이야.
> 유빈: 새 왕조를 마음으로라도 지지하겠다는 뜻이야.

( )

[06~10] 다음 글을 읽고, 물음에 답하시오.

가 이순신은 작전을 짰습니다.

"우리는 모든 것이 적다. 무기도 적고, 군사도 적고, 배도 적다. 적은 것을 갑자기 늘릴 방법은 없다. 그러나 많아 보이게 할 수는 있을 것이다."

이순신은 ㉠우선 고기잡이배와 피난 가는 배들을 판옥선처럼 꾸미게 했습니다. 비록 실제로 싸울 수 있는 배는 먼저 구한 12척과 나중에 구한 1척, 이렇게 총 13척밖에 안 되었지만, 멀리서 보면 수십 척의 판옥선이 갖추어진 것처럼 보이게 한 것입니다. ㉡백성들에게는 바다가 보이는 육지의 산봉우리에서 계속 돌아다니게 했습니다. 마치 우리 군사의 수가 많은 것처럼 보이도록 한 것입니다.

이순신은 모든 준비를 끝낸 뒤 ㉢부하 장수들을 불러 모았습니다.

㉣"죽으려 하면 살고, 살려 하면 죽는다. 오늘 우리는 이 말처럼 죽기를 각오하고 싸워야 한다."

나 나쁜 꿈은 바로 다음 날 현실로 드러났습니다. 면이 마을을 기습해 온 일본군과 싸우다가 죽었다는 소식이 날아든 것입니다. 일본군이 이순신에 대한 분풀이로 이순신의 고향 마을을 공격한 것이 분명했습니다. 면은 이제 겨우 스물한 살의 젊디젊은 청년이었습니다. 이순신은 이 일이 자기 탓처럼 여겨졌습니다.

'내가 죽을 것을 그 애가 대신 죽었구나.'

마음속에서는 이런 소리가 터져 나왔습니다. 밤이면 몇 번씩 자다 깨다 했습니다. 그러다가 코피를 한 사발씩 쏟기도 했습니다. 잠깐만 눈을 붙여도 아들 면의 모습이 보였습니다. 이순신은 자기도 모르게 이를 악물었습니다.

㉤'이제는 끝내야만 해.'

㉥

06 ㉠~㉣ 중 이순신이 적은 수의 배와 군사를 많아 보이게 하려고 명령한 것을 두 가지 골라 기호를 쓰시오.

(,)

☆☆
07 이순신이 ㉣과 같이 말한 까닭은 무엇입니까?

( )

① 명예를 지키기 위해서
② 전쟁을 끝내고 싶어서
③ 부하 장수들이 두려워해서
④ 신의 도움을 구하기 위해서
⑤ 어려움에 굴복하지 않기 위해서

서술형 문제
08 글 **나**에서 이순신이 처한 상황은 어떠한지 쓰시오.

_____

_____

09 이순신이 ㉤과 같이 생각한 까닭은 무엇입니까?

( )

① 너무 힘이 들어서
② 일본군이 물러가서
③ 백성들의 불평이 커져서
④ 전쟁에 쓸 무기가 부족해서
⑤ 더 이상의 희생을 막고 싶어서

10 글 **가**에서 보여 준 이순신의 모습으로 보아, ㉥에 들어갈 이순신의 말로 알맞은 것에 ○표 하시오.

(1) "겨우 12척의 배로는 더 이상 싸울 수가 없습니다. 더 큰 희생이 없도록 이제 그만 항복해야겠습니다."

( )

(2) "아직도 저에게는 12척의 배가 있습니다. 비록 배는 적지만, 제가 죽지 않는 한 적이 감히 우리를 업신여기지 못할 것입니다."

( )

[11~15] 다음 글을 읽고, 물음에 답하시오.

가 "어느 날, 버들이가 울면서 어머니가 위독하다고 했어. ㉠어머니께 샘물을 좀 더 드리고 싶은데 샘이 너무 멀어서 조금밖에 못 길어 가니까 샘가에 오두막을 짓고 살겠다더군. 하지만 그건 위험한 생각이었어. 그 물은 산에 사는 온갖 동물들도 마시거든. 밤이면 여우도 나오고 호랑이도 나오는 곳이야. 밤마다 도깨비들까지 모였으니 사람이 얼씬거릴 곳이 아니었지."

나 "샘가에 집을 지으면 우리가 더 오래 만날 수 있다고 버들이가 말했을 때에는 아주 행복했단다. 그래서 결심했어. 샘가에서 살 수 없다면 조금 떨어진 곳에 집을 짓기로. 파랑이도 더 반대하지 못했지. 그때부터 나는 재주를 한껏 발휘해 돈을 만들었단다. ㉡부자들의 보물도 훔쳐 냈어. 버들이에게 오두막이 아닌 대궐 같은 기와집을 지어 주고 싶어서 말이야. 낮에는 사람들이 집을 지었지만 밤에는 내가 지었지. 아주 튼튼하게. 대왕님이 알고 호통쳤지만 하나도 무섭지 않았어. 그런데……."

다 "버들이가 이번에는 ㉢샘을 기와집 뒤란으로 옮겨 달라고 하잖아. 그러면 집에서 샘물을 긷게 될 거라고."

라 "땅속의 샘물줄기를 기와집 뒤란으로 흐르도록 해 주겠다고 약속했어. 그때 버들이가 기뻐하던 모습이라니, 지금도 잊을 수가 없어."

서술형 문제

11 ㉠에 대한 몽당깨비의 생각이 어떻게 바뀌었는지 쓰시오.

처음 생각	산에 사는 온갖 동물들이 샘물을 마시러 오기도 하고, 도깨비들까지 밤마다 모이는 곳이어서 위험해.

↓

바뀐 생각	

12 몽당깨비가 ㉡과 같이 행동한 까닭으로 알맞은 것에 ○표 하시오.

(1) 도덕적으로 올바른 것보다 버들이가 기뻐하는 것이 더 좋아서 ( )

(2) 욕심쟁이가 된 버들이가 곧 기와집으로 바꾸어 달라고 할 것 같아서 ( )

13 버들이가 몽당깨비에게 ㉢과 같이 말한 까닭은 무엇입니까? ( )

① 큰돈을 벌려고
② 몽당깨비와 함께 살려고
③ 집에서 샘물을 길으려고
④ 몽당깨비의 능력을 시험하려고
⑤ 몽당깨비가 버들이를 싫어하게 하려고

☆☆
14 몽당깨비와 버들이가 추구하는 가치를 두 가지씩 골라 각각 선으로 이으시오.

(1) 몽당깨비 •

(2) 버들이 •

• ㉮ 현실적인 이익
• ㉯ 진심 어린 마음
• ㉰ 효도
• ㉱ 사랑과 믿음

15 다음은 글 **라**의 뒷이야기입니다. ( ) 안의 알맞은 인물에 ○표 하시오.

샘을 기와집 뒤란으로 옮겨 주자, (1) (버들이 , 몽당깨비)는 도깨비들이 무서워하는 말 피와 말 머리로 집 밖을 꾸몄어요. 결국 (2) (버들이 , 몽당깨비)는 기와집에도 들어가 보지 못한 채 대왕님께 벌을 받았어요.

[16~20] 다음 글을 읽고, 물음에 답하시오.

가 ㉠외국에서 공부를 마치고 케냐로 돌아온 왕가리 마타이는 황폐해진 케냐의 마을 풍경을 보고 깜짝 놀랐다. 케냐의 새로운 지도자들이 돈벌이를 위해 숲을 없애고 차나무와 커피나무를 심은 것이었다. 울창했던 숲은 벌목으로 벌거벗은 모습이 되었고, 비옥했던 토양은 영양분이 고갈되어 동물과 식물을 제대로 길러 낼 수 없는 상태가 되었다. 이러한 변화로 사람들은 땔감을 구하기 어려웠고, 작물이 잘 자라지 않아 가난과 굶주림 속에서 고통받게 되었다.

㉡파괴된 환경이 그녀와 그녀의 아이들 그리고 케냐의 모든 이에게 고통을 주고 있다는 것을 깨달은 왕가리 마타이는 자신이 할 수 있는 일이 무엇인지 생각해 보았다. / '나무를 심는 거야.'

왕가리 마타이는 나무를 심기로 마음먹고, 방법을 고민한 끝에 나무를 심어 주는 회사를 세웠다.

나 1989년, ㉢케냐 정부는 나이로비 시내 한복판에 있는 우후루 공원에 복합 빌딩을 건설하려고 했다. 우후루 공원은 대도시 나이로비에 남아 있는 유일한 녹지 공간으로, 콘크리트 건물 사이에서 시민들의 쉼터 역할을 하고 있었다. ㉣왕가리 마타이는 도심 속 녹지대와 시민들의 쉼터가 계속 보전되어야 한다고 생각했다. 그녀는 관련 회사와 정부에 편지를 쓰고 언론에 자신의 주장을 알리며 우후루 공원을 지키려고 애썼다. 친구들은 힘들어하는 왕가리 마타이를 걱정했다.

"왜 이렇게까지 하는 거야? 그건 네가 간섭할 일은 아니잖아?"

"우후루 공원은 모든 사람의 것이야. 그러니까 누군가는 그 잘못을 말해야 해."

16 ㉠의 상황에서 왕가리 마타이가 한 일은 무엇입니까? ( )

① 짐을 꾸려 케냐를 떠났다.
② 나무 심어 주는 회사를 세웠다.
③ 외국 지도자들에게 도움을 청했다.
④ 지도부들을 바꾸려고 시위를 했다.
⑤ 케냐 발전을 위한 투자처를 찾았다.

17 ㉡과 관련 있는 내용으로 알맞은 것의 기호를 모두 쓰시오.

⑦ 땔감을 구하기 어렵다.
⑭ 수출할 커피가 부족해졌다.
⑭ 동물과 식물이 잘 자라지 않는다.

( )

18 글 **나**에서 케냐 정부가 ㉢과 같이 결정한 까닭으로 알맞은 것에 ○표 하시오.

⑴ 인간다운 삶을 누리려면 도심에도 자연을 누리며 쉴 공간이 필요하다. ( )
⑵ 경제적 가치를 높이기 위해 사람이 많이 오가는 곳에 빌딩을 지어야 한다. ( )

☆☆
19 ㉣로 볼 때, 왕가리 마타이가 추구하는 가치로 알맞은 것을 두 가지 고르시오. (,)

① 물질적 이익   ② 편리한 생활
③ 갈등 없는 사회   ④ 자연환경 보호
⑤ 모두의 이익과 행복

서술형 문제
20 케냐 정부와 왕가리 마타이가 추구하는 가치 중 자신이 더 지지하는 가치는 무엇인지 지지하는 까닭과 함께 쓰시오.

_____

_____

_____

서술형 문제

[01~03] 다음 글을 읽고, 물음에 답하시오.

가 이순신이 물러난 뒤 원균이 삼도 수군통제사가 되었습니다. 원균은 삼도 수군통제사가 되자마자 부산을 치라는 명령을 받았습니다. 원균 역시 처음에는 그렇게 할 수 없다고 했습니다. 그렇지만 계속해서 명령이 떨어지자 따를 수밖에 없었습니다. 결과는 뻔했습니다. 조선 수군은 무참하게 져서 원균은 죽고, 배는 부서졌으며, 싸움에 나갔던 병사들도 대부분 죽거나 포로가 되었습니다.

나 나라에서는 아예 바다를 포기하고 육군으로 싸우라고 했습니다. 이순신은 임금님께 글을 올렸습니다.
"지난 5, 6년 동안 일본이 충청도와 전라도 쪽으로 공격해 오지 못한 것은 수군이 그 길목을 막고 있었기 때문입니다. 이제 제게 12척의 배가 있으니 죽을 힘을 다해 싸운다면 이길 수 있을 것입니다."

01 이 글에서 원균과 이순신이 처한 상황의 공통점은 무엇인지 쓰시오.

_____

_____

02 이 글에서 원균과 이순신이 비슷한 상황에 처했을 때, 각각 어떻게 행동했는지 쓰시오.

원균	(1)
이순신	(2)

03 02로 보아 원균과 이순신은 추구하는 가치가 달랐다는 것을 알 수 있습니다. 각 인물이 추구한 가치는 무엇인지 쓰시오.

원균	(1)
이순신	(2)

[04~05] 다음 글을 읽고, 물음에 답하시오.

"파랑이와 의논했어. 파랑이는 펄쩍 뛰더군. 사람이 샘가에서 살기 시작하면 결국 도깨비들은 샘을 뺏기고 떠나야 한다고 했어. 버들이는 착한 여자라 그럴 리가 없다고 했지만 소용없었어. 버들이가 나를 꾐에 빠뜨리고 있다고 파랑이는 걱정만 했지. 대왕님이 알기 전에 버들이를 모른 체하라고 야단쳤어. 정말 화가 났단다."
몽당깨비는 몸이 부르르 떨렸습니다. 온몸의 털이 부스스 일어서는 걸 보면서 미미는 조용히 고개를 끄덕거렸습니다.

04 이 글에서 파랑이가 추구하는 가치는 무엇인지 쓰시오.

_____

_____

05 자신이 파랑이었다면 몽당깨비에게 어떤 말을 했을지 쓰시오.

_____

_____

_____

_____

8
단원

수행 평가

학습 주제 인물이 추구하는 가치를 자신의 삶과 관련짓기

학습 목표 이야기에서 인물이 추구하는 가치를 파악하고 자신의 삶과 관련지을 수 있다.

배점 | 20점

1 다음 표를 보고 왕가리 마타이가 추구한 가치를 두 가지 이상 쓰시오.

왕가리 마타이가 처한 상황	왕가리 마타이의 행동
케냐의 새로운 지도자들이 돈벌이를 위해 숲을 없애 황폐해진 케냐를 보았습니다.	나무를 심기로 마음먹고, 나무 심어 주는 회사를 세웠습니다.
나무 심기에만 열중하는 왕가리 마타이에게 주변 사람들은 "이제 나무 심기는 그만하면 어때?"라고 말했습니다.	나무 심기를 포기하지 않았고, 케냐여성위원회의 위원이 되어 나무 심기 운동을 추진했습니다. 나무가 빨리 자라지 않아 나무를 심기 싫어하는 사람들에게 "우리도 우리 아이들을 위해서, 미래의 케냐를 위해서 나무를 심어야 해요."라고 말했습니다.
1989년, 케냐 정부는 나이로비 시내 한복판에 있는 우후루 공원에 복합 빌딩을 건설하려고 했습니다.	관련 회사와 정부, 언론 등에 우후루 공원을 지켜야 한다고 편지를 쓰고, "우후루 공원은 모든 사람의 것이야."라고 말했습니다.
나이가 들어 은퇴할 때가 되었습니다.	환경 보호 운동에 꾸준히 앞장섰습니다.

---

2 1에서 답한 왕가리 마타이가 추구하는 가치 중 하나를 골라 자신의 삶과 관련지어 쓰시오.

준비 글을 쓰는 상황과 목적을 파악해 봅시다.

교과서 문제

01 학용품을 소중히 다루어야 하는 까닭으로 알맞은 것은 무엇입니까? ( )

① 쉽게 망가지기 때문에 　　　　② 부모님께 혼나기 때문에

③ 분리수거가 어렵기 때문에 　　④ 자원을 절약해야 하기 때문에

⑤ 학용품의 모양이 예쁘기 때문에

02 서연이가 친구들과 나누고 싶은 마음으로 알맞은 것은 무엇입니까? ( )

① 섭섭한 마음 　　② 고마운 마음 　　③ 두려운 마음

④ 그리운 마음 　　⑤ 안타까운 마음

03 서연이가 마음을 나누는 글을 쓴다면, 그 글을 전하는 방법으로 알맞지 않은 것에 ×표 하시오.

(1) 일기장에 적는다. 　　　　　　　　　　( )

(2) 학급 누리집에 쓴다. 　　　　　　　　 ( )

(3) 문자 메시지로 보낸다. 　　　　　　　( )

교과서 지문 학습

⑨ 마음을 나누는 글을 써요

📝 단원 학습

글쓰기 과정을 생각하며 마음을 나누는 글을 쓸 수 있어요.

○ **그림의 특징:** 학용품을 소중히 다루지 않는 친구들의 모습을 본 서연이가 안타까운 자신의 마음을 전하고 싶어 하는 상황을 표현한 그림입니다.

❶~❻ 뉴스를 통해 무분별한 벌목으로 자연이 파괴된다는 것을 알게 된 서연이는 자원을 아껴야겠다고 생각합니다. 하지만 얼마 뒤 친구들이 학용품을 소중히 여기지 않는 모습을 보고 안타까운 마음을 어떻게 전할지 고민하고 있습니다.

○ **마음을 나누는 글을 쓰기 전에 생각해야 할 점**
• 어떤 일이 일어났는지 생각합니다.
• 나누려는 마음을 떠올립니다.
• 읽을 사람이 누구인지 생각합니다.
• 글을 전하는 방법은 무엇이 효과적인지 생각합니다.
• 글을 쓰는 목적을 생각합니다.

😊 낱말사전

자원 인간 생활 및 경제 생산에 이용되는 원료로서의 광물, 산림, 수산물 따위를 통틀어 이르는 말.

9 단원

○ 글의 종류: 편지글

○ 글의 특징: 최연아가 선생님께 감사한 마음을 나누려고 쓴 편지글입니다.

가 최연아는 국어 공부를 재미있게 하는 방법을 알려 주신 선생님께 감사한 마음을 편지로 전하고 있습니다.

○ 나누려는 마음을 편지로 쓰면 좋은 점

하고 싶은 말을 자세히 표현할 수 있습니다.

○ 마음을 나누는 글을 쓰면 좋은 점

• 직접 말로 하면 쑥스러울 때가 있는데 글로 쓰면 자신의 마음을 더 잘 전할 수 있습니다.

• 학급 누리집에 글을 쓰면 여러 친구들과 마음을 나눌 수 있어서 좋습니다.

가 선생님께

선생님, 안녕하세요? 저는 최연아입니다.

올해 선생님을 만난 건 저에게 큰 행운입니다. 저는 이상하게 국어 공부가 싫었습니다. 책은 만화책 말고는 모두 재미가 없고, 글쓰기도 팔만 아픈 것 같았습니다. 그런데 선생님과 함께 국어를 공부하고 나서는 조금씩 달라지기 시작했습니다.

선생님께서는 읽기와 쓰기를 할 때 도움이 되는 여러 가지 재미있는 방법을 알려 주셨습니다. 그리고 이해가 되지 않는 부분은 없는지, 더 알고 싶은 것이 있는지를 물어봐 주시고 진지하게 들어 주셨습니다. 그래서 저는 용기를 내어 궁금한 점이나 더 알고 싶은 것을 여쭈어보았고, 새로운 내용을 알면서 국어 공부가 점점 더 좋아지기 시작했습니다.

국어 공부를 좋아하게 되니 다른 과목 공부도 재미있었습니다. 모두 선생님 덕분입니다. 선생님께서 수업 시간에 늘 말씀하신 것처럼 몸과 마음이 건강한 사람이 되도록 노력하겠습니다. 선생님, 정말 고맙습니다.

20○○년 ○○월 ○○일 / 최연아 올림

교과서 문제

04 이 글로 보아 다음 빈칸에 들어갈 내용으로 알맞은 것은 무엇입니까? ( )

마음을 나누는 글을 쓰는 상황	나누려는 마음	읽을 사람	글을 전하는 방법
	감사한 마음	선생님	편지 쓰기
글을 쓰는 목적			
국어 공부를 재미있게 하는 방법을 알려 주신 선생님께 감사한 마음을 전하려고 글을 씀.			

① 선생님께서 내 이야기를 잘 들어 주심.

② 선생님께서 나를 건강하게 만들어 주심.

③ 선생님께서 나를 좋은 사람으로 변화시켜 주심.

④ 선생님께서 국어를 재미있게 공부할 방법을 알려 주심.

⑤ 선생님께서 학교생활을 활기차게 할 수 있게 안내해 주심.

교과서 문제

05 이 글과 같이 선생님께 마음을 나누는 글을 쓰려면 어떤 표현을 써야 할지 알맞은 것에 ○표 하시오.

(1) 공손한 말 ( )   (2) 친근한 말 ( )

☆☆

06 마음을 나누는 글을 편지로 전하면 좋은 점에 ○표 하시오.

(1) 하고 싶은 말을 자세히 표현할 수 있다. ( )

(2) 사진이나 동영상을 같이 보여 줄 수 있다. ( )

(3) 자신의 생각이나 느낌을 바로 전할 수 있다. ( )

😊 **낱말사전**

행운 좋은 운수. 또는 행복한 운수.

진지하게 마음 쓰는 태도나 행동 따위가 참되고 착실하게.

덕분 베풀어 준 은혜나 도움.

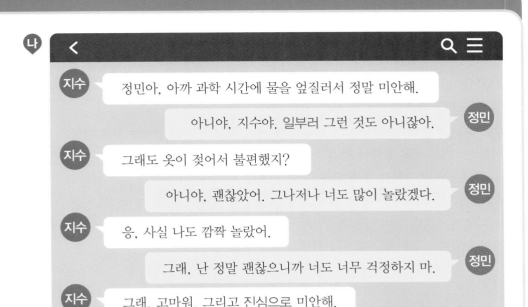

나

지수	정민아, 아까 과학 시간에 물을 엎질러서 정말 미안해.
	아니야, 지수야. 일부러 그런 것도 아니잖아. 정민
지수	그래도 옷이 젖어서 불편했지?
	아니야, 괜찮았어. 그나저나 너도 많이 놀랐겠다. 정민
지수	응, 사실 나도 깜짝 놀랐어.
	그래, 난 정말 괜찮으니까 너도 너무 걱정하지 마. 정민
지수	그래, 고마워. 그리고 진심으로 미안해.

서술형 문제

07 지수가 친근한 말로 문자 메시지를 보낸 까닭은 무엇인지 쓰시오.

_____

_____

교과서 문제

08 지수가 정민이에게 문자 메시지를 보낸 목적은 무엇입니까? ( )

① 정민이가 화난 것을 풀어 주려고
② 옷이 얼마나 젖었는지 확인하려고
③ 정민이에게 화내지 않겠다는 약속을 받으려고
④ 과학 시간에 물을 엎질러 미안한 마음을 전하려고
⑤ 정민이가 과학 시간에 물을 엎지른 것을 사과받으려고

09 문자 메시지로 마음을 전할 때 좋은 점을 두 가지 고르시오. (,)

① 하고 싶은 말을 자세히 전할 수 있다.
② 읽을 사람의 반응을 바로 확인할 수 있다.
③ 자신의 생각이나 느낌을 바로 전할 수 있다.
④ 표정이나 말투를 통해 마음을 전할 수 있다.
⑤ 목소리를 통해 말로 표현하기 힘든 감정까지 나눌 수 있다.

○ **글의 종류:** 문자 메시지
○ **글의 특징:** 지수와 정민이가 서로의 마음을 나누고 있는 문자 메시지입니다.

❹ 지수가 정민이에게 문자 메시지를 보내 과학 시간에 물을 엎질러서 정민이의 옷이 젖은 것에 대해 미안한 마음을 전하고 있습니다.

○ **마음을 문자 메시지로 전했을 때의 좋은 점**
• 자신의 생각과 느낌을 바로 전달할 수 있습니다.
• 읽는 사람의 반응을 바로 확인할 수 있습니다.

9
단원

마음을 나누는 글은 누가, 어떤 사람에게 썼는지에 따라 표현하는 방법이 달라요. 또한 어떤 내용과 마음을 나누느냐에 따라서도 표현하는 방법이 달라져요.

낱말사전

일부러 어떤 목적이나 생각을 가지고. 또는 마음을 내어 굳이.

진심으로 거짓이 없는 참된 마음으로.

- 글의 종류: 편지글
- 글의 특징: 신우가 점심시간에 미역국을 엎지른 사건과 관련해 지효에게 미안한 마음과 고마운 마음을 전하려고 쓴 편지글입니다.

❶ 첫인사를 하고 미역국을 엎지른 사건에 대해 자세히 썼습니다.
❷ 미역국을 엎지른 사건에 대한 신우의 생각과 행동에 대해 썼습니다.
❸ 미안한 마음과 고마운 마음을 전하고, 끝인사를 했습니다.

마음을 나누는 글에는 일어난 사건, 나누려는 마음, 일어난 사건에 대한 생각이나 행동을 표현해요.

편지와 같이 다른 사람에게 글을 쓰는 경우에는 마음을 나누려는 사람과 글을 쓰는 사람을 밝혀요.

낱말사전

속상했을 화가 나거나 걱정이 되는 따위로 인하여 마음이 불편하고 우울했을.

치우는 청소하거나 정리하는.

---

❶ 지효에게

　지효야, 안녕? 나 신우야. / 지효야, 아까 내가 네 책상 옆에서 미역국을 엎질렀지? 너는 네 가방이 더러워져서 많이 속상했을 텐데 나에게 "괜찮아?" 하면서 걱정을 해 주었어. 그리고 미역국 치우는 것을 도와주었어.

❷ 나는 미역국을 엎지르고 너에게 미안하다는 말도 못 하고 멍하니 서 있었어. 너무 당황스러워서 어떻게 해야 할지 생각이 나지 않았어. 그런데 네가 오히려 나를 걱정해 주고 같이 치워 주어서 감동했단다.

❸ 지효야, 아까는 당황스러워서 너에게 고맙다는 말을 제대로 못 했어. 정말 고마워! 네 따뜻한 마음을 잊지 않을게. / 앞으로 내가 도와줄 일이 있으면 꼭 도와줄게. 그리고 우리 앞으로도 친하게 지내자. / 안녕.

친구 신우가

---

10 신우는 어떤 사건 때문에 글을 썼습니까? (　　　)

① 지효가 신우와 함께 청소한 사건
② 지효가 신우가 다치지 않게 도와준 사건
③ 신우가 해야 할 청소를 지효가 대신한 사건
④ 신우가 미역국을 엎질러 지효 가방을 더럽힌 사건
⑤ 지효 가방이 더러워졌는데 신우가 모른 척 지나간 사건

교과서 문제

11 글 ❶에 들어 있는 내용으로 알맞은 것을 두 가지 고르시오. (　　, 　　)

① 첫인사　　　　　　② 끝인사　　　　　　③ 일어난 사건
④ 나누려는 마음　　　⑤ 글을 쓴 목적

☆☆

12 다음 빈칸에 들어갈 알맞은 말을 각각 쓰시오.

> 신우는 지효 가방이 더러워져서 (1) 　　　　　　 마음과 이해하고 도와준 지효에게 (2) 　　　　　　 마음을 나누려고 한다.

(1) (　　　　　　　　) 　　(2) (　　　　　　　　)

13 글로 쓸 내용을 계획할 때 신우가 '표현하기'에서 고려할 점에 모두 ○표 하시오.

(1) 일어난 사건을 떠올린다. (　　)
(2) 읽을 사람을 생각해서 표현한다. (　　)
(3) 맞춤법, 띄어쓰기를 잘 지켜 표현한다. (　　)

기본 **주어라, 또 주어라**　마음을 나누는 글을 써 봅시다.

9 마음을 나누는 글을 써요

주어라, 또 주어라

❶ 너희는 항상 버릇처럼 말하기를 ㉠"일가친척 중에 한 사람도 불쌍히 여겨 돌보아 주는 사람이 없다."라고 개탄하였다. 더러는 ㉡험난한 물길 같다느니, 꼬불꼬불 길고 긴 험악한 길을 살아간다느니 하며 한탄하고 있다. 하지만 이는 모두 하늘을 원망하고 사람을 미워하는 말투로, 큰 병이다.

　너희가 아픈 데가 있으면 다른 사람들이 돌보아 주기 마련이었다. 날마다 어떠냐는 안부를 전해 오고, 안아서 부축해 주는 사람도 있었다. 약을 먹여 주고 양식까지 대 주는 사람도 있었다. 이런 일에 너희가 너무 익숙해져 항상 은혜를 베풀어 주기만 바라고 있구나. 너희가 사람의 본분을 망각하지는 않았는지 걱정이다. 그래서 내가 이 편지를 보낸다.

❷ 예나 지금이나 남의 도움만을 받으면서 살라는 법은 애초에 없었다. 마음속으로 남의 은혜를 받고자 하는 생각을 버린다면, 절로 마음이 평안하고 기분이 화평해져 ㉢하늘을 원망한다거나 사람을 미워하는 그런 병폐는 없어질 것이다.

14 정약용은 ㉠, ㉡과 같이 말하는 것을 어떤 말투라고 했는지 글 ❶에서 찾아 쓰시오.

（　　　　　　　　　　　　　　　　　　）

교과서 문제

15 정약용이 이 글을 쓰게 된 상황으로 알맞은 것은 무엇입니까?　　　（　　）

① 두 아들이 병에 걸렸다.
② 두 아들이 절망에 빠져 있다.
③ 두 아들이 다른 사람들을 돌보지 않는다.
④ 두 아들이 이웃들과 큰 갈등에 휩싸였다.
⑤ 두 아들이 은혜를 베풀어 주기만 바라고 있다.

16 ㉢을 없애는 방법으로 알맞은 것에 ○표 하시오.

(1) 때에 따라 남의 은혜를 입고자 도움을 청한다.　　　　　（　　）
(2) 마음속으로 남의 은혜를 받고자 하는 생각을 버린다.　　（　　）

○ **글쓴이:** 정약용
○ **글의 종류:** 편지글
○ **글의 특징:** 정약용이 두 아들에게 다른 사람을 위해 먼저 베풀며 살라고 전하는 글입니다.

❶ 정약용은 두 아들이 다른 사람들에게 은혜를 받기만 바라는 모습이 안타까워 편지를 썼습니다.
❷ 남의 은혜를 받고자 하는 생각을 버리면 하늘을 원망하거나 사람을 미워하지 않게 됩니다.

○ **마음을 나누는 글 쓰기**
• 글을 쓸 상황과 목적을 파악합니다.
• 읽는 이와의 관계를 고려해서 표현합니다.
• 나누고자 하는 마음이 잘 드러나게 씁니다.
• 내용과 짜임에 맞게 글을 씁니다.
• 글을 쓸 상황과 목적을 고려해서 글쓰기 계획을 세웁니다.

낱말사전

개탄하였다 분하거나 못마땅하게 여겨 한숨을 쉬며 탄식하였다.

한탄하고 원통하거나 뉘우치는 일이 있을 때 한숨을 쉬며 탄식하고.

병폐 깊이 뿌리박힌 잘못이나 결점이자 옳지 못한 경향이나 해로운 현상.

9 마음을 나누는 글을 써요 | 기본 주어라, 또 주어라

❸ 먼저 가난하고 외로운 사람들, 근심 걱정에 싸인 사람들을 찾아가 고통을 함께하려고 노력해야 합니다.

❹ 남에게 은혜를 베풀되 보답받을 생각은 가지지 않아야 합니다.

❺ 다른 사람을 위해 먼저 베풀고, 다른 사람에게 보답받지 못하더라도 원망하지 말아야 합니다.

---

❸ 여러 날 밥을 끓이지 못하고 있는 집이 있을 텐데 너희는 쌀이라도 퍼 주고, 추운 집에는 장작개비라도 나누어 따뜻하게 해 주어라. 병들어 약을 먹어야 할 사람들에게는 한 푼의 돈이라도 쪼개어 약을 지을 수 있도록 도와주어라. 가난하고 외로운 노인이 있는 집에는 때때로 찾아가 무릎 꿇고 모시어 따뜻하고 공손한 마음으로 공경해야 한다. 그리고 근심 걱정에 싸여 있는 집에 가서 연민의 눈빛으로 그 고통을 함께 나누며 잘 처리할 방법을 의논해야 한다.

㉠이러한 몇 가지 일도 못하면서 어떻게 다른 집에서 너희가 위급할 때 깜짝 놀라 허겁지겁 쫓아올 것이며, 너희가 곤경에 처하였을 때 달려올 것을 바라겠느냐?

❹ 남이 어려울 때 자기는 은혜를 베풀지 않으면서 남이 먼저 은혜를 베풀어 주기만 바라는 것은 너희가 지닌 그 오기 근성이 없어지지 않았기 때문이다. 이후로는 평상시 일이 없을 때라도 항상 공손하고 화목하며, 조심하고 자기 정성을 다해 다른 사람의 환심을 얻는 일에 힘쓸 것이지, 마음속에 보답받을 생각은 가지지 않도록 해라.

❺ 다른 사람을 위해 먼저 베풀어라. 그러나 뒷날 너희가 근심 걱정 할 일이 있을 때 다른 사람이 보답해 주지 않더라도 부디 원망하지 마라. 가벼운 농담일망정 ㉡"나는 지난번에 이렇게 저렇게 해 주었는데 저들은 그렇지 않구나!" 하는 소리도 입 밖에 내뱉지 말아야 한다. 만약 그러한 말이 한 번이라도 입 밖에 나오게 되면, 지난날 쌓아 놓은 공덕은 재가 바람에 날아가듯 하루아침에 사라져 버리고 말 것이다.

....

교과서 문제

17 ㉠에 해당하는 일이 <u>아닌</u> 것은 무엇입니까? ( )

① 밥을 끓이지 못하는 집에는 쌀이라도 퍼 주어라.
② 가난하고 외로운 노인에게는 때때로 찾아가 공경해라.
③ 추운 집에는 장작개비라도 나누어 따뜻하게 해 주어라.
④ 근심 걱정에 싸인 집과는 잠시 거리를 두어 갈등을 줄여라.
⑤ 병든 사람에게는 한 푼의 돈이라도 쪼개어 약을 짓게 해 주어라.

18 정약용이 ㉡과 같은 말을 하지 말라고 한 까닭은 무엇입니까? ( )

① 부모가 비난을 받게 되므로
② 다른 사람에 대해 섭섭함이 싹트므로
③ 은혜를 베푸는 참 즐거움을 모르게 되므로
④ 지난날 쌓아 놓은 공덕이 하루아침에 사라지므로
⑤ 옹졸한 사람이 되어 다른 사람을 괴롭히게 되므로

☆☆
19 정약용이 두 아들에게 결국 전하고 싶은 말은 무엇인지 글 ❺에서 두 문장을 찾아 밑줄을 그으시오.

😊 낱말사전

공경해야 공손히 받들어 모셔야.

연민 불쌍하고 가련하게 여김.

곤경 어려운 형편이나 처지.

오기 능력은 부족하면서도 남에게 지기 싫어하는 마음.

환심 기뻐하고 즐거워하는 마음.

공덕 착한 일을 하여 쌓은 업적과 어진 덕.

교과서 핵심 정리

핵심 1 글을 쓰는 상황과 목적 파악하기

• 마음을 나누는 글을 쓰기 전에 생각해야 할 점
  – 어떤 상황이 일어났는지 생각합니다.
  – 나누려는 마음이 무엇인지 생각합니다.
  – 읽을 사람이 누구인지 생각합니다. / – 효과적으로 전하는 방법을 찾아봅니다. / – 글을 쓰는 목적을 생각합니다.

• 마음을 전하는 방법

편지	누리집	문자 메시지
하고 싶은 말을 자세히 표현할 수 있습니다.	사진이나 동영상도 함께 볼 수 있습니다.	생각이나 느낌을 바로 전달하고, 읽을 사람의 반응도 바로 확인할 수 있습니다.

예 마음을 나누는 글의 상황 파악하기

마음을 나누는 글을 쓰는 상황	나누려는 마음	글을 전하는 방법
선생님께서 국어 공부를 재미있게 하는 방법을 알려 주심.	감사한 마음	편지 쓰기
이웃을 도우려고 나눔 장터를 열려고 함.	도움을 주려는 마음	누리집에 쓰기
친구가 수학 문제를 푸는 방법을 알려 줌.	고마운 마음	문자 메시지 쓰기

 마음을 나누는 글을 쓰는 방법에는 학급 게시판에 쓰기, 메일 쓰기 같은 방법도 있어요.

핵심 2 글로 쓸 내용 계획하기

• 상황과 목적 파악하기
  – 일어난 사건을 토대로 글을 쓰는 상황을 파악하고 글을 쓰는 목적을 정합니다.
• 쓸 내용 정하기
  – 일어난 사건을 떠올립니다.
  – 일어난 사건에 대한 자신의 생각이나 행동 떠올립니다.
  – 나눌 마음을 생각합니다.
• 표현하기
  – 읽을 사람을 생각해서 표현합니다.
  – 맞춤법, 띄어쓰기를 잘 지킵니다.

 직접 말로 하면 쑥스러울 때가 있는데 글로 쓰면 내 마음을 더 잘 전할 수 있어요.

예 '신우의 글'에서 글로 쓸 계획을 세울 때 고려할 점

	고려할 점	신우의 글
상황과 목적 파악하기	글을 쓰는 상황을 파악한다.	미역국을 엎질러서 친구 가방이 더러워진 상황
	글을 쓰는 목적을 정한다.	친구에게 미안한 마음과 고마운 마음을 나눔.
쓸 내용 정하기	일어난 사건을 떠올린다.	미역국을 엎질러서 친구 가방이 더러워진 일
	일어난 사건에 대한 자신의 생각이나 행동을 떠올린다.	• 너무 당황해 미안하다는 말을 못 함. • 친구가 오히려 걱정해 주어서 감동받음.
	나누려는 마음을 생각한다.	미안한 마음, 고마운 마음
표현하기	읽을 사람을 생각해서 표현한다.	읽기 쉽게 친근한 표현, 쉬운 표현을 사용함.
	맞춤법, 띄어쓰기를 잘 지킨다.	이해하기 쉽도록 맞춤법, 띄어쓰기를 잘 지킴.

핵심 3 마음을 나누는 글 쓰기

• 글을 쓸 상황과 목적을 파악합니다.
• 읽는 이와의 관계를 고려해서 표현합니다.
• 나누고자 하는 마음이 잘 드러나게 씁니다.
• 내용과 짜임에 맞게 글을 씁니다.
• 글을 쓸 상황과 목적을 고려해서 글쓰기 계획을 세웁니다.

예 「주어라, 또 주어라」에서 정약용이 나누고 싶은 마음

글을 쓰게 된 상황과 목적	남의 도움을 바라는 아들의 말버릇이 걱정되어 다른 사람을 위해 먼저 베풀게 되기를 바라서
두 아들에게 나누고 싶은 마음	다른 사람의 도움을 바라지만 말고, 베풀면서 살았으면 하는 마음

[01~05] 다음을 읽고, 물음에 답하시오.

01 서연이가 ㉠과 같이 생각한 계기로 알맞은 것은 무엇입니까? ( )

① 나무 가격이 올라서
② 숲 체험에 다녀와서
③ 엄마에게 자원의 소중함을 들어서
④ 선생님에게 나무 한 그루의 소중함을 배워서
⑤ 무분별한 벌목으로 자연이 파괴되는 뉴스를 봐서

02 ㉮에서 서연이가 글을 쓰는 상황으로 볼 때, ㉯의 ㉡에 들어갈 내용으로 알맞은 것에 ○표 하시오.

⑴ 뉴스를 통해 자원의 소중함을 깨달았는데, 분실물 보관함에 쌓인 연필과 지우개 등을 봄.
( )

⑵ 연필과 지우개를 가지고 친구들과 재미있게 놀고 싶었는데, 친구들이 서연이를 좋아하지 않음.
( )

03 ㉢에 들어갈 내용으로 가장 알맞은 것에 ○표 하시오.

(그리운 , 고마운 , 안타까운) 마음

04 ㉣에 들어갈 내용으로 알맞지 않은 것은 무엇입니까? ( )

① 메일
② 교사 게시판
③ 문자 메시지
④ 학급 누리집
⑤ 학급 게시판

서술형 문제

05 ㉤에 들어갈, 서연이가 마음을 나누는 글을 쓰는 목적은 무엇인지 쓰시오.

_____

_____

[06~09] 다음 글을 읽고, 물음에 답하시오.

가 선생님께

선생님, 안녕하세요? 저는 최연아입니다.

올해 선생님을 만난 건 저에게 큰 행운입니다. 저는 이상하게 국어 공부가 싫었습니다. 책은 만화책 말고는 모두 재미가 없고, 글쓰기도 팔만 아픈 것 같았습니다. 그런데 선생님과 함께 국어를 공부하고 나서는 조금씩 달라지기 시작했습니다.

선생님께서는 읽기와 쓰기를 할 때 도움이 되는 여러 가지 재미있는 방법을 알려 주셨습니다. 그리고 이해가 되지 않는 부분은 없는지, 더 알고 싶은 것이 있는지를 물어봐 주시고 진지하게 들어 주셨습니다. 그래서 저는 용기를 내어 궁금한 점이나 더 알고 싶은 것을 여쭈어보았고, 새로운 내용을 알면서 국어 공부가 점점 더 좋아지기 시작했습니다.

국어 공부를 좋아하게 되니 다른 과목 공부도 재미있었습니다. 모두 선생님 덕분입니다. 선생님께서 수업 시간에 늘 말씀하신 것처럼 몸과 마음이 건강한 사람이 되도록 노력하겠습니다. 선생님, 정말 고맙습니다.

20○○년 ○○월 ○○일
최연아 올림.

나
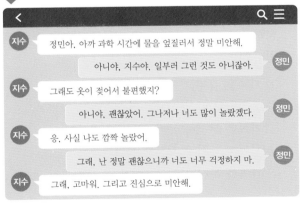

06 글 **가**와 **나** 중 글을 쓰는 상황이 다음과 같은 것은 무엇인지 기호를 쓰시오.

> 국어 공부를 재미있게 하는 방법을 알려 주셨다.

( )

☆☆
07 글 **가**, **나**와 관계가 있는 것끼리 선으로 이으시오.

(1) 글 **가** · · ㉠ 친구에게 썼다. · · ㉮ 공손한 말

(2) 글 **나** · · ㉡ 선생님께 썼다. · · ㉯ 친근한 말

08 글 **가**와 **나**에서 나누려는 마음으로 알맞은 것은 무엇입니까? ( )

	글 **가**	글 **나**
①	미안한 마음	고마운 마음
②	고마운 마음	섭섭한 마음
③	감사한 마음	미안한 마음
④	그리운 마음	안타까운 마음
⑤	안타까운 마음	당황스러운 마음

09 다음은 글을 전하는 방법에 대한 설명입니다. 글 **가**와 **나** 중 무엇과 관련된 것인지 기호를 쓰시오.

(1) 이 방법으로 마음을 나누면 읽는 사람의 반응을 바로 확인할 수 있다. ( )

(2) 이 방법으로 마음을 나누면 하고 싶은 말을 자세히 표현할 수 있다. ( )

10 마음을 나누는 글을 쓰고 나서 점검 내용으로 알맞은 것을 <u>두 가지</u> 골라 기호를 쓰시오.

> ㉮ 일어난 사건을 재미있게 밝혔나요?
> ㉯ 나누려는 마음을 자세히 표현했나요?
> ㉰ 읽을 사람을 생각해 알기 쉬운 표현을 썼나요?

(,)

[11~13] 다음 글을 읽고, 물음에 답하시오.

> **가** 나는 미역국을 엎지르고 너에게 미안하다는 말도 못 하고 멍하니 서 있었어. 너무 당황스러워서 어떻게 해야 할지 생각이 나지 않았어. 그런데 네가 오히려 나를 걱정해 주고 같이 치워 주어서 감동했단다.
>
> **나** 지효야, 아까는 당황스러워서 너에게 고맙다는 말을 제대로 못 했어. 정말 고마워! 네 따뜻한 마음을 잊지 않을게.
>
> 앞으로 내가 도와줄 일이 있으면 꼭 도와줄게. 그리고 우리 앞으로도 친하게 지내자. / 안녕.
>
> 친구 신우가
>
> **다** 지효에게
>
> 지효야, 안녕? 나 신우야.
>
> 지효야, 아까 ㉠내가 네 책상 옆에서 미역국을 엎질렀지? 너는 네 가방이 더러워져서 많이 속상했을 텐데 ㉡나에게 "괜찮아?" 하면서 걱정을 해 주었어. 그리고 미역국 치우는 것을 도와주었어.

11 글의 짜임이 다음과 같이 되도록 글 **가**~**다**의 순서를 바로잡으려고 합니다. 빈칸에 알맞은 기호를 차례대로 쓰시오.

글 ( )	마음을 나누려는 사람을 밝히고, 첫인사를 함. 일어난 사건을 자세히 씀.

↓

글 ( )	일어난 사건에 대한 생각이나 행동을 표현함.

↓

글 ( )	나누려는 마음을 표현하고, 끝인사를 함. 글을 쓴 사람을 밝힘.

12 다음 빈칸에 알맞은 말을 쓰시오.

> 신우가 지효에게 친근한 말로 글을 쓴 까닭은 신우와 지효가 ☐☐☐☐☐ 관계이기 때문이다.

( )

13 ㉠, ㉡의 상황에 대해 신우는 각각 어떤 마음을 나누려고 글을 썼는지 쓰시오.

(1) ㉠: ( ) 마음

(2) ㉡: ( ) 마음

[14~15] 다음 글을 읽고, 물음에 답하시오.

> 너희는 항상 버릇처럼 말하기를 ㉠"일가친척 중에 한 사람도 불쌍히 여겨 돌보아 주는 사람이 없다."라고 개탄하였다. 더러는 험난한 물길 같다느니, ㉡꼬불꼬불 길고 긴 험악한 길을 살아간다느니 하며 한탄하고 있다. 하지만 이는 모두 하늘을 원망하고 사람을 미워하는 말투로, 큰 병이다.
>
> 너희가 아픈 데가 있으면 다른 사람들이 돌보아 주기 마련이었다. 날마다 어떠냐는 안부를 전해 오고, 안아서 부축해 주는 사람도 있었다. 약을 먹여 주고 양식까지 대 주는 사람도 있었다. ㉢이런 일에 너희가 너무 익숙해져 항상 은혜를 베풀어 주기만 바라고 있구나. 너희가 사람의 본분을 망각하지는 않는지 걱정이다. 그래서 내가 이 편지를 보낸다.

14 정약용이 생각한 두 아들의 말투로 알맞은 것은 무엇입니까? ( )

① 가족은 감싸고 이웃은 무너뜨리는 말투

② 하늘을 원망하고 사람을 미워하는 말투

③ 가족을 두둔하고 이웃을 배척하는 말투

④ 하늘에 감사하고 사람을 그리워하는 말투

⑤ 가족은 무시하고 이웃에게 잘 보이려는 말투

15 ㉠~㉢ 중 정약용이 이 글을 쓴 상황에 해당하는 것의 기호를 쓰시오.

( )

[16~20] 다음 글을 읽고, 물음에 답하시오.

가 약을 먹여 주고 양식까지 대 주는 사람도 있었다. 이런 일에 너희가 너무 익숙해져 항상 은혜를 베풀어 주기만 바라고 있구나. 너희가 사람의 본분을 망각하지는 않는지 걱정이다. 그래서 내가 이 편지를 보낸다.

예나 지금이나 남의 도움만을 받으면서 살라는 법은 애초에 없었다. 마음속으로 남의 은혜를 받고자 하는 생각을 버린다면, 절로 마음이 평안하고 기분이 화평해져 ㉠하늘을 원망한다거나 사람을 미워하는 그런 병폐는 없어질 것이다.

나 여러 날 밥을 끓이지 못하고 있는 집이 있을 텐데 너희는 쌀이라도 퍼 주고, 추운 집에는 장작개비라도 나누어 따뜻하게 해 주어라. 병들어 약을 먹어야 할 사람들에게는 한 푼의 돈이라도 쪼개어 약을 지을 수 있도록 도와주어라. 가난하고 외로운 노인이 있는 집에는 때때로 찾아가 무릎 꿇고 모시어 따뜻하고 공손한 마음으로 공경해야 한다. 그리고 근심 걱정에 싸여 있는 집에 가서 연민의 눈빛으로 그 고통을 함께 나누며 잘 처리할 방법을 의논해야 한다.

이러한 몇 가지 일도 못하면서 어떻게 다른 집에서 너희가 위급할 때 깜짝 놀라 허겁지겁 쫓아올 것이며, 너희가 곤경에 처하였을 때 달려올 것을 바라겠느냐?

다 ㉡남이 어려울 때 자기는 은혜를 베풀지 않으면서 남이 먼저 은혜를 베풀어 주기만 바라는 것은 너희가 지닌 그 오기 근성이 없어지지 않았기 때문이다. 이후로는 평상시 일이 없을 때라도 항상 공손하고 화목하며, 조심하고 자기 정성을 다해 다른 사람의 환심을 얻는 일에 힘쓸 것이지, 마음속에 보답받을 생각은 가지지 않도록 해라.

라 다른 사람을 위해 먼저 베풀어라. 그러나 뒷날 너희가 근심 걱정 할 일이 있을 때 다른 사람이 보답해 주지 않더라도 부디 원망하지 마라. 가벼운 농담일망정 ㉢"나는 지난번에 이렇게 저렇게 해 주었는데 저들은 그렇지 않구나!" 하는 소리도 입 밖에 내뱉지 말아야 한다. 만약 그러한 말이 한 번이라도 입 밖에 나오게 되면, 지난날 쌓아 놓은 공덕은 재가 바람에 날아가듯 하루아침에 사라져 버리고 말 것이다.

16 ㉠과 같은 병폐를 없애기 위해 버려야 할 마음에 ×표 하시오.

⑴ 내 힘으로 직접 해 봐야겠어! ( )
⑵ 친구들이 곧 도와주러 올 거야. ( )

17 글 **나**의 주제로 알맞은 것은 무엇입니까? ( )

① 가난한 집에 쌀을 퍼 주어라.
② 은혜는 입은 만큼 되돌려 주어라.
③ 내가 먼저 도와야 남도 나를 돕는다.
④ 추운 집에 장작개비를 나누어 주어라.
⑤ 남을 도운 만큼만 은혜를 요구할 수 있다.

18 다음은 정약용이 말한 ㉡의 까닭입니다. 빈칸에 들어갈 알맞은 말을 이 글에서 찾아 쓰시오.

[ ]이/가 없어지지 않았기 때문이다.

( )

서술형 문제

19 ㉢과 같이 말하는 것은 마음속에 어떤 생각이 있기 때문인지 글 **라**를 참고해 쓰시오.

_____

_____

☆☆
20 정약용이 두 아들과 나누려는 마음으로 알맞은 것은 무엇입니까? ( )

① 사람들을 경계하기 바라는 마음
② 다른 사람에게 베풀기 바라는 마음
③ 오기를 가지고 성공하기 바라는 마음
④ 늙은 사람들을 보살피기 바라는 마음
⑤ 이웃들과 화목하게 지내기 바라는 마음

9단원

서술형 문제

[01~02] 다음을 읽고, 물음에 답하시오.

마음을 나누는 글을 쓰는 상황		
이웃을 도우려고 나눔 장터를 열려고 함.		
나누려는 마음	읽을 사람	글을 전하는 방법
㉠	학교 친구들	㉡
글을 쓰는 목적		
친구들과 이웃에게 도움을 주려는 마음을 나누려고 나눔 장터를 알리는 글을 씀.		

01 ㉠에 들어갈 내용은 무엇인지 쓰시오.

_____

_____

02 보기 에서 ㉡에 들어갈 알맞은 방법을 고르고, 그 방법으로 쓰면 어떤 점이 좋은지 쓰시오.

> 보기
> 편지 쓰기 　　　　　　학급 누리집에 쓰기
> 학급 게시판에 쓰기 　　문자 메시지로 보내기

알맞은 방법	(1)
그 방법의 좋은 점	(2)

[03~04] 다음 그림을 보고, 물음에 답하시오.

03 신우가 글을 쓰는 상황은 무엇인지 쓰시오.

_____

_____

04 신우는 지효에게 마음을 나누는 편지글을 쓰려고 합니다. 다음을 참고하여 편지글의 짜임에 맞게 각 부분에 들어갈 내용을 계획하여 간단히 쓰시오.

> • 첫 번째 부분 – 마음을 나누려는 사람, 첫인사, 일어난 사건
> • 두 번째 부분 – 일어난 사건에 대한 생각이나 행동
> • 세 번째 부분 – 나누려는 마음, 끝인사

첫 번째 부분	(1)
두 번째 부분	(2)
세 번째 부분	(3)

수행 평가

> 배점 | 20점

학습 주제 마음을 나누는 글 쓰기

학습 목표 글쓰기 과정을 생각하며 마음을 나누는 글을 쓸 수 있다.

1 고마운 마음을 나누는 글을 쓰려고 합니다. 자신이 경험한 사건 중 누군가에게 고마웠던 상황을 떠올려 빈칸에 알맞은 말을 쓰시오.

마음을 나누는 글을 쓰는 상황

(1)

나누려는 마음	읽을 사람	글을 전하는 방법
고마운 마음	(2)	(3)

글을 쓰는 목적

(4)

2 **1**을 이용해 글 쓸 계획을 세우려고 합니다. 고려할 점에 맞추어 글에 들어갈 내용을 쓰시오.

	고려할 점		글에 들어갈 내용
상황과 목적 파악하기	글을 쓰는 상황을 파악한다.	(1)	
	글을 쓰는 목적을 파악한다.	(2)	
쓸 내용 정하기	일어난 사건을 떠올린다.	(3)	
	일어난 사건에 대한 생각이나 행동을 떠올린다.	(4)	
	나누려는 마음을 생각한다.	(5)	
표현하기	읽을 사람을 생각해서 표현한다.	(6)	
	맞춤법, 띄어쓰기를 잘 지켜 표현한다.	(7)	

9
단원

Memo

평생을 살아가는 힘,
문해력을 키워 주세요!

문해력을 가장 잘 아는 EBS가 만든 문해력 시리즈

예비 초등 ~ 중학

문해력을 이루는 핵심 분야별 / 학습 단계별 교재

▼

어휘　　쓰기　　ERI 독해　　배경지식　　디지털독해

우리 아이의 **문해력 수준은?**

더욱 효과적인 문해력 학습을 위한
EBS 문해력 진단 테스트

https://primary.ebs.co.kr/course/literacy

간단하게 문해력 수준을 확인하고
권장 단계에 맞추어 체계적 학습을 시작하세요!

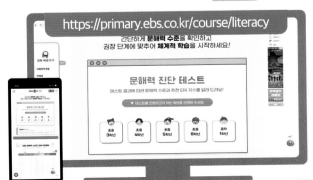

등급으로 확인하는
문해력 수준

문해력
등급 평가
초1 - 중1

만점왕

통합본 국어 6-1

초 | 등 | 부 | 터 EBS

EBS 초등
인터넷·모바일·TV
무료 강의 제공

바쁜 초등학생을 위한
국·사·과 교과서 완전 학습서

만점왕

사회 6-1
통합본

만점왕 통합본

사회 6-1

구성과 특징

개념책 — 교과서 개념을 충실하게 반영하였으며 실전 문제로 교과 학습을 완벽하게 이해할 수 있도록 내용을 구성하였습니다.

단원 평가 — 다양한 문제를 풀어 보며 자신의 학습 상태를 점검하고 학교 단원 평가에 대비할 수 있도록 내용을 구성하였습니다.

1 교과서 개념 익히기

자세한 개념 설명과 그림을 통해 교과서 내용을 분명하게 파악할 수 있습니다.

2 실전 문제

앞서 배운 개념과 관련된 문제를 풀어 보며 주요 내용을 꼼꼼하게 확인할 수 있습니다.

3 단원 정리

꼭 알아야 할 단원의 핵심 개념을 한 페이지로 확인할 수 있습니다.

4 단원 정리 평가

단원을 정리하는 문제를 풀어 보며 실력을 점검, 보완할 수 있습니다.

5, 6 서술형 문제 & 수행 평가

각 단원에서 익힌 내용을 활용하여 학교 시험의 서술형 문제와 수행 평가에 대비할 수 있습니다.

이 책의 차례

① 민주주의의 발전과 시민 참여

1. 4·19 혁명과 시민들의 민주화 노력

(1) 3·15 부정 선거

① 우리나라의 첫 대통령이었던 이승만은 권력을 유지하고자 헌법을 무리하게 바꿔 가며 독재 정치를 이어 갔습니다.

② 이승만 정부의 독재와 부정부패가 지속되고 경제도 어려워지면서 국민의 불만이 커졌습니다.

③ 이승만 정부는 1960년 3월 15일에 치러질 정부통령 선거에서 이기려고 부정 선거를 계획하였습니다.

④ 대구에서는 정부에 항의하는 학생 시위가 일어났습니다.

⑤ 이승만 정부는 부정한 방법을 동원하여 결국 선거에서 이겼습니다(3·15 부정 선거, 1960년).

(2) 4·19 혁명의 과정

① 3·15 부정 선거에 항의하는 시위가 마산에서 일어났고, 이승만 정부는 폭력적으로 시위를 진압하였습니다.

② 시위에 참여했다가 실종된 김주열 학생의 시신이 마산 앞바다에서 발견되면서 많은 시민과 학생들이 분노하며 전국으로 시위가 퍼졌습니다.

③ 전국에서 대규모 시위가 일어났고 이승만 정부는 무력으로 시위를 진압하여 많은 시민과 학생들이 다치거나 죽었습니다(4·19 혁명, 1960년).

(3) 4·19 혁명의 결과

① 이승만은 대통령 자리에서 물러났고, 3·15 부정 선거는 무효가 되었습니다.

② 다시 선거를 치러 새로운 정부가 세워졌습니다.

(4) 4·19 혁명의 의의

① 시민과 학생들의 힘으로 독재 정권을 무너뜨리고 민주주의를 지켜 낸 역사적 사건입니다.

② 우리나라 민주주의 발전에 큰 영향을 끼쳤습니다.

개념 익히기

✏️ **3·15 부정 선거의 방법**

- 3명 또는 5명씩 조를 짜서 투표한 후 조장에게 투표 내용을 알리도록 하였습니다.
- 유권자에게 물건이나 돈을 주며 이승만 정부에 투표하게 하였습니다.
- 투표한 용지를 불에 태워 없애거나 이승만 정부에 미리 투표한 용지를 투표함에 넣어 놓았습니다.

✏️ **4·19 혁명 당시의 모습**

4·19 혁명 당시 경찰이 쏜 총에 초등학생이 죽자 초등학생들도 시위에 참여하였고, 시민과 대학생들뿐만 아니라 대학교수들까지 시위에 참여하였습니다.

▲ 시위에 나선 초등학생들

낱말사전

독재 특정한 개인이나 단체가 모든 권력을 차지하여 모든 일을 홀로 처리하는 것

정부통령 선거 대통령과 부통령을 함께 뽑는 선거

시위 많은 사람이 무리를 지어 공개적인 장소에서 자신의 주장을 펴는 것

개념 확인문제

정답과 해설 29쪽

1 우리나라의 첫 대통령이었던 ( )은/는 헌법을 계속 바꿔 가며 대통령이 되어 독재 정치를 하였습니다.

2 ( )은/는 3·15 부정 선거에 분노하여 전국에서 일어난 대규모 시위입니다.

3 4·19 혁명에 대한 설명으로 옳은 것에 ○표, 옳지 <u>않은</u> 것에 ×표 하시오.

(1) 1960년 4월 19일 전국에서 대규모 시위가 일어났고, 이승만 정부는 무력으로 시위를 진압하여 많은 시민과 학생들이 희생되었습니다. ( )

(2) 전국에서 대규모 시위를 하였음에도 독재 정권을 무너뜨리지 못했습니다.

( )

2. 5·18 민주화 운동의 과정과 의의

(1) 5·16 군사 정변과 독재 정치

① 4·19 혁명 이후 새로운 정부가 들어선 지 1년도 되지 않아 박정희가 군인들을 동원해 정권을 잡아 대통령이 되었습니다(5·16 군사 정변, 1961년).

② 박정희는 계속 대통령직을 유지하고자 헌법을 여러 번 바꾸었습니다.

▲ 5·16 군사 정변을 일으킨 군인들

③ 1972년 10월에는 유신 헌법을 만들어 대통령을 할 수 있는 횟수를 제한하지 않았으며, 대통령 직선제를 간선제로 바꾸었습니다.

④ 1979년에는 부산과 마산에서 독재 정치에 반대하는 대규모 시위가 일어났고, 혼란스러운 상황 중에 박정희는 부하에게 피살당하였습니다.

(2) 5·18 민주화 운동의 과정

① 박정희 사망 이후 전두환을 중심으로 한 군인들이 다시 정변을 일으켜 정권을 잡았습니다.

② 학생과 시민들이 민주화를 요구하는 시위를 벌이자 전두환 정부는 계엄령을 전국으로 확대하여 시민들을 탄압하였습니다.

▲ 5·18 민주화 운동 모습

③ 1980년 5월에 전라남도 광주(현재 광주광역시)에서 계엄령 해제와 민주주의의 회복을 요구하는 대규모 시위가 일어났습니다.

④ 계엄군이 총을 쏘며 폭력적으로 시위를 진압하자, 분노한 시민들은 시민군을 만들어 계엄군에 대항하였습니다.

⑤ 이 과정에서 수많은 사람이 희생되었습니다 (5·18 민주화 운동, 1980년).

(3) 5·18 민주화 운동의 의의

① 부당한 정권에 맞서 민주주의를 지키려는 시민과 학생들의 의지를 보여 주었습니다.

② 세계 여러 나라의 민주화 운동에 많은 영향을 주었습니다.

---

4 다음 인물과 그에 대한 설명을 바르게 연결하시오.

(1) 박정희 •

• ㉠ 5·16 군사 정변으로 권력을 잡아 대통령이 되었음.

(2) 전두환 •

• ㉡ 1980년 전라남도 광주(현재 광주광역시)에 계엄군을 보내 민주화 시위를 강제로 진압하였음.

5 ( )은/는 1980년 전라남도 광주(현재 광주광역시)에서 일어난 대규모 민주화 시위입니다.

유신 헌법

1972년에 개정된 헌법으로, '유신'은 낡은 제도를 새롭게 고친다는 뜻입니다. 그러나 유신 헌법의 내용은 대통령의 지위와 권한을 강화하고 국민의 기본권을 제한하는 것이었습니다.

계엄군과 시민군

⤷ 계엄군은 국가 비상사태가 발생했을 때, 전국 또는 일부 지역을 경계하는 임무를 맡은 군대입니다.

⤷ 시민군은 시민들이 스스로 조직한 군대를 말합니다.

전두환 정부의 언론 통제

전두환 정부는 광주에서 벌어진 일이 외부에 알려지지 않도록 언론을 통제하였고, 신문, 방송 기자들에게 정부에 유리한 내용의 기사만 쓰도록 지시하였습니다.

유네스코 세계 기록 유산에 등재된 5·18 민주화 운동 기록물

5·18 민주화 운동 당시의 상황을 기록한 기자들의 사진 필름, 시민들의 증언, 학생들의 일기장 등은 그 가치를 인정받아 2011년 유네스코 세계 기록 유산으로 등재되었습니다. 이는 독재 정치에 저항하며 인권과 민주주의를 지키려고 한 광주 시민들의 희생과 노력을 국제 사회가 인정한 것입니다.

낱말사전

군사 정변 군인들이 무력으로 정권을 빼앗는 일

직선제 국민이 직접 대표를 뽑는 선거 제도

간선제 국민이 뽑은 일정 수의 선거인단이 대표자를 뽑는 선거 제도

계엄령 국가 비상사태가 발생했을 때 사회 질서를 유지하기 위해 군사력을 동원할 수 있는 대통령의 권한

1 단원

시민들이 대통령 직선제를 요구한 까닭

간선제 방식으로는 시민들이 원하는 대통령을 직접 뽑을 수 없으므로, 시민들의 의견을 국가에 제대로 전달할 수 없기 때문입니다. 따라서 시민들은 대통령의 독재를 막고, 시민들의 뜻을 존중하는 대통령을 직접 뽑기 위해 대통령 직선제를 요구하였습니다.

6·29 민주화 선언에 포함된 내용

ㅇ 언론의 자유 보장
ㅇ 지방 자치제 시행
ㅇ 국민의 기본권 보장
ㅇ 대통령 직선제 시행

3. 6월 민주 항쟁과 시민들의 민주화 노력

(1) 6월 민주 항쟁의 과정

① 5·18 민주화 운동을 강제로 진압한 전두환은 간선제로 대통령이 되었습니다.
② 전두환 정부는 언론을 통제하여 국민의 알 권리를 막고, 민주화를 요구하는 국민을 탄압하였습니다.
③ 1987년 민주화 운동에 참여했던 대학생 박종철이 경찰에 끌려가 고문을 받다가 사망하였고, 이를 숨기려던 정부의 거짓말이 드러났습니다.
④ 시민들은 고문 금지와 책임자 처벌, 대통령 직선제를 요구하는 대규모 시위를 벌였습니다.
⑤ 시위 과정에서 대학생 이한열이 경찰이 쏜 최루탄에 맞아 희생되었습니다.
⑥ 분노한 시민과 학생들은 전두환 정부의 독재에 반대하며 대통령 직선제를 요구하는 시위를 전국에서 벌였습니다(6월 민주 항쟁, 1987년).
⑦ 정부는 당시 여당 대표인 노태우를 통해 대통령 직선제를 포함한 시민들의 민주화 요구를 받아들이겠다고 발표하였습니다(6·29 민주화 선언, 1987년).

▲ 대통령 직선제를 요구하는 시민들

▲ 6월 민주 항쟁 당시 명동 성당에 모인 시민들

(2) 6월 민주 항쟁의 의의

① 시민들이 평화적으로 이루어 낸 민주화 운동입니다.
② 국민의 선거로 대통령을 직접 뽑는 대통령 직선제를 포함한 6·29 민주화 선언을 이끌어 냈습니다.
③ 우리 사회의 여러 분야에서 민주적인 제도가 만들어지고, 시민들의 자유로운 정치 참여 기회가 늘어났습니다.

낱말사전

탄압 권력이나 무력으로 억지로 눌러 꼼짝 못하게 함.
여당 정당 정치에서 현재 정권을 잡고 있는 정당

개념 확인문제

정답과 해설 29쪽

6 (　　　　)은/는 1987년 전두환 정부의 독재에 반대하며 대통령 직선제를 요구하였던 전국적인 민주화 운동입니다.

7 6월 민주 항쟁의 결과 시민들의 민주화 요구를 받아들이겠다는 (　　　　) 선언이 발표되었습니다.

8 6월 민주 항쟁에 대한 설명으로 옳은 것에 ○표, 옳지 않은 것에 ×표 하시오.

(1) 6월 민주 항쟁으로 대통령 간선제가 이루어졌습니다. (　　　)
(2) 6월 민주 항쟁의 결과 우리 사회의 여러 분야에서 민주적인 제도가 만들어졌습니다. (　　　)

4. 6월 민주 항쟁 이후 민주화 과정과 사회 변화

(1) 대통령 직선제 시행

① 1987년 제13대 대통령 선거가 직선제로 시행되었습니다.

② 대통령 직선제는 오늘날까지 계속 이어지고 있습니다.

③ 국민이 선거에 적극적으로 참여하여 국민의 뜻이 선거 결과에 반영되었습니다.

(2) 지방 자치제 시행

① 지방 자치제는 지역 주민과 이들이 선거를 통해 직접 뽑은 지방 의회 의원과 지방 자치 단체장이 그 지역의 일을 처리하는 제도입니다.

② 지방 자치제는 1952년에 처음 시행되었으나 5·16 군사 정변 직후 폐지되었다가 6월 민주 항쟁 이후 다시 시행되었습니다.

③ 주민들이 지역 대표를 직접 뽑게 되고, 지역 문제를 해결하기 위한 의견을 제시할 수 있게 되어 주민들의 정치 참여 기회가 늘어났습니다.

(3) 시민운동의 성장: 시민들은 환경, 인권, 사회적 약자 보호 등 다양한 분야에서 시민 단체를 만들어 사회 문제를 해결하려고 노력하였습니다.

5. 오늘날 시민들이 사회 공동의 문제 해결에 참여하는 방법

(1) 시민들이 사회 공동의 문제 해결에 참여하는 방법

① 선거나 투표에 참여하여 의견을 제시합니다.

② 정당이나 시민 단체에 가입하여 활동합니다.

③ 촛불 집회와 같은 대규모 집회, 1인 시위, 캠페인, 서명 운동, 공청회 참석 등 다양한 방식으로 사회 문제 해결에 참여하고 있습니다.

④ 최근에는 정보 통신 기술의 발달로 공공 기관 누리집이나 누리 소통망 서비스(SNS)에 의견을 제시하기도 합니다.

(2) 시민들이 사회 문제 해결에 다양하게 참여한 결과

① 많은 사회 문제가 민주적으로 해결되고 있습니다.

② 국민의 정치 참여가 늘어나 우리 사회가 민주 사회로 발전하였습니다.

✎ **촛불 집회**

촛불 집회는 시민들이 옥외에서 촛불을 들고 벌이는 시위로, 우리 사회의 문제를 평화롭고 질서 있게 해결하려는 방법 중 하나입니다.

1
단원

📎 정보 통신 기술의 발달로 다양해진 사회 공동의 문제 해결에 참여하는 방법

⌐ 공공 기관 누리집 또는 누리 소통망 서비스(SNS)를 활용해 자신의 의견을 제시할 수 있고, 정보 통신 기기를 사용하여 사회 문제 해결에 관한 모바일 투표에 참여할 수 있습니다.

⌐ 이러한 방법은 다른 사람들과 의견을 쉽고 빠르게 공유할 수 있어서 더 많은 시민이 정치에 관심을 갖고 참여할 수 있게 합니다.

---

9 6월 민주 항쟁 이후 우리나라의 사회 변화와 그 내용을 바르게 연결하시오.

(1) 대통령 직선제 시행 • • ㉠ 국민이 선거를 통해 대통령을 직접 뽑게 되었음.

(2) 지방 자치제 시행 • • ㉡ 시민들은 다양한 분야에서 시민 단체를 만들어 사회 문제를 해결하려고 노력함.

(3) 시민운동의 성장 • • ㉢ 지역 주민과 이들이 뽑은 지방 의회 의원과 지방 자치 단체장이 지역의 일을 처리함

10 오늘날 (　　　　)의 발달로 시민들은 누리 소통망 서비스(SNS)를 활용해 자신의 의견을 제시하기도 합니다.

낱말사전

정당 정치적 의견이나 주장이 같은 사람들이 모여 정권을 잡고 그 뜻을 실현하기 위하여 만든 단체

집회 여러 사람이 어떤 목적을 위하여 일시적으로 모이는 것

서명 운동 어떤 주장이나 의견에 대한 찬성의 뜻으로 서명을 받는 운동

공청회 공공 기관이 정책 결정 전에 주민, 전문가 등 다양한 사람들의 의견을 듣는 공개회의

01 이승만 정부와 관련 있는 사건을 <u>두 가지</u> 고르시오.
(,)

① 4·19 혁명
② 6월 민주 항쟁
③ 3·15 부정 선거
④ 5·18 민주화 운동
⑤ 6·29 민주화 선언

02 다음과 관련 있는 역사적 사건을 쓰시오.

> 마산에서는 3·15 부정 선거를 비판하는 시위에 참여한 많은 시민과 학생들이 경찰의 진압으로 죽거나 다치는 일이 발생했다. 이 시위에 참여했다가 실종된 김주열 학생이 마산 앞바다에서 죽은 채로 발견되자 시민과 학생들의 시위는 더욱 확산되었다.

( )

03 4·19 혁명의 결과로 알맞지 <u>않은</u> 것을 <u>두 가지</u> 고르시오. (,)

① 3·15 부정 선거는 무효가 되었다.
② 다시 선거를 치러 새 정부가 세워졌다.
③ 국민의 요구를 수용하는 6·29 민주화 선언이 발표되었다.
④ 이승만은 무력으로 시위를 진압하고 대통령직을 유지하였다.
⑤ 시민들의 힘으로 독재 정권을 무너뜨리고 민주주의를 지켜 냈다.

04 유신 헌법의 내용으로 알맞은 것은 어느 것입니까?
( )

① 언론의 자유를 보장한다.
② 지방 자치제를 시행한다.
③ 대통령을 할 수 있는 횟수를 제한하지 않는다.
④ 국민이 직접 대통령을 뽑을 수 있는 직선제로 바꾼다.
⑤ 국민의 기본권 보장을 위해 시민들의 다양한 정치 참여를 보장한다.

05 다음 밑줄 친 역사적 사건을 보기 에서 골라 쓰시오.

> 시민들은 박정희 정부의 독재가 박정희의 사망으로 끝나고 민주 사회가 올 것이라고 기대했다. 그러나 시민들의 기대와 달리 일부 군인들이 다시 정변을 일으켜 정권을 잡았다. 이에 시민들은 민주화를 요구하는 <u>대규모 민주화 시위</u>를 벌였다.

보기
• 4·19 혁명 • 5·16 군사 정변
• 5·18 민주화 운동 • 6·29 민주화 선언

( )

☆☆
06 5·18 민주화 운동 과정에서 일어난 사건을 보기 에서 골라 순서대로 기호를 쓰시오.

보기
㉠ 전두환이 중심이 된 군인들이 정변을 일으켰다.
㉡ 시민들은 시민군을 만들어 계엄군에 대항하였다.
㉢ 많은 시민과 학생들이 전라남도 광주(현재 광주광역시)에서 계엄령 해제 등을 요구하며 시위를 벌였다.
㉣ 전두환은 전라남도 광주(현재 광주광역시)에 계엄군을 보내 폭력적으로 진압하였고 그 과정에서 시민이 희생되었다.

( ) → ( ) → ( ) → ( )

[07~08] 다음 사진을 보고, 물음에 답하시오.

▲ 경찰의 고문을 받다 숨진 박종철을 추모하는 시민들

▲ 대통령 직선제를 요구하는 시민들

07 위 사진과 관련 있는 역사적 사건으로 알맞은 것은 어느 것입니까? (   )

① 4·19 혁명   ② 6월 민주 항쟁
③ 3·15 부정 선거   ④ 5·16 군사 정변
⑤ 5·18 민주화 운동

08 위 **07**번에서 답한 역사적 사건의 과정에서 일어난 일로 알맞지 않은 것은 어느 것입니까? (   )

① 정부는 언론을 통제하여 국민의 알 권리를 막았다.
② 시위 과정에서 대학생 이한열이 경찰이 쏜 최루탄에 맞아 희생되었다.
③ 시민들은 고문 금지와 책임자 처벌, 대통령 직선제를 요구하며 시위를 벌였다.
④ 정부의 독재와 3·15 부정 선거에 시민들이 항의하면서 민주화를 요구하였다.
⑤ 정부는 결국 대통령 직선제를 포함한 시민들의 민주화 요구를 받아들이겠다고 발표하였다.

09 다음은 6월 민주 항쟁의 결과로 정부에서 받아들인 내용입니다. 이 내용이 담긴 선언의 이름을 쓰시오.

- 언론의 자유 보장   · 지방 자치제 시행
- 대통령 직선제 시행   · 국민의 기본권 보장

(   )

☆☆☆
10 6월 민주 항쟁 이후 우리나라 민주주의의 모습으로 알맞지 않은 것은 어느 것입니까? (   )

① 지방 자치제가 다시 시행되었다.
② 지역 주민들이 지역 대표를 직접 뽑게 되었다.
③ 대통령 직선제가 오늘날까지 계속 시행되고 있다.
④ 시민들이 정치에 참여할 수 있는 기회가 줄어들었다.
⑤ 시민 단체가 다양한 분야에서 활동하며 사회 문제 해결을 위해 노력한다.

11 다음 밑줄 친 '이것'에 해당하는 제도를 쓰시오.

> 이것은 지역 주민과 이들이 선거를 통해 직접 뽑은 지방 의회 의원과 지방 자치 단체장이 그 지역의 일을 처리하는 제도이다.

(   )

12 다음에 나타난 사회 공동의 문제 해결을 위한 시민들의 참여 방법으로 알맞은 것은 어느 것입니까? (   )

① 투표하기
② 서명 운동하기
③ 공청회 참석하기
④ 대규모 집회 참여하기
⑤ 공공 기관 누리집에 의견 제시하기

1. 우리나라의 정치 발전

❷ 일상생활과 민주주의

1. 민주주의의 의미와 중요성

(1) 정치의 의미와 모습

① 의미: 사람들이 함께 살아가다 보면 서로의 생각이나 입장이 달라서 갈등이나 문제가 생길 수 있는데, 이러한 사회 구성원 간의 갈등과 문제를 원만하게 해결하는 과정입니다.

② 옛날의 정치 모습: 옛날에는 왕이나 신분이 높은 일부 사람만 정치에 참여할 수 있었습니다. 가정에서는 주로 남성 어른이 중요한 일을 결정했고, 여성이나 어린이는 의견을 내기 어려웠습니다.

③ 오늘날의 정치 모습: 신분이나 성별, 재산 등과 관계없이 모든 사람이 정치에 참여할 수 있습니다.

④ 생활 속 정치의 사례

▲ 가정　　　　　　▲ 학교　　　　　　▲ 지역

(2) 민주주의의 의미

① 모든 국민이 나라의 주인으로서 권리를 갖고, 그 권리를 자유롭고 평등하게 행사하는 정치 제도를 말합니다.

② 일상생활에서 발생하는 갈등을 해결할 때 모든 사람이 자유롭고 평등하게 참여하여 대화와 타협을 통해 해결하는 생활 방식을 의미하기도 합니다.

정치의 의미

정치는 정치인들이 하는 활동만을 가리키는 것이 아니라 더 넓은 의미를 지니고 있습니다. 우리 일상생활에서 사회 구성원 사이에 발생하는 갈등과 문제를 해결하는 과정은 모두 정치라고 할 수 있습니다.

혼자 공동의 일을 결정할 때의 장단점

장점	신속하게 결정할 수 있음.
단점	• 모두 공평하게 참여하지 못함. • 모두가 만족할 수 있는 결정을 내리기 어려움.

여러 사람이 공동의 일을 결정할 때의 장단점

장점	• 모두 함께 자유롭고 공평하게 참여하여 더 많은 사람이 만족할 수 있는 결과를 얻을 수 있음. • 다양한 방법이 나올 수 있음.
단점	• 사람들이 모두 모이기 어려움. • 의견이 서로 다르면 결정하는 데 시간이 오래 걸릴 수 있음.

낱말사전

입장 바로 눈앞에 당하고 있는 상황

구성원 어떤 조직이나 단체를 이루고 있는 사람

타협 어떤 일을 서로 양보하여 협의하는 것

개념 확인문제

정답과 해설 30쪽

1 ( )(이)란 사회 구성원 간의 갈등과 문제를 해결하는 모든 과정을 말합니다.

2 정치에 대한 설명으로 옳은 것에 ○표, 옳지 <u>않은</u> 것에 ×표 하시오.

(1) 옛날에는 왕이나 신분이 높은 일부 사람만 정치에 참여할 수 있었습니다.

( )

(2) 오늘날에는 성별이나 재산 등과 관계없이 누구나 정치에 참여할 수 있습니다.

( )

(3) 정치는 정치인들이 하는 활동만을 의미하므로 가족회의나 학급 회의는 정치의 사례로 볼 수 없습니다.

( )

(3) 민주주의의 실천 모습

▲ 가정에서 가족 구성원이 모여 집안의 중요한 일을 결정합니다.

▲ 학급 회의나 학생 자치회를 열어 학급이나 학교의 일을 결정합니다.

▲ 지역에서 주민들이 주민 자치 위원회를 열어 지역의 일을 결정합니다.

▲ 지역 주민들이 뽑은 대표들이 지방 의회에서 지역의 일을 결정합니다.

▲ 지역의 중요한 정책을 결정하기 전에 공청회를 열어 주민들과 전문가의 의견을 듣습니다.

▲ 시민들이 선거를 통해 지역이나 나라의 대표를 선출합니다.

(4) 민주주의의 기본 정신

인간의 존엄성	모든 사람은 태어나면서부터 인간이라는 이유만으로 가치 있고 존중받아야 함.
자유	국가나 다른 사람에게 부당한 간섭을 받지 않고, 자신의 의사에 따라 결정하고 행동할 수 있어야 함.
평등	성별, 인종, 재산, 종교 등에 의해 부당하게 차별받지 않고 동등하게 대우받아야 함.

(5) 민주주의의 목적

① 민주주의의 목적은 인간의 존엄성을 실현하는 것입니다.
② 인간의 존엄성이 실현되려면 자유와 평등이 보장되어야 합니다.

3 모든 국민이 나라의 주인으로서 자유롭고 평등하게 정치에 참여하는 제도를 ( )(이)라고 합니다.

4 민주주의의 기본 정신과 그 의미를 바르게 연결하시오.

(1) 인간의 존엄성 •
(2) 자유 •
(3) 평등 •

• ㉠ 부당하게 차별받지 않고 동등하게 대우받아야 함.

• ㉡ 자신의 의사에 따라 결정하고 행동할 수 있어야 함.

• ㉢ 모든 사람은 태어나면서부터 인간이라는 이유만으로 가치 있고 존중받아야 함.

1
단원

📝 지방 의회

지방 의회는 지방 자치 단체의 의결 기관입니다. 시, 군, 구에 설치하는 기초 의회와 특별시, 광역시, 도, 특별 자치 도에 설치하는 광역 의회가 있습니다.

📝 인간의 존엄성을 규정하고 있는 우리나라 헌법

제10조 모든 국민은 인간으로서의 존엄과 가치를 가지며, 행복을 추구할 권리를 가진다. ……

📝 민주주의 사회에서 개인의 자유가 제한되는 경우

개인의 자유는 국가의 안전 보장, 사회 질서 유지, 공공의 이익 추구 등을 위해 필요한 경우에만 법률로써 제한할 수 있습니다.

낱말사전 😊
정책 정치적 목적을 실현하기 위한 방법
간섭 직접 관계가 없는 남의 일에 부당하게 참견하는 것
의사 무엇을 하고자 하는 생각

선거 관리 위원회

○ 우리나라는 선거를 공정하게 관리하기 위해 선거 관리 위원회를 두고 있습니다.
○ 선거 관리 위원회는 선거와 국민 투표를 공정하게 관리하고, 유권자들이 선거에 적극적으로 참여하도록 홍보하는 활동을 합니다.

생활 속에서 민주주의를 실천하는 자세

○ 충분히 대화하고 토론하기
○ 나와 다른 의견을 존중하기
○ 더 좋은 방법이 있는지 찾아보기
○ 사실이나 의견의 옳고 그름을 따져보기
○ 함께 결정한 일을 적극적으로 실천하기
○ 공동체의 의사 결정에 적극적으로 참여하기

(6) 민주주의를 실천하는 선거

① 국민을 대표할 사람을 투표로 뽑는 것을 선거라고 합니다.
② 오늘날에는 모든 사람이 한자리에 모여 중요한 일을 결정하기 어려우므로 선거를 통해 대표자를 뽑아 나라의 일을 맡깁니다.
③ 선출된 대표자가 자신의 일을 제대로 수행하지 못하면 다음 선거에서 그 후보를 뽑지 않으므로, 선거는 대표자를 심판하는 역할도 합니다.
④ 선거는 가장 기본적인 정치 참여 방법이므로 '민주주의의 꽃'이라고도 불립니다.
⑤ 민주 선거의 기본 원칙

보통 선거	선거일 기준으로 18세 이상의 국민이면 누구나 투표할 수 있음.
직접 선거	투표는 자신이 직접 해야 함.
평등 선거	한 사람이 한 표씩만 행사할 수 있음.
비밀 선거	자신이 누구에게 투표했는지 다른 사람이 알 수 없음.

2. 생활 속에서 민주주의를 실천하는 바람직한 태도

(1) 관심과 참여: 공동체의 일에 관심을 갖고 적극적으로 참여해야 합니다.
(2) 대화와 토론: 일상생활에서 발생하는 갈등이나 문제를 충분한 대화와 토론으로 해결하려고 노력합니다.
(3) 관용: 나와 다른 의견을 인정하고 존중하는 태도를 가져야 합니다.
(4) 비판적 태도: 사실이나 의견의 옳고 그름을 따져 살펴보아야 합니다.
(5) 양보와 타협: 상대방을 배려하고 서로 협의하여 문제를 해결해야 합니다.
(6) 실천: 여럿이 함께 결정한 일은 잘 따르고 적극적으로 실천해야 합니다.

낱말사전

수행 생각하거나 계획한 대로 일을 해 내는 것
심판 어떤 문제와 관련된 일이나 사람에 대하여 잘잘못을 가려 결정을 내리는 일

개념 확인문제

정답과 해설 30쪽

5 국민을 대표할 사람을 투표로 뽑는 것을 (   )(이)라고 합니다.

6 생활 속에서 민주주의를 실천하는 태도와 그 의미를 바르게 연결하시오.

(1) 관용 •
(2) 비판적 태도 •
(3) 양보와 타협 •

   • ㉠ 상대방을 배려하고 서로 협의하는 것
   • ㉡ 나와 다른 의견을 인정하고 존중하는 태도
   • ㉢ 사실이나 의견의 옳고 그름을 따져 살펴보는 태도

3. 민주적 의사 결정 원리

(1) 대화와 타협
① 일상생활에서 중요한 일을 결정하거나 문제를 해결할 때는 충분한 대화가 필요합니다.
② 상대방의 입장을 이해하고 상대방에게 양보하며, 서로 협의하는 타협의 과정이 필요합니다.

(2) 다수결의 원칙
① 의미: 다수의 의견이 소수의 의견보다 합리적일 것이라고 가정하고 다수의 의견을 따르는 것을 의미합니다.
② 다수결의 원칙을 사용하면 빠르고 쉽게 결정을 내릴 수 있는 장점이 있습니다.
③ 소수의 의견이 존중되지 못하는 단점도 있으므로, 다수결의 원칙을 사용하기 전에 충분한 대화와 토론을 통해 타협하려고 노력해야 합니다.

(3) 소수의 의견 존중
① 소수의 의견도 합리적일 수 있으므로 다수결의 원칙을 사용할 때에도 소수의 의견을 존중해야 합니다.
② 다수결로 결정한 사항에 소수의 의견을 추가하여 보완할 수 있습니다.

4. 민주적 의사 결정 원리에 따른 문제 해결 과정

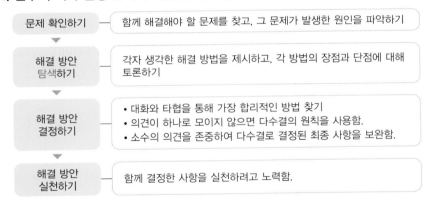

문제 확인하기	함께 해결해야 할 문제를 찾고, 그 문제가 발생한 원인을 파악하기
해결 방안 탐색하기	각자 생각한 해결 방법을 제시하고, 각 방법의 장점과 단점에 대해 토론하기
해결 방안 결정하기	• 대화와 타협을 통해 가장 합리적인 방법 찾기 • 의견이 하나로 모이지 않으면 다수결의 원칙을 사용함. • 소수의 의견을 존중하여 다수결로 결정된 최종 사항을 보완함.
해결 방안 실천하기	함께 결정한 사항을 실천하려고 노력함.

---

7 ( )의 원칙이란 다수의 의견이 소수의 의견보다 합리적일 것이라고 가정하고 다수의 의견을 따르는 것입니다.

8 민주적 의사 결정 원리에 대한 설명으로 옳은 것에 ○표, 옳지 않은 것에 ×표 하시오.

(1) 일상생활에서 민주적으로 문제를 해결할 때는 충분한 대화와 타협의 과정이 필요합니다. ( )

(2) 다수결의 원칙을 따를 때에는 소수의 의견을 존중하지 않아도 됩니다. ( )

9 민주적 의사 결정 원리에 따라 문제를 해결할 때 문제 확인하기 단계에서는 함께 해결해야 할 문제를 찾고, 그 문제가 발생한 ( )을/를 파악해야 합니다.

📝 다수결의 원칙을 사용하는 사례

일상생활에서 공동의 일을 결정할 때, 지역 문제를 해결할 때, 선거로 대표를 결정할 때, 법을 만들고 바꿀 때 다수결의 원칙을 따릅니다.

📝 다수결의 원칙을 사용할 때 소수의 의견도 존중해야 하는 까닭

‿ 소수의 의견도 합리적일 수 있기 때문입니다.
‿ 다수의 횡포로부터 보호하기 위해서입니다.
‿ 다수의 의견이 항상 옳은 것은 아니기 때문입니다.

📝 학급이나 학교에서 학생들이 결정할 수 있는 공동의 문제

‿ 학급에서 운동장 청소 시간 정하기
‿ 음식물 쓰레기를 줄이기 위한 학급 규칙 정하기
‿ 점심시간에 학년별로 식당을 사용하는 순서 정하기
‿ 학년별로 학교의 운동장 사용 시간을 나누는 방법 정하기
‿ 학교 쓰레기장 분리배출 문제를 해결하기 위한 방안 정하기

낱말사전

가정 사실이 아니거나 또는 사실인지 아닌지 분명하지 않은 것을 임시로 인정함.
보완 모자라거나 부족한 것을 보충하여 완전하게 함.
탐색 드러나지 않은 사물이나 현상을 찾아내거나 밝히기 위하여 살피어 찾음.

실전 문제

01 정치의 의미와 모습으로 알맞은 것은 어느 것입니까?
( )

① 정치인들의 활동만을 의미한다.
② 학급 회의를 통해 학급을 대표할 사람을 뽑는다.
③ 학교에서 발표할 자료를 인터넷을 이용하여 조사한다.
④ 옛날에는 신분에 관계없이 누구나 정치에 참여할 수 있었다.
⑤ 오늘날에는 재산이 많은 몇몇 사람들만 정치에 참여할 수 있다.

[02~03] 다음 판서 내용을 보고, 물음에 답하시오.

> ( )의 의미
>
> • 모든 국민이 나라의 주인으로서 권리를 갖고, 그 권리를 자유롭고 평등하게 행사하는 정치 제도
> • 일상생활에서 갈등을 해결할 때 모든 사람이 자유롭고 평등하게 참여하여 대화와 타협을 통해 해결하는 생활 방식

02 위의 ㉠에 들어갈 알맞은 말을 쓰시오.
( )

03 위의 ㉠의 사례로 알맞지 <u>않은</u> 것은 어느 것입니까?
( )

① 국민이 선거를 통해 대통령을 선출하였다.
② 집안일을 어떻게 나눌지 가족회의를 한다.
③ 학급에서 자리를 어떻게 앉을지 학급 임원이 결정한다.
④ 지역의 주차 문제를 해결하기 위해 주민 회의를 한다.
⑤ 지역의 중요한 정책을 결정하기 전에 주민들과 전문가의 의견을 듣기 위해 공청회를 연다.

[04~05] 다음 그림을 보고, 물음에 답하시오.

04 위 그림의 ㉠에 들어갈 알맞은 말을 쓰시오.
( )

05 위 그림의 ㉠을 실현하기 위해 보장되어야 할 것을 <u>두 가지</u> 고르시오. (,)

① 간섭
② 자유
③ 차별
④ 통제
⑤ 평등

06 선거에 대한 설명으로 알맞지 <u>않은</u> 것은 어느 것입니까? ( )

① '민주주의의 꽃'이라고 불린다.
② 가장 기본적인 정치 참여 방법이다.
③ 국민을 대표할 사람을 투표로 뽑는 것이다.
④ 선출된 대표자가 일을 제대로 수행했는지 심판하는 역할도 한다.
⑤ 오늘날에는 모든 사람이 한자리에 모이기 쉽기 때문에 대표자를 뽑는 선거를 하지 않는다.

07 생활 속에서 민주주의를 실천하는 태도로 알맞은 것을 두 가지 고르시오. (,)

① 한 사람의 뜻대로 일을 빠르게 처리한다.
② 상대방의 의견에 옳고 그름을 따지지 않는다.
③ 공동체의 일에 관심을 갖고 적극적으로 참여한다.
④ 나와 다른 의견은 듣지 않고 내 의견만 고집한다.
⑤ 공동체의 갈등이나 문제를 해결하기 위해 대화와 토론의 과정을 거친다.

08 다음 질문에 대한 대답으로 알맞은 것은 어느 것입니까? ( )

> 생활 속에서 민주주의를 실천하는 태도로, 나와 다른 의견을 인정하고 존중하는 태도를 무엇이라고 할까요?

① 관용 ② 대화
③ 실천 ④ 비판적 태도
⑤ 양보와 타협

09 다음 ( ) 안에 공통으로 들어갈 민주적 의사 결정 원리를 쓰시오.

- ( )은/는 다수의 의견을 따르는 것이다.
- ( )을/를 사용하면 빠르고 쉽게 결정을 내릴 수 있지만 소수의 의견이 존중되지 못하는 단점이 있다.

( )

10 다수결의 원칙을 사용할 때 주의해야 할 점으로 옳은 것을 보기에서 모두 골라 기호를 쓰시오.

보기

㉠ 소수의 의견도 존중해야 한다.
㉡ 다수결의 원칙보다 빠르고 쉽게 결정하는 만장일치 방식을 채택한다.
㉢ 다수결의 원칙을 사용하기 전에 충분한 대화와 토론을 통해 타협하려고 노력한다.
㉣ 다수의 의견이 소수의 의견보다 옳기 때문에 다수의 의견을 무조건 따라야 한다.

( )

11 민주적 의사 결정 원리에 따라 문제를 해결하는 과정을 순서대로 기호를 쓰시오.

㉠ 문제 확인하기
㉡ 해결 방안 결정하기
㉢ 해결 방안 실천하기
㉣ 해결 방안 탐색하기

( ) → ( ) → ( ) → ( )

12 민주적 의사 결정 원리에 따른 문제 해결 과정 중 다음과 같은 활동을 하는 단계로 알맞은 것은 어느 것입니까? ( )

> 각자 생각한 해결 방법을 제시하고, 각 방법의 장점과 단점을 토론한다.

① 문제 확인하기
② 해결 방안 결정하기
③ 해결 방안 실천하기
④ 해결 방안 탐색하기
⑤ 해결 방안 보완하기

❸ 민주 정치의 원리와 국가기관의 역할

1. 민주 정치의 기본 원리

(1) 국민 주권

① 주권: 국가의 중요한 일을 결정하는 최고의 권력을 말합니다.

② 국민 주권: 주권이 국민에게 있으며, 국민이 국가의 중요한 일을 스스로 결정할 수 있다는 것입니다.

③ 모든 국가 권력은 국민의 동의와 지지를 바탕으로 이루어져야 합니다.

④ 우리나라 헌법에 나타난 국민 주권

> 제1조 ① 대한민국은 민주 공화국이다.
> ② 대한민국의 주권은 국민에게 있고, 모든 권력은 국민으로부터 나온다.

(2) 권력 분립

① 권력 분립: 국가 권력을 분리하여 각각 다른 국가기관이 나누어 맡도록 하는 것입니다.

국회(입법부)
국가를 다스리는 법을 만든다.

국민의 자유와 권리 보장

정부(행정부)
법에 따라 국가 살림을 한다.

법원(사법부)
법에 따라 재판을 한다.

▲ 우리나라 국가기관의 권력 분립

📝 **선거를 통해 국민 주권을 실현하는 모습**

- 선거는 국민 주권을 실현하는 대표적인 방법입니다.
- 국민이 국가의 주인으로서 직접 국가의 대표를 뽑고, 그 대표들에게 국가의 일을 맡아서 할 수 있는 권력을 주는 것입니다.

📝 **국민 주권을 보여 주는 생활 속 사례**

- 국민은 선거를 통해 대통령, 국회 의원 등 국민의 대표를 직접 선출합니다.
- 헌법을 바꾸거나 국가의 중요한 일을 결정할 때 국민 투표에 참여하여 국민이 직접 결정합니다.
- 국민은 사회 문제가 있을 때 직접 모여서 해결을 요구하기도 하고, 공공기관 누리집이나 누리 소통망 서비스(SNS)에 정책을 제안하거나 정치적 의견을 올리기도 합니다.

낱말사전

지지 어떤 사람이나 단체의 정책, 의견 등을 찬성하여 이를 위하여 힘씀.

민주 공화국 주권이 국민에게 있고 국민이 선출한 국가 원수 및 대표에 의해서 국정이 운영되는 나라

개념 확인문제

정답과 해설 30쪽

1 국가의 중요한 일을 결정하는 최고의 권력을 무엇이라고 하는지 쓰시오.

2 민주 정치의 기본 원리 중 ( )(이)란 주권이 국민에게 있으며, 국민이 국가의 중요한 일을 스스로 결정할 수 있다는 것입니다.

3 민주 정치의 기본 원리 중 ( )(이)란 국가 권력을 분리하여 각각 다른 국가기관이 나누어 맡도록 하는 것입니다.

② 국가 권력을 나누어 맡는 까닭: 국가의 중요한 일을 결정하는 권한이 한 사람이나 기관에 집중되면 그 권한을 마음대로 사용하거나 잘못된 결정을 내려 국민의 자유와 권리가 침해될 수 있기 때문입니다.

③ 우리나라 헌법에 나타난 권력 분립

제40조 입법권은 국회에 속한다.
제66조 ④ 행정권은 대통령을 수반으로 하는 정부에 속한다.
제101조 ① 사법권은 법관으로 구성된 법원에 속한다.

④ 권력 분립의 목적: 여러 국가기관이 국가 권력을 나누어 맡아 서로 견제하고 균형을 이루어 국민의 자유와 권리를 보장하기 위해서입니다.

2. 국회에서 하는 일

(1) **국회**: 국민의 대표인 국회 의원이 국가의 중요한 일을 의논하고 결정하는 국민의 대표 기관입니다.

(2) **국회 의원**: 국민이 4년마다 선거를 통해 선출하는 국민의 대표입니다.

(3) **국회에서 하는 일**

① 입법: 법을 만들거나 고치고 없애기도 합니다.
　→ 법은 우리 일상생활과 국가 운영의 바탕이 되므로 법을 만드는 일은 국회에서 하는 일 중 가장 중요합니다.

② 예산안 심의·확정: 정부가 세운 예산안을 살펴보고 검토하여 최종 확정합니다. 또한 정부가 예산을 제대로 사용했는지도 심사합니다.
　→ 예산의 대부분은 국민이 낸 세금으로 마련되므로 국민의 대표인 국회 의원들이 예산안을 심의하여 확정합니다.

③ 국정 감사: 정부가 법에 따라 일을 잘하고 있는지 확인하고 감독합니다.
　→ 국정 감사는 법에 따라 나랏일을 잘하고 있는지 공무원에게 질문하고, 잘못된 일이 있으면 바로잡도록 요구하는 것입니다.

④ 기타: 국회의 동의를 얻어 대통령이 국무총리나 대법원장 등 지위가 높은 공무원을 임명할 때 이들을 대상으로 인사 청문회를 엽니다.

4 국가 권력을 국회, 정부, 법원이 나누어 맡는 까닭은 국민의 (　　　　　)와/과 권리를 보장하기 위해서입니다.

5 국회에서 하는 일에 대한 설명으로 옳은 것에 ○표, 옳지 <u>않은</u> 것에 ×표 하시오.

(1) 정부로부터 국정 감사를 받습니다. 　　　　　　　　　　　(　　)
(2) 법을 만드는 일을 하지만, 법을 고치거나 없앨 수는 없습니다. (　　)
(3) 정부가 세운 예산안을 살펴보고 검토하여 최종 확정합니다. (　　)

---

1 단원

📝 **국회에서 법을 만드는 과정**

❶ 국민의 생활에 필요한 새로운 법이 요구됩니다.
❷ 국민의 요구에 따라 국회 의원이나 정부가 새로운 법률안을 국회에 제출합니다.
❸ 국회에서 국회 의원이 모여 법률안의 내용을 심의하고 투표를 거쳐 법률안을 통과시킵니다.
❹ 국회는 법률안을 대통령에게 보냅니다.
❺ 대통령이 법률안을 수용하면 국민에게 새로운 법을 널리 알리고 시행합니다. 또는 대통령이 새로운 법에 동의하지 않고 거부할 수도 있습니다.

📝 **인사 청문회**

대통령이 지위가 높은 공무원을 임명하고자 할 때 공직 후보자가 해당 업무를 수행할 적합한 능력과 자질이 있는지 살펴보기 위해 관련 전문가 또는 단체의 의견을 들어 볼 수 있는 제도입니다.

낱말사전

권한 어떤 사람이나 기관의 권리나 권력이 미치는 범위
수반 행정부의 가장 높은 자리에 있는 사람
예산안 국가 살림을 위한 한 해의 수입과 지출을 미리 셈하여 정한 계획
심의 어떤 일에 대해 자세히 조사하고 토의하는 것
감사 감독하고 검사하는 것

3. 정부(행정부)에서 하는 일

(1) 정부: 법에 따라 국가의 살림을 맡아 하는 기관입니다.

① 정부 조직은 대통령을 중심으로 국무총리와 행정 각 부 등으로 구성됩니다.

② 국무 회의: 국가의 주요 정책을 논의하고 결정하는 최고 심의 기관으로, 국무 회의에는 대통령, 국무총리, 장관을 비롯한 국무 위원들이 참석합니다.

(2) 대통령, 국무총리, 행정 각 부에서 하는 일

대통령	정부의 최고 책임자로서 국가의 중요한 일을 결정함.
국무총리	• 대통령을 도와 행정 각 부를 관리함. • 대통령이 외국을 방문하거나 그 밖의 이유로 일할 수 없을 때, 대통령의 역할을 대신함.
행정 각 부	• 부, 처, 청 등을 두어 국가 살림을 전문적으로 운영함. • 교육, 경제, 외교, 국방, 통일 등의 업무를 나누어 맡아 함.

(3) 우리나라 정부 조직도

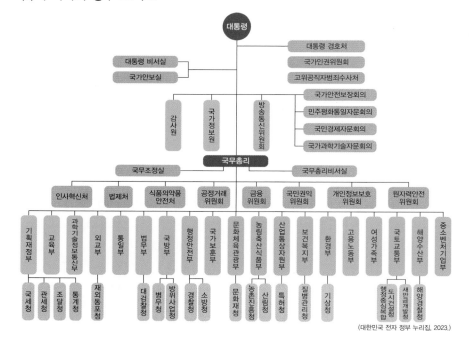

(대한민국 전자 정부 누리집, 2023.)

📝 **우리나라 대통령 선거**

우리나라는 5년마다 선거를 통해 국민이 대통령을 직접 뽑습니다.

📝 **주요 행정 각 부에서 하는 일**

과학 기술 정보 통신부	과학 기술 정책과 정보 통신 기술에 관한 업무를 수행함.
통일부	통일 및 남북 대화·교류·협력에 관한 정책을 수립하는 등 통일에 관한 업무를 수행함.
국방부	외부의 침략에 대비하여 우리나라를 지키는 업무를 수행함.
문화 체육 관광부	우리나라의 문화와 체육의 발전을 위한 업무를 수행함.
고용 노동부	국민이 원하는 일자리에서 안전하게 일할 수 있도록 근로에 관한 업무를 수행함.
국토 교통부	균형 있는 국토의 발전과 편리한 교통 환경 제공 등의 업무를 수행함.

😀 **낱말사전**

살림 집안, 단체, 국가 등의 재산을 관리하고 경영하는 일

장관 행정 업무를 나누어 맡아 처리하는 행정 각부의 우두머리

외교 다른 나라와 정치적, 경제적, 문화적 관계를 맺는 일

개념 확인문제   정답과 해설 30쪽

6 우리나라 정부에서 하는 일을 바르게 연결하시오.

(1) 대통령 •   • ㉠ 대통령을 도와 행정 각 부를 관리한다.

(2) 국무총리 •   • ㉡ 경제, 외교, 국방 등의 업무를 나누어 맡아 수행한다.

(3) 행정 각 부 •   • ㉢ 정부의 최고 책임자로서 국가의 중요한 일을 결정한다.

4. 법원에서 하는 일

(1) 법원: 법에 따라 재판을 하는 기관입니다.

(2) 법원에서 하는 일

① 사람들 사이에 다툼이 생겼을 때 법에 따라 해결해 줍니다.

② 법을 어긴 사람을 처벌하여 사회 질서를 지킵니다.

③ 국가나 지방 자치 단체가 국민의 권리를 침해하였는지 판단하여 개인과 국가, 지방 자치 단체 사이의 갈등을 해결해 줍니다.

(3) 공정한 재판을 위한 제도: 국민의 자유와 권리를 보장하기 위해 재판은 공정하게 이루어져야 합니다.

① 법원의 독립과 법관의 신분 보장: 법원은 외부의 간섭이나 영향을 받지 않고 독립적으로 운영되어야 하며, 법관이 헌법과 법률에 의하여 양심에 따라 심판할 수 있도록 법관의 신분을 보장합니다.

② 재판의 공개: 특정한 경우를 제외하고는 모든 재판의 과정과 결과를 공개합니다.

③ 삼심 제도: 원칙적으로 한 사건에 대해 급이 다른 법원에서 세 번까지 재판을 받을 수 있도록 하는 삼심 제도를 두고 있습니다.

(4) 헌법재판소: 법률이 헌법에 어긋나지 않는지, 국가기관이 국민의 기본권을 침해하는지 등을 심판하는 독립 기관입니다.

5. 일상생활과 밀접하게 관련된 국가기관의 역할

(1) 국가기관은 일상생활 속의 여러 문제를 해결하여 국민을 보호하려고 노력합니다.

① 국회는 국민의 생활에 필요한 법을 만들거나 고칩니다.

② 정부는 국민의 생활에 필요한 정책을 실행합니다.

③ 법원은 국민의 갈등을 해결하기 위해 법에 따라 재판합니다.

(2) 국가기관은 국민이 일상생활에서 안전하고 행복한 삶을 누릴 수 있도록 노력합니다.

(3) 국민의 자유와 권리가 보장되려면 국민 주권과 권력 분립 등 민주 정치의 원리가 생활 속에 적용되어야 합니다.

재판과 관련된 일을 하는 사람들

판사	재판을 진행하고 판결을 내리는 사람
검사	범죄 사건을 수사하고 법원에 재판을 요청하는 사람
원고	개인 간의 다툼을 해결하기 위해 재판을 요청한 사람
피고	개인 간의 다툼이 있을 때 원고의 요청으로 재판을 받는 사람
피고인	범죄를 저지른 것으로 의심되어 재판을 받는 사람
변호인	피고인의 이익을 보호하고 변호를 담당하는 사람

삼심 제도

지방 법원에서 내린 1심 판결이 옳지 않다고 생각하면 고등 법원에 2심 재판을 요청할 수 있고, 2심 판결도 받아들일 수 없다면 대법원에 3심 재판을 요청할 수 있습니다.

낱말사전

재판 법적으로 문제가 되는 사건을 해결하기 위하여 법원 또는 법관이 법에 따라 판단을 내리는 일

기본권 헌법이 보장하는 국민의 기본적인 권리

침해 침범하여 해를 끼치는 것

---

7 법원에서 하는 일로 옳은 것에 ○표, 옳지 <u>않은</u> 것에 ×표 하시오.

(1) 법을 어긴 사람을 처벌합니다. ( )

(2) 법에 따라 국가의 살림을 맡아 합니다. ( )

(3) 사람들 사이에 다툼이 생겼을 때 법에 따라 해결해 줍니다. ( )

8 우리나라는 공정한 재판을 위해 원칙적으로 한 사건에 대해 급이 다른 법원에서 세 번까지 재판을 받을 수 있도록 하는 ( )을/를 두고 있습니다.

01 다음 (가), (나)에 해당하는 민주 정치의 기본 원리를 쓰시오.

> (가) 주권이 국민에게 있으며, 국민이 국가의 중요한 일을 스스로 결정할 수 있다.
> (나) 국가 권력을 분리하여 각각 다른 국가기관이 나누어 맡도록 한다.

(가): (   )
(나): (   )

☆☆
02 국가의 권력을 서로 다른 기관이 나누어 맡는 까닭으로 알맞은 것은 어느 것입니까? (   )

① 대통령의 권한을 강화하기 위해서
② 국민의 자유와 권리를 보장하기 위해서
③ 한 국가기관에 모든 권력을 집중시키기 위해서
④ 국가의 일을 결정할 때 효율성을 높이기 위해서
⑤ 국민이 국가의 대표를 뽑아 국가의 일을 맡기기 위해서

03 다음 판서 내용 중 ㉠에 들어갈 국가기관을 쓰시오.

> (㉠)에서 하는 일
> • 법을 만든다.
> • 국정 감사를 한다.
> • 예산안을 심의하여 확정한다.

(   )

04 다음 (   ) 안에 공통으로 들어갈 말로 알맞은 것은 어느 것입니까? (   )

> 국회는 (   )이/가 국가의 중요한 일을 의논하고 결정하는 기관이다. (   )은/는 국민이 4년마다 선거를 통해 선출하는 국민의 대표이다.

① 법관
② 장관
③ 대통령
④ 국무총리
⑤ 국회 의원

05 다음 (   ) 안에 들어갈 알맞은 말을 쓰시오.

> 국회에서는 정부가 법에 따라 일을 잘하고 있는지 (   )을/를 한다. 정부가 법에 따라 나랏일을 잘하고 있는지 공무원에게 질문하고 잘못된 일이 있으면 바로잡도록 요구하는 것이다.

(   )

06 다음 질문에 대한 대답을 보기 에서 골라 기호를 쓰시오.

> 법에 따라 국가의 살림을 맡아 하는 기관은 어디일까요?

┌ 보기 ┐
㉠ 국회　　㉡ 정부　　㉢ 법원

(   )

07 다음에서 공통으로 설명하는 사람은 누구입니까?
( )

- 국민이 5년마다 직접 뽑는다.
- 우리나라를 대표하는 사람이다.
- 정부의 최고 책임자로서 국가의 중요한 일을 결정한다.

① 장관   ② 대통령
③ 국무총리   ④ 국회 의원
⑤ 지방 자치 단체장

08 우리나라의 행정 각 부 중 다음과 같은 일을 하는 부서는 어디입니까? ( )

외부의 침략에 대비하여 우리나라를 지키는 업무를 수행한다.

① 통일부   ② 국방부
③ 국토 교통부   ④ 문화 체육 관광부
⑤ 과학 기술 정보 통신부

09 다음 ( ) 안에 공통으로 들어갈 말로 알맞은 것은 어느 것입니까? ( )

- 법원은 법에 따라 ( )을/를 하는 기관이다.
- 국민의 자유와 권리를 보장하기 위해 ( )은/는 공정하게 이루어져야 한다.

① 심의   ② 입법
③ 재판   ④ 권력 분립
⑤ 국정 감사

10 법원에서 하는 일로 알맞지 <u>않은</u> 것은 어느 것입니까?
( )

① 법을 만들거나 고친다.
② 사람들 사이의 다툼을 법에 따라 해결해 준다.
③ 법을 어긴 사람을 처벌하여 사회 질서를 지킨다.
④ 개인과 국가, 지방 자치 단체 사이의 갈등을 해결해 준다.
⑤ 국가나 지방 자치 단체가 국민의 권리를 침해하였는지 판단한다.

☆☆
11 공정한 재판을 위한 제도로 알맞지 <u>않은</u> 것을 보기에서 골라 기호를 쓰시오.

보기
㉠ 법원은 외부의 간섭이나 영향을 받지 않고 독립적으로 운영된다.
㉡ 특정한 경우를 제외하고 모든 재판의 과정과 결과를 비공개로 한다.
㉢ 법관이 헌법과 법률에 의하여 양심에 따라 심판할 수 있도록 법관의 신분을 보장한다.
㉣ 원칙적으로 한 사건에 대해 급이 다른 법원에서 세 번까지 재판을 받을 수 있도록 한다.

( )

12 다음 (가)~(다)와 같은 일을 하는 우리나라 국가기관을 바르게 연결한 것은 어느 것입니까? ( )

(가) 국민의 생활에 필요한 정책을 실행한다.
(나) 법을 어겼는지 판단하고 법에 따라 재판한다.
(다) 국민의 생활에 필요한 법을 만들거나 고친다.

	(가)	(나)	(다)
①	국회	정부	법원
②	국회	법원	정부
③	정부	국회	법원
④	정부	법원	국회
⑤	법원	정부	국회

단원 정리

① 민주주의의 발전과 시민 참여

■ 3·15 부정 선거와 4·19 혁명

3·15 부정 선거	이승만 정부는 권력을 유지하고자 헌법을 바꿔 가며 독재 정치를 이어갔고, 정부통령 선거에서 부정 선거를 계획하고 실행함.
(㉠)	• 3·15 부정 선거에 분노하여 1960년 4월 19일 전국에서 일어난 대규모 민주화 시위임. • (㉠)의 결과 이승만은 대통령 자리에서 물러남.

② 5·16 군사 정변과 5·18 민주화 운동

5·16 군사 정변	박정희가 군인들을 동원해 무력으로 정권을 잡음.
5·18 민주화 운동	(㉡)이 군사 정변을 일으켜 권력을 장악하였고, 이에 맞서 1980년 전라남도 광주(현재 광주광역시)에서 대규모 민주화 시위가 일어남.

③ 6월 민주 항쟁과 6·29 민주화 선언

6월 민주 항쟁	1987년 전두환 정부의 독재에 반대하며 대통령 직선제를 요구하였던 전국적인 민주화 시위임.
6·29 민주화 선언	6월 민주 항쟁의 결과 대통령 (㉢)를 포함한 시민들의 민주화 요구를 받아들였음.

④ 6월 민주 항쟁 이후 우리나라 민주주의의 발전

대통령 직선제 시행	국민의 선거로 대통령을 직접 뽑는 직선제가 현재까지 시행되고 있음.
(㉣) 시행	지역 주민과 이들이 직접 뽑은 지역 대표들이 그 지역의 문제를 해결하는 제도가 다시 시행됨.
시민운동의 성장	시민들은 다양한 분야에서 시민 단체를 만들어 사회 문제 해결에 노력하고 있음.

② 일상생활과 민주주의

■ 민주주의의 의미와 목적

의미	모든 국민이 나라의 주인으로서 권리를 갖고, 그 권리를 자유롭고 평등하게 행사하는 정치 제도
목적	국민의 자유와 평등을 보장하여 인간의 (㉤)을 실현하는 것임.

② 생활 속에서 민주주의를 실천하는 바람직한 태도

① 공동체의 일에 관심을 갖고 적극적으로 참여해야 합니다.
② 관용, 비판적 태도, 양보와 타협의 태도를 갖추고 대화와 토론을 해야 합니다.
③ 여럿이 함께 결정한 일은 따르고 실천해야 합니다.

③ 민주적 의사 결정 원리

대화와 타협	충분한 대화와 타협의 과정이 필요함.
(㉥)의 원칙	다수의 의견이 소수의 의견보다 합리적일 것이라고 가정하고 다수의 의견을 따르는 것임.
소수의 의견 존중	다수결의 원칙을 사용할 때에도 소수의 의견을 존중해야 함.

④ 민주적 의사 결정 원리에 따른 문제 해결 과정

문제 확인하기 → 해결 방안 탐색하기 → 해결 방안 결정하기 → 해결 방안 실천하기

③ 민주 정치의 원리와 국가기관의 역할

■ 민주 정치의 기본 원리

(㉦)	주권이 국민에게 있으며, 국민이 국가의 중요한 일을 스스로 결정할 수 있다는 것임.
권력 분립	국가 권력을 분리하여 각각 다른 국가기관이 나누어 맡도록 하는 것임.

② 국가기관의 역할

국회	• 국회 의원이 국가의 중요한 일을 결정하는 기관 • 입법, 예산안 심의·확정, 국정 감사 등의 일을 함.
정부	• 법에 따라 국가의 살림을 맡아 하는 기관 • (㉧)은 정부의 최고 책임자로서 국가의 중요한 일을 결정함. • 국무총리는 대통령을 도와 행정 각 부를 관리함. • 부, 처, 청 등에서 국가 살림을 전문적으로 운영함.
법원	• 법에 따라 (㉨)을 하는 기관 • 사람들 사이의 다툼을 법에 따라 해결함. • 법을 어긴 사람을 처벌함. • 개인과 국가, 지방 자치 단체 간의 갈등을 해결함.

정답 ㉠ 4·19 혁명 ㉡ 전두환 ㉢ 직선제 ㉣ 지방 자치제 ㉤ 존엄성 ㉥ 다수결 ㉦ 국민 주권 ㉧ 대통령 ㉨ 재판

단원 정리 평가

[01~02] 다음 글을 읽고, 물음에 답하시오.

이승만 정부는 (㉠)에 항의하는 시위가 마산에서 일어나자 이를 진압하였다. 이후 시위에 참여했다가 실종된 김주열 학생의 시신이 마산 앞바다에서 발견되면서 많은 시민과 학생들이 분노하였고, ㉡1960년 4월 19일 전국에서 대규모 시위가 일어났다.

01 위의 ㉠에 들어갈 사건으로 알맞은 것은 어느 것입니까? ( )

① 4·19 혁명   ② 6월 민주 항쟁
③ 3·15 부정 선거   ④ 5·16 군사 정변
⑤ 5·18 민주화 운동

02 위의 밑줄 친 ㉡에 대한 설명으로 알맞지 않은 것은 어느 것입니까? ( )

① 이승만은 대통령 자리에서 물러났다.
② 정부는 평화적으로 시위를 진압하였다.
③ 대학교수와 초등학생들도 시위에 참여하였다.
④ 시민들이 대통령 선거가 불법 선거라는 구호를 외쳤다.
⑤ 많은 시민과 학생들의 힘으로 우리나라의 민주주의를 지켜 낸 사건이다.

03 다음 ㉠에 들어갈 내용으로 알맞은 것을 두 가지 고르시오. (,)

박정희는 대통령직을 계속 유지하고자 헌법을 여러 번 바꾸었다. 1972년에도 헌법을 바꾸었는데, 이때 헌법의 내용은 (㉠)는 것이다.

① 대통령 직선제를 간선제로 바꾼다.
② 대통령의 독재를 불가능하게 한다.
③ 대통령의 지위와 권한을 강화한다.
④ 대통령을 한 번만 할 수 있게 바꾼다.
⑤ 대통령보다 국회의 지위와 권한을 더 강화한다.

04 5·18 민주화 운동의 과정에 대한 설명으로 알맞지 않은 것은 어느 것입니까? ( )

① 시민들은 시민군을 만들어 계엄군에게 저항하였다.
② 광주에서 일어나는 모든 일이 신문이나 방송을 통해 보도되었다.
③ 전두환은 계엄령을 전국으로 확대하고 시위를 진압할 계엄군을 광주에 보냈다.
④ 계엄군은 시민군을 강제로 진압하였고 이 과정에서 수많은 사람이 희생되었다.
⑤ 전두환 정권에 맞서 민주화를 요구하는 시위가 전라남도 광주(현재 광주광역시)에서 일어났다.

05 다음 ( ) 안에 들어갈 알맞은 말을 쓰시오.

1987년 민주화 운동에 참여했던 대학생 박종철이 경찰에 끌려가 고문을 받다 사망하였다. 이에 분노한 시민들은 고문 금지와 책임자 처벌, 대통령 ( )을/를 요구하며 시위를 벌였다.

( )

☆☆
06 다음에서 설명하는 역사적 사건은 무엇인지 쓰시오.

1987년 6월 민주 항쟁의 결과 정부는 여당 대표인 노태우를 통해 시민들의 민주화 요구를 받아들이겠다고 발표하였다.

( )

07 오늘날 시민들이 사회 공동의 문제 해결에 참여하는 방법으로 알맞지 않은 것은 어느 것입니까? ( )

① 투표에 참여하기
② 공청회에 참석하기
③ 정당에 가입하여 활동하기
④ 능력 있는 정치인에게 모두 맡기기
⑤ 누리 소통망 서비스(SNS)에 의견 제시하기

08 다음 대화에서 (가)에 들어갈 답변으로 알맞은 것을 두 가지 고르시오. (,)

여러 사람이 함께 공동의 일을 결정할 때의 장점은 무엇일까?

(가)

① 시간을 절약할 수 있어.
② 다양한 방법이 나올 수 있어.
③ 사람들이 모두 모이지 않아도 되지.
④ 공동의 일을 신속하게 결정할 수 있어.
⑤ 모두 함께 자유롭고 공평하게 참여하여 더 많은 사람이 만족할 수 있는 결과를 얻을 수 있어.

☆☆
09 민주주의의 의미로 알맞은 것을 보기 에서 모두 골라 기호를 쓰시오.

보기
⊙ 경험이 많은 일부 사람들끼리만 모여 의논하고 해결하는 생활 방식이다.
ⓒ 모든 국민이 나라의 주인으로서 권리를 갖고, 나라를 다스리는 정치 형태이다.
ⓒ 강력한 권력을 가진 한 사람이 나라의 일을 모두 결정하고 국민이 따르는 정치 제도이다.
ⓒ 일상생활에서 모든 사람이 자유롭게 참여하여 대화와 타협으로 해결하는 생활 방식이다.

( )

10 민주주의의 기본 정신 중 다음 설명에 해당하는 것을 보기 에서 골라 기호를 쓰시오.

모든 사람은 태어나면서부터 인간이라는 이유만으로 가치 있고 존중받아야 한다.

보기
⊙ 자유   ⓒ 평등   ⓒ 인간의 존엄성

( )

11 다음에서 공통으로 설명하는 것은 무엇입니까?
( )

• '민주주의의 꽃'
• 가장 기본적인 정치 참여 방법
• 국민을 대표할 사람을 투표로 뽑는 것

① 선거   ② 정당
③ 캠페인   ④ 1인 시위
⑤ 촛불 집회

12 생활 속에서 다수결의 원칙으로 문제를 해결할 수 있는 사례로 알맞지 않은 것은 어느 것입니까? ( )

① 가족 여행 장소 결정하기
② 선거를 통한 대표 결정하기
③ 개인이 사고 싶은 물건 결정하기
④ 학급의 체험 학습 장소 결정하기
⑤ 지역에서 우선순위 사업 결정하기

13 민주적 의사 결정 원리에 따른 문제 해결 과정 중 다음 그림과 관련 있는 단계를 보기 에서 골라 기호를 쓰시오.

의견이 하나로 모이지 않으니 투표를 해서 정합시다.

보기
⊙ 문제 확인하기   ⓒ 해결 방안 탐색하기
ⓒ 해결 방안 결정하기   ⓒ 해결 방안 실천하기

( )

14 다음 사례에 나타난 민주 정치의 기본 원리를 쓰시오.

> • 국민이 선거를 통해 국민의 대표를 직접 선출한다.
> • 헌법을 바꾸거나 국가의 중요한 일을 결정할 때 국민 투표에 참여하여 국민이 직접 결정한다.

( )

15 국회에서 하는 일로 알맞지 <u>않은</u> 것은 어느 것입니까?

( )

① 법을 만든다.
② 국가의 살림을 맡아 한다.
③ 정부가 세운 예산안을 심의하여 확정한다.
④ 정부가 예산을 제대로 사용했는지 심사한다.
⑤ 정부가 법에 따라 일을 잘하고 있는지 국정 감사를 한다.

[16~17] 다음 우리나라의 헌법 조항을 보고, 물음에 답하시오.

> 제40조 입법권은 국회에 속한다.
> 제66조 ④ 행정권은 (㉠)을/를 수반으로 하는 정부에 속한다.
> 제101조 ① 사법권은 법관으로 구성된 법원에 속한다.

16 위 헌법 조항들을 통해 알 수 있는 민주 정치의 기본 원리를 쓰시오.

( )

17 위의 ㉠에 대한 설명으로 옳지 <u>않은</u> 것은 어느 것입니까?

( )

① 우리나라를 대표한다.
② 국무 회의에 참석한다.
③ 대통령을 도와 행정 각 부를 관리한다.
④ 정부의 최고 책임자로서 국가의 중요한 일을 결정한다.
⑤ 우리나라에서는 5년마다 선거를 통해 국민이 직접 뽑는다.

18 다음 신문 기사의 ( ) 안에 공통으로 들어갈 우리나라의 행정 부서는 어디입니까? ( )

> **○○ 신문**
>
> ( ), 내년 설 이산가족 상봉 추진
>
> ( )는 제3차 남북 이산가족 실태 조사 결과를 발표하며 내년 설에 이산가족 상봉이 이루어질 수 있도록 추진하겠다고 밝혔다.

① 교육부　　② 통일부　　③ 법무부
④ 국방부　　⑤ 고용 노동부

☆☆
19 우리나라에서 다음과 같은 제도들을 시행하는 까닭으로 알맞은 것은 어느 것입니까? ( )

> • 법관은 헌법과 법률에 따라 공정하게 판결을 내린다.
> • 특정한 경우를 제외한 모든 재판의 판결 과정과 결과를 공개한다.
> • 원칙적으로 한 사건에 대해 세 번까지 재판을 받을 수 있게 한다.

① 공정한 재판을 하기 위해서
② 신속한 재판을 하기 위해서
③ 법관의 신분을 보호하기 위해서
④ 효율적으로 국민을 통제하기 위해서
⑤ 사법부를 통해 입법부를 견제하기 위해서

☆☆
20 다음 그림과 관련 있는 공정한 재판을 위한 우리나라의 제도는 무엇인지 쓰시오.

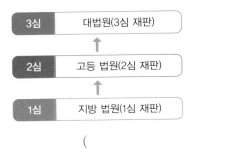

( )

01 다음 글을 읽고, 물음에 답하시오.

> 이승만 정부의 독재와 3·15 부정 선거에 맞서 전국에서 대규모 시위가 일어났다. 이승만 정부는 무력으로 시위를 진압하여 많은 시민과 학생들이 다치거나 죽었다. 시위가 더욱 거세지자 결국 이승만은 대통령 자리에서 물러났고 다시 선거를 치러 새로운 정부가 세워졌다.

(1) 위의 내용과 관련 있는 역사적 사건은 무엇인지 쓰시오.

(   )

(2) (1)에서 답한 역사적 사건의 의의를 쓰시오.

_____

_____

02 다음 사진을 보고, 물음에 답하시오.

▲ 경찰의 고문을 받다 숨진 박 종철을 추모하는 시민들

▲ 전두환 정부의 독재에 반대 하며 시위하는 시민들

(1) 위 사진과 관련 있는 역사적 사건은 무엇인지 쓰시오.

(   )

(2) (1)에서 답한 역사적 사건의 결과를 대통령 선거 제도와 관련지어 쓰시오.

_____

_____

03 다음 글을 읽고, 물음에 답하시오.

> 오늘날 시민들이 사회 공동의 문제 해결에 참여하는 방법으로는 ㉠선거나 투표에 참여하기, 정당이나 ㉡시민 단체에 가입하여 활동하기, 1인 시위, 캠페인, ㉢서명 운동, ㉣공청회 참석하기 등이 있다. 최근에는 정보 통신 기술의 발달로 (㉤) 등의 방법으로 사회 공동의 문제 해결에 참여할 수 있다.

(1) 위의 밑줄 친 ㉠~㉣ 중 다음 설명에 해당하는 것의 기호를 골라 쓰시오.

> 국민이 대통령, 국회 의원 등 국민의 대표를 직접 선출하는 방법이다.

(   )

(2) 위의 ㉤에 들어갈 사례를 쓰시오.

_____

_____

04 다음 대화를 보고, 물음에 답하시오.

> 미영: (㉠)은/는 모든 국민이 나라의 주인으로서 권리를 갖고, 그 권리를 자유롭고 평등하게 행사하는 정치 제도를 의미해.
>
> 형민: 우리가 가정에서 가족회의를 통해 집안일을 어떻게 나눌지 결정하는 것은 (㉠)의 사례라고 볼 수 있어.

(1) ㉠에 공통으로 들어갈 알맞은 말을 쓰시오.

(   )

(2) ㉠의 기본 정신은 무엇인지 세 가지 쓰시오.

_____

_____

05 다음은 민주적 의사 결정 원리에 따른 문제 해결 과정입니다. 물음에 답하시오.

문제 확인하기 → 해결 방안 탐색하기 → (가) → 해결 방안 실천하기

(1) 위 (가)의 단계에서 충분한 대화와 타협의 과정을 거쳤음에도 의견이 하나로 모이지 않을 때 사용할 수 있는 민주적 의사 결정 원리는 무엇인지 쓰시오.

(   )

(2) (1)에서 답한 방법을 사용할 때 주의해야 할 점을 쓰시오.

_____

_____

06 다음 헌법 조항을 보고, 물음에 답하시오.

> 제1조 ① 대한민국은 민주 공화국이다.
> ② 대한민국의 주권은 국민에게 있고, 모든 권력은 국민으로부터 나온다.

(1) 위 헌법 조항에 나타난 민주 정치의 기본 원리를 쓰시오.

(   )

(2) (1)에서 답한 민주 정치의 기본 원리를 보여 주는 생활 속 사례를 쓰시오.

_____

_____

07 다음 글을 읽고, 물음에 답하시오.

> (㉠)은/는 국민이 4년마다 선거를 통해 선출하는 국민의 대표이다. 이들이 국가의 중요한 일을 의논하고 결정하는 기관을 (㉡)(이)라고 한다.

(1) ㉠, ㉡에 들어갈 알맞은 말을 각각 쓰시오.

㉠ (   ), ㉡ (   )

(2) ㉡에서 하는 일은 무엇인지 두 가지 쓰시오.

_____

_____

08 다음 재판하는 모습을 보고, 물음에 답하시오.

○○ 씨를 폭행한 것이 인정되어 징역 1년을 선고합니다.

(1) 위와 같이 재판에서 판결을 내리는 일을 하는 사람을 무엇이라고 하는지 쓰시오.

(   )

(2) 우리나라에서 공정한 재판을 위해 시행하고 있는 제도를 두 가지 쓰시오.

_____

_____

> 배점 | 20점

학습 주제 우리나라의 민주화 운동

학습 목표 우리나라 민주주의의 발전 과정에서 일어난 역사적 사건을 알고, 그 의의를 설명할 수 있다.

[1~3] 다음은 우리나라의 역사적 사건과 관련 있는 자료입니다. 물음에 답하시오.

(㉠)

1980년 5월, 전라남도 광주(현재 광주광역시)에서 민주화 시위가 일어났고, 전두환은 이를 진압할 계엄군을 광주에 보냈다. 계엄군은 무력으로 시위를 진압했고, 이 과정에서 많은 시민이 죽거나 다쳤다.

▲ 계엄군에 맞서는 시민들

유네스코 세계 기록 유산에 등재된 (㉠) 기록물

(㉠) 당시의 상황을 기록한 기자들의 사진 필름, 시민들의 증언, 학생들의 일기장 등은 그 가치를 인정받아 2011년 유네스코 세계 기록 유산으로 등재되었다.

▲ 당시 여고생의 일기와 기자의 취재 수첩

---

1 위의 자료에서 ㉠에 공통으로 들어갈 역사적 사건을 보기 에서 골라 기호를 쓰시오.

> **보기**
> ㉠ 4 · 19 혁명　　㉡ 6월 민주 항쟁　　㉢ 5 · 18 민주화 운동　　㉣ 6 · 29 민주화 선언

(　　　　　　　　　　　)

2 1에서 답한 역사적 사건의 의의를 <u>두 가지</u> 쓰시오.

_____

_____

3 1에서 답한 역사적 사건 이외에 우리나라 민주화 운동을 한 가지 정하여 발생 원인, 과정, 의의를 조사하여 쓰시오.

배점 | 20점

학습 주제 │ 우리나라 민주 정치의 기본 원리와 국가기관이 하는 일

학습 목표 │ 우리나라 국가기관이 하는 일과 권력 분립의 목적을 이해할 수 있다.

1
단원

[1~3] 다음 그림을 보고, 물음에 답하시오.

▲ 국회(입법부)

▲ 정부(행정부)   ▲ 법원(사법부)

1 위 그림에 나타난 민주 정치의 기본 원리를 다음 내용과 관련지어 쓰시오.

> 우리나라는 국가 권력을 국회, 정부, 법원이 나누어 맡도록 한다.

(   )

2 위의 국가기관에서 하는 일을 각각 쓰시오.

국가 가관	하는 일
국회(입법부)	
정부(행정부)	
법원(사법부)	

3 위와 같이 국가 권력을 분리하여 국회, 정부, 법원이 나누어 맡은 까닭을 쓰시오.

2. 우리나라의 경제 발전

❶ 경제주체의 역할과 우리나라 경제체제의 특징

1. 경제주체의 역할

(1) 가계와 기업의 의미

가계	생산 활동에 참여하여 얻은 소득으로 소비 활동을 하는 경제주체
기업	이윤을 얻기 위해 전문적으로 생산 활동을 하는 경제주체

(2) 가계와 기업의 경제활동

가계의 경제활동	• 기업에 노동력을 제공하고 그 대가로 소득을 얻음. • 생활에 필요한 물건과 서비스를 소비함.
기업의 경제활동	• 가계에 일자리를 제공함. • 물건이나 서비스를 생산하고 판매하여 이윤을 얻음.

(3) 경제활동에서 가계와 기업의 관계

① 가계와 기업은 다양한 형태의 시장에서 만나 물건이나 서비스를 거래합니다.

② 가계와 기업의 경제활동은 서로 긴밀하게 연결되어 있어 서로에게 도움이 됩니다.

📝 시장

○ 의미: 구체적인 모습은 다르지만 물건이나 서비스를 사려고 하는 사람과 팔려고 하는 사람이 만나 거래하는 곳을 말합니다.

○ 여러 종류의 시장

외환 시장	여러 나라의 돈을 사고파는 시장
주식 시장	회사의 일부를 소유할 수 있는 권리인 주식을 사고파는 시장
부동산 시장	집, 건물이나 땅을 사고파는 시장

📝 온라인 시장과 편리한 소비 생활

○ 온라인 시장: 인터넷 시장, 홈쇼핑 시장과 같이 디지털 통신망을 이용해 소비자와 판매자가 만나 거래하는 가상 공간을 말합니다.

○ 누구나 쉽게 온라인 시장을 이용할 수 있고, 시간이나 장소와 상관없이 상품을 거래할 수 있어 편리합니다.

😊 낱말사전

경제주체 경제활동에 참여하는 개인이나 집단

이윤 물건이나 서비스를 생산·판매하여 얻는 순수한 이익

경제활동 생활에 필요한 것들을 만들고, 이것들을 사고팔거나 사용하는 것과 관련된 모든 일

가상 사실이 아닌 것을 사실이라고 가정하여 생각함.

개념 확인문제

정답과 해설 35쪽

1 생산 활동에 참여하여 얻은 소득으로 소비 활동을 하는 경제주체는 (가계 / 기업)입니다.

2 경제활동에서 가계와 기업의 관계에 대한 설명으로 옳은 것에 ○표, 옳지 <u>않은</u> 것에 ×표 하시오.

(1) 가계와 기업은 정부에서 만나 서로 거래합니다. ( )

(2) 가계와 기업의 경제활동은 서로에게 도움이 됩니다. ( )

2. 가계의 합리적 선택

(1) 가계는 품질, 가격, 디자인 등의 선택 기준을 고려하여 적은 비용으로 가장 큰 만족을 얻을 수 있도록 합리적 선택을 합니다.

(2) 가계의 합리적 선택 과정

▲ 어떤 물건을 살지 우선순위를 정함.

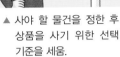

▲ 사야 할 물건을 정한 후 상품을 사기 위한 선택 기준을 세움.

▲ 선택 기준에 따라 여러 상품을 비교·평가하여 가장 큰 만족을 얻는 소비를 함.

우선순위 정하기 → 선택 기준 세우기 → 비교·평가하여 선택하기

3. 기업의 합리적 선택

(1) 기업은 물건을 만들거나 서비스를 제공하는 생산 활동에서 적은 비용으로 많은 이윤을 얻을 수 있도록 합리적 선택을 합니다.

(2) 기업의 합리적 의사 결정 과정

소비자 분석하기	소비자들이 원하는 상품은 무엇일까?
상품 개발하기	우리 상품의 장단점은 무엇일까?
생산 방법 정하기	어떻게 해야 생산 비용을 줄일 수 있을까?
홍보 계획 세우기	어떤 홍보 방법이 가장 효과가 있을까?

(3) 이윤을 추구하는 동시에 교육, 문화, 환경 등을 고려한 생산 활동을 통해 더 나은 사회를 만들려고 노력하는 기업들이 늘고 있습니다.

3 가계는 가격, 품질 등 여러 선택 기준을 고려하여 적은 비용으로 가장 큰 만족을 얻을 수 있도록 (합리적 / 윤리적) 선택을 해야 합니다.

4 기업의 합리적 의사 결정 과정에 대한 설명을 바르게 연결하시오.

(1) 소비자 분석하기 •　　• ㉠ 우리 상품의 장단점은 무엇일까?

(2) 상품 개발하기 •　　• ㉡ 소비자들이 원하는 상품은 무엇일까?

(3) 생산 방법 정하기 •　　• ㉢ 어떻게 해야 생산 비용을 줄일 수 있을까?

합리적 소비와 윤리적 소비

가계는 합리적 선택을 통해 높은 만족감을 얻고자 합니다. 최근에는 가격이 비싸더라도 인권, 동물 복지, 환경 등 윤리적 가치를 지키는 것에서 만족감을 얻는 윤리적 소비가 증가하고 있습니다.

기업의 합리적 의사 결정 과정 사례(A 라면 기업)

❶ 소비자 분석하기: 소비자들은 매운 맛 라면을 가장 좋아함.
❷ 상품 개발하기: 우리 기업의 매운 맛 라면은 B 기업보다 면발이 가늘고 쫀득하지 않으므로 감자가루를 적절히 이용해 새로운 상품을 개발함.
❸ 생산 방법 정하기: 해외 생산 비용이 국내 생산 비용보다 적게 들므로 해외에서 생산하기로 함.
❹ 홍보 계획 세우기: 소비자들이 가장 많이 상품을 접하는 영상 공유 누리집을 이용함.

낱말사전

홍보 널리 알리는 것
인권 인간으로서 당연히 가지는 기본적 권리
동물 복지 소나 돼지 등 가축으로 길러지는 동물들이 깨끗한 환경에서 적절한 보호를 받으며 행복하게 살 권리

✏️ 경제활동의 자유

직업 활동의 자유, 직업 선택의 자유, 원하는 곳에 소득을 사용할 자유, 생산 활동의 자유 등이 있습니다.

✏️ 여러 종류의 가방을 만들어 경쟁하는 기업의 모습

▲ A기업 / 가방 안이 넓어 물건이 많이 들어감.

▲ B기업 / 크기와 색상을 자유롭게 고를 수 있음.

▲ C기업 / 튼튼한 소재로 만듦.

₩ 30,000 ₩ 10,000
▲ D기업 ▲ E기업 / 비슷한 품질과 모양의 다른 가방과 비교하여 낮은 가격으로 판매함.

4. 우리나라 경제체제의 특징

(1) 경제활동의 자유

① 개인은 자신의 능력과 적성에 따라 자유롭게 직업을 선택할 수 있습니다.

② 개인은 경제활동을 통해 얻은 소득을 자유롭게 사용할 수 있습니다.

③ 기업은 더 많은 이윤을 얻기 위하여 자유롭게 생산 활동을 할 수 있습니다.

(2) 경제활동의 경쟁

① 개인은 원하는 직업을 얻으려고 다른 사람과 경쟁하기도 하고, 자신의 능력과 실력을 높이려고 노력합니다.

② 기업은 더 많은 이윤을 얻으려고 다른 기업과 서로 경쟁합니다.

③ 기업은 우수한 인재를 얻기 위해 경쟁합니다.

개인	기업

▲ 개인은 원하는 일자리를 얻으려고 서로 경쟁함.	▲ 기업은 싸고 질 좋은 상품을 만들기 위해 경쟁함.

(3) 경제활동의 자유와 경쟁이 우리 생활에 주는 도움

① 개인은 자신의 재능과 능력을 더 잘 발휘할 수 있습니다.

② 소비자는 원하는 조건의 물건을 자유롭게 고를 수 있습니다.

③ 기업은 싸고 질 좋은 물건을 개발하여 많은 이윤을 얻을 수 있습니다.

④ 개인과 기업뿐만 아니라 국가 전체의 경제 발전에도 도움을 줍니다.

😀 **낱말사전**

적성 어떤 일에 알맞은 성질이나 적응 능력

인재 어떤 일을 할 수 있는 능력을 갖춘 사람

개념 확인문제　　　　정답과 해설 35쪽

5 다음 내용이 경제활동의 자유에 해당하면 '자', 경제활동의 경쟁에 해당하면 '경'이라고 쓰시오.

(1) 자신이 원하는 대로 직업을 선택합니다. 　　　　　(　　)

(2) 기업은 우수한 인재를 뽑기 위해 노력합니다. 　　　(　　)

(3) 다른 사람과 비교하여 실력을 더 쌓으려고 노력합니다. 　(　　)

6 경제활동의 자유와 경쟁을 통해 (개인 / 기업)은 더 좋은 상품을 개발하여 많은 이윤을 얻을 수 있습니다.

5. 바람직한 경제활동을 위한 노력

(1) 기업들의 경쟁 과정에서 발생할 수 있는 문제

① 거짓·과장 광고: 기업의 잘못된 정보로 상품을 선택한 소비자는 피해를 볼 수 있습니다.

② 기업의 담합 행위: 일부 기업들이 몰래 상의해 상품 가격을 올리면 소비자는 물건을 합리적인 가격에 살 수 없습니다.

③ 독과점 기업의 가격 인상 문제: 기업이 더 좋은 품질의 물건을 만들지 않게 되어 소비자는 좋은 품질의 상품을 살 수 없습니다.

(2) 불공정한 경제활동을 바로잡기 위한 노력

개인	• 기업의 불공정한 경제활동을 보면 관련 기관에 신고함. • 상품을 살 때 제품 정보를 꼼꼼히 확인한 후 구입함.
기업	• 제품에 중대한 문제가 생기지 않도록 재료를 관리함. • 환경을 오염시키지 않는 시설을 설치함.
정부	• 공정한 경제활동의 기준이 되는 법이나 제도를 만듦(예 공정 거래 법, 공정 거래 위원회 등). • 기업들끼리 가격을 상의해 마음대로 올리거나, 새로운 기업이 시장에 들어오는 것을 막는 일이 있는지 조사함.
시민 단체	기업의 불공정한 경제활동을 감시하고, 사람들에게 알리며, 정부에 해결을 요구함.

(3) 공정한 경쟁을 보장하기 위한 공정 거래 위원회

① 우리나라는 기업 간의 공정하고 자유로운 경쟁을 보장하려고 공정 거래 위원회를 설립하여 운영하고 있습니다.

② 기업이 부당한 경제활동을 하면 이를 조사하고 처벌하여 경제 질서를 지키는 일을 합니다.

③ 경제활동에 필요한 규칙을 만들고, 기업들이 규칙을 잘 지키는지 감시합니다.

7 기업들이 거짓·과장 (생산 / 광고)을/를 하는 것은 기업 간 경쟁 과정에서 발생할 수 있는 문제입니다.

8 불공정한 경제활동을 바로잡기 위한 경제주체의 노력을 바르게 연결하시오.

(1) 개인 • • ㉠ 상품을 살 때 정보를 꼼꼼하게 확인하기

(2) 기업 • • ㉡ 환경을 오염시키지 않는 시설을 설치하기

(3) 정부 • • ㉢ 불공정한 경제활동을 막기 위한 제도 마련하기

✎ 교복 업체 담합 사건

> ○○ 신문
>
> **담합하여 교복 가격을 올린 업체들**
>
> 서로 짜고 가격을 정한 업체들은 ○○ 지역 중·고등학교 27곳 가운데 20곳의 계약을 따냈다. 이 업체들의 교복 한 벌의 값은 평균 가격보다 5만 원 가량 비쌌다.

일부 교복 업체들이 담합하여 교복의 가격을 올리면 소비자들은 비싼 가격에 교복을 살 수밖에 없습니다.

✎ 독과점

하나의 기업이 시장을 차지한 상태인 독점과 소수의 기업이 시장의 대부분을 지배하는 상태인 과점을 나타내는 말입니다.

✎ 한국소비자원

소비자들을 보호하고 소비자의 권익과 관련된 정책 및 제도를 연구·건의하기 위해 만들어진 국가기관입니다. 주로 소비자의 피해 구제와 분쟁 조정 등 소비자 보호 사업을 담당하고 있습니다.

낱말사전

과장 사실보다 크게 부풀려서 나타냄.

담합 가격을 합의하여 결정하는 등의 불공정한 경제 행위

부당 이치에 맞지 않거나 정당하지 않음.

01 다음에서 설명하는 경제주체로 알맞은 것은 어느 것입니까? ( )

> 생산 활동에 참여하여 얻은 소득으로 소비 활동을 하는 경제주체이다.

① 정부 　② 법원 　③ 가계
④ 기업 　⑤ 국회

[02~03] 다음 경제주체의 경제활동 모습을 보고, 물음에 답하시오.

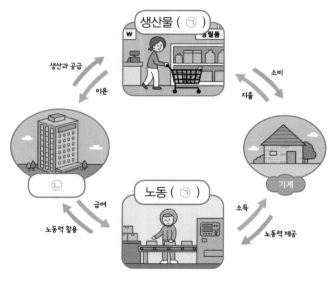

02 위 그림의 ㉠에 공통으로 들어갈 알맞은 말을 쓰시오.

( )

03 위 그림의 ㉡에 들어갈 경제주체에 대한 설명으로 알맞은 것은 어느 것입니까? ( )

① 노동력을 제공한다.
② 일자리를 제공한다.
③ 소비 활동을 주로 한다.
④ 사회 봉사를 주로 한다.
⑤ 경제활동을 위한 법을 만든다.

04 가계의 합리적 소비를 위한 선택 기준으로 알맞은 것을 보기 에서 모두 골라 쓰시오.

> 보기
> • 가격 　　• 품질 　　• 기업의 이윤

( )

☆☆
05 가계의 합리적 선택 과정 중 다음 그림과 관련 있는 단계는 어느 것입니까? ( )

가족회의 결과 가전제품 중에서 텔레비전을 사기로 결정한 거죠?

예.

① 정보 탐색하기 　② 상품 구매하기
③ 비교·평가하기 　④ 우선순위 정하기
⑤ 선택 기준 세우기

06 기업의 합리적 의사 결정 과정 중 다음 그림과 관련 있는 단계는 어느 것입니까? ( )

요즘 소비자들은 매운맛 떡볶이를 선호한다고 합니다.

① 생산하기 　② 상품 개발하기
③ 소비자 분석하기 　④ 생산 방법 정하기
⑤ 홍보 계획 세우기

07 다음과 관련 있는 경제활동의 자유는 어느 것입니까?
( )

제 꿈은 영화 감독과 자동차 디자이너입니다.

① 생산 활동의 자유
② 종교 선택의 자유
③ 거주 이전의 자유
④ 직업 선택의 자유
⑤ 소득을 원하는 곳에 사용할 자유

08 다음 경제활동 중 개인의 경쟁과 관련된 것을 골라 기호를 쓰시오.

㉠ 이번에는 꼭 합격해야지.

면접장

㉡ 다른 기업보다 좋은 품질의 물건을 만들어야 해.

○○ 기업 연구 개발부

( )

☆☆
09 경제활동의 자유와 경쟁이 우리 생활에 주는 도움으로 알맞지 않은 것은 어느 것입니까? ( )

① 소비자는 선택의 폭이 줄어든다.
② 국가 전체의 경제 발전에 도움을 준다.
③ 소비자는 더 저렴한 물건을 고를 수 있다.
④ 기업은 싸고 질 좋은 상품을 개발할 수 있다.
⑤ 개인은 자신의 재능과 능력을 더 잘 발휘할 수 있다.

☆☆
10 다음과 관련 있는 기업들의 경쟁 과정에서 발생하는 문제로 알맞은 것은 어느 것입니까? ( )

광고 속 제품과 달리 아몬드가 거의 안 들어 있는 초콜릿이네.

아몬드 초콜릿

① 상품의 내용을 과장하여 광고한다.
② 기업끼리 담합하여 가격을 올린다.
③ 몸에 좋지 않은 재료로 물건을 만든다.
④ 다른 기업이 시장에 진출하는 것을 막는다.
⑤ 정해진 기준을 어기고 환경 오염 물질을 배출한다.

11 기업의 불공정한 경제활동을 바로잡기 위해 정부가 하는 일로 알맞은 것은 어느 것입니까? ( )

① 상품을 살 때 제품 정보를 확인한다.
② 환경을 오염시키지 않는 시설을 설치한다.
③ 경제활동에 기준이 되는 법이나 제도를 만든다.
④ 기업의 불공정한 경제활동을 보면 관련 기관에 신고한다.
⑤ 불공정한 경제활동을 한 기업 제품에 대해 불매 운동을 한다.

12 다음 ( ) 안에 공통으로 들어갈 국가기관은 어디인지 쓰시오.

> 우리나라는 기업 간의 공정하고 자유로운 경쟁을 보호하려고 ( )을/를 설립하여 운영하고 있다. ( )은/는 기업의 부당한 경제활동을 조사하고 처벌하여 경제 질서를 지키는 일을 한다.

( )

2. 우리나라의 경제 발전

❷ 우리나라의 경제성장과 경제생활의 변화

1. 광복 이후 경제성장 모습

(1) 1950년대(6·25 전쟁 직후) 경제성장 모습

정부의 노력	• 6·25 전쟁 후 파괴된 시설을 복구하고 경제를 살리기 위해 노력했음. • 농업 중심의 산업 구조를 공업 중심의 산업 구조로 바꾸기 위해 노력했음.
소비재 산업의 발달	주로 다른 나라에서 들여온 원료를 이용해 밀가루, 설탕, 면직물 등을 만들었음.

▲ 소비재 산업(밀가루)

(2) 1960년대 경제성장 모습

정부의 노력	• 경제 개발 5개년 계획 실시: 국내에서 생산한 제품을 해외로 수출해 경제성장을 이루기 위해 노력했음. • 고속 국도와 발전소 등을 건설하고, 기업이 수출을 쉽게 할 수 있도록 지원했음.
경공업 발달	• 부족한 자원과 기술을 대신하여 풍부한 노동력을 활용했음. • 섬유, 신발, 가발, 의류 등과 같은 경공업 제품을 수출하면서 빠르게 경제가 성장했음.

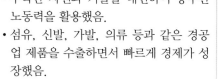

▲ 가발, 섬유 산업의 발달

2. 1970~1980년대 경제성장 모습

(1) 중화학 공업을 발전시키기 위한 정부의 노력

① 원료 수입과 제품 수출에 유리한 항구를 중심으로 중화학 공업 단지를 조성했습니다.

② 기술 수준을 높이기 위해 학교와 연구 시설 등을 세웠습니다.

③ 기업에 낮은 이자로 돈을 빌려주어 각종 산업에 적극적으로 진출할 수 있도록 지원하였습니다.

한강의 기적

우리나라는 짧은 시간 동안 세계가 놀랄 정도의 경제 발전을 이루어 냈습니다. 이를 '한강의 기적'이라고 부릅니다.

▲ 6·25 전쟁으로 폐허가 된 서울의 모습

↓

▲ 오늘날 발전된 서울의 모습(2000년대)

경제 개발 5개년 계획

정부가 경제 발전을 위해 1962년부터 1981년까지 5년 단위로 추진한 경제 계획입니다.

낱말사전

경공업 가발, 신발, 섬유, 종이 등 비교적 가벼운 물건을 만드는 산업

중화학 공업 철강, 배, 자동차, 기계와 같이 무거운 제품을 생산하는 중공업과 석유 화학 공업을 말함.

이자 남에게 돈을 빌려 쓴 대가로 치르는 일정한 비율의 돈

개념 확인문제

정답과 해설 35쪽

1 6·25 전쟁 후 우리나라는 밀가루, (설탕 / 자동차) 등을 생산하는 소비재 산업이 주로 발달하였습니다.

2 1960~1970년대에 주로 발달한 산업을 바르게 연결하시오.

(1) [1960년대] •   • ㉠ [제철 공업]

(2) [1970년대] •   • ㉡ [섬유, 가발 등의 경공업]

(2) 경제성장 모습

① 산업 구조가 경공업 중심에서 중화학 공업 중심으로 바뀌면서 경제가 성장하였습니다.
② 발달한 산업: 철강, 석유 화학, 기계, 조선, 전자 등의 산업이 발달했습니다.
③ 수출액과 국민 소득이 증가하여 사람들의 생활 수준이 향상되었습니다.

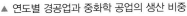

▲ 연도별 경공업과 중화학 공업의 생산 비중

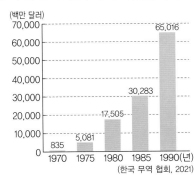

▲ 1970~1980년대 연도별 수출액

포항 종합 제철

- 1968년에 설립되어 1970년대에 본격적으로 철강을 생산하였습니다.
- 정부는 중화학 공업이 발전하도록 지원하기 위해 철강 산업 단지 등을 세웠습니다.

▲ 포항 제철 공업 단지 모습

3. 1990년대 이후 경제성장 모습

1990년대	전기, 전자 산업의 발달: 컴퓨터와 가전제품의 생산이 늘어나면서 핵심 부품인 반도체 산업이 크게 성장했음.
1990년대 후반	전국에 걸쳐 초고속 정보 통신망 설치: 인터넷 관련 기업들이 늘어나고, 정보 통신 기술 관련 산업들도 함께 발전했음.
2000년대 이후	• 고도의 기술이 필요한 첨단 산업의 발달: 생명 공학 기술 산업, 우주 항공 산업, 로봇 산업, 신소재 산업 등 • 다양한 서비스 산업의 발달: 관광 산업, 금융 산업, 문화 콘텐츠 산업, 의료 서비스 산업 등

▲ 반도체 개발

▲ 우주 항공 산업

▲ 관광 산업

반도체 산업의 발전

우리나라는 1980년대부터 우리 기술로 반도체를 개발하기 시작하였습니다. 1992년에는 우리나라의 ○○ 전자가 반도체 메모리 부분에서 시장 점유율 1위를 차지하기도 하였습니다. 현재는 메모리 분야에서 세계에서 손꼽히는 반도체 생산국입니다.

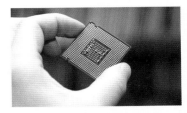

3 1970년대 우리나라의 산업 구조는 경공업 중심에서 (첨단 산업 / 중화학 공업) 중심으로 바뀌었습니다.

4 1990년대 이후 우리나라의 경제성장 모습으로 옳은 것에 ○표, 옳지 않은 것에 ×표 하시오.

(1) 반도체의 중요성이 낮아졌습니다. ( )

(2) 정보 통신 기술의 발달로 전국에 초고속 정보 통신망이 설치되었습니다. ( )

(3) 고도의 기술이 필요한 첨단 산업이 발달하였습니다. ( )

낱말사전

반도체 낮은 온도에서는 전기가 거의 통하지 않으나 높은 온도에서는 전기가 잘 통하는 물질로 전자 제품의 중요한 부품으로 쓰임.
신소재 기존의 금속이나 플라스틱 등에는 없는 성질의 물질을 이용하여 만든 새로운 재료

교과서 개념 익히기

2. 우리나라의 경제 발전

4. 경제성장에 따른 사회 변화

(1) 교통·통신 분야의 변화 모습

① 도로와 철도 교통의 발달: 전국이 하나의 생활권으로 연결되었습니다.

② 통신 기술의 발달: 많은 사람이 휴대 전화와 인터넷을 사용하게 되었습니다.

▲ 흑백텔레비전의 보급 (1960년대)

▲ 경부 고속 국도의 개통 (1970년대)

▲ 컬러텔레비전과 컴퓨터의 보급 (1980년대)

▲ 자가용 자동차의 증가 (1990년대)

▲ 고속 철도(KTX)의 개통 (2000년대)

▲ 스마트폰 보급의 확대 (2010년대)

(2) 우리 생활의 변화 모습

① 경제성장으로 국민 소득이 높아지면서 생활 수준이 향상되었습니다.

② 우리 문화와 관련된 상품이 해외에서 인기를 끌게 되었습니다.

③ 국제 행사 개최: 다양한 국제 행사를 성공적으로 개최하였습니다.

▲ 생활 수준 향상으로 해외 여행객 증가

▲ 우리나라 대중가요에 열광하는 외국인들

▲ 2018년 평창 동계 올림픽 개막식

✏️ 우리나라 국내 총생산과 1인당 국민 총소득

○ 국내 총생산: 일정 기간에 한 나라 안에서 만들어진 물건과 서비스의 양을 돈으로 계산해 합한 것입니다.

○ 1인당 국민 총소득: 일정 기간에 한 나라의 국민이 벌어들인 소득을 그 나라의 인구로 나눈 것입니다.

○ 경제가 성장하면서 우리나라의 국내 총생산과 1인당 국민 총소득이 증가하였습니다.

국내 총생산(억 달러)
1인당 국민 총소득(달러)

16,446 14,653 11,439 9,347 5,668 5,764 2,833 12,522 12,179 19,262 23,118 28,814 32,004
20 31 82 218 654 1,012 6,602 1,699 2,427
80 110 258 613

1960 1965 1970 1975 1980 1985 1990 1995 2000 2005 2010 2015 2020 (년)
(한국은행, 2021)
▲ 국내 총생산과 1인당 국민 총소득의 변화

✏️ 한류

1990년대 말부터 아시아에서 일기 시작해 한국의 대중문화가 외국에서 유행하는 현상입니다. 우리나라의 영화, 드라마, 대중가요 등이 세계적인 인기를 얻었습니다.

▲ 우리나라 가수의 해외 공연 모습

낱말사전

보급 널리 퍼져서 많은 사람이 골고루 누리게 됨.

고속 철도 열차가 전용노선을 이용하여 시속 200km 이상의 속도로 주행할 수 있도록 개발된 철도

개념 확인문제

정답과 해설 35쪽

5 도로, 철도 등 (교통 / 통신)의 발달로 전국이 하나의 생활권으로 연결되었습니다.

6 경제성장으로 국민 소득이 높아지면서 해외여행을 떠나는 사람들이 (증가 / 감소)하였습니다.

7 우리나라의 영화, 드라마, 대중가요 등 우리 문화가 세계로 퍼지는 현상을 (   )(이)라고 합니다.

5. 경제성장 과정에서 나타난 문제점과 해결 노력

(1) 빈부 격차 문제와 해결 노력

① 문제점: 급속한 경제성장으로 부유한 사람과 가난한 사람의 소득 격차가 커지면서 교육의 기회와 문화 경험의 격차로 이어질 가능성이 높아졌습니다.

② 해결 노력

정부	• 도움이 필요한 사람들에게 생계비, 양육비, 학비 등을 지원함. • 〈국민 기초 생활 보장법〉 등 다양한 복지 관련 법률을 시행함.
기업과 시민	나눔을 실천하는 봉사 활동이나 기부 활동을 함.

(2) 노동 문제와 해결 노력

① 문제점: 근로자는 좋은 근로 환경을 원하고 경영자는 적은 비용으로 많은 이윤을 얻으려고 해서 근로자와 경영자가 대립하는 일이 많아졌습니다.

② 해결 노력

정부	• 취업 박람회를 열어 취업 정보를 제공하고, 일자리를 늘리려고 노력함. • 노동 관련 문제를 해결하고, 기업이 근로자들의 인권을 보호하는지 감시함.
근로자와 기업	대화를 통해 갈등을 해결하려고 노력함.

(3) 환경 문제와 해결 노력

① 문제점: 산업 시설이 늘어나면서 환경 오염, 에너지 자원의 부족, 기후 변화 등이 발생하고 있습니다.

② 해결 노력

정부	친환경 에너지(풍력, 태양열 등)를 생산하고, 기업이 친환경 제품을 만들도록 지원함.
기업	친환경 제품을 개발하여 판매함.
시민	정부의 친환경 정책과 기업의 제품을 감시하고, 친환경 제품을 구매하며, 환경 보호 활동이나 에너지 절약 운동에 참여함.

8 경제성장 과정에서 나타난 문제점과 그 내용을 바르게 연결하시오.

(1) 노동 문제 •

(2) 환경 문제 •

(3) 빈부 격차 문제 •

• ㉠ 에너지 자원의 부족

• ㉡ 근로자와 경영자의 대립

• ㉢ 부유한 사람과 가난한 사람의 소득 격차가 커짐.

9 빈부 격차 문제를 해결하기 위해 (기업 / 정부)은/는 복지와 관련된 법을 시행합니다.

🖊 농촌 문제와 해결 노력

농촌 문제	1960년대 이후 젊은 사람들이 일자리를 찾아 도시로 떠나면서 농촌의 일손이 부족해졌음.
해결 노력	• 정부: 새마을 운동, 농촌에 보조금 지급 등 • 기업과 시민: 농촌의 일손 돕기 등

🖊 노동 운동

경제성장 과정에서 노동자들은 적은 임금을 받으며 열악한 작업 환경에서 긴 시간 노동에 시달렸습니다. 근로자들은 이를 해결하기 위해 노동 단체를 만들어 근로 환경 개선과 임금 인상을 요구하였습니다.

🖊 산업 재해 문제와 해결 노력

산업 재해 문제	산업 현장에서 안전 규칙이 잘 지켜지지 않아 발생함.
해결 노력	• 정부: 〈산업 안전 보건법〉 등을 시행함. • 기업: 안전한 산업 현장을 만들고, 산업 현장에서 직원들을 교육함. • 노동자: 안전 규칙을 지키기 위해 노력함.

낱말사전 😊

빈부 격차 잘사는 사람과 그렇지 못한 사람의 경제적 차이

새마을 운동 1970년부터 시작된 농촌 지역 개발 운동

실전 문제

01 다음과 관련하여 우리나라 경제성장 모습으로 알맞은 것을 보기 에서 골라 기호를 쓰시오.

▲ 6·25 전쟁으로 폐허가 된 서울의 모습

보기

㉠ 경부 고속 국도를 건설하였다.

㉡ 파괴된 여러 시설을 복구하고자 하였다.

㉢ 정부는 공업 중심의 산업 구조를 농업 중심의 산업 구조로 바꾸려고 하였다.

( )

02 1960년대 우리나라의 주요 수출품으로 알맞은 것은 어느 것입니까? ( )

① 밀 ② 쌀 ③ 신발

④ 기계 ⑤ 반도체

03 1970년대 이후 경제성장을 위한 정부의 노력으로 가장 알맞지 <u>않은</u> 것은 어느 것입니까? ( )

① 교육 시설과 연구소를 설립하였다.

② 중화학 공업을 발전시키려고 하였다.

③ 기업에 낮은 이자로 돈을 빌려주었다.

④ 항구를 중심으로 공업 단지를 조성하였다.

⑤ 경제 개발 5개년 계획을 처음 실시하였다.

04 1970년대 이후 우리나라의 주요 수출품을 보기 에서 모두 골라 기호를 쓰시오.

보기

㉠ 기계 ㉡ 가발 ㉢ 설탕 ㉣ 자동차

( )

☆☆
05 다음 그래프에 대한 설명으로 알맞은 것을 <u>두 가지</u> 고르시오. (,)

▲ 연도별 경공업과 중화학 공업의 생산 비중

① 경공업의 생산 비중이 높아졌다.

② 경공업의 생산 비중이 낮아졌다.

③ 중화학 공업의 생산 비중이 높아졌다.

④ 중화학 공업의 생산 비중이 낮아졌다.

⑤ 소비재 산업의 생산 비중이 낮아졌다.

06 다음과 관련 있는 산업으로 알맞은 것은 어느 것입니까? ( )

▲ 반도체

① 농업 ② 어업

③ 의류 산업 ④ 시멘트 산업

⑤ 전기, 전자 산업

07 2000년대 이후 본격적으로 발달한 산업으로 알맞지 않은 것은 어느 것입니까?　　　（　　　）

①
▲ 신소재 산업

②
▲ 로봇 산업

③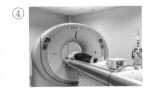
▲ 철강 산업

④
▲ 의료 서비스 산업

⑤
▲ 문화 콘텐츠 산업

08 다음 그래프를 보고, （　　　） 안에 들어갈 알맞은 말에 ○표 하시오.

— 국내 총생산(억 달러)
■ 1인당 국민 총소득(달러)

16,446
14,653
11,439
9,347
5,764
5,668
2,833
1,012
654
218
82
31
20

32,004
28,814
23,118
19,262
12,522　12,179
6,602
2,427
1,699
613
258
110
80

1960 1965 1970 1975 1980 1985 1990 1995 2000 2005 2010 2015 2020(년)
(한국은행, 2021)

▲ 우리나라 국내 총생산과 1인당 국민 총소득의 변화

　우리나라의 국내 총생산과 1인당 국민 총소득이 （ 증가 / 감소 ）하는 것을 통해 경제가 성장하였음을 알 수 있다.

09 경제성장에 따라 변화된 시대별 사회 모습에 대한 설명으로 알맞은 것은 어느 것입니까?　（　　　）

① 1970년대에 컴퓨터가 널리 보급되었다.
② 1980년대에 흑백텔레비전이 유행하였다.
③ 1990년대에 고속 철도가 개통되었다.
④ 2000년대에 경부 고속 국도가 개통되었다.
⑤ 2010년대 들어 스마트폰의 보급이 확대되었다.

10 다음에서 설명하는 용어를 두 글자로 쓰시오.

　1990년대 말부터 아시아에서 일기 시작해 한국 대중문화가 외국에서 유행하는 현상을 말한다.

▲ 우리나라 가수의 해외 공연

（　　　　　　）

11 다음은 경제성장 과정에서 나타난 어떤 문제점을 해결하기 위한 노력입니까?　（　　　）

　• 기업과 시민은 나눔을 실천하는 기부 활동을 한다.
　• 정부는 생계비, 양육비, 학비 등을 지원하고, 〈국민 기초 생활 보장법〉 등 복지 관련 법률을 시행한다.

① 노동 문제　　　　② 환경 문제
③ 농촌 문제　　　　④ 빈부 격차 문제
⑤ 산업 재해 문제

12 경제성장 과정에서 나타난 환경 문제를 해결하기 위한 시민의 노력으로 가장 알맞은 것은 어느 것입니까?
　　　　　　　　　　　　　　　　　　（　　　）

① 친환경 제품을 생산한다.
② 에너지 절약 운동에 참여한다.
③ 기업이 친환경 제품을 만들도록 지원한다.
④ 환경 오염 물질을 배출하는 기업을 제재한다.
⑤ 풍력, 태양열 등 친환경 에너지를 생산해 판매한다.

교과서 개념 익히기

❸ **세계 속의 우리나라 경제**

1. 나라 간에 경제 교류를 하는 까닭

(1) 나라와 나라 사이의 경제 교류

① 경제 교류 사례

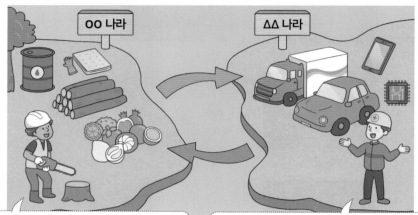

우리 ○○ 나라는 자원은 풍부하지만 자동차, 휴대 전화 등을 만드는 기술이 부족해서 △△ 나라와 무역을 해요.

우리 △△ 나라는 물건을 만드는 기술은 뛰어나지만, 원유, 목재, 천연고무 등의 자원이 부족해서 ○○ 나라와 무역을 해요.

② 무역: 나라와 나라 사이에 물건이나 서비스를 사고파는 일입니다.

③ 수출: 다른 나라에 물건이나 서비스를 파는 것을 말합니다.

④ 수입: 다른 나라에서 물건이나 서비스를 사 오는 것을 말합니다.

(2) 무역이 발생하는 까닭

① 나라마다 자연환경과 자원, 기술 수준, 생산 여건 등이 다르기 때문입니다.

② 각 나라마다 더 잘 생산할 수 있는 것을 전문적으로 생산하여 다른 나라와 교류하면서 이익을 얻을 수 있기 때문입니다.

(3) 우리나라의 무역 현황

① 우리나라의 주요 수출국과 수입국

수출액이 높은 나라	중국, 미국, 베트남, 홍콩, 일본 등
수입액이 높은 나라	중국, 미국, 일본 등

✎ **경제 교류**

나라와 나라 사이에는 물자, 기술, 문화 등을 주고받는 경제 교류가 이루어지고, 이를 통해 경제적 이익을 얻습니다.

✎ **교통·통신의 발달과 경제 교류**

교통수단과 정보 통신 기술의 발달로 나라 간의 경제 교류가 더욱 활발해졌습니다.

✎ **우리나라의 나라별 무역액 비율(2021년)**

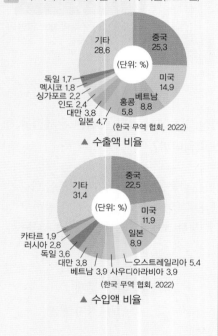

▲ 수출액 비율

▲ 수입액 비율

낱말사전

물자 물건을 만드는 원료 또는 원료를 활용하여 만든 물건

원유 땅속에서 얻은 천연 그대로의 기름

개념 확인문제

정답과 해설 37쪽

1 나라와 나라 사이에 물건과 서비스를 사고파는 것을 ( )(이)라고 합니다.

2 수입과 수출의 의미를 바르게 연결하시오.

(1) 수출 •

(2) 수입 •

• ㉠ 다른 나라에 물건을 파는 것임.

• ㉡ 다른 나라에서 물건을 사 오는 것임.

② 우리나라의 주요 수출품과 수입품

주요 수출품	반도체, 자동차, 석유 제품 등
주요 수입품	원유, 반도체, 천연가스 등

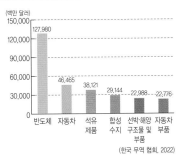

▲ 우리나라의 무역액 상위 품목별 수출액(2021년)

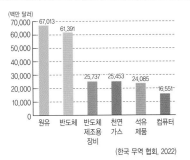

▲ 우리나라의 무역액 상위 품목별 수입액(2021년)

2. 우리나라와 다른 나라의 경제 교류 사례

우리나라와 다른 나라의 물건 교류 사례	우리나라는 자동차, 전자 제품처럼 잘 만드는 물건을 여러 나라에 수출하고, 부족한 원유나 열대 과일 등을 수입함.
우리나라와 다른 나라의 서비스 교류 사례	의료, 영상, 교육, 만화 등 다양한 분야에서 교류함.

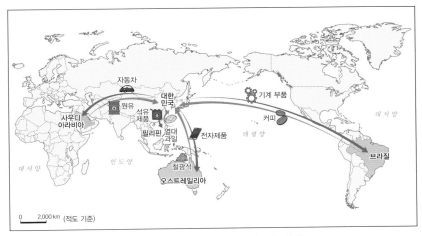

▲ 우리나라와 다른 나라의 물건 교류 사례

3 우리나라는 다른 나라에서 (원유 / 자동차)를 가장 많이 수입하고 있습니다.

4 다음 경제 교류에 해당하는 사례를 바르게 연결하시오.

(1) 물건 교류 •

(2) 서비스 교류 •

• ㉠ 의료, 영상, 교육

• ㉡ 자동차, 열대 과일

2 단원

세계 여러 나라의 대표적인 수출 상품

프랑스	포도 생산에 적합한 덥고 건조한 날씨 덕분에 좋은 품질의 와인을 생산하여 수출함.
코트디부아르	덥고 습한 날씨와 풍부한 노동력을 바탕으로 카카오를 생산하여 수출함.
칠레	전 세계 구리의 30%가 묻혀 있어서 구리를 많이 생산하여 수출함.

다른 나라와의 서비스 교류 사례

▲ 우리나라에서 상영된 외국 애니메이션

낱말사전

석유 제품 원유를 가공·처리해 연료나 윤활유 등으로 쓰도록 만들어진 제품

카카오 초콜릿을 만드는 원료

✏️ 우리나라의 자유 무역 협정(FTA)

○ 우리나라는 2003년 칠레와 가장 먼저 자유 무역 협정을 맺었습니다.

○ 우리나라는 이후 미국, 중국, 베트남 등 여러 나라와 자유 무역 협정을 맺었습니다.

3. 우리나라와 다른 나라의 경제 관계

(1) 상호 의존과 협력 관계

① 세계 여러 나라는 서로 의존하며 자유롭게 교류하여 이익을 얻고 있습니다.

② 자유 무역 협정(FTA)의 체결: 나라 간에 상품의 자유로운 이동을 가로막는 세금, 제도 등을 줄이거나 없애고 있습니다.

(2) 경쟁 관계

① 같은 종류의 물건이나 서비스를 생산하는 다른 나라와 서로 경쟁하며 발전합니다.

② 특히 높은 수준의 최신 기술이 필요한 스마트폰, 자동차 시장에서의 경쟁이 매우 치열합니다.

▲ 휴대 전화 기술 경쟁

(3) 우리나라의 수출 경쟁력을 높이기 위한 노력

① 새로운 기술을 개발하고, 상품의 질을 더 좋게 만듭니다.

② 새로운 무역 시장을 찾아 판매 경로와 지역을 넓혀 나갑니다.

③ 우리나라의 상품을 다른 나라에 적극적으로 알립니다.

④ 우리나라의 수출 품목을 다양화합니다.

✏️ 경제 교류와 해외여행

세계 여러 나라와 경제 교류가 증가하면서 여름휴가 등 다른 나라로 여행을 떠나는 사람의 수가 늘어났습니다.

4. 경제 교류가 우리 경제생활에 미친 영향

(1) 경제 교류로 달라진 개인의 경제생활

① 경제 교류가 의식주 및 여가 생활에 미친 영향

우리 생활	경제 교류가 미친 영향
의생활	다른 나라에서 만든 다양한 디자인의 옷을 입을 수 있음.
식생활	다양한 나라의 음식을 먹을 수 있고, 음식 재료를 살 수 있음.
주생활	집의 내부 구조와 가구 등이 외국과 비슷해짐.
여가 생활	다른 나라에서 만든 영화, 드라마, 음악 등을 즐길 수 있음.

② 소비자에게 다양한 물건이나 서비스를 선택할 기회가 늘어났습니다.

😀 **낱말사전**

자유 무역 협정(FTA) 나라 간 자유로운 경제 교류를 위해 세금, 법과 제도 등의 문제를 줄이거나 없애서 무역을 자유롭게 하는 약속

의식주 옷, 음식, 집을 통틀어 이르는 말

개념 **확인문제**　　　　　　정답과 해설 37쪽

5 나라 간 물건이나 서비스 등의 자유로운 이동을 위해 세금, 법과 제도 등의 문제를 줄이거나 없애기로 한 약속을 (　　　　)(이)라고 합니다.

6 다른 나라와의 경제 교류 중 경쟁 관계에 대한 설명으로 옳은 것에 ○표, 옳지 않은 것에 ×표 하시오.

(1) 같은 종류의 물건을 생산하는 나라 간에는 서로 경쟁하지 않습니다. (　　　)

(2) 우리나라는 다른 나라와는 경쟁하지 않고, 협력만 합니다. (　　　)

(3) 높은 수준의 최신 기술이 필요한 시장에서 경쟁이 매우 치열합니다. (　　　)

③ 다양한 나라의 제품들이 경쟁하면서 물건이나 서비스의 질이 높아지고 가격이 싸졌습니다.

④ 사람들이 외국 기업에서 일할 수 있게 되면서 선택할 수 있는 일자리가 다양해졌습니다.

(2) 경제 교류로 달라진 기업의 경제활동

① 다른 나라의 기업과 교류하는 과정에서 새로운 기술과 아이디어를 주고받을 수 있습니다.

② 다른 나라에 공장을 세워 그 나라의 값싼 노동력을 활용하거나, 물건을 만들고 옮기는 비용을 줄일 수 있습니다.

5. 경제 교류를 하면서 생기는 문제점과 해결 방안

(1) 무역을 하면서 발생하는 문제: 다른 나라에 의존하고 있는 품목의 수입이 어려워진 경우, 수입 거부 때문에 다른 나라와 갈등이 일어나는 경우, 상대국의 수입 제한으로 수출이 어려워진 경우, 자기 나라의 산업을 보호하려고 관세를 높여 갈등이 일어나는 경우 등이 있습니다.

(2) 자기 나라의 경제를 보호하는 까닭: 다른 나라보다 경쟁력이 부족한 국내 산업을 보호하기 위해서, 국민의 실업을 방지하기 위해서, 나라의 기본이 되는 산업을 보호하기 위해서입니다.

(3) 해결 방안: 경제 교류 상대국 및 품목 확대, 경쟁력 있는 농산물 생산 지원, 품질 개선 및 새로운 기술 개발, 세계 여러 나라와의 협상, 세계 무역 기구(WTO)와 같은 국제기구 가입 등 다양한 노력을 하고 있습니다.

▲ 경쟁력 있는 농산물의 생산 지원

▲ 세계 무역 기구 가입

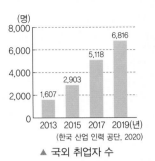

✎ 해외에서 일하는 사람들의 증가

(명)
8,000 ─
6,000 ─   6,816
            5,118
4,000 ─   2,903
2,000 ─ 1,607
0 ─
  2013 2015 2017 2019(년)
(한국 산업 인력 공단, 2020)
▲ 국외 취업자 수

다른 나라에서 일하는 우리나라 사람들이 증가하였습니다.

✎ 무역 마찰

나라 간 경제 교류는 서로에게 도움을 주지만 때로는 크고 작은 문제가 생기기도 하는데, 이를 무역 마찰이라고 합니다.

✎ 공정 무역

생산자에게 공정한 대가를 주고 물건을 사는 무역 형태를 말합니다. 공정 무역 상품에는 초콜릿, 커피, 바나나 등이 있습니다.

▲ 공정 무역 초콜릿

7 다른 나라와의 경제 교류를 통해 달라진 기업의 경제활동 모습으로 옳은 것에 ○표, 옳지 <u>않은</u> 것에 ×표 하시오.

(1) 다른 나라의 값싼 노동력을 활용하기 위해 다른 나라에 공장을 세우기도 합니다. ( )

(2) 다른 나라의 기업과 교류하는 과정에서 새로운 기술은 주고받을 수 없습니다. ( )

8 다른 나라와의 경제 교류 과정에서 문제가 일어났을 때 공정하게 심판 역할을 하는 국제기구는 (세계 무역 기구 / 자유 무역 협정)입니다.

낱말사전 😊

관세 수입하는 물건에 매기는 세금
경쟁력 상대와 경쟁하여 버티거나 이길 수 있는 힘
세계 무역 기구(WTO) 나라와 나라 간에 무역과 관련된 문제가 일어났을 때 공정하게 심판하는 역할을 하는 국제기구

실전 문제

01 다음 ㉠, ㉡에 들어갈 알맞은 말을 쓰시오.

> 무역을 할 때 다른 나라에 물건이나 서비스를 파는 것을 (㉠)(이)라고 하고, 다른 나라에서 물건이나 서비스를 사 오는 것을 (㉡)(이)라고 한다.

㉠: ( )

㉡: ( )

02 무역이 발생하는 까닭으로 알맞은 것은 어느 것입니까?

( )

① 나라마다 자연환경이 다르기 때문이다.
② 교통수단이 발달하지 못했기 때문이다.
③ 나라마다 생산하는 물건이 똑같기 때문이다.
④ 나라 간에 서비스의 교류만 이루어지기 때문이다.
⑤ 한 나라 안에서 모든 물건을 만들 수 있기 때문이다.

03 다음에서 우리나라의 수출액 비율과 수입액 비율이 가장 높은 나라는 어디입니까? ( )

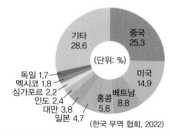

▲ 우리나라의 나라별 수출액 비율(2021년)

▲ 우리나라의 나라별 수입액 비율(2021년)

① 홍콩　　② 미국　　③ 중국
④ 베트남　　⑤ 사우디아라비아

[04~05] 다음 그래프를 보고, 물음에 답하시오.

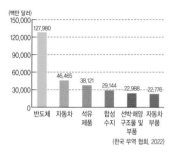

▲ 우리나라의 무역액 상위 품목별 수출액(2021년)

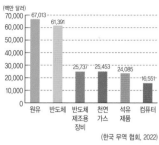

▲ 우리나라의 무역액 상위 품목별 수입액(2021년)

04 위 그래프에서 우리나라가 다른 나라에 가장 많이 수출하는 제품은 어느 것입니까? ( )

① 원유　　② 컴퓨터　　③ 반도체
④ 천연가스　　⑤ 자동차 부품

05 위 그래프를 보고 알 수 있는 사실로 알맞은 것은 어느 것입니까?

( )

① 우리나라는 수입보다 수출을 많이 한다.
② 우리나라는 에너지 자원을 많이 수입한다.
③ 우리나라는 자동차를 가장 많이 수입한다.
④ 우리나라는 반도체를 만드는 기술력이 부족하다.
⑤ 우리나라는 다른 나라와 경제 교류를 거의 하지 않는다.

06 다음 밑줄 친 '약속'은 무엇인지 쓰시오.

> • 나라 간 물건이나 서비스의 이동을 자유롭게 하려고 세금, 법, 제도 등의 무역 장벽을 줄이거나 없애기로 한 <u>약속</u>이다.
> • 우리나라는 칠레와 <u>약속</u>을 맺은 후 포도, 돼지고기, 구리 등을 더 많이 수입했고, 자동차, 휴대 전화 등을 칠레에 더 많이 수출하게 되었다.

( )

07 다음 그림과 관련 있는 경쟁의 종류는 어느 것입니까?
( )

▲ 고화질 카메라　　▲ 가벼운 무게　　▲ 빠른 속도

① 가격 경쟁　　　　② 기술 경쟁
③ 문화 경쟁　　　　④ 노동력 경쟁
⑤ 서비스 경쟁

08 우리나라의 수출 경쟁력을 높이기 위한 바람직한 방법으로 알맞지 않은 것은 어느 것입니까? ( )

① 새로운 기술을 개발한다.
② 우리나라의 수출 품목을 다양화한다.
③ 노동자의 급여를 최대로 줄여 생산 비용을 낮춘다.
④ 우리나라의 상품을 다른 나라에 적극적으로 알린다.
⑤ 새로운 무역 시장을 찾아 판매 경로와 지역을 넓혀 나간다.

09 다음 그림은 다른 나라와의 경제 교류가 우리의 어떤 생활에 영향을 미친 모습입니까? ( )

직접 외국에 나가지 않고도 현지의 피자 맛을 느낄 수 있어요.

① 의생활　　② 식생활　　③ 주생활
④ 여가 생활　　⑤ 종교 생활

10 개인이 경제 교류를 통해 얻을 수 있는 이점을 보기에서 모두 골라 기호를 쓰시오.

보기
㉠ 외국 기업에서 일할 수 있는 기회가 많아졌다.
㉡ 다양한 물건을 선택할 수 있는 기회가 늘어났다.
㉢ 선택할 수 있는 물건이나 서비스의 질이 낮아졌다.

( )

11 무역을 할 때 다음과 같은 문제가 발생하는 경우로 알맞은 것은 어느 것입니까? ( )

앞으로 ○○ 나라에서 수입하는 농산물에 세금을 더 매기겠습니다.

높은 세금으로 가격이 비싸지면 우리 농산물이 잘 팔리지 않을 텐데 ……

세금 10% → 30%

① 자기 나라의 환경을 보호하기 위한 경우
② 공정 무역이 아닐 때 수입을 거부하는 경우
③ 수출을 거부하여 다른 나라와 갈등이 일어나는 경우
④ 다른 나라에 의존하고 있는 품목의 수입이 어려워진 경우
⑤ 자기 나라의 산업을 보호하려고 관세를 높여 갈등이 일어나는 경우

12 다음에서 설명하는 국제기구는 무엇인지 쓰시오.

1995년에 설립된 국제기구로, 나라 사이에 무역 마찰이 생겼을 때 공정하게 심판하는 역할을 하지.

( )

❶ 경제주체의 역할과 우리나라 경제체제의 특징

▌ 가계와 기업의 경제활동

가계	• 기업의 생산 활동에 참여함. • 생산 활동의 대가로 얻은 소득으로 소비 활동을 함.
기업	• 사람들에게 일자리를 제공함. • 물건이나 서비스를 생산하고 판매하여 (㉠)을 얻음.

▌ 우리나라 경제체제의 특징

경제활동의 자유	• 개인: 직업 활동 및 선택의 자유, 경제활동으로 얻은 소득을 자유롭게 사용할 수 있음. • 기업: 이윤을 더 많이 얻기 위해 자유롭게 경제활동을 함.
경제활동의 경쟁	• 개인: 경쟁에서 앞서기 위해 실력을 높이려고 노력함. • 기업: 경쟁에서 앞서기 위해 싸고 질 좋은 물건을 만들려고 노력함.

▌ 바람직한 경제활동을 위한 노력

① 기업의 불공정한 경제활동: 거짓 · 과장 광고, 기업의 담합 행위, 독과점 기업의 가격 인상 문제 등
② 불공정한 경제활동을 바로잡기 위한 노력: 관련 법과 제도 마련하기, 불공정한 경제활동 감시하기 등

❷ 우리나라의 경제성장과 경제생활의 변화

▌ 우리나라의 경제성장 모습

1950년대	밀가루, 설탕, 면직물 등을 만드는 (㉡) 산업 발달
1960년대	의류, 신발, 가발 등을 만드는 (㉢) 발달
1970년대	철강, 석유 화학 등 중화학 공업 발달
1980년대	기존의 철강, 석유 화학 산업과 함께 기계, 전자 산업 발달
1990년대	반도체 산업 발달, 1990년대 후반부터 전국에 초고속 정보 통신망 설치
2000년대 이후	첨단 산업, 서비스 산업 발달

▌ 경제성장 과정에서 나타난 문제점과 해결 노력

문제점	해결 노력
빈부 격차 문제	• 정부: 생계비, 양육비, 학비 등을 지원하기, 복지 관련 법률 시행하기 등 • 시민: 다양한 봉사 활동에 참여하기 등
(㉣) 문제	• 정부: 근로 환경 개선 및 일자리 늘리기, 노동 관련 문제 해결하기 등 • 근로자와 기업: 대화를 통해 갈등을 해결하려고 노력하기 등
환경 문제	• 정부: 친환경 제품 생산 기업 지원하기, 친환경 에너지를 생산하기 위해 노력하기 등 • 기업: 친환경 제품의 개발 및 생산하기 등 • 시민: 에너지 절약 운동하기, 환경 보호 봉사 활동하기 등

❸ 세계 속의 우리나라 경제

▌ 나라와 나라 사이의 경제 교류

무역	나라와 나라 사이에 물건이나 서비스를 사 오거나(수입) 파는(수출) 일
무역이 발생하는 까닭	각 나라마다 자연환경, 자원, 기술 수준, 생산 여건 등이 달라 생산할 수 있는 물건이나 서비스가 다르기 때문에

▌ 우리나라와 다른 나라의 경제 관계

상호 의존과 협력 관계	• 세계 여러 나라는 서로 의존하며 자유롭게 교류하여 이익을 얻고 있음. • (㉤)(FTA): 나라 간에 상품의 자유로운 이동을 가로막는 세금, 제도 등을 줄이거나 없애기로 한 약속
경쟁 관계	세계 시장에서 다른 나라보다 더 많이 판매하기 위해 기술, 가격, 시장 점유율을 두고 경쟁함.

▌ 경제 교류를 하면서 생기는 문제점과 해결 방안

문제점	상품의 수입 거부, 상대국의 수입 제한, 자기 나라 산업의 보호를 위해 높은 관세 부과 등
해결 방안	경제 교류 상대국 및 품목 확대, 품질 개선 및 새로운 기술 개발, 나라 간 협상 및 합의, (㉥)(WTO)와 같은 국제기구 가입 등

정답 ㉠ 이윤 ㉡ 소비재 ㉢ 경공업 ㉣ 노동 ㉤ 자유 무역 협정 ㉥ 세계 무역 기구

단원 정리 평가

01 다음 그림에 나타난 경제 활동을 하는 경제주체로 알맞은 것은 어느 것입니까? ( )

① 가계
② 기업
③ 정부
④ 법원
⑤ 시민 단체

02 소비자의 합리적 선택 기준으로 알맞지 않은 것은 어느 것입니까? ( )

① 품질
② 가격
③ 환경
④ 디자인
⑤ 광고 횟수

03 다음 경제활동의 자유와 경쟁의 모습 중 성격이 나머지와 다른 하나는 어느 것입니까? ( )

① 자신이 일하고 싶은 기업을 선택한다.
② 상품을 자유롭게 생산하고 판매할 수 있다.
③ 자신의 능력에 따라 원하는 대로 직업을 선택한다.
④ 경제 활동을 통해 얻은 소득을 마음대로 사용한다.
⑤ 가격 할인 행사를 통해 더 많은 상품을 판매하려고 노력한다.

04 불공정한 경제활동을 바로잡기 위한 시민의 노력으로 알맞은 것을 보기 에서 골라 기호를 쓰시오.

보기
㉠ 규칙을 어긴 기업을 제재한다.
㉡ 환경을 오염시키지 않는 시설을 설치한다.
㉢ 제품에 대한 의견을 기업의 누리집에 올린다.

( )

05 다음 신문 기사와 관련 있는 경제활동에서 발생하는 문제점은 어느 것입니까? ( )

> **○○ 신문**
>
> 서로 짜고 가격을 정한 업체들은 A 지역 중·고등학교 27곳 가운데 20곳의 계약을 따냈습니다. 이 업체들의 교복 한 벌의 값은 평균 가격보다 5만 원가량 비쌌습니다.

① 기업들의 담합 행위
② 환경 오염 물질의 배출
③ 불량한 원료로 상품 생산
④ 기업들의 거짓·과장 광고
⑤ 다른 기업의 과도한 시장 진입 허용

06 공정 거래 위원회에 대한 설명으로 알맞은 것은 어느 것입니까? ( )

① 정치 질서를 유지한다.
② 일자리 박람회를 개최한다.
③ 기업이 이익을 최대로 얻는 것을 돕는다.
④ 기업 간의 공정하고 자유로운 경쟁을 보장한다.
⑤ 환경 문제를 해결하기 위해 만들어진 단체이다.

07 다음과 같은 상황이 나타난 시기는 언제입니까? ( )

> 전쟁으로 집과 도로, 공장, 발전소 등 각종 시설이 파괴되고 생활필수품이 부족해져 우리나라는 큰 경제적 어려움에 빠졌다. 정부는 파괴된 시설을 복구하고 경제를 살리기 위해 농업 중심의 산업 구조를 공업 중심의 산업 구조로 바꾸려고 노력하였다.

① 6·25 전쟁 직후
② 1960~1970년대
③ 1970~1980년대
④ 1980~1990년대
⑤ 2000년대 이후

08 다음 ( ) 안에 들어갈 알맞은 말을 쓰시오.

> 1960년대에 정부는 경제 발전을 목적으로 1962년
> 부터 1981년까지 5년 단위로 ( )을/를 추
> 진하였다. 이를 통해 국내에서 생산한 제품을 해
> 외로 수출해 경제성장을 이루려고 노력했다.

( )

09 1970~1980년대에 우리나라의 주요 수출품으로 알맞은 것은 어느 것입니까? ( )

① 쌀 　　② 설탕 　　③ 철강
④ 로봇 　　⑤ 면직물

☆☆
10 다음 그래프를 보고 알 수 있는 사실로 알맞은 것을 두 가지 고르시오. (,)

▲ 국내 총생산과 1인당 국민 총소득의 변화

① 국민 소득이 증가하였다.
② 우리나라 정치가 발전되었다.
③ 우리나라 경제가 성장하였다.
④ 국민의 생활 수준이 낮아졌다.
⑤ 우리나라를 찾는 외국인이 줄어들었다.

11 2000년대 이후 우리나라의 경제성장 모습으로 알맞지 <u>않은</u> 것은 어느 것입니까? ( )

① 고도의 지식과 기술이 필요한 산업이 발달했다.
② 생명 공학 기술 산업, 신소재 산업 등이 발달했다.
③ 중화학 공업을 육성하기 위해 포항에 제철소를 세웠다.
④ 항공기나 미사일, 로켓 등을 만드는 항공 우주 산업이 발달했다.
⑤ 사람들에게 즐거움이나 편리한 서비스를 제공하는 산업이 발달했다.

12 다음 ( ) 안에 들어갈 말로 알맞은 것은 어느 것입니까? ( )

> 도로와 철도 교통이 발달하면서 전국이 하나의
> 생활권으로 연결되었고, ( ) 기술이 발
> 달하면서 많은 사람이 휴대 전화와 인터넷을 사용
> 하게 되었다.

① 조선 　　② 의료 　　③ 금융
④ 신소재 　　⑤ 정보 통신

13 경제성장 과정에서 나타난 문제점 중 다음 해결 노력과 관련 있는 것은 어느 것입니까? ( )

> • 에너지 절약 운동 　• 친환경 자동차 보급 지원

① 환경 문제 　　　　② 노동 문제
③ 산업 재해 문제 　　④ 빈부 격차 문제
⑤ 지역 간 불균형 문제

14 다음 밑줄 친 부분을 나타내는 용어를 쓰시오.

> 부족하거나 없는 물건을 다른 나라와 교환하여
> 쓰면 두 나라는 모두 이익을 얻을 수 있다. 그래서
> 나라와 나라 사이에 물건이나 서비스를 <u>사고파는
> 일</u>을 하게 된다.

( )

15 다음 A 나라와 B 나라가 무역을 할 때 A 나라가 B 나라에 수출할 수 있는 물건을 두 가지 쓰시오.

A 나라		B 나라
밀, 옥수수, 감자 등 농산물이 풍부하지만 휴대 전화, 반도체, 자동차 등을 만드는 기술은 부족함.	↔ 무역	기술이 발달해서 휴대 전화, 반도체, 자동차 등은 잘 만들지만 밀, 옥수수, 감자 등의 농산물은 부족함.

( )

☆☆
16 다음 그래프를 보고 알 수 있는 사실로 알맞은 것은 어느 것입니까? ( )

▲ 우리나라의 나라별 수출액 비율(2021년)

▲ 우리나라의 나라별 수입액 비율(2021년)

① 우리나라는 베트남에 수출하지 않는다.
② 우리나라는 일본에서 수입하지 않는다.
③ 우리나라는 미국에 가장 많이 수출한다.
④ 우리나라는 다른 나라와 무역을 하지 않는다.
⑤ 우리나라는 중국뿐만 아니라 여러 나라와 경제 교류를 한다.

17 다음그래프에서 우리나라가 다른 나라에 두 번째로 많이 판매하는 제품은 무엇인지 찾아 쓰시오.

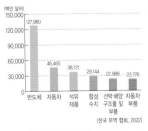
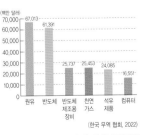

▲ 우리나라의 무역액 상위 품목별 수출액(2021년)

▲ 우리나라의 무역액 상위 품목별 수입액(2021년)

( )

18 나라 간에 자유 무역 협정(FTA)을 맺는 까닭으로 가장 알맞은 것은 어느 것입니까? ( )

① 높은 관세를 부과하기 위해서
② 다른 나라의 무역을 보호하기 위해서
③ 범지구적으로 환경을 보호하기 위해서
④ 생산자에게 공정한 대가를 주기 위해서
⑤ 나라 간 경제 교류를 자유롭고 편리하게 하기 위해서

19 다음 그림과 관련하여 자기 나라의 경제를 보호하려는 까닭으로 가장 알맞은 것은 어느 것입니까? ( )

다른 나라 물건을 싼 가격에 수입하면 우리 회사가 어려워지겠지.

① 무역 마찰을 막기 위해서
② 공정한 무역을 하기 위해서
③ 국민들의 일자리를 보호하기 위해서
④ 경쟁력이 높은 산업을 보호하기 위해서
⑤ 다른 나라에 의존하는 품목의 수입을 늘리기 위해서

20 다음 ( ) 안에 공통으로 들어갈 말로 알맞은 것은 어느 것입니까? ( )

( ) 무역은 생산자에게 정당한 대가를 주고 물건을 사는 무역 형태를 말한다. ( ) 무역은 생산자와 소비자 모두 행복해질 수 있는 거래 형태라는 의미로 '착한 소비'라고 불리기도 한다.

① 공정   ② 자유   ③ 보호
④ 평등   ⑤ 환경

01 다음 경제주체의 경제활동 모습을 보고, 물음에 답하시오.

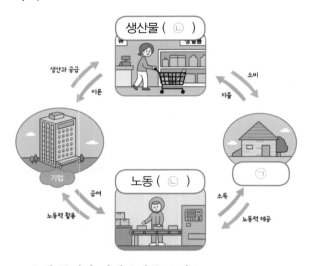

(1) ㉠에 들어갈 경제주체를 쓰시오.

(   )

(2) 경제활동에서 ㉡의 역할은 무엇인지 쓰시오.

_____

02 다음은 경제활동의 경쟁 과정에서 발생할 수 있는 문제점입니다. 물음에 답하시오.

자동차를 만드는 기업끼리 가격을 올립시다.

(1) 위와 같은 문제를 일으키는 경제주체를 쓰시오.

(   )

(2) 위와 같은 문제를 해결하기 위한 정부의 노력을 두 가지 쓰시오.

_____

03 다음 우리나라에서 발달한 시대별 주요 산업을 보고, 물음에 답하시오.

(가)
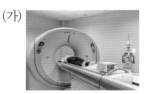
▲ 의료 서비스 산업

(나)

▲ 철강 산업

(다)

▲ 가발 산업

(라)

▲ 반도체 산업

(마)

▲ 소비재 산업(밀가루)

(1) 우리나라에서 발달한 주요 산업을 시대 순서에 따라 기호를 쓰시오.

(→   →   →   →   )

(2) 우리나라 정부에서 (나)와 같은 중화학 공업의 발전을 위해 한 노력을 보기의 단어를 사용하여 쓰시오.

> **보기**
> • 기술   • 학교   • 연구 시설

_____

04 다음 자료를 보고, 물음에 답하시오.

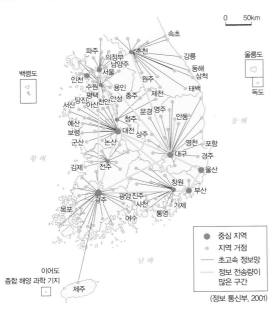

▲ 초고속 정보 통신망

(1) 위와 같이 전국적으로 초고속 통신망이 설치된 시기는 언제인지 **보기** 에서 골라 기호를 쓰시오.

> **보기**
>
> ㉠ 1950년대   ㉡ 1960년대
>
> ㉢ 1970~1980년대   ㉣ 1990년대 이후

(   )

(2) 위와 같은 초고속 정보 통신망이 우리나라의 경제 발전에 미친 영향을 쓰시오.

_____

_____

2
단원

05 다음 기업의 경제 교류 모습을 보고, 물음에 답하시오.

이런 기술을 우리 기업의 반도체에 적용해 보면 좋겠군.

다른 나라에 공장을 세워 그 나라의 값싼 (   )을/를 활용해 물건을 만드니 비용을 줄일 수 있어.

▲ 세계 기술 교류 행사 참석   ▲ 베트남 현지 공장

(1) 위의 (   ) 안에 들어갈 알맞은 말을 쓰시오.

(   )

(2) 위와 같은 기업의 경제 교류로 달라진 개인의 경제생활 모습을 쓰시오.

_____

_____

06 다음 뉴스를 보고, 물음에 답하시오.

○○ 나라가 우리나라의 자동차에 매기는 관세를 올리고, 자동차의 수입량까지 제한하겠다고 발표했습니다.

(1) 위의 뉴스 내용에서 '수입하는 물건에 대한 세금'이라는 뜻의 단어를 찾아 쓰시오.

(   )

(2) 위의 뉴스 내용과 같은 경제 상황일 때 우리나라의 무역에 어떤 영향을 미칠지 쓰시오.

_____

_____

수행 평가

배점 | 20점

학습 주제 **가계의 합리적 선택**

학습 목표 **가계가 합리적 선택을 하는 까닭을 설명할 수 있다.**

[1~2] 다음은 철수네 가족이 청소기 구매에 필요한 정보를 수집한 내용입니다. 물음에 답하시오.

구분	청소기 1	청소기 2	청소기 3	청소기 4
디자인				
성능	모터 2개	모터 3개	모터 2개	모터 1개
무게	2kg	3.5kg	3kg	1.5kg
가격	10만 원	30만 원	20만 원	50만 원
수리	무상 수리 3년	무상 수리 1년	무상 수리 1년	무상 수리 2년
특징	무선 청소 제품	넓은 공간 청소 가능	에너지 절약 제품	자동 청소 기능

1 위의 제품 중 '엄마'와 '아빠'의 선택 기준에 적합한 청소기는 무엇인지 각각 쓰시오.

스스로 청소하는 청소기가 있으면 좋겠어.

전기를 절약할 수 있는 청소기를 사야 해요.

사용하기 편하고 가벼우면 좋겠어요.

가격이 싼 게 좋지 않을까?

엄마   철수   동생   아빠

(1) 엄마: (   ), (2) 아빠: (   )

2 철수네 가족과 같이 합리적 선택을 해야 하는 까닭을 쓰시오.

배점 | 20점

학습 주제 경제성장에 따른 사회의 변화 모습

학습 목표 경제성장에 따른 사회의 변화 모습을 설명할 수 있다.

[1~2] 다음 우리나라 경제 변동에 관한 자료를 보고, 물음에 답하시오.

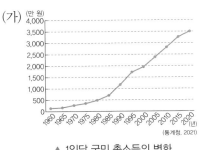
(가)
▲ 1인당 국민 총소득의 변화
(통계청, 2021)

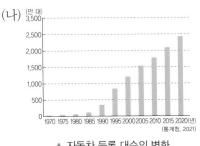
(나)
▲ 자동차 등록 대수의 변화
(통계청, 2021)

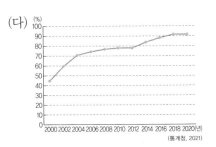
(다)
▲ 인터넷 이용률의 변화
(통계청, 2021)

2
단원

1 위의 (가)~(다)를 다음과 같이 정리하였습니다. ( ) 안에 들어갈 알맞은 말에 ○표를 하시오.

(가) 1인당 국민 총소득이 (늘어나고 / 줄어들고), 사람들의 생활 수준이 (높 / 낮)아졌음.

(나) 자동차 등록 대수가 (늘어나고 / 줄어들고), 이동이 (편리해 / 불편해)졌음.

(다) 인터넷 이용 비율이 (높아지고 / 낮아지고), 정보 이용 속도가 (빨라지고 / 늦어지고) 있음.

2 위의 자료를 참고하여 우리나라의 해외여행자 수가 다음과 같이 변화한 까닭을 쓰시오.

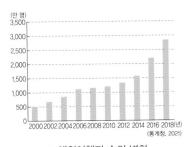
▲ 해외여행자 수의 변화
(통계청, 2021)

Memo

만점왕 통합본

과학 6-1

구성과 특징

개념책
교과서 개념을 충실하게 반영하였으며 실전 문제로 교과 학습을 완벽하게 이해할 수 있도록 내용을 구성하였습니다.

단원 평가
다양한 문제를 풀어 보며 자신의 학습 상태를 점검하고 학교 단원 평가에 대비할 수 있도록 내용을 구성하였습니다.

1 교과서 개념 익히기

자세한 개념 설명과 그림을 통해 교과서 내용을 분명하게 파악할 수 있습니다.

2 실전 문제

앞서 배운 개념과 관련된 문제를 풀어 보며 주요 내용을 꼼꼼하게 확인할 수 있습니다.

3 단원 정리

꼭 알아야 할 단원의 핵심 개념을 한 페이지로 확인할 수 있습니다.

4 단원 정리 평가

단원을 정리하는 문제를 풀어 보며 실력을 점검, 보완할 수 있습니다.

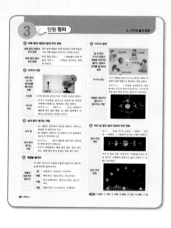

5, 6 서술형 문제 & 수행 평가

각 단원에서 익힌 내용을 활용하여 학교 시험의 서술형 문제와 수행 평가에 대비할 수 있습니다.

이 책의 차례

❶ 탐구 문제를 정해 가설을 세우고, 실험 계획하기

1. 탐구 문제를 정하고 가설을 세워 볼까요?

(1) 가설 설정에 대해 알아보기

① 가설 설정: 탐구할 문제를 정하고, 탐구할 문제의 답을 예상하는 것입니다.

② 가설을 세울 때 생각해야 할 점

• 알아보려는 내용이 분명하게 드러나야 합니다.

• 이해하기 쉽도록 간결하게 표현해야 합니다.

• 탐구하여 가설이 맞는지 확인할 수 있어야 합니다.

(2) 가설 세우기

 종이 기둥 위에 책을 한 권씩 쌓아 올리며 나타나는 변화를 관찰하는 상황

① 관찰하면서 생긴 궁금한 점을 써 보기

• 얇은 종이로 만든 기둥에 책을 쌓아 올려도 무너지지 않는 까닭은 무엇일까?

• 어떤 종이로 기둥을 만들어야 더 큰 무게를 견딜 수 있을까?

• 종이 기둥 바닥의 꼭짓점 수에 따라 종이 기둥이 견디는 무게가 달라질까?

② 궁금한 점 중에서 가장 알고 싶은 것을 탐구 문제로 정하기

탐구 문제	종이 기둥 바닥의 꼭짓점 수는 종이 기둥이 견디는 무게에 영향을 미칠까?

③ 탐구 문제의 결과를 예상하여 가설을 세우기

가설 설정	종이 기둥 바닥의 꼭짓점 수가 많을수록 종이 기둥이 견디는 무게가 늘어날 것이다.

2. 실험을 계획해 볼까요?

(1) 실험을 계획하는 방법 알아보기

① 가설이 맞는지 확인하려면 어떻게 실험해야 할지 이야기해 봅니다.

② 실험에서 다르게 해야 할 조건과 같게 해야 할 조건을 찾아봅니다.

③ 실험할 때 관찰하거나 측정해야 할 것을 생각해 봅니다.

④ 실험 과정과 준비물, 안전 수칙을 정해 봅니다.

⑤ 모둠 구성원들의 역할을 정해 봅니다.

⑥ 실험 계획을 발표하고, 고쳐야 할 부분을 찾아 수정해 봅니다.

가설 설정 방법

가설을 설정하기 위해서는 관찰을 통한 문제 인식부터 관찰 분석, 경험 탐색, 가설 설정 과정을 거칩니다.

문제 인식

물고기의 몸이 유선형인 까닭은 무엇일까?

⬇

관찰 분석

잠수함도 유선형입니다. 유선형의 몸은 네모 모양의 몸보다 몸에 받는 압력을 더 분산할 수 있습니다.

⬇

경험 탐색

정육면체 장난감과 유선형 장난감을 물속에서 움직여 보면, 정육면체 장난감보다 유선형 장난감이 더 잘 움직이는 것을 관찰할 수 있습니다.

⬇

가설 설정

물고기의 몸이 유선형인 것은 물의 저항을 줄이기 위해서일 것입니다.

좋은 탐구 문제가 갖추어야 할 조건

○ 탐구하려는 내용이 분명히 드러나야 합니다.

○ 스스로 탐구할 수 있어야 합니다.

○ 탐구의 범위가 좁고 구체적이어야 합니다.

낱말사전

탐구 필요한 것을 조사하여 찾아내거나 얻어 냄.

가설 어떤 사실이나 이론을 설명하기 위해 설정한 가정

측정 일정한 양을 기준으로 하여 같은 종류의 다른 양의 크기를 잼.

역할 자기가 마땅히 하여야 할 맡은 바 직책이나 임무

개념 확인문제

정답과 해설 41쪽

1 ( ) 설정은 탐구할 문제를 정하고, 탐구할 문제의 답을 예상하는 것을 말합니다.

2 가설을 세울 때 생각해야 할 점으로 옳은 것에 ○표, 옳지 <u>않은</u> 것에 ×표 하시오.

(1) 알아보려는 내용이 분명하게 드러나야 합니다. ( )

(2) 이해하기 어렵게 매우 복잡하게 표현해야 합니다. ( )

(3) 탐구하여 가설이 맞는지 확인할 수 있어야 합니다. ( )

(2) 실험 계획 세우기

가설	종이 기둥 바닥의 꼭짓점 수가 많을수록 종이 기둥이 견디는 무게가 늘어날 것이다.

① 가설이 맞는지 확인하려면 어떻게 실험해야 할지 글이나 그림으로 나타냅니다.

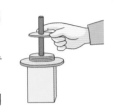

> ⊙ 바닥의 꼭짓점 수가 다른 여러 개의 종이 기둥을 준비한다. – 바닥의 꼭짓점 수를 다르게 해야 한다.
> ⓒ 추 받침대에 빨대를 꽂아 종이 기둥 위에 올려놓고 추를 하나씩 쌓아 올린다.
> ⓒ 각각의 종이 기둥이 무너지기 직전까지 쌓아 올린 추의 개수를 세어 본다.

② 실험에서 다르게 해야 할 조건과 같게 해야 할 조건을 찾고, 어떻게 실험할지 방법을 정합니다.

구분	조건	방법
다르게 해야 할 조건	종이 기둥 바닥의 꼭짓점 수	바닥의 꼭짓점 수가 다른 종이 기둥을 여러 개 준비한다.
같게 해야 할 조건	종이의 종류	색종이를 준비한다.
	종이의 크기	230 mm × 85 mm로 맞춘다.
	종이 기둥 위에 올려놓을 물건	무게가 같은 추를 사용한다.
	종이 기둥 위에 물건을 올려놓는 위치	빨대를 꽂은 후 받침대를 사용해 종이 기둥 위쪽 가운데에 추를 올려놓는다.

③ 실험할 때 관찰하거나 측정해야 할 것을 정합니다.
➡ 바닥의 꼭짓점 수가 세 개, 네 개, 다섯 개, 여섯 개인 종이 기둥이 무너지기 직전까지 쌓아 올린 추 개수를 세어 봅니다.

④ 실험 준비물과 실험 과정, 안전 수칙을 정하여 정리합니다.

⑤ 모둠 친구들의 역할을 정합니다.

3 가설이 맞는지 확인하기 위한 실험을 계획할 때 (실험 과정 , 실험 결과)을/를 정합니다.

4 '종이 기둥 바닥의 꼭짓점 수가 많을수록 종이 기둥이 견디는 무게가 늘어날 것이다.' 라는 가설을 확인하기 위한 실험을 계획할 때 다르게 해야 할 실험 조건은 (종이의 종류 , 종이 기둥 바닥의 꼭짓점 수)입니다.

✏ 실험 계획 수립 과정에서 고려해야 할 사항

ᴗ 실험 방법이 탐구 문제를 해결하기에 적절한가?
ᴗ 다르게 해야 할 조건, 같게 해야 할 조건, 실험을 하면서 관찰하거나 측정해야 할 것을 바르게 정하였는가?
ᴗ 실험 과정은 구체적인가?
ᴗ 실험 준비물은 어떻게 준비할 것인가?
ᴗ 안전한 실험이 되도록 계획하였는가?
ᴗ 실험 기간, 장소를 바르게 정하였는가?
ᴗ 역할을 적절하게 나누었는가?

✏ 모둠 구성원의 역할

ᴗ 다르게 해야 할 조건과 같게 해야 할 조건을 지켜 실험할 수 있도록 구체적으로 역할을 정합니다.
ᴗ 기록을 하거나 정리를 할 때에는 모둠 구성원이 함께 도와서 할 수 있도록 역할을 정합니다.

이름	역할
김○○	종이 기둥 전개도 자르기
박○○	종이 기둥 전개도를 접고 풀로 붙여 기둥 완성하기
윤○○	종이 기둥에 추 쌓아 올리기
이○○	실험 결과 기록하기

낱말사전

직전 어떤 일이 일어나기 바로 전
수칙 행동이나 절차에 관하여 지켜야 할 사항을 정한 규칙

✏️ 변인 통제

○ 실험에서 다르게 해야 할 조건과 같게 해야 할 조건을 확인하고 통제하는 과정입니다.

○ 실험할 때에는 다르게 해야 할 조건을 제외한 나머지 조건들은 모두 같게 유지해야 믿을 수 있는 실험 결과를 얻을 수 있습니다.

✏️ 반복하여 실험하면 좋은 점

○ 더 정확한 실험 결과를 얻기 위해서는 여러 번 반복하여 실험을 하는 것이 좋습니다.

○ 최소 3회 이상 반복 실험을 통해 얻은 결과의 평균값을 계산하면 더 정확한 실험 결과를 얻을 수 있습니다.

❷ 실험을 한 후 실험 결과를 변환하고 해석해 결론 내려 보기

1. 실험을 해 볼까요?

(1) 실험할 때 주의할 점 알아보기

① 변인 통제에 주의하며 계획한 실험 순서에 따라 실험을 합니다.

② 관찰하거나 측정하려고 하는 것을 분명히 정하고 결과를 기록합니다.

③ 실험 결과가 예상과 다르더라도 고치거나 빼지 않고 실험 결과를 있는 그대로 기록합니다.

④ 실험하는 동안 안전 수칙을 잘 지킵니다.

⑤ 실험을 여러 번 반복하면 더 정확한 실험 결과를 얻을 수 있습니다.

(2) 종이 기둥이 견디는 무게를 알아보는 실험하기

① 바닥의 꼭짓점 수가 세 개인 종이 기둥 위에 빨대를 꽂은 후 받침대를 올려놓고, 그 위에 추를 하나씩 쌓아 올리면서 종이 기둥을 관찰하여 글이나 그림으로 나타내 봅니다.

> • 추를 쌓아 올렸을 때 종이 기둥의 모서리를 만지면 단단하다.
> • 종이 기둥이 꺾이면서 무너진다.
> • 종이 기둥의 아래쪽 바닥에서 가까운 부분이나 추를 쌓아 올린 위쪽 부분부터 무너지기 시작한다.

② 바닥의 꼭지점 수가 네 개, 다섯 개, 여섯 개인 기둥으로 ① 과정을 반복합니다.

② 종이 기둥이 무너지기 직전까지 쌓아 올린 추의 개수를 써 봅니다.

종이 기둥 바닥의 꼭짓점 수(개)		3	4	5	6
추의 개수(개)	1회	16	23	27	33
	2회	16	21	27	32
	3회	17	22	28	32
	평균	16.33	22	27.33	32.33

▲ 종이 기둥 바닥의 꼭짓점 수에 따라 종이 기둥이 견디는 추의 개수

😊 **낱말사전**

변인 성질이나 모습이 변하는 원인
모서리 물체의 모가 진 가장자리

개념 확인문제

정답과 해설 41쪽

5 실험 결과가 예상과 다르게 나오면 (고쳐서 , 고치거나 빼지 않고) 실험 결과를 기록합니다.

6 실험할 때 주의할 점으로 옳은 것에 ○표, 옳지 <u>않은</u> 것에 ×표 하시오.

(1) 실험하는 동안 안전 수칙을 잘 지킵니다.   (　　　)

(2) 계획한 실험 순서에 따라 실험을 합니다.   (　　　)

(3) 정확한 실험 결과를 얻기 위해 실험은 한 번만 합니다.   (　　　)

2. 실험 결과를 변환하고 해석해 볼까요?

(1) 자료 변환과 자료 해석에 대해 알아보기

① 자료 변환: 관찰한 내용이나 측정한 결과에서 얻은 자료를 표, 그래프, 그림 등으로 바꾸는 것을 말합니다.

② 자료 해석: 실험 결과를 통해 알 수 있는 점을 생각하고, 자료 사이의 관계나 규칙을 찾아내는 것을 말합니다.

(2) 실험 결과를 변환하고 해석하기

① 실험 결과를 꺾은선그래프로 나타내기

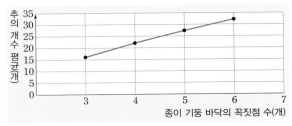

▲ 종이 기둥 바닥의 꼭짓점 수에 따라 종이 기둥이 견디는 추의 개수

② 자료 해석하기: 종이 기둥 바닥의 꼭짓점 수가 많을수록 종이 기둥이 견디는 추의 개수가 많아집니다.

3. 결론을 내려 볼까요?

(1) 결론 도출: 실험 결과를 보고 가설이 맞는지 판단하고 결론을 이끌어 내는 과정입니다.

(2) 실험 결과를 보고 가설이 맞는지 판단해 보기

가설	종이 기둥 바닥의 꼭짓점 수가 많을수록 종이 기둥이 견디는 무게가 커질 것이다.

➡ 종이 기둥 바닥의 꼭짓점 수가 많을수록 종이 기둥이 많은 수의 추를 지탱하였기 때문에 우리 모둠의 가설은 맞습니다.

(3) 실험 결과에서 결론을 이끌어 내기

결론	종이 기둥 바닥의 꼭짓점 수는 종이 기둥이 견디는 무게에 영향을 미친다.

---

7 자료 변환에 대한 설명으로 옳은 것에 ○표, 옳지 않은 것에 ×표 하시오.

(1) 자료 변환을 하면 실험 결과를 한눈에 비교하기 어렵다. (　　)

(2) 종류별 차이를 비교할 때 막대그래프로 자료를 변환한다. (　　)

(3) 시간이나 양에 따른 변화를 나타낼 때 꺾은선그래프로 자료를 변환한다.
(　　)

8 자료 (　　　　)(이)란 실험 결과를 통해 알 수 있는 점을 생각하고, 자료 사이의 관계나 규칙을 찾아내는 것을 말합니다.

막대그래프와 꺾은선그래프

⤷ 막대그래프: 종류별 차이를 비교할 때 사용합니다.

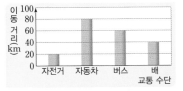

▲ 한 시간 동안 여러 교통수단의 이동 거리

⤷ 꺾은선그래프: 시간이나 양에 따른 변화를 나타낼 때 사용합니다.

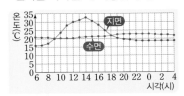

▲ 하루 동안 지면과 수면의 온도 변화

자료를 해석하는 방법

⤷ 실험에서 다르게 한 조건과 실험 결과 사이에서 규칙을 찾아냅니다.

⤷ 규칙에서 벗어난 것이 있다면 그 까닭이 무엇인지 생각합니다.

⤷ 실험 조건을 잘 통제하였는지, 실험 과정과 측정 방법에는 이상이 없었는지 생각합니다.

실험 결과와 가설

⤷ 실험 결과와 가설이 같을 때: 탐구 문제의 답을 정리하여 결론을 내립니다.

⤷ 실험 결과와 가설이 다를 때: 가설을 수정하여 다시 탐구를 시작합니다.

낱말사전

변환 달라져서 바뀜.
도출 판단이나 결론 따위를 이끌어 냄.

2. 지구와 달의 운동

① 지구의 자전

1. 하루 동안 태양과 달의 위치 변화

(1) 하루 동안 태양의 위치 변화 : 하루 동안 태양은 동쪽 하늘에서 남쪽 하늘을 지나 서쪽 하늘로 움직이는 것처럼 보입니다.

(2) 하루 동안 달의 위치 변화 관찰하기

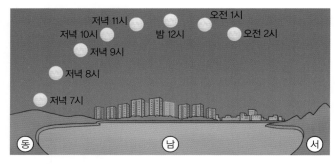

➡ 해질 무렵부터 보름달을 관찰하면 달은 동쪽에서 서쪽 방향으로 움직이는 것처럼 보입니다. 달의 높이는 점점 높아지다가 남쪽 하늘에서 가장 높고, 이후 점점 낮아지다가 지평선 아래로 집니다.

2. 하루 동안 지구의 운동과 낮과 밤이 생기는 까닭

(1) 하루 동안 지구의 운동

실험 관찰로 알아보기   하루 동안의 지구의 움직임 알아보기

[준비물] 지구의, 방위를 나타내는 붙임딱지, 관측자 모형, 갓 없는 전등
[탐구 방법]
❶ 지구의에서 우리나라를 찾아 동쪽, 서쪽, 남쪽, 북쪽에 붙임딱지를 붙입니다.
❷ 우리나라 위치에 관측자 모형이 남쪽을 향하도록 붙입니다.
❸ 전등을 켜고 지구의를 서쪽에서 동쪽으로 회전시키며, 관측자 모형에게 전등이 어떻게 움직이는 것처럼 보이는지 관찰합니다.
※ 전등은 태양, 지구의는 지구, 관측자 모형은 지구의 관측자를 나타냅니다.

✏️ 하루 동안 태양의 위치 변화

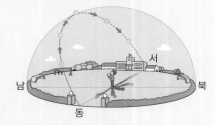

태양은 동쪽 지평선에서 떠오르고, 시간이 지남에 따라 태양의 높이는 점점 높아지다가 낮아지며, 이후 서쪽 지평선 아래로 집니다.

✏️ 하루 동안 달의 위치 변화를 관찰하는 방법

① 달을 관측하려는 장소에서 나침반을 이용하여 동쪽, 남쪽, 서쪽을 확인합니다.
② 남쪽을 중심으로 주변 건물이나 나무 등의 위치를 표시해 봅니다.
③ 태양이 진 뒤에 같은 장소에서 일정한 시간 간격으로 관측한 달의 위치를 기록합니다.
④ 스마트 기기를 이용하여 오늘 밤 시간이 지남에 따라 달의 위치가 어떻게 될지 미리 확인해 보는 방법도 있습니다.

✏️ 밤하늘에 있는 별들의 위치 변화

태양이나 달과 마찬가지로 밤하늘의 별들도 하루 동안 동쪽에서 서쪽으로 움직이는 것처럼 보입니다.

낱말사전

지평선 편평한 땅끝과 하늘이 맞닿아 경계를 이루는 선
관측자 자연 현상의 상태나 변화를 관찰하는 사람

개념 확인문제   정답과 해설 41쪽

1 하루 동안 태양은 (동 , 서)쪽 지평선에서 떠오르고, 시간이 지남에 따라 남쪽 하늘을 지나 (동 , 서)쪽 지평선 아래로 집니다.

2 전등과 관측자 모형을 붙여놓은 지구의를 이용하여 하루 동안 지구의 움직임을 알아보는 실험에서 전등은 (   )을/를 나타냅니다.

[탐구 결과]

- 지구의가 회전하는 방향과 관측자 모형이 본 전등이 움직이는 방향 비교하기

지구의가 회전하는 방향	서쪽 → 동쪽
관측자 모형이 본 전등이 움직이는 방향	동쪽 → 서쪽

- 지구의가 서쪽에서 동쪽으로 회전하기 때문에 지구의 위에 있는 관측자 모형에게는 전등이 동쪽에서 서쪽으로 움직이는 것처럼 보입니다.
  ➡ 알 수 있는 점: 지구는 서쪽에서 동쪽으로 회전합니다.

① 지구의 자전: 지구가 자전축을 중심으로 하루에 한 바퀴씩 서쪽에서 동쪽으로 회전하는 것을 지구의 자전이라고 합니다.

② 지구가 서쪽에서 동쪽으로 자전하기 때문에 지구에서는 태양이 하루 동안 동쪽에서 서쪽으로 움직이는 것처럼 보입니다.

(2) 낮과 밤

낮	태양이 동쪽에서 떠오를 때부터 서쪽으로 완전히 질 때까지의 시간
밤	태양이 서쪽으로 진 때부터 다시 동쪽에서 떠오르기 전까지의 시간

(3) 낮과 밤이 생기는 까닭

① 지구가 자전하기 때문에 하루에 한 번씩 번갈아 낮과 밤이 생깁니다.

② 지구가 자전하면서 태양 빛을 받는 쪽은 낮이 되고, 태양 빛을 받지 못하는 쪽은 밤이 됩니다.

③ 우리나라에 낮과 밤은 하루에 한 번씩 번갈아 나타납니다.

▲ 지구의에서 우리나라 위치에 관측자 모형을 붙인 후, 우리나라가 낮일 때 모습

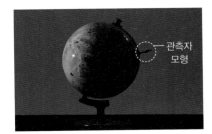

▲ 지구의에서 우리나라 위치에 관측자 모형을 붙인 후, 우리나라가 밤일 때 모습

3 (　　　　　)은/는 지구의 북극과 남극을 이은 가상의 직선을 말합니다.

4 지구가 (　　　　　)하면서 태양 빛을 받는 쪽과 태양 빛을 받지 못하는 쪽이 생기기 때문에 지구에 낮과 밤이 생깁니다.

✎ 달리는 자동차 안에서 창밖으로 보이는 풍경의 움직임

↪ 달리는 자동차 안에서 창밖을 보면 창밖 풍경이 자동차가 달리는 방향의 반대 방향으로 움직이는 것처럼 보입니다.

↪ 이와 비슷한 현상이 지구에서 보는 천체의 움직임에서도 나타납니다.

✎ 자전축

지구의 북극과 남극을 이은 가상의 직선입니다.

✎ 지구의 자전 방향

지구는 서쪽에서 동쪽(시계 반대 방향)으로 회전합니다.

✎ 지구의 낮과 밤

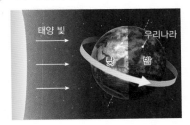

지구가 자전축을 중심으로 서쪽에서 동쪽(시계 반대 방향)으로 자전하기 때문에 지구에 낮과 밤이 생깁니다.

낱말사전

자전 저절로 돎. 천체가 스스로 고정된 축을 중심으로 회전하는 운동

가상 사실이 아니거나 사실인지 불분명한 것을 실제로 있는 것처럼 생각함.

2
단원

[01~02] 다음은 하루 동안 일어나는 태양의 위치 변화를 순서 없이 나타낸 모습입니다. 물음에 답하시오.

01 하루 동안 시간의 흐름에 맞게 태양의 위치 변화를 순서대로 기호를 쓰시오.

( ) → ( ) → ( )

☆☆
02 위의 ㉠~㉢ 중 한낮일 때 태양의 위치를 나타낸 것을 골라 기호를 쓰시오.

( )

03 하루 동안 보름달의 위치 변화를 바르게 나타낸 것은 어느 것입니까? ( )

① 동쪽 → 남쪽 → 서쪽
② 동쪽 → 남쪽 → 북쪽
③ 동쪽 → 북쪽 → 서쪽
④ 서쪽 → 남쪽 → 동쪽
⑤ 서쪽 → 남쪽 → 북쪽

04 하루 동안 태양과 달, 별의 위치 변화에 대한 설명으로 옳은 것을 보기 에서 모두 골라 기호를 쓰시오.

> **보기**
> ㉠ 태양은 아침에 동쪽 하늘에서 볼 수 있다.
> ㉡ 보름달은 항상 그 자리에 있는 것처럼 보인다.
> ㉢ 초저녁에 동쪽 하늘에 있던 별은 서쪽 방향으로 움직이는 것처럼 보인다.
> ㉣ 하루 동안 달은 계속 움직이는 것처럼 보이지만, 태양은 움직이지 않는 것처럼 보인다.

( )

[05~07] 다음은 지구의의 우리나라 위치에 관측자 모형을 붙인 뒤 전등을 켜고 지구의를 서쪽에서 동쪽으로 회전시키며 관측자 모형에서 전등이 어떻게 움직이는 것처럼 보이는지 관찰해 보는 모습입니다. 물음에 답하시오.

05 위 실험에서 관측자 모형을 지구의의 우리나라에 붙일 때 어느 방향을 향하도록 붙여야 하는지 쓰시오.

( )

06 위 실험에 대한 설명으로 옳은 것에 ○표, 옳지 않은 것에 ×표 하시오.

(1) 전등은 지구를 나타낸다. ( )

(2) 관측자 모형은 지구의 관측자를 나타낸다.
( )

(3) 지구의를 서쪽에서 동쪽으로 회전시키는 것은 지구의 자전을 나타낸다. ( )

07 앞 실험에서 관측자 모형에서 보이는 전등의 움직임을 바르게 설명한 것은 어느 것입니까? ( )

① 전등이 두 개로 보인다.
② 전등 불빛이 꺼져 보인다.
③ 전등이 움직이지 않는 것처럼 보인다.
④ 전등이 서쪽에서 동쪽으로 움직이는 것처럼 보인다.
⑤ 전등이 동쪽에서 서쪽으로 움직이는 것처럼 보인다.

08 다음과 같이 지구가 자전축을 중심으로 하루에 한 바퀴씩 서쪽에서 동쪽으로 회전하는 것을 무엇이라고 하는지 쓰시오.

지구의 ( )

09 다음 ( ) 안에 들어갈 알맞은 말을 쓰시오.

(㉠)은/는 태양이 동쪽에서 떠오를 때부터 서쪽으로 질 때까지의 시간을 말하고, (㉡)은/는 태양이 서쪽으로 진 때부터 이튿날 동쪽에서 떠오르기 전까지의 시간을 말한다.

㉠ ( ), ㉡ ( )

[10~11] 다음과 같이 낮과 밤이 생기는 까닭을 알아보기 위해, 지구의의 우리나라에 관측자 모형을 붙이고 불이 켜진 전등 앞에서 지구의를 천천히 돌려 보았습니다. 물음에 답하시오.

㉠  ㉡

10 위 실험에서 우리나라가 낮일 때에 해당하는 모습을 골라 기호를 쓰시오.

( )

☆☆
11 위 실험을 통해 알 수 있는 지구에 낮과 밤이 생기는 까닭을 바르게 설명한 것은 어느 것입니까? ( )

① 태양이 둥글기 때문이다.
② 달이 자전하기 때문이다.
③ 지구가 자전하기 때문이다.
④ 지구가 회전하지 않기 때문이다.
⑤ 지구의 크기가 달보다 크기 때문이다.

12 지구의 낮과 밤에 대한 설명으로 옳지 않은 것은 어느 것입니까? ( )

① 낮에는 밝고, 밤에는 어둡다.
② 태양이 하늘에 떠 있을 때가 낮이다.
③ 지구의 낮과 밤은 태양 빛과 관련되어 있다.
④ 우리나라에 하루에 한 번씩 낮과 밤이 반복된다.
⑤ 태양 빛을 받는 곳에 있는 나라는 깜깜한 밤에 해당한다.

② 지구의 공전

1. 계절별 별자리

(1) 계절에 따라 저녁 9시 무렵에 하늘에서 볼 수 있는 별자리

(2) 계절의 대표적인 별자리: 각 계절의 밤하늘에서 오랜 시간 볼 수 있는 별자리

봄	목동자리, 사자자리, 처녀자리
여름	백조자리, 거문고자리, 독수리자리
가을	안드로메다자리, 페가수스자리, 물고기자리
겨울	쌍둥이자리, 오리온자리, 큰개자리

① 저녁 9시 무렵에 남동쪽 하늘이나 남쪽 하늘에 위치한 별들은 밤하늘에서 볼 수 있는 시간이 길기 때문에 그 계절의 대표적인 별자리가 됩니다.

② 계절에 따라 밤하늘에 보이는 대표적인 별자리는 달라집니다.

③ 계절별 대표적인 별자리는 그 계절에만 보이는 것이 아니라 두 계절이나 세 계절에 걸쳐 볼 수도 있습니다.

사자자리

○ 그리스 신화 속 영웅 헤라클레스의 손에 의해 죽음을 당한 사자를 신들의 왕인 제우스가 밤하늘의 별자리로 만들었다는 전설을 담고 있는 별자리입니다.

○ 봄철의 대표적인 별자리이며, 겨울에는 동쪽 하늘에서 볼 수 있고, 여름에는 서쪽 하늘에서 볼 수 있습니다. 사자자리는 겨울, 봄, 여름 세 계절에 걸쳐 볼 수 있습니다.

밤하늘에서 오랜 시간 볼 수 있는 별자리가 저녁 9시 무렵에 남동쪽이나 남쪽에 있는 까닭

하루 동안 태양과 달이 동쪽에서 서쪽 방향으로 움직이는 것처럼 보이듯이, 하루 동안 별자리도 시간이 지남에 따라 동쪽에서 서쪽 방향으로 이동한 위치에서 보이기 때문에 저녁 9시 무렵에 남동쪽이나 남쪽 하늘에 있는 별자리를 오랜 시간 볼 수 있습니다.

낱말사전

신화 옛날부터 전해 내려오는 이야기로, 나라가 세워진 일 등에 관련된 신성한 이야기

별자리 별들을 몇 개씩 연결하여 신화 속 인물이나 동물, 물건의 모습을 떠올리고 이름을 붙인 것

개념 확인문제

정답과 해설 41쪽

1 (저녁 9시 , 새벽 6시) 무렵에 남동쪽 하늘이나 남쪽 하늘에 위치한 별들은 그 계절의 대표적인 별자리가 됩니다.

2 계절별 별자리에 대한 설명으로 옳은 것에 ○표, 옳지 않은 것에 ×표 하시오.

(1) 사자자리는 봄철의 대표적인 별자리입니다.　　　　　　　　　　　(　　)

(2) 계절과 상관없이 밤하늘에는 항상 같은 별자리만 보입니다.　　　　(　　)

(3) 계절에 따라 밤하늘에 보이는 대표적인 별자리는 달라집니다.　　　(　　)

2. 일 년 동안 지구의 운동

(1) 일 년 동안 지구의 운동과 계절별 대표적인 별자리

실험 관찰로 알아보기   계절별 대표적인 별자리 변화 알아보기

[준비물] 지구의, 자(30 cm), 갓 없는 전등, 계절별 별자리, 관측자 모형

[탐구 방법]

❶ 각 계절별 대표적인 별자리를 든 네 사람이 시계 반대 방향으로 계절 순서에 맞게 전등 주위에 앉습니다.

❷ 전등으로부터 약 30 cm 떨어진 곳에 지구의를 놓고 우리나라에 관측자 모형을 붙인 다음 전등을 켭니다.

❸ 지구의를 서쪽에서 동쪽(시계 반대 방향)으로 회전시키면서 일 년 동안 지구가 어떻게 운동하는지 살펴봅니다.

❹ ❸과 같이 지구의를 회전시키면서 (가)~(라)의 각 위치에서 우리나라가 한밤일 때 관측자 모형에서 가장 잘 보이는 별자리를 살펴봅니다.

[탐구 결과]

• 각 위치에서 우리나라가 한밤일 때 관측자 모형에서 가장 잘 보이는 별자리

(가)	사자자리	(나)	거문고자리
(다)	페가수스자리	(라)	오리온자리

(2) 지구의 공전 알아보기

① 지구의 공전: 지구가 태양을 중심으로 일 년에 한 바퀴씩 서쪽에서 동쪽 방향으로 회전하는 것을 말합니다.

② 계절별 대표적인 별자리가 달라지는 까닭: 지구가 태양 주위를 공전하기 때문에 계절에 따라 지구의 위치가 달라지고, 지구의 위치에 따라 밤에 보이는 별자리가 달라집니다.

3 지구가 태양을 중심으로 일 년에 한 바퀴씩 서쪽에서 동쪽 방향으로 회전하는 것을 지구의 (　　　　)(이)라고 합니다.

4 우리나라가 봄철일 때 (　　　　)철 별자리는 태양과 같은 방향에 있어 태양 빛 때문에 볼 수 없습니다.

✎ (가), (나), (다), (라) 각각의 위치에서 우리나라가 한밤일 때 관찰자 모형에게 가장 잘 보이는 별자리

⤺ (가) 위치

▲ 사자자리

⤺ (나) 위치

▲ 거문고자리

⤺ (다) 위치

▲ 페가수스자리

⤺ (라) 위치

▲ 오리온자리

✎ 봄철에 가을철 대표적인 별자리를 보기 힘든 까닭

⤺ 지구가 봄철 위치에 있을 때 가을철 별자리는 태양과 같은 방향에 있어 태양 빛 때문에 볼 수 없습니다.

⤺ 봄철에는 태양과 같은 방향에 있는 페가수스자리를 볼 수 없습니다.

✎ 천체 관측 프로그램 이용하기

계절별 대표적인 별자리를 알고 싶을 때는 4월 15일(봄), 7월 15일(여름), 10월 15일(가을), 1월 15일(겨울)의 날짜를 설정하고 저녁 9시부터 새벽 3시까지 가장 오랫동안 볼 수 있는 별자리를 확인합니다.

낱말사전

대표 전체의 상태나 성질을 어느 하나로 잘 나타내는 것

공전 한 천체가 다른 천체의 둘레를 주기적으로 도는 일

01 저녁 9시 무렵 어느 쪽 하늘에 있는 별자리를 밤하늘에서 오랜 시간 볼 수 있습니까? ( )

① 서쪽
② 북쪽
③ 북서쪽
④ 남쪽이나 남동쪽
⑤ 북쪽이나 북동쪽

04 봄철의 대표적인 별자리로만 바르게 짝 지은 것은 어느 것입니까? ( )

① 처녀자리, 큰개자리
② 목동자리, 사자자리
③ 물고기자리, 거문고자리
④ 쌍둥이자리, 페가수스자리
⑤ 오리온자리, 안드로메다자리

[02~03] 다음은 어느 계절, 저녁 9시 무렵에 볼 수 있는 밤하늘의 모습입니다. 물음에 답하시오.

02 저녁 9시 무렵 밤하늘에서 위 별자리를 볼 수 있는 계절은 언제인지 쓰시오.

( )

05 겨울철 저녁 9시 무렵에 남쪽 하늘에서 볼 수 있는 대표적인 별자리를 골라 기호를 쓰시오.

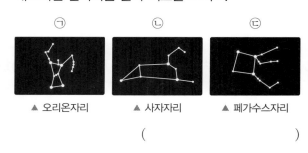

▲ 오리온자리　　▲ 사자자리　　▲ 페가수스자리

( )

03 같은 날 3시간 후 백조자리의 위치는 어떻게 변할지 바르게 설명한 것은 어느 것입니까? ( )

① 사라져 보이지 않게 된다.
② 백조자리의 위치는 그대로이다.
③ 남쪽 하늘에서 백조자리를 볼 수 있다.
④ 서쪽 하늘에서 백조자리를 볼 수 있다.
⑤ 북쪽 하늘에서 백조자리를 볼 수 있다.

06 계절별 별자리에 대한 설명으로 옳은 것을 보기 에서 모두 골라 기호를 쓰시오.

보기
㉠ 처녀자리는 가을철의 대표적인 별자리이다.
㉡ 계절마다 밤하늘에서 관찰되는 대표적인 별자리가 달라진다.
㉢ 봄철 저녁 9시 무렵에 남동쪽 하늘에서 보이는 별자리는 여름철 저녁 9시 무렵에 남서쪽 하늘에서 보인다.

( )

[07~10] 다음과 같이 각 계절별 대표적인 별자리를 든 네 사람이 시계 반대 방향으로 계절 순서에 맞게 전등과 지구의 주위에 앉은 후, 우리나라 위치에 관측자 모형을 붙인 지구의를 ㈎ → ㈏ → ㈐ → ㈑ 방향(시계 반대 방향)으로 회전시키는 실험을 하였습니다. 물음에 답하시오.

07 위 실험에서 지구의를 ㈎ → ㈑ 방향으로 옮기는 것은 어떤 지구의 운동을 나타내는지 쓰시오.

( )

08 실제 지구가 ㈎에서 ㈏, ㈐, ㈑를 거쳐 다시 ㈎로 돌아오는 데까지 걸리는 시간으로 알맞은 것은 어느 것입니까? ( )

① 15일   ② 100일
③ 300일   ④ 1년
⑤ 10년

09 위 실험에서 지구의가 ㈎의 위치에 있고 우리나라가 한밤일 때, 관측자 모형에서 가장 잘 보이는 별자리는 무엇인지 보기에서 골라 기호를 쓰시오.

> **보기**
> ㉠ 사자자리   ㉡ 거문고자리
> ㉢ 오리온자리   ㉣ 페가수스자리

( )

☆☆
10 앞 실험을 통해 알 수 있는 점으로 옳지 않은 것은 어느 것입니까? ( )

① 지구는 공전한다.
② 지구는 공전하면서 위치가 바뀐다.
③ 지구는 태양을 중심으로 회전한다.
④ 지구가 공전하기 때문에 낮과 밤이 나타난다.
⑤ 지구가 태양 주위를 회전하면 한밤에 관측자가 별자리를 바라보는 방향이 달라진다.

11 지구의 공전에 대한 설명으로 옳은 것을 두 가지 고르시오. (,)

① 시계 방향으로 회전한다.
② 동쪽에서 서쪽으로 회전한다.
③ 서쪽에서 동쪽으로 회전한다.
④ 남동쪽에서 북서쪽으로 회전한다.
⑤ 지구의 자전 방향과 같은 방향으로 회전한다.

12 다음 그림을 보고, 지구가 ㈎의 위치에 있을 때 볼 수 없는 별자리를 쓰시오.

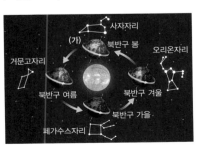

( )

❸ 달의 운동

1. 여러 날 동안 달의 모양과 위치 변화

(1) 여러 날 동안 같은 시각에 보이는 달의 모양과 위치

✏️ 천체 관측 애플리케이션을 이용하여 음력 날짜별로 달의 모양이 변화하는 모습 확인하기

2일	4일	6일	8일	10일
12일	14일	15일	16일	18일
20일	22일	24일	26일	28일

달의 모양은 약 한 달마다 되풀이되면서 변합니다.

✏️ 모양에 따라 붙은 달의 이름

눈썹 모양의 달을 초승달, 오른쪽이 불룩한 모양의 달을 상현달, 공처럼 달의 모습이 모두 보이는 달을 보름달, 왼쪽이 불룩한 모양의 달을 하현달, 초승달의 반대 모양의 달을 그믐달이라고 합니다.

✏️ 여러 날 동안 달의 모양의 변화

- 달이 15일 동안 점점 커지다가 보름달이 되면 이후 15일 동안 점점 작아집니다.
- 초승달에서 점점 커지다가 상현달이 되고, 상현달에서 점점 커져 보름달이 된 뒤에는 점점 작아지면서 하현달, 그믐달이 됩니다.

실험 관찰로 알아보기   여러 날 동안 달의 모양과 위치 변화 관찰하기

[준비물] 나침반, 그림 도구

[탐구 방법]
❶ 달을 관찰할 장소를 정한 다음, 남쪽을 중심으로 주변 건물이나 나무 등의 위치를 그려 봅니다.
❷ 여러 날 동안 저녁 7시경, 같은 장소에서 달의 모양과 위치를 관찰하며 기록합니다.

[탐구 결과]

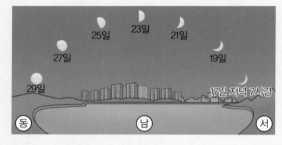

- 달의 모양은 가느다란 눈썹처럼 보이다가 점차 차서 반달이 되고, 이후에 둥근달로 변했습니다.
- 같은 시각에 관찰했을 때 달의 위치가 전날에 비해 왼쪽(동쪽)으로 이동했습니다.

① 달의 모양은 약 30일을 주기로 초승달, 상현달, 보름달, 하현달, 그믐달의 순서로 변합니다.
② 달의 모양은 약 30일을 주기로 변하므로, 오늘 밤에 보름달을 보았다면 앞으로 약 30일 후에 다시 보름달을 볼 수 있습니다.
③ 음력 2~3일 무렵에는 초승달, 음력 7~8일 무렵에는 상현달, 음력 15일 무렵에는 보름달, 음력 22~23일 무렵에는 하현달, 음력 27~28일 무렵에는 그믐달을 볼 수 있습니다.

🔵 낱말사전

음력 달이 주기적으로 변하는 것을 이용하여 만든 달력

그믐 음력으로 그달의 마지막 날

주기 같은 현상이나 특징이 한 번 나타나고부터 다음 번 되풀이되기까지의 기간

개념 확인문제   정답과 해설 42쪽

1 여러 날 동안 달의 모양과 위치 변화를 알아보려면 같은 시각에 (같은 장소 , 다른 장소)에서 달을 관찰해야 합니다.

2 음력 15일경에 볼 수 있는 둥근 달을 (   )(이)라고 합니다.

초승달	상현달	보름달	하현달	그믐달
음력 2~3일경	음력 7~8일경	음력 15일경	음력 22~23일경	음력 27~28일경

(2) 여러 날 동안 저녁 7시경에 관찰한 달의 모양과 위치

① 저녁 7시경에 초승달은 서쪽 하늘에서 보이고, 상현달은 남쪽 하늘에서 보이고, 보름달은 동쪽 하늘에서 보입니다.

② 여러 날 동안 달은 서쪽에서 동쪽으로 날마다 조금씩 위치를 옮겨 가면서 그 모양도 달라집니다.

③ 여러 날 동안 같은 시각에 보이는 달의 위치 변화도 약 30일을 주기로 되풀이됩니다. ➡ 달의 모양과 위치는 약 한 달(30일)을 주기로 변합니다.

2. 지구와 달의 운동 모형을 만들어 볼까요?

(1) 지구와 달의 운동

지구의 운동	지구는 자전축을 중심으로 자전하고, 태양을 중심으로 공전합니다.
달의 운동	달은 지구를 중심으로 공전합니다.

(2) 모형에 표현해야 하는 것: 지구와 달, 태양의 크기와 모양, 지구와 달의 운동

(3) 모형에 표현할 방법 예

① 태양, 지구, 달은 크기가 다른 공 세 개를 사용하여 표현합니다.

② 지구의 자전을 표현하기 위해서 스타이로폼 공의 가운데에 철사를 꽂아서 돌리면 좋습니다.

3 달의 모양과 위치 변화는 약 (   )일마다 반복됩니다.

4 지구와 달의 운동 모형을 만들 때 지구와 달, 태양의 크기와 모양을 표현하기 위해서 크기가 (같은 , 다른) 공 세 개를 사용합니다.

✎ 달과 태양의 크기가 같아 보이는 까닭

○ 지구상의 관찰자가 볼 때 태양과 달의 크기가 비슷해 보이지만, 실제 태양의 지름은 달의 지름보다 약 400배 큽니다.

○ 태양과 지구 사이의 거리는 약 1억 5천만 km이고, 지구와 달 사이의 거리는 약 38만 km이므로 지구로부터 태양이 달보다 약 400배 멀리 있기 때문에 두 천체의 크기가 비슷해 보이는 것입니다.

✎ 달의 공전

지구가 태양을 중심으로 공전하는 것처럼 달은 지구를 중심으로 공전합니다.

✎ 지구와 달의 운동 모형 예시

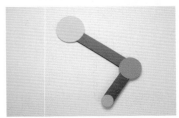

2 단원

낱말사전

천체 우주에 존재하는 물체를 모두 이르는 말

[01~03] 다음은 어느 날 밤에 관찰한 달의 모습입니다. 물음에 답하시오.

01 위 달의 이름은 무엇입니까? ( )

① 초승달   ② 보름달

③ 상현달   ④ 하현달

⑤ 그믐달

02 위 달을 관찰할 수 있는 때는 언제입니까? ( )

① 음력 2~3일 무렵

② 음력 7~8일 무렵

③ 음력 15일 무렵

④ 음력 22~23일 무렵

⑤ 음력 27~28일 무렵

03 위 달을 관찰한 뒤 약 일주일 후에 볼 수 있는 달의 모양에 대해 바르게 설명한 것을 보기 에서 골라 기호를 쓰시오.

> **보기**
> ㉠ 둥근 모양이다.
> ㉡ 가느다란 눈썹 모양이다.
> ㉢ 왼쪽이 불룩한 반달 모양이다.

( )

04 여러 날 동안 달의 모양과 위치 변화를 관찰하는 방법에 대해 바르게 말한 사람의 이름을 쓰시오.

> 진수 : 날마다 다양한 장소에서 달을 관찰하는 것이 좋아.
> 다솜 : 가로등이 환하게 켜진 곳을 찾아 옮겨 가며 달을 관찰해야 돼.
> 정은 : 여러 날 동안 같은 시각, 같은 장소에서 관찰하고 기록해야 해.

( )

[05~06] 다음은 음력 2~3일 무렵부터 여러 날 동안 관찰한 달의 모양을 순서 없이 나타낸 모습입니다. 물음에 답하시오.

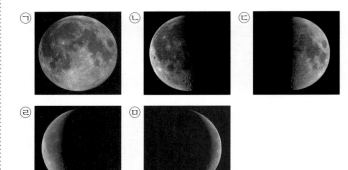

05 위 달의 모양이 변하는 순서대로 기호를 쓰시오.

( ) → ( ) → ( ) → ( ) → ( )

06 위 달의 모양 중에서 음력 22~23일 무렵에 볼 수 있는 달의 모양을 골라 기호와 이름을 쓰시오.

( )

07 오늘 밤하늘에서 보름달을 보았다면 다시 보름달을 볼 수 있는 날은 언제입니까? ( )

① 약 10일 후   ② 약 15일 후

③ 약 20일 후   ④ 약 30일 후

⑤ 약 1년 후

[08~09] 여러 날 동안 저녁 7시경 달을 관찰하여 다음 밤하늘 그림에 달의 모양과 위치를 그리려고 합니다. 물음에 답하시오.

08 태양이 진 직후 초승달을 볼 수 있는 밤하늘의 위치를 찾아 기호를 쓰시오.

( )

09 태양이 진 직후 ㉠ 위치에서 볼 수 있는 달에 대한 설명으로 옳은 것에 ○표, 옳지 않은 것에 ×표 하시오.

(1) 하현달이다. ( )

(2) 둥근 모양의 보름달이다. ( )

(3) 음력 15일 무렵에 볼 수 있다. ( )

☆☆☆
10 여러 날 동안 같은 시각에 관찰한 달의 모양과 위치에 대한 설명으로 옳은 것은 어느 것입니까? ( )

① 달의 모양과 위치는 변하지 않는다.

② 달의 위치 변화는 약 15일을 주기로 변한다.

③ 매일 달은 초승달 모양으로 떠서 보름달 모양으로 진다.

④ 태양이 진 직후 동쪽에서 뜨는 달은 곧 동쪽으로 진다.

⑤ 여러 날 동안 태양이 진 직후 달은 서쪽에서 동쪽으로 날마다 조금씩 위치를 옮겨 간다.

2
단원

11 다음은 지구와 달의 운동 모형을 만들 때 표현해야 하는 것에 대한 설명입니다. ( ) 안에 들어갈 알맞은 말을 쓰시오.

> 지구는 (㉠)을/를 중심으로 자전하고, (㉡)을/를 중심으로 공전하는 것을 표현해야 한다. 달은 (㉢)을/를 중심으로 공전하는 것을 표현해야 한다.

㉠ ( )

㉡ ( )

㉢ ( )

12 다음과 같은 지구와 달의 운동 모형을 만들 때 필요하지 않은 준비물은 어느 것입니까? ( )

① 수수깡

② 우드록

③ 지구, 달을 색칠할 색칠 도구

④ 크기가 다른 스타이로폼 공 세 개

⑤ 우주에 있는 행성들을 표현할 작은 공들

① 하루 동안 태양과 달의 위치 변화

하루 동안 태양의 위치 변화	하루 동안 태양은 동쪽 하늘에서 남쪽 하늘을 지나 서쪽 하늘로 움직이는 것처럼 보인다.
하루 동안 달의 위치 변화	하루 동안 달은 (㉠) 하늘에서 남쪽 하늘을 지나 (㉡) 하늘로 움직이는 것처럼 보인다.

② 지구의 자전

하루 동안 지구의 움직임을 알아보는 실험	
자전축	지구의 북극과 남극을 이은 가상의 직선을 말한다.
지구의 자전	• 지구가 자전축을 중심으로 하루에 한 바퀴씩 서쪽에서 동쪽으로 회전하는 것을 말한다. • 지구가 (㉢)에서 (㉣)으로 자전하기 때문에 하루 동안 태양, 달, 별이 동쪽에서 서쪽으로 움직이는 것처럼 보인다.

③ 낮과 밤이 생기는 까닭

낮과 밤	• 낮: 태양이 동쪽에서 떠오를 때부터 서쪽으로 완전히 질 때까지의 시간 • 밤: 태양이 서쪽으로 진 때부터 다시 동쪽에서 떠오르기 전까지의 시간
낮과 밤이 생기는 까닭	• 지구가 (㉤)하기 때문에 낮과 밤이 하루에 한 번씩 번갈아 나타난다. • 지구가 자전하면서 태양 빛을 받는 쪽은 낮이 되고, 태양 빛을 받지 못하는 쪽은 밤이 된다.

④ 계절별 별자리

계절의 대표적인 별자리	각 계절 저녁 9시 무렵에 남동쪽 하늘이나 남쪽 하늘에 위치한 별자리이다.	
	봄	목동자리, 사자자리, 처녀자리
	여름	백조자리, 거문고자리, 독수리자리
	가을	안드로메다자리, 페가수스자리, 물고기자리
	겨울	쌍둥이자리, 오리온자리, 큰개자리

⑤ 지구의 공전

일 년 동안 지구의 운동과 계절별 대표적인 별자리 변화의 관계를 알아보는 실험	
지구의 공전	지구가 태양을 중심으로 일 년에 한 바퀴씩 서쪽에서 동쪽 방향으로 회전하는 것을 말한다.
계절별 대표적인 별자리가 달라지는 까닭	지구가 (㉥) 주위를 공전하므로 계절에 따라 지구의 위치가 달라지고, 지구의 위치에 따라 밤에 보이는 별자리가 달라진다. 

⑥ 여러 날 동안 달의 모양과 위치 변화

달의 모양 변화	약 (㉦)일을 주기로 초승달 → 상현달 → 보름달 → 하현달 → 그믐달의 순서로 모양이 변한다. 초승달 ▶ 상현달 ▶ 보름달 ▶ 하현달 ▶ 그믐달
달의 위치 변화	여러 날 동안 같은 시각(저녁 7시경)에 보이는 달의 위치가 서쪽에서 동쪽으로 옮겨 가면서 그 모양도 달라진다. 

정답 ㉠ 동쪽 ㉡ 서쪽 ㉢ 서쪽 ㉣ 동쪽 ㉤ 자전 ㉥ 태양 ㉦ 30

단원 정리 평가

01 하루 동안 태양과 달의 위치 변화에 대한 설명으로 옳은 것은 어느 것입니까? ( )

① 태양은 낮 12시 무렵에 북쪽에 있다.
② 하루 동안 달의 위치는 변하지 않는다.
③ 하루 동안 태양과 달은 움직이는 것처럼 보인다.
④ 태양은 낮 동안 위치가 변하다가 밤에는 정지한다.
⑤ 하루 동안 달은 서쪽에서 동쪽 방향으로 움직이는 것처럼 보인다.

02 밤 12시 무렵에 보름달이 보이는 위치를 골라 기호를 쓰시오.

( )

[03~04] 다음은 하루 동안 지구의 움직임을 알아보기 위한 실험입니다. 물음에 답하시오.

㉮ 지구의에서 우리나라를 찾아 동쪽, 서쪽, 남쪽, 북쪽에 방위 붙임딱지를 붙인다.
㉯ 우리나라 위치에 관측자 모형이 남쪽을 향하도록 붙인다.
㉰ 전등을 켜고 지구의를 회전시킨다.

03 앞 실험 ㉰에서 지구의를 회전시키는 것은 지구의 어떤 운동을 나타낸 것인지 쓰시오.

지구의 ( )

04 앞 실험에서 지구의를 회전시키는 방향과 관측자 모형이 본 전등이 움직이는 방향으로 알맞은 것을 보기 에서 골라 기호를 쓰시오.

보기
㉠ 동쪽 → 서쪽   ㉡ 동쪽 → 남쪽
㉢ 서쪽 → 동쪽   ㉣ 서쪽 → 남쪽

(1) 지구의를 회전시키는 방향: ( )
(2) 관측자 모형이 본 전등이 움직이는 방향: ( )

05 다음 실험에서 전등을 태양이라고 한다면, 우리나라 관측자 모형의 위치가 다음과 같을 때 우리나라는 낮과 밤 중 언제인지 쓰시오.

( )

06 지구의 자전으로 나타나는 현상으로 옳지 <u>않은</u> 것은 어느 것입니까? ( )

① 낮과 밤이 생긴다.
② 하루 동안 별의 위치가 달라진다.
③ 태양이 동쪽 하늘에서 보이기 시작한다.
④ 우리나라에 낮과 밤이 이틀에 한 번씩 번갈아 나타난다.
⑤ 하루 동안 달의 위치가 동쪽 하늘에서 서쪽 하늘로 움직이는 것처럼 보인다.

[07~09] 다음은 각 계절의 저녁 9시 무렵에 볼 수 있는 밤하늘 별자리입니다. 물음에 답하시오.

07 ㉠~㉣ 중 가을철 저녁 9시 무렵에 볼 수 있는 별자리의 모습은 어느 것인지 골라 기호를 쓰시오.

( )

08 위 밤하늘 별자리의 모습을 참고해서 겨울철의 대표적인 별자리를 세 개 쓰시오.

(, ,)

09 ㉡의 사자자리에 대한 설명으로 옳은 것을 모두 고르시오. (,)

① 봄철의 대표적인 별자리이다.
② 여름철에 동쪽 하늘에서 볼 수 있다.
③ 겨울철의 밤하늘에서 오랜 시간 볼 수 있다.
④ 여름철 저녁 9시 무렵에는 남서쪽 하늘에 있다.
⑤ 봄, 여름, 가을, 겨울 네 계절에 걸쳐 볼 수 있다.

[10~12] 다음은 일 년 동안 지구의 운동과 계절별 대표적인 별자리 변화를 알아보는 실험입니다. 물음에 답하시오.

10 위 실험에 대한 설명으로 옳지 않은 것을 보기에서 골라 기호를 쓰시오.

> **보기**
> ㉠ 지구가 ㉮ 위치에 있을 때 ㉮ 별자리가 잘 보인다.
> ㉡ 지구가 ㉯ 위치에 있을 때 ㉰ 별자리를 볼 수 있다.
> ㉢ 지구가 ㉱ 위치에 있을 때 ㉱ 별자리를 볼 수 없다.

( )

11 위 실험에서 지구가 ㉮ 위치에 있을 때 ㉰ 별자리를 볼 수 없었다면 그 까닭으로 옳은 것을 보기에서 골라 기호를 쓰시오.

> **보기**
> ㉠ 지구가 자전하기 때문이다.
> ㉡ 별자리가 지구에서 너무 멀리 있기 때문이다.
> ㉢ 태양과 같은 방향에 있어 태양 빛에 가려지기 때문이다.

( )

☆☆
12 위 실험을 통해 알 수 있는 사실을 정리하였습니다. ( ) 안에 들어갈 알맞은 말을 쓰시오.

> 지구가 태양 주위를 ( )하기 때문에 계절에 따라 지구의 위치가 달라지고, 지구의 위치에 따라 지구에서 보이는 별자리가 달라진다.

( )

[13~14] 다음은 어느 날 밤에 관찰한 달의 모습입니다. 물음에 답하시오.

13 위 달의 이름은 무엇인지 쓰시오.

(   )

14 위 달을 관찰한 뒤 약 5~6일 후에 볼 수 있는 달은 어느 것입니까? (   )

① 초승달   ② 상현달

③ 보름달   ④ 하현달

⑤ 그믐달

15 음력 15일 무렵 태양이 진 직후(저녁 7시경) 밤하늘에서 볼 수 있는 달의 모양과 위치로 알맞은 것은 어느 것입니까? (   )

① 상현달을 동쪽 하늘에서 볼 수 있다.

② 상현달을 남쪽 하늘에서 볼 수 있다.

③ 보름달을 동쪽 하늘에서 볼 수 있다.

④ 보름달을 남쪽 하늘에서 볼 수 있다.

⑤ 그믐달을 서쪽 하늘에서 볼 수 있다.

16 4월 23일에 밤하늘에서 상현달을 보았다면, 언제 다시 상현달을 볼 수 있습니까? (   )

① 4월 30일경   ② 5월 8일경

③ 5월 15일경   ④ 5월 23일경

⑤ 5월 30일경

17 여러 날 동안 태양이 진 직후에 관찰한 달의 모양과 위치에 대해 바르게 말한 사람의 이름을 쓰시오.

> 윤진 : 달의 위치가 변하는 방향은 일정하지 않아.
> 헌주 : 달이 뜨는 위치와 모양이 날마다 조금씩 변해.
> 승현 : 상현달이 점점 커져서 초승달이 되는 것을 확인할 수 있어.

(   )

18 다음 지구와 달의 운동 모형에 대한 설명으로 옳지 <u>않은</u> 것은 어느 것입니까? (   )

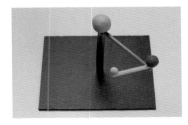

① 가장 큰 공은 태양을 나타낸다.

② 가장 작은 공은 달을 나타낸다.

③ 달 모형이 지구 모형 주변을 돌도록 만든다.

④ 지구 모형이 태양 모형 주변을 돌도록 만든다.

⑤ 태양 모형은 제자리에서 돌면서 지구 모형 주위를 돌도록 만든다.

01 다음은 하루 동안 태양의 위치를 나타낸 것입니다. 물음에 답하시오.

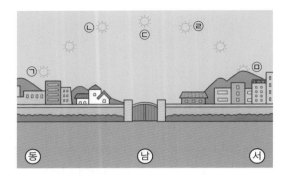

(1) ㉠~㉢ 중 태양이 떠오를 때의 위치는 어디인지 기호를 쓰시오.

(   )

(2) 하루 동안 우리가 볼 수 있는 태양의 움직임을 방향과 관련지어 쓰시오.

_____

_____

_____

02 지구의 자전이란 무엇인지 보기의 단어를 모두 사용하여 쓰시오.

자전축

┌─ **보기** ─────────────────────────┐
│   자전축, 동쪽, 서쪽   │
└───────────────────────────────┘

_____

_____

_____

03 다음은 낮과 밤이 생기는 까닭을 알아보기 위한 실험입니다. 물음에 답하시오.

(1) 다음 (   )의 ㉠, ㉡에 들어갈 알맞은 말을 쓰시오.

┌───────────────────────────────┐
│   위 실험에서 전등은 (㉠   )을/를, 지구의 │
│ 는 (㉡   )을/를, 관측자 모형은 지구의 관측 │
│ 자를 나타낸다. │
└───────────────────────────────┘

㉠ (   )
㉡ (   )

(2) 우리나라에서 낮과 밤이 하루에 한 번씩 나타나는 까닭은 무엇인지 쓰시오.

_____

_____

04 친구들이 계절별 대표적인 별자리에 대해 이야기를 하고 있습니다. 옳지 <u>않게</u> 말한 사람의 이름을 쓰고, 바르게 고쳐 쓰시오.

┌───────────────────────────────┐
│ 영서 : 별자리들은 한 계절만 볼 수 있어. │
│ 주현 : 백조자리는 여름철의 대표적인 별자리야. │
│ 지안 : 각 계절의 밤하늘에서 오랜 시간 볼 수 있는 │
│   별자리를 계절별 대표적인 별자리라고 해. │
└───────────────────────────────┘

_____

_____

_____

05 다음은 천체의 모습을 나타낸 것입니다. 물음에 답하시오.

(1) 지구가 ㉠ 위치일 때 계절은 언제인지 쓰시오.

( )

(2) 지구가 ㉠ 위치일 때 거문고자리를 볼 수 없다면, 그 까닭은 무엇인지 쓰시오.

_____

_____

_____

06 다음은 음력 2∼3일 무렵부터 여러 날 동안 저녁 7시경 같은 장소에서 관찰한 달의 모양 변화 모습입니다. 여러 날 동안 달의 모양이 어떻게 변화하는지 쓰시오.

_____

_____

07 다음은 여러 날 동안 저녁 7시경 같은 장소에서 관찰한 달의 모양을 나타낸 것입니다. 물음에 답하시오.

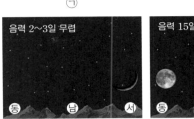

(1) 여러 날 동안 저녁 7시경 같은 장소에서 관찰한 달에 대한 설명입니다. ( ) 안에 들어갈 알맞은 말을 쓰시오.

> 태양이 진 직후에 초승달은 (㉠) 하늘에서 보이고, 보름달은 (㉡) 하늘에서 보인다.

㉠ ( ) ㉡ ( )

(2) 위 관찰 결과를 참고하여 여러 날 동안 같은 시각에 관찰한 달의 위치는 어떻게 달라지는지 쓰시오.

_____

_____

_____

08 다음과 같은 지구와 달의 운동 모형을 만들 때, 모형에 표현해야 하는 지구와 달의 운동을 세 가지 이상 쓰시오.

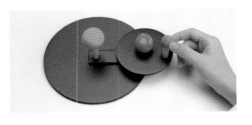

_____

_____

배점 | 20점

학습 주제 계절별 별자리

학습 목표 계절에 따라 보이는 별자리가 달라지는 까닭을 설명할 수 있다.

[1~2] 다음은 일 년 동안 지구의 운동과 계절별 대표적인 별자리 변화의 관계를 알아보는 실험입니다. 물음에 답하시오.

ㄱ 각 계절별 대표적인 별자리를 든 네 사람이 시계 반대 방향으로 계절 순서에 맞게 전등 주위에 앉는다.
ㄴ 전등으로부터 약 30 cm 떨어진 곳에 지구의를 놓고 우리나라에 관측자 모형을 붙인 다음 전등을 켠다.
ㄷ 지구의를 서쪽에서 동쪽 방향(시계 반대 방향)으로 회전시키면서 일 년 동안 지구가 어떻게 운동하는지 살펴본다.
ㄹ 지구의를 회전시키면서 ㈎, ㈏, ㈐, ㈑의 각 위치에서 우리나라가 한밤일 때 관측자 모형에서 가장 잘 보이는 별자리를 살펴본다.

1 ㈎, ㈏, ㈐, ㈑의 각 위치에서 우리나라가 한밤일 때 관찰자 모형에서 가장 잘 보이는 별자리를 쓰시오. [10점]

지구의 위치	㈎	㈏	㈐	㈑
모형에서 가장 잘 보이는 별자리				

2 계절에 따라 보이는 대표적인 별자리가 달라지는 까닭을 지구의 운동과 관련지어 쓰시오. [10점]

| 학습 주제 | 달의 운동 | 배점 | 20점 |
| 학습 목표 | 여러 날 동안 달의 모양과 위치 변화를 알고 나타낼 수 있다. | | |

[3~4] 다음은 음력 2~3일 무렵부터 음력 15일 무렵까지 여러 날 동안 저녁 7시경 같은 장소에서 관찰한 달의 모양과 위치를 나타낸 것입니다. 물음에 답하시오.

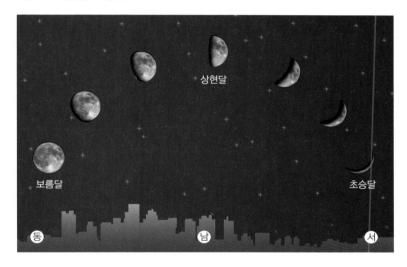

3 위 관찰 기간 동안 시간이 지날수록 달의 모양이 어떻게 달라지는지 빈칸에 달의 모양을 그리고 달의 이름을 쓰시오. [10점]

구분	음력 2~3일 무렵	음력 7~8일 무렵	음력 15일 무렵
달의 모양		②	④
달의 이름	①	③	보름달

4 여러 날 동안 같은 시각, 같은 장소에서 관찰한 달의 위치가 어떻게 달라졌는지 쓰시오. [10점]

❶ 뿌리, 줄기, 잎

1. 생물을 이루는 세포

(1) 세포

① 생물체를 이루는 기본 단위로, 모든 생물은 세포로 이루어져 있습니다.

② 세포는 대부분 크기가 매우 작아 맨눈으로 볼 수 없습니다.

③ 세포는 종류에 따라 모양, 크기, 하는 일 등이 다릅니다.

실험 관찰로 알아보기 세포 관찰하기

[준비물] 광학 현미경, 양파 표피 세포 영구 표본, 입안 상피 세포 영구 표본

[탐구 방법]

❶ 광학 현미경으로 양파 표피 세포와 입안 상피 세포를 각각 관찰해 봅니다.

❷ 관찰 결과를 그림과 글로 나타내 봅니다.

[탐구 결과]

구분	양파 표피 세포	입안 상피 세포
그림	배율: 200배	배율: 200배
글	• 세포가 각진 모양이다. • 세포의 모양과 크기가 조금씩 다르다. • 세포가 서로 붙어 있고, 벽돌이 쌓여 있는 것처럼 보인다. • 세포 속에 둥근 핵이 한 개 있다. • 세포의 가장자리가 두껍다.	• 세포가 대체로 둥근 모양이다. • 세포의 모양과 크기가 조금씩 다르다. • 세포가 서로 붙어 있는 것도 있고, 떨어져 있는 것도 있다. • 세포 속에 둥근 핵이 한 개 있다. • 세포의 가장자리가 얇다.

✏️ 광학 현미경 사용 방법

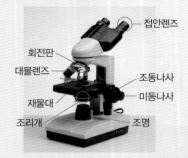

접안렌즈
회전판
대물렌즈
재물대
조리개
조동나사
미동나사
조명

① 회전판을 돌려 배율이 가장 낮은 렌즈가 가운데에 오도록 합니다.

② 현미경의 전원을 켠 다음, 조리개로 빛의 양을 조절합니다.

③ 영구 표본을 재물대의 가운데에 고정합니다.

④ 조동나사로 재물대를 올려 영구 표본과 대물렌즈의 거리를 가장 가깝게 합니다.

⑤ 조동나사로 재물대를 천천히 내리면서 접안렌즈로 상을 찾습니다.

⑥ 미동나사로 상이 뚜렷하게 보이도록 조절하며 관찰합니다.

✏️ 세포의 발견

세포는 1665년 영국의 과학자 로버트 훅에 의해 처음 발견되었습니다. 로버트 훅은 현미경으로 얇게 자른 코르크를 관찰하다 코르크가 작은 상자 모양의 집합체라는 것을 처음 발견하고, 이 작은 상자에 '세포(cell)'라는 이름을 붙였습니다. 그러나 그가 본 것은 세포벽이었습니다.

낱말사전

표피 세포 동물이나 식물의 가장 바깥쪽의 표면을 덮는 세포

상피 세포 우리의 몸 표면이나 장기 내부 표면을 덮고 있는 세포

배율 어떤 수가 기준이 되는 수의 몇 배가 되는가를 나타내는 수

개념 확인문제 정답과 해설 47쪽

1 세포에 대한 설명으로 옳은 것에 ○표, 옳지 않은 것에 ×표 하시오.

(1) 생물체를 이루는 기본 단위입니다.　　　　　　　(　　　)

(2) 종류에 따라 모양, 크기, 하는 일 등이 다릅니다.　(　　　)

(3) 모든 세포는 크기가 매우 작아 현미경으로만 관찰할 수 있습니다.　(　　　)

2 양파 표피 세포를 광학 현미경으로 관찰하면 세포가 각진 모양으로 보이며, 세포 속에 둥근 (　　　　　)이/가 한 개 있습니다.

(2) 식물 세포와 동물 세포의 공통점과 차이점

▲ 식물 세포   ▲ 동물 세포

공통점	• 세포막으로 둘러싸여 있고, 안에 둥근 모양의 핵이 한 개 있다. • 크기가 매우 작아 맨눈으로 관찰하기 어렵다.
차이점	• 식물 세포는 세포막 바깥쪽이 세포벽으로 둘러싸여 있고, 동물 세포에는 세포벽이 없다.

2. 뿌리의 생김새와 하는 일

(1) 뿌리의 생김새

뿌리털

① 굵고 곧은 뿌리에 가는 뿌리들이 난 것도 있습니다. 예 고추, 명아주
② 굵기가 비슷한 뿌리가 여러 가닥으로 수염처럼 난 것도 있습니다.
예 파, 강아지풀
③ 뿌리에는 솜털처럼 가는 뿌리털이 나 있습니다.

(2) 뿌리의 기능

실험 관찰로 알아보기   뿌리의 흡수 기능 알아보기

[준비물] 새 뿌리가 자란 양파 두 개, 가위, 투명한 컵 두 개, 물, 유성펜
[탐구 방법]
❶ 새 뿌리가 자란 양파 두 개 중 한 개만 뿌리를 모두 자릅니다.
❷ 투명한 컵 두 개에 같은 양의 물을 넣고 양파의 밑부분이 물에 닿도록 올려놓은 뒤, 컵에 물 높이를 표시합니다.
❸ 빛이 잘 드는 곳에서 2~3일 동안 컵의 물 높이 변화를 관찰합니다.

3 세포벽은 식물 세포에는 (있고 , 없고) 동물 세포에는 (있습니다 , 없습니다).

4 식물의 뿌리에는 공통적으로 솜털처럼 가는 (   )이/가 나 있습니다.

📝 핵, 세포막, 세포벽이 하는 일

핵	각종 유전 정보를 포함하고 있으며 생명 활동을 조절한다.
세포막	세포 내부와 외부를 드나드는 물질의 출입을 조절한다.
세포벽	세포의 모양을 일정하게 유지하고 세포를 보호한다.

📝 여러 가지 식물의 뿌리

↪ 감나무, 명아주는 굵고 곧은 뿌리에 가는 뿌리가 여러 개 나 있습니다.

↪ 양파, 강아지풀은 굵기가 비슷한 가는 뿌리가 수염처럼 나 있습니다.

📝 뿌리털이 하는 일

식물은 뿌리의 표피 세포로 물을 흡수합니다. 뿌리털은 뿌리가 물과 닿는 부분을 넓혀 주는 역할을 합니다. 따라서 뿌리털이 많으면 물을 많이 흡수할 수 있습니다.

낱말사전

유전 어버이의 성격, 체질, 생김새 따위가 자손에게 전해지는 현상
유지 어떤 상태나 상황을 그대로 보존하거나 변함없이 계속하여 지탱함.

3
단원

✏️ 뿌리의 흡수 기능을 알아보는 실험에서의 변인 통제

다르게 해야 할 조건	양파 뿌리의 유무
같게 해야 할 조건	• 양파의 종류와 크기 • 컵의 크기 • 컵 속 물의 양 • 컵을 놓아두는 장소

✏️ 뿌리에 양분을 저장하는 식물

▲ 무

▲ 고구마

▲ 당근

✏️ 나무줄기의 껍질

나무줄기의 껍질에는 두껍고 특이한 무늬가 있습니다.

▲ 은행나무

▲ 소나무

▲ 뿌리를 자르지 않은 양파와 뿌리를 자른 양파를 물이 든 컵에 올려놓은 모습

[탐구 결과]

• 뿌리를 자르지 않은 양파 쪽 컵의 물이 더 많이 줄어들었습니다.
• 뿌리를 자른 양파 쪽 컵의 물은 거의 줄어들지 않았습니다.
• 뿌리를 자르지 않은 양파는 물을 흡수했지만, 뿌리를 자른 양파는 물을 거의 흡수하지 못했기 때문에 두 컵 속 물의 양이 다르게 줄어들었습니다.
➡ 알 수 있는 점: 뿌리는 물을 흡수하는 역할을 합니다.

① 지지 기능: 식물이 쓰러지지 않게 지지합니다.
② 흡수 기능: 흙 속의 물을 흡수합니다. 뿌리털은 물을 더 잘 흡수하도록 해 줍니다.
③ 저장 기능: 뿌리에 양분을 저장하기도 합니다. 예 무, 고구마, 당근 등

3. 줄기의 생김새와 하는 일

(1) 줄기의 생김새

① 식물의 줄기는 굵고 곧은 것도 있고, 가늘고 길어 다른 물체를 감거나 땅 위를 기는 듯이 뻗는 것도 있습니다.

▲ 곧은줄기(느티나무)

▲ 감는줄기(나팔꽃)

▲ 기는줄기(고구마)

② 줄기에는 아래로 뿌리가 이어져 있고, 위로 잎이 나 있습니다.
③ 줄기의 겉은 꺼칠꺼칠하거나 매끈한 껍질로 싸여 있습니다.
④ 껍질은 해충이나 세균 등의 침입을 막고, 추위와 더위로부터 식물을 보호합니다.

🔵 낱말사전

지지 무거운 물건을 받치거나 버팀.
양분 영양이 되는 성분

개념 확인문제   정답과 해설 47쪽

5 고구마, 당근 등의 식물은 뿌리에 (   )을/를 저장합니다.

6 줄기에는 아래로 (뿌리 , 잎)이/가 이어져 있고, 위로 (뿌리 , 잎)이/가 나 있으며, 식물의 종류에 따라 줄기의 생김새는 다양합니다.

(2) 줄기의 기능

실험 관찰로 알아보기 줄기에서 물의 이동 알아보기

[준비물] 붉은 색소 물에 넣어 둔 백합, 유리판, 칼, 핀셋, 돋보기, 코팅 장갑

[탐구 방법]

❶ 붉은 색소 물에 넣어 둔 백합 줄기를 유리판 위에 놓고 가로와 세로로 잘라 단면을 관찰해 봅니다.

〈줄기 자르는 방법〉

▲ 줄기를 가로로 자르기　　▲ 줄기를 세로로 자르기

❷ 백합 줄기의 단면에서 색소 물이 든 부분으로 알 수 있는 것을 생각해 봅니다.

❸ 관찰 결과를 바탕으로 물의 이동 과정을 정리해 봅니다.

[탐구 결과]

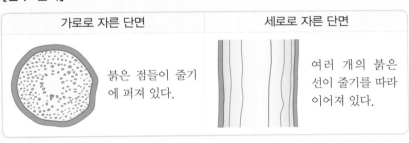

가로로 자른 단면	세로로 자른 단면
붉은 점들이 줄기에 퍼져 있다.	여러 개의 붉은 선이 줄기를 따라 이어져 있다.

- 백합 줄기의 단면에서 색소 물이 든 부분은 물이 이동한 통로이며, 물은 줄기에 있는 통로를 통해 위로 올라갑니다.
- 뿌리에서 흡수한 물은 줄기에 있는 통로를 통해 위로 올라갑니다.
  ➡ 알 수 있는 점: 줄기는 물이 이동하는 통로 역할을 합니다.

① 뿌리에서 흡수한 물이 이동하는 통로 역할을 합니다.

② 식물을 지지합니다.

③ 줄기에 양분을 저장하기도 합니다. **예** 감자, 토란, 연꽃, 마늘 등

7 (　　　　)은/는 뿌리에서 흡수한 물이 이동하는 통로 역할을 합니다.

8 식물의 줄기에 대한 설명으로 옳은 것에 ○표, 옳지 <u>않은</u> 것에 ×표 하시오.

　⑴ 겉은 모두 매끈합니다.　　　　　　　　　　　　　(　)

　⑵ 식물을 지지하는 기능이 있습니다.　　　　　　　(　)

　⑶ 나팔꽃은 줄기에 양분을 저장합니다.　　　　　　(　)

백합 대신 다른 식물의 줄기를 사용하여 실험했을 때의 단면의 모습

▲ 봉선화 가로 단면과 세로 단면

▲ 셀러리 가로 단면과 세로 단면

감자는 식물의 뿌리 부분일까?

우리가 먹는 감자는 땅속에 있어 고구마처럼 뿌리 부분이라고 생각할 수 있지만 그렇지 않습니다. 감자는 땅 위의 원줄기 외에 땅속줄기가 있는데, 땅속줄기의 끝에 양분을 저장하고, 이 부분이 커져서 우리가 먹는 감자가 됩니다. 따라서 우리가 먹는 감자는 뿌리가 아니라 줄기 부분입니다.

줄기에 양분을 저장하는 식물

광합성을 통해 만들어진 양분을 줄기에 저장합니다.

▲ 감자　　　　　　▲ 토란

▲ 연꽃　　　　　　▲ 마늘

낱말사전

색소 물체의 색깔이 나타나도록 해 주는 성분

단면 물체의 잘라 낸 면

통로 통하여 다니는 길

4. 잎이 하는 일

(1) 광합성

① 광합성이란 식물이 빛과 이산화 탄소, 뿌리에서 흡수한 물을 이용하여 스스로 양분을 만드는 것을 말합니다.

② 광합성은 주로 잎에서 일어납니다.

(2) 잎이 하는 일

실험 관찰로 알아보기   잎에서 만든 양분 확인하기

[준비물] 크기가 비슷한 고추 모종 두 개, 어둠상자, 큰 비커(500 mL), 작은 비커(250 mL) 두 개, 뜨거운 물, 따뜻한 물, 알코올, 유리판, 핀셋, 페트리 접시 두 개, 아이오딘-아이오딘화 칼륨 용액, 스포이트, 실험용 장갑

[탐구 방법]

❶ 고추 모종 한 개에는 어둠상자를 씌우고, 다른 한 개에는 씌우지 않습니다.

❷ 다음 날 오후에 고추 모종에서 잎을 따서 ❸~❺의 과정으로 잎에서 만든 양분을 확인합니다.

❸ 큰 비커에 뜨거운 물을 담고 알코올이 든 작은 비커에는 각 고추 모종에서 딴 잎을 넣습니다.

❹ 작은 비커를 뜨거운 물이 들어 있는 큰 비커에 넣은 뒤 유리판으로 덮습니다.

❺ ❹의 잎을 따뜻한 물로 헹군 뒤 페트리 접시에 놓고 아이오딘-아이오딘화 칼륨 용액을 떨어뜨려 색깔 변화를 관찰합니다.

[탐구 결과]

구분	빛을 받지 못한 잎	빛을 받은 잎
결과	색깔 변화가 없다.	청람색으로 변했다.

➡ 알 수 있는 점: 빛을 받은 잎에서만 녹말이 만들어집니다.

① 잎은 광합성을 통해 녹말과 같은 양분을 만듭니다.

② 잎에서 만든 양분은 줄기를 거쳐 뿌리, 줄기, 열매 등 필요한 부분으로 운반되어 사용되거나 저장됩니다.

③ 양분을 만들 때 필요한 빛을 더 많이 받기 위해 잎 모양은 대부분 납작합니다.

✏️ 식물의 광합성은 잎에서만 이루어질까?

광합성은 주로 잎에서 일어나지만, 잎뿐만 아니라 줄기, 꽃, 뿌리 등 초록색으로 보이는 모든 부분에서 일어납니다.

▲ 햇빛에 노출된 뿌리 부분에 엽록소가 생겨 광합성을 하는 무의 모습

✏️ 잎을 알코올에 넣는 까닭

잎을 알코올에 넣으면 잎의 엽록소가 제거되어 잎에서 만든 녹말이 아이오딘-아이오딘화 칼륨 용액에 의하여 색이 변하는 것을 뚜렷하게 볼 수 있습니다.

✏️ 아이오딘-아이오딘화 칼륨 용액이 녹말과 만났을 때 색깔 변화

○ 아이오딘-아이오딘화 칼륨 용액은 녹말과 반응하면 청람색으로 변합니다.

○ 이러한 예는 감자, 식빵, 밥 등에서 볼 수 있습니다.

✏️ 광합성과 양분의 이동

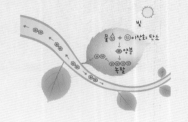

개념 확인문제   정답과 해설 47쪽

9 식물의 광합성은 주로 (   )에서 일어납니다.

10 아이오딘-아이오딘화 칼륨 용액은 녹말과 반응하면 (붉은색 , 청람색)으로 변합니다.

(3) 증산 작용

실험 관찰로 알아보기 　잎에 도달한 물의 이동 알아보기

[준비물] 크기가 비슷한 모종 두 개(봉선화 또는 고추 모종 등), 삼각 플라스크 두 개, 물, 탈지면, 비닐봉지 두 개, 실

[탐구 방법]

❶ 나뭇가지에 비닐봉지를 씌워 두면 비닐봉지 안에 물방울이 생기는 까닭에 대한 가설을 세워 봅니다.

❷ 가설이 맞는지 확인하는 실험을 설계합니다.

❸ 설계한 대로 실험을 하고 가설이 맞는지 판단해 봅니다.

[탐구 과정]

❶ 비닐봉지 안에 물방울이 생기는 까닭을 알아보는 가설 세우기

가설 설정	식물의 잎에서 물이 밖으로 빠져나오기 때문이다.

❷ 가설이 맞는지 확인하는 실험을 설계하고 실험하기

· 모종 한 개는 그대로 두고, 다른 한 개는 잎을 모두 땁니다.

· 두 모종을 각각 물이 담긴 삼각 플라스크에 넣고 삼각 플라스크의 입구와 줄기 사이에 탈지면을 넣어 물이 증발하지 않도록 합니다.

· 각 모종에 비닐봉지를 씌우고 공기가 통하지 않도록 고무줄로 잘 묶은 다음, 햇빛이 잘 드는 곳에 1~2일 동안 놓아둡니다.

· 모종을 싼 비닐봉지 안쪽의 변화를 관찰합니다.

❸ 실험을 한 뒤 가설이 맞는지 판단하기: 잎이 있는 모종에 씌운 비닐봉지 안에는 물방울이 생겼고, 잎이 없는 모종에 씌운 비닐봉지 안에는 물방울이 거의 생기지 않았으므로 가설이 맞았습니다.

➡ 알 수 있는 점: 비닐봉지 안에 물방울이 생긴 까닭은 뿌리에서 흡수한 물이 잎을 통해 식물 밖으로 빠져나갔기 때문입니다.

① 기공: 잎의 표면에 있는 우리 눈에 보이지 않는 작은 구멍을 말합니다.

② 증산 작용: 잎에 도달한 물의 일부가 기공을 통해 식물 밖으로 빠져나가는 것을 말합니다.

③ 증산 작용의 역할: 증산 작용은 뿌리에서 흡수한 물을 식물 꼭대기까지 끌어 올리는 것을 돕고, 식물의 온도를 조절하는 역할을 합니다.

11 잎이 있는 모종을 물이 담긴 삼각 플라스크에 넣고 비닐봉지를 씌운 뒤 햇빛이 잘 드는 곳에 1~2일 동안 놓아두면, 삼각 플라스크 속 물의 양이 (늘어납니다 , 줄어듭니다).

12 잎의 표면에 있는 우리 눈에 보이지 않는 작은 구멍을 (　　　　)(이)라고 합니다.

✏ 기공의 모습

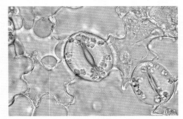

▲ 잎의 기공(1000배)

✏ 증산 작용이 잘 일어나는 조건

○ 햇빛이 강할 때
○ 온도가 높을 때
○ 바람이 잘 불 때
○ 습도가 낮을 때
○ 식물 안에 물이 많을 때

✏ 실험에서 다르게 해야 할 조건과 같게 해야 할 조건

다르게 해야 할 조건	모종에 있는 잎이 있는 것과 없는 것(잎의 유무)
같게 해야 할 조건	모종의 크기와 종류, 물의 양, 비닐봉지의 크기, 삼각 플라스크의 크기, 실험 시간, 실험 장소 등

✏ 잎에 도달한 물이 식물 밖으로 나가지 못하면 어떻게 될까?

잎에 도달한 물이 식물 안에 머무르면 뿌리는 더 이상 물을 흡수할 수 없고 물과 함께 양분도 얻지 못하게 됩니다.

낱말사전

설계 계획을 세움.
습도 공기에 수증기가 들어 있는 정도

01 세포에 대한 설명으로 옳은 것은 어느 것입니까?

( )

① 생물체를 이루는 기본 단위이다.
② 모든 세포는 맨눈으로 볼 수 있다.
③ 모든 생물은 하나의 세포로 이루어져 있다.
④ 대부분의 세포는 크기와 모양, 하는 일이 같다.
⑤ 식물 세포에는 핵이 있고, 동물 세포에는 핵이 없다.

02 광학 현미경으로 관찰한 양파 표피 세포의 모습을 찾아 기호를 쓰시오.

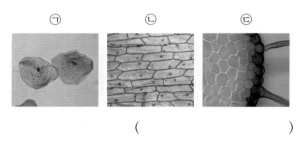

㉠   ㉡   ㉢

( )

03 다음은 고추의 모습입니다. 고추의 뿌리에 대한 설명으로 옳은 것을 두 가지 고르시오. (,)

① 뿌리털이 있다.
② 주로 뿌리에 양분을 저장한다.
③ 비슷한 굵기의 가는 뿌리들로 되어 있다.
④ 굵기가 비슷한 뿌리가 여러 가닥으로 나 있다.
⑤ 굵고 곧은 뿌리에 가는 뿌리들이 여러 개 나 있다.

[04~05] 다음은 뿌리를 자르지 않은 양파와 뿌리를 자른 양파를 물이 담긴 컵에 각각 올려놓은 모습입니다. 물음에 답하시오.

㉠ →   ← ㉡

04 위 두 컵 중 2~3일 뒤 물이 더 많이 줄어든 것을 골라 기호를 쓰시오.

( )

☆☆
05 위 실험으로 알 수 있는 뿌리의 기능으로 알맞은 것은 어느 것입니까? ( )

① 호흡을 한다.
② 물을 흡수한다.
③ 양분을 저장한다.
④ 식물이 쓰러지지 않도록 지지한다.
⑤ 벽이나 나무줄기 등에 붙을 수 있게 한다.

06 다음 사진을 통해 알 수 있는 고구마 줄기의 특징에 대한 설명으로 옳은 것은 어느 것입니까? ( )

① 줄기가 굵고 짧다.
② 곧은줄기에 속한다.
③ 꺼칠꺼칠한 껍질에 싸여 있다.
④ 땅 위를 기는 듯이 뻗어나간다.
⑤ 가늘고 길어 다른 물체를 감고 올라간다.

07 다음 설명은 식물의 구조 중 어느 부분이 하는 일입니까? (　　)

> • 양분을 저장하기도 한다.
> • 식물이 쓰러지지 않도록 지지한다.
> • 뿌리에서 흡수한 물이 이곳을 거쳐 식물 전체로 이동한다.

① 꽃　　　　　② 잎　　　　　③ 줄기
④ 뿌리　　　　⑤ 열매

☆☆
08 다음은 붉은 색소 물에 넣어 두었던 백합 줄기를 가로로 잘라놓은 모습입니다. 이 실험 결과로 알 수 있는 줄기의 기능은 무엇입니까? (　　)

① 줄기는 양분을 만든다.
② 줄기는 물을 흡수한다.
③ 줄기는 양분을 흡수한다.
④ 줄기는 양분이 이동하는 통로이다.
⑤ 줄기는 물이 이동하는 통로 역할을 한다.

09 다음 (　　) 안에 들어갈 알맞은 말을 쓰시오.

> 식물이 빛과 이산화 탄소, 뿌리에서 흡수한 물을 이용하여 스스로 양분을 만드는 것을 (　　) (이)라고 한다.

(　　　　　　　)

[10~11] 어둠상자를 씌우지 않은 고추 모종과 어둠상자를 씌운 고추 모종의 잎을 따서 엽록소를 제거한 뒤 아이오딘-아이오딘화 칼륨 용액을 떨어뜨려 보는 실험입니다. 물음에 답하시오.

아이오딘-아이오딘화 칼륨 용액
㉠ 빛을 받지 못한 잎　㉡ 빛을 받은 잎

10 위 실험에서 고추 모종의 잎이 청람색으로 변하는 것을 골라 기호를 쓰시오.

(　　　　　　　)

11 위 실험 결과를 통해 알 수 있는 잎에서 만들어진 양분은 무엇인지 쓰시오.

(　　　　　　　)

12 증산 작용에 대한 설명으로 옳은 것을 보기에서 모두 골라 기호를 쓰시오.

> **보기**
> ㉠ 주로 밤에 일어난다.
> ㉡ 햇빛이 강할 때 잘 일어난다.
> ㉢ 식물의 온도를 조절하는 역할을 한다.
> ㉣ 기공을 통해 산소를 내보내는 것을 말한다.

(　　　　　　　)

교과서 개념 익히기

② 꽃과 열매

1. 꽃의 생김새와 하는 일

(1) 꽃의 생김새

① 꽃은 식물의 종류에 따라 크기, 모양, 색깔 등이 서로 다르지만, 사과꽃처럼 대부분 암술, 수술, 꽃잎, 꽃받침으로 이루어져 있습니다.

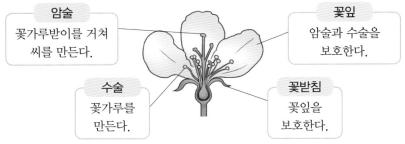

암술
꽃가루받이를 거쳐 씨를 만든다.

꽃잎
암술과 수술을 보호한다.

수술
꽃가루를 만든다.

꽃받침
꽃잎을 보호한다.

▲ 사과꽃의 구조

② 호박꽃처럼 암술, 수술, 꽃잎, 꽃받침 중 일부가 없는 것도 있습니다.

수술이 없어요.

암술

암꽃

암술이 없어요.

수술

수꽃

▲ 호박꽃의 구조

(2) 꽃이 하는 일: 꽃은 꽃가루받이를 거쳐 씨를 만드는 일을 합니다.

(3) 꽃가루받이

① 씨를 만들기 위해 수술에서 만든 꽃가루가 암술로 옮겨지는 것을 꽃가루받이 또는 수분이라고 합니다.

② 꽃가루받이는 곤충, 새, 바람, 물 등의 도움으로 이루어집니다.

▲ 곤충에 의한 꽃가루받이(사과나무) ▲ 새에 의한 꽃가루받이(동백나무) ▲ 바람에 의한 꽃가루받이(벼) ▲ 물에 의한 꽃가루받이(검정말)

✎ 꽃가루받이

- 식물은 스스로 꽃가루받이를 하지 못하기 때문에 곤충, 새, 바람, 물 등의 도움을 받습니다.
- 꽃에 있는 꿀이나 향기는 꽃가루받이를 돕는 곤충이나 새를 불러들입니다.
- 꽃가루받이를 돕는 곤충이 없어진다면 식물은 꽃가루받이를 제대로 하지 못해 씨와 열매가 만들어지는 양이 줄어들 것입니다.
- 이와 같이 꽃가루받이 과정에서 식물과 동물이 서로 공생을 하고 있습니다.
- 바람이나 물을 이용해 꽃가루받이를 하는 꽃은 동물을 유인할 꿀을 만들 필요가 없고 꽃잎이 화려할 필요도 없습니다.

✎ 식물의 다양한 꽃가루받이 방법

충매화	꽃가루가 벌, 나비, 파리 등 곤충에 의해 암술로 옮겨진다. 예 사과나무, 코스모스, 연꽃, 매실나무 등
조매화	꽃가루가 새에 의해 옮겨진다. 예 동백나무, 바나나 등
풍매화	꽃가루가 바람에 날려 암술로 이동한다. 예 벼, 옥수수, 소나무, 부들 등
수매화	꽃가루가 물에 의해 암술로 이동한다. 예 검정말, 물수세미, 나사말 등

낱말사전

공생 서로 도우며 함께 삶.
유인 주의나 흥미를 일으켜 꾀어냄.
수분 암술에 수술의 꽃가루가 옮겨붙는 일

개념 확인문제

정답과 해설 47쪽

1 꽃은 꽃가루받이를 거쳐 (　　　　)을/를 만드는 일을 합니다.

2 사과나무는 (곤충 , 바람)에 의해 꽃가루받이가 이루어집니다.

2. 열매의 생김새와 하는 일

(1) 열매가 자라는 과정과 열매의 구조

① 꽃이 피고 꽃가루받이가 이루어지고 나면 암술에서 씨가 생겨 자랍니다.

② 씨가 자라는 동안 씨를 싸고 있는 암술이나 꽃받침 등이 함께 자라서 열매가 됩니다.

③ 열매는 씨와 씨를 둘러싼 껍질 부분으로 되어 있습니다.

④ 사과는 씨와 껍질 사이에 양분이 저장되어 있는 열매로 크고 둥근 모양입니다.

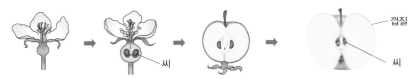

▲ 사과 열매가 자라는 과정

(2) 열매가 하는 일

① 어린 씨를 보호하는 일을 합니다.

② 씨가 익으면 멀리 퍼뜨리는 일을 하며, 씨를 퍼뜨리는 방법은 열매의 종류에 따라 다릅니다.

(3) 식물이 씨를 퍼뜨리는 방법

가벼운 솜털이 있어 바람에 날려서 퍼지는 씨	갈고리가 있어 동물의 털이나 사람의 옷에 붙어서 퍼지는 씨	동물에게 먹힌 뒤 똥으로 나와 퍼지는 씨
예 민들레, 박주가리, 버드나무 등	예 도깨비바늘, 도꼬마리, 우엉 등	예 벚나무, 겨우살이, 참외 등
 민들레	 도깨비바늘	 벚나무
열매껍질이 터지며 씨가 튀어 나가 퍼지는 씨	날개가 있어 빙글빙글 돌며 날아가며 퍼지는 씨	물에 떠서 이동하며 퍼지는 씨
예 봉선화, 제비꽃, 콩 등	예 단풍나무, 가죽나무 등	예 연꽃, 코코야자 등
 제비꽃	 가죽나무	 연꽃

✏️ 우리가 이용하는 식물의 열매

- 과일: 사과, 배, 복숭아, 포도 등
- 채소: 호박, 오이, 고추, 가지 등
- 곡식: 벼, 보리, 밀 등

✏️ 단풍나무 열매의 생김새

단풍나무의 열매에는 날개가 달려 있습니다.

✏️ 열매의 생김새나 씨가 퍼지는 방법을 응용하여 발명거리 떠올려 보기

- 식물 이름: 벚나무
- 응용할 특징: 동물의 몸속에서 똥과 함께 밖으로 나와도 제 기능을 할 수 있습니다.
- 발명품 이름: 캡슐 내시경

✏️ 식물 역할놀이하기

- 식물의 각 부분이 하는 일에 대해 이야기합니다.
- 상황에 따른 식물의 각 부분이 하는 일을 이야기합니다.

---

3 식물의 열매에 대한 설명으로 옳은 것에 ○표, 옳지 않은 것에 ×표 하시오.

(1) 식물의 종류에 따라 열매의 생김새는 다양합니다. ( )

(2) 민들레는 열매껍질이 터지며 씨가 튀어 나가 퍼집니다. ( )

(3) 씨를 퍼뜨리는 방법은 열매의 종류와 상관없이 비슷합니다. ( )

4 씨를 싸고 있는 암술이나 꽃받침 등이 함께 자라서 ( )이/가 됩니다.

[01~02] 다음은 사과꽃의 구조를 나타낸 모습입니다. 물음에 답하시오.

01 위 ㉠~㉣이 꽃의 어느 부분을 나타내는지 각 부분의 이름을 쓰시오.

㉠ (   ), ㉡ (   )
㉢ (   ), ㉣ (   )

02 위 그림의 ㉢ 부분이 하는 일에 대한 설명으로 옳은 것은 어느 것입니까? (   )

① 꿀을 만든다.
② 씨를 만든다.
③ 양분을 만든다.
④ 꽃가루를 만든다.
⑤ 암술과 수술을 보호한다.

☆☆
03 꽃에 대한 설명으로 옳은 것을 보기 에서 모두 골라 기호를 쓰시오.

┌─ 보기 ─────────────────────┐
㉠ 수술에서 씨가 만들어진다.
㉡ 암술에서 꽃가루를 만든다.
㉢ 꿀이 있거나, 향기가 나는 꽃도 있다.
㉣ 꽃은 식물의 종류에 따라 생김새가 다양하다.
㉤ 모든 식물에는 암술, 수술, 꽃잎, 꽃받침이 있다.
└──────────────────────────┘

(   )

04 곤충을 유인하기 위해 꽃이 화려하고 향기가 있으며 꿀샘이 발달해 있는 식물을 두 가지 고르시오.

(,   )

① 연꽃   ② 사과나무   ③ 부들
④ 소나무   ⑤ 옥수수

05 다음과 같이 식물의 꽃가루가 암술로 옮겨지는 것을 무엇이라고 하는지 쓰시오.

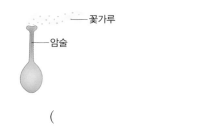

(   )

06 꽃가루가 새에 의해 암술로 옮겨지는 식물을 골라 기호를 쓰시오.

㉠　　　　　㉡　　　　　㉢

▲ 벼　　　▲ 검정말　　　▲ 동백나무

(   )

07 우리가 먹는 데에 이용하는 식물의 부분이 주로 열매 부분인 것으로 알맞지 <u>않은</u> 것은 어느 것입니까?

(   )

① 귤   ② 사과   ③ 오이
④ 복숭아   ⑤ 고구마

08 다음은 열매가 생기고 자라는 과정을 순서 없이 나타낸 것입니다. 순서에 알맞게 기호를 쓰시오.

> 보기
> ㉠ 꽃이 핀다.
> ㉡ 씨가 생긴다.
> ㉢ 꽃가루받이가 이루어진다.
> ㉣ 씨를 싸고 있는 암술, 꽃받침 등이 함께 자라서 열매가 된다.

(   ) → (   ) → (   ) → (   )

09 다음은 사과 열매의 모습입니다. 씨를 나타내는 부분을 골라 기호를 쓰시오.

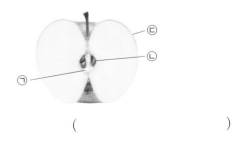

(   )

10 열매가 하는 일은 어느 것입니까? (   )

① 씨를 만든다.
② 물을 흡수한다.
③ 어린 씨를 보호한다.
④ 광합성을 통해 양분을 만든다.
⑤ 식물이 쓰러지지 않게 지지한다.

[11~12] 다음은 여러 가지 식물의 열매 모습입니다. 물음에 답하시오.

㉠
▲ 봉선화

㉡
▲ 연꽃

㉢
▲ 도꼬마리

㉣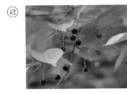
▲ 벚나무

11 위에서 갈고리가 있어 동물의 털이나 사람의 옷에 붙어서 씨가 퍼지는 식물을 골라 기호를 쓰시오.

(   )

12 위에서 물에 떠서 이동하며 씨를 퍼뜨리는 식물을 골라 기호를 쓰시오.

(   )

① 생물을 이루는 세포

세포	• 생물체를 이루는 기본 단위이다. • 모든 생물은 세포로 이루어져 있다. • 대부분 크기가 매우 작아 맨눈으로 볼 수 없고, (㉠)(으)로 관찰할 수 있다. • 종류에 따라 모양, 크기, 하는 일 등이 다르다.

② 식물 세포와 동물 세포의 공통점과 차이점

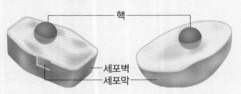

▲ 식물 세포   ▲ 동물 세포

공통점	• 세포막으로 둘러싸여 있고, 안에 둥근 모양의 (㉡)이/가 한 개 있다. • 크기가 매우 작아 맨눈으로 관찰하기 어렵다.
차이점	식물 세포는 세포막 바깥쪽이 세포벽으로 둘러싸여 있고, 동물 세포에는 세포벽이 없다.

③ 뿌리의 생김새와 하는 일

생김새	• 고추, 명아주처럼 굵고 곧은 뿌리에 가는 뿌리들이 난 것도 있다. • 파, 강아지풀처럼 굵기가 비슷한 뿌리가 여러 가닥으로 수염처럼 난 것도 있다. • 뿌리에는 솜털처럼 가는 (㉢)이/가 나 있다.
하는 일	• 흙 속의 (㉣)을/를 흡수하고, 식물을 지지한다. • 양분을 뿌리에 저장하는 식물(무, 고구마)도 있다.

④ 줄기의 생김새와 하는 일

생김새	• 느티나무처럼 굵고 곧은 것도 있다. • 나팔꽃처럼 가늘고 길어 주변의 다른 물체를 감아 올라가는 것도 있다. • 고구마처럼 땅 위를 기는 듯이 자라는 것도 있다. • 줄기의 겉은 꺼칠꺼칠하거나 매끈한 껍질로 싸여 있다.
하는 일	• 뿌리에서 흡수한 물의 이동 (㉤) 역할을 한다. • 식물을 지지한다. • 양분을 줄기에 저장하는 식물(감자, 토란)도 있다.

⑤ 잎이 하는 일

광합성	• 식물이 빛과 이산화 탄소, 뿌리에서 흡수한 물을 이용하여 스스로 양분을 만드는 것을 말한다. • 광합성은 주로 (㉥)에서 일어난다.
하는 일	• 광합성을 통해 녹말과 같은 양분을 만든다. • 잎에서 만든 양분은 줄기를 거쳐 뿌리, 줄기, 열매 등 필요한 부분으로 운반되어 사용되거나 저장된다.

⑥ 잎에 도달한 물의 이동

증산 작용	잎에 도달한 물의 일부가 (㉦)을/를 통해 식물 밖으로 빠져나가는 것을 말한다.
증산 작용의 역할	• 뿌리에서 흡수한 물을 식물 꼭대기까지 끌어 올리는 것을 돕는다. • 식물의 온도를 조절하는 역할을 한다.

⑦ 꽃의 생김새와 하는 일

생김새	• 사과꽃처럼 대부분 암술, 수술, 꽃잎, 꽃받침으로 이루어져 있다. • 호박꽃처럼 암술, 수술, 꽃잎, 꽃받침 중 일부가 없는 것도 있다.
하는 일	• 꽃가루받이를 거쳐 (㉧)을/를 만든다.
꽃가루받이	• 씨를 만들기 위해 수술에서 만든 꽃가루가 암술로 옮겨지는 것을 말한다. • 꽃가루받이는 곤충, 새, 바람, 물 등의 도움으로 이루어진다.

꽃잎, 암술, 수술, 꽃받침

⑧ 열매가 자라는 과정과 하는 일

자라는 과정	꽃이 핀다. → 꽃가루받이가 이루어진다. → 암술에서 씨가 생긴다. → 암술, 꽃받침 등이 함께 자라서 열매가 된다.
하는 일	• 어린 (㉨)을/를 보호한다. • 씨가 익으면 멀리 퍼뜨린다.
식물이 씨를 퍼뜨리는 방법	• 가벼운 솜털이 있어 바람에 날려서 퍼진다. • 갈고리가 있어 동물의 털이나 사람의 옷에 붙어서 퍼진다. • 동물에게 먹힌 뒤 똥으로 나와 퍼진다. • 열매껍질이 터지며 씨가 튀어 나가 퍼진다.

정답 ㉠ (광학) 현미경 ㉡ 핵 ㉢ 뿌리털 ㉣ 물 ㉤ 통로 ㉥ 잎 ㉦ 기공 ㉧ 씨 ㉨ 씨

단원 정리 평가

01 다음은 광학 현미경으로 관찰한 양파 표피 세포의 모습입니다. 위에서 양파 표피 세포의 핵에 해당하는 것을 골라 기호를 쓰시오.

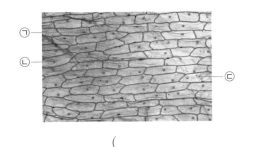

(   )

02 식물 세포와 동물 세포의 차이점으로 옳은 것은 어느 것입니까? (   )

	식물 세포	동물 세포
① 핵	있다.	없다.
② 세포막	없다.	있다.
③ 세포벽	있다.	없다.
④ 세포의 크기	매우 작아 맨눈으로 볼 수 없다.	큰 편이라 맨눈으로 볼 수 있다.
⑤ 세포의 모양	모양이 모두 같다.	모양이 조금씩 다르다.

03 다음과 같이 굵기가 비슷한 가는 뿌리가 수염처럼 나 있는 식물은 어느 것입니까? (   )

① 고추   ② 민들레   ③ 감나무
④ 명아주   ⑤ 강아지풀

04 식물의 뿌리에 대한 설명으로 옳지 않은 것은 어느 것입니까? (   )

① 식물을 지지한다.
② 흙 속의 물을 흡수한다.
③ 뿌리에는 솜털처럼 가는 뿌리털이 있다.
④ 식물 뿌리의 생김새는 대부분 비슷하다.
⑤ 대부분 땅속에서 자라며 땅 위의 줄기와 연결되어 있다.

05 뿌리에 양분을 저장하는 식물을 골라 기호를 쓰시오.

▲ 무   ▲ 감자   ▲ 선인장

(   )

06 다음 설명에 해당하는 소나무의 구조는 어느 부분입니까? (   )

- 두껍고 특이한 무늬가 있다.
- 해충이나 세균 등의 침입을 막는다.
- 추위와 더위로부터 소나무를 보호한다.

① 잎   ② 꽃   ③ 뿌리
④ 열매   ⑤ 줄기의 껍질

07 식물의 줄기에 대한 설명으로 옳지 <u>않은</u> 것을 <u>모두</u> 고르시오. ( )

① 식물을 지지해 준다.
② 나무의 줄기 위로 잎이 나 있다.
③ 나무의 줄기 아래로 뿌리가 이어진다.
④ 고구마 줄기는 위쪽으로 곧게 자란다.
⑤ 대부분 식물의 줄기는 땅속에서 볼 수 있다.

[08~09] 다음은 백합을 붉은 색소 물에 2일 동안 넣어 둔 모습입니다. 물음에 답하시오.

08 위 백합의 줄기를 가로로 잘라 관찰한 내용으로 옳은 것은 어느 것입니까? ( )

① 줄기의 단면은 연두색이다.
② 붉은 점들이 줄기에 퍼져 있다.
③ 가운데 부분은 노란색으로 물들어 있다.
④ 줄기의 단면에 붉게 물든 곳이 한 군데 있다.
⑤ 여러 개의 붉은 선이 줄기를 따라 이어져 있다.

09 위 백합 줄기를 자른 단면을 관찰하여 알게 된 점을 정리한 것입니다. ( ) 안에 들어갈 알맞은 말을 쓰시오.

줄기는 ( )이/가 이동하는 통로 역할을 한다.

( )

[10~11] 어둠상자를 씌우지 않은 고추 모종과 어둠상자를 씌운 고추 모종의 잎을 따서 다음과 같은 순서로 실험을 하였습니다. 물음에 답하시오.

㉮ 큰 비커에 뜨거운 물을 담고 알코올이 든 작은 비커에는 각 고추 모종에서 딴 잎을 넣는다.
㉯ 작은 비커를 뜨거운 물이 들어 있는 큰 비커에 넣은 뒤 유리판으로 덮는다.
㉰ 위의 작은 비커에서 꺼낸 잎을 따뜻한 물로 헹군 뒤 페트리 접시에 넣는다.
㉱ 아이오딘-아이오딘화 칼륨 용액을 떨어뜨려 색깔 변화를 관찰한다.

10 위의 (라) 과정에서 어둠상자를 씌우지 않은 고추 모종 잎의 실험 결과로 적절한 것을 골라 기호를 쓰시오.

㉠   ㉡   ㉢

( )

☆☆
11 위 실험으로 알게 된 점에 대한 설명으로 옳은 것은 어느 것입니까? ( )

① 잎에서 물이 만들어진다.
② 잎에서 만든 양분은 단백질이다.
③ 빛을 받은 잎에서 양분이 만들어진다.
④ 빛을 받지 못한 잎에서 양분이 만들어진다.
⑤ 아이오딘-아이오딘화 칼륨 용액이 양분을 만든다.

12 다음에서 설명하고 있는 작용이 무엇인지 쓰시오.

• 잎에 도달한 물의 일부가 식물의 기공을 통해 식물 밖으로 빠져나가는 것을 말한다.
• 뿌리에서 흡수한 물이 식물 꼭대기까지 도달하도록 돕는다.

( )

13 다음과 같이 잎이 있는 봉선화 모종과 잎을 없앤 봉선화 모종에 각각 비닐봉지를 씌우고 물이 담긴 삼각 플라스크에 꽂아 햇빛이 잘 비치는 곳에 두었습니다. 1~2일 후 비닐봉지 안에 물방울이 더 많이 생긴 것을 골라 기호를 쓰시오.

(   )

[14~15] 다음은 사과꽃과 호박 암꽃의 모습입니다. 물음에 답하시오.

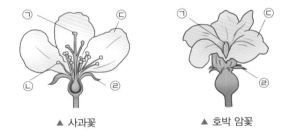

▲ 사과꽃   ▲ 호박 암꽃

14 위 사과꽃의 ㉠~㉣ 중 꽃가루를 만드는 부분의 기호를 쓰시오.

(   )

15 위 사과꽃과 호박 암꽃을 비교한 것으로 옳은 것은 어느 것입니까? (   )

① 하는 일이 비슷하다.
② 꽃의 생김새와 크기가 같다.
③ 사과꽃에는 암술이 있지만, 호박 암꽃에는 암술이 없다.
④ 사과꽃에는 꽃잎이 있지만, 호박 암꽃에는 꽃잎이 없다.
⑤ 두 꽃 모두 암술, 수술, 꽃잎, 꽃받침으로 이루어져 있다.

16 바람에 의해 꽃가루받이가 이루어지는 식물은 어느 것입니까? (   )

① 벼   ② 검정말   ③ 사과나무
④ 코스모스   ⑤ 동백나무

☆☆
17 식물의 열매에 대한 설명으로 옳지 않은 것은 어느 것입니까? (   )

① 단풍나무 열매에는 날개가 달려 있다.
② 꽃가루받이가 이루어지고 나면 열매가 맺힌다.
③ 열매의 생김새는 식물의 종류에 따라 다양하다.
④ 식물의 종류에 따라 열매가 하는 일이 다르다.
⑤ 씨를 싸고 있는 암술이나 꽃받침 등이 함께 자라서 열매가 된다.

18 다음 벚나무 열매와 참외의 공통점으로 옳은 것은 어느 것입니까? (   )

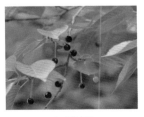

▲ 벚나무   ▲ 참외

① 잎의 크기가 같다.
② 열매의 맛과 생김새가 서로 같다.
③ 바람에 의해 꽃가루받이가 되어 만들어진다.
④ 줄기가 꺼칠꺼칠하고 굵은 껍질로 싸여 있다.
⑤ 동물에게 먹힌 뒤에 씨가 똥과 함께 나와서 퍼진다.

서술형 문제

01 다음은 양파 표피 세포와 입안 상피 세포를 광학 현미경으로 관찰하여 그림으로 나타낸 것입니다. 물음에 답하시오.

배율: 200배   배율: 200배
▲ 양파 표피 세포   ▲ 입안 상피 세포

(1) 위 세포를 관찰하여 특징을 정리한 내용입니다. 다음 ( ) 안에 들어갈 알맞은 말을 쓰시오.

> (㉠)은/는 각진 모양이고, 세포가 서로 붙어 있다. (㉡)은/는 대체로 둥근 모양이고, 세포가 서로 붙어 있는 것도 있고 떨어져 있는 것도 있다.

㉠ (   )   ㉡ (   )

(2) 양파 표피 세포와 입안 상피 세포의 공통점을 한 가지 쓰시오.

_____

_____

02 다음과 같이 풀이나 나무가 바람이 세게 불어도 쉽게 날아가거나 쓰러지지 않는 까닭을 쓰시오.

_____

_____

_____

03 다음은 붉은 색소 물에 넣어 두었던 백합 줄기를 세로로 자른 모습입니다. 물음에 답하시오.

(1) 다음 백합 줄기의 세로 단면에 대한 설명에서 ( ) 안에 들어갈 알맞은 말을 각각 쓰시오.

> 줄기를 세로로 자른 단면에서 줄기를 따라 이어져 있는 여러 개의 붉은 선은 (   ) 이/가 이동한 통로이다.

(   )

(2) 위 백합 줄기의 단면을 관찰한 결과를 통해 알 수 있는 줄기의 기능을 쓰시오.

_____

_____

04 다음 식물의 줄기가 다른 부분에 비해 굵은 까닭은 무엇인지 쓰시오.

▲ 감자   ▲ 마늘

_____

_____

05 햇빛이 잘 드는 곳에 있는 고추 모종의 잎을 따서 다음과 같은 실험을 하였습니다. 물음에 답하시오.

> 알코올에 넣어 알코올과 함께 뜨거운 물에 담갔다가 꺼낸다. → 따뜻한 물로 헹군다. → 아이오딘-아이오딘화 칼륨 용액을 떨어뜨린다.

(1) 위 실험 결과 아이오딘-아이오딘화 칼륨 용액은 무슨 색으로 변하는지 쓰시오.

( )

(2) 위 실험 결과를 통해 알 수 있는 잎이 하는 일과 관련지어 잎 모양이 대부분 납작한 까닭을 쓰시오.

_____

_____

06 다음과 같이 연꽃이 크고 화려한 것은 꽃가루받이에 어떤 도움을 주는지 쓰시오.

_____

_____

07 다음 식물의 열매를 보고 물음에 답하시오.

▲ 단풍나무   ▲ 가죽나무

(1) 위 식물의 열매들은 무엇을 퍼뜨리기 위해 특별한 모양을 가지고 있는 것인지 쓰시오.

( )

(2) 위 열매들이 (1)의 답에 해당하는 것을 퍼뜨리는 방법을 쓰시오.

_____

_____

08 포도나무의 열매인 포도가 익으면서 점점 맛과 향이 좋아지는 까닭을 씨를 퍼뜨리는 과정과 관련지어 쓰시오.

_____

_____

_____

| 배점 | 20점 |

| 학습 주제 | 뿌리에서의 물의 흡수 |

| 학습 목표 | 양파 뿌리를 관찰하고 실험한 후 양파 뿌리의 생김새와 기능을 설명할 수 있다. |

[1~2] 다음은 뿌리를 자르지 않은 양파와 뿌리를 자른 양파를 물이 담긴 컵에 각각 올려놓아 관찰하는 실험입니다. 물음에 답하시오.

1 위 양파 뿌리의 모습을 관찰한 후, ① 양파 뿌리의 생김새와 ② 양파와 비슷한 뿌리 모양을 가진 식물의 예를 한 가지 쓰시오. [8점]

양파 뿌리의 생김새	양파와 비슷한 뿌리 모양을 가진 식물
①	②

2 위 양파가 든 컵들을 빛이 잘 드는 곳에 2~3일 동안 놓아둔 결과 두 컵에 든 물의 양을 비교하고, 이를 통해 알게 된 점을 뿌리의 기능과 관련지어 쓰시오. [12점]

배점 | 20점

학습 주제 잎에 도달한 물의 이동

학습 목표 실험을 할 때 다르게 해야 할 조건과 같게 해야 할 조건을 바르게 제시하고, 실험 결과를 설명할 수 있다.

[3~4] 다음은 봉선화 모종에 씌워 둔 비닐봉지 안에 물방울이 생긴 까닭을 알아보기 위한 실험입니다. 물음에 답하시오.

3 위 실험에서 ① 다르게 해야 할 조건과 ② 같게 해야 할 조건을 쓰시오. [10점]

다르게 해야 할 조건	같게 해야 할 조건
①	②

4 위 봉선화 모종이 든 삼각 플라스크를 햇빛이 잘 드는 곳에 1~2일 동안 놓아둔 후 비닐봉지 안을 관찰했을 때, 비닐봉지 안쪽에 물방울이 더 많이 생기는 봉선화 모종의 기호와 그 까닭을 쓰시오. [10점]

기호	
까닭	

교과서 개념 익히기

① 산소와 이산화 탄소

1. 기체 발생 장치 꾸미기

✏️ 기체 발생 장치

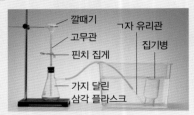

- 깔때기
- 고무관
- 핀치 집게
- ㄱ자 유리관
- 집기병
- 가지 달린 삼각 플라스크

✏️ 공기 중에 산소의 양이 지금보다 많아지면 생기는 일

○ 화재가 자주 발생할 것입니다.
○ 불을 끄기 어려울 것입니다.
○ 금속이 쉽게 녹슬 것입니다.
○ 한 번 숨을 쉴 때 들이마시는 산소의 양이 많아져 숨을 쉬는 횟수가 줄어들 것입니다.

✏️ ㄱ자 유리관을 집기병 속에 넣는 방법

ㄱ자 유리관을 집기병 속에 깊이 넣지 않고 입구에 두면 발생한 기체가 물을 통과해 기체 외에 필요 없는 물질이 제거되어 깨끗한 기체를 모을 수 있습니다.

핀치 집게
고무관

① 짧은 고무관을 끼운 깔때기를 스탠드의 링에 설치하고, 고무관에 핀치 집게를 끼웁니다.

고무마개

② 유리관을 끼운 고무마개로 가지 달린 삼각 플라스크의 입구를 막습니다.

③ 깔때기에 연결한 고무관을 고무마개에 끼운 유리관과 연결합니다.

ㄱ자 유리관
고무관

④ 가지 달린 삼각 플라스크의 가지 부분에 긴 고무관을 끼우고, 고무관 끝에 ㄱ자 유리관을 연결합니다.

물을 가득 채운 집기병

⑤ 물을 $\frac{2}{3}$ 정도 담은 수조에 물을 가득 채운 집기병을 거꾸로 세웁니다.

ㄱ자 유리관

⑥ ㄱ자 유리관을 집기병 입구에 두어 발생하는 기체를 모을 수 있게 합니다.

2. 산소

산소의 성질	• 색깔과 냄새가 없습니다. • 다른 물질이 타는 것을 돕는 성질이 있습니다. • 금속을 녹슬게 하는 성질이 있습니다.
산소의 이용	• 잠수부나 소방관이 사용하는 압축 공기통에 넣어 이용합니다. • 응급 환자의 산소 호흡 장치에 이용합니다. • 산소 캔에 담아 이용합니다.

😀 **낱말사전**

금속 열이나 전기를 잘 전도하고, 펴지고 늘어나는 성질이 풍부하며, 특수한 광택을 가진 물질을 통틀어 이르는 말

압축 물질 따위에 압력을 가하여 그 부피를 줄임.

개념 확인문제

정답과 해설 52쪽

1 기체 발생 장치에서 고무관에 (   )을/를 끼워서 깔때기에 넣은 액체의 양을 조절합니다.

2 산소의 성질로 옳은 것에 ○표, 옳지 않은 것에 ×표 하시오.

(1) 색깔과 냄새가 있습니다. (   )

(2) 금속을 녹슬게 하는 성질이 있습니다. (   )

(3) 다른 물질이 타는 것을 돕는 성질이 있습니다. (   )

산소를 발생시키고 산소의 성질 알아보기

[준비물] 기체 발생 장치, 물, 약숟가락, 이산화 망가니즈, 묽은 과산화 수소수, 비커(100 mL), 집기병(250 mL) 두 개, 유리판 두 개, 흰 종이, 향, 점화기, 보안경, 실험용 장갑

[탐구 방법]

❶ 물이 담긴 가지 달린 삼각 플라스크에 이산화 망가니즈를 한 숟가락 넣고 기체 발생 장치를 꾸밉니다.

❷ 묽은 과산화 수소수를 깔때기에 $\frac{1}{2}$ 정도 붓습니다.

❸ 핀치 집게를 조절하여 묽은 과산화 수소수를 조금씩 흘려 보냅니다.

❹ 집기병에 ❸ 과정 이후 발생한 산소를 모읍니다.

❺ 2개의 집기병에 산소를 모아 산소의 색깔과 냄새를 관찰해 봅니다.

❻ 산소가 든 집기병에 향불을 넣어 불꽃이 변화하는 모습을 관찰해 봅니다.

[탐구 결과]

· 삼각 플라스크 내부에서 거품이 발생하고, ㄱ자 유리관 끝에서 거품이 나옵니다.

· 산소는 색깔과 냄새가 없고, 향불의 불꽃을 커지게 합니다.

✎ 산소를 모을 때 주의할 점

ㄱ자 유리관 끝에서 처음에 나오는 기체는 반응 용기인 삼각 플라스크 안에 있던 공기이므로 처음에 모은 집기병의 기체는 버리고, 곧바로 물을 채운 뒤 산소를 다시 모읍니다.

✎ 집기병에 산소를 모으는 방법

묽은 과산화 수소수를 이산화 망가니즈가 들어 있는 삼각 플라스크에 넣으면 산소 기체가 발생하여 고무관을 통해 수조 쪽으로 이동합니다. 산소는 물에 잘 녹지 않는 기체이므로 수조 속 집기병에 산소가 모입니다. 산소가 집기병에 가득 차면 물속에서 유리판으로 집기병 입구를 막아 산소가 빠져나가지 않도록 하고 집기병을 꺼냅니다.

✎ 산소의 색깔과 냄새를 관찰하는 방법

⌄ 산소가 든 집기병 뒤에 흰 종이를 대고 색깔을 관찰합니다.
⌄ 산소가 든 집기병의 유리판을 열고 손으로 바람을 일으켜 냄새를 맡아 봅니다.

---

3 산소가 든 집기병 뒤에 흰 종이를 대고 (   )을/를 관찰해 봅니다.

4 산소가 든 집기병의 유리판을 열고 손으로 바람을 일으켜 (   )을/를 맡아 봅니다.

5 기체 발생 장치에서 묽은 과산화 수소수를 조금씩 흘려 보내면서 가지 달린 삼각 플라스크 내부와 ㄱ자 유리관 끝부분을 관찰한 결과 공통으로 볼 수 있는 것을 쓰시오.

(   )

낱말사전

향불 향을 태우는 불
반응 물질 사이에 일어나는 화학적 변화로 물질의 성질이나 구조가 변함.

✎ 이산화 탄소가 집기병에 가득 찼는지 확인하는 방법

이산화 탄소가 집기병에 가득 찼는지 잘 보이지 않으므로, 거품이 집기병 밖으로 새어 나오는 것으로 확인하면 쉽습니다.

✎ 유리판을 덮어 집기병을 꺼내는 방법

이산화 탄소를 포집한 집기병을 물속에서 꺼낼 때 유리판으로 잘 막습니다.

3. 이산화 탄소

실험 관찰로 알아보기   이산화 탄소 발생시키기

[준비물] 기체 발생 장치, 집기병(250 mL) 세 개, 유리판 세 개, 약숟가락, 탄산수소 나트륨, 진한 식초, 비커(100 mL), 보안경, 실험용 장갑

[탐구 방법]

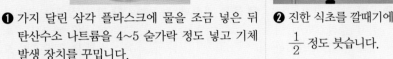

❶ 가지 달린 삼각 플라스크에 물을 조금 넣은 뒤 탄산수소 나트륨을 4~5 숟가락 정도 넣고 기체 발생 장치를 꾸밉니다.

❷ 진한 식초를 깔때기에 $\frac{1}{2}$ 정도 붓습니다.

❸ 핀치 집게를 조절하여 진한 식초를 조금씩 흘려 보냅니다.

❹ ㄱ자 유리관을 집기병 입구 가까이에 두고 이산화 탄소를 포집합니다. 집기병에 이산화 탄소가 가득 차면 유리판으로 입구를 막고 집기병을 꺼냅니다.

❺ 다른 집기병에도 이산화 탄소를 모읍니다.
❻ 이산화 탄소의 색깔과 냄새, 석회수를 넣고 흔들었을 때의 변화를 관찰합니다.

[탐구 결과]

구분	결과
색깔과 냄새	색깔도 없고, 냄새도 없다.
향불을 넣었을 때	향불이 꺼진다.
석회수를 넣고 흔들었을 때	투명하던 석회수가 뿌옇게 흐려진다.

낱말사전

포집 여러 가지 방법으로 일정한 물질 속에 있는 미량 성분을 분리하여 잡아 모으는 일

개념 확인문제   정답과 해설 52쪽

6 이산화 탄소가 든 집기병에 향불을 넣으면 향불이 (   ).

7 (   )이/가 든 집기병에 석회수를 $\frac{1}{4}$ 정도 넣고 흔들면 석회수가 뿌옇게 흐려집니다.

(1) 이산화 탄소의 성질

① 색깔이 없습니다.

② 냄새가 없습니다.

③ 물질이 타는 것을 막는 성질이 있습니다.

④ 석회수를 뿌옇게 만드는 성질이 있습니다.

(2) 이산화 탄소의 이용

① 물질이 타는 것을 막는 성질이 있어 소화기의 재료로 이용합니다.

드라이아이스

② 차갑게 유지하기 위해 사용하는 드라이아이스를 만드는 데 이용합니다.

탄산음료

③ 탄산음료에 넣어 톡 쏘는 맛을 내는 데 이용합니다.

④ 위급할 때 순식간에 부풀어 오르는 자동 팽창식 구명조끼에 이용합니다.

---

8 이산화 탄소는 (   )와/과 (   )이/가 없습니다.

9 이산화 탄소는 물질이 타는 것을 막는 성질이 있어 (   )의 재료로 이용됩니다.

10 (   )은/는 탄산음료의 톡 쏘는 맛을 내는 데 이용합니다.

[01~02] 다음은 기체 발생 장치를 꾸미는 과정입니다. 물음에 답하시오.

> (개) 짧은 고무관을 끼운 깔때기를 스탠드의 링에 설치하고, 고무관에 ㉠핀치 집게를 끼운다.
> (내) 물을 $\frac{2}{3}$ 정도 담은 수조에 물을 가득 채운 집기병을 거꾸로 세운다.
> (대) 깔때기에 연결한 고무관을 고무마개에 끼운 유리관과 연결한다.
> (래) ㄱ자 유리관을 집기병 입구에 둔다.
> (매) 유리관을 끼운 고무마개로 가지 달린 삼각 플라스크의 입구를 막는다.
> (배) 가지 달린 삼각 플라스크의 가지 부분에 긴 고무관을 끼우고, 고무관 끝에 ㄱ자 유리관을 연결한다.

01 기체 발생 장치를 꾸미는 과정을 순서대로 바르게 나열한 것은 어느 것입니까? ( )

① (개) — (매) — (대) — (배) — (내) — (래)
② (내) — (배) — (대) — (개) — (래) — (매)
③ (대) — (매) — (개) — (배) — (래) — (내)
④ (매) — (대) — (배) — (개) — (래) — (내)
⑤ (래) — (배) — (매) — (개) — (내) — (대)

02 (개)에서 ㉠ 핀치 집게를 사용하는 까닭으로 옳은 것은 어느 것입니까? ( )

① 시약의 양을 조절하기 위해서 사용한다.
② 고무관의 길이를 조정하기 위해서 사용한다.
③ 스탠드의 링에 깔때기를 고정하기 위해서 사용한다.
④ 삼각 플라스크의 온도를 조절하기 위해서 사용한다.
⑤ ㄱ자 유리관에서 발생하는 기포를 관찰하기 위해서 사용한다.

☆☆
03 묽은 과산화 수소수와 이산화 망가니즈를 이용하여 얻을 수 있는 기체는 무엇인지 쓰시오.

( )

☆☆
04 산소의 성질에 대한 설명으로 옳은 것을 보기 에서 골라 기호를 쓰시오.

> 보기
> ㉠ 색깔이 없다.
> ㉡ 냄새가 있다.
> ㉢ 석회수를 뿌옇게 만든다.

( )

05 다음과 같이 산소를 집기병에 모아 산소의 색깔을 관찰하는 방법으로 옳은 것은 어느 것입니까? ( )

① 산소가 든 집기병의 유리판을 열고 관찰한다.
② 산소가 든 집기병 뒤에 흰 종이를 대고 관찰한다.
③ 산소가 든 집기병에 석회수를 넣고 흔들어서 석회수의 변화를 관찰한다.
④ 산소가 든 집기병에 향불을 넣어 불꽃이 변화하는 모습을 관찰한다.
⑤ 산소가 든 집기병에 금속을 넣어 금속이 변화하는 모습을 관찰한다.

06 우리 생활에서 산소를 이용하는 방법으로 옳지 않은 것을 두 가지 고르시오. (,)

① 소화기에 이용한다.
② 산소 캔에 담아 이용한다.
③ 자동 팽창식 구명조끼에 이용한다.
④ 응급 환자의 산소 호흡 장치에 이용한다.
⑤ 잠수부나 소방관이 사용하는 압축 공기통에 넣어 이용한다.

[07~08] 다음은 이산화 탄소를 발생시키기 위한 기체 발생 장치입니다. 물음에 답하시오.

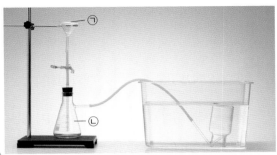

☆☆
07 ⊙과 ⓒ에 넣어야 하는 것으로 바르게 짝 지어진 것은 어느 것입니까? ( )

	⊙	ⓒ
①	묽은 과산화 수소수	시트르산
②	레몬즙	이산화 망가니즈
③	젖산 칼슘	효모액
④	알긴산 나트륨	젖산 칼슘
⑤	진한 식초	탄산수소 나트륨

08 위 장치에서 이산화 탄소를 모을 때 처음에 모은 집기병의 기체는 버리고 다시 기체를 모으는 까닭으로 옳은 것은 어느 것입니까? ( )

① 처음에 나오는 기체는 유해하기 때문이다.
② 처음에 나오는 기체는 불에 타기 때문이다.
③ 처음에 나오는 기체는 냄새가 없기 때문이다.
④ 처음에 나오는 기체는 색깔을 띠고 있기 때문이다.
⑤ 처음에 나오는 기체는 반응 용기 안에 있던 기체이기 때문이다.

☆☆
09 이산화 탄소의 성질로 옳지 않은 것을 보기 에서 골라 기호를 쓰시오.

보기
⊙ 냄새가 없다.
ⓒ 색깔이 없다.
ⓒ 금속을 녹슬게 한다.

( )

10 이산화 탄소가 들어 있는 집기병에 석회수를 $\frac{1}{4}$ 정도 넣고 흔들었을 때 석회수의 변화로 옳은 것을 보기 에서 골라 기호를 쓰시오.

보기
⊙ 석회수에 아무런 변화가 없다.
ⓒ 투명하던 석회수가 뿌옇게 된다.
ⓒ 석회수의 양이 늘어났다.

( )

11 다음 설명의 ( ) 안에 들어갈 알맞은 말은 무엇인지 쓰시오.

탄산음료가 든 용기의 마개를 따서 탄산음료를 컵에 따르면 거품을 볼 수 있다. 이 거품은 탄산음료에 녹아 있던 ( )이/가 나온 것이다.

( )

12 이산화 탄소를 이용하는 것으로 옳지 않은 것은 어느 것입니까? ( )

①
▲ 탄산음료

②
▲ 자동 팽창식 구명조끼

③
▲ 드라이아이스

④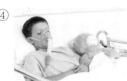
▲ 호흡 장치

⑤
▲ 소화기

4
단원

② 압력과 온도에 따른 기체의 부피 변화

1. 압력 변화에 따른 기체와 액체의 부피 변화

(1) 압력을 가한 정도에 따른 기체와 액체의 부피 변화

기체의 부피는		액체의 부피는
조금 작아진다.	압력을 약하게 가할 때	거의 변하지 않는다.
많이 작아진다.	압력을 세게 가할 때	거의 변하지 않는다.

➡ 액체는 압력을 가해도 부피가 거의 변하지 않지만, 기체는 압력을 가한 정도에 따라 부피가 달라집니다.

(2) 생활 속에서 압력에 따라 기체의 부피가 달라지는 예

① 비행기 안의 압력은 땅에서보다 하늘에서 더 낮기 때문에 비행기 안에 있는 과자 봉지는 땅에서보다 하늘을 나는 동안 더 많이 부풀어 오릅니다.

② 깊은 바닷속에서 잠수부가 숨을 내쉴 때 생긴 공기 방울에 작용하는 압력은 물 표면으로 올라올수록 낮아지기 때문에 물 표면에 가까이 있는 공기 방울이 더 크게 부풀어 오릅니다.

③ 에어 농구화의 공기는 뛰어올랐다가 착지할 때 부피가 작아집니다.

> **실험 관찰로 알아보기** 압력에 따른 기체와 액체의 부피 알아보기
>
> [준비물] 물, 플라스틱 스포이트(1 mL), 주사기(60 mL) 두 개
> [탐구 방법]
> ❶ 플라스틱 스포이트에 공간을 약간 남기고 물을 채운 뒤에 입구를 손가락으로 막습니다.
> ❷ 플라스틱 스포이트의 머리 부분을 손가락으로 누르면서 공기의 부피가 어떻게 달라지는지 관찰해 봅니다.
> ❸ 주사기 한 개에는 공기 40 mL, 다른 주사기 한 개에는 물 40 mL를 넣습니다.

높은 산 위와 산 아래의 페트병 모양 비교

 →

▲ 높은 산 위   ▲ 산 아래

높은 산 위에서 페트병을 마개로 닫은 뒤 산 아래로 내려오면 페트병이 찌그러져 있는 것을 볼 수 있습니다. 높은 산 위와 산 아래의 공기 압력이 다르기 때문입니다.

압력 변화에 따른 기체의 부피 변화 관찰

손가락으로 입구를 막은 채 물이 든 플라스틱 스포이트의 머리 부분을 누르면 공기의 부피가 작아집니다.

🙂 **낱말사전**

표면 사물의 가장 바깥쪽 또는 가장 윗부분

착지 공중에서 땅으로 내림.

개념 확인문제

정답과 해설 52쪽

1 (   )은/는 압력을 가해도 부피가 거의 변하지 않지만, (   )은/는 압력을 가한 정도에 따라 부피가 달라집니다.

2 과자 봉지가 땅에서보다 하늘에서 더 많이 부풀어 오르는 것은 (압력 , 온도)이/가 달라질 때 기체의 부피가 달라지는 예입니다.

❹ 주사기 입구를 손가락으로 막고 피스톤을 약하게 누를 때와 세게 누를 때 공기와 물의 부피 변화를 각각 관찰해 봅니다.

▲ 공기 40 mL를 넣은 주사기 피스톤을 약하게 눌렀을 때 　 ▲ 공기 40 mL를 넣은 주사기 피스톤을 세게 눌렀을 때 　 ▲ 물 40 mL를 넣은 주사기 피스톤을 약하게 눌렀을 때 　 ▲ 물 40 mL를 넣은 주사기 피스톤을 세게 눌렀을 때

❺ 압력을 가한 정도에 따라 기체와 액체의 부피는 어떻게 달라지는지 설명해 봅니다.

[탐구 결과]

구분	피스톤을 약하게 누를 때	피스톤을 세게 누를 때
공기 40 mL	• 피스톤이 조금 들어간다. • 공기의 부피가 약간 작아진다.	• 피스톤이 많이 들어간다. • 공기의 부피가 많이 작아진다.
물 40 mL	• 피스톤이 들어가지 않는다. • 물의 부피가 변하지 않는다.	• 피스톤이 들어가지 않는다. • 물의 부피가 변하지 않는다.

➡ 기체는 압력을 세게 가할수록 부피가 많이 줄어들지만 액체는 압력에 따라 부피가 거의 변하지 않습니다.

2. 온도 변화에 따른 기체의 부피 변화

(1) 온도에 따른 기체의 부피 변화: 기체는 온도에 따라 부피가 달라집니다.
　➡ 온도가 높아지면 기체의 부피는 커지고, 온도가 낮아지면 기체의 부피는 작아집니다.

(2) 생활 속에서 온도 변화에 따라 기체의 부피가 달라지는 예
① 뜨거운 음식을 비닐 랩으로 포장하면 비닐 랩이 부풀어 오릅니다.
② 물이 조금 담긴 페트병을 마개로 막아 냉장고에 넣고 시간이 지난 뒤 살펴보면 찌그러진 것을 볼 수 있습니다.

3 물이 든 플라스틱 스포이트의 입구를 막고 스포이트의 머리 부분을 손가락으로 누르면 공기의 부피는 (커집니다 , 작아집니다).

4 공기가 든 주사기의 입구를 막고 피스톤을 세게 누르면 피스톤이 (약간 , 많이) 들어가고, 공기의 부피는 많이 작아집니다.

5 (물 , 공기)이/가 든 주사기의 입구를 막고 피스톤을 세게 누르면 피스톤이 잘 들어가지 않고, 부피는 그대로입니다.

✎ 압력 변화에 따른 기체와 액체의 부피 변화를 관찰할 때 주의할 점
　↳ 손가락으로 주사기 입구를 꽉 막습니다.
　↳ 주사기 입구를 막은 손을 놓치면 물이 튈 수 있으므로 주의합니다.

✎ 젤리를 만들기 위해 재료를 뜨거운 물에 녹인 뒤 굳힐 때 비닐 랩으로 씌워 냉장고에서 넣어두면 비닐 랩이 오목하게 들어가는 까닭

냉장고 안과 밖은 온도 차이가 나고, 기체의 부피는 온도의 영향을 받습니다. 그렇기 때문에 냉장고 안에 있을 때 용기 안 기체의 부피가 줄어들면서 비닐 랩이 오목해집니다.

4
단원

낱말사전

압력 두 물체가 접촉면을 경계로 하여 서로 그 면에 수직으로 누르는 단위 면적에서의 힘의 단위
부피 넓이와 높이를 가진 물건이 공간에서 차지하는 크기

고무풍선을 씌운 삼각 플라스크를 뜨거운 물이 든 수조와 얼음물이 든 수조에 각각 넣었을 때 고무풍선의 변화 관찰

뜨거운 물에 넣은 경우	얼음물에 넣은 경우

물방울이 든 플라스틱 스포이트를 뒤집어서 뜨거운 물이 든 비커와 얼음물이 든 비커에 각각 넣었을 때 물방울의 위치 변화

뜨거운 물이 든 비커	얼음물이 든 비커

실험 관찰로 알아보기   온도 변화에 따른 기체의 부피 변화 알아보기

[준비물] 삼각 플라스크(200 mL), 고무풍선, 비커(500 mL) 두 개, 뜨거운 물(300 mL), 얼음물(300 mL), 비커(50 mL), 물, 식용 색소, 유리 막대, 플라스틱 스포이트(1 mL)

[탐구 방법]

❶ 삼각 플라스크 입구에 고무풍선을 씌운 뒤 삼각 플라스크를 뜨거운 물이 든 비커에 넣고, 고무풍선의 변화를 관찰해 봅니다.

❷ ❶의 삼각 플라스크를 얼음물이 든 비커에 넣고, 고무풍선의 변화를 관찰해 봅니다.

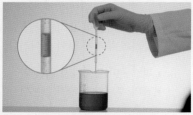

❸ 플라스틱 스포이트를 식용 색소를 탄 물에서 살짝 눌렀다가 놓아 스포이트 관 가운데에 물방울이 오도록 합니다.

❹ 물방울이 든 플라스틱 스포이트를 뒤집어서 뜨거운 물이 든 비커와 얼음물이 든 비커에 각각 넣고 그 변화를 관찰해 봅니다.

❺ 온도 변화에 따라 기체의 부피는 어떻게 달라지는지 설명해 봅니다.

[탐구 결과]

• 뜨거운 물과 얼음물에 삼각 플라스크를 넣었을 때 고무풍선의 변화

구분	뜨거운 물	얼음물
고무풍선의 변화	• 고무풍선이 부풀어 오른다. • 고무풍선의 부피가 커진다.	• 고무풍선이 오그라든다. • 고무풍선의 부피가 작아진다.

낱말사전

식용 먹을 것으로 씀. 또는 그런 물건

개념 확인문제   정답과 해설 52쪽

6 고무풍선을 씌운 삼각 플라스크를 얼음물이 든 비커에 넣으면, 고무풍선의 부피가 (커져 , 작아져) 고무풍선이 오그라듭니다.

7 물방울이 든 플라스틱 스포이트를 뒤집어서 뜨거운 물이 든 비커에 넣으면 물방울이 처음보다 (올라가고 , 내려가고), 얼음물이 든 비커에 넣으면 물방울이 처음보다 (올라갑니다 , 내려갑니다).

- 뜨거운 물이 든 비커에서는 물방울이 처음보다 위로 올라가고, 얼음물이 든 비커에서는 물방울이 처음보다 아래로 내려갑니다.
➡ 온도가 높아지면 기체의 부피가 커지고 온도가 낮아지면 기체의 부피가 작아집니다.

3. 공기를 이루는 여러 가지 기체

(1) 공기를 이루는 기체
① 공기는 여러 가지 기체가 섞여 있는 혼합물입니다.
② 공기는 대부분 질소와 산소로 이루어져 있으며, 이 밖에도 여러 가지 기체가 섞여 있습니다.

(2) 생활 속에서 이용하는 기체의 쓰임새

질소
식품의 내용물을 보존하거나 신선하게 보관하는 데 이용됩니다.

네온
특유의 빛을 내는 조명 기구나 네온 광고에 이용됩니다.

산소
응급 환자의 호흡 장치, 잠수부의 압축 공기통, 우주 비행사의 호흡 장치, 물질의 연소에 이용됩니다.

공기를 이루는 기체와 그 쓰임새

수소
청정 연료로서, 전기를 만드는 데 이용됩니다.

헬륨
비행선이나 풍선을 공중에 띄우는 용도로 이용됩니다.

이산화 탄소
소화기, 드라이아이스, 탄산음료의 재료, 자동 팽창식 구명조끼에 이용됩니다.

(3) 과자 봉지를 질소 대신 산소로 채우면 발생하는 현상
① 산소가 과자 봉지 속의 내용물을 변하게 할 것입니다.
② 산소는 숨을 쉴 때 필요한 기체이므로 과자 봉지 속에서 벌레가 살 수 있을 것입니다.

8 공기는 (한 가지 , 여러 가지) 기체가 섞여 있는 혼합물입니다.

9 (　　　　　)은/는 식품의 내용물을 보존하거나 신선하게 보관하는 데 이용됩니다.

10 (　　　　　)은/는 특유의 빛을 내는 조명 기구나 네온 광고에 이용됩니다.

생활 속에서 질소의 쓰임새

- 사과와 같은 과일을 신선하게 유지하게 합니다.
- 혈액, 세포 등을 보존할 때 이용됩니다.
- 과자, 차, 분유, 견과류 등을 포장할 때 이용합니다.
- 비행기 타이어나 자동차 에어백을 채우는 데 이용됩니다.

생활 속에서 수소의 쓰임새

- 수소는 탈 때 물이 생성되고 오염 물질이 나오지 않는 청정 연료입니다. 수소 발전소에서는 수소 기체를 이용해 전기를 만듭니다. 수소 자동차, 수소 자전거에도 이용됩니다.

4 단원

낱말사전

보존 잘 보호하고 간수하여 남김.
청정 맑고 깨끗함.

01 물이 든 플라스틱 스포이트의 입구를 막고 머리 부분을 손가락으로 누를 때의 변화로 옳은 것은 어느 것입니까? ( )

① 공기의 부피가 커진다.
② 공기의 부피가 작아진다.
③ 공기의 부피는 변화가 없다.
④ 공기의 온도가 낮아진다.
⑤ 공기의 온도가 높아진다.

☆☆
02 공기가 든 주사기의 입구를 손가락으로 막고 피스톤을 약하게 눌렀을 때와 세게 눌렀을 때에 대한 설명으로 옳지 <u>않은</u> 것은 어느 것입니까? ( )

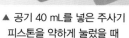

▲ 공기 40 mL를 넣은 주사기 피스톤을 약하게 눌렀을 때

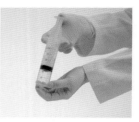

▲ 공기 40 mL를 넣은 주사기 피스톤을 세게 눌렀을 때

① 피스톤을 세게 누르면 피스톤이 많이 들어간다.
② 피스톤을 약하게 누르면 피스톤이 약간 들어간다.
③ 피스톤을 세게 누르면 공기의 부피는 많이 작아진다.
④ 피스톤을 약하게 누르면 공기의 부피는 약간 작아진다.
⑤ 피스톤을 약하게 눌렀을 때와 세게 눌렀을 때 모두 피스톤이 잘 들어가지 않는다.

03 마개를 닫은 빈 페트병을 가지고 바닷속 깊이 들어갔을 때 페트병의 변화를 바르게 설명한 친구의 이름을 쓰시오.

> 단이: 페트병은 점점 더 많이 찌그러져.
> 룩희: 페트병은 점점 더 많이 부풀어 올라.
> 소민: 페트병은 아무런 변화가 없어.

( )

[04~05] 다음은 공기가 든 주사기와 물이 든 주사기 입구를 손가락으로 막고 피스톤을 누르는 모습입니다. 물음에 답하시오.

(가)

(나)
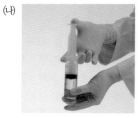

▲ 공기가 든 주사기 피스톤을 눌렀을 때
▲ 물이 든 주사기 피스톤을 눌렀을 때

04 위와 같이 피스톤을 눌렀을 때 피스톤이 안으로 들어가는 것의 기호를 쓰시오.

( )

05 피스톤을 약하게 눌렀을 때와 피스톤을 세게 눌렀을 때 부피 변화가 <u>없는</u> 것의 기호를 쓰시오.

( )

06 젤리를 만들기 위해 재료를 뜨거운 물에 녹인 뒤 냉장고에 넣어 굳히려고 합니다. 젤리가 담긴 컵을 비닐 랩으로 씌워 냉장고에 넣은 후, 일정 시간이 지났을 때 관찰할 수 있는 현상으로 옳은 것을 보기 에서 골라 기호를 쓰시오.

> **보기**
> ㉠ 비닐 랩이 오목하게 들어갔다.
> ㉡ 비닐 랩이 볼록하게 부풀어 올랐다.
> ㉢ 비닐 랩이 아무런 변화가 없다.

( )

07 물방울이 든 플라스틱 스포이트를 뒤집어서 뜨거운 물이 든 비커에 넣었을 때, 스포이트 안에 든 물방울이 움직이는 방향으로 옳은 것의 기호를 쓰시오.

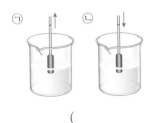

( )

08 삼각 플라스크 입구에 고무풍선을 씌운 뒤 삼각 플라스크를 얼음물이 든 비커에 넣었을 때 고무풍선의 변화로 옳은 것의 기호를 쓰시오.

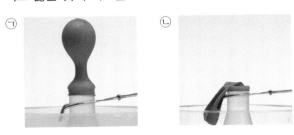

( )

☆☆
09 다음은 온도 변화에 따른 기체의 부피 변화에 대한 설명입니다. ( ) 안에 들어갈 알맞은 말을 각각 쓰시오.

> 온도가 높아지면 기체의 부피는 (㉠), 온도가 낮아지면 기체의 부피는 (㉡).

㉠ ( )
㉡ ( )

10 다음은 온도 변화에 따라 기체의 부피가 달라지는 생활 속 예에 대한 설명입니다. 옳은 것에 ○표 하시오.

(1) 물이 조금 담긴 페트병을 마개로 막아 냉장고에 넣고 시간이 지난 뒤 살펴보면 페트병이 찌그러져 있다. ( )
(2) 뜨거운 음식을 비닐 랩으로 포장하면 비닐 랩이 볼록하게 부풀어 오른다. ( )

4 단원

11 다음 설명에 알맞은 기체는 무엇인지 쓰시오.

> • 사과와 같은 과일을 신선하게 유지한다.
> • 과자, 차, 분유, 견과류 등을 포장할 때 이용한다.
> • 비행기 타이어나 자동차 에어백을 채우는 데 이용된다.

( )

12 다음 광고판에 이용되는 기체의 이름을 쓰시오.

( )

❶ 산소

➊ 산소 발생 실험
- 기체 발생 장치를 이용한다.
- 산소를 발생시키기 위해서는 (㉠   )와/과 묽은 과산화 수소수 두 가지 물질이 필요하다.
- 기체 발생 장치의 삼각 플라스크 내부에서 거품이 발생 하고, ㄱ자 유리관 끝에서 거품이 나온다.

➋ 산소의 성질

색깔	(㉡).
냄새	없다.
연소	물질이 타는 것을 돕는다.(잘 타게 한다.)
금속	금속을 녹슬게 한다.

➌ 산소의 이용
- 잠수부나 소방관이 사용하는 압축 공기통에 넣어 이용 한다.
- 응급 환자의 산소 호흡 장치에 이용한다.
- 산소 캔에 담아 이용한다.

❷ 이산화 탄소

➊ 이산화 탄소 발생 실험
- 기체 발생 장치를 이용한다.
- 이산화 탄소를 발생시키기 위해서는 (㉢   )와/과 진한 식초 두 가지 물질이 필요하다.

➋ 이산화 탄소의 성질

색깔	없다.
냄새	없다.
연소	물질이 타는 것을 막는다.
석회수를 넣고 흔들었을 때	투명하던 석회수를 (㉣) 흐려지게 한다.

➌ 이산화 탄소의 이용
- 소화기에 이용한다.
- 드라이아이스를 만드는 데 이용한다.
- 탄산음료의 톡 쏘는 맛을 내는 데 이용한다.
- 자동 팽창식 구명조끼에 이용한다.

❸ 압력 변화에 따른 기체와 액체의 부피 변화

➊ 주사기의 피스톤을 눌렀을 때 공기와 물의 부피 변화

구분	피스톤을 약하게 누를 때	피스톤을 세게 누를 때
공기 40 mL	• 피스톤이 조금 들어간다. • 공기의 부피가 약간 작아진다.	• 피스톤이 많이 들어간다. • 공기의 부피가 많이 작아진다.
물 40 mL	• 피스톤이 들어가지 않는다. • 물의 부피는 변함 없다.	• 피스톤이 들어가지 않는다. • 물의 부피는 변함 없다.

➡ (㉤   )은/는 압력을 가해도 부피가 거의 변하지 않지 만, 기체는 압력을 가한 정도에 따라 부피가 달라진다.

➋ 생활 속에서의 예
- 비행기 안에 있는 과자 봉지는 땅에서보다 하늘을 나는 동안 더 많이 부풀어 오른다.
- 깊은 바닷속에서 잠수부가 숨을 내쉴 때 생긴 공기 방울 은 물 표면으로 올라올수록 크게 부풀어 오른다.

❹ 온도 변화에 따른 기체의 부피 변화

➊ 고무풍선을 씌운 삼각 플라스크를 뜨거운 물과 얼음물에 넣었을 때의 변화

구분	뜨거운 물	얼음물
고무풍선의 변화	고무풍선이 부풀어 올라 고무풍선의 부피가 커진다.	고무풍선이 오그라들어 고무풍선의 부피가 작아진다.

➡ (㉥   )이/가 높아지면 기체의 부피는 커지고, (㉦   ) 이/가 낮아지면 기체의 부피는 작아진다.

➋ 생활 속에서의 예
- 뜨거운 음식을 비닐 랩으로 포장하면 비닐 랩이 부풀어 오른다.
- 물이 조금 담긴 페트병을 마개로 막아 냉장고에 넣었을 때, 시간이 지나면 페트병이 찌그러진다.

❺ 생활 속 여러 가지 기체의 쓰임새

(㉧)	식품의 내용물을 보존하거나 신선하게 보관하는 데 이용된다.
수소	청정 연료로서 전기를 만드는 데 이용된다.
네온	특유의 빛을 내는 조명 기구나 네온 광고에 이용된다.
헬륨	비행선이나 풍선을 공중에 띄우는 용도로 이용된다.

정답 ㉠ 이산화 망가니즈 ㉡ 없다 ㉢ 탄산수소 나트륨 ㉣ 뿌옇게 ㉤ 액체 ㉥ 온도 ㉦ 온도 ㉧ 질소

단원 정리 평가

[01~03] 다음은 산소를 발생시키기 위해 꾸민 기체 발생 장치입니다. 물음에 답하시오.

01 산소를 발생시키기 위해 ㉠과 ㉡에 넣어야 하는 물질이 각각 무엇인지 쓰시오.

㉠ (   )

㉡ (   )

02 위 ㉠에 넣은 물질을 조금씩 흘려 보내기 위해 사용하는 도구로, 시약의 양을 조절하는 것은 무엇인지 쓰시오.

(   )

☆☆
03 위 ㉠에 넣은 물질을 조금씩 흘려 보냈을 때 가지 달린 삼각 플라스크 내부에서 관찰할 수 있는 모습으로 옳은 것은 어느 것입니까? ( )

① 거품이 발생한다.
② 앙금이 만들어진다.
③ 아무런 변화가 없다.
④ 물의 양이 늘어난다.
⑤ 물의 온도가 낮아진다.

[04~05] 다음은 산소가 든 집기병을 이용하여 산소의 성질을 알아보는 모습입니다. 물음에 답하시오.

(가)

(나)

04 (가)에서 산소가 든 집기병 뒤에 흰 종이를 대고 관찰하고자 하는 것은 무엇인지 쓰시오.

(   )

05 (나)에서 산소의 냄새를 확인하는 방법으로 옳은 것을 보기 에서 골라 기호를 쓰시오.

보기
㉠ 산소가 든 집기병의 유리판을 열고 코를 갖다 대어 직접 냄새를 맡는다.
㉡ 산소가 든 집기병의 유리판을 열고 손으로 바람을 일으켜 냄새를 맡는다.

(   )

06 공기 중에 산소의 양이 지금보다 더 많아지면 생길 수 있는 일로 옳지 않은 것은 어느 것입니까? ( )

① 불을 끄기 어려울 것이다.
② 금속이 쉽게 녹슬 것이다.
③ 화재가 자주 발생할 것이다.
④ 물속에서 숨을 쉴 수 있을 것이다.
⑤ 한번 숨을 쉴 때 들이마시는 산소의 양이 많아져 숨을 쉬는 횟수가 줄어들 것이다.

[07~08] 다음은 이산화 탄소를 발생시키기 위해 꾸민 기체 발생 장치입니다. 물음에 답하시오.

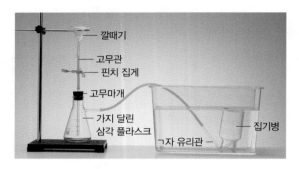

07 위 기체 발생 장치로 이산화 탄소를 발생시키려 합니다. 이에 대한 설명으로 옳지 <u>않은</u> 것은 어느 것입니까? ( )

① 가지 달린 삼각 플라스크에 물을 조금 넣은 뒤 탄산수소 나트륨을 네다섯 숟가락 정도 넣는다.

② 진한 식초를 깔때기에 $\frac{1}{2}$ 정도 붓는다.

③ 핀치 집게를 조절하여 진한 식초를 조금씩 흘려보낸다.

④ 유리 기구를 고무관과 연결할 때에는 물을 묻혀 살살 돌려 가며 끼운다.

⑤ 처음에 나온 기체는 순수한 이산화 탄소이므로, 버리지 않고 잘 모은다.

08 ㄱ자 유리관을 집기병 속에 넣는 방법으로 옳은 것을 골라 기호를 쓰시오.

( )

09 이산화 탄소의 성질에 대해 바르게 말한 친구의 이름을 쓰시오.

> 민서: 이산화 탄소의 색깔은 푸른색이야.
> 준서: 이산화 탄소는 시큼한 냄새가 나.
> 민주: 이산화 탄소에 석회수를 넣고 흔들면 투명하던 석회수가 뿌옇게 돼.

( )

10 다음과 같이 이산화 탄소가 든 집기병에 향불을 넣어 불꽃이 변화하는 모습을 관찰하였습니다. 이 실험 결과에 대한 설명으로 옳은 것을 [보기]에서 골라 기호를 쓰시오.

> **보기**
> ㉠ 향불이 꺼진다.
> ㉡ 향불의 불꽃이 커진다.

( )

11 탄산음료에 넣어 톡 쏘는 맛을 내기 위해 이용되는 기체는 무엇인지 쓰시오.

( )

12 생활 속에서 이산화 탄소 기체를 모을 수 있는 방법으로 옳지 <u>않은</u> 것을 [보기]에서 골라 기호를 쓰시오.

> **보기**
> ㉠ 생수를 흔들어 이산화 탄소를 모은다.
> ㉡ 드라이아이스로 이산화 탄소를 모은다.
> ㉢ 레몬즙과 탄산수소 나트륨을 사용하여 이산화 탄소를 모은다.

( )

13 주사기에 공기와 물을 각각 넣고, 주사기 입구를 막은 후에, 주사기 피스톤을 세게 눌렀을 때 피스톤이 잘 들어가지 <u>않는</u> 것의 기호를 쓰시오.

▲ 공기가 든 주사기 피스톤을 세게 눌렀을 때 ▲ 물이 든 주사기 피스톤을 세게 눌렀을 때

( )

☆☆
14 높은 산 위에서 페트병을 마개로 닫은 뒤 산 아래로 내려오면 페트병이 찌그러져 있는 것을 볼 수 있습니다. 그 까닭에 대해 바르게 말한 친구의 이름을 쓰시오.

▲ 높은 산 위 ▲ 산 아래

진희: 높은 산 위와 산 아래의 공기 압력이 다르기 때문이야.
민수: 높은 산 위와 산 아래의 공기 온도가 다르기 때문이야.

( )

15 온도 변화에 따른 기체의 부피 변화에 대한 설명입니다. ( ) 안에 들어갈 알맞은 말을 각각 쓰시오.

온도가 (㉠) 기체의 부피는 커지고, 온도가 (㉡) 기체의 부피는 작아진다.

㉠ ( )
㉡ ( )

16 고무풍선을 씌운 삼각 플라스크를 얼음물이 든 비커에 넣었더니 고무풍선이 오그라들었습니다. 그 까닭에 대한 설명으로 옳은 것은 어느 것입니까? ( )

① 삼각 플라스크의 부피가 커졌기 때문에
② 삼각 플라스크의 부피가 작아졌기 때문에
③ 삼각 플라스크 안 공기의 온도가 올라갔기 때문에
④ 삼각 플라스크 안 공기의 온도가 낮아졌기 때문에
⑤ 얼음이 녹아 물이 되어 부피가 처음보다 늘어났기 때문에

17 공기를 이루는 기체가 <u>아닌</u> 것은 어느 것입니까? ( )

① 질소　　　　　② 산소
③ 네온　　　　　④ 이산화 탄소
⑤ 이산화 망가니즈

18 다음과 같은 곳에 쓰이는 기체는 무엇인지 쓰시오.

• 비행선, 풍선이나 기구에 넣어 공중에 띄우는 데 이용한다.
• 목소리를 변조하거나 냉각제로 이용한다.

( )

01 가지 달린 삼각 플라스크에 물을 조금 넣은 뒤 이산화 망가니즈를 한 숟가락 넣어 꾸민 기체 발생 장치입니다. 물음에 답하시오.

(1) 산소를 발생시키기 위해서 ㉠에 넣어야 하는 물질은 무엇인지 쓰시오.

( )

(2) ㉠을 깔때기에 붓고 조금씩 흘려 보냈을 때, 수조의 ㄱ자 유리관 끝에서 일어나는 변화를 쓰시오.

_____

_____

02 산소가 든 집기병을 이용하여 산소의 성질을 알아보는 모습입니다. 물음에 답하시오.

(1) ⑺에서 산소가 든 집기병 뒤에 흰 종이를 대고 관찰한 산소의 색깔은 어떠한지 쓰시오.

( )

(2) ⑻에서 산소의 냄새를 맡는 방법을 쓰시오.

_____

_____

03 이산화 탄소를 발생시키기 위해 꾸민 기체 발생 장치입니다. 물음에 답하시오.

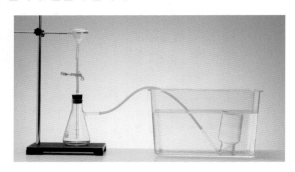

(1) 이산화 탄소를 발생시키는 데 필요한 물질 두 가지를 쓰시오.

(,)

(2) 이산화 탄소가 집기병에 가득 찼을 때, 물속에서 집기병을 꺼내는 방법을 쓰시오.

_____

_____

_____

04 기체 발생 장치를 이용하여 집기병에 각각 산소와 이산화 탄소를 모았습니다. 물음에 답하시오.

(1) 위 ⑺와 같이 집기병에 향불을 넣었을 때 향불의 불꽃이 커지게 하는 것은 어떤 기체인지 쓰시오.

( )

(2) 위 ⑻와 같이 이산화 탄소가 든 집기병에 석회수를 $\frac{1}{4}$ 정도 넣고 흔들었을 때의 변화를 쓰시오.

_____

_____

05 공기 40 mL가 든 주사기의 입구를 막고 피스톤을 누르며 공기의 부피 변화를 살펴보았습니다. 물음에 답하시오.

▲ 공기 40 mL를 넣은 주사기 피스톤을 약하게 눌렀을 때

▲ 공기 40 mL를 넣은 주사기 피스톤을 세게 눌렀을 때

(1) 공기의 부피가 약간 작아지는 것의 기호를 쓰시오.

(   )

(2) 위에서 공기 대신 물 40 mL를 넣고 같은 실험을 했을 때 물의 부피는 어떻게 되는지 결과를 쓰시오.

06 플라스틱 스포이트의 공간을 약간 남기고 물을 채운 뒤에 입구를 손가락으로 막은 모습입니다. 스포이트의 머리 부분을 손가락으로 누르면 공기의 부피가 어떻게 되는지 쓰시오.

07 물방울이 든 플라스틱 스포이트를 뒤집어서 뜨거운 물이 든 비커와 얼음물이 든 비커에 넣는 모습입니다. 물음에 답하시오.

(1) 스포이트 안에 든 물방울이 처음보다 아래로 내려가는 것의 기호를 쓰시오.

(   )

(2) 위 (1)과 같은 결과가 나타나는 까닭을 온도 변화에 따른 기체의 부피 변화와 관련지어 쓰시오.

08 다음은 여러 종류의 과자 봉지입니다. 물음에 답하시오.

(1) 위 과자류를 포장할 때 이용되고 있는 기체의 이름을 쓰시오.

(   )

(2) 위 과자 봉지를 (1)의 답에 해당하는 기체가 아닌 산소로 채우면 어떤 일이 발생할 수 있는지 쓰시오.

배점 | 20점

학습 주제 산소와 이산화 탄소 발생

학습 목표 산소와 이산화 탄소를 발생 및 산소와 이산화 탄소의 성질을 알 수 있다.

[1~2] 다음은 기체 발생 장치입니다. 물음에 답하시오.

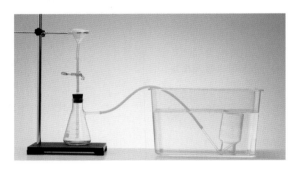

1 위와 같이 기체 발생 장치를 꾸며 산소와 이산화 탄소를 발생시키려고 할 때, 각각의 기체 발생 실험에 필요한 물질 두 가지를 쓰시오. [8점]

산소	
이산화 탄소	

2 위 기체 발생 장치를 꾸며 발생시킨 산소와 이산화 탄소의 성질을 쓰시오. [12점]

구분	산소	이산화 탄소
색깔		
냄새		
향불을 넣었을 때		

| 배점 | 20점 |

학습 주제 압력 변화에 따른 기체의 부피 변화

학습 목표 압력 변화에 따라 기체의 부피가 달라지는 것을 설명할 수 있다.

[3~4] 다음은 압력 변화에 따른 기체와 액체의 부피 변화를 알아보는 실험입니다. 물음에 답하시오.

▲ 공기 40 mL를 넣은 주사기 피스톤을 세게 눌렀을 때

▲ 물 40 mL를 넣은 주사기 피스톤을 세게 눌렀을 때

3 위에서 공기와 물이 든 주사기의 입구를 막고 피스톤을 세게 누를 때, 각각의 부피 변화를 쓰시오. [10점]

구분	피스톤을 세게 누를 때의 부피 변화
공기 40 mL	
물 40 mL	

4 일상생활에서 관찰할 수 있는 압력 변화에 따른 기체의 부피 변화와 관련된 예를 한 가지 쓰시오. [10점]

❶ 빛의 굴절

1. 햇빛이 프리즘을 통과했을 때 나타나는 현상

(1) 프리즘을 통과한 햇빛 관찰하기

① 운동장에 나가 햇빛의 방향을 생각하며 프리즘을 스탠드에 고정합니다.

② 검은색 도화지의 긴 구멍을 통과한 햇빛이 프리즘을 통과할 수 있도록 프리즘의 위치를 조절합니다.

③ 프리즘을 통과한 햇빛이 닿는 곳에 하얀색 도화지를 놓습니다.

④ 햇빛을 프리즘에 통과시키면 햇빛이 하얀색 도화지에 어떤 모습으로 나타나는지 관찰해 봅시다.

(2) 프리즘을 통과한 햇빛이 하얀색 도화지에 나타난 모습

글	그림
① 하얀색 도화지에 여러 가지 빛깔로 나타난다. ② 여러 가지 빛깔이 연속해서 나타난다.	

(3) 햇빛의 특징: 햇빛은 여러 가지 빛깔로 이루어져 있습니다.

 프리즘

▲ 프리즘

유리나 플라스틱 등으로 만든 투명한 삼각기둥 모양의 기구입니다.

우리 생활에서 햇빛이 여러 가지 빛깔로 나뉘어 보이는 예

▲ 비가 내린 뒤 볼 수 있는 무지개　▲ 프리즘 모양의 건물 천장을 통과한 햇빛

낱말사전

빛깔 물체가 빛을 받을 때 빛의 파장에 따라 그 거죽에 나타나는 특유한 빛

개념 확인문제

정답과 해설 56쪽

1 햇빛이 프리즘을 통과하면 (한 가지 , 여러 가지) 색으로 보입니다.

2 우리 생활에서 (　　　　)이/가 여러 가지 빛깔로 나뉘어 보이는 경우는 유리의 비스듬하게 잘린 부분을 통과한 햇빛이 만든 무지개나 비가 내린 뒤 볼 수 있는 무지개 등이 있습니다.

3 햇빛은 (한 가지 , 여러 가지) 빛깔로 이루어져 있습니다.

2. 공기와 물의 경계에서 빛이 나아가는 모습

실험 관찰로 알아보기 공기와 물의 경계에서 빛의 모습 관찰하기

[준비물] 투명한 사각 수조, 물, 우유, 스포이트, 유리 막대, 향, 점화기, 투명한 아크릴판, 레이저 지시기, 레이저 보안경

[탐구 방법]

❶ 투명한 사각 수조에 물을 $\frac{2}{3}$ 정도 높이까지 채우고, 우유를 네다섯 방울 떨어뜨린 다음 유리 막대로 젓습니다.

❷ 향을 피워 수면 근처에 가져간 뒤, 투명한 아크릴판으로 덮어 수조에 향 연기를 채웁니다.

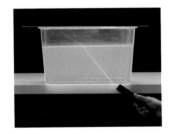

❸ 레이저 지시기의 빛을 수조 위쪽에서 아래쪽으로 여러 각도에서 비추고, 빛이 나아가는 모습을 관찰하여 화살표로 나타냅니다.

❹ 수조를 책상 바깥쪽으로 2~3 cm 뺀 다음 레이저 지시기의 빛을 수조 아래쪽에서 위쪽으로 여러 각도에서 비추고, 빛이 나아가는 모습을 관찰하여 화살표로 나타냅니다.

✎ 빛이 나아가는 모습을 잘 관찰할 수 있는 방법

◦ 투명한 사각 수조에 우유를 넣고 향을 피우면 빛이 나아가는 모습을 잘 관찰할 수 있습니다.

◦ 주변이 어두울수록 빛이 나아가는 모습을 잘 관찰할 수 있습니다.

✎ 주의할 점

◦ 레이저 지시기의 빛이 눈에 직접 닿지 않도록 주의합니다.

◦ 수조의 물이 쏟아지지 않도록 주의합니다.

5 단원

---

4 다음은 레이저 지시기의 빛을 관찰하기 위한 실험입니다. (　　) 안에 알맞은 레이저 지시기의 빛을 잘 관찰하기 위해 넣는 물질을 쓰시오.

투명한 사각 수조에 물을 $\frac{2}{3}$ 정도 높이까지 채우고, (　　　　)을/를 네다섯 방울 떨어뜨린 다음 유리 막대로 젓는다.

낱말사전

경계 사물이 어떠한 기준에 의하여 분간되는 한계

5 주변이 (밝을수록 , 어두울수록) 빛이 나아가는 모습을 잘 관찰할 수 있습니다.

빛의 굴절

빛은 공기 중에서 물로 비스듬히 나아 갈 때 공기와 물의 경계에서 꺾입니다. 이렇게 서로 다른 물질의 경계에서 빛이 꺾여 나아가는 현상을 빛의 굴절이라고 합니다.

공기와 반투명한 유리판의 경계에서 빛이 굴절한 모습

레이저 지시기

향 연기가
섞인 공기

반투명한
유리판

[탐구 결과]

레이저 지시기의 빛을 수조 위쪽에서 아래쪽으로 여러 각도에서 비추고, 빛이 나아가는 모습을 관찰하여 화살표로 나타내기

레이저 지시기의 빛을 수조 아래쪽에서 위쪽으로 여러 각도에서 비추고, 빛이 나아가는 모습을 관찰하여 화살표로 나타내기

➡ 레이저 지시기의 빛을 비스듬하게 비추면 빛은 물과 공기의 경계에서 꺾여 나아갑니다. 빛을 수직으로 비추면 빛이 공기와 물의 경계에서 꺾이지 않고 그대로 나아갑니다.

(1) 빛이 공기 중에서 나아가는 모습

① 빛은 직진합니다.

② 공기 중에서 나아가던 빛은 거울과 같은 물체를 만나면 반사합니다.

(2) 공기와 물의 경계에서 빛이 나아가는 모습

① 빛은 공기 중에서 물로 비스듬히 나아갈 때 공기와 물의 경계에서 꺾입니다.

② 빛은 공기 중에서 물로 비스듬히 나아갈 때뿐만 아니라 물에서 공기 중으로 비스듬히 나아갈 때에도 꺾여 나아갑니다.

③ 빛은 공기와 유리가 만나는 경계에서도 꺾여 나아갑니다.

(3) 빛의 굴절: 서로 다른 물질의 경계에서 빛이 꺾여 나아가는 현상을 빛의 굴절이라고 합니다.

낱말사전

직진 곧게 나아감.

반사 일정한 방향으로 나아가던 파동이 다른 물체의 표면에 부딪쳐서 나아가던 방향을 반대로 바꾸는 현상

굴절 휘어서 꺾임.

개념 확인문제

정답과 해설 56쪽

6 서로 다른 물질의 경계에서 빛이 꺾여 나아가는 현상을 빛의 (직진 , 굴절)이라고 합니다.

7 빛은 공기 중에서 물로 비스듬히 나아갈 때뿐만 아니라 물에서 공기 중으로 비스듬히 나아갈 때에도 (   )합니다.

3. 물속에 있는 물체의 모습

(1) 물을 부은 컵 속의 동전 관찰하기

물을 붓지 않았을 때	물을 부었을 때

동전이 보이지 않습니다.	동전이 보입니다.

(2) 물을 부은 컵 속의 젓가락 관찰하기

물을 붓지 않았을 때	물을 부었을 때

젓가락이 반듯합니다.	젓가락이 꺾여 보입니다.

➡ 물속에 있는 물체의 모습은 실제와 다른 위치에 있는 것처럼 보입니다. 그 까닭은 빛이 공기와 물의 경계에서 굴절하기 때문입니다.

(3) 물고기가 실제 위치보다 떠올라 있는 것처럼 보이는 현상

물고기에 닿아 반사된 빛은 물속에서 공기 중으로 나올 때 물과 공기의 경계에서 굴절해 사람의 눈으로 들어옵니다. 그런데 사람은 눈으로 들어온 빛의 연장선에 물고기가 있다고 생각합니다. 하지만 물속에 있는 실제 물고기의 위치는 사람이 생각하는 물고기의 위치보다 더 아래쪽에 있습니다.

눈에 보이는 위치

실제 위치

8 물속에 있는 물체의 모습은 실제와 (같은 , 다른) 위치에 있는 것처럼 보입니다. 그 까닭은 빛이 공기와 물의 경계에서 굴절하기 때문입니다.

9 물속에 있는 실제 물고기의 위치는 사람이 생각하는 물고기의 위치보다 더 (위쪽 , 아래쪽)에 있습니다.

✏ 컵 속의 동전을 관찰하는 사람의 위치

앞뒤로 움직인다. 위아래로 움직인다.

✏ 물속에 있는 물체가 실제 모습과 다르게 보이는 예

▲ 물이 실제보다 얕아 보일 때 　▲ 나무 막대기가 꺾여 보일 때

▲ 물에 잠긴 다리가 짧아 보일 때 　▲ 눈에 보이는 다슬기를 한 번에 잡을 수 없을 때

낱말사전

연장선 어떤 일이나 현상, 행위 따위가 계속하여 이어지는 것

[01~03] 다음은 햇빛을 관찰하는 과정입니다. 물음에 답하시오.

㈎ 운동장에 나가 햇빛의 방향을 생각하며 (㉮)을/를 스탠드에 고정한다.
㈏ 검은색 도화지의 긴 구멍을 통과한 햇빛이 (㉮)을/를 통과할 수 있도록 (㉮)의 위치를 조절한다.
㈐ (㉮)을/를 통과한 햇빛이 닿는 곳에 하얀색 도화지를 놓는다.
㈑ 햇빛을 (㉮)에 통과시키면 햇빛이 하얀색 도화지에 어떤 모습으로 나타나는지 관찰해 본다.

01 다음 보기 에서 ㉮에 공통으로 들어갈 말로 알맞은 것을 골라 기호를 쓰시오.

보기
㉠ 프리즘   ㉡ 고무풍선

( )

02 햇빛이 ㉮를 통과했을 때 하얀색 도화지에 나타난 햇빛의 모습에 대한 설명으로 옳은 것은 어느 것입니까? ( )

① 투명하다.
② 한 가지 빛깔이 나타난다.
③ 두 가지 빛깔이 반복해서 나타난다.
④ 여러 가지 빛깔이 연속해서 나타난다.
⑤ 아무 모습도 나타나지 않는다.

☆☆
03 ㉮를 통과한 햇빛이 하얀색 도화지에 나타난 모습을 보고 알 수 있는 햇빛의 특징입니다. ( ) 안에 들어갈 알맞은 말을 쓰시오.

햇빛은 ( ) 빛깔로 이루어져 있다.

( )

04 우리 생활 속에서 햇빛이 여러 가지 빛깔로 나뉘어 보이는 경우를 바르게 말한 친구의 이름을 쓰시오.

태연: 유리의 비스듬하게 잘린 부분을 통과한 햇빛이 만든 무지개가 있어.
연우: 뛰어올랐다가 착지할 때 부피가 작아지는 에어 농구화의 공기는 여러 가지 빛깔로 되어 있어.

( )

☆☆
05 다음의 각 상황에서 빛이 나아가는 모습을 바르게 연결하시오.

(1) 빛이 공기 중에서 나아갈 때 •   • ㉠ 똑바로 나아간다.

(2) 빛이 공기와 물의 경계에서 비스듬히 나아갈 때 •   • ㉡ 꺾여 나아간다.

06 레이저 지시기의 빛을 수조 아래쪽에서 위쪽으로 비추었을 때 빛이 나아가는 모습으로 옳은 것에 ○표 하시오.

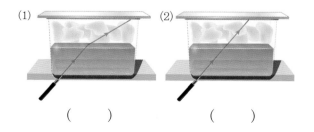

(1) ( )   (2) ( )

07 레이저 지시기의 빛이 나아가는 모습을 관찰하는 실험에서 물에 우유를 넣고 수조의 위쪽에 향을 피우는 까닭으로 옳은 것은 어느 것입니까? (　　)

① 빛이 잘 직진하게 하기 위해
② 빛이 잘 반사하게 하기 위해
③ 빛이 잘 굴절하게 하기 위해
④ 빛이 나아가는 모습이 잘 보이도록 하기 위해
⑤ 빛이 나아가는 모습이 잘 보이지 않도록 하기 위해

☆☆
08 다음은 빛의 성질에 대한 설명입니다. (　　) 안에 들어갈 알맞은 말을 쓰시오.

> 빛은 공기 중에서 물로 비스듬히 나아갈 때 공기와 물의 경계에서 꺾인다. 이렇게 서로 다른 물질의 경계에서 빛이 꺾여 나아가는 현상을 빛의 (　　　　)(이)라고 한다.

(　　　　　　　)

[09~10] 컵 속에 들어 있는 동전이 보이지 않는 위치에 눈높이를 맞춘 상태에서 컵에 물을 부으면서 컵 속의 동전을 관찰하였습니다. 물음에 답하시오.

09 위 실험 결과 확인할 수 있는 컵 속 동전의 모습에 대한 설명으로 옳은 것은 어느 것입니까? (　　)

① 동전이 보인다.
② 동전이 보이지 않는다.
③ 동전이 두 개로 보인다.
④ 동전의 색깔이 검은색으로 보인다.
⑤ 동전의 모양이 사각형으로 보인다.

10 앞 실험 결과로 알 수 있는 사실입니다. (　　) 안에 들어갈 알맞은 말의 기호를 쓰시오.

> 물속에 있는 물체의 모습은 실제보다 (㉠ 같은, ㉡ 위쪽, ㉢ 아래쪽) 위치에 있는 것처럼 보인다.

(　　　　　　　)

11 다음은 물속에 있는 물체가 실제 모습과 다르게 보이기 때문에 나타나는 현상입니다. 이와 같은 현상이 나타나는 까닭으로 옳은 것은 어느 것입니까? (　　)

> • 물이 실제보다 얕아 보인다.
> • 나무 막대가 꺾여 보인다.
> • 물에 잠긴 다리가 짧아 보인다.

① 물이 흐르기 때문이다.
② 빛이 직진하기 때문이다.
③ 빛이 굴절하기 때문이다.
④ 빛이 퍼져 나가기 때문이다.
⑤ 물에 짠 성분이 있기 때문이다.

5
단원

12 다음은 물고기에 닿아 반사된 빛이 나오는 모습입니다. 이 때 사람이 생각하는 물고기의 위치로 옳은 것의 기호를 쓰시오.

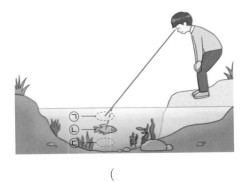

(　　　　　　　)

5. 빛과 렌즈

② 볼록 렌즈

1. 볼록 렌즈의 특징

(1) 볼록 렌즈 모양의 특징

 가운데 부분이 가장자리보다 두껍습니다.

(2) 볼록 렌즈로 우리 주변의 여러 가지 물체 관찰하기

① 실제 모습과 다르게 보입니다.
② 가까이 있는 물체를 관찰하면 크게 보이기도 합니다.
③ 멀리 있는 물체를 관찰하면 상하좌우가 바뀌어 보이기도 합니다.

볼록 렌즈로 가까이 있는 물체 관찰하기	볼록 렌즈로 멀리 있는 물체 관찰하기
	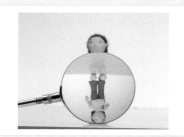

(3) 볼록 렌즈에 레이저 지시기 빛 비추기

① 볼록 렌즈에 레이저 지시기의 빛을 비추고 볼록 렌즈의 양쪽 빈 공간에 분무기로 물을 뿌려 빛이 나아가는 모습을 관찰해 봅시다.

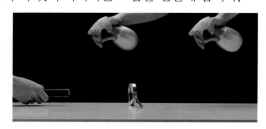

② 곧게 나아가던 레이저 지시기의 빛이 볼록 렌즈의 가장자리를 통과하면 빛은 가운데 부분의 두꺼운 쪽으로 꺾여 나아갑니다.

📝 볼록 렌즈

가운데 부분이 가장자리보다 두꺼운 렌즈를 말합니다.

📝 다양한 볼록 렌즈

▲ 평면 볼록 렌즈　▲ 양면 볼록 렌즈　▲ 오목 볼록 렌즈

낱말사전

가장자리 둘레나 끝에 해당되는 부분

개념 확인문제

정답과 해설 57쪽

1 볼록 렌즈는 가운데 부분이 가장자리보다 (얇습니다 , 두껍습니다).

2 볼록 렌즈로 가까이 있는 물체를 관찰하면 (크게 , 작게) 보이기도 하고, 멀리 있는 물체를 관찰하면 상하좌우가 바뀌어 보이기도 합니다.

③ 곧게 나아가던 레이저 지시기의 빛이 볼록 렌즈의 가운데 부분을 통과하면 빛은 꺾이지 않고 그대로 나아갑니다.

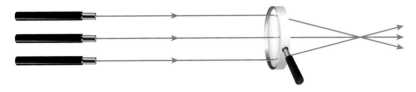

볼록 렌즈의 구실을 할 수 있는 물체의 특징

○ 가운데 부분이 가장자리보다 두껍습니다.
○ 빛을 통과시킬 수 있습니다.
○ 경우에 따라 물이 필요할 수도 있습니다.

(4) 우리 주변에서 볼록 렌즈의 구실을 할 수 있는 물체

① 물방울, 유리 막대, 물이 담긴 둥근 어항, 물이 담긴 둥근 유리잔, 물이 담긴 투명 지퍼 백 등은 볼록 렌즈의 구실을 할 수 있습니다.

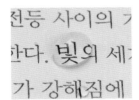
▲ 물방울

▲ 유리 막대

▲ 물이 담긴 둥근 어항

② 볼록 렌즈의 구실을 하는 물체는 투명해서 빛을 통과시킬 수 있으며 가운데가 볼록한 특징이 있습니다.

(5) 볼록 렌즈와 평면 유리를 통과한 햇빛 비교하기

실험 관찰로 알아보기 볼록 렌즈와 평면 유리를 통과한 햇빛 관찰하기

[준비물] 손잡이가 있는 볼록 렌즈(지름 76 mm), 손잡이가 있는 평면 유리 (지름 76 mm), 스탠드, 하얀색 도화지, 색안경, 적외선 온도계, 자(30 cm), 초시계

[탐구 방법]
❶ 운동장에서 태양, 볼록 렌즈, 하얀색 도화지가 일직선이 되게 합니다.
❷ 볼록 렌즈에서 하얀색 도화지를 점점 멀리할 때, 하얀색 도화지에 햇빛이 만든 원의 크기가 어떻게 달라지는지 관찰해 봅시다.
❸ 볼록 렌즈와 하얀색 도화지 사이의 거리를 약 25 cm로 했을 때, 하얀색 도화지에 햇빛이 만든 원의 밝기를 관찰하고 주변과 비교해 봅시다.

실험에서 주의할 점

○ 볼록 렌즈로 태양을 보면 위험하므로 절대 보지 않도록 합니다.
○ 햇빛과 볼록 렌즈가 하얀색 도화지에 만든 원을 오랫동안 바라보거나, 원이 피부에 닿지 않도록 합니다.

5 단원

3 곧게 나아가던 레이저 지시기의 빛이 볼록 렌즈의 가장자리를 통과하면 빛은 두꺼운 가운데 부분으로 (꺾여 , 꺾이지 않고 그대로) 나아갑니다.

낱말사전

구실 자기가 마땅히 해야 할 맡은 바 책임

4 물방울, 유리 막대, 물이 담긴 둥근 어항, 물이 담긴 둥근 유리잔, 물이 담긴 투명 지퍼 백 등은 ( ) 렌즈의 구실을 할 수 있습니다.

볼록 렌즈와 평면 유리를 통과하는 햇빛

▲ 볼록 렌즈를 통　　▲ 평면 유리를 통
과하는 햇빛　　　　과하는 햇빛

볼록 렌즈와 평면 유리의 차이점

○ 볼록 렌즈는 평면 유리와 달리 햇빛을 모을 수 있습니다.

○ 볼록 렌즈로 햇빛을 모은 곳은 밝기가 밝고, 온도가 높습니다.

볼록 렌즈를 이용하여 그림 그리기

볼록 렌즈를 통과한 햇빛이 볼록 렌즈에 의해 굴절되어 종이의 검은색 부분을 태울 수 있습니다.

❹ 볼록 렌즈와 하얀색 도화지 사이의 거리를 약 25 cm로 했을 때, 10초 뒤에 하얀색 도화지에 햇빛이 만든 원 안의 온도와 원 밖의 온도를 측정하고 비교해 봅시다.

❺ 볼록 렌즈 대신 평면 유리를 사용하여 ❶~❹의 활동을 해 봅시다.

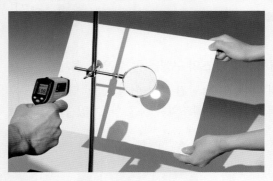

[탐구 결과]

• 볼록 렌즈와 평면 유리에서 하얀색 도화지를 점점 멀리 할 때, 하얀색 도화지에 햇빛이 만든 원의 크기

구분	가까울 때(5 cm)	중간일 때(25 cm)	멀 때(45 cm)
볼록 렌즈와 하얀색 도화지 사이의 거리에 따른 원의 모습	○	●	○
평면 유리와 하얀색 도화지 사이의 거리에 따른 원의 모습	○	○	○

• 볼록 렌즈와 평면 유리를 통과한 햇빛이 하얀색 도화지에 만든 원 안의 밝기와 10초 뒤에 원 안의 온도와 원 밖의 온도

구분	볼록 렌즈를 통과한 햇빛이 만든 원 안		평면 유리를 통과한 햇빛이 만든 원 안	
밝기	주변보다 밝다.		주변보다 어둡다.	
온도 (℃)	원 안	원 밖	원 안	원 밖
	50.0	25.0	24.5	25.0

낱말사전

거리 두 개의 물건이나 장소 따위가 공간적으로 떨어진 길이

온도 따뜻함과 차가움의 정도. 또는 그것을 나타내는 수치

개념 확인문제   정답과 해설 57쪽

5 볼록 렌즈를 통과한 햇빛은 (　　　　)되어 한곳으로 모입니다.

6 볼록 렌즈로 햇빛을 모은 곳의 밝기는 주변보다 (밝고, 어둡고), 햇빛을 모은 곳의 온도는 주변보다 (낮습니다 , 높습니다).

2. 우리 생활에서 이용하는 볼록 렌즈

(1) 볼록 렌즈를 사용하는 상황

① 곤충을 관찰할 때

② 책을 읽을 때

③ 시계의 날짜를 확대해서 볼 때

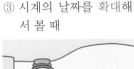
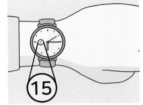

④ 상품 정보를 확인할 때

⑤ 소품을 제작할 때

⑥ 화석을 관찰할 때

(2) 우리 생활에서 볼록 렌즈를 이용해 만든 기구의 이름과 쓰임새

이름	쓰임새
현미경	작은 물체를 확대할 때
망원경	멀리 있는 물체를 확대할 때
사진기	빛을 모아 사진을 촬영할 때
휴대 전화	빛을 모아 사진이나 영상을 촬영할 때
의료용 장비	확인하고자 하는 부분을 확대할 때

(3) 우리 생활에서 볼록 렌즈를 사용할 때 좋은 점

① 물체의 모습을 확대해서 볼 수 있기 때문에 작은 물체나 멀리 있는 물체를 자세히 관찰할 수 있습니다.

② 섬세한 작업을 할 때 도움이 됩니다.

③ 가까운 것이 잘 보이지 않는 사람의 시력을 교정하는 데 도움을 줍니다.

현미경

↳ 현미경은 볼록 렌즈인 대물렌즈와 접안렌즈를 이용하여 작은 물체의 모습을 확대해서 볼 수 있게 만든 기구입니다.

↳ 현미경에서 대물렌즈는 작은 물체에서 온 빛을 모이게 하여 물체의 모습을 거꾸로 크게 맺히게 하고, 접안렌즈는 맺힌 물체의 모습을 더 크게 보이게 합니다.

볼록 렌즈를 이용해 만든 기구에서 볼록 렌즈가 쓰인 부분

▲ 카메라 렌즈

▲ 망원경 렌즈

▲ 쌍안경　▲ 현미경　▲ 휴대 전화

5
단원

---

7 ( )은/는 볼록 렌즈인 대물렌즈와 접안렌즈를 이용하여 작은 물체의 모습을 확대해서 볼 수 있게 만든 기구입니다.

8 우리 생활에서 볼록 렌즈를 사용하면 물체의 모습을 (확대 , 축소)해서 볼 수 있기 때문에 작은 물체나 멀리 있는 물체를 자세히 관찰할 수 있습니다.

 낱말사전

확대 모양이나 규모 따위를 더 크게 함.
제작 재료를 가지고 기능과 내용을 가진 새로운 물건이나 예술 작품을 만듦.
교정 틀어지거나 잘못된 것을 바로잡음.

01 볼록 렌즈의 모양으로 옳은 것의 기호를 쓰시오.

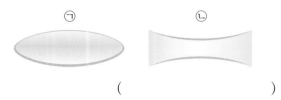

ㄱ   ㄴ

(   )

02 볼록 렌즈로 멀리 있는 물체를 본 모습으로 옳은 것의 기호를 쓰시오.

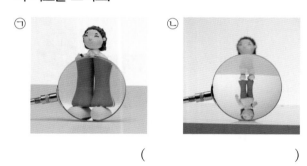

ㄱ   ㄴ

(   )

☆☆
03 볼록 렌즈의 가장자리에 레이저 지시기의 빛을 비추었을 때 빛이 나아가는 모습에 대한 설명으로 옳은 것을 보기에서 골라 기호를 쓰시오.

> **보기**
> ㄱ 볼록 렌즈의 가장자리를 통과하면 빛은 계속 직진한다.
> ㄴ 볼록 렌즈의 가장자리를 통과하면 빛은 얇은 쪽으로 꺾여 나아간다.
> ㄷ 볼록 렌즈의 가장자리를 통과하면 빛은 두꺼운 쪽으로 꺾여 나아간다.

(   )

04 우리 주변에 있는 물체 중에서 볼록 렌즈의 구실을 할 수 있는 것의 기호를 모두 쓰시오.

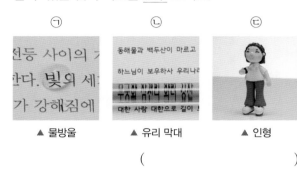

ㄱ   ㄴ   ㄷ

▲ 물방울   ▲ 유리 막대   ▲ 인형

(   )

05 볼록 렌즈와 하얀색 도화지의 거리에 따라 햇빛이 만든 원에 대한 설명으로 옳은 것을 보기에서 골라 기호를 쓰시오.

> **보기**
> ㄱ 볼록 렌즈를 통과한 햇빛이 만든 원 안은 주변보다 밝다.
> ㄴ 볼록 렌즈를 통과한 햇빛이 만든 원 안의 온도는 주변보다 낮다.
> ㄷ 볼록 렌즈와 햐얀색 도화지 사이의 거리가 멀어지면 계속 원의 크기가 작아진다.

(   )

06 볼록 렌즈와 평면 유리의 차이점에 대해 바르게 설명한 친구의 이름을 쓰시오.

> 단재: 평면 유리는 볼록 렌즈와 달리 햇빛을 모을 수 있어.
> 룩희: 볼록 렌즈로 햇빛을 모은 곳은 다른 부분에 비해 온도가 높아.

(   )

[07~08] 다음은 볼록 렌즈와 평면 유리를 통과한 햇빛이 하얀색 도화지에 나타난 모습입니다. 물음에 답하시오.

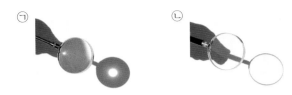

ㄱ   ㄴ

07 위 실험에서 평면 유리를 사용한 것의 기호를 쓰시오.

(   )

08 ㄱ과 ㄴ 중 햇빛이 하얀색 도화지에 만든 원 안의 밝기가 주변보다 더 밝은 것의 기호를 쓰시오.

(   )

09 우리 생활에서 볼록 렌즈를 이용하는 경우로 옳지 않은 것은 어느 것입니까? (   )

①
▲ 곤충을 관찰할 때

②
▲ 책을 읽을 때

③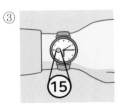
▲ 시계의 날짜를 축소해서 볼 때

④
▲ 상품 정보를 확인할 때

⑤
▲ 소품을 제작할 때

10 볼록 렌즈를 이용해 만든 기구의 기호를 모두 쓰시오.

ㄱ   ㄴ

ㄷ   ㄹ

(   )

11 친구들이 공통적으로 설명하는 기구의 이름을 쓰시오.

혜옥: 볼록 렌즈인 대물렌즈와 접안렌즈를 이용하여 작은 물체의 모습을 확대해서 볼 수 있게 만든 기구야.
미경: 이 기구의 대물렌즈는 작은 물체에서 온 빛을 모이게 하여 물체의 모습을 거꾸로 크게 맺히게 하고, 접안렌즈는 맺힌 물체의 모습을 더 크게 보이게 하지.

(   )

12 다양한 기구에 볼록 렌즈가 있는 곳을 표시한 것으로 옳지 않은 것은 어느 것입니까? (   )

①  ②

④ ⑤

③

5
단원

단원 정리

① 햇빛의 특징

1 프리즘을 통과한 햇빛이 하얀색 도화지에 나타난 모습
- 하얀색 도화지에 (㉠   ) 빛깔로 나타난다.
- 여러 가지 빛깔이 연속해서 나타난다.

2 햇빛의 특징: 햇빛은 여러 가지 빛깔로 이루어져 있다.

② 공기와 물의 경계에서 빛이 나아가는 모습

레이저 지시기의 빛을 수조 위쪽에서 아래쪽으로 여러 각도에서 비추었을 때, 빛이 나아가는 모습

레이저 지시기의 빛을 수조 아래쪽에서 위쪽으로 여러 각도에서 비추었을 때, 빛이 나아가는 모습

③ 물속에 있는 물체의 모습

	물을 붓지 않았을 때	물을 부었을 때
컵 속의 동전	동전이 보이지 않는다.	동전이 보인다.
컵 속의 젓가락	젓가락이 반듯하다.	젓가락이 꺾여 보인다.

➡ 물속에 있는 물체의 모습은 실제와 다른 위치에 있는 것처럼 보인다. 그 까닭은 빛이 공기와 물의 경계에서 (㉡   )하기 때문이다.

④ 볼록 렌즈

1 볼록 렌즈의 특징

모양	가운데 부분이 가장자리보다 (㉢).
우리 주변의 여러 가지 물체 관찰	• 실제 모습과 다르게 보인다. • 크게 보이기도 한다. • 상하좌우가 바뀌어 보이기도 한다.

2 볼록 렌즈에 레이저 지시기 빛 비추기

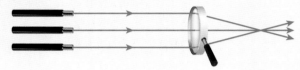

- 곧게 나아가던 레이저 지시기의 빛이 볼록 렌즈의 가장자리를 통과하면 빛은 두꺼운 가운데 부분으로 (㉣   ) 나아간다.
- 곧게 나아가던 레이저 지시기의 빛이 볼록 렌즈의 가운데 부분을 통과하면 빛은 꺾이지 않고 그대로 나아간다.

⑤ 볼록 렌즈를 통과한 햇빛 관찰하기

1 햇빛이 만든 원의 크기

구분	가까울 때 (5 cm)	중간일 때 (25 cm)	멀 때 (45 cm)
볼록 렌즈와 하얀색 도화지 사이의 거리에 따른 원의 모습	○	●	○
평면 유리와 하얀색 도화지 사이의 거리에 따른 원의 모습	○	○	○

2 온도와 밝기: 볼록 렌즈를 통과한 햇빛이 만든 원 안은 원 밖보다 온도가 높고 주변보다 (㉤   ).

⑥ 볼록 렌즈를 이용해 만든 기구의 이름과 쓰임새

현미경	작은 물체를 확대할 때
(㉥)	멀리 있는 물체를 확대할 때
사진기	빛을 모아 사진을 촬영할 때
휴대 전화	빛을 모아 사진이나 영상을 촬영할 때
의료용 장비	물체를 확대할 때

정답 ㉠ 여러 가지 ㉡ 굴절 ㉢ 두껍다 ㉣ 꺾여 ㉤ 밝다 ㉥ 망원경

단원 정리 평가

01 프리즘에 대해 바르게 설명한 친구의 이름을 쓰시오.

> 준희: 유리나 플라스틱 등으로 만든 투명한 삼각기둥 모양의 기구야.
> 혜인: 햇빛을 프리즘에 통과시키면 하얀색 도화지에 한 가지 빛깔로 나타나.

(   )

02 다음은 프리즘을 통과한 햇빛이 하얀색 도화지에 나타난 모습과 이를 통해 알 수 있는 햇빛의 특징입니다. (   ) 안에 들어갈 알맞은 말을 쓰시오.

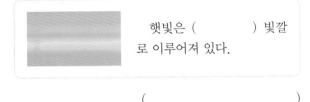

햇빛은 (   ) 빛깔로 이루어져 있다.

(   )

03 우리 생활에서 햇빛이 여러 가지 빛깔로 나뉘어 보이는 경우를 **보기** 에서 찾아 기호를 쓰시오.

> **보기**
> ㉠ 유리의 비스듬하게 잘린 부분을 통과한 햇빛이 만든 무지개
> ㉡ 거울을 통해 보이는 인형의 모습

(   )

04 레이저 지시기의 빛을 수조 위쪽에서 아래쪽으로 비추었을 때 빛이 나아가는 모습으로 옳은 것의 기호를 쓰시오.

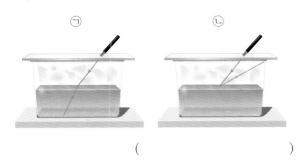

(   )

05 레이저 지시기의 빛을 수조 아래쪽에서 위쪽으로 비추었습니다. 물과 공기의 경계에서 빛이 나아가는 모습을 □ 안에 화살표로 나타내시오.

06 레이저 지시기의 빛을 수조 위쪽에서 아래쪽으로 비출 때 빛의 굴절이 일어난 곳의 기호를 쓰시오.

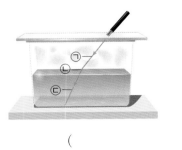

(   )

[07~08] 다음은 물고기에 닿아 반사하는 빛이 공기 중으로 나아가서 사람의 눈으로 들어오는 모습입니다. 물음에 답하시오.

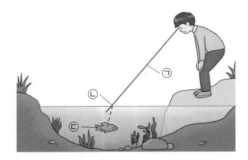

07 위 그림에서 빛이 굴절하는 부분의 기호를 쓰시오.

( )

08 물속에 있는 물체가 실제와 다른 위치에 있는 것처럼 보이는 까닭에 대한 설명입니다. ( ) 안에 들어갈 알맞은 말을 쓰시오.

> 공기와 물의 경계에서 빛이 ( )하기 때문입니다.

( )

☆☆
09 젓가락이 들어 있는 컵에 물을 부었을 때 젓가락이 어떻게 보이는지에 대한 설명으로 옳은 것은 어느 것입니까? ( )

① 젓가락이 반듯하게 보입니다.
② 젓가락이 꺾인 것처럼 보입니다.
③ 물을 넣으면 보이지 않게 됩니다.
④ 젓가락이 2개로 보입니다.
⑤ 젓가락이 2개의 조각으로 잘린 것처럼 보입니다.

10 다음과 같이 물이 담긴 컵으로 멀리 있는 화분을 볼 때의 모습으로 옳은 것은 어느 것입니까? ( )

① 크게 보인다.
② 화분이 2개로 보인다.
③ 화분이 보이지 않는다.
④ 실제 모습과 똑같게 보인다.
⑤ 상하좌우가 바뀌어 보인다.

11 다음 두 물체의 공통점에 대해 바르게 설명한 친구의 이름을 쓰시오.

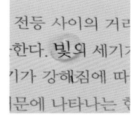

▲ 물방울   ▲ 유리 막대

> 수민: 볼록 렌즈와 같은 역할을 해.
> 하은: 오목 렌즈와 같은 역할을 해.

( )

☆☆
12 볼록 렌즈에 레이저 지시기의 빛을 비추었을 때 빛이 나아가는 모습입니다. 빛의 굴절이 일어난 레이저 지시기를 모두 골라 기호를 쓰시오.

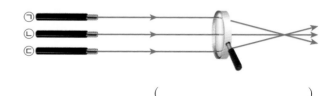

( )

[13~15] 다음은 볼록 렌즈와 평면 유리를 통과한 햇빛을 관찰하는 모습입니다. 물음에 답하시오.

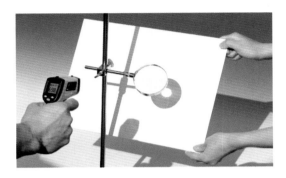

13 볼록 렌즈와 평면 유리에서 하얀색 도화지를 점점 멀리할 때, 하얀색 도화지에 햇빛이 만든 원의 크기를 나타낸 것입니다. 평면 유리를 사용한 경우의 기호를 쓰시오.

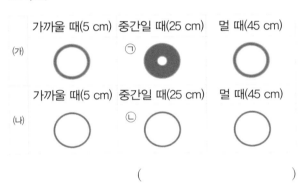

( )

14 위 실험의 ㉠과 ㉡ 중에서 햇빛이 만든 원 안의 온도가 주변보다 높은 경우의 기호를 쓰시오.

( )

15 다음과 같이 햇빛을 모아 종이의 검은색 부분을 태울 수 있는 것은 볼록 렌즈와 평면 유리 중 무엇인지 쓰시오.

( )

16 우리 생활에서 볼록 렌즈를 사용하는 상황으로 옳지 않은 것은 어느 것입니까? ( )

① 책을 읽을 때
② 곤충을 관찰할 때
③ 화석을 관찰할 때
④ 상품 정보를 확인할 때
⑤ 수업 시간에 발표할 때

17 볼록 렌즈가 이용된 기구가 아닌 것을 모두 고르시오.
( )

① 현미경 ② 망원경 ③ 쌍안경
④ 종이컵 ⑤ 선풍기

5
단원

18 우리 생활에서 볼록 렌즈를 사용했을 때 좋은 점으로 옳지 않은 것은 어느 것입니까? ( )

① 섬세한 작업을 할 때 도움이 된다.
② 물체의 모습을 축소해서 볼 수 있다.
③ 작은 물체를 자세히 관찰할 수 있다.
④ 멀리 있는 물체를 자세히 관찰할 수 있다.
⑤ 가까운 것이 잘 보이지 않는 사람의 시력을 교정하는 데 도움을 준다.

서술형 문제

01 다음은 레이저 지시기의 빛이 반투명한 유리판을 통과해 수조 바닥까지 도달하는 모습입니다. 물음에 답하시오.

(1) 위에서 빛이 굴절한 부분의 기호를 쓰시오.

( )

(2) (1)의 답과 같이 빛이 굴절하는 까닭을 쓰시오.

_____

_____

02 다음은 사람이 물속의 물고기를 바라볼 때의 모습입니다. 물음에 답하시오.

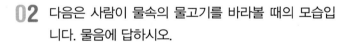

(1) 사람이 생각하는 물고기 위치의 기호를 쓰시오.

( )

(2) (1)의 답과 같이 물속에 있는 물체의 모습이 실제와 다른 위치에 있는 것처럼 보이는 까닭을 쓰시오.

_____

_____

03 높이가 낮고 불투명한 컵의 바닥에 동전을 넣고 물을 부었을 때 동전은 어떻게 보이는지 관찰하는 실험입니다. 물음에 답하시오.

(1) 컵 속의 동전이 보이지 않는 높이에 눈높이를 맞춘 후 다른 사람이 컵에 물을 따라 주었습니다. 물을 충분히 따른 후 컵을 관찰하고 있는 사람에게 보이는 모습은 어느 것인지 기호를 쓰시오.

( )

(2) (1)의 답과 같은 결과로 알 수 있는 사실을 쓰시오.

_____

_____

04 컵 속에 젓가락을 넣고 물을 부었을 때 젓가락은 어떻게 보이는지 물을 붓지 않았을 때와 비교하여 쓰시오.

_____

_____

05 우리 생활에서 볼록 렌즈 역할을 하는 물체에 대한 설명입니다. 물음에 답하시오.

> 우리 주위에 있는 물체 중에서 (　　　　) 등은 볼록 렌즈의 구실을 할 수 있다.

(1) 위 (　　) 안에 들어갈 물체를 한 가지 쓰시오.

(　　　　　　　　　　)

(2) 볼록 렌즈의 역할을 하는 물체의 특징을 쓰시오.

_____

_____

06 볼록 렌즈에 레이저 지시기의 빛을 비추었을 때 빛이 나아가는 모습입니다. 물음에 답하시오.

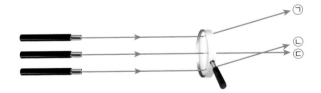

(1) 볼록 렌즈에 레이저 지시기의 빛을 비추었을 때 빛이 나아가는 모습으로 옳지 <u>않은</u> 것의 기호를 쓰시오.

(　　　　　　　　　　)

(2) 곧게 나아가던 레이저 지시기의 빛이 볼록 렌즈의 가장자리를 통과하면 빛은 어떻게 되는지 쓰시오.

_____

_____

07 렌즈로 햇빛을 모아 그림을 그린 모습입니다. 물음에 답하시오.

(1) 위와 같이 햇빛을 모아 그림을 그릴 때 이용하는 렌즈의 종류를 쓰시오.

(　　　　　　　　　　)

(2) 위 (1)의 답과 같은 렌즈를 이용하면 그림을 그릴 수 있는 까닭을 쓰시오.

_____

_____

08 다음은 볼록 렌즈를 이용한 현미경입니다. 물음에 답하시오.

(1) 현미경의 구조 중 작은 물체에서 온 빛을 모이게 하는 렌즈의 이름을 쓰시오.

(　　　　　　　　　　)

(2) 현미경의 쓰임새에 대해 쓰시오.

_____

_____

수행평가

학습 주제 　프리즘을 통과한 햇빛 관찰하기

학습 목표 　프리즘을 통과한 햇빛이 하얀색 도화지에 나타는 모습을 보고, 햇빛의 특징을 알 수 있다.

[1~2] 다음은 프리즘을 통과한 햇빛을 관찰하는 실험입니다. 물음에 답하시오.

1 프리즘을 통과한 햇빛이 하얀색 도화지에 나타나는 모습을 그림으로 나타내고 글로 쓰시오. [10점]

그림	글

2 위 1의 답과 같이 프리즘을 통과한 햇빛이 하얀색 도화지에 나타난 모습을 통해 알 수 있는 햇빛의 특징을 쓰시오. [10점]

배점 | 20점

학습 주제 볼록 렌즈의 특징

학습 목표 볼록 렌즈의 특징을 알고, 볼록 렌즈로 우리 주변의 여러 가지 물체를 보면 어떻게 보이는지 알 수 있다.

[3~4] 볼록 렌즈의 특징에 대한 것입니다. 물음에 답하시오.

3 볼록 렌즈의 모양을 그림으로 나타내고, 그 특징을 쓰시오. [10점]

모양	특징

4 볼록 렌즈로 물체를 관찰할 때 어떻게 보이는지 쓰시오. [10점]

볼록 렌즈로 물체를 관찰할 때의 특징	

Memo

2021 소년한국 우수 어린이 도서 선정
EBS 초등 강사 김문주 선생님 감수
이정모 국립과천과학관장과
하리하라 이은희 과학 커뮤니케이터 강력 추천

2021 소년한국 우수 어린이 도서 선정

여름 방학을 맞아
천문대 캠프에 지원한 수호
거기서 생각지도 못한 뜻밖의
인물을 만나게 되는데....
이렇게 되면 절대 질 수 없지!
우당탕탕 비고 클럽과 함께
우주에 관한 비밀을
낱낱이 파헤쳐 보자.

글 이소영 ㅣ 그림 이경석
감수 김문주(EBS 초등강사) ㅣ 13,000원

EBS의 교육 노하우 활용! 과학 교과서를 통째로 담은 새로운 과학 동화 "과학이 BOOM!"

1 우리 몸 : 비고 클럽과 축구부의 미스터리
2 동물 : 길고양이 삼색이를 찾아라
3 식물 : 도깨비 박사와 꽃섬의 비밀
4 지구 : 오싹한 초대, K마스 프로젝트

6번째 모험, 물리 편도 기대해주세요~

만점왕

통합본 과학 6-1

바쁜 초등학생을 위한
국·사·과 교과서 완전 학습서

만점왕

정답과 해설
6-1

통합본

만점왕 통합본

통합본

국어 · 사회 · 과학

정답과 해설
6-1

이 책의 차례

국어

1. 비유하는 표현

교과서 지문 학습   4~7쪽

01 ㉮, ㉰, ㉲   **02** ③   **03** (1) 비슷한 (2) 실감 나게
04 ④   **05** (1) – ㉯ (2) – ㉮ (3) – ㉰   **06** ⑤   **07** ③
08 풀잎, 바람   **09** ③   **10** ⑤   **11** ⑤   **12** (1) – ㉮
(2) – ㉱ (3) – ㉯ (4) – ㉰   **13** (1) 예 새 교실 (2) 예
낯설고 어색한 마음을 표현하고 싶다.

01 '뻥튀기가 사방으로 날리는 모양'을 비유하는 표현은 글 ❶의 '봄날 꽃잎', '나비', '함박눈', '폭죽'입니다.

02 ㉠~㉤은 뻥튀기 냄새를 비유하는 표현으로, ㉠~㉤과 뻥튀기 냄새는 고소하고 달콤하다는 공통점이 있습니다.

03 이 글은 뻥튀기가 사방으로 날리는 모양과 뻥튀기의 고소한 냄새를 비유하는 표현을 사용하여 상황을 생생하고 실감 나게 표현하고 있습니다.

04 이 시는 봄비 내리는 소리를 교향악에 빗대어 표현한 것이지, 교향악단의 연주 소리를 표현한 것은 아닙니다.

05 이 시에서는 ㉠ '이 세상 모든 것'은 악기에, ㉡ '지붕'은 큰북에, ㉢ '세숫대야 바닥'은 작은북에 빗대어 표현하고 있습니다.

06 운율은 시가 음악처럼 느껴지게 하는 요소로, 소리가 비슷한 글자나 일정한 글자 수가 반복될 때 생깁니다.

07 이 시에서는 '바람하고 엉켰다가 풀 줄 아는 풀잎처럼 / 헤질 때 또 만나자고 손 흔드는 친구'의 모습, '풀잎하고 헤졌다가 되찾아 온 바람처럼 / 만나면 얼싸안는 바람, 바람 같은 친구'의 모습을 노래하고 있으므로, 이 시의 내용과 가장 거리가 먼 장면은 ③입니다.

08 이 시에서는 친구를 '바람하고 엉켰다가 풀 줄 아는 풀잎'에, '풀잎하고 헤졌다가 되찾아 온 바람'에 비유하고 있습니다.

09 '바람 같은 친구'가 좋다고 한 까닭은 '풀잎하고 헤졌다가 되찾아 온' 바람의 모습이 '만나면 얼싸안는' 친구의 모습과 비슷하기 때문입니다.

10 이 시는 헤어질 때 또 만나자고 손 흔들고, 만나면 얼싸안는 친구의 모습을 통해 친구 간의 우정을 노래하고 있습니다.

11 ㉮는 봄이 되면 새롭게 만날 수 있는 것을 떠올린 생각

그물입니다.

12 ㉠에는 '개나리꽃, 목련꽃, 벚꽃' 등을 모두 포함할 수 있는 낱말이, ㉡에는 봄에 만날 수 있는 사람이, ㉢에는 새 교실에서 만날 수 있는 것이, ㉣에는 '따뜻한 햇살'과 '오락가락하는 기온'을 모두 포함할 수 있는 낱말이 들어가야 합니다.

13 '꽃, 사람, 새 교실, 날씨' 등 봄이 되어 새롭게 만난 대상을 한 가지 정한 뒤, 그 대상에 대해 표현하고 싶은 생각이나 마음을 정리하여 씁니다.

> **채점 기준**
> (1) 봄이 되어 새롭게 만난 대상을 정하고, (2) 그 대상에 대해 표현하고 싶은 생각이나 마음을 썼으면 정답으로 인정합니다.

단원 정리 평가   9~12쪽

01 (1) ○ (2) ○ (3) × (4) ○   **02** ④, ⑤   **03** ㉤
04 ④   **05** 현진   **06** 교향악   **07** ①   **08** ②, ⑤
09 (1) 큰북 (2) 예 큰 소리가 나는 것이 비슷해서 / 크기가 큰 것이 비슷해서   **10** ⑤   **11** ②   **12** ④, ⑤   **13** ③
14 예 사물의 동작과 비슷한 점을 사람의 동작이나 몸짓에서 찾았다.   **15** ②   **16** (1) – ㉱ (2) – ㉮ (3) – ㉰
(4) – ㉯   **17** ⑤   **18** ④   **19** 미나   **20** ⑤

01 비유하는 두 대상이 모두 사물이어도 괜찮습니다.

02 이 글은 뻥튀기가 사방으로 날리는 모양과 뻥튀기의 고소한 냄새를 다른 사물에 빗대어 표현하고 있습니다.

03 ㉠~㉣은 '뻥튀기가 사방으로 날리는 모양'을, ㉤은 '뻥튀기의 고소한 냄새'를 비유하는 표현입니다.

04 ④는 뻥튀기 냄새와 '메밀꽃 · 새우 · 멍멍이 · 옥수수 냄새'의 공통점입니다.

05 은주는 '뻥튀기'와 '벚꽃'의 공통점을 알맞게 말하지 못했습니다. '뻥튀기'는 봄에만 볼 수 있는 것이 아닙니다.

06 이 시는 봄비 내리는 소리를 교향악에 빗대어 표현하고 있습니다.

07 ㉠에는 어떤 대상을 '~은/는 ~이다'로 표현하는 방법인 은유법이 사용되었습니다.

08 이 시에서 악기가 되는 것은 '지붕'과 '세숫대야 바닥'으

국어

로 지붕은 큰북, 세숫대야 바닥은 작은북이 된다고 하였습니다.

09 이 시에서 지붕을 큰북에 빗대어 표현하고 있는데, 그렇게 비유한 까닭은 지붕과 큰북이 큰 소리가 나고 크기가 크다는 공통점이 있기 때문입니다.

> **채점 기준**
> (1) ⓒ을 비유한 표현을 알맞게 찾아 쓰고, (2) 지붕과 큰북의 공통점을 한 가지 이상 썼으면 정답으로 인정합니다.

10 운율은 시가 음악처럼 느껴지게 하는 요소로, '두둑 두드둑'과 '도당도당 도당당'과 같이 소리가 비슷한 글자나 일정한 글자 수가 반복될 때 생깁니다.

11 이 시의 '풀잎처럼', '바람처럼' 등에서 직유법이 사용되었습니다.

12 이 시에서는 친구를 '바람하고 엉켰다가 풀 줄 아는 풀잎'과 '풀잎하고 헤졌다가 되찾아 온 바람'에 비유하였습니다.

13 이 시는 친구 간의 우정을 노래한 시이므로, 친구와의 우정을 의심해 볼 수는 없습니다.

14 이 시는 '풀잎, 바람'의 동작과 비슷한 점을 친구의 동작이나 몸짓에서 찾아 친구를 풀잎과 바람에 비유하고 있습니다.

> **채점 기준**
> 사물의 동작과 비슷한 점을 사람의 동작이나 몸짓에서 찾았다는 내용을 썼으면 정답으로 인정합니다.

15 ㉠에는 '~같이', '~듯이', '~처럼'과 같은 말을 써서 두 대상을 직접 견주어 표현하는 직유법이 사용되었습니다. ㉢는 직유법, 나머지는 은유법이 사용되었습니다.

16 비유할 대상과 친구와의 공통점이 ㉠은 '멋있다.'이므로 연예인과 조각상, ㉡은 '착하고 순박하다.'이므로 흥부, ㉢은 '따뜻하다.'이므로 밝은 햇살, ㉣은 '내게 힘을 준다.'이므로 발전소가 들어가는 것이 가장 알맞습니다.

17 친구와 '호수, 바다'의 공통점으로는 '깊고 넓다.'가 가장 알맞습니다.

18 비유하는 표현을 사용한다고 해서 시를 오랜 시간 동안 읽을 수 있는 것은 아닙니다.

19 시를 낭송할 때에는 또박또박 읽지 말고 시의 맛을 살려 호흡하듯이 자연스럽게 낭송해야 합니다.

20 시에 어울리는 그림을 그리기 위해서는 시의 내용을 잘 살펴, 시의 내용과 관련 있는 그림을 그려야 합니다.

서술형 문제

13쪽

01 (1) 악기 (2) 예 소리가 나는 것이 비슷해서 (3) 큰북 (4) 작은북 (5) 예 작은 소리가 나는 것이 비슷해서 / 크기가 작은 것이 비슷해서 (6) 왈츠 (7) 예 경쾌하고 가볍게 움직이는 것이 비슷해서 **02** (1) 예 새싹 (2) 예 클라리넷 (3) 예 클라리넷의 여린 소리가 새싹의 여린 모습과 비슷해서 **03** (1) 예 따뜻함 (2) 예 햇볕 / 따뜻하게 온 땅을 내리쬐는 햇볕 (3) 예 친구가 햇볕처럼 따뜻한 느낌을 주기 때문에 **04** 예 비유하는 표현을 사용하면 대상을 더욱 실감 나게 느끼게 한다. / 비유하는 표현을 사용하면 익숙한 대상을 새롭게 느끼게 한다.

01 두 대상 사이의 공통점에서 비유한 까닭을 찾아봅니다.

> **채점 기준**
> 비유하는 표현을 알맞게 찾아 쓰고, 대상과 비유하는 표현 사이의 공통점을 찾아 비유한 까닭을 알맞게 썼으면 정답으로 인정합니다.

02 '봄비 내리는 장면'과 관련 있는 대상을 떠올린 다음, 그 대상과 공통점이 있는 악기를 떠올려 봅니다.

> **채점 기준**
> 봄비 내리는 장면과 관련 있는 대상을 떠올려 쓰고, 그 대상과 닮은 악기를 그렇게 비유한 까닭과 함께 알맞게 썼으면 정답으로 인정합니다.

03 비유하는 표현은 한 대상을 다른 대상에 빗대어 표현하기 때문에 두 대상 사이에 공통점이 있어야 합니다. 따라서 자신이 생각한 친구의 의미와 비슷한 대상을 찾아 빈칸을 완성해 봅니다.

> **채점 기준**
> 친구의 의미와 비슷한 대상을 찾아 제시된 형식에 맞게 썼으면 정답으로 인정합니다.

04 비유하는 표현을 사용하면 대상을 더욱 실감 나게 느끼게 하고, 익숙한 대상을 새롭게 느끼게 합니다.

> **채점 기준**
> 우리에게 익숙한 대상을 비유하는 표현을 살려 표현하면 좋은 점을 알맞게 썼으면 정답으로 인정합니다.

1 (1) 친구(내 친구) (2) 연예인, 조각상, 호수, 바다, 흥부, 햇살, 가로등, 발전소   **2** (1) 1연, 2연, 3연, 4연 (2) 5연, 6연   **3 예** 시의 내용이 쉽게 이해된다. / 말하는 이의 의도나 생각을 잘 이해하게 된다. / 시의 상황이 실감 나게 느껴진다. / 시의 장면이 쉽게 떠오른다.

1 이 시에서는 친구를 '연예인, 조각상, 호수, 바다, 흥부, 햇살, 가로등, 발전소'에 빗대어 표현하고 있습니다.

> **채점 기준**
>
> 비유한 대상과 비유하는 표현을 모두 알맞게 찾아 썼으면 정답으로 인정합니다.

2 1~4연은 '~같이', '~처럼', '~듯이'와 같은 말을 써서 두 대상을 직접 견주어 표현하는 방법인 직유법을, 5~6연은 어떤 대상을 '~은/는 ~이다'로 빗대어 표현하는 방법인 은유법을 사용하고 있습니다.

> **채점 기준**
>
> 각 표현 방법이 쓰인 연을 알맞게 찾아 썼으면 정답으로 인정합니다.

3 비유하는 표현을 사용하면, 말하는 이가 어떤 마음으로 시를 썼는지, 시를 통해 말하고자 하는 것은 무엇인지 잘 전달되어 독자가 시의 내용을 더 잘 이해할 수 있습니다.

> **채점 기준**
>
> | 상 | 시에서 비유하는 표현을 사용했을 때의 효과를 알맞게 썼습니다. |
> |---|---|
> | 중 | 시와 관련이 없는 내용으로 비유하는 표현을 사용했을 때의 효과를 썼습니다. |
> | 하 | 시에서 비유하는 표현을 사용했을 때의 효과를 정확히 쓰지 못했습니다. |

2. 이야기를 간추려요

교과서 지문 학습   15~25쪽

01 ⑤   **02** (예쁜) 사과나무   **03** ②   **04** ㉣, ㉡, ㉮, ㉢   **05 예** 자주 만나 소통해야 한다. / 서로 정보를 주고받고 도와야 한다. / 서로를 이해할 수 있도록 노력해야 한다.   **06** 현수   **07 예** '사과'와 담 너머 아이들이 서로 친해질 것이다. / 두 동네 사람들이 서로 오해를 풀어 사이 좋게 지내게 될 것이다.   **08** ①, ③   **09** ①   **10** ⑤   **11** 수고비   **12** 이승에 있을 때 남에게 덕을 베푼 일이 없어서   **13** ③   **14** (3) ○   **15 예** 자신의 신분을 감추기 위해서 / 덕진이 가난한 사람에게도 따뜻하게 대하는지 확인하기 위해서   **16** ④   **17 예** 덕진이 원님에게 받은 쌀을 팔아서 마을 앞을 가로지르는 강가에 다리를 놓았다.   **18** ⑤   **19** 절정   **20** ①   **21** (1) **예** 눈에 혹이 난 할머니 마음이 아플 것 같아서 걱정이 되었다. (2) **예** 왜냐하면 나라면 누가 나의 약점을 가지고 놀린다면 무척 속상할 것 같기 때문이다.   **22** ④   **23 예** 여행을 하다가 잠시 쉬어 가는 곳이라고 생각해서   **24** ③   **25** 조약돌   **26** ①   **27** (1) **예** 소년이 소녀를 업고 물이 불어나 돌다리가 없어진 개울을 건너는 장면 (2) **예** 몸이 약한 소녀를 배려하는 소년의 마음이 느껴졌기 때문이다.

01 이 글에는 윗동네와 아랫동네 사람들이 등장합니다.

02 이 글의 앞부분에 두 동네의 한가운데에는 예쁜 사과나무가 있었다고 하였습니다.

03 두 동네 사람들은 두 동네 한가운데에 있는 사과나무에 열리는 황금 사과를 서로 갖겠다고 싸웠습니다.

04 이야기 속 사건이 '㉣ → ㉡ → ㉮ → ㉢'의 흐름으로 전개됩니다.

05 두 동네가 서로 싸우고 미워하게 된 원인을 생각해 보고, 그 원인을 없앨 수 있는 방법을 생각해 봅니다.

> **채점 기준**
>
> 두 동네 사람들이 서로 소통과 이해를 해야 한다는 내용을 썼으면 정답으로 인정합니다.

06 친구들에게 먼저 다가가 말을 건네는 '사과'의 행동이 용기 있습니다.

07 괴물들이 산다던 곳에 사람들이 살고 있음을 알게 된 다면 이야기가 어떻게 전개될지 생각해 봅니다.

> **채점 기준**
> 앞 내용과 연결되게 뒷이야기를 생각해 썼으면 정답으로 인정합니다.

08 황금 사과를 서로 차지하려고 싸우는 두 동네 사람들 의 모습에서 '욕심을 부리지 말자.', 두 동네가 담을 쌓 고 결국에는 괴물이 산다고 생각하게 된 모습에서 '서 로 대화하고 소통하자.'라는 주제를 엿볼 수 있습니다.

09 원님이 죽어서 저승에 오면서부터 이야기가 시작됩니다.

10 염라대왕은 원님이 나이가 젊어 딱하다는 생각이 들어 서 원님을 저승사자에게 돌려보낸 것입니다.

11 저승사자는 원님에게 이승으로 가려면 수고비를 내놓 으라고 하였습니다.

12 ㉠ 바로 뒤 저승사자의 말에서 알 수 있습니다.

13 원님은 저승사자에게 수고비로 줄 쌀 삼백 석을 저승 에 있는 덕진이라는 아가씨의 곳간에서 꾸어 계산한 뒤, 이승에 가서 덕진에게 갚기로 했습니다.

14 글 ❸은 사건의 긴장감이 가장 높아지는 부분입니다.

15 원님은 덕진이 인정이 많아 손님을 후하게 대접한다는 것을 알고, 사실을 확인하기 위해 허름한 선비 모습으 로 변장하고 덕진의 주막을 찾은 것입니다.

> **채점 기준**
> 사실을 확인하기 위해 자신의 신분을 감춘 것이라는 의미가 들어 있으면 정답으로 인정합니다.

16 덕진은 원님에게 받은 쌀을 팔아서 마을 앞을 가로지 르는 강가에 다리를 놓았습니다.

17 글 ❹는 '결말' 부분으로 덕진이 원님에게 받은 쌀을 팔아 서 마을에 다리를 놓으면서 모든 사건이 마무리됩니다.

> **채점 기준**
> 덕진이 원님이 준 쌀을 팔아서 다리를 놓았다는 내용을 썼으 면 정답으로 인정합니다.

18 쉽게 허리를 구부리면 다시는 우주 호텔을 보지 못할 것 같았기 때문입니다.

19 글 ❶은 사건의 긴장감이 가장 높은 '절정'에 해당합니다.

20 "얼마 전, 자신과 다투었던 것도 모르는 눈치였어."라 는 부분을 통해 둘이 다투었음을 짐작할 수 있습니다.

21 동네 꼬마들이 눈에 혹이 난 할머니를 외계인이라 놀

리는 장면에서 어떤 생각이 들었는지 생각해 봅니다.

> **채점 기준**
> (1) ㉠의 장면에서 든 생각을 쓰고, (2) 그렇게 생각한 까닭을 알맞게 썼으면 정답으로 인정합니다.

22 눈에 혹이 난 할머니와 함께 마음을 나누며 살기 때문 에 행복할 것입니다.

23 ㉡ 바로 뒤에 까닭이 나와 있습니다.

24 ㉢은 「우주 호텔」의 중심 사건과는 거리가 먼 내용이므 로 이 글의 주제로 보기 어렵습니다.

25 소녀에게 비켜 달라는 말도 못 하는 소년에게 소녀가 "이 바보."라고 하면서 던진 것은 조약돌입니다.

26 ㉤은 사건이 본격적으로 발생하는 '전개' 부분입니다.

27 가장 인상 깊은 장면을 고르고, 그 장면에서 어떤 생각 이나 느낌이 들었는지 생각해 봅니다.

> **채점 기준**
> 인상 깊은 장면에 어울리게 생각이나 느낌을 썼으면 정답으 로 인정합니다.

단원 정리 평가   27~30쪽

01 ①　**02** 예 자신의 이익만 추구하기보다는 대화와 소 통으로 문제를 해결해야 한다.　**03** ③　**04** 석희　**05** ③
06 ②　**07** ㉰　**08** 예 나라면 돈을 빌려줄 수 없을 것이 다. 왜냐하면 어렵게 모은 돈이고, 그 사람이 돈을 갚는다 는 보장도 없기 때문이다. / 나라면 돈을 빌려줄 수 있을 것이다. 왜냐하면 어려운 처지에 있는 사람을 도와주는 것 은 돕는 사람에게도 큰 기쁨이기 때문이다.　**09** ⑤　**10**
(2) ○　**11** ⑤　**12** 꼭 한 번 달에 가고 싶다　**13** ④　**14**
예 삶에 애착이 생겼다.　**15** (1) - ㉮ (2) - ㉱　**16** ④
17 ⑤　**18** ㉲　**19** ①, ②, ⑤　**20** ㉮

01 글 ㉮에서 다들 황금 사과를 갖겠다고 아우성이었다는 내용을 통해 두 동네가 싸운 까닭을 알 수 있습니다.

02 두 동네가 욕심을 버리고, 황금 사과를 함께 나눌 수 있는 방법을 찾는다면 서로 화해할 수 있을 것입니다.

> **채점 기준**
> 두 동네 사람들의 갈등의 원인을 없앨 수 있는 방법을 썼으 면 정답으로 인정합니다.

03 두 동네가 소통하지 않고, 서로 미워하는 마음뿐이었기 때문입니다.

04 두 동네가 화해를 하게 된다고 해서 사과나무를 많이 심게 될지는 알 수 없습니다.

05 이 이야기의 주제는 '욕심 부리지 말자.', '서로 대화하고 소통하자.'입니다.

06 이 이야기의 공간적 배경은 이승입니다.

07 ㉠의 까닭은 원님이 자신의 신분을 감추고, 덕진이 남에게 따뜻하게 대하는지 확인하기 위해서입니다.

08 자신이라면 모르는 사람에게 돈을 빌려줄지, 빌려주지 않을지 입장을 선택한 다음 그 까닭을 적어 봅니다.

> **채점 기준**
> 모르는 사람에게 돈을 빌려줄 것인지, 빌려주지 않을 것인지 선택한 다음, 자신의 선택에 알맞은 까닭을 썼으면 정답으로 인정합니다.

09 원님은 덕진이 어렵고 불쌍한 사람을 대가 없이 도와주었기 때문에 감동적인 마음이 들었을 것입니다.

10 원님은 저승에서 꾼 쌀 삼백 석을 덕진에게 갚으러 덕진을 찾아간 것입니다.

11 할머니는 땅만 살피며 종이를 줍기 때문에 '종이 할머니'라고 불린 것입니다.

12 종이 할머니는 "아주 어릴 적에 달을 올려다보면서 '꼭 한 번 달에 가고 싶다'고 꿈꿨던 기억"이 떠올랐습니다.

13 글 ㉮에는 등을 구부리고 땅을 뚫어져라 살피며 힘들게 살아가는 할머니의 모습이, 글 ㉯에는 그림을 보고 어릴 적 꿈을 떠올리는 할머니의 모습이 나옵니다.

14 "다 늙어 빠졌는데 품고 싶은 게 생기다니……."라는 말을 통해 삶에 대한 애착이 생겼음을 알 수 있습니다.

> **채점 기준**
> 삶에 의미가 생겼다는 내용을 썼으면 정답으로 인정합니다.

15 글 ㉮는 이야기의 사건이 시작되는 부분이므로 '발단', 글 ㉯는 사건 속의 갈등이 커지면서 긴장감이 가장 높은 부분이므로 '절정'에 해당합니다.

16 ①, ②, ⑤는 친구들 생각을 알고 싶은 질문이고, ③은 이야기 내용을 추론하는 질문입니다.

17 소년은 소녀와 개울가에 있는 징검다리에서 계속 마주쳤습니다.

18 이 이야기에서 사건 속의 갈등이 커지면서 긴장감이

가장 높아지는 부분은 글 ㉯입니다.

19 ③, ④는 소설의 특성에 해당합니다.

20 요약할 때 중요하지 않은 내용은 삭제합니다.

서술형 **문제** 31쪽

01 ㉠ 두 동네 한가운데에 있는 사과나무에 황금 사과가 열렸는데, 두 동네 사람들이 황금 사과를 서로 갖겠다고 싸우다 황금 사과를 잘 나누기 위해 땅바닥에 금을 그었다.
02 (1) ㉠ 황금 사과를 서로 갖겠다고 땅바닥에 금을 그었다. (2) ㉠ 서로 소통해 황금 사과를 나누어 가졌다면 두 동네가 사이좋게 살았을 텐데 그러지 못해 아쉬운 마음이 든다. **03** (1) ㉠ 소녀는 죽기 전에 어떤 말을 남겼나요? (2) ㉠ 소녀가 앓다가 죽었다는 말을 들었을 때 소년의 마음은 어땠을까요? (3) ㉠ 소녀가 자신이 입던 옷을 꼭 그대로 입혀서 묻어 달라고 한 까닭은 무엇일까요? **04** ㉠ 소녀는 소년과 함께 갔던 그 산에 묻혔다. 소년은 소녀의 무덤을 찾아갔다고 꺾어 온 들꽃을 소녀의 무덤가에 놓았다. 그리고 개울가에 가서 돌다리에 앉았다. 소년은 그냥 멍하니 개울물만 만지고 있었다. 소녀가 지금이라도 들꽃을 들고 달려올 것 같았다. 집으로 돌아왔지만 머릿속에는 온통 소녀 생각뿐이었다. / 십 년이 지나 소년은 대학교에 들어갔다. 대학교에서 소녀와 자신의 이야기를 책으로 썼다. 소년은 소녀와의 추억을 간직한 채 이야기를 쓰는 작가로 새로운 삶을 시작했다.

01 이 글에서는 두 동네 한가운데에 있는 사과나무에서 황금 사과가 열린다는 소문을 듣고 사람들이 몰려들어 서로 자기네 것이라며 싸우고 있습니다.

> **채점 기준**
> 두 동네 사람들이 황금 사과 때문에 다투었다는 내용을 썼으면 정답으로 인정합니다.

02 두 동네 사람들의 말과 행동 중 어떤 부분에 대해 든 생각이나 느낌인지 정리하여 써 봅니다.

> **채점 기준**
> 두 동네 사람들의 말과 행동에 어울리는 생각이나 느낌을 썼으면 정답으로 인정합니다.

03 이 이야기와 관련해 질문 유형에 맞게 질문을 만들어 써 봅니다.

> **채점 기준**
>
> 이 이야기와 관련된 질문을 질문의 유형에 맞게 나누어 썼으면 정답으로 인정합니다.

04 소년은 슬픔을 어떻게 이겨 냈을지, 소녀와의 추억을 간직한 채 어떻게 살아갔을지 상상해 보고, 앞 내용과 자연스럽게 이어지게 뒷이야기를 상상하여 써 봅니다.

> **채점 기준**
>
> 앞 내용과 자연스럽게 이어지게 썼으면 정답으로 인정합니다.

수행 평가 32쪽

1 (1) • 예 어느 날, 도둑이 궁궐에 들어와 맷돌을 훔쳐 갔다.
  • 예 도둑은 배를 타고 바다를 건너가다 "나와라, 소금!"이라고 외쳤다. / • 예 맷돌에서 하얀 소금이 쏟아져 나왔고, 점점 배 안에 쌓였다.
(2) 예 도둑이 맷돌을 훔쳐 갔는데, 바다를 건너가다 "나와라, 소금!"이라고 외쳐 배 안에 소금이 쌓였다.
(3) • 예 배가 기우뚱거리자 도둑은 너무 놀라 "그쳐라, 소금!"이라는 말을 잊어버렸다.
  • 예 맷돌은 도둑과 함께 바닷속에 가라앉고 말았다.
(4) 예 도둑이 "그쳐라, 소금!"이라는 말을 잊어버려 맷돌은 도둑과 함께 바닷속에 가라앉았다.

1 '전개'와 '절정' 단계에서 일어난 일을 각각 정리하여 쓴 다음, 중요하지 않은 내용은 삭제하고 관련 있는 사건은 하나로 묶는 등 이야기를 요약하는 방법에 따라 중요한 사건을 간추려 봅니다.

> **채점 기준**
>
> | 상 | 사건 전개에 맞게 이야기 구조에 따라 중요한 내용을 요약했습니다. |
> |---|---|
> | 중 | 사건 전개에 맞게 이야기 구조에 따라 중요하지 않은 내용까지 요약했습니다. |
> | 하 | 사건 전개와 이야기 구조에 맞게 요약하는 데 어려움이 있습니다. |

3. 짜임새 있게 구성해요

교과서 지문 학습 33~38쪽

01 ④ **02** (2) ○ **03** ① **04** ④ **05** ②, ③ **06** 예 자료를 활용해 발표하면 설명하는 내용을 쉽게 전달할 수 있다. **07** (1) - ㉠ (2) - ㉢ (3) - ㉡ (4) - ㉣ **08** 라 **09** 예 사라진 직업의 종류와 사라진 까닭을 직업별로 정리해서 보여 주려고 **10** ⑤ **11** (2) ○ (3) ○ (4) ○ **12** (1) 출처(가져온 곳) (2) 동의(허락) **13** ③ **14** 예 표는 인재상의 변화를 정리해서 보여 줄 수 있기 때문이다. **15** (1) 창의성 (2) 도전 정신 (3) 소통과 협력 **16** (1) ○ **17** ㉠ **18** (1) - ㉰ (2) - ㉴ (3) - ㉳ **19** (2) ✕

01 글 ❶은 전교 학생회 회장단 선거에 입후보한 나성실이 강당에서 학생들에게 자신의 소견을 발표하고 있습니다.

02 그림 (1)은 친구들과 교실 밖에서 자유롭게 나누는 개인적인 말하기 상황이고, 그림 (2)는 수업 시간에 여러 사람 앞에서 발표하는 공식적인 말하기 상황입니다.

03 ①은 개인적인 말하기 상황입니다.

04 공식적인 말하기 상황은 여러 사람 앞에서 말하는 것으로, 듣는 사람은 집중해서 들어야 합니다.

05 나성실 후보자는 학생들이 학교에 바라는 점의 설문 조사 결과 도표와 『오늘의 순위』라는 책을 활용했습니다.

06 자료를 활용해 발표하면 설명하는 내용을 보다 쉽게 전달할 수 있다는 좋은 점이 있습니다.

> **채점 기준**
>
> 발표자가 자료를 통해 내용을 쉽게 전달할 수 있다는 내용을 썼으면 정답으로 인정합니다.

07 가는 표, 나는 사진, 다는 도표, 가는 동영상 자료입니다.

08 동영상은 설명하는 대상을 생생하게 전달해 줍니다.

09 말할 내용과 표의 특성을 연결해 생각해 봅니다.

> **채점 기준**
>
> 많은 양의 자료를 정리해서 보여 준다고 썼으면 정답으로 인정합니다.

10 그림 가에서 자료가 길다고 느끼는 까닭은 꼭 필요한 내용 외에 너무 많은 자료를 보여 주기 때문입니다.

11 발표할 자료는 듣는 사람의 수준에 맞는 자료를 적절한 분량만 보여 주어야 발표에 도움이 됩니다.

12 자료의 출처는 꼭 밝히고, 원작자의 동의를 구합니다.

13 발표 주제인 '미래에는 어떤 인재가 필요할까'와 관련 있는 제목이어야 합니다.

14 대한이네 모둠이 발표하려는 내용에 왜 표가 효과적인지 생각해 봅니다.

15 2008년에는 '창의성', 2013년에는 '도전 정신', 2018년에는 '소통과 협력'이 1순위였습니다.

16 〈설명하는 말〉에서 '계속 배우려는 의지가 있는 사람'임을 확인할 수 있습니다.

17 대한이네 모둠은 〈자료 2〉를 통해 미래의 일자리 변화에 대한 내용을 알려 주고 있습니다.

18 각 부분에 알맞은 역할을 하는지 정리해야 합니다.

19 끝맺는 말에 발표한 내용을 간단하게 정리했는지 점검합니다.

단원 정리 평가 (40~43쪽)

01 ① **02** (1) 설문 조사 결과 (2) 책 **03** ② **04** (3) ○
05 예 듣는 사람이 설명하는 내용을 더 잘 이해할 수 있다.
06 (1) – ㉮ (2) – ㉰ **07** (1) 표 (2) 사진 (3) 도표 (4) 동영상 **08** ㉰ **09** ④ **10** 예 사라진 직업인 보부상의 모습을 생생하게 보여 주기 위해서이다. **11** ③, ④ **12** (1) ○ **13** ④ **14** ②, ④ **15** 출처(가져온 곳) **16** ㉢
17 ㉰, ㉯, ㉮ **18** ③ **19** 동영상 **20** ①

01 전교 학생회 회장단 선거에 입후보한 나성실이 친구들 앞에서 자료를 활용해 공식적으로 말하는 상황입니다.

02 글 ㉮는 설문 조사 결과, 글 ㉯는 『오늘의 순위』라는 책을 활용했습니다.

03 그림 ㉮는 개인적인 말하기 상황, ㉯는 공식적인 말하기 상황으로, 둘 다 말하는 사람과 듣는 사람이 있습니다.

04 엄마나 선생님과 개인적으로 이야기하는 상황은 공식적인 말하기 상황이 아닙니다.

05 말만 들어서 이해하지 못하던 것을 자료를 활용하면 쉽게 이해할 수 있습니다.

06 발표 내용에 잘 맞는 자료를 선택해야 발표를 효과적으로 할 수 있습니다.

07 발표에 활용할 대표적인 자료의 종류는 표와 사진, 도표, 동영상 등입니다.

08 도표는 수량의 변화 정도를 알아볼 수 있도록 그림으로 나타낸 표입니다.

09 그림 ㉮의 발표자는 '사라진 직업의 종류'라는 주제로 표를 이용해 발표하고 있습니다.

10 동영상은 음악이나 자막 등을 넣어 생생하게 내용을 전달할 수 있습니다.

11 발표 내용에 따라 자료의 종류도 달라져야 합니다.

12 발표 자료는 발표 장소와 듣는 사람 등 발표 상황에 맞춰 듣는 사람이 잘 볼 수 있도록 만들어야 합니다.

13 자료를 제시할 때에는 듣는 사람이 이해 가능하도록 한 번에 적절한 분량씩 보여 줍니다.

14 ㉠은 〈시작하는 말〉로, 제목과 발표하려는 주제, 주의를 집중시키는 말이 들어가야 합니다.

15 발표 자료는 원작자가 누구인지 출처를 밝혀야 합니다.

16 발표자는 〈자료 1〉을 통해 시대에 따라 필요한 인재상이 달라지고 있다는 것을 전달하고 있습니다.

17 발표는 '시작하는 말 → 자료 → 설명하는 말 → 끝맺는 말'로 구성해야 합니다.

18 발표 주제는 '미래에는 어떤 인재가 필요할까'입니다.

19 글 ㉯를 통해 ㉡은 한국교육방송공사에서 방송한 「일자리의 미래」라는 동영상 자료라는 것을 알 수 있습니다.

20 발표 내용에 따라 효과적인 자료를 선택합니다.

서술형 문제 (44쪽)

01 (1) 예 학급 토의 시간에 발표하는 상황이다. (2) 예 방송을 통해 시청자에게 말하는 상황이다. (3) 예 수업 시간

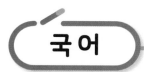

에 발표하는 상황이다. **02** 예 여러 사람 앞에서 말하는 공식적인 말하기 상황이다. **03** (1) 사진 (2) 예 사진은 여행지의 자연환경을 한눈에 보여 주어 자연환경을 소개할 때 효과적이기 때문이다. **04** 예 자료마다 특성이 달라서 말할 내용을 효과적으로 전달할 수 있는 자료가 다르기 때문이다. **05** 예 한꺼번에 너무 많은 자료를 제시하고 있다.

01 그림 **가**는 학급 토의, 그림 **나**는 방송, 그림 **다**는 수업 시간이라는 점이 다를 뿐 모두 여러 사람 앞에서 말하는 상황입니다.

채점 기준
그림 상황에 맞게 설명하여 썼으면 정답으로 인정합니다.

02 그림 **가**~**다**는 모두 여러 사람 앞에서 말하는 공식적인 말하기 상황입니다.

채점 기준
'공식적인 말하기 상황'이라고 썼으면 정답으로 인정합니다.

03 사진은 설명하려는 대상을 한눈에 보여 줍니다.

채점 기준
사진 자료의 특성을 썼으면 정답으로 인정합니다.

04 발표 내용에 따라 활용할 자료도 달라집니다. 말할 내용과 각 자료의 특성을 검토해 가장 효과적인 자료를 활용해야 합니다.

채점 기준
말할 내용에 따라 더 효과적인 발표 자료가 있다는 점을 썼으면 정답으로 인정합니다.

05 한꺼번에 너무 많은 자료를 제시하면 듣는 사람이 이해하기 어렵습니다.

채점 기준
한꺼번에 너무 많은 자료를 제시하고 있다는 내용을 썼으면 정답으로 인정합니다.

수행 평가 45쪽

1 예 미래 사회의 변화에 따른 직업의 변화 **2** (1) 예 미래 사회의 변화와 관련된 표 (2) 예 미래 사회의 변화를 정

리하고, 사회 변화에 따라 어떤 직업이 생겨날지 짐작해 볼 수 있다. (3) 예 도서 및 자료 검색 **3** (1) 예 안녕하세요? 우리 모둠은 '미래에는 어떤 직업이 생겨날까'라는 주제로 발표를 준비했습니다. 자료를 보면서 발표를 들어 주십시오. (2) 예 미래 사회의 변화와 관련된 표 (3) 예 미래에는 어떤 직업이 생겨날지 알아보기 위해 2018년 커리어넷에서 출간한 「4차 산업 혁명 시대의 미래 직업 가이드북」을 살펴보겠습니다. 이 책자에 따르면 미래 사회의 키워드는 초연결 초지능화, 저출산 고령화, 세계화, 자원 경쟁과 지구 온난화, 소비의 고도화, 위험의 일상화, 하이터치의 시대라고 합니다. / 우리 모둠은 이것들을 다시 묶어서 미래 사회의 변화를 '초고령화', '초연결', '환경 위기' 세 가지로 정리하였습니다. 또한 이런 특성에 맞춰 '바이오헬스 직업군', 'IT 융합 기술 직업군', '녹색 직업군'에 속한 직업들이 많이 생겨날 것으로 예상하였습니다. 예를 들면 스마트 헬스케어 개발자나 요양 로봇 관리자, 원격 관리자나 재난 로봇 운용가 등 이전에는 생각하지 못한 새로운 일을 하는 직업들이 많이 생겨날 것으로 예상됩니다.

1 발표 주제에 어울리는 내용을 조사해야 합니다.

채점 기준
발표 주제에 어울리는 내용을 썼으면 정답으로 인정합니다.

2 발표 내용에 '알맞은 자료'와 '알맞은 까닭', 자료의 내용과 종류에 맞게 '자료를 찾는 방법'을 생각해 봅니다.

채점 기준
발표 내용에 '알맞은 자료'와 '알맞은 까닭', 자료의 내용과 종류에 맞게 '자료를 찾는 방법'을 잘 썼으면 정답으로 인정합니다.

3 '설명하는 말'은 발표 자료의 핵심 내용은 물론, 발표 주제와 잘 연결되어야 합니다.

채점 기준

상	발표 주제와 관련된 '시작하는 말'과 활용할 자료의 출처를 밝히며 '설명하는 말'을 잘 썼습니다.
중	발표 주제와 관련된 '시작하는 말'을 잘 썼지만, '설명하는 말'은 자료의 핵심 내용을 잘 쓰지 못했습니다.
하	'시작하는 말'과 자료의 '설명하는 말'을 제대로 쓰지 못했습니다.

4. 주장과 근거를 판단해요

교과서 지문 학습   46~53쪽

01 (1) ○   02 예 동물원은 동물의 생태와 습성, 자연환경의 소중함을 배울 수 있는 교육 장소이지만, 좁은 우리에 갇혀 살아가는 동물들은 스트레스를 많이 받는다.   03 (1) - ㉮, ㉰   04 ②   05 ㉡, ㉢   06 ②, ⑤   07 ④   08 ①   09 ㉳   10 ㉡, ㉢, ㉣   11 ①, ④   12 (1) ○ (3) ○   13 (1) 주장 (2) 서론 (3) 결론   14 (2) ○   15 ㉡   16 ⑤   17 ㉢, ㉣, ㉤   18 ⑤   19 ③, ④   20 예 논설문은 자신의 견해나 관점을 정확하게 표현하는 글이므로 '적당히'와 같은 모호한 표현을 쓰면 문장의 의미를 분명하게 나타낼 수 없다.   21 (1) ○   22 ③   23 (2) 2 (3) 1 (4) 4 (5) 3   24 (1) 예 일회용품 사용량이 점점 늘고 있다. (2) 예 일회용품 사용을 줄이자.   25 ②   26 ⑤   27 ㉢, ㉣

01 시은이가 제시한 문제 상황을 생각하며 지훈이와 미진이의 주장을 모두 포함할 수 있는 주제는 무엇인지 생각해 봅니다.

02 논설문은 우리 주변에 있는 문제 상황을 파악하고 그에 알맞은 주장을 정하는 것에서 시작합니다.

> **채점 기준**
> 동물원의 동물들이 스트레스를 많이 받는다는 내용을 썼으면 정답으로 인정합니다.

03 지훈이는 '동물원은 있어야 한다'고 주장합니다. 그리고 그 근거로 동물원은 우리에게 큰 즐거움을 주고, 동물원은 동물을 보호해 준다고 밝혔습니다.

04 미진이는 '동물원은 없애야 한다'고 주장하고 있습니다.

05 미진이는 동물원을 없애야 하는 근거로, 동물원은 동물의 자유를 구속하고 동물에게 사람의 구경거리가 되는 고통을 준다는 점과 동물원은 인공적인 환경이어서 자연을 대신할 수 없다는 점을 듭니다.

06 겪은 일이 다르고 처한 상황이 달라서 사람들은 같은 문제 상황에 대해 다른 주장을 펼칠 수밖에 없습니다.

07 글 ❶에서는 우리 전통 음식보다 외국에서 유래한 음식을 더 좋아하는 어린이들을 쉽게 볼 수 있는 문제 상황을 제시하고 있습니다.

08 서론인 글 ❶에서 '우리 전통 음식을 사랑합시다.'라고 주장하고 있습니다.

09 논설문은 서론, 본론, 결론으로 짜여 있습니다. 글 ❷는 본론으로, 서론에서 밝힌 글쓴이의 주장에 대해 적절한 근거를 제시합니다. ㉯와 ㉰는 서론에 들어갈 내용이고, ㉮와 ㉱는 결론에 들어갈 내용입니다.

10 논설문의 본론인 글 ❷~❹에 주장을 뒷받침하는 근거 세 가지가 정리되어 있습니다.

11 우리 조상이 생활 주변에서 나는 여러 가지 재료를 이용해 계절과 지역에 따라 다양한 음식을 만든 예로는 비빔밥과 김치가 있습니다.

12 글 ❺는 결론으로, 글 내용을 요약하고 글쓴이의 주장을 다시 한번 강조합니다.

13 논설문은 주장과 근거로 이루어진 글로, 서론과 본론, 결론으로 짜여 있습니다.

14 문제 상황은 이 글의 서론인 글 ❶에 실려 있습니다.

15 서론인 글 ❶에 '우리는 자연의 목소리에 귀를 기울이고 자연을 보호해야 한다.'는 주장이 나타나 있습니다.

16 글 ❷에서는 자연이 한번 파괴되면 복원하기 어려운 까닭으로 자연의 힘이 아무리 위대해도 자정 능력을 넘어서는 오염은 감당하기 어렵기 때문이라고 합니다.

17 주장을 뒷받침하는 근거는 이 글의 본론인 글 ❷~❹에 제시되어 있습니다.

18 글 ❺는 결론으로, 앞선 글 내용을 요약하거나 글쓴이의 주장을 다시 한번 강조합니다.

19 논설문의 내용이 타당한지 판단할 때에는 주장이 가치 있고 중요한지, 근거가 주장과 관련이 있는지, 주장을 뒷받침하는 근거들인지를 판단합니다.

20 낱말이나 문장이 나타내는 의미가 분명하지 않아 정확하게 해석할 수 없는 모호한 표현은 논설문에서 쓰지 않아야 합니다.

> **채점 기준**
> 논설문에 모호한 표현을 쓰면 문장의 의미를 분명하게 나타낼 수 없다는 내용을 썼으면 정답으로 인정합니다.

21 그림 ㉮의 문제 상황은 스마트폰 중독으로 공부를 비롯해 일상생활이 지장을 받는 것입니다.

22 그림 ㉯는 즉석 음식을 즐겨 먹는 문제 상황에 대한 그림이므로, 이를 해결하기 위한 주장이 알맞습니다.

23 논설문은 '문제 상황 발견 → 주장하기 → 근거 찾기 →

타당성 판단 → 쓰기' 순서로 글을 씁니다.

24 우리 주변에서 발견할 수 있는 문제 상황과 문제 상황을 해결할 수 있는 주장을 찾아 씁니다.

> **채점 기준**
> 문제 상황과 주장이 관련 있으면 정답으로 인정합니다.

25 글쓴이의 주장은 서론에 들어가야 합니다.

26 '반드시', '절대로', '결코'와 같이 어떤 사실을 딱 잘라 판단하거나 결정해 단정하는 표현은 조심해서 써야 합니다.

27 '사회 불평등 조장'은 일회용품 사용을 줄이자는 주장과 관련성이 적고, 주장을 뒷받침할 만한 근거라고 보기 어렵습니다.

 단원 정리 평가 55~58쪽

> **01** (1) 예 동물원은 있어야 한다. (2) 예 동물원은 없애야 한다. **02** ①, ② **03** (1) – 나 (2) – 가 **04** (1) 미진 (2) 지훈 **05** 지원 **06** ㉠ **07** (1) ㉡ (2) ㉢, ㉣, ㉤ **08** ① **09** 다 **10** (1) ○ (3) ○ **11** (1) 가 (2) 나, 다, 라 (3) 마 **12** ⑤ **13** ㉡ **14** ⑤ **15** 다, 나, 가, 마, 라 **16** (1) ○ (2) ○ (4) ○ **17** (1) 나, 라 (2) 마, 바 (3) 가, 다 **18** ③ **19** ④ **20** (1) 예 스마트폰을 보며 걷지 말자. (2) 예 스마트폰을 보며 걸으면 위험하다. (3) 예 스마트폰을 보며 걸으면 사람과 주변 환경에 관심을 갖기 어렵다.

01 근거들을 통해 주장이 무엇인지 짐작할 수 있습니다.

> **채점 기준**
> 주장을 정확히 썼으면 정답으로 인정합니다.

02 ㉣과 ㉤은 '동물원은 없애야 한다'고 주장하는 미진이 주장을 뒷받침하는 근거들입니다.

03 '친환경 동물원'을 지훈이는 동물들에게 도움이 된다고 판단하고, 미진이는 인공적인 환경이라고 판단합니다.

04 지훈이는 동물에게 먹이와 안전을 보장하는 것이, 미진이는 동물의 자유가 더 중요하다고 생각합니다.

05 사람마다 겪은 일이 다르고 처한 상황이 다르기 때문에 같은 문제 상황에 대해 주장이 다를 수 있습니다.

07 문제 상황을 해결하기 위한 주장은 서론에 쓰며, 주장

을 뒷받침하는 근거는 본론에 씁니다.

08 전통 음식 중에서 발효 식품은 된장, 간장, 고추장, 청국장, 김치 등입니다.

09 우리나라 지역별 김치의 종류를 나타낸 자료는 글 다의 근거 자료로 사용할 수 있습니다.

10 전통 음식에서 우리 조상의 슬기를 경험할 수 있는 예시는 김장과 염장 기술입니다.

11 서론에서는 문제 상황과 글쓴이의 주장을, 본론에서는 주장에 적절한 근거를 제시하고, 결론에서는 내용을 요약하거나 글쓴이의 주장을 강조합니다.

12 이 글은 '자연을 보호해야 한다.'라고 주장하는 글이므로, 주장에 어울리는 제목을 선택해야 합니다.

13 서론인 글 다에 문제 상황이 제시되어 있습니다.

14 ㉮의 앞뒤 내용을 통해 한번 파괴된 자연을 복원하기 어려움을 보여 주는 예시가 들어가야 함을 알 수 있습니다.

15 글 다는 서론, 글 나와 가와 마는 본론, 글 라는 결론에 해당합니다.

16 내용의 타당성을 판단하려면, 주장이 가치 있고 중요한지, 근거가 주장과 관련 있고 주장을 뒷받침하는지 살펴봐야 합니다.

17 논설문에서는 단정하는 표현, 모호한 표현, 주관적인 표현을 피해야 합니다.

18 문장 라의 '반드시'는 단정하는 표현입니다.

19 그림에서 남자아이가 횡단보도를 걸으면서 휴대폰을 사용하고 있습니다.

20 문제 상황을 해결하기 위해 '스마트폰을 보며 걷지 말자.'와 같은 주장을 펼칠 수 있습니다. 이런 주장을 뒷받침하기 위해 주장과 관련 있는 근거를 생각해 봅니다.

> **채점 기준**
> 문제 상황을 해결할 수 있는 주장과 이를 뒷받침할 만한 근거를 썼으면 정답으로 인정합니다.

 서술형 문제 59쪽

> **01** (1) 예 있어야 (2) 예 동물원은 생명의 다양함을 알려 준다. (3) 예 동물원은 동물들에게 편안한 안식처가 될 수 있다. **02** (1) 서론 (2) 예 무분별한 개발로 자연이 위협받고 있는 문제 상황을 드러내고 있고, 자연을 보호해야

한다는 주장이 있기 때문이다. **03 ⑩** 논설문에서는 사실을 있는 그대로 드러내는 객관적인 표현을 써야 한다. **04 ⑩** 학교에 외부 사람을 들이면 안 된다. **05** 어떤 음식이든 적당히 먹어야 건강에 좋다. → **⑩** 영양가 있는 음식을 하루 권장 칼로리에 맞게 먹어야 건강에 좋다.

01 '동물원은 필요한가'에 대한 자신의 주장을 쓰고, 주장을 뒷받침하는 적절한 근거를 듭니다.

> **채점 기준**
> 근거가 주장을 뒷받침한다면 정답으로 인정합니다.

02 논설문의 서론에서는 문제 상황과 글쓴이의 주장이, 본론에서는 근거가, 결론에서는 내용 요약 및 주장 강조 등이 나타나 있습니다.

> **채점 기준**
> 서론에 들어가야 할 '문제 상황'과 '글쓴이의 주장'을 썼으면 정답으로 인정합니다.

03 논설문에서는 자신의 생각이나 감정에 치우친 주관적인 표현을 쓰지 말아야 합니다.

> **채점 기준**
> 객관적인 표현을 써야 한다고 썼으면 정답으로 인정합니다.

04 '반드시', '절대로', '결코'와 같이 어떤 사실을 딱 잘라 판단하거나 결정해 단정하는 표현은 조심해서 써야 합니다.

> **채점 기준**
> 단정적인 표현을 빼거나 바꾸어 썼으면 정답으로 인정합니다.

05 논설문에서는 자신의 견해나 관점을 정확하게 전할 수 없는 모호한 표현을 쓰지 말아야 합니다.

> **채점 기준**
> 모호한 표현을 구체적으로 고쳐 썼으면 정답으로 인정합니다.

수행 평가 60쪽

1 (1) **⑩** 즉석 음식을 즐겨 먹는 어린이들이 많아지고 있다. (2) **⑩** 즉석 음식의 섭취를 줄이자. **2** (1) **⑩** 즉석 음식에는 맛을 위해 당분이나 염분이 많다. (2) **⑩** 즉석 음식은 영양소가 부족하고 열량이 높다. **3** (1) **⑩** 최근 즉석 음식을 즐겨 먹는 어린이들이 늘고 있는데 그 까닭은 즉석 음식이 먹기도 간편하고 맛도 있기 때문이다. 하지만 성장

해야 할 어린이들은 즉석 음식을 적게 먹어야 한다. 왜 그럴까? (2) **⑩** 첫째, 즉석 음식에는 당분이나 염분이 많이 들어 있다. 피자, 치킨, 라면, 햄버거 등 어린이들이 즐겨 먹는 즉석 음식에는 하루 권장 섭취량을 초과하는 당분과 염분이 들어 있다. 그래야 뇌가 빠르게 맛있다고 느끼기 때문이다. 하지만 당분과 염분이 많은 음식은 칼슘이 뼈를 만드는 작업을 방해해 성장기 어린이들에게 좋지 않다. / 둘째, 즉석 음식은 영양소가 부족하고 칼로리가 높다. 예를 들어 대형 마트 피자 한 판은 무려 3,200칼로리이다. 만일 두 조각을 먹는다면 밥 세 공기를 먹는 셈이다. 게다가 지방은 1일 영양소 기준치의 60퍼센트 이상을 웃돌고 철분과 비타민, 무기질 등 필수 영양소는 부족해 영양 불균형을 불러올 수 있다. 이런 음식은 비만의 원인이 될 뿐만 아니라, 성장기 어린이의 건강을 위험에 빠뜨릴 수 있다.

1 이 그림을 통해 우리 주변에서 볼 수 있는 문제 상황을 발견하고, 문제를 해결하기 위해 어떤 주장을 펼칠지 생각해 봅니다.

> **채점 기준**
> 그림에서 발견할 수 있는 문제 상황과 주장이 서로 연결되어 있으면 정답으로 인정합니다.

2 근거는 주장과 관련 있고, 주장을 뒷받침할 수 있어야 합니다. 또한 근거들은 각각 알맞은 자료와 예시를 통해 객관적으로 설득할 수 있어야 합니다.

> **채점 기준**
> 근거가 주장과 관련 있고 주장을 뒷받침할 수 있으면 정답으로 인정합니다.

3 논설문의 짜임에 따라, **1**과 **2**에서 정리한 내용을 바탕으로 서론과 본론에 들어갈 내용을 씁니다.

> **채점 기준**
>
> | | |
> |---|---|
> | 상 | 논설문의 짜임에 맞춰 서론에서는 글을 쓴 문제 상황과 글쓴이의 주장을, 본론에서는 주장을 뒷받침하는 근거와 그에 맞는 예시를 구체적으로 제시했습니다. |
> | 중 | 글쓴이의 주장과 주장을 뒷받침하는 근거는 제시했지만, 그에 맞는 예시를 제시하지 못했습니다. |
> | 하 | 글쓴이의 주장, 주장을 뒷받침하는 근거와 그에 맞는 예시를 제대로 제시하지 못했습니다. |

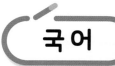

5. 속담을 활용해요

교과서 지문 학습   61~69쪽

01 (2) ×   02 ②   03 예 두 손뼉이 맞아야 소리가 난다. / 손이 많으면 일도 쉽다.   04 (1) – ㉰ (2) – ㉯ (3) – ㉮
05 (1) ㉯ (2) ㉮ (3) ㉰   06 영지   07 (1) ○   08 ②, ④   09 독을 만들어 파는 일   10 ④   11 (3) ○   12 ⑤
13 실현성이 없는 허황된 계산은 도리어 손해만 가져온다
14 예 독장수가 실현성이 없는 허황된 생각을 하다 독을 깨뜨리는 모습을 통해 이 글의 주제는 '헛된 욕심은 손해를 가져온다.'임을 알 수 있다.   15 강 도령   16 ④   17 (4) ○
18 ⑤   19 ⑤   20 예 강 도령은 아무나 되는 대로 저승으로 보내야 했기 때문에 바빠졌다. 그리고 예전에는 나이 많은 순서대로 저승에 보내졌는데 까마귀가 염라대왕의 뜻을 잘못 전한 뒤부터는 어른, 아이 할 것 없이 아무나 먼저 죽게 되었다.   21 ⑤   22 ⑤   23 (1) ○   24 ③
25 (1) – ㉯ (2) – ㉰ (3) – ㉮

01 (2)는 '사자성어'라는 낱말의 뜻입니다.

02 "백지장도 맞들면 낫다."는 쉬운 일이라도 협력해서 하면 훨씬 쉽다는 뜻입니다.

03 ㉢에는 "백지장도 맞들면 낫다."와 같이 협동을 말한 속담이 들어가야 합니다.

> **채점 기준**
> 협동의 의미가 담긴 속담을 썼으면 정답으로 인정합니다.

04 ㉠은 여러 사람이 저마다 제 주장대로 배를 몰려고 하면 결국에는 배가 산으로 간다는 뜻이고, ㉡은 바늘 가는 데 실이 항상 뒤따른다는 뜻이며, ㉢은 일부만 보고 전체를 미루어 안다는 뜻입니다.

05 ㉮에서는 자기 생각을 효과적으로 드러내기 위해, ㉯에서는 듣는 사람의 흥미를 끌기 위해, ㉰에서는 자신의 의견을 뒷받침하기 위해 속담을 사용하였습니다.

06 ㉠은 소를 도둑맞은 다음에야 빈 외양간의 허물어진 데를 고치느라 수선을 떤다는 뜻으로, 일이 잘못된 뒤에 손을 써도 소용이 없다는 말입니다.

07 ㉡에는 아무리 작은 것이라도 모이고 모이면 나중에 큰 덩어리가 된다는 뜻의 속담이 들어가야 합니다.

08 그림 ㉰에는 어떤 일이든 한 가지 일을 끝까지 해야 성공할 수 있다는 뜻의 속담이 쓰였고, 그림 ㉱에는 철없이 함부로 덤빈다는 뜻의 속담이 쓰였습니다.

09 독장수는 독을 만들어 파는 일을 하는 사람입니다.

10 글의 앞부분에 독의 쓰임새가 나와 있습니다. 그 부분에는 무거운 것을 옮길 때 사용한다는 내용은 없습니다.

11 독장수의 말에서 독을 사는 사람이 없어서 실망스러워하고 있음을 짐작할 수 있습니다.

12 독장수는 허황된 생각을 하다 실수로 독들을 깨뜨려 속상해하고 있습니다.

13 ㉡ 바로 앞부분에 실현성이 없는 허황된 계산은 도리어 손해만 가져온다는 뜻이라고 나와 있습니다.

14 속담의 뜻을 살펴보면 이야기의 주제를 찾을 수 있는데, 이 이야기는 '허황된 계산은 도리어 손해만 가져온다'는 뜻을 가진 속담에 관한 것입니다.

> **채점 기준**
> "독장수구구는 독만 깨뜨린다."라는 속담의 뜻과 관련된 주제를 썼으면 정답으로 인정합니다.

15 염라대왕이 까마귀에게 인간 세상의 강 도령에게 편지를 전하라는 심부름을 시켰습니다.

17 글 ❶의 공간적 배경은 저승이고, 글 ❷의 공간적 배경은 인간 세상입니다.

18 메밀밭가에 있던 말고기를 먹으려고 입을 벌리는 순간, 편지가 바람에 날려 사라졌는데도 까마귀는 정신없이 말고기를 먹기만 했습니다.

19 정신없이 말고기를 먹느라 중요한 편지를 잃어버렸으므로 걱정되는 마음일 것입니다.

20 까마귀가 강 도령에게 염라대왕의 뜻을 잘못 전한 뒤부터는 어른, 아이 할 것 없이 아무나 먼저 죽게 되어, 이때부터 나이에 상관없이 사람들이 죽게 되었다고 하였습니다.

> **채점 기준**
> '나이에 상관없이 사람들이 죽게 되었다.' 또는 '아무나 먼저 죽게 되었다.'의 의미가 들어가 있으면 정답으로 인정합니다.

21 ㉠에는 "까마귀 고기를 먹었나."라는 속담이 가리키는 경우가 들어가야 하므로 무엇인가를 잘 잊어버리는 사람이 들어가야 가장 알맞습니다.

22 까마귀가 강 도령에게 편지도 전하지 않고 말고기를 먹는 모습에서 중요한 일을 잊어버리지 않도록 노력하

자는 주제를 떠올릴 수 있습니다.

23 '소 잃고 외양간 고친다'는 일이 잘못된 뒤에는 손을 써도 소용이 없다는 말이므로, (1)의 상황에 더 어울리는 속담입니다.

24 ③의 속담은 깊은 산에 있는 호랑이조차도 저에 대하여 이야기하면 찾아온다는 뜻으로 ⓒ에 들어가야 알맞습니다.

단원 정리 평가 71~74쪽

01 ① **02** 협동 **03** ⑤ **04** (1) - ⓓ (2) - ⑦ **05** 주은 **06** ⑦ **07** ⑤ **08** ⑩ 어린아이들이 농구 선수에게 농구 시합을 하자고 하는 상황 **09** (1) ⑦ (2) ⓒ (3) ⑦ **10** (1) 콩, 팥 (2) 오이 (3) 가시 **11** (2) ○ **12** ①, ②, ⑤ **13** ⑤ **14** ④ **15** ⑩ 실현성 없이 허황된 생각만 하지 말고, 하루하루 노력하는 생활을 하면 좋겠다. **16** (2) × **17** 소 **18** ④, ⑤ **19** (1) - ⑦ (2) - ⓒ (3) - ⓓ **20** ④, ⑤

01 '속담'의 뜻을 설명하고 있습니다.

02 "친구들과 함께 청소하니 쉬웠다."라는 말로 보아 ⑦에는 '여럿이 힘을 모으는 것'과 관련된 낱말이 들어가야 합니다.

03 ⓒ과 바꾸어 쓸 수 있는 속담은 "백지장도 맞들면 낫다."처럼 협동과 관련된 속담이어야 합니다.

04 ⑦에는 '주관하는 사람이 없이 여러 사람이 자기주장만 내세우면 일이 제대로 되기 어렵다.'는 뜻의 속담이, ⓒ에는 '일부만 보고 전체를 미루어 안다.'는 뜻의 속담이 들어가야 합니다.

05 자신의 의견을 제시할 때 속담을 사용하면 주장의 논리를 뒷받침해 상대를 쉽게 설득할 수 있습니다.

06 그림 ⓓ는 태권도를 한 달 배운 실력으로 태권도 대표 선수인 영주에게 겨루기를 하자고 한 것을 걱정하는 상황입니다.

07 ⑦은 우물을 팔 때에는 여기저기 자주 바꾸어 파지 말고 한곳만 파야 물이 나온다는 뜻으로, 어떤 일이든 한 가지 일을 끝까지 해야 성공할 수 있다는 말입니다.

08 ⓒ은 하룻강아지는 범을 본 적이 없어서 범이 무서운 동물이라는 것을 모른다는 뜻으로 철없이 함부로 덤비는 경우를 비유적으로 이르는 말입니다.

> **채점 기준**
> 철없이 함부로 덤비는 상황을 썼으면 정답으로 인정합니다.

09 (1)과 (3)은 상황이 이치에 맞지 않는다는 말이고, (2)는 사람의 긴밀한 관계를 비유적으로 이르는 말입니다.

10 모든 일은 근본에 따라 거기에 걸맞은 결과가 나타난다는 뜻으로, 자신이 뿌리고 노력한 만큼 거두게 된다는 뜻의 속담을 완성할 수 있는 낱말을 골라야 합니다.

11 (1)은 '천 리 길도 한 걸음부터'라는 속담의 뜻입니다.

12 독장수는 독을 팔아 빚을 갚고, 논과 밭을 산 후 남은 돈으로는 고래 등 같은 기와집을 짓고 싶어 했습니다.

13 독장수가 즐거운 생각을 하다 보니 너무 기쁜 나머지, 자신도 모르게 지겟작대기를 밀어 버려서 지게가 쓰러지며 지게에 있던 독들이 깨졌습니다.

14 ①은 누구나 실수를 한다는 뜻이고, ②는 생각지도 못한 실수를 할 수 있으니 항상 조심하라는 뜻입니다. ③과 ⑤는 아무리 익숙하고 잘하는 사람이라도 간혹 실수할 때가 있음을 비유적으로 이르는 말입니다.

15 실현성 없이 허황된 계산을 하다가 독들을 깨뜨려 도리어 손해를 본 독장수에게 어떤 말을 해 주면 좋을지 떠올려 봅니다.

> **채점 기준**
> 허황된 계산을 하다 손해를 본 독장수와 관련 있는 내용을 썼으면 정답으로 인정합니다.

16 '까마귀 고기를 먹었나'는 무엇인가를 잘 잊어버리는 사람을 가리키는 말이므로 사용하기에 알맞지 않은 상황은 (2)입니다. (2)는 '독장수구구는 독만 깨뜨린다'에 어울리는 상황입니다.

17 일이 이미 잘못되어 손을 써도 소용이 없는 상황에 어울리는 속담은 '소 잃고 외양간 고친다'입니다.

18 ⓒ에는 호랑이와 관련 있는 속담이 들어가야 합니다.

19 ⓒ에는 잡혀서 옴짝달싹 못 하는 상황이, ㄹ에는 아무리 익숙하고 잘하는 사람이라도 간혹 실수를 하는 상황이, ㅁ에는 하던 일이 실패로 돌아가거나 남보다 뒤떨어져 어찌할 도리가 없는 상황이 어울립니다.

20 동물과 관련된 속담이 많은 까닭은 동물의 행동이나 특징에 빗대어 어떤 사람의 성격이나 태도를 표현할 수 있기 때문입니다.

서술형 문제   75쪽

01 예 듣는 사람이 흥미를 느낄 수 있기 때문에 **02** (1) 예 쥐구멍에도 볕 들 날 있다 (2) 예 아무리 어려운 일이 계속되어 고생이 심해도 언젠가는 좋은 날이 올 수 있다. **03** 예 지금 저승으로 온 사람이 많으므로 좀 더 신중하게 판단해서 천천히 저승으로 보내라는 내용일 것 같다. **04** 예 강 도령에게 원래 전달하고 싶은 내용을 담은 편지를 다시 보내서 저승에서 발생하는 혼란을 바로잡을 것이다. **05** 예 예전처럼 나이 많은 순서대로 저승에 보내져 사람들이 나이에 상관없이 죽지 않았을 것이다.

01 서로 말을 주고받을 때 속담을 사용하면 듣는 사람이 흥미를 느낄 수 있습니다.

> **채점 기준**
> 흥미를 느낄 수 있다는 내용을 썼으면 정답으로 인정합니다.

02 힘든 일이 있더라도 꿋꿋하게 견디고 희망을 가지라고 말하고 있는 상황이므로, 그 상황과 관련 있는 속담을 떠올려 봅니다.

> **채점 기준**
> 힘든 일이 있더라도 희망을 가지라는 의미를 담은 속담을 썼으면 정답으로 인정합니다.

03 염라대왕이 강 도령에게 했을 만한 내용으로, '그냥 아무나 빨리 끌어 올리라'는 내용과는 다른 내용을 떠올려 봅니다.

> **채점 기준**
> 까마귀가 전한 말과는 달리 염라대왕이 강 도령에게 했을 만한 내용을 짐작하여 썼으면 정답으로 인정합니다.

04 염라대왕의 뜻이 잘못 전달되어 생긴 문제를 바로잡을 수 있는 방법을 생각해 봅니다.

> **채점 기준**
> 염라대왕의 입장에서 문제를 해결할 수 있는 방법을 썼으면 정답으로 인정합니다.

05 까마귀가 강 도령에게 염라대왕의 뜻을 잘 전달했다면 그 뜻을 잘못 전달하면서 벌어진 일이 일어나지 않았을 것입니다.

> **채점 기준**
> 까마귀가 염라대왕의 뜻을 잘못 전달하여 생긴 일과 반대되는 내용으로 썼으면 정답으로 인정합니다.

수행 평가   76쪽

1 (1) 예 즐거운 학교생활을 하기 위해 서로 고운 말을 사용하면 좋겠다. (2) 예 가는 말이 고와야 오는 말이 곱다 (3) 예 자기가 남에게 말이나 행동을 좋게 하여야 남도 자기에게 좋게 한다는 뜻이다.
2 예 즐거운 학교생활을 하기 위해서는 친구들끼리 사이 좋게 지내야 한다. 그런데 거친 말 때문에 마음이 상해서 서로 다투는 경우를 많이 보게 된다.
　나는 친한 사이일수록 서로 고운 말을 사용해야 한다고 생각한다. 가는 말이 고와야 오는 말이 곱다고 했다. 내가 남에게 말이나 행동을 좋게 하여야 남도 나에게 좋게 한다는 뜻이다. 내가 먼저 고운 말을 쓰면 친구도 나에게 고운 말을 쓰게 된다. 그러면 말 때문에 마음이 상해 친구들끼리 다투는 일은 줄어들게 될 것이다. 따라서 즐거운 학교생활을 하기 위해서는 서로 고운 말을 사용하면 좋겠다.

1 즐거운 학교생활을 하려면 서로 무엇을 지켜야 하며 어떤 노력이 필요할지 생각해 보고, 그것과 관련된 속담을 찾아 그 뜻과 함께 정리해 봅니다.

> **채점 기준**
> 주제와 관련 있는 의견과 속담을 썼으면 정답으로 인정합니다.

2 정리한 의견과 속담을 바탕으로 하여 친구들 앞에서 말할 내용을 글로 써 봅니다.

> **채점 기준**

상	자신의 생각을 속담을 활용하여 잘 전달되게 썼습니다.
중	자신의 생각과 관련 있는 속담을 활용해서 썼지만 자연스럽지 않습니다.
하	자신의 생각을 속담을 활용하지 않고 썼습니다.

6. 내용을 추론해요

01 자신의 배경지식을 떠올리거나 여러 가지 생각을 떠올리
며 그림에 드러나지 않는 내용을 짐작해 볼 수 있습니다.

02 이 그림에서 고양이가 병아리를 물고 달아나므로 어미
닭은 새끼를 되찾으려고 기를 쓰고 고양이를 쫓아가는
것임을 짐작할 수 있습니다.

03 추론하며 글을 읽으면 내용이나 상황을 좀 더 깊고 넓
게 이해할 수 있습니다.

04 6.25 전쟁 때 파괴된 수원 화성을 『화성성역의궤』를 보고
원래 모습대로 다시 만들었으므로 『화성성역의궤』에 수
원 화성을 다시 만드는 과정은 기록되어 있지 않습니다.

05 ㉠의 '쌓다'는 성이라는 구조물을 쌓는 것이므로 ④의
뜻에 해당합니다.

06 일제 강점기와 6.25 전쟁을 거치면서 성이 훼손되고
파괴되었다는 사실을 통해 추론한 것이므로 '이야기에
서 찾을 수 있는 단서 확인하기'에 해당합니다.

07 ㉠은 아름다운 경치를 즐기고 평가한다는 의미이므로
④에 해당하고, ㉡은 융건릉이라고 가리켜 말한다는
의미이므로 ④에 해당합니다.

08 수원 화성 근처에 더 둘러볼 만한 곳으로 융건릉과 용
주사가 있다고 하였습니다.

09 정조 임금이 엄격하게 고른 좋은 자리에 수원 화성을
지었다는 내용을 통해 정조 임금이 수원 화성을 건축하
는 데 많은 관심을 가졌다는 것을 짐작할 수 있습니다.

10 글 ❶에서 현재 서울에 남아 있는 조선 시대 궁궐은 모
두 다섯 곳으로, 경복궁, 창덕궁, 창경궁, 경희궁, 경운
궁이라고 하였습니다.

11 '전' 자가 붙는 건물에는 궁궐에서 신분이 가장 높은 왕
과 왕비만 살 수 있었습니다.

12 글 ❶에서 궁궐에 사는 사람들은 각자 자신의 신분에
알맞은 건물에서 생활했다고 하였습니다.

13 창경궁과 함께 동궐로 불린 것은 창덕궁입니다.

14 즉위식은 '임금 자리에 오르는 것을 백성과 조상에게
알리기 위하여 치르는 의식'을 말합니다.

16 글 ❸에서 창덕궁은 건물과 후원이 잘 어우러졌으며 유
네스코 세계 문화유산으로 기록되었다고 하였습니다.

17 부용지는 땅을 나타내는 네모난 연못 가운데 하늘을
뜻하는 둥근 섬을 띄워 놓은 형태입니다.

18 부용지는 창덕궁에 있는 연못입니다.

19 글 ❹에서 일제 강점기에는 일본 사람들이 창경궁에
동물원과 식물원을 만들면서 많은 건물을 헐고, 이름
도 '창경원'으로 바꾸었다고 하였습니다.

20 글 ❺에서 경희궁에는 왕이 신하들과 나랏일을 논의하
거나 사신을 접대하는 등의 행사를 치르던 숭정전과
영조의 어진을 모신 태령전이 있다고 하였습니다.

21 일제 강점기 때 강제로 헐려 터만 남아 있던 경희궁이
옛 모습을 일부 되찾은 것은 최근의 일입니다.

22 경운궁을 지금은 덕수궁이라고 부릅니다.

23 희영이는 앞뒤 문장을 통해 '소용돌이'의 뜻을 알맞게
추론하였습니다.

24 국가적 의식을 치르던 곳은 중화전입니다.

25 관람료 수익을 올리기 위해 이 글을 쓴 것은 아닙니다.

국어

01 추론 **02** (1) – ㉮ (2) – ㉯ **03** ③ **04** 현주
05 (3) ○ **06** ② **07** ① **08** ⑤ **09** ㉢, ㉣ **10**
㉔ 『화성성역의궤』가 자세히 기록되었기 때문에 수원 화성을 원래의 모습대로 다시 만들 수 있었다. **11** (1) 경복궁
(2) 경희궁 **12** (2) ○ **13** (1) – ㉰ (2) – ㉯ (3) – ㉮
14 ④ **15** ⑤ **16** ② **17** 민석 **18** 하늘은 둥글고 땅은 네모나다 **19** (1) ㉔ 옛날식 건물에 그린 그림이나 무늬. (2) ㉔ 단청이 화려하다고 했기 때문에 그림이나 무늬를 말하는 것으로 생각했다. **20** ㉲, ㉮, ㉳, ㉯, ㉰, ㉴

01 어떤 일이나 사건이 일어난 까닭을 풀 수 있는 실마리를 '단서'라고 합니다.

02 (1)은 낯선 곳을 여행했을 때의 자신의 경험을 떠올렸고, (2)는 표정이나 행동을 보고 단서를 확인하고 있습니다.

03 고양이가 병아리를 물고 달아나자 어미 닭이 쫓아가고 있습니다.

04 영민이는 자신이 알고 있는 배경지식을 떠올려 말한 것이고, 승우는 인물의 행동을 살펴보고 말한 것입니다.

05 추론하며 글을 읽으면 내용이나 상황을 좀 더 깊고 넓게 이해할 수 있습니다.

06 글을 읽고 내용을 추론하는 것이므로 글의 내용과 관련된 질문을 만들어야 합니다.

07 ㉠은 정조 임금이 갑자기 세상을 떠나 순조 때 만들어졌다고 했습니다.

09 수원 화성이 원래 모습을 잃게 되는 위기에 해당하는 것은 ㉢과 ㉣입니다.

10 『화성성역의궤』가 자세히 기록되었음을 보여 주는 문장이므로 그것을 통해 추론할 수 있는 사실을 써 봅니다.

채점 기준
『화성성역의궤』가 자세히 기록되었기 때문에 얻을 수 있는 결과를 짐작하여 썼으면 정답으로 인정합니다.

12 ㉠ 앞에 '왕의', ㉠ 뒤에 '왕실의 혼례식, 외국 사신과의 만남과 같은 나라의 중요한 행사를 치르던 곳'이라고 되어 있으므로 (2)로 짐작할 수 있습니다.

13 경복궁에서 중요한 행사를 치르던 곳은 근정전이고, 경희궁에서 행사를 치르던 곳은 숭정전입니다.

14 조선의 법궁은 경복궁이며, 경희궁의 처음 이름은 경덕궁입니다. 영조가 25년 동안이나 머문 곳은 경희궁이고, '부지런히 나라를 다스리라'는 뜻을 지닌 것은 경복궁의 근정전입니다.

15 경복궁과 경희궁 모두 왕이 살았던 곳입니다.

16 창덕궁에 있는 연못의 이름은 부용지입니다. 부용정은 부용지에 있는 누각 이름입니다.

17 나래와 현수는 질문의 까닭과 거리가 먼 내용을 추론하였습니다.

18 부용지는 '하늘은 둥글고 땅은 네모나다'는 전통적 사상을 반영하였습니다.

19 단청은 '옛날식 집의 벽, 기둥, 천장 따위에 여러 가지 빛깔로 그린 그림이나 무늬.'를 말합니다.

채점 기준
앞뒤 문장을 통해 '건물에 그린 그림이나 무늬'라는 의미를 추론했으면 정답으로 인정합니다.

20 먼저 영상 광고의 주제, 내용과 분량을 정합니다. 역할을 나눈 후 촬영 도구로 장면을 촬영하고, 편집 도구로 자막을 넣습니다. 끝으로 완성한 영상 광고를 고칩니다.

 서술형 문제 90쪽

01 (1) ㉔ 고양이가 입에 병아리를 물고 달아나고 있다. (2) ㉔ 병아리를 입에 물고 달아나는 고양이를 어미 닭이 쫓아가고 있다. **02** ㉔ 고양이가 내 신발을 물고 달아나서 깜짝 놀란 적이 있는데, 그림 속 남자의 마음도 같았을 것이다. **03** ㉔ 성종이 할머니들을 모시려고 지은 궁궐이고, 효자로 유명한 정조가 태어난 곳이기 때문이다. **04** (1) ㉔ 창경궁에 동물원과 식물원을 만들면서 많은 건물을 헐었다. (2) ㉔ 창경궁의 이름을 '창경원'으로 바꾸었다. **05** ㉔ 창경궁은 역사 속에서 여러 가지 수난을 겪었다. / 일제 강점기에 조선 왕실은 힘을 잃었다.

01 이 그림에는 병아리를 훔쳐 달아나는 고양이를 쫓는 어미 닭과 부부의 모습이 생동감 있게 그려져 있습니다.

채점 기준
그림에 드러나 있는 상황을 정확하게 찾아 썼으면 정답으로 인정합니다.

02 자신의 경험과 관련짓거나 인물의 행동을 더 자세히 살펴보고, 새롭게 알게 된 사실을 한 가지 써 봅니다.

> **채점 기준**
> 그림과 관련하여 자신의 경험이나 인물의 행동을 통해 알 수 있는 사실을 썼으면 정답으로 인정합니다.

03 글의 앞부분에 창경궁이 효와 인연이 깊다고 한 까닭이 드러나 있습니다.

> **채점 기준**
> 글에 제시된 두 가지 까닭을 모두 찾아 한 문장으로 썼으면 정답으로 인정합니다.

04 일제 강점기에는 일본 사람들이 창경궁에 동물원과 식물원을 만들면서 많은 건물을 헐고, 이름도 '창경원'으로 바꾸었다고 하였습니다.

> **채점 기준**
> 일본 사람들이 창경궁에 한 일 두 가지를 모두 썼으면 정답으로 인정합니다.

05 창경궁에 대한 설명을 통해 추론할 수 있는 사실을 떠올려 봅니다.

> **채점 기준**
> 글의 내용을 통해 추론할 수 있는 사실을 썼으면 정답으로 인정합니다.

수행 평가 — 91쪽

1 (1) ⑩ 부끄러웠다 (2) ⑩ ㉠ 앞에 '쥐구멍에라도 숨고 싶을 만큼'이라는 표현이 있기 때문이다. (3) ⑩ 걱정되었다 (4) ⑩ ㉡ 뒤에서 '어쩐다……?'라며 고민을 하고 있기 때문이다.

1 글의 앞뒤 내용을 살펴보는 등 글에서 단서를 찾아 빈칸에 들어갈 '원님'의 마음을 추론해 봅니다.

> **채점 기준**
>
> | 상 | 이야기를 읽고 글에서 단서를 찾아 인물의 마음을 알맞게 추론했습니다. |
> |---|---|
> | 중 | 이야기를 읽고 인물의 마음을 추론했습니다. |
> | 하 | 이야기를 읽고 인물의 마음을 잘 추론하지 못했습니다. |

7. 우리말을 가꾸어요

교과서 지문 학습 — 92~98쪽

01 ②, ⑤ **02** ㉮, ㉯, ㉱ **03** ③ **04** (1) – ㉮ (2) – ㉯ **05** (1) ㉮, ㉯, ㉭ (2) ㉰, ㉱ **06** ⑩ 놀이를 잘하는 친구에게 진심을 담아 존중하는 말로 칭찬했다. **07** ③, ④ **08** ① **09** 미진 **10** (1) – ㉯ (2) – ㉮ **11** ⑩ 좋은 언어문화를 경험하고 싶다. / 우리말을 올바르게 사용해야겠다. **12** ⑤ **13** ㉱ **14** ④, ⑤ **15** ④ **16** (1) ○ (2) ○ (3) ○ (4) × **17** (1) ⑩ 긍정하는 말과 고운 우리말 (2) ⑩ 긍정하는 말과 고운 우리말을 사용하자는 글쓴이의 주장이 담긴 글이기 때문이다. **18** (1) – ㉡ – ㉮ (2) – ㉠ – ㉯ **19** ①

01 그림 ❸을 통해 줄임 말이 재미있어서 평소에 즐겨 사용한다는 것을 알 수 있습니다.

02 아빠는 여자아이가 사용한 줄임 말인 '생선', 신조어인 '핵노잼', 비속어인 '헐'을 알아듣지 못했습니다.

03 아빠와 여자아이가 말이 통하지 않은 까닭은 여자아이가 줄임 말, 신조어, 비속어를 사용해서 여자아이의 말을 아빠가 이해하지 못했기 때문입니다.

04 그림 ❷에서는 경기에서 지는 모둠의 친구들을 무시하고 싶어서 비난의 말을, 그림 ❸에서는 경기에서 지는 모둠의 친구들에게 힘을 내라고 격려의 말을 했습니다.

05 솔연이는 무시당하는 기분이 들었을 것이고, 강민이는 격려를 받으니 힘이 났을 것입니다.

06 그림 ❸과 같이 언어 예절을 지키며 대화한 자신의 경험을 떠올려 봅니다.

> **채점 기준**
> 언어 예절을 지킨 경험을 썼으면 정답으로 인정합니다.

07 서로 배려하는 말을 하지 않고, 비속어를 사용하며 비난했기 때문입니다.

08 영어 발음을 정확하게 하지 못한 것은 영어에 관한 것이므로 올바른 우리말 사용의 예로 보기 어렵습니다.

10 지원이는 잘못된 우리말 사용 실태에 대해, 중화는 좋은 언어문화에 대해 조사하였습니다.

11 지원이와 중화가 우리말 사용 실태에 대해 조사한 내

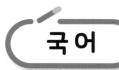

용을 보고 올바른 우리말 사용과 관련해 자신의 생각을 정리하여 써 봅니다.

> **채점 기준**
> 올바른 우리말 사용 실태를 보고 떠올린 생각을 썼으면 정답으로 인정합니다.

12 요즘 우리 반 친구들이 대화할 때 짜증 난다는 말이나 비속어, 욕설 따위를 사용하는 문제 상황이 드러나 있습니다.

13 "괜찮아, 넌 잘할 수 있어."라는 긍정하는 말은 상대방에게 용기를 줍니다.

14 이 글은 ④와 ⑤를 바탕으로 하여 긍정하는 말과 고운 우리말에 관한 주장이 담긴 글입니다.

15 이 글은 '긍정하는 말과 고운 우리말을 사용하자'는 글쓴이의 주장이 담긴 글입니다.

16 ⑷는 긍정하는 말과 고운 우리말을 사용해야 하는 까닭에 해당하지 않습니다.

17 주장하는 글이므로 글쓴이의 주장과 관련하여 어울리는 제목을 붙여 봅니다.

> **채점 기준**
> 글쓴이의 주장과 관련 있는 제목이면 정답으로 인정합니다.

18 ㉮는 너무 줄여 말하는 낱말을 바르게 고쳐 쓴 사례를 영상 광고로 만들었고, ㉯는 국립국어원 우리말 다듬기 누리집에서 자료를 수집해 신문으로 만들었습니다.

19 '포스트잇'의 다듬은 말은 '붙임쪽지'입니다.

단원 정리 평가　　　100~103쪽

01 (1) – ㉯ (2) – ㉮ **02** 줄임 말 **03** 예 여자아이가 줄임 말, 신조어, 비속어를 사용해서 아버지와 의사소통이 안 되고 있기 때문이다. **04** ③ **05** ④ **06** ④ **07** (1) – ㉢ (2) – ㉠ (3) – ㉡ **08** (1) 인터넷 (2) 신문 **09** 예 우리말이 파괴되고 있다. / 바르고 고운 우리말 사용이 이루어지지 않고 있다. **10** ②, ④ **11** ㉮, ㉯ **12** ① **13** ㉯, ㉰, ㉲ **14** 그러므로 긍정하는 말과 고운 우리말을 사용해야 합니다. **15** ③ **16** ② **17** ⑤ **18** ③ **19** (3) ○ **20** 예 '심각한 말 줄임, 올바른 우리말 사용'으로 정하면 좋겠다. / '우리말 바로 하기'로 정하면 좋겠다. / '새로운 우리말 사례집'을 만들면 좋겠다.

01 여자아이는 '생일 선물'을 줄여서 '생선'이라 하였고, 아빠는 '먹기 위해 잡은 신선한 물고기'를 뜻하는 '생선'을 떠올렸습니다.

02 ㉠은 '생일 선물'의 줄임 말입니다.

03 아빠와 여자아이가 말이 통하지 않은 까닭은 여자아이가 사용하는 낱말을 아빠가 이해하지 못했기 때문입니다.

> **채점 기준**
> 줄임 말, 신조어, 비속어를 사용했기 때문이라는 의미가 들어 있으면 정답으로 인정합니다.

04 그림 ❷에서는 경기에서 지는 모둠의 친구들을 무시하고 싶어서 비난의 말을 한 것입니다.

05 이기고 있는 모둠의 친구가 격려해 주니 강민이는 힘이 나고 기분이 좋았을 것입니다.

06 그림 ㉮는 외국어 간판이 많은 모습입니다.

07 그림 ㉯는 욕설이나 비속어를 사용하는 청소년들에 대한 뉴스, 그림 ㉰는 우리 토박이말을 다룬 사전, 그림 ㉱는 욕설하는 습관을 고치자는 텔레비전 프로그램입니다.

08 그림 ㉲는 국립국어원 우리말 다듬기 누리집에 올라온 다듬은 말이고, 그림 ㉳는 '○○어린이 신문'입니다.

09 그림 ㉮~㉳는 올바르지 못한 우리말 사용 실태를 보여 주거나 올바른 우리말 사용을 권하는 자료입니다.

> **채점 기준**
> 우리말 사용 실태에 대한 내용을 썼으면 정답으로 인정합니다.

10 발표 효과를 높이려면 사진, 동영상, 그림, 도표 등 다양한 자료를 활용하는 것이 좋으며, 발표할 때는 중요한 부분을 강조하며 발표하는 것이 좋습니다.

11 글 ㉮에는 요즘 우리 반 친구들이 대화할 때 짜증 난다는 말이나 비속어, 욕설 따위를 사용하는 문제 상황이 드러나 있습니다.

12 고운 우리말을 사용하면 너그러운 마음이 생기고, 미안한 마음이 생기며, 고마운 마음이 생기므로 아름다운 사람이 된다고 하였습니다.

14 글의 결론 부분에 글쓴이의 주장이 드러나 있습니다.

15 '긍정하는 말과 고운 우리말을 사용하자'는 글쓴이의 주장과 가장 관련이 깊은 제목은 ③입니다.

16 이 글은 신문 형식으로 엮은 우리말 사례집입니다.

17 이 글은 국립국어원 우리말 다듬기 누리집에서 어려운 외국어를 쉬운 우리말로 다듬은 자료를 사례집으로 엮은 것입니다.

19 신문, 책, 영상 광고, 만화 영화 등 사례집의 형식에 대해 의견을 나누고 있습니다.

20 올바른 우리말 사용과 관련된 주제를 떠올려 봅니다.

> **채점 기준**
> 올바른 우리말 사례집에 어울리는 주제를 썼으면 정답으로 인정합니다.

서술형 문제   104쪽

01 ⓓ 배려하는 말을 하지 않고 비속어를 사용하며 비난했기 때문이다. **02** (1) ⓓ 부딪혀서 미안해. 다치지 않았니? (2) ⓓ 괜찮아, 안 다쳤어. 너도 부딪혔는데, 괜찮니? **03** ⓓ 배려하는 말을 하는 것은 바람직한 점이고 비속어를 사용하는 것은 고칠 점이다. **04** (1) ⓓ 긍정하는 말과 고운 우리말을 사용해야 한다. (2) ⓓ • 친구에게 긍정하는 말을 해 주니 좋은 일이 생겼다. / • 긍정하는 말을 하면 말하는 사람은 물론이고 듣는 사람도 마음이 편안해진다. / • 고운 우리말을 사용하면 말하는 사람과 상대방의 마음을 아름답게 해 준다.

01 준형이와 수진이는 배려하는 말을 하지 않고 비속어를 사용하며 서로를 비난하고 있습니다.

> **채점 기준**
> 서로를 대하는 태도에서 다툼의 이유를 찾아 썼으면 정답으로 인정합니다.

02 서로 부딪친 상황에 맞게 서로를 배려하는 말로 고쳐 써 봅니다.

> **채점 기준**
> 상황에 맞게 배려하는 말로 고쳐 썼으면 정답으로 인정합니다.

03 비속어 등을 사용하지 않는지, 배려하는 말과 긍정하는 말을 사용하는지 자신의 언어생활을 점검해 봅니다.

> **채점 기준**
> 이 글의 상황과 관련해 자신의 언어생활을 돌아보고, 바람직한 점과 고칠 점을 썼으면 정답으로 인정합니다.

04 글 ㉣에는 글쓴이의 주장이, 글 ㉮~㉰에는 그것을 뒷받침하는 근거가 각각 드러나 있습니다.

> **채점 기준**
> 글쓴이의 주장과 각 문단에서 중심 내용을 찾아 주장을 뒷받침하는 근거 세 가지를 정리하여 썼으면 정답으로 인정합니다.

수행 평가   105쪽

1 (1) ⓓ 욕설과 비속어를 사용하는 친구들이 많다. (2) ⓓ
• 초등학생의 97퍼센트가 비속어를 사용한 경험이 있다. /
• 우리말이 훼손되고 있다는 것을 보여 준다. (3) ⓓ 우리말을 올바르게 사용하여 바른 언어생활을 해 나가자.

2 ⓓ 제목: 욕설·비속어 이제 그만!

   요즘 우리 반 친구들이 대화하는 것을 지켜보면 '헐.', '재수 없어.', '짜증 나.'와 같은 말이나 비속어, 욕설 따위를 자주 사용하고 있다는 것을 쉽게 알 수 있다. 그런 말은 기분을 상하게 하여 다툼의 원인이 될 뿐만 아니라, 건강한 언어생활이라고 보기 어렵다.

   최근에 '욕설·비속어에 중독된 청소년들'이라는 뉴스 기사를 본 적이 있다. 그 뉴스 기사에 따르면 초등학생의 97퍼센트가 비속어를 사용한 경험이 있는 것으로 나타났다. 욕설과 비속어에 중독된 청소년들의 통계 결과를 보도한 이 뉴스는 우리말이 얼마나 파괴되고 훼손되고 있는지 잘 보여 준다.

   지금부터라도 욕설이나 비속어의 사용을 자제하고 올바른 우리말 사용으로 바른 언어생활을 해 나가야 할 것이다.

1 서론에서는 글쓴이가 글을 쓰게 된 문제 상황과 주장을 밝히고, 본론에서는 글쓴이의 주장에 대한 근거를 제시하며, 결론에서는 글 내용을 요약하고 글쓴이의 주장을 다시 한번 강조합니다.

> **채점 기준**
> '서론, 본론, 결론'의 성격에 맞게 썼으면 정답으로 인정합니다.

2 개요에서 작성한 내용을 바탕으로 주장하는 글의 짜임에 맞게 주장하는 글을 써 봅니다. 이때, 조사 내용이 문제 상황의 제시나 주장의 근거로 활용되어 명확하게 드러나게 써야 합니다.

> **채점 기준**
>
> | | |
> |---|---|
> | 상 | 조사 내용을 바탕으로 하여 타당한 주장과 적절한 근거로 주장하는 글의 짜임에 맞게 글을 썼습니다. |
> | 중 | 글의 짜임은 부족하나, 조사한 내용을 바탕으로 하여 주장과 근거를 들어 주장하는 글을 썼습니다. |
> | 하 | 글의 짜임이 부족하고, 조사한 내용을 바탕으로 하여 주장하는 글을 쓰지 못했습니다. |

8. 인물의 삶을 찾아서

교과서 지문 학습   106~115쪽

01 ①   02 ⑤   03 꿈   04 ②   05 ③, ④, ⑤   06 ①   07 ①   08 ㉣   09 ⑤   10 ⑤   11 (1) 종장 (2) 예 '임'은 기울어져 가는 고려를 비유한 말로, 고려를 향한 일편단심이 없어지지 않으니 새 왕조를 세우는 데 함께할 마음이 없다는 뜻을 드러내고 있다.   12 ⑤   13 (1) - ㉯ (2) - ㉮   14 (1) 예 이순신이 (2) 예 여기저기 상한 배 12척과 120여 명의 군사만 모으자 (3) 예 나라로부터 아예 바다를 포기하고 육군으로 싸우라   15 ④   16 ③   17 (2) ○   18 준이   19 ⑤   20 ①   21 (1) 인형 (2) 도깨비   22 (1) - ㉰ (2) - ㉯   23 (1) ○ (3) ○   24 ④   25 (2) ○   26 돈벌이   27 ①   28 ①   29 ㉤   30 ⑤   31 ③, ④

01 글쓴이는 글 ❶에서 자신을 '이야기를 쓰는 작가'라고 소개합니다. 또한 『꿀벌 마야의 모험』을 읽고 이야기가 아주 흥미로워서 발데마르 본젤스처럼 작가가 되는 꿈을 갖게 되었다고 하였습니다.

02 ②는 『레 미제라블』 작가 빅토르 위고에 대한 내용이고, ③은 헤밍웨이의 『노인과 바다』, ④는 『꿀벌 마야의 모험』에서 인상적으로 느낀 부분입니다.

03 글 ❷에서 글쓴이는 『갈매기의 꿈』에 등장하는 주인공이 꿈을 이루려면 어떻게 해야 하는지 가르쳐 줬다고 말합니다.

04 글에서 작가가 말하고자 하는 주된 생각을 '주제'라고 합니다. '사상'은 어떠한 사물에 대하여 가지고 있는 구체적인 사고나 생각이고, '근거'는 주장(논설문에서 글쓴이가 내세우는 의견)을 뒷받침하는 내용입니다.

05 글 ❸의 앞부분에 글쓴이가 책을 읽는 사람이 지혜롭게 세상을 살 수 있다고 하는 세 가지 까닭이 나와 있습니다.

06 글에 가장 많이 등장하는 중요한 낱말은 '책'이고, "너희도 책을 읽어 봐."라는 마지막 문장을 통해, 글쓴이가 말하고자 하는 생각이 무엇인지 알 수 있습니다.

07 인물이 처한 상황을 알면 인물의 생각을 더 잘 파악할 수 있습니다. 이방원과 정몽주는 고려 사회를 개혁하는 방법을 두고 다른 생각을 가지고 있던 사람들입니다.

08 「하여가」에서 '우리'는 친근함을 드러내며 고려를 무너뜨리고 새 왕조를 세우는 데 뜻을 같이하자는 이방원의 생각이 직접적으로 드러나는 낱말입니다.

09 「하여가」의 종장에는 이방원의 생각이 고스란히 드러나 있는데, '같이 뜻을 모아 새 왕조를 세웁시다.'라는 내용이 담겨 있습니다.

10 「단심가」에서 '일편단심'은 고려를 향한 정몽주의 변치 않는 마음이 그대로 드러나는 낱말입니다.

11 「단심가」의 종장에는 정몽주의 생각이 고스란히 드러나 있는데, '변함없이 고려에 충성할 것입니다.'라는 내용이 담겨 있습니다.

> **채점 기준**
> 고려를 향한 충성된 마음으로 새 왕조를 세우는 데 함께할 마음이 없다고 썼으면 정답으로 인정합니다.

12 이방원과 정몽주는 각각 「하여가」와 「단심가」라는 시조를 이용해 자신의 생각을 말하고 있습니다.

13 「하여가」에서 이방원은 만수산에 얽혀 있는 칡덩굴인 '만수산 드렁칡'이라는 표현으로 고려를 무너뜨리고 새로운 왕조를 세우는 데 뜻을 함께하자는 자신의 생각을 빗대어 말하고 있습니다. 「단심가」에서 정몽주는 죽어서 티끌과 흙이 된다는 뜻인 '백골이 진토 되어'라는 표현으로 고려에 대한 충심을 지키겠다는 자신의 생각을 빗대어 말하고 있습니다.

14 글 ❶은 다시 삼도 수군통제사가 된 이순신에게 나라에서는 바다를 포기하고 육군으로 싸우라고 명령을 내린 내용입니다.

> **채점 기준**
> 인물이 처한 상황을 각 항목에 맞게 서술했으면 정답으로 인정합니다.

15 글 ❶에서 이순신은 "이제 제게 12척의 배가 있으니 죽을 힘을 다해 싸운다면 이길 수 있을 것입니다."라는 글을 임금님께 올리며, 포기하지 않고 싸울 의지를 전합니다.

16 글 ❷에 울돌목의 특징이 자세하게 설명되어 있습니다. 울돌목은 육지와 육지 사이에 낀 아주 좁은 바다라고 하였으므로 ③과 같이 배 여러 척이 한 번에 지나가기 좋지 않음을 짐작할 수 있습니다.

17 ㉠은 조선의 군사와 무기 등이 턱없이 적어 일본과 싸우기 불리한 상황을 알려 줍니다. 하지만 이순신은 전략을 짜서 군사와 배가 많아 보이게 했고, 부하 장수들

에게 최선을 다해 싸우도록 독려했습니다.

18 ㉡을 통해 불리한 상황에서도 포기하지 않고 끝까지 싸우려는 이순신의 모습을 엿볼 수 있습니다.

19 글 ❹에서 이순신은 울돌목의 특성마저 전쟁의 중요한 조건으로 만들어 일본의 133척의 배를 물리쳤습니다.

20 글 ❶의 첫 문장을 통해 버들이가 처한 상황을 알 수 있습니다.

21 ㉠에서 미미는 도깨비인 몽당깨비가 인형인 자신과는 상황과 생각이 다를 것이라 여겨 더 묻지 않았습니다.

22 ㉡에서 몽당깨비는 버들이를 굳게 믿고 있고, ㉢에서는 버들이에게 기와집을 지어 주려고 도덕적으로 바르지 않은 일까지 합니다. 몽당깨비가 추구하는 가치는 믿음과 사랑이기 때문입니다.

23 버들이의 말과 행동에는 몽당깨비를 이용해 좀 더 쉽게 도깨비 샘물을 얻으려는 마음이 담겨 있습니다. 버들이는 샘가에 오두막을 짓고 살겠다고 했습니다.

24 미미가 ㉠의 뒷문장에서 "샘을 옮기다니! 그러면 다른 동물들은 샘물을 못 마시잖아?"라고 한 말에서 알 수 있습니다.

25 버들이는 몽당깨비에 대한 사랑보다 현실적인 이익이 더 가치가 있기 때문에 ㉡과 같이 행동했습니다.

26 글 ❶의 첫 문단에 케냐의 자연환경이 왜 파괴되었는지 까닭이 나타나 있습니다.

27 ㉡ 문장 뒤에 있는 '나무를 심는 거야.'라는 문장을 통해 왕가리 마타이가 자신이 할 수 있는 일로 무엇을 선택했는지 짐작할 수 있습니다.

28 왕가리 마타이는 나무를 심는 회사를 통해 헐벗고 삭막한 도시를 풍요롭게 하고 가난한 사람들이 일자리 얻기를 원했습니다. 이것은 궁극적으로 케냐의 파괴된 환경이 회복되고 사람들이 고통받지 않는 일입니다.

29 '그린벨트 운동'이라는 말 바로 앞에 그렇게 불리게 된 까닭이 드러나 있습니다.

30 왕가리 마타이는 힘든 상황에서도 절망하지 않고 문제를 해결해 나갑니다. ㉣과 같이 나무가 빨리 자라지 않으니 나무를 심기 싫다고 불평하는 상황이라면 아마 끝까지 사람들을 설득해 나무를 심도록 했을 것입니다.

31 지도자들이 아니라 고통받는 사람들 편에 서고, 경제적 이익보다 자연환경을 지키는 데 앞장선 행동들을 통해 왕가리 마타이가 어떤 가치를 추구하는지 짐작할 수 있습니다.

단원 정리 평가   117~120쪽

01 ②　　02 (1) ✕　　03 (1) 「하여가」 (2) 「단심가」　　04 ③
05 민준　　06 ㉠, ㉡　　07 ⑤　　08 예 면이 이순신의
고향 마을을 공격한 일본군과 싸우다 죽었다.　　09 ⑤
10 (2) ○　　11 예 샘가에서 살 수 없다면 조금 떨어진 곳
에 집을 지어 줄게.　　12 (1) ○　　13 ③　　14 (1) – ㉯, ㉣
(2) – ㉮, ㉢　　15 (1) 버들이 (2) 몽당깨비　　16 ②　　17
㉮, ㉣　　18 (2) ○　　19 ④, ⑤　　20 예 나는 모두의 이
익과 행복을 중요하게 여기는 왕가리 마타이의 가치를 지
지한다. 자본주의 사회에서는 좋은 자연을 누리는 것조차
빈부 격차가 생기므로 모두의 이익과 행복을 추구하는 것
은 더불어 잘살기 위해 매우 중요하다고 생각하기 때문
이다.

01 이 글에 자주 등장하는 낱말은 '책'으로, 글쓴이가 말하고자 하는 생각을 알려면 자주 등장하는 중요한 낱말을 찾아야 합니다.

02 책에서 꿈을 찾고 꿈을 이루는 방법까지 배워 꿈을 이룬 것은 글쓴이만의 경험입니다.

03 오래도록 함께하자는 내용의 ㉮는 이방원의 「하여가」이고, 죽은 뒤에도 마음이 변하지 않는다는 내용의 ㉯는 정몽주의 「단심가」입니다.

04 시조 ㉮의 종장에 '우리도 이같이 얽혀져'를 통해, 이방원이 정몽주에게 새 왕조를 여는 데 함께하자고 권하고 있음을 알 수 있습니다.

05 시조 ㉯의 종장은 '임', 즉 고려를 향한 '일편단심'의 마음이 드러나 있습니다.

06 이순신은 무기, 군사, 배 등이 일본에 비해 턱없이 부족하자, 작전을 짜서 배와 군사가 많은 것처럼 보이도록 하였습니다.

07 이순신이 한 말인 ㉣을 통해 그가 어려움에 굴복하지 않고 정면으로 맞서야 한다는 가치를 추구한다는 것을 엿볼 수 있습니다.

08 글 ❹의 첫 문단에 이순신이 처한 상황이 드러나 있습니다. 아들 면이 마을을 기습해 온 일본군과 싸우다가 죽었다는 소식이 날아들었다고 하였습니다.

국어

09 죽은 아들 면의 얼굴을 떠올리며 이를 악무는 이순신의 행동을 통해 더 이상의 희생은 없어야 한다는 굳은 마음을 알 수 있습니다.

10 글 **가**를 통해 이순신은 어려움에 쉽게 굴복하지 않는 가치를 추구한다는 것을 알 수 있습니다.

11 글 **가**에서 부정적이었던 몽당깨비의 생각은 버들이와 이야기한 뒤 글 **나**에서 긍정적으로 변합니다.

12 몽당깨비는 버들이가 기뻐하는 것이 좋아서 ⓒ과 같이 도둑질도 서슴지 않았습니다.

13 버들이는 집에서 샘물을 길으려고 몽당깨비에게 ⓒ과 같이 말했습니다. 점점 더 이기적인 부탁을 하는 것으로 보아, 버들이가 몽당깨비를 통해 욕심을 채우려고 하는 것임을 짐작할 수 있습니다.

14 각자 처한 상황에서 인물의 말과 행동을 통해 몽당깨비는 진심 어린 마음, 사랑과 믿음을 추구하고 버들이는 효도, 현실적인 이익을 추구함을 알 수 있습니다.

15 몽당깨비와 버들이가 추구하는 가치를 생각해 보면, 원하는 것을 얻은 뒤 버들이의 행동이 어떠했을지 짐작할 수 있습니다.

16 글 **가**에서 왕가리 마타이는 케냐의 파괴된 자연을 보고 '나무를 심는 거야.'라고 마음먹고 나무를 심어 주는 회사를 세웠습니다.

17 글 **가**에서 "케냐의 새로운 지도자들이 돈벌이를 위해 숲을 없애고 차나무와 커피나무를 심은 것이다."라는 문장으로 보아, 수출할 커피가 부족할 것이라고 짐작하기는 어렵습니다.

18 녹지 공간인 우후루 공원을 없애고 상가와 사무실 등이 모인 복합 빌딩을 세울 경우 어떤 가치가 생기게 될지 생각해 봅니다.

19 ㉣로 보아 왕가리 마타이는 자연환경인 도심 속 녹지대와 모두의 이익과 행복을 위한 시민들의 쉼터를 지키려고 노력했습니다.

20 경제적 가치를 중요하게 여긴 케냐 정부와 모두의 이익과 행복, 자연환경 보호를 중요하게 여긴 왕가리 마타이의 가치 중 자신이 지지하는 가치를 선택해 지지하는 까닭과 함께 씁니다.

서술형 문제　　　　121쪽

01 예 나라로부터 따르기 어려운 명령을 받았다.　**02** (1) 예 나라의 명령에 결국 따랐다. (2) 예 임금님께 글을 올려 자신의 생각을 전달했다.　**03** (1) 예 임금님의 뜻을 따르는 가치를 따랐다. (2) 예 어려움이 있더라도 옳다고 믿는 대로 행동하는 가치를 따랐다.　**04** 예 파랑이는 도깨비들이 살 곳을 지켜야 한다는 가치와 친구를 꾐에 빠지지 않게 보호해야 한다는 가치를 추구하고 있다.　**05** 예 "네 마음은 알겠지만 네가 위험에 빠지도록 놔둘 수는 없어. 아마 네가 버들이를 도와준다면 대왕님은 물론이고 도깨비들이 너를 가만두지 않을 거야. 너는 도깨비들이 살 곳을 사람에게 넘겨준 배신자니까. 샘가에 집을 지어 주는 것은 절대 안 돼."

01 원균은 삼도 수군통제사가 되자마자 부산을 치라는 명령을 받았고, 이순신은 바다를 포기하고 육군으로 싸우라는 명령을 받았습니다.

02 비슷한 상황이었지만 원균과 이순신의 행동은 달랐고, 그에 따라 결과도 완전히 달라졌습니다. 글 안에서 각각 어떻게 행동했는지 찾아봅니다.

03 처한 상황에서 어떤 말과 행동을 했는지를 살펴보면 그 사람이 중요하게 여기는 가치를 찾아낼 수 있습니다.

원균은 임금님의 뜻을 따르는 가치를, 이순신은 옳은 것을 따르는 가치를 추구했다는 내용을 썼으면 정답으로 인정합니다.

04 파랑이는 도깨비들이 샘을 빼앗기고 떠나야 한다는 것과 몽당깨비가 대왕님께 혼날 수 있다고 여겨 버들이를 모른 체하라고 충고합니다. 파랑이의 말에 파랑이가 추구하는 가치가 드러납니다.

채점 기준
친구를 보호하고 도깨비들이 살 곳을 지켜야 한다는 내용을 썼으면 정답으로 인정합니다.

05 이야기 속 인물이 되어 보면 인물이 추구하는 가치를 더 깊이 이해할 수 있습니다. 주변 인물인 파랑이의 입장이 되어 파랑이가 추구하는 가치와 자신이 추구하는 가치를 비교해 봅니다.

채점 기준
자신이 추구하는 가치가 잘 드러나게 할 말을 썼으면 정답으로 인정합니다.

 수행 평가　　　　　122쪽

1 예 모두의 이익과 행복, 끈기와 꾸준함, 자연환경 보호, 미래에 대한 책임감 등

2 예 어느 날부터인가 엄마는 커다란 천 가방을 들고 외출을 하신다. 예전에는 작은 가죽 가방을 메고 나가셨는데 왜 요즘 들어 큰 가방을 들고 다니시는지 궁금했는데, 어제 오후 그 이유를 알게 되었다.

"커피, 여기에 주세요."

커피를 사러 카페에 가신 엄마가 갑자기 가방에서 텀블러를 꺼냈기 때문이다.

"엄마! 뭐하러 텀블러를 들고 다녀요."

나는 눈이 동그래져서 물어봤다.

"텀블러에 담으면 일회용 컵을 안 써서 자원을 아끼게 되잖아. 버려지는 플라스틱이나 종이컵이 줄어 자연도 보호할 수 있고, 일석이조야."

엄마는 뿌듯하다는 듯 어깨를 으쓱하셨다.

"하지만 들고다니기 귀찮고 매번 텀블러를 닦아야 하잖아요."

나는 고개를 갸우뚱하며 물었다. 가뜩이나 설거지할 때마다 허리가 아프다고 하시면서, 왜 굳이 설거지를 늘리시는 걸까 싶어서였다.

"당연히 귀찮지. 하지만 엄마가 조금이라도 노력해야 너희들이 어른이 되었을 때 덜 힘들 것 같아서. 엄마 편하자고 자원을 낭비하고 자연을 훼손하면 너희도 그렇고 미래의 손주들은 황폐해진 무서운 지구에서 살게 될 것 같더라고."

엄마 이야기를 듣고 나는 왕가리 마타이가 생각났다. 미래의 케냐 아이들을 위해 힘들고 더디지만 꾸준히 나무를 심었던 왕가리 마타이. 미래의 아이들을 위해 지금 우리도 나무 심는 수고를 해야 한다고 말했던 왕가리 마타이의 마음이 엄마에게도 있구나 싶어 괜히 마음이 뭉클했다.

"그럼 나도 이제부터 텀블러를 가지고 다녀야겠어요. 내일 당장 들고 가야지!"

"하하하."

조금 더 살기 좋아진 지구를 꿈꾸며, 왕가리 마타이와 엄마를 본받아 일회용품 줄이기를 실천해야겠다.

1 왕가리 마타이가 처한 상황에서 어떤 마음으로 그런 행동과 말들을 했을지 생각하면, 왕가리 마타이가 어떤 가치를 추구했는지 알 수 있습니다.

채점 기준
모두의 이익과 행복, 끈기와 꾸준함, 자연환경 보호, 미래에 대한 책임감 중 두 가지 이상의 내용을 썼으면 정답으로 인정합니다.

2 1에서 답한 왕가리 마타이의 가치 중 한 가지를 정해 자신의 삶과 관련이 있는 이야기나 생각을 써 봅니다.

채점 기준

상	인물이 추구하는 가치를 자신의 삶과 관련지어 쓰면서 자신의 모습을 되돌아보았습니다.
중	인물이 추구하는 가치를 자신의 삶과 관련지어 썼습니다.
하	인물이 추구하는 가치를 썼지만 자신의 삶과 관련짓지 못했습니다.

9. 마음을 나누는 글을 써요

01 ④　02 ⑤　03 (1) ×　04 ④　05 (1) ○　06 (1) ○　07 예 읽을 사람이 친구인 정민이이기 때문이다.　08 ④　09 ②, ③　10 ④　11 ①, ③　12 (1) 미안한 (2) 고마운　13 (2) ○ (3) ○　14 하늘을 원망하고 사람을 미워하는 말투　15 ⑤　16 (2) ○　17 ④　18 ④　19 다른 사람을 위해 먼저 베풀어라. 그러나 뒷날 너희가 근심 걱정 할 일이 있을 때 다른 사람이 보답해 주지 않더라도 부디 원망하지 마라.

01 ❶로 보아 학용품을 소중히 다루어야 하는 까닭은 학용품을 아껴서 사용하면 자원을 절약할 수 있기 때문입니다.

02 ❸에서 서연이는 친구들이 학용품을 소중히 다루지 않아 안타까운 자신의 마음을 친구들에게 전하고 싶어 합니다.

03 서연이가 좀 더 많은 친구들과 마음을 나눌 수 있도록 학급 누리집이나 학급 게시판, 문자 메시지로 글을 쓰는 것이 효과적입니다. 일기장에 적는 것은 알맞지 않습니다.

04 "선생님께서는 읽기와 쓰기를 할 때 도움이 되는 여러 가지 재미있는 방법을 알려 주셨습니다."라는 문장을 통해 연아가 선생님께 마음을 나누는 글을 쓰는 상황임을 짐작할 수 있습니다.

05 마음을 나누는 글은 누가, 어떤 사람에게 쓰는지에 따라 표현하는 방법이 달라집니다.

06 (2)는 누리집으로 마음을 전할 때 좋은 점이고, (3)은 문자 메시지로 마음을 전할 때 좋은 점입니다.

07 마음을 나누는 글은 읽을 사람이 누구인지에 따라 표현하는 방법이 달라집니다. 이 문자 메시지는 지수가 친구인 정민이에게 보내는 것이기 때문에 친근한 말로 표현했습니다.

채점 기준

읽는 사람에 맞게 표현 방법이 달라진 것임을 밝혀 썼으면 정답으로 인정합니다.

08 "정민아, 아까 과학 시간에 물을 엎질러서 정말 미안해."라는 첫 문자 메시지를 통해, 지수가 어떤 마음을 나누려고 문자 메시지를 보냈는지 알 수 있습니다.

09 ①은 편지로 마음을 전할 때 좋은 점입니다.

10 글 ❶에 신우가 지효에게 마음을 나누려고 편지를 쓰게 된 사건이 자세하게 설명되어 있습니다.

11 편지의 앞부분인 글 ❶에는 어떤 내용이 들어 있는지 살펴봅니다. 글 ❶에는 마음을 나누려는 사람(지효), 첫인사, 일어난 사건 등이 나타나 있습니다.

12 신우가 지효에게 나누려는 마음이 무엇인지 글을 읽으며 파악해 봅니다. 신우는 지효의 책상 옆에서 미역국을 엎질렀기 때문에 지효의 가방이 더러워져서 미안한 마음과 자신을 걱정해 주고 미역국 치우는 것을 도와준 지효에게 고마운 마음을 나누려고 편지를 썼습니다.

13 마음을 나누는 글을 쓸 때에는 읽을 사람을 고려해 어떤 표현을 쓸지 결정해야 하고, 글의 내용이 잘 전달되도록 맞춤법, 띄어쓰기를 잘 지켜서 써야 합니다.

14 글 ❶에서 정약용은 두 아들이 버릇처럼 하는 한탄을 "하늘을 원망하고 사람을 미워하는 말투로, 큰 병이다."라고 말했습니다.

15 글 ❶에서 정약용은 "항상 은혜를 베풀어 주기만 바라고 있구나. 너희가 사람의 본분을 망각하지는 않았는지 걱정이다. 그래서 내가 이 편지를 보낸다."라고 썼습니다.

16 글 ❷에서 정약용은 "마음속으로 남의 은혜를 받고자 하는 생각을 버린다면, 절로 마음이 평안하고 기분이 화평해져 하늘을 원망한다거나 사람을 미워하는 그런 병폐는 없어질 것이다."라고 썼습니다.

17 글 ❸에서 정약용은 평소 이웃들에게 베풀어야 할 은혜를 조목조목 이야기하고 있습니다. 그중 근심 걱정에 싸인 집에 가서 연민의 눈빛으로 그 고통을 함께 나누며 잘 처리할 방법을 의논하라고 되어 있습니다.

18 글 ❺의 마지막 문장에 "지난날 쌓아 놓은 공덕은 재가 바람에 날아가듯 하루아침에 사라져 버리고 말 것이다."라고 하여 ⓒ과 같은 말을 하지 말라고 한 까닭이 나와 있습니다.

19 편지를 맺는 글 ❺에 정약용이 두 아들에게 결국 하고 싶은 말이 정리되어 있습니다.

01 ⑤　02 (1) ○　03 안타까운　04 ②　05 예 친구들이 학용품을 소중히 다루지 않아 안타까운 마음을 전하기 위해서이다.　06 ⑦　07 (1) ‒ ⓒ ‒ ⑦ (2) ‒ ⑤ ‒ ⑥
08 ③　09 (1) ⑥ (2) ⑦　10 ⑥, ⓒ　11 ⓒ → ⑦ → ⑥
12 친구　13 (1) 미안한 (2) 고마운　14 ②　15 ⓒ
16 (2) ✕　17 ③　18 오기 근성　19 예 마음속에 보답받을 생각을 가지고 있기 때문이다.　20 ②

01 그림 ⑦에서 서연이는 뉴스를 통해 무분별한 벌목으로 자연이 파괴된다는 사실을 알고 나무와 같은 자원을 아껴 써야겠다고 생각했습니다.

02 서연이가 글을 쓰는 상황은 뉴스를 통해 자원의 소중함을 깨달았는데 친구들이 자연 자원으로 만든 학용품을 소중히 다루지 않는 것을 보았기 때문입니다.

03 그림 ⑦의 여섯 번째 그림으로 보아, 서연이는 친구들이 학용품을 소중히 다루지 않아 안타까운 마음을 전하고 싶습니다.

04 서연이의 글을 읽을 사람은 친구들이기 때문에, 교사들을 대상으로 하는 교사 게시판에 글을 쓰는 것은 알맞지 않습니다.

05 마음을 나누는 글을 쓰는 목적은 이 글을 쓰는 까닭을 생각해 보면 알 수 있습니다.

> **채점 기준**
> 글을 쓰는 상황과 전하려는 마음을 썼으면 정답으로 인정합니다.

06 글 ⑦는 선생님께서 국어 공부를 할 때 도움이 되는 여러 가지 재미있는 방법을 알려 주신 상황에 대해 글을 쓴 것입니다. 글 ⑥는 과학 시간에 물을 엎지른 상황에 대해 글을 쓴 것입니다.

07 마음을 나누는 글은 쓴 사람과 읽을 사람의 관계에 따라 공손한 말로 표현하기도 하고 친근한 말로 표현하기도 합니다.

08 글 ⑦는 선생님께 감사한 마음을, 글 ⑥는 친구에게 미안하고 고마운 마음을 전하고 있습니다.

09 글 ⑦는 편지를 써서 마음을 나누었고, 글 ⑥는 문자 메시지를 보내 마음을 나누었습니다.

10 마음을 나누는 글을 쓰고 나서 쓴 글을 점검할 때에는 일어난 사건을 다시 한번 떠올려 읽을 사람이 이해하기 쉽게 자세히 썼는지 확인합니다. 따라서 일어난 사건을 재미있게 밝혔는지 점검하는 것이 아니라, 일어난 사건을 자세히 밝혔는지 점검해야 합니다.

11 첫인사가 있는 글 ⓒ가 맨 앞으로 나와야 하고, 끝인사가 있는 글 ⑥가 맨 끝으로 가야 합니다.

12 마음을 나누는 글을 쓸 때는 읽을 사람과의 관계에 따라 표현하는 방법이 달라집니다. 신우는 지효와 친구 관계이기 때문에 친근한 말로 글을 썼습니다.

13 신우는 자신이 미역국을 엎질러 지효의 가방이 더러워진 것에 대해서는 미안해하고 있으며, 지효가 자신을 걱정해 주고 미역국 치우는 것을 도와준 것에 대해서는 고마워하고 있습니다.

14 이 글의 첫째 문단에서 정약용은 두 아들의 말투가 "하늘을 원망하고 사람을 미워하는 말투로, 큰 병이다."라고 했습니다.

15 정약용이 두 아들에게 글을 쓴 상황은 두 아들이 항상 은혜를 베풀어 주기를 바라는 것 같아 걱정스러웠기 때문입니다.

16 정약용은 ㉠과 같은 병폐를 없애려면 남이 은혜를 베풀어 주기만 바라지 말라고 하였습니다. 그러므로 친구들이 도와주러 올 것이라고 생각하는 마음은 없애야 합니다.

17 글 ⑥에서 정약용은 내가 먼저 남을 도와야 내가 곤경에 처했을 때 남도 나를 도울 것이라고 하였습니다.

18 정약용은 ㉡과 같이 남이 어려울 때 자기는 은혜를 베풀지 않으면서 남이 먼저 은혜를 베풀어 주기만 바라는 것은 오기 근성이 없어지지 않았기 때문이라고 했습니다.

19 ㉢과 같이 말하는 것은, 글 ⑥에서 정약용이 당부한 "마음속에 보답받을 생각은 가지지 않도록 해라."라는 말을 실천하지 못했기 때문입니다.

> **채점 기준**
> 마음속에 보답받을 생각을 가지고 있다는 내용을 썼으면 정답으로 인정합니다.

20 정약용이 두 아들에게 하고 싶은 말은 글 ⑭에 제시되어 있습니다. "다른 사람을 위해 먼저 베풀어라. 그러나 뒷날 너희가 근심 걱정 할 일이 있을 때 다른 사람이 보답해 주지 않더라도 부디 원망하지 마라."라고 하였습니다.

국어

서술형 문제 　134쪽

01 예 나눔 장터를 열어 친구들과 이웃에게 도움을 주려는 마음　**02** (1) 예 학급 누리집에 쓰기　(2) 예 학급 누리집에 글을 쓰면 많은 친구들이 함께 볼 수 있고, 사진이나 동영상도 함께 나눌 수 있다.　**03** 예 신우는 점심시간에 미역국을 엎질러 지효 가방이 더러워진 일 때문에 마음을 나누는 글을 쓰려고 한다.　**04** (1) 예 지효에게 첫인사를 하고, 신우가 지효 가방에 미역국을 엎지른 사건(상황)을 자세히 쓴다.　(2) 예 미역국을 엎질러 당황했던 신우의 행동과 지효가 이해해 주고 도와주어 고마웠던 신우의 생각을 쓴다.　(3) 예 지효에게 미안한 마음과 고마운 마음을 전하고, 끝인사를 한다.

01 친구들과 이웃에게 도움을 주려는 마음을 나누려 합니다.

> **채점 기준**
> '도움을 주려는 마음'을 썼으면 정답으로 인정합니다.

02 읽을 사람과 글을 쓰는 목적 등에 따라 좀 더 효과적으로 글을 전하는 방법을 찾아야 합니다. 친구와 이웃들에게 나눔 장터를 알리고 싶다면 좀 더 많은 사람이 볼 수 있는 학급 게시판이나 학급 누리집에 글을 쓰는 것이 좋고, 사진이나 동영상 등을 통해 흥미를 끌어올리는 것 역시 좋은 방법입니다.

> **채점 기준**
> 학급 누리집, 학급 게시판 등을 골라 각각의 장점을 바르게 썼으면 정답으로 인정합니다.

03 그림을 보고 신우가 어떤 상황 때문에 글을 쓰려고 하는지 생각해 봅니다.

> **채점 기준**
> 점심시간에 미역국을 엎질러서 지효 가방이 더러워진 일을 썼으면 정답으로 인정합니다.

04 마음을 나누려고 편지글을 쓸 때, 각 부분에 들어갈 내용을 편지글의 짜임에 맞게 계획하여 씁니다.

> **채점 기준**
> 첫 번째 부분에는 첫인사를 하면서 사건(상황)을 자세히 쓰고, 두 번째 부분에는 사건(상황)에 대한 생각이나 행동을 쓰고, 세 번째 부분에는 나누려는 마음과 끝인사를 썼으면 정답으로 인정합니다.

수행 평가 　135쪽

1 (1) 예 전교 임원 선거에서 적은 표 차이로 당선되지 않았다.　(2) 예 학교 학생들　(3) 예 학교 누리집　(4) 예 전교 임원 선거에서 당선되지 않았지만, 선거 운동 기간 내내 나를 지지하고 격려해 준 학생들에게 고마운 마음을 전하고 싶다.　**2** (1) 예 전교 임원 선거에서 적은 표 차이로 당선되지 않았다.　(2) 예 전교 임원 선거에서 나를 지지해 주고 격려해 준 학생들에게 고마운 마음을 전하고 싶다.　(3) 예 전교 임원 선거에서 적은 표 차이로 당선되지 않았다.　(4) 예 • 전교 임원에 당선되지 않아 아쉬운 마음이 컸다. / • 하지만 열 표라는 적은 차이로 탈락할 만큼 많은 학생들이 나를 지지해 주었다는 사실을 알고 아쉬움보다 고마운 마음이 커졌다. / • 비록 전교 임원이 아니더라도 다른 방법으로 우리 학교를 빛낼 수 있도록 노력하고 싶다.　(5) 예 고마운 마음　(6) 예 여러 사람이 볼 수 있는 학교 누리집에 올리는 글이므로 공손한 말로 쓴다.　(7) 예 학생들이 잘 이해할 수 있도록 맞춤법, 띄어쓰기를 잘 지킨다.

1 지금까지 살아오면서 고마운 마음을 나눌 만한 경험은 어떤 것들이 있는지 생각해 보고 써 봅니다.

> **채점 기준**
> '고마운 마음'을 나눌 만한 상황을 읽을 사람과 글을 전하는 방법에 맞춰 정리해 썼으면 정답으로 인정합니다.

2 글로 쓸 계획을 세울 때에 고려할 점에 맞추어 글을 쓰는 상황과 목적을 정확하게 파악하고, 글로 쓸 내용을 구체적으로 정합니다. 또한 나누려는 마음이 잘 전달되도록 알맞은 표현을 씁니다.

> **채점 기준**

상	'상황과 목적 파악하기, 쓸 내용 정하기, 표현하기'의 단계에서 고려할 점에 맞추어 글에 들어갈 내용을 잘 정리해 썼습니다.
중	'상황과 목적 파악하기, 쓸 내용 정하기, 표현하기'의 단계 중 두 단계의 내용을 알맞게 썼습니다.
하	'상황과 목적 파악하기, 쓸 내용 정하기, 표현하기'의 단계 중 한 단계의 내용을 알맞게 썼습니다.

1. 우리나라의 정치 발전

1 민주주의의 발전과 시민 참여

개념 확인문제   **4~7쪽**

1 이승만   2 4·19 혁명   3 (1) ○ (2) ×   4 (1) ㉠ (2) ㉡   5 5·18 민주화 운동   6 6월 민주 항쟁   7 6·29 민주화   8 (1) × (2) ○   9 (1) ㉠ (2) ㉢ (3) ㉡   10 정보 통신 기술

실전 문제   **8~9쪽**

01 ①, ③   02 4·19 혁명   03 ③, ④   04 ③   05 5·18 민주화 운동   06 ㉠ - ㉢ - ㉣ - ㉡   07 ②   08 ④   09 6·29 민주화 선언   10 ④   11 지방 자치제   12 ④

01 이승만 정부는 헌법을 바꿔 가며 독재 정치를 이어 나갔고, 3·15 부정 선거를 계획하고 실행하였습니다. 이에 분노한 시민들이 시위하였고, 1960년 4월 19일 전국에서 대규모 시위가 일어났습니다. 이것을 4·19 혁명이라고 합니다.

02 이승만 정부의 독재 정치와 3·15 부정 선거에 분노한 시민과 학생들이 1960년 4월 19일 전국에서 대규모 시위를 벌였습니다(4·19 혁명, 1960년).

03 4·19 혁명의 결과 이승만은 대통령 자리에서 물러났고, 3·15 부정 선거는 무효가 되어 다시 선거를 치러 새 정부가 세워졌습니다.

04 박정희가 1972년에 바꾼 헌법을 유신 헌법이라고 합니다. 유신 헌법에서는 대통령을 할 수 있는 횟수를 제한하지 않았고, 대통령 직선제를 간선제로 바꾸었습니다.

05 박정희의 사망 이후 민주 사회가 올 것이라는 국민의 기대와 달리, 전두환을 중심으로 한 군인들이 정변을 일으켜 정권을 잡았습니다. 이에 광주 시민들은 민주화를 요구하는 시위를 벌였고, 이를 5·18 민주화 운동이라고 합니다.

06 5·18 민주화 운동은 '전두환의 군사 정변 → 전라남도 광주(현재 광주광역시)에서 대규모 민주화 시위 → 계엄군의 시위 진압 과정에서 시민 희생 → 시민들의 시민군 조직 → 계엄군의 무력 진압' 순으로 이루어졌습니다.

07 1987년 민주화 운동에 참여했던 대학생 박종철이 경찰의 고문을 받다가 사망하였고, 분노한 시민과 학생들은 대규모 시위를 열어 이를 규탄했습니다. 시민과 학생들은 대통령 직선제를 요구했지만 전두환 정부는 이를 받아들이지 않았고 분노한 시민과 학생들은 전두환 정부의 독재에 반대하며 대통령 직선제를 요구하는 시위를 전국에서 벌였습니다. 이를 6월 민주 항쟁이라고 합니다.

08 ④ 이승만 정부의 독재와 3·15 부정 선거에 항의하면서 민주화를 요구했던 사건은 4·19 혁명입니다.

09 6월 민주 항쟁의 결과 전두환 정부는 당시 여당 대표인 노태우를 통해 대통령 직선제를 포함한 시민들의 민주화 요구를 받아들이겠다고 발표하였습니다. 이를 6·29 민주화 선언이라고 합니다. 6·29 민주화 선언에는 대통령 직선제 시행, 언론의 자유 보장, 지방 자치제 시행, 국민의 기본권 보장 등의 내용이 담겨 있습니다.

10 6월 민주 항쟁 이후 우리나라는 대통령 직선제가 시행되어 오늘날까지 계속되고 있습니다. 또한 지방 자치제가 시행되어 지역 주민들이 지역 대표를 직접 뽑게 되었고, 지역 문제를 해결하기 위한 의견을 제시할 수 있게 되어 주민들의 정치 참여 기회가 늘어났습니다. 시민들은 환경, 인권, 사회적 약자 보호 등 다양한 분야에서 시민 단체를 만들어 사회 문제를 해결하려고 노력하고 있습니다.

11 지역 주민들과 이들이 선거를 통해 직접 뽑은 지방 의회 의원, 지방 자치 단체장이 그 지역의 일을 처리하는 제도를 지방 자치제라고 합니다. 주민들이 지역 대표를 직접 뽑게 되면서 자기 지역에 대한 관심이 높아졌고, 정치에 참여할 기회가 늘어났습니다.

12 제시된 사진은 시민들이 촛불 집회를 하는 모습입니다. 집회는 여러 사람들이 특정한 목적을 가지고 일정한 장소에 일시적으로 모이는 것을 의미합니다. 이러한 시민들의 참여 방법은 우리 사회의 문제를 평화롭고 질서 있게 해결하기 위한 방법 중 하나입니다.

❷ 일상생활과 민주주의

1 정치   **2** (1) ◯ (2) ◯ (3) ✕   **3** 민주주의   **4** (1)
ⓒ (2) ⓛ (3) ⓒ   **5** 선거   **6** (1) ⓛ (2) ⓒ (3) ⓒ
7 다수결   **8** (1) ◯ (2) ✕   **9** 원인

 실전 **문제**   **14~15쪽**

01 ②   **02** 민주주의   **03** ③   **04** 인간의 존엄성
05 ②, ⑤   **06** ⑤   **07** ③, ⑤   **08** ①   **09** 다수결
의 원칙   **10** ㉠, ㉢   **11** ㉠, ㉣, ㉡, ㉢   **12** ④

01 사람들이 함께 살아가다 보면 서로의 생각이나 입장이
달라서 갈등이나 문제나 생길 수 있습니다. 이러한 사
회 구성원 간의 갈등과 문제를 해결하는 과정을 정치
라고 합니다. 정치는 국가의 중요한 일을 결정하는 것
뿐만 아니라 가정, 학교, 지역 등 일상생활에서 발생하
는 문제를 해결하는 과정을 포함합니다.

02 민주주의는 모든 국민이 나라의 주인으로서 권리를 갖
고, 그 권리를 자유롭고 평등하게 행사하는 정치 제도
를 의미합니다. 또 일상생활에서 발생하는 갈등을 해
결할 때 모든 사람이 자유롭고 평등하게 참여하여 대
화와 타협을 통해 해결하는 생활 방식을 의미하기도
합니다.

03 ③ 학급 전체의 중요한 일을 학급 임원이 결정하는 방
식은 민주주의의 사례로 알맞지 않습니다.

04 민주주의의 목적은 인간의 존엄성을 실현하는 것입니
다. 인간의 존엄성이란 모든 사람은 태어나면서부터
인간이라는 이유만으로 가치 있고 존중받아야 한다는
것을 의미합니다.

05 인간의 존엄성을 실현하기 위해서는 자유와 평등이 보
장되어야 합니다. 자유는 국가나 다른 사람에게 부당
한 간섭을 받지 않고, 자신의 의사에 따라 결정하고 행
동할 수 있는 것을 의미합니다. 평등은 성별, 인종, 재
산, 종교 등에 의해 부당하게 차별받지 않고 동등하게
대우받아야 한다는 것을 의미합니다.

06 선거는 국민을 대표할 사람을 투표로 뽑는 것을 말합
니다. ⑤ 오늘날에는 모든 사람이 한자리에 모여 중요
한 일을 결정하기 어렵기 때문에 선거를 통해 대표자
를 뽑아 나라의 일을 맡깁니다.

07 생활 속에서 민주주의를 실천하려면 공동체의 일에 관
심을 갖고 적극적으로 참여해야 합니다. 그리고 일상
생활에서 갈등과 문제가 발생할 경우 관용, 비판적 태
도, 양보와 타협의 태도를 갖추고 충분한 대화와 토론
을 거쳐 해결해야 합니다. 이러한 과정을 통해 결정한
일은 함께 따르고 실천해야 합니다.

08 생활 속에서 민주주의를 실천하는 태도 중 나와 다른
의견을 인정하고 존중하는 태도를 관용이라고 합니다.

09 민주적인 의사 결정 원리 중 다수결의 원칙은 다수의
의견이 소수의 의견보다 합리적일 것이라고 가정하고
다수의 의견을 따르는 것입니다.

10 다수결의 원칙을 사용하면 빠르고 쉽게 결정을 내릴
수 있는 장점이 있지만 소수의 의견이 존중되지 못하
는 단점도 있습니다. 그래서 다수결의 원칙을 사용하
기 전에 충분한 대화와 토론을 통해 타협하려고 노력
해야 합니다. 또한 다수결의 원칙을 사용할 때에도 소
수의 의견을 존중해야 합니다.

11 민주적 의사 결정 원리에 따라 문제를 해결하는 과정
은 '문제 확인하기 → 해결 방안 탐색하기 → 해결 방안
결정하기 → 해결 방안 실천하기' 순입니다.

12 민주적 의사 결정 원리에 따라 문제를 해결하는 과정
중에서 각자 생각한 해결 방법을 제시하고, 각 방법의
장점과 단점을 토론하는 것은 '해결 방안 탐색하기' 단
계에서 이루어지는 활동입니다.

❸ 민주 정치의 원리와 국가기관의 역할

1 주권   **2** 국민 주권   **3** 권력 분립   **4** 자유   **5** (1)
✕ (2) ✕ (3) ◯   **6** (1) ⓒ (2) ㉠ (3) ⓛ   **7** (1) ◯
(2) ✕ (3) ◯   **8** 삼심 제도

실전 문제

01 (가) 국민 주권 (나) 권력 분립 **02** ② **03** 국회
04 ⑤ **05** 국정 감사 **06** ㉢ **07** ② **08** ②
09 ③ **10** ① **11** ㉡ **12** ④

01 민주 정치의 기본 원리 중 국민 주권은 주권이 국민에게 있으며, 국민이 국가의 중요한 일을 스스로 결정할 수 있는 것입니다. 권력 분립은 국가 권력을 분리하여 각각 다른 국가기관이 나누어 맡도록 하는 것입니다.

02 국가 권력을 서로 다른 기관이 나누어 맡는 까닭은 한 사람이나 기관이 국가의 일을 마음대로 처리할 수 없도록 서로 견제하고 균형을 이루어 국민의 자유와 권리를 지키려는 것입니다.

03 국회에서는 법을 만드는 일을 하며, 법을 고치거나 없애기도 합니다. 또한 정부가 법에 따라 일을 잘하고 있는지 살피는 국정 감사를 하고, 정부가 세운 예산안을 살펴보고 검토하여 최종 확정하는 일도 합니다.

04 국회는 국회 의원이 국가의 중요한 일을 의논하고 결정하는 기관입니다. 국회 의원은 국민이 4년마다 선거를 통해 선출하는 국민의 대표로서 국회 의사당에서 일합니다.

05 국회는 정부가 법에 따라 일을 잘하고 있는지 살피는 국정 감사를 합니다. 국정 감사는 정부가 법에 따라 나랏일을 잘하고 있는지 국회 의원이 공무원에게 질문하고 잘못된 일이 있으면 바로잡도록 요구하는 것입니다.

06 법에 따라 국가의 살림을 맡아 하는 기관은 정부(행정부)입니다. 정부 조직은 대통령을 중심으로 국무총리와 행정 업무를 처리하는 행정 각 부 등으로 구성되어 있습니다.

07 대통령은 우리나라를 대표하는 사람이자 정부의 최고 책임자로서 국가의 중요한 일을 결정합니다. 우리나라는 선거를 통해 5년마다 국민이 대통령을 직접 뽑습니다.

08 우리나라의 행정 각 부 중 국방부는 외부의 침략에 대비하여 우리나라를 지키는 업무를 수행합니다.

09 법원은 법에 따라 재판을 하는 기관입니다. 재판은 국민의 자유와 권리를 보장하기 위해 공정하게 이루어져야 합니다.

10 법원은 사람들 사이에 다툼이 생겼을 때 법에 따라 해결해 주거나 법을 어긴 사람을 처벌하여 사회 질서를 지킵니다. 또한 국가나 지방 자치 단체가 국민의 권리를 침해하였는지 판단하여 개인과 국가, 지방 자치 단체 사이의 갈등을 해결해 줍니다.

11 우리나라는 공정한 재판을 위해 법원이 독립적으로 운영되며, 법관이 헌법과 법률에 의하여 양심에 따라 심판할 수 있도록 법관의 신분을 보장합니다. 또한 원칙적으로 한 사건에 대해 급이 다른 법원에서 세 번까지 재판을 받을 수 있도록 하는 삼심 제도를 두고 있습니다. ㉡ 특정한 경우를 제외하고 모든 재판의 과정과 결과를 공개하고 있습니다.

12 정부에서는 국민의 생활에 필요한 정책을 실행합니다. 법원에서는 법을 어겼는지 판단하고 법에 따라 재판합니다. 국회에서는 국민의 생활에 필요한 법을 만들거나 고칩니다.

단원 정리평가

01 ③ **02** ② **03** ①, ③ **04** ② **05** 직선제
06 6·29 민주화 선언 **07** ④ **08** ②, ⑤ **09** ㉡, ㉣ **10** ㉢ **11** ① **12** ③ **13** ㉢ **14** 국민 주권
15 ② **16** 권력 분립 **17** ③ **18** ② **19** ① **20** 삼심 제도

01 이승만 정부의 3·15 부정 선거에 항의하는 시위가 마산에서 일어났고, 이승만 정부는 이를 폭력적으로 진압하였습니다. 시위에 참여했다가 실종된 김주열 학생의 시신이 마산 앞바다에서 발견되면서 많은 시민과 학생들이 분노하였고, 1960년 4월 19일 전국에서 대규모 시위가 일어났습니다(4·19 혁명, 1960년).

02 4·19 혁명 과정에서 이승만 정부는 무력으로 시위를 진압하여 많은 시민과 학생들이 다치거나 죽었습니다.

03 박정희가 1972년에 바꾼 헌법을 유신 헌법이라고 합니다. 유신 헌법에서는 대통령을 할 수 있는 횟수를 제한하지 않았고, 대통령 직선제를 간선제로 바꾸었습니다. 유신 헌법은 대통령의 지위와 권한을 강화하고 국회의 지위와 권한을 축소하여 대통령 1인에게 모든 권력이 집중됨으로써 대통령 독재가 가능하도록 하였습니다.

04 5·18 민주화 운동 당시 전두환은 광주의 교통과 통신을 차단하여 사람들이 광주에 오고 가는 것을 막았고, 언론을 통제하여 국민이 광주에서 일어나고 있는 일들을 알지 못하게 막았습니다.

05 1987년 민주화 운동에 참여했던 대학생 박종철이 경찰에 끌려가 고문을 받다 사망하였고, 이에 분노한 시민과 학생들이 이를 규탄하는 시위를 벌였습니다. 시민과 학생들은 고문 금지와 책임자 처벌, 대통령 직선제를 요구했으나 전두환은 이를 받아들이지 않겠다고 하여 시위가 더욱 번졌습니다.

06 1987년 6월 민주 항쟁의 결과 전두환 정부는 여당 대표인 노태우를 통해 대통령 직선제를 포함한 시민들의 민주화 요구를 받아들이겠다는 6·29 민주화 선언을 발표했습니다.

07 오늘날 시민들이 사회 공동의 문제 해결에 참여할 수 있는 방법은 다양합니다. 선거나 투표에 참여하기, 정당이나 시민 단체에 가입하여 활동하기, 촛불 집회, 1인 시위, 캠페인, 서명 운동, 공청회 참석하기 등의 방법이 있습니다. 최근에는 정보 통신 기술의 발달로 공공 기관 누리집이나 누리 소통망 서비스(SNS)에 자신의 의견을 제시할 수도 있습니다. ④ 사회 공동의 문제 해결을 특정 정치인들에게 모두 맡기는 것은 시민들이 사회 공동의 문제 해결에 참여하는 올바른 방법이 아닙니다.

08 여러 사람이 함께 공동의 일을 결정할 경우 모두 함께 자유롭고 공평하게 참여하여 모두의 의견을 반영할 수 있고, 다양한 방법이 나올 수 있다는 장점이 있습니다.

09 민주주의는 모든 국민이 나라의 주인으로서 권리를 갖고, 그 권리를 자유롭고 평등하게 행사하는 정치 제도를 의미합니다. 또 일상생활에서 발생하는 갈등을 해결할 때 모든 사람이 자유롭고 평등하게 참여하여 대화와 타협을 통해 해결하는 생활 방식을 의미하기도 합니다.

10 민주주의의 기본 정신으로는 인간의 존엄성, 자유, 평등이 있습니다. 인간의 존엄성은 모든 사람은 태어나면서부터 인간이라는 이유만으로 가치 있고 존중받아야 한다는 것을 의미합니다.

11 국민을 대표할 사람을 투표로 뽑는 것을 선거라고 합니다. 선거는 가장 기본적인 정치 참여 방법이므로 '민주주의의 꽃'이라고도 불립니다.

12 다수결의 원칙을 사용하는 사례로는 일상생활에서 공동의 일을 결정할 때, 지역 문제를 해결할 때, 선거로 대표를 결정할 때 등이 있습니다. ③ 개인이 사고 싶은 물건을 결정하는 것은 공동의 일을 결정하는 것이 아니므로 다수결의 원칙을 사용하는 사례에 해당하지 않습니다.

13 민주적 의사 결정 원리에 따른 문제 해결 과정 중 해결 방안 결정하기 단계에서는 대화와 타협을 통해 가장 합리적인 방법을 찾아야 합니다. 이때 의견이 하나로 모이지 않으면 투표를 하여 다수결의 원칙을 통해 해결 방안을 결정할 수 있습니다.

14 제시된 내용은 민주 정치의 기본 원리 중 국민 주권을 보여 주는 사례입니다. 국민 주권은 주권이 국민에게 있으며, 국민이 국가의 중요한 일을 스스로 결정할 수 있다는 것입니다.

15 국회에서는 법을 만들고, 고치거나 없애기도 합니다. 정부가 세운 예산안을 심의하여 확정하며, 정부가 예산을 제대로 사용했는지 심사하기도 합니다. 또 정부가 법에 따라 일을 잘하고 있는지 살피는 국정 감사를 합니다. ② 국가의 살림을 맡아 전문적으로 수행하는 국가기관은 정부(행정부)입니다.

16 제시된 헌법 조항은 입법권, 행정권, 사법권의 국가 권력을 각각 국회, 정부, 법원이 나누어 맡도록 한다는 내용입니다. 이것은 민주 정치의 기본 원리 중 권력 분립에 해당합니다.

17 우리나라에서 행정권은 대통령을 수반으로 하는 정부에 속합니다. 대통령은 우리나라를 대표하고, 정부의 최고 책임자로서 국가의 중요한 일을 결정합니다. ③ 국무총리는 대통령을 도와 행정 각 부를 관리합니다.

18 우리나라 행정 각 부 중 남북 이산가족 실태 조사, 남북 이산가족 상봉에 관한 업무는 통일부에서 합니다.

19 우리나라에서는 국민이 공정한 재판을 받을 수 있도록 법원의 독립, 법관의 신분 보장, 재판의 과정과 결과 공개, 삼심 제도를 두고 있습니다.

20 제시된 그림은 삼심 제도에 해당합니다. 재판을 신청한 사람이 지방 법원의 1심 판결이 옳지 않다고 생각하면 고등 법원에 2심 재판을 요청할 수 있고, 2심 판결도 받아들일 수 없다면 대법원에 3심 재판을 신청할 수 있습니다. 삼심 제도는 원칙적으로 한 사건에 대해 급이 다른 법원에서 세 번까지 재판을 받을 수 있도록 하는 제도입니다.

01 (1) 4·19 혁명 (2) 예 시민과 학생들의 힘으로 독재 정권을 무너뜨리고 민주주의를 지켜 낸 사건이다. **02** (1) 6월 민주 항쟁 (2) 예 정부는 대통령 직선제를 포함한 시민들의 민주화 요구를 받아들이겠다고 발표하였다. **03** (1) ㉠ (2) 예 공공 기관 누리집에 자신의 의견을 올린다. / 누리 소통망 서비스(SNS)에 자신의 의견을 제시한다. 등 **04** (1) 민주주의 (2) 예 민주주의의 기본 정신으로는 인간의 존엄성, 자유, 평등이 있다. **05** (1) 다수결의 원칙 (2) 예 다수결의 원칙을 사용할 때에도 소수의 의견을 존중해야 한다. **06** (1) 국민 주권 (2) 예 국민은 국가의 주인으로서 선거를 통해 대통령, 국회 의원 등 국민의 대표를 직접 선출할 수 있다. 등 **07** (1) ㉠ 국회 의원 ㉡ 국회 (2) 예 법을 만들거나 고치고 없애기도 한다. / 예산안을 심의하고 확정한다. / 국정 감사를 한다. 등 **08** (1) 판사 (2) 예 법원이 독립적으로 운영되고, 법관의 신분이 보장된다. / 특정한 경우를 제외하고 모든 재판의 과정과 결과를 공개한다. / 한 사건에 대해 급이 다른 법원에서 세 번까지 재판을 받을 수 있다(삼심 제도).

---

01 (1) 이승만 정부의 독재 정치와 3·15 부정 선거에 분노한 시민들이 1960년 4월 19일 전국에서 대규모 시위를 벌였습니다. 이것을 4·19 혁명이라고 합니다.

(2) 4·19 혁명은 이승만 정부의 독재 정치와 3·15 부정 선거에 맞서 시민과 학생들의 힘으로 독재 정권을 무너뜨리고 민주주의를 지켜 낸 사건입니다.

> **채점 기준**
> 시민과 학생들의 힘으로 민주주의를 지켜 냈다는 내용이 들어가면 정답으로 합니다.

02 (1) 1987년 민주화 운동에 참여했던 대학생 박종철이 경찰의 고문을 받다가 사망하였고, 이에 분노한 시민과 학생들의 시위가 더욱 커졌습니다. 그리고 시민과 학생들은 대통령 직선제를 요구했으나 전두환은 이를 받아들이지 않겠다고 하여 시위가 전국적으로 번졌습니다(6월 민주 항쟁, 1987년).

(2) 6월 민주 항쟁의 결과 정부는 당시 여당 대표인 노태우를 통해 대통령 직선제를 포함한 시민들의 민주화

요구를 받아들이겠다고 발표할 수밖에 없었습니다.

> **채점 기준**
> 대통령 직선제의 내용이 들어가면 정답으로 합니다.

03 (1) 국민이 선거나 투표를 통해 대통령, 국회 의원 등 국민의 대표를 직접 선출할 수 있습니다.

(2) 최근에는 정보 통신 기술의 발달로 사회 문제 해결에 참여하는 방법이 더욱 다양해졌습니다. 공공 기관 누리집이나 누리 소통망 서비스(SNS)에 의견을 제시하기도 하고, 정보 통신 기기를 사용하여 사회 문제 해결에 관한 모바일 투표에 참여할 수도 있습니다.

> **채점 기준**
> 인터넷 또는 정보 통신 기기를 사용하는 사례가 들어가면 정답으로 합니다.

04 (1) 민주주의는 모든 국민이 나라의 주인으로서 권리를 갖고 나라를 다스리는 정치 제도를 의미합니다. 또 일상생활에서 발생하는 갈등을 해결할 때 모든 사람이 자유롭고 평등하게 참여하여 대화와 타협을 통해 해결하는 생활 방식을 의미하기도 합니다.

(2) 민주주의의 기본 정신으로는 인간의 존엄성, 자유, 평등이 있습니다. 인간의 존엄성은 모든 사람은 태어나면서부터 인간이라는 이유만으로 가치 있고 존중받아야 한다는 것을 의미합니다. 자유는 국가나 다른 사람에게 부당한 간섭을 받지 않고 자신의 의사에 따라 결정하고 행동할 수 있다는 것을 의미합니다. 평등은 성별, 인종, 재산 등에 의해 부당하게 차별받지 않고 동등하게 대우받아야 한다는 것을 의미합니다.

> **채점 기준**
> 인간의 존엄성, 자유, 평등의 내용이 모두 들어가면 정답으로 합니다.

05 (1) 민주적 의사 결정 원리에 따라 문제를 해결할 때 '해결 방안 결정하기' 단계에서는 대화와 타협을 통해 가장 합리적인 방법을 찾아야 합니다. 이때 의견이 하나로 모이지 않으면 다수결의 원칙을 사용할 수 있습니다.

(2) 소수의 의견도 합리적일 수 있으므로 다수결의 원칙을 사용할 때에도 소수의 의견을 존중해야 합니다.

> **채점 기준**
> 소수의 의견을 존중해야 한다는 내용이 들어가면 정답으로 합니다.

사회

06 (1) 제시된 헌법 조항에는 민주 정치의 기본 원리 중 국민 주권이 나타나 있습니다. 국민 주권이란 주권이 국민에게 있으며, 국민이 국가의 중요한 일을 결정할 수 있다는 것입니다.

(2) 국민이 선거를 통해 국민의 대표를 직접 선출하거나 국가의 중요한 일을 결정할 때 국민 투표에 참여하는 것은 국민 주권을 보여 주는 사례입니다.

> **채점 기준**
> 국민이 선거, 국민 투표에 참여한다는 내용 등 국민 주권의 사례가 들어가면 정답으로 합니다.

07 (1) 국회 의원은 국민이 4년마다 선거를 통해 선출하는 국민의 대표입니다. 국회 의원들이 국가의 중요한 일을 의논하고 결정하는 기관을 국회라고 합니다.

(2) 국회에서는 법을 만드는 일을 하며 법을 고치거나 없애기도 합니다. 정부가 세운 예산안을 살펴보고 검토하여 최종 확정하는 일도 합니다. 또 정부가 법에 따라 일을 잘하고 있는지 살피는 국정 감사를 하기도 합니다.

> **채점 기준**
> 입법, 예산안 심의·확정, 국정 감사 중 두 가지 내용이 들어가면 정답으로 한다.

08 (1) 재판을 진행하고 판결을 내리는 사람을 판사라고 합니다.

(2) 우리나라는 공정한 재판을 위해 법원의 독립적인 운영과 법관의 신분을 보장하며, 특정한 경우를 제외하고 모든 재판의 과정과 결과를 공개합니다. 또한 원칙적으로 한 사건에 대해 급이 다른 법원에서 세 번까지 재판을 받을 수 있도록 하는 삼심 제도를 두고 있습니다.

> **채점 기준**
> 법원의 독립, 법관의 신분 보장, 재판의 과정과 결과의 공개, 삼심 제도 중 두 가지 내용이 들어가면 정답으로 합니다.

🐧 수행 평가 28쪽

1 ㉢ **2** ⑩ 우리나라의 민주주의 발전에 밑바탕이 되었다. / 세계 여러 나라의 민주화 운동에 많은 영향을 주었다. 등

3 ⑩ 이승만 정부가 독재 정권을 유지하기 위해 정부통령 선거인 3·15 선거를 조작하여 당선이 되자 이에 반발하여 마산에서 시위가 일어났다. 이 과정에서 김주열 학생의 시신이 발견되자 1960년 4월 19일 전국적인 시위로 확대되어 4·19 혁명이 일어났다. 4·19 혁명은 많은 시민과 학생들이 민주주의를 지켜 낸 역사적 사건이다.

1~2 제시된 자료들은 5·18 민주화 운동에 관한 내용입니다. 5·18 민주화 운동은 부당한 정권에 맞서 민주주의를 지키려는 시민과 학생들의 의지를 보여 주었습니다.

3 4·19 혁명은 이승만 정부의 독재와 3·15 부정 선거로 짓밟힌 민주주의를 시민과 학생들이 지켜 낸 사건입니다.

> **채점 기준**
> 우리나라 민주화 운동의 발생 원인, 과정, 의의에 대한 내용이 들어가면 정답으로 합니다.

🐧 수행 평가 29쪽

1 권력 분립 **2** ⑩ 국회(입법부): 국가를 다스리는 법을 만든다. 정부(행정부): 법에 따라 국가 살림을 맡아 한다. 법원(사법부): 법에 따라 재판을 한다. **3** ⑩ 서로 견제하고 균형을 이루게 하여 국민의 자유와 권리를 보장하기 위해서이다.

1 권력 분립은 국가 권력을 분리하여 각각 다른 국가기관이 나누어 맡도록 한 민주 정치의 기본 원리입니다.

2 국회는 법을 만들고, 고치거나 없애는 일을 하는 기관이며, 정부는 법에 따라 국가의 살림을 맡아 하는 기관이고, 법원은 법에 따라 재판을 하는 기관입니다.

3 권력 분립의 목적은 여러 국가기관이 국가 권력을 나누어 맡음으로써 서로 견제하고 균형을 이루어 국민의 자유와 권리를 보장하는 것입니다.

> **채점 기준**
> 국민의 자유와 권리를 보장하기 위해서라는 내용이 들어가면 정답으로 합니다.

2. 우리나라의 경제 발전

① 경제주체의 역할과 우리나라 경제체제의 특징

개념 확인문제 　　　　　　　　　　30~33쪽

1 가계　**2** (1) ✕　(2) ○　**3** 합리적　**4** (1) ⓒ　(2) ㉠
(3) ⓒ　**5** (1) 자　(2) 경　(3) 경　**6** 기업　**7** 광고
8 (1) ㉠　(2) ⓒ　(3) ⓒ

실전 문제 　　　　　　　　　　34~35쪽

01 ③　　**02** 시장　　**03** ②　　**04** 가격, 품질　　**05** ④
06 ③　　**07** ④　　**08** ㉠　　**09** ①　　**10** ①　　**11** ③
12 공정 거래 위원회

01 경제활동에 참여하는 개인이나 집단을 경제주체라고
하며, 경제주체에는 가계, 기업, 정부가 있습니다. 가
계는 일한 대가로 소득을 얻고, 그 소득으로 생활에 필
요한 물건을 사거나 서비스를 이용하는 등 소비 활동
을 하는 경제주체입니다.

02 가계와 기업은 시장에서 만나 물건과 서비스를 거래합
니다. 가계와 기업이 만나는 시장의 종류는 다양하며,
시장에서 가계와 기업이 하는 일은 서로에게 도움이
됩니다.

03 ⓒ은 기업입니다. 기업은 일자리를 제공하고, 사람들이
생활하는 데 필요한 물건을 만들어 판매하거나 사람들에
게 편리함을 주는 서비스를 제공하고 이윤을 얻습니다.

04 가계의 소득은 한정되어 있기 때문에 소득의 범위 안
에서 합리적으로 소비해야 합니다. 따라서 가계는 적
은 비용으로 가장 큰 만족을 얻기 위해서 가격, 품질,
디자인 등 다양한 선택 기준을 고려하여 합리적 선택
을 해야 합니다.

05 제시된 그림은 가족회의를 통해 어떤 물건이 필요한지
우선순위를 정하는 모습을 나타낸 것입니다. 가계는 한
정된 소득을 구성원들이 함께 사용해야 되기 때문에 소
비를 할 때 개인의 우선순위뿐만 아니라 가정 경제의
우선순위도 고려해야 합니다.

06 기업은 더 많은 이윤을 얻으려고 소비자들이 무엇을 좋

아하고 필요로 하는지 분석합니다. 또한 적은 비용으로
좋은 품질의 물건과 서비스를 생산하려고 합니다.

07 제시된 그림은 개인의 능력과 적성에 따라 직업을 자유
롭게 선택할 수 있는 자유에 대한 것입니다. 우리나라
의 모든 국민은 자유로운 경제활동을 할 수 있습니다.

08 ㉠은 개인이 자신이 원하는 일자리를 얻기 위해 다른
사람과 경쟁하는 모습입니다. 자유로운 경쟁을 보장하
는 경제활동은 개인의 능력을 최대한 발휘할 수 있도
록 해 줍니다.

09 경제활동의 자유와 경쟁을 통해 소비자는 원하는 물건
을 사고, 좋은 서비스를 받을 수 있는 등 선택의 폭이
넓어집니다. 개인과 기업의 자유와 경쟁의 보장은 개
인과 기업뿐만 아니라 국가 전체의 경제 발전에도 도
움이 됩니다.

10 제시된 그림은 상품의 내용을 실제보다 과장하여 광고
하여 피해를 본 사례입니다. 이렇게 기업의 경제활동
이 공정하지 못하면 소비자들에게 피해를 줄 수 있습
니다.

11 우리나라는 개인과 기업이 공정하고 자유로운 경쟁을
할 수 있도록 규칙과 제도를 마련하고 있으며, 필요한
경우 정부가 시장을 규제하거나 조정하기도 합니다.

12 우리나라는 기업 간의 공정하고 자유로운 경쟁을 보장하
기 위해 공정 거래 위원회를 만들어 운영하고 있습니다.

② 우리나라의 경제성장과 경제생활의 변화

개념 확인문제 　　　　　　　　　　36~39쪽

1 설탕　**2** (1) ⓒ　(2) ㉠　**3** 중화학 공업　**4** (1) ✕
(2) ○　(3) ○　**5** 교통　**6** 증가　**7** 한류　**8** (1) ⓒ
(2) ㉠　(3) ⓒ　**9** 정부

실전 문제 　　　　　　　　　　40~41쪽

01 ⓒ　　**02** ③　　**03** ⑤　　**04** ㉠, ㉣　　**05** ②, ③
06 ⑤　　**07** ③　　**08** 증가　　**09** ⑤　　**10** 한류　　**11** ④
12 ②

01 6·25 전쟁으로 많은 산업 시설이 파괴되었고, 나라 경제가 어려워졌습니다. 모든 국민이 파괴된 시설을 복구하고, 무너진 경제를 일으키고자 많은 노력을 기울였습니다. ㉠ 경부 고속 국도는 1970년에 개통되었습니다. ㉢ 정부는 경제적으로 자립하기 위해 공업을 발전시키려고 했습니다.

02 1960년대에 기업은 신발, 가발, 섬유나 옷과 같이 만드는 데 노동력이 많이 필요한 경공업 제품을 만들어 수출하였습니다.

03 1970년대에 정부는 경제성장을 위해 중화학 공업 중심의 경제 발전을 추진하였습니다. 중화학 공업은 경공업보다 많은 돈과 높은 기술력이 필요한 산업입니다. 따라서 정부는 교육 시설과 연구소를 설립하였고, 기업에 낮은 이자로 돈을 빌려주었으며, 원료 수입과 제품 수출에 유리한 항구를 중심으로 중화학 공업 단지를 조성했습니다. ⑤ 경제 개발 5개년 계획은 1962년에 처음 실시되었습니다.

04 1970년대 이후 중화학 공업 제품들이 수출되면서 우리나라의 수출액이 크게 증가하였습니다. 기계, 철강, 배 등 비교적 무거운 제품이나 플라스틱, 고무 등 화학 제품을 생산하는 공업을 중화학 공업이라고 합니다.

05 1980년대에는 중화학 공업 제품의 생산 비중이 경공업을 크게 넘어서게 되었습니다. 우리나라의 산업 구조가 경공업에서 중화학 공업 중심으로 바뀌면서 수출액이 크게 증가하였고, 사람들의 생활 수준도 높아졌습니다.

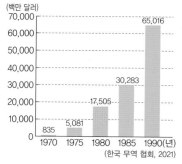
▲ 1970~1980년대 연도별 수출액

06 1990년대에는 전기, 전자 산업이 발전하였습니다. 특히 컴퓨터와 가전제품의 핵심 부품인 반도체 산업이 크게 성장하면서 우리나라 기업이 시장 점유율 세계 1위를 차지하기도 했습니다.

07 2000년대 이후에는 생명 공학 산업, 우주 항공 산업, 신소재 산업, 로봇 산업과 같이 높은 기술력이 필요한 첨단 산업이 발달하고 있습니다. 그 밖에도 관광 산업, 의료 서비스 산업 등 다양한 서비스 산업도 발달해 사람들에게 즐거움을 주고 생활을 편리하게 해 주고 있습니다. ③ 철강 산업은 1970~1980년대에 본격적으로 발달하였습니다.

08 우리나라의 경제가 성장하면서 국내 총생산과 1인당 국민 총소득이 늘어나 사람들의 생활 수준도 크게 향상됐습니다.

09 경제가 성장하면서 우리 생활은 편리하고 풍족해졌습니다. 사람들은 이전보다 빠르고 편리한 교통·통신 시설을 이용하고, 다양한 여가 생활을 즐깁니다. ① 1990년대에 개인용 컴퓨터의 보급이 증가하였습니다. ② 1960년대에 흑백텔레비전이 보급되었습니다. ③ 2000년대에 고속 철도가 개통되었습니다. ④ 1970년대에 경부 고속 국도가 개통되었습니다.

▲ 2004년 한국 고속 철도(KTX) 개통

10 1990년대 드라마에서 시작한 우리나라의 문화 상품이 해외에서 관심을 끌기 시작하였습니다. 2000년대에는 케이팝(K-POP)이라고 불리는 우리나라의 대중가요가 인기를 끌게 되었고, 최근에는 영화, 한식, 한글 등 한류가 확대되고 있습니다. 이는 우리나라를 널리 알리고, 경제성장에 도움을 주고 있습니다.

11 경제가 크게 성장했지만 잘사는 사람과 그렇지 못한 사람들 간의 소득 차이는 더 커졌습니다. 이를 해결하기 위해 정부는 노인과 장애인, 실업자 등 사회적 약자를 돕는 정책과 법을 만들어 시행하고, 개인과 시민단체는 봉사 활동을 하는 등 다양한 노력을 하고 있습니다.

12 경제성장 과정에서 자연환경이 오염되어 사람들의 건강을 위협하고 있습니다. 또한 석유, 천연가스 등 화석 연료를 많이 사용하면서 기후 변화가 일어나고 있습니다. ①, ⑤ 기업이 하는 일입니다. ③, ④ 정부가 하는 일입니다.

❸ 세계 속의 우리나라 경제

01 무역을 하는 과정에서 우리나라가 다른 나라에 물건이나 서비스를 파는 것을 수출, 다른 나라에서 물건이나 서비스를 사 오는 것을 수입이라고 합니다. 세계 각국은 다른 나라와 서로 교류하면서 이익을 얻습니다.

02 나라마다 자연환경, 자원의 종류와 양, 기술 수준, 생산 여건 등이 다르기 때문에 나라 간에 무역을 합니다. ③ 각 나라는 부족하거나 필요한 물건을 다른 나라에서 들여오고, 더 잘 생산할 수 있는 물건을 다른 나라에 판매해 서로 경제적 이익을 얻습니다. ⑤ 한 나라가 모든 물건을 생산하기는 힘듭니다.

03 제시된 그래프를 통해 우리나라가 중국, 미국뿐만 아니라 베트남, 일본 등의 나라와 주로 무역을 하는 것을 알 수 있습니다. 두 그래프 모두에서 중국이 차지하는 비율이 가장 높습니다.

04 〈우리나라의 무역액 상위 품목별 수출액〉 그래프를 통해 우리나라는 반도체, 자동차, 석유 제품 등을 많이 수출하고 있다는 것을 알 수 있습니다. 우리나라는 반도체를 다른 나라에 가장 많이 수출합니다.

05 〈우리나라의 무역액 상위 품목별 수입액〉 그래프에서 원유, 천연가스 등이 높은 비중을 차지하는 것으로 보아, 우리나라는 에너지 자원을 많이 수입하고 있음을 알 수 있습니다.

06 자유 무역 협정(FTA)은 나라 간 물건이나 서비스의 이동을 자유롭게 하려고 세금, 법, 제도 등의 무역 장벽을 줄이거나 없애기로 한 약속입니다.

07 제시된 그림은 휴대 전화의 화질, 무게, 처리 속도 등 기술 분야에서 경쟁하는 모습입니다. 세계 시장에서 각 나라들은 다른 나라와 경쟁하며 영향을 주고받기도 합니다. 우리나라는 우리와 비슷한 물건이나 서비스를 생산하는 다른 나라와 경쟁하며 교류합니다. 특히 높은 수준의 최신 기술이 필요한 스마트폰, 자동차 시장에서의 경쟁이 매우 치열합니다.

08 우리나라는 세계 여러 나라와 경쟁에서 뒤처지지 않도록 좋은 품질의 상품을 만들려고 노력하고 있습니다. ③ 노동자의 급여를 최대로 줄여 생산 비용을 낮추는 것은 수출 경쟁력을 높이는 바람직한 방법이라고 볼 수 없습니다.

09 제시된 그림은 다른 나라와의 경제 교류가 식생활에 영향을 미친 모습입니다. 경제 교류가 활발해지면서 우리의 의생활, 식생활, 주생활, 여가 생활 등에서 많은 변화가 나타났습니다.

10 ㉠ 우리나라 사람들이 외국 기업에서 일할 수 있게 되면서 선택할 수 있는 일자리가 다양해졌습니다. ㉡ 우리나라에서 생산하지 않는 물건을 수입하여 판매함으로써 소비자들이 다양한 물건을 선택할 수 있는 기회가 늘어났습니다. ㉢ 수입품과 국산품이 자유롭게 경쟁하면서 물건이나 서비스의 질이 높아졌습니다.

11 제시된 그림은 ○○ 나라에서 수입하는 농산물에 세금(관세)을 더 매기겠다는 내용으로, 자기 나라의 산업을 보호하기 위해 관세를 높여 무역 상대국과 갈등이 생기는 경우입니다. 관세는 수입품에 매기는 세금으로, 수입품의 가격을 높여 국내 산업을 보호할 수 있습니다.

12 세계 무역 기구(WTO)는 1995년에 나라 간에 자유롭고 공정한 무역을 위해 설립된 국제기구입니다. 나라와 나라 사이에 거래를 할 때 지켜야 할 규칙을 정하고 무역 갈등이 생겼을 때 조정하는 일을 합니다.

〈세계 무역 기구(WTO)의 역할 〉

세계 무역 기구는 나라 사이의 무역 장벽을 낮추고, 무역 정책을 만드는 기준을 제시하여 활발한 무역이 이루어지도록 합니다. 그동안 무역에서 제외되어 온 농수산물·노동·기술 등이 포함됨에 따라 무역의 대상이 확대되는 데 영향을 주기도 하였습니다.

사회

단원 정리평가

49~51쪽

01 ①	**02** ⑤	**03** ⑤	**04** ㉢	**05** ①	**06** ④
07 ①	**08** 경제 개발 5개년 계획		**09** ③	**10** ①, ③	
11 ③	**12** ⑤	**13** ①	**14** 무역	**15** 밀, 옥수수, 감자	
16 ⑤	**17** 자동차	**18** ⑤	**19** ③	**20** ①	

01 경제주체는 경제활동에 참여하는 개인이나 집단으로, 가계, 기업, 정부가 있습니다. 가계는 생산 활동에 참여하는 대가로 소득을 얻어 생활에 필요한 물건을 구입하거나 서비스를 이용하는 등의 소비 활동을 하는 경제주체입니다.

02 가계는 품질, 가격, 환경, 디자인 등의 선택 기준을 고려하여 적은 비용으로 가장 큰 만족을 얻을 수 있도록 합리적 선택을 해야 합니다. 가계가 합리적 선택을 하려면 우선순위에 따라 사야 할 물건을 정한 뒤 선택 기준을 세워 여러 상품을 비교·평가한 후 상품을 선택해야 합니다. ⑤ 광고 횟수는 합리적 선택을 위한 기준으로 알맞지 않습니다.

〈가계의 합리적 선택 과정〉

우선순위 정하기
어떤 물건을 살지 우선순위를 정함.

↓

선택 기준 세우기
사야 할 물건을 정한 후 원하는 상품을 사기 위해 선택 기준을 세움.

↓

비교·평가하여 선택하기
선택 기준에 따라 여러 상품을 비교·평가하여 가장 큰 만족을 얻는 소비를 함.

03 개인과 기업은 경제활동의 자유를 누리면서 더 많은 이익을 얻기 위해 서로 경쟁합니다. ①~④는 개인과 기업의 자유로운 경제활동의 모습, ⑤는 기업들이 경쟁하는 모습입니다.

04 불공정한 경제활동을 바로잡기 위해 시민들은 여러 가지 노력을 합니다. 기업의 불공정한 경제활동을 보면 관련 기관에 신고하거나, 상품을 살 때 제품 정보를 꼼꼼히 확인한 후 구입합니다. ㉠은 정부, ㉡은 기업이 불공정한 경제활동을 해결하기 위한 노력입니다.

05 제시된 기사는 기업들이 상의하여 함께 교복 가격을 올린 기업의 담합 행위에 해당합니다. 우리나라는 여러 가지 제도를 두어 불공정한 거래로 소비자들이 피해를 보지 않도록 하고 있습니다.

〈기업들의 불공정한 경제활동〉
- 기업들이 거짓·과장 광고를 합니다.
- 기업들이 담합하여 가격을 올립니다.
- 같은 종류의 물건을 만드는 기업이 하나 또는 둘밖에 없어 소비자들이 좋은 품질의 상품을 살 수 없습니다.
- 정해진 기준을 어기고 환경 오염 물질을 배출합니다.

06 우리나라는 기업 간의 공정하고 자유로운 경쟁을 보장하려고 공정 거래 위원회를 설립하여 운영하고 있습니다. 공정 거래 위원회는 기업이 부당한 경제활동을 하면 이를 조사하고 처벌하여 경제 질서를 지키는 일을 합니다. 또한 경제활동에 필요한 규칙을 만들고, 규칙을 잘 지키는지 감시합니다.

07 6·25 전쟁을 겪으면서 집과 도로, 공장들이 대부분 망가져 사람들은 큰 경제적 어려움에 빠졌습니다. 정부와 국민은 망가진 여러 시설을 다시 짓고 공업을 발전시켜 경제를 되살리기 위해 노력하였습니다.

08 1960년대에 정부는 경제 개발 5개년 계획을 추진하면서 국내에서 생산한 제품을 해외로 수출해 경제성장을 이루려고 노력했습니다. 산업 발달 초기에 우리나라는 기술과 자본은 부족했지만, 풍부한 노동력을 바탕으로 경공업을 발전시켰습니다.

09 1970~1980년대에 우리나라의 산업이 급격하게 성장하면서 제품을 만드는 데 많은 재료가 필요해졌습니다. 하지만 필요한 재료는 대부분 다른 나라에서 수입을 해야 했습니다. 이를 개선하고자 정부는 중화학 공업 중에서도 다른 산업에서 제품을 만드는 데 필요한 재료를 공급하는 철강 산업과 석유 화학 산업을 빠르게 발전시켰습니다.

10 그래프를 통해 우리나라 국내 총생산과 1인당 국민 총소득이 지속적으로 증가하고 있음을 알 수 있습니다. 이는 우리나라의 경제가 성장하였고, 국민 소득, 즉 가계의 소득이 증가하였음을 의미합니다.

11 2000년대 이후부터는 생명 공학 기술 산업, 항공 우주 산업, 신소재 산업, 로봇 산업과 같이 고도의 기술이 필요한 첨단 산업이 발달하고 있습니다. 또한 문화 콘텐츠 산업, 의료 서비스 산업, 관광 산업, 금융 산업 등 다양한 서비스 산업도 빠르게 발달하고 있습니다. ③ 1970년대 경제성장 모습입니다.

12 2000년대 이후에는 정보 통신 기술이 발달하고 소득이 늘어나면서 휴대 전화를 사용하는 사람들이 많아졌습니다. 2010년대 들어 스마트폰의 보급이 확대되었습니다.

13 정부, 기업, 시민들은 환경오염을 막고 기후 변화에 대응하기 위해 다양한 노력을 하고 있습니다. 시민들은 다양한 봉사 활동에 참여하며 지역의 환경을 보호하기 위해 노력하고 있으며, 정부는 친환경 자동차 보급을 지원하고 있습니다.

14 오늘날 나라와 나라 사이에 경제 교류가 활발하게 이루어지고 있습니다. 자기 나라에 부족하거나 없는 물건을 다른 나라와 무역을 통해 교환하면 모두 이익을 얻을 수 있기 때문입니다.

15 무역을 할 때 다른 나라에 상품을 파는 것을 수출이라고 합니다. A 나라는 밀, 옥수수, 감자 등 농산물이 풍부하므로 이를 수출할 수 있습니다.

16 ① 우리나라는 베트남에 수출을 하고 있습니다. ② 우리나라는 일본에 수출과 수입을 모두 하고 있습니다. ③ 우리나라는 중국에 가장 많이 수출하고 있습니다. ④ 우리나라는 다른 나라와 활발하게 무역을 하고 있습니다.

17 〈우리나라 무역액 상위 품목별 수출액〉 그래프를 통해 우리나라가 두 번째로 많이 수출하는 상품은 자동차임을 알 수 있습니다.

18 나라 간 경제 교류를 더 자유롭고 편리하게 하기 위해 자유 무역 협정(FTA)을 맺습니다. 자유 무역 협정을 통해 나라 사이에 상품의 자유로운 이동을 가로막는 세금, 제도 등을 줄이거나 없앨 수 있습니다.

19 세계 시장에서 다른 나라와 무역을 하다 보면 국내 산업이 어려움을 겪고 이와 관련된 일을 하는 사람들이 일자리를 잃게 될 수 있습니다.

20 공정 무역 제품을 소비하면 생산자에게 정당한 대가가 돌아갑니다. 우리 주변에서 초콜릿, 커피, 바나나 등 공정 무역 상품을 찾아볼 수 있습니다.

서술형 문제　52~53쪽

01 (1) 가계 (2) **예** 가계와 기업 등의 경제주체가 만나 물건이나 서비스를 사고팔 수 있게 해 준다.　**02** (1) 기업 (2) **예** 기업들끼리 담합하여 가격을 마음대로 올리거나, 새로운 기업이 시장에 들어오는 것을 막는 일이 있는지 조사한다. / 기업들이 거짓·과장 광고를 하지 못하도록 감시한다. 등　**03** (1) (마), (다), (나), (라), (가) (2) **예** 정부는 기술 수준을 높이기 위해 학교와 연구 시설 등을 세웠다. **04** (1) ㉣ (2) **예** 인터넷 관련 기업들이 늘어났다. / 정보 통신 기술 관련 산업들도 함께 발전했다. 등　**05** (1) **예** 노동력 (2) **예** 다양한 물건이나 서비스를 선택할 기회가 늘어났다. / 다양한 나라의 제품들이 경쟁하면서 물건이나 서비스의 질이 높아지고 가격이 싸졌다. / 사람들이 외국 기업에서 일할 수 있게 되면서 선택할 수 있는 일자리가 다양해졌다. 등　**06** (1) 관세 (2) **예** 관세를 높이면 우리나라의 자동차 수출 가격이 비싸져서 잘 안 팔리게 된다. / 수입량을 제한하면 우리나라의 수출이 줄어들게 된다. 등

01 (1) 생산 활동에 참여하여 얻은 소득으로 소비 활동을 하는 경제주체는 가계입니다.

(2) 물건이나 서비스를 사려고 하는 사람과 팔려고 하는 사람이 시장에서 만나 필요한 것을 거래합니다. 가계와 기업이 만나는 시장의 종류는 다양합니다. 전통 시장, 할인 매장, 인터넷 쇼핑몰, 일자리 시장, 주식 시장, 부동산 시장 등이 있습니다.

> **채점 기준**
> 가계와 기업이 만나 상품을 사고파는 곳이라는 내용이 들어가면 정답으로 합니다.

02 (1) 기업이 다른 기업들과 경쟁하는 과정에서 불공정한 일들이 생길 수 있습니다.

(2) 정부는 기업들 사이에 불공정한 경쟁으로 생기는 문제를 해결하려고 여러 노력을 합니다.

> **채점 기준**
> 그림에 나타난 기업의 불공정한 경제활동을 바로잡기 위한 정부의 노력에 해당하는 내용이 들어가면 정답으로 합니다.

03 (1) 6·25 전쟁 후 우리나라는 농업 중심의 산업 구조를 공업 중심의 산업 구조로 변화시키려고 노력하였으며,

사회

다른 나라의 원조를 바탕으로 밀가루, 설탕 등을 만드는 소비재 산업이 발달하였습니다. 1960년대에는 섬유, 신발, 가발 등과 같은 경공업 제품을 수출하면서 빠르게 성장하였고, 1970~1980년대에는 철강 산업, 석유 화학 산업 등 중화학 공업이 발달하였습니다. 1990년대에는 컴퓨터, 반도체, 정보 통신 산업이 발달하였고, 2000년대에는 서비스 산업, 첨단 산업이 발달하고 있습니다.

(2) 중화학 공업은 많은 자본과 높은 기술력이 필요해서 주로 정부가 주도하여 육성하였습니다.

채점 기준
기술 발전을 위해 학교와 연구 시설을 세웠다는 내용이 들어가면 정답으로 합니다.

04 (1) 1990년대 후반에는 전국에 초고속 정보 통신망이 설치되었습니다.

(2) 초고속 정보 통신망이 전국에 설치된 후 인터넷 관련 기업이 많이 생겨났고, 우리나라가 정보화 사회로 나아가는 데 큰 역할을 하였습니다.

채점 기준
인터넷 관련 기업의 증가, 정보 통신 기술과 관련한 산업 발달이라는 내용이 들어가면 정답으로 합니다.

05 (1) 기업은 다른 나라의 기업과 새로운 기술, 아이디어를 주고받을 수 있고, 다른 나라에 공장을 세워 그 나라의 값싼 노동력을 활용할 수 있습니다.

(2) 세계 여러 나라와 활발하게 경제 교류를 하게 되면서 개인의 의생활, 식생활, 주생활, 여가 생활 등에서 많은 변화가 나타났습니다.

채점 기준
경제 교류가 개인의 경제생활에 미친 변화에 대한 내용이 들어가면 정답으로 합니다.

06 (1) 관세는 수입품에 매기는 세금으로, 수입품의 가격을 높여 국내 산업을 보호할 수 있습니다.

(2) 각 나라는 무역을 하다가 자기 나라에 불리한 상황이 생기게 되면 다른 나라의 물품에 대해 관세를 높이거나 수입량을 제한하기도 합니다. 이러한 상황에서 무역 마찰이 발생하기도 합니다.

채점 기준
'우리나라 자동차 가격이 비싸진다.', '수출이 줄어든다.' 등의 내용이 들어가면 정답으로 합니다.

 수행 평가 54쪽

1 (1) 엄마: 청소기 4 (2) 아빠: 청소기 1
2 예 가계의 소득은 한정되어 있기 때문이다.

1 엄마는 스스로 청소하는 기능을 원하므로 청소기 4가 적합합니다. 아빠는 싼 가격의 청소기를 원하므로 청소기 1이 적합합니다.

2 가계의 소득은 한정되어 있기 때문에 합리적인 선택을 해야 합니다. 합리적 선택이란 가장 적은 비용으로 가장 큰 만족을 얻도록 소비하는 것을 말합니다.

채점 기준
소득이 한정되어 있다는 내용이 들어가면 정답으로 합니다.

 수행 평가 55쪽

1 (가) 늘어나고, 높 (나) 늘어나고, 편리해 (다) 높아지고, 빨라지고 **2** 예 경제성장으로 국민 소득이 높아지면서 해외로 여행을 떠날 여유가 생겼다. / 교통·통신 시설이 발달하여 해외로 여행을 가기가 쉬워졌다. 등

1 경제가 성장하고 국민의 소득이 증가하면서 사람들의 생활 수준이 높아졌으며, 자동차 등록 대수가 늘어나 이동하기 편리해졌습니다. 또한 정보 통신 기술이 발달하게 되면서 인터넷 이용 비율이 높아지고 이에 따라 정보 이용 속도도 빨라지고 있습니다.

2 경제성장으로 국민 소득이 높아지면서 삶의 질을 중요하게 생각하는 문화가 생기게 되었습니다. 여행이나 여가 관련 산업이 더 성장할 것으로 기대되고 있습니다.

채점 기준
높아진 소득, 교통·통신 기술의 발달 등의 내용이 들어가면 정답으로 합니다.

과학

1. 과학자는 어떻게 탐구할까요?

개념 확인문제   **4~7쪽**

1 가설 **2** (1) ○ (2) × (3) ○ **3** 실험 과정 **4** 종이 기둥 바닥의 꼭짓점 수 **5** 고치거나 빼지 않고 **6** (1) ○ (2) ○ (3) × **7** (1) × (2) ○ (3) ○ **8** 해석

2. 지구와 달의 운동

① 지구의 자전

개념 확인문제   **8~9쪽**

1 동, 서 **2** 태양 **3** 자전축 **4** 자전

실전 문제   **10~11쪽**

01 ㉢, ㉡, ㉠ **02** ㉡ **03** ① **04** ㉠, ㉢ **05** 남(쪽) **06** (1) × (2) ○ (3) ○ **07** ⑤ **08** 자전 **09** ㉠ 낮, ㉡ 밤 **10** ㉠ **11** ③ **12** ⑤

01 하루 동안 태양은 동쪽 하늘에서 남쪽 하늘을 지나 서쪽 하늘로 움직이는 것으로 보입니다.

02 태양은 아침에 동쪽에서 떠서 한낮에는 남쪽 하늘에서 볼 수 있습니다.

03 동쪽 지평선에서 떠오른 달은 시간이 지남에 따라 남쪽 하늘을 지나 서쪽 하늘로 움직이는 것으로 보입니다. 달도 태양처럼 관찰되는 위치가 동쪽에서 서쪽으로 변합니다.

04 초저녁에 동쪽에서 보이던 보름달은 시간이 지나면서 남쪽 하늘을 지나 서쪽 하늘로 움직입니다. 하루 동안 태양과 달, 별은 모두 동쪽에서 떠서 남쪽 하늘을 지나 서쪽 하늘로 움직이는 것처럼 보입니다.

05 지구의의 우리나라 위치에 관측자 모형을 남쪽으로 향하도록 붙입니다. 적도 방향도 답이 될 수 있습니다.

06 하루 동안의 지구의 움직임을 알아보기 위한 실험에서 전등은 태양을 나타내고, 지구의는 지구를 나타내고, 관측자 모형은 지구의 관측자를 나타냅니다. 이 실험에서 지구의를 서쪽에서 동쪽으로 회전시키는 것은 지구의 자전을 나타내는 것입니다.

07 지구의의 우리나라 위치에 관측자 모형을 붙인 뒤 전등을 켜고 지구의를 서쪽에서 동쪽으로 회전시키면 관측자 모형에서 전등이 동쪽에서 서쪽으로 움직이는 것처럼 보입니다. 같은 이유로 지구가 서쪽에서 동쪽 방향으로 하루에 한 바퀴 자전하기 때문에 하루 동안 태양과 달의 위치가 동쪽에서 서쪽 방향으로 움직이는 것처럼 보이게 됩니다.

08 지구의 자전축은 북극과 남극을 직선으로 연결한 가상의 선을 말합니다. 지구는 자전축을 중심으로 하루에 한 바퀴씩 서쪽에서 동쪽(시계 반대 방향)으로 자전합니다.

09 태양이 동쪽에서 떠오를 때부터 서쪽으로 완전히 사라질 때까지의 시간을 낮이라고 하고, 태양이 서쪽으로 진 때부터 다시 동쪽에서 떠오르기 전까지의 시간을 밤이라고 합니다.

10 지구의를 돌리면서 우리나라에 붙여놓은 관측자 모형이 전등 빛을 받는 위치에 있을 때 우리나라는 낮이고, 관측자 모형이 전등 빛을 받지 못하는 위치에 있을 때 우리나라는 밤입니다.

11 지구에서 태양 빛을 받는 쪽은 낮, 태양 빛을 받지 못하는 쪽은 밤이 됩니다. 지구가 하루에 한 바퀴 자전하기 때문에 태양 빛을 받는 쪽이 달라지며 지구에 낮과 밤이 생깁니다.

12 지구의 낮과 밤은 태양 빛과 관련되어 있습니다. 지구가 자전 운동을 할 때 태양 빛을 받는 곳에 위치한 나라가 현재 낮입니다.

② 지구의 공전

개념 확인문제   **12~13쪽**

1 저녁 9시 **2** (1) ○ (2) × (3) ○ **3** 공전 **4** 가을

과학

실전 문제　　　　　　　　　　14~15쪽

01 ④　　02 여름(철)　　03 ③　　04 ②　　05 ㉠
06 ㉡, ㉢　07 (지구의) 공전　08 ④　09 ㉠　10
④　11 ③, ⑤　12 페가수스자리

01 밤하늘에서 오랜 시간 볼 수 있는 별자리는 저녁 9시 무렵에 남쪽이나 남동쪽 하늘에 있는 별자리입니다. 하루 동안 태양과 달이 동쪽에서 서쪽 방향으로 움직이는 것처럼 보이듯이, 하루 동안 별자리도 시간이 지남에 따라 동쪽에서 서쪽 방향으로 이동한 위치에서 보이기 때문에 저녁 9시 무렵에 남쪽이나 남동쪽 하늘에 있는 별자리를 오랜 시간 볼 수 있습니다.

02 백조자리, 거문고자리, 독수리자리는 여름을 대표하는 별자리입니다. 저녁 9시 무렵 여름철 밤하늘에서 볼 수 있습니다.

03 하루 동안 별은 동쪽에서 남쪽을 지나 서쪽으로 움직이는 것처럼 보입니다. 저녁 9시 무렵에 동쪽 하늘에서 보이던 백조자리는 3시간 후에는 남쪽 하늘에서 보이게 됩니다.

04 봄철의 대표적인 별자리는 목동자리, 사자자리, 처녀자리 등입니다.

05 겨울철 저녁 9시 무렵에 남쪽 하늘에서 볼 수 있는 대표적인 별자리는 쌍둥이자리, 오리온자리, 큰개자리 등입니다.

06 처녀자리는 봄철의 대표적인 별자리입니다. 어느 한 별자리를 1년 동안 저녁 9시 무렵에 관찰했을 때 별자리의 위치가 달라집니다. 봄철 저녁 9시 무렵에 남동쪽 하늘에서 보이는 별자리는 여름철 저녁 9시 무렵에 남서쪽 하늘에서 보입니다.

07 지구의를 전등을 중심으로 ㈎ → ㈏ → ㈐ → ㈑ 방향으로 회전시키는 것은 지구가 태양을 중심으로 공전하는 것을 나타낸 것입니다.

08 지구가 태양을 중심으로 한 바퀴 도는 데에는 일 년(365일)이 걸립니다.

09 지구의가 ㈎의 위치에 있을 때는 우리나라 계절이 봄철이며, ㈎의 위치에서 우리나라가 한밤일 때 관찰자 모형에서 가장 잘 보이는 별자리는 봄철의 대표적인 별자리인 사자자리입니다.

10 이 실험은 태양을 중심으로 공전하고 있는 지구의 운동과 계절별 대표적인 별자리 변화의 관계를 알아보는 실험입니다. 지구에 낮과 밤이 나타나는 현상은 지구의 자전에 의해 생깁니다.

11 지구는 하루에 한 바퀴씩 서쪽에서 동쪽 방향(시계 반대 방향)으로 자전하면서 동시에 태양을 중심으로 일정한 길을 따라 일 년에 한 바퀴씩 서쪽에서 동쪽 방향(시계 반대 방향)으로 공전합니다. 지구의 자전 방향과 공전 방향은 같은 방향입니다.

12 지구가 ㈎의 위치에 있을 때는 봄철이며, 지구가 봄철 위치에 있을 때 가을철 별자리는 태양과 같은 방향에 있어 태양 빛 때문에 볼 수 없습니다. 봄철에는 태양과 같은 방향에 있는 페가수스자리를 볼 수 없습니다.

③ 달의 운동

개념 확인문제　　　　　　　　　　16~17쪽

1 같은 장소　2 보름달　3 30　4 다른

실전 문제　　　　　　　　　　18~19쪽

01 ③　02 ②　03 ㉠　04 정은　05 ㉢, ㉢, ㉠, ㉡,
㉣　06 ㉡, 하현달　07 ④　08 ㉤　09 (1) ✕ (2)
○ (3) ○　10 ⑤　11 ㉠ 자전축 ㉡ 태양 ㉢ 지구
12 ⑤

01 달은 모양에 따라 이름이 있습니다. 문제의 그림과 같이 오른쪽이 불룩한 모양의 달은 상현달이라고 합니다.

02 달이 주기적으로 변하는 것을 이용하여 만든 달력을 음력이라고 합니다. 상현달은 음력 7~8일 무렵에 볼 수 있습니다.

03 음력 7~8일 무렵에는 오른쪽이 더 불룩한 반달 모양이었던 상현달이 약 일주일 후인 음력 15일 무렵에는 둥근 보름달이 됩니다.

04 여러 날 동안 달의 모양과 위치 변화를 관찰할 때는 같은 시각, 같은 장소에서 관찰해야 합니다. 가로등이 환하게 켜진 밝은 곳을 찾아 옮겨가며 달을 관찰하는 것은 적당한 방법이 아닙니다.

05 음력 2~3일 무렵에는 초승달, 음력 7~8일 무렵에는 상현달, 음력 15일 무렵에는 보름달, 음력 22~23일 무렵에는 하현달, 음력 27~28일 무렵에는 그믐달을 볼 수 있습니다.

06 음력 22~23일 무렵에는 왼쪽이 더 불룩한 모양의 하현달을 볼 수 있습니다. 하현달은 반달 모양입니다.

07 여러 날 동안 달의 모양은 약 30일을 주기로 변합니다. 오늘 밤하늘에서 보름달을 보았다면 약 30일 후에 다시 보름달을 볼 수 있습니다.

08 여러 날 동안 태양이 진 직후 달을 관찰하면 초승달은 음력 2~3일 무렵에 서쪽 하늘에서 보입니다.

09 공처럼 달의 모습이 모두 둥글게 보이는 보름달은 음력 15일 무렵에 태양이 진 직후 동쪽 하늘에서 볼 수 있습니다. 보름달은 태양이 질 때 동쪽 하늘에서 뜨고 남쪽 하늘을 지나 서쪽 하늘로 움직이는 것처럼 보이며, 밤하늘에서 오랜 시간 볼 수 있습니다.

10 태양이 진 후 저녁 7시경 초승달은 서쪽 하늘에서 보이고, 상현달은 남쪽 하늘에서 보이고, 보름달은 동쪽 하늘에서 보입니다. 여러 날 동안 달은 서쪽에서 동쪽으로 날마다 조금씩 위치를 옮겨 가면서 그 모양도 달라집니다. 여러 날 동안 같은 시각에 보이는 달의 위치 변화도 약 30일을 주기로 되풀이됩니다.

11 지구와 달의 운동 모형을 만들며 지구와 달의 운동을 표현하는 방법을 생각할 때, 지구와 달의 운동을 정확하게 알고 있어야 합니다. 지구는 자전축을 중심으로 하루에 한 바퀴씩 자전하고, 태양을 중심으로 일 년에 한 바퀴씩 공전하며, 달은 지구를 중심으로 공전하는 것을 표현해야 합니다.

12 지구와 달의 운동 모형을 만들 때 필요한 준비물로는 우드록, 빨대, 크기가 다른 스타이로폼 공이나 구 모양 준비물 세 개, 색칠 도구, 양면테이프, 철사 등이 필요합니다. 지구와 달의 운동 모형을 만들 때 우주에 있는 다른 행성들을 표현할 필요는 없습니다.

단원 정리 평가　　21~23쪽

01 ③ 　**02** ⓒ 　**03** 자전 　**04** (1) ⓒ (2) ㉠ 　**05** 밤
06 ④ 　**07** ㉣ 　**08** 쌍둥이자리, 오리온자리, 큰개자리
09 ①, ④ 　**10** ⓒ 　**11** ⓒ 　**12** 공전 　**13** 초승달 　**14**
② 　**15** ③ 　**16** ④ 　**17** 헌주 　**18** ⑤

01 하루 동안 태양과 달은 동쪽 하늘에서 남쪽 하늘을 지나 서쪽 하늘로 움직이는 것처럼 보입니다. 태양은 낮 12시 무렵에 남쪽 하늘에 있습니다.

02 보름달은 해가 진 직후인 저녁 7시 무렵에 동쪽 하늘에서 떠올라 밤 12시 무렵에는 남쪽 하늘에서 관찰할 수 있습니다. 시간이 지나 새벽에 해가 뜨기 전 서쪽 하늘로 집니다.

03 하루 동안 지구의 움직임을 알아보기 위한 실험에서 지구의를 회전시키는 것은 지구의 자전 운동을 나타낸 것입니다.

04 지구의에 관측자 모형을 두고 관찰하는 실험에서 지구의를 서쪽에서 동쪽으로 회전시키면 관측자 모형에서 전등은 동쪽에서 서쪽으로 움직이는 것처럼 보입니다.

05 지구가 하루에 한 바퀴 자전하면서 태양 빛을 받을 때는 낮에 해당하고, 태양 빛을 받지 못할 때는 밤에 해당합니다.

06 지구의 자전으로 낮과 밤이 생기며, 하루 동안 태양과 달, 별들의 위치가 달라지는 것처럼 보입니다. 우리나라에 낮과 밤은 하루에 한 번씩 번갈아 나타납니다.

07 가을철 저녁 9시 무렵 밤하늘에서는 안드로메다자리, 페가수스자리, 물고기자리를 볼 수 있습니다. 안드로메다자리, 페가수스자리, 물고기자리는 가을철 밤하늘에서 오랜 시간 볼 수 있는 가을철 별자리입니다.

08 계절에 따라 저녁 9시 무렵에 남동쪽 하늘이나 남쪽 하늘에 위치한 별들은 밤하늘에서 볼 수 있는 시간이 길기 때문에 그 계절의 대표적인 별자리가 됩니다. 겨울철 저녁 9시 무렵 남동쪽이나 남쪽 하늘에서는 쌍둥이자리, 오리온자리, 큰개자리를 볼 수 있습니다.

09 사자자리는 봄철의 밤하늘에서 오랜 시간 볼 수 있는 봄철의 대표적인 별자리이며, 여름철 저녁 9시 무렵에는 남서쪽 하늘에서 볼 수 있습니다. 사자자리는 겨울, 봄, 여름 세 계절에 걸쳐 볼 수 있습니다.

10 지구에서 잘 볼 수 있는 별자리는 태양의 반대쪽에 위치하는 것입니다. 따라서 지구가 ㉮ 위치에 있을 때 ㉮ 별자리가 잘 보이고, ㉯ 위치에 있을 때 ㉰ 별자리가, ㉱ 위치에 있을 때 ㉲ 별자리가, ㉳ 위치에 있을 때 ㉴ 별자리가 잘 보입니다. ㉯ 위치에 있을 때 ㉮와 ㉰ 별자리도 볼 수 있습니다.

11 지구의 위치에서 태양과 같은 방향에 있는 별자리는 태양 빛이 너무 밝기 때문에 보기 힘듭니다. 예를 들어 지구가 봄철 위치에 있을 때 가을철 별자리는 태양과 같은 방향에 있어 태양 빛 때문에 보기 힘듭니다.

12 지구는 태양을 중심으로 일 년에 한 바퀴씩 서쪽에서 동쪽으로 회전하는데, 이를 지구의 공전이라고 합니다. 지구가 태양 주위를 공전하기 때문에 계절에 따라 지구의 위치가 달라지고, 지구에서 보이는 별자리가 달라집니다.

13 달은 모양에 따라 부르는 이름이 다릅니다. 달의 오른쪽이 가느다란 눈썹 모양처럼 생긴 달을 초승달이라고 부릅니다.

14 음력 2~3일 무렵 초승달이 뜬 뒤로 약 5~6일 후, 음력 7~8일 무렵에는 상현달을 볼 수 있습니다.

15 음력 15일 무렵에는 둥근 보름달이 뜹니다. 보름달은 음력 15일 무렵 태양이 진 직후 동쪽 하늘에서 떠오릅니다.

16 여러 날 동안 달의 모양은 약 30일을 주기로 변하기 때문에, 4월 23일에 밤하늘에서 본 보름달은 약 30일 후에 다시 볼 수 있습니다.

17 여러 날 동안 태양이 진 직후에 달을 관찰하면, 달이 뜨는 위치와 모양이 날마다 조금씩 변하는 것을 볼 수 있습니다. 달이 보이는 위치는 날마다 서쪽에서 동쪽으로 조금씩 옮겨 갑니다. 달의 모양은 약 30일을 주기로 초승달, 상현달, 보름달, 하현달, 그믐달의 순서로 변합니다.

18 지구와 달의 운동 모형을 만들 때에는 크기가 다른 공세 개가 필요합니다. 가장 큰 공은 태양을, 가장 작은 공은 달을 나타내게 만듭니다. 지구 모형은 제자리에서 돌면서 태양 모형 주위를 돌도록 표현하고, 달 모형이 지구 모형 주위를 돌도록 표현합니다.

서술형 문제 24~25쪽

01 (1) ㉠ (2) ⓓ 동쪽 지평선에서 떠오른 태양은 시간이 지남에 따라 남쪽 하늘을 지나 서쪽 하늘로 움직이는 것처럼 보인다. **02** ⓓ 자전축을 중심으로 서쪽에서 동쪽으로 하루에 한 바퀴씩 회전하는 것을 말한다. **03** (1) ㉠ 태양 ㉡ 지구 (2) ⓓ 지구가 하루에 한 바퀴씩 자전하면서 태양 빛을 받는 쪽은 낮이 되고, 태양 빛을 받지 못하는 쪽은 밤이 되기 때문이다. **04** ⓓ 영서, 여러 계절에 걸쳐 보이는 별자리도 있어. **05** (1) 겨울 (2) ⓓ 태양과 같은 방향에 있어 태양 빛 때문에 보기 힘들기 때문이다. **06** ⓓ 오른쪽으로 불룩한 눈썹 모양인 초승달에서 점점 커져 상현달이 되고, 상현달에서 점점 커져 보름달이 된 뒤, 점점 작아지면서 하현달, 그믐달이 된다. **07** (1) ㉠ 서쪽 ㉡ 동쪽 (2) ⓓ 여러 날 동안 달은 서쪽에서 동쪽으로 날마다 조금씩 위치를 옮겨 간다. **08** 지구의 자전, 지구의 공전, 달의 공전을 모두 표현해야 한다.

01 (1) 태양은 동쪽 지평선에서 떠오릅니다. 태양이 동쪽 지평선에서 떠오를 때부터 낮이라고 합니다.
(2) 태양은 동쪽 지평선에서 위로 떠오르고, 시간이 지남에 따라 태양은 남쪽 하늘로 향합니다. 태양은 높이가 점점 높아지다가 서쪽 방향으로 향하면서 낮아지며, 서쪽 지평선 아래로 움직이는 것처럼 보입니다.

채점 기준

상	㉠을 쓰고, 하루 동안 태양의 위치가 동쪽 → 남쪽 → 서쪽 하늘로 움직이는 것처럼 보인다는 위치 변화를 옳게 쓴 경우
중	㉠을 썼으나, 하루 동안 태양 위치의 변화를 방향과 관련지어 정확하게 쓰지 못한 경우
하	답을 틀리게 쓴 경우

02 지구의 북극과 남극을 이은 가상의 직선을 자전축이라고 합니다. 지구는 자전축을 중심으로 하루에 한 바퀴씩 서쪽에서 동쪽(시계 반대 방향)으로 회전하는데, 이것을 지구의 자전이라고 합니다. 지구의 자전 때문에 낮과 밤이 생깁니다.

채점 기준	
상	주어진 단어 세 개를 모두 사용하여 예시 답안과 같은 내용으로 쓴 경우
중	주어진 단어 세 개를 모두 사용하지 않았거나, 예시 답안과 의미는 비슷하나 정확하게 쓰지 못한 경우
하	답을 틀리게 쓴 경우

03 (1) 낮과 밤이 생기는 까닭을 알아보기 위한 실험에서 전등은 태양을, 지구의는 지구를, 관측자 모형은 지구의 관측자를 나타냅니다.

(2) 지구에서 태양 빛을 받는 쪽은 낮, 태양 빛을 받지 못하는 쪽은 밤이 되는데, 지구가 하루에 한 바퀴씩 자전하면서 태양 빛을 받는 쪽이 달라집니다. 이로 인해 낮과 밤이 하루에 한 번씩 나타납니다.

채점 기준	
상	태양과 지구를 쓰고, 우리나라에 낮과 밤이 하루에 한 번씩 나타나는 까닭을 지구의 자전과 관련지어 옳게 쓴 경우
중	태양과 지구를 쓰고, 낮과 밤이 하루에 한 번씩 나타나는 까닭을 정확하게 쓰지 못한 경우
하	답을 틀리게 쓴 경우

04 계절별 대표적인 별자리는 그 계절에만 보이는 것이 아니라 두 계절이나 세 계절에 걸쳐 볼 수도 있습니다.

채점 기준	
상	계절별 별자리에 대해 옳지 않게 말한 사람을 찾고 바르게 고쳐 쓴 경우
중	예시 답안과 의미는 비슷하나 정확하게 쓰지 못한 경우
하	답을 틀리게 쓴 경우

05 (1) 지구가 ㉠ 위치일 때 잘 보이는 별자리는 오리온자리이며, 오리온자리가 대표적인 별자리인 계절은 겨울입니다.

(2) 우리나라가 겨울철인 위치에 지구가 있을 때 여름철 별자리는 태양과 같은 방향에 있으므로 밝은 태양 빛 때문에 보기 어렵습니다. 거문고자리는 여름철의 대표적인 별자리입니다.

채점 기준	
상	겨울을 쓰고, 태양과 같은 방향에 있는 별자리는 태양 빛 때문에 볼 수 없다는 내용으로 옳게 쓴 경우
중	겨울을 썼으나, 태양 빛과 관련지어 정확하게 쓰지 못한 경우
하	답을 틀리게 쓴 경우

06 달은 15일 동안 점점 커지다가 보름달이 되면 이후 15일 동안 점점 작아집니다. 초승달에서 점점 커지다가 상현달이 되고, 상현달에서 점점 커져 보름달이 된 뒤에는 점점 작아지면서 하현달, 그믐달이 됩니다.

채점 기준	
상	여러 날 동안 달의 모양 변화를 예시 답안과 같은 내용으로 쓴 경우
중	예시 답안과 의미는 비슷하나 정확하게 쓰지 못한 경우
하	답을 틀리게 쓴 경우

07 (1) 여러 날 동안 태양이 진 직후에 달을 관찰하면, 초승달은 서쪽 하늘에서 보이고 보름달은 동쪽 하늘에서 보입니다.

(2) 여러 날 동안 같은 시각에 달을 관찰하면, 달은 서쪽에서 동쪽으로 날마다 조금씩 위치를 옮겨 가면서 그 모양도 달라집니다.

채점 기준	
상	서쪽과 동쪽을 쓰고, 여러 날 동안 같은 시각에 관찰한 달의 위치가 서쪽 하늘에서 동쪽 하늘로 조금씩 옮겨 간다는 내용을 옳게 쓴 경우
중	서쪽과 동쪽을 썼으나, 여러 날 동안 달의 위치 변화를 방향과 관련지어 정확하게 쓰지 못한 경우
하	답을 틀리게 쓴 경우

08 지구와 달의 운동 모형을 만들 때, 지구가 하루에 한 바퀴씩 자전축을 중심으로 도는 지구의 자전과 지구가 태양을 중심으로 공전 궤도를 따라 일 년에 한 바퀴씩 도는 지구의 공전을 표현할 수 있어야 합니다. 또한 달이 지구를 중심으로 도는 달의 공전까지 모두 표현할 수 있어야 합니다.

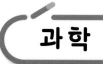

과학

채점 기준	
상	지구와 달의 운동 세 가지를 모두 쓴 경우
중	지구와 달의 운동 세 가지를 정확하게 쓰지 못한 경우
하	답을 틀리게 쓴 경우

수행 평가   26~27쪽

1 ㉮ 사자자리 ㉯ 거문고자리 ㉰ 페가수스자리 ㉱ 오리온자리   **2** 예 지구가 태양 주위를 공전하면서 지구의 위치가 달라지기 때문이다.   **3** ① 초승달 ② ◗ ③ 상현달 ④ ●   **4** 예 서쪽에서 동쪽으로 날마다 조금씩 옮겨 간다.

1 지구의가 ㉮ 위치에 있을 때는 우리나라 계절이 봄철이며, ㉮ 위치에서 우리나라가 한밤일 때 관찰자 모형에서 가장 잘 보이는 별자리는 봄철의 대표적인 별자리인 사자자리입니다. 지구의가 ㉯의 위치에 있을 때는 여름, ㉰의 위치에 있을 때는 가을, ㉱의 위치에 있을 때는 겨울입니다. 따라서 지구의가 ㉯ 위치에 있을 때는 여름철의 대표적인 별자리인 거문고자리가 잘 보이고, 지구의가 ㉰ 위치에 있을 때는 가을철의 대표적인 별자리인 페가수스자리가, 지구의가 ㉱ 위치에 있을 때는 겨울철의 대표적인 별자리인 오리온자리가 잘 보입니다.

채점 기준	
상	㉮~㉱의 별자리를 모두 바르게 쓴 경우
중	㉮~㉱ 중 일부만 바르게 쓴 경우
하	답을 틀리게 쓴 경우

2 지구가 태양 주위를 공전하기 때문에 계절에 따라 지구의 위치가 달라지고, 지구의 위치에 따라 밤에 보이는 별자리가 달라집니다.

채점 기준	
상	계절에 따라 보이는 대표적인 별자리가 달라지는 까닭을 일 년 동안 지구의 운동과 관련지어 예시 답안과 같은 내용으로 쓴 경우
중	예시 답안과 의미는 비슷하나 지구의 운동과 관련지어 답을 정확하게 쓰지 못한 경우
하	답을 틀리게 쓴 경우

3 음력 2~3일 무렵에는 눈썹 모양의 초승달을 볼 수 있습니다. 초승달은 점점 커지다가 음력 7~8일 무렵에는 오른쪽이 더 불룩한 모양의 상현달이 됩니다. 상현달에서 점점 커져 음력 15일 무렵에는 공처럼 둥근 보름달이 됩니다.

채점 기준	
상	달의 모양과 이름을 모두 바르게 그리고 쓴 경우
중	달의 모양이나 이름 중 일부만 바르게 그리거나 쓴 경우
하	답을 틀리게 쓴 경우

4 여러 날 동안 저녁 7시경 같은 장소에서 달을 관찰해 보면 초승달은 서쪽 하늘에서 보이고, 상현달은 남쪽 하늘에서 보이며, 보름달은 동쪽 하늘에서 보입니다. 여러 날 동안 달은 서쪽에서 동쪽으로 날마다 조금씩 위치를 옮겨 가면서 그 모양도 조금씩 달라집니다.

채점 기준	
상	서쪽에서 동쪽으로 위치가 변한다는 내용을 포함하여 예시 답안과 같은 내용으로 쓴 경우
중	예시 답안과 의미는 비슷하나 정확하게 쓰지 못한 경우
하	답을 틀리게 쓴 경우

3. 식물의 구조와 기능

❶ 뿌리, 줄기, 잎

개념 **확인문제** 28~33쪽

1 (1) ○ (2) ○ (3) × **2** 핵 **3** 있고, 없습니다 **4** 뿌리털 **5** 양분 **6** 뿌리, 잎 **7** 줄기 **8** (1) × (2) ○ (3) × **9** 잎 **10** 청람색 **11** 줄어듭니다 **12** 기공

실전 문제 34~35쪽

01 ① **02** ㉢ **03** ①, ⑤ **04** ㉠ **05** ② **06** ④ **07** ③ **08** ⑤ **09** 광합성 (작용) **10** ㉡ **11** 녹말 **12** ㉡, ㉢

01 세포는 생물체를 이루는 기본 단위이며, 대부분 크기가 매우 작아 맨눈으로 볼 수 없습니다. 세포는 종류에 따라 모양, 크기, 하는 일이 다릅니다. 식물 세포와 동물 세포에는 모두 둥근 모양의 핵이 한 개 있습니다.

02 ㉠은 입안 상피 세포의 모습, ㉡은 양파 표피 세포의 모습, ㉢은 강낭콩 뿌리털의 모습입니다.

03 고추의 뿌리는 굵고 곧은 뿌리에 가는 뿌리들이 나 있습니다. 뿌리에는 솜털처럼 가는 뿌리털이 나 있어 물을 많이 흡수할 수 있도록 해 줍니다.

04 뿌리를 자르지 않은 양파와 뿌리를 자른 양파를 물이 담긴 컵에 각각 올려놓고 2~3일 뒤 물의 양을 비교해 보면, 뿌리를 자르지 않은 양파 쪽 컵의 물이 더 많이 줄어든 것을 관찰할 수 있습니다. 뿌리를 자른 양파 쪽 컵의 물은 거의 줄어들지 않습니다.

05 두 컵에 줄어든 물의 양이 다른 까닭은 뿌리를 자르지 않은 양파는 물을 흡수했지만, 뿌리를 자른 양파는 물을 거의 흡수하지 못했기 때문입니다. 이 실험으로 뿌리가 물을 흡수한다는 것을 알 수 있습니다.

06 고구마의 줄기는 땅 위를 기는 듯이 뻗어나가며, 이러한 줄기를 기는줄기라고 합니다.

07 줄기는 뿌리에서 흡수한 물이 식물 전체로 이동하는 통로 역할을 합니다. 또한 식물이 쓰러지지 않도록 식물을 지지합니다. 감자, 토란과 같은 식물들은 줄기에

양분을 저장하기도 합니다.

08 백합 줄기의 단면에서 색소 물이 든 부분은 물이 이동한 통로이며, 뿌리에서 흡수한 물은 줄기에 있는 통로를 통해 위로 올라갑니다. 이 실험을 통해 줄기는 물이 이동하는 통로 역할을 한다는 것을 알 수 있습니다.

09 생물이 살아가는 데에는 양분이 필요합니다. 사람은 필요한 양분을 음식으로 얻지만 식물은 광합성을 하여 스스로 필요한 양분을 만듭니다.

10 아이오딘-아이오딘화 칼륨 용액은 녹말과 반응하면 청람색으로 변합니다. 빛을 받은 잎에서 광합성 작용이 일어나면 녹말이 만들어져서 아이오딘-아이오딘화 칼륨 용액을 떨어뜨렸을 때 용액의 색깔이 청람색으로 변합니다.

11 식물은 빛과 이산화 탄소, 뿌리에서 흡수한 물을 이용하여 스스로 양분을 만드는 광합성을 합니다. 광합성 과정으로 녹말과 같은 양분을 만듭니다. 광합성은 주로 잎에서 일어납니다.

12 증산 작용은 식물의 뿌리에서 흡수해 줄기를 거쳐 잎에 도달한 물의 일부가 기공을 통해 식물 밖으로 빠져나가는 것을 말합니다. 증산 작용은 더울 때 식물의 온도가 계속 올라가는 것을 막아 식물의 온도를 적당하게 조절하는 역할을 합니다. 증산 작용은 햇빛이 강하고 온도가 높은 낮에 잘 일어납니다.

❷ 꽃과 열매

개념 **확인문제** 36~37쪽

1 씨(씨앗) **2** 곤충 **3** (1) ○ (2) × (3) × **4** 열매

실전 문제 38~39쪽

01 ㉠ 암술 ㉡ 수술 ㉢ 꽃잎 ㉣ 꽃받침 **02** ⑤ **03** ㉢, ㉣ **04** ①, ② **05** 꽃가루받이(또는 수분) **06** ㉢ **07** ⑤ **08** ㉠, ㉢, ㉡, ㉣ **09** ㉡ **10** ③ **11** ㉢ **12** ㉡

과학

01 사과꽃은 암술, 수술, 꽃잎, 꽃받침으로 이루어져 있습니다. 사과꽃과 같이 암술, 수술, 꽃잎, 꽃받침을 모두 갖춘 꽃도 있고 일부가 없는 꽃도 있습니다.

02 ㉢ 부분의 이름은 꽃잎입니다. 꽃잎은 암술과 수술을 보호합니다. 또한 곤충이나 새가 꽃가루받이를 돕는 꽃은 꽃잎이 곤충이나 새를 유인하는 역할을 하기도 합니다.

03 암술은 꽃가루받이를 거쳐 씨를 만들고, 수술은 꽃가루를 만듭니다. 꽃은 식물의 종류에 따라 생김새가 다양하며, 호박꽃처럼 꽃잎, 꽃받침, 암술, 수술 중 일부가 없는 꽃도 있습니다.

04 꽃가루가 벌, 나비, 파리 등 곤충에 의해 암술로 옮겨지는 꽃을 충매화라고 합니다. 충매화는 곤충을 유인하기 위해 꽃이 화려하고 향기가 있으며 꿀샘이 발달해 있다는 특징이 있습니다. 충매화에는 사과나무, 코스모스, 연꽃, 매실나무 등이 있습니다.

05 씨를 만들기 위해 수술에서 만든 꽃가루가 암술로 옮겨지는 것을 꽃가루받이 또는 수분이라고 합니다.

06 동백나무는 곤충이 활동하기 힘든 겨울철인 12월부터 꽃을 피웁니다. 따라서 겨울에도 활동하는 새가 꽃가루받이를 돕습니다.

07 고구마는 뿌리에 양분을 저장하는 식물입니다. 따라서 우리는 주로 고구마의 뿌리 부분을 먹습니다.

08 꽃이 피고 꽃가루받이가 이루어지고 나면 암술에서 씨가 생겨 자랍니다. 씨가 자라는 동안 씨를 싸고 있는 암술이나 꽃받침 등이 함께 자라서 열매가 됩니다.

09 사과 열매는 씨와 껍질 사이에 양분이 저장되어 있는 부분으로 크고 둥근 모양입니다. 문제에서 주어진 그림 속 사과 열매에서 ㉠은 씨방, ㉡은 씨, ㉢은 껍질을 나타냅니다.

10 열매는 어린 씨를 보호하고, 익은 씨를 멀리 퍼뜨리는 일을 합니다.

11 도꼬마리는 열매가 갈고리 모양으로 되어 있어 동물의 털이나 사람의 옷에 붙어서 씨를 퍼뜨립니다. 이와 같이 씨를 퍼뜨리는 식물로는 우엉, 도깨비바늘, 가막사리 등이 있습니다.

12 연꽃은 물에 떠서 이동하며 씨를 퍼뜨리는 식물이며, 이와 같은 방법으로 씨를 퍼뜨리는 식물로는 수련, 코코야자 등이 있습니다.

단원 정리 평가 · 41~43쪽

01 ㉡ 02 ③ 03 ⑤ 04 ④ 05 ㉠ 06 ⑤
07 ④, ⑤ 08 ② 09 물 10 ㉢ 11 ③ 12 증산
작용 13 ㉠ 14 ㉡ 15 ① 16 ① 17 ④ 18 ⑤

01 광학 현미경으로 양파 표피 세포를 관찰하면, 세포 속의 둥근 핵을 볼 수 있습니다. 핵은 각종 유전 정보를 포함하고 있으며 생명 활동을 조절해 주는 역할을 합니다.

02 식물 세포와 동물 세포에는 모두 핵과 세포막이 있고, 대부분 크기가 매우 작아 맨눈으로 관찰하기 어렵다는 공통점이 있습니다. 식물 세포에는 세포벽이 있고, 동물 세포에는 세포벽이 없습니다.

03 강아지풀은 굵기가 비슷한 뿌리가 여러 가닥으로 수염처럼 나 있습니다. 고추, 민들레, 감나무, 명아주는 굵고 곧은 뿌리에 가는 뿌리들이 나 있습니다.

04 식물은 대부분 뿌리, 줄기, 잎으로 이루어져 있으며, 뿌리는 대부분 땅속으로 자라며 땅 위의 줄기와 연결되어 있습니다. 뿌리의 생김새는 뿌리의 종류에 따라 다양합니다.

05 식물은 사용하고 남은 양분을 뿌리, 줄기, 열매 등에 저장합니다. 뿌리에 양분을 저장하는 식물로는 무, 고구마, 당근 등이 있습니다. 감자는 줄기에 양분을 저장하는 식물로 우리가 주로 먹는 감자 부분은 뿌리가 아니라 줄기 부분입니다.

06 소나무 줄기의 겉은 꺼칠꺼칠한 껍질로 싸여 있는데, 껍질에는 두껍고 특이한 무늬가 있습니다. 줄기의 껍질은 해충이나 세균 등의 침입을 막고, 추위와 더위로부터 식물을 보호합니다.

07 봉선화와 같은 식물의 줄기는 아래로 뿌리가 이어져 있고 위로 잎이 나 있어 뿌리와 잎을 연결합니다. 고구마는 줄기가 땅 위를 기는 듯이 뻗어나가며 자라는 식물입니다. 대부분 식물의 줄기는 땅 위에서 볼 수 있습니다.

08 붉은 색소 물에 넣어 둔 백합의 줄기를 가로로 자른 단면에서는 붉은 점들이 줄기에 퍼져 있는 것을 관찰할 수 있고, 세로로 자른 단면에서는 여러 개의 붉은 선이 줄기를 따라 이어져 있는 것을 관찰할 수 있습니다.

09 백합의 줄기를 가로로 잘랐을 때 보이는 줄기에 퍼져 있는 붉은 점들은 줄기가 물이 이동하는 통로 역할을 한다는 점을 알려 줍니다.

10 어둠상자를 씌우지 않은 고추 모종의 잎을 따서 엽록소를 제거한 뒤 초록색 물이 빠진 잎에 아이오딘-아이오딘화 칼륨 용액을 떨어뜨리면 잎의 색깔이 청람색으로 변합니다.

11 아이오딘-아이오딘화 칼륨 용액은 녹말과 반응하면 청람색으로 변합니다. 이 실험으로 잎은 빛을 받아 양분인 녹말을 만든다는 것을 알 수 있습니다.

12 잎의 표면에는 우리 눈에 보이지 않은 작은 구멍인 기공이 있는데, 잎에 도달한 물의 일부가 기공을 통해 식물 밖으로 빠져나가는 것을 증산 작용이라고 합니다. 증산 작용은 뿌리에서 흡수한 물을 식물 꼭대기까지 끌어 올리는 것을 돕습니다.

13 잎이 있는 봉선화 모종에 씌운 비닐봉지 안에는 물방울이 생기고, 잎이 있는 모종 쪽 삼각 플라스크의 물이 더 많이 줄어듭니다. 그 까닭은 식물이 흡수한 물이 잎을 통해 식물 밖으로 빠져나갔기 때문입니다.

14 문제에서 주어진 그림의 사과꽃에서 ㉠은 암술, ㉡은 수술, ㉢은 꽃잎, ㉣은 꽃받침을 나타냅니다. 수술에서는 꽃가루를 만듭니다.

15 꽃은 사과꽃처럼 대부분 암술, 수술, 꽃잎, 꽃받침으로 이루어져 있지만, 호박꽃처럼 암술, 수술, 꽃잎, 꽃받침 중 일부가 없는 것도 있습니다. 호박 암꽃에는 수술이 없습니다. 꽃의 크기와 생김새는 식물의 종류에 따라 다양하지만, 하는 일은 비슷합니다. 꽃은 꽃가루받이를 거쳐 씨를 만드는 일을 합니다.

16 꽃가루가 바람에 날려 암술로 이동하는 식물로는 벼, 옥수수, 소나무, 부들 등이 있습니다.

17 열매의 생김새는 식물의 종류에 따라 다양하지만, 열매가 하는 일은 비슷합니다. 열매는 어린 씨를 보호하고, 씨가 익으면 멀리 퍼뜨리는 일을 합니다.

18 식물은 종류에 따라 씨를 퍼뜨리는 방법이 다양합니다. 벚나무, 참외, 겨우살이 등의 식물은 동물에게 먹힌 뒤에 씨가 똥과 함께 나와 퍼집니다.

서술형 **문제**

44~45쪽

01 (1) ㉠ 양파 표피 세포 ㉡ 입안 상피 세포 (2) **예** 크기가 매우 작아 맨눈으로 관찰하기 어렵다. 핵이 있다. 세포막이 있다. 등 **02** **예** 풀이나 나무는 땅속에 뿌리를 내리고 살기 때문이다. **03** (1) 물 (2) **예** 뿌리에서 흡수한 물이 이동하는 통로 역할을 한다. **04** **예** 줄기에 양분을 저장하기 때문이다. **05** (1) 청람색 (2) **예** 잎이 납작하면 양분을 만들 때 필요한 빛을 더 많이 받을 수 있기 때문이다. **06** **예** 곤충을 유인하여 꽃가루받이를 하기 위해서이다. **07** (1) 씨 (2) **예** 날개가 있어 빙글빙글 돌며 날아간다. **08** **예** 동물이 열매를 먹고 이동하여 똥을 눌 때 씨와 함께 나와 퍼지게 하기 위해서이다.

01 (1) 광학 현미경으로 관찰한 양파 표피 세포는 각진 모양이고, 세포끼리 서로 붙어 있습니다. 입안 상피세포는 대체로 둥근 모양이고, 세포가 서로 붙어 있는 것도 있고 떨어져 있는 것도 있습니다.
 (2) 양파 표피 세포와 입안 상피 세포의 공통점은 크기가 매우 작아 맨눈으로 관찰하기 어렵다는 점과 핵과 세포막이 있다는 점입니다.

채점 기준	
상	양파 표피 세포와 입안 상피 세포를 쓰고, 두 세포의 공통점을 예시 답안과 같은 내용으로 쓴 경우
중	양파 표피 세포와 입안 상피 세포를 쓰고, 두 세포의 공통점을 예시 답안과 의미는 비슷하나 정확하게 쓰지 못한 경우
하	답을 틀리게 쓴 경우

02 풀이나 나무는 땅속에 뿌리를 내리고 있기 때문에 바람이 세게 불어도 쉽게 날아가거나 쓰러지지 않습니다.

채점 기준	
상	뿌리의 기능과 관련지어 예시 답안과 같은 내용으로 쓴 경우
중	예시 답안과 의미는 비슷하나 정확하게 쓰지 못한 경우
하	답을 틀리게 쓴 경우

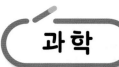

03 (1) 백합 줄기의 세로 단면에서 색소 물이 든 부분은 뿌리에서 흡수한 물이 이동한 통로입니다.

(2) 뿌리에서 흡수한 물은 줄기에 있는 통로를 통해 위로 올라갑니다. 줄기는 뿌리에서 흡수한 물이 이동하는 통로 역할을 합니다. 이 실험에서 백합의 줄기뿐만 아니라 잎과 꽃도 붉게 물드는데, 그 까닭은 뿌리에서 흡수한 물이 줄기를 거쳐 잎과 꽃으로 이동했기 때문입니다.

채점 기준	
상	물을 쓰고, 줄기의 기능을 예시 답안과 같은 내용으로 쓴 경우
중	물을 쓰고, 줄기의 기능을 예시 답안과 의미는 비슷하나 정확하게 쓰지 못한 경우
하	답을 틀리게 쓴 경우

04 감자, 마늘, 토란, 연꽃 등의 식물은 광합성을 통해 만들어진 양분을 줄기에 저장합니다.

채점 기준	
상	양분 저장과 관련지어 예시 답안과 같은 내용으로 쓴 경우
중	예시 답안과 의미는 비슷하나 정확하게 쓰지 못한 경우
하	답을 틀리게 쓴 경우

05 (1) 아이오딘-아이오딘화 칼륨 용액은 녹말과 만났을 때 청람색으로 변합니다.

(2) 이 실험 결과 빛을 받은 잎에서는 녹말이 만들어진다는 것을 알 수 있습니다. 잎이 납작하면 양분인 녹말을 만들 때 필요한 빛을 더 많이 받을 수 있습니다.

채점 기준	
상	청람색을 쓰고, 잎 모양이 대부분 납작한 까닭을 광합성과 관련지어 예시 답안과 같은 내용으로 쓴 경우
중	청람색을 썼으나, 잎 모양이 대부분 납작한 까닭을 광합성과 관련지어 정확하게 쓰지 못한 경우
하	답을 틀리게 쓴 경우

06 식물은 스스로 꽃가루받이를 할 수 없기 때문에 곤충, 새 등의 도움을 받아야 합니다. 꽃가루가 벌, 나비, 파리 등 곤충에 의해 암술로 옮겨지는 식물을 충매화라고 합니다. 충매화는 곤충을 유인하기 위해 꽃이 화려하고 향기가 있으며 꿀샘이 발달해 있습니다. 꽃이 크고 화려한 연꽃은 전형적인 충매화입니다.

채점 기준	
상	연꽃이 크고 화려한 까닭을 예시 답안과 같은 내용으로 쓴 경우
중	예시 답안과 의미는 비슷하나 정확하게 쓰지 못한 경우
하	답을 틀리게 쓴 경우

07 (1) 식물의 열매는 어린 씨를 보호하고, 씨가 익으면 멀리 퍼뜨리는 일을 합니다.

(2) 단풍나무, 가죽나무 등은 열매에 날개가 있어 빙글빙글 돌며 날아가 씨를 멀리 퍼뜨립니다.

채점 기준	
상	씨를 쓰고, 열매에 있는 날개의 움직임과 관련지어 예시 답안과 같은 내용을 옳게 쓴 경우
중	씨를 썼으나, 열매에 있는 날개의 움직임과 관련지어 정확하게 쓰지 못한 경우
하	답을 틀리게 쓴 경우

08 열매 속의 씨가 익은 뒤에 동물이 먹어야 똥으로 나온 씨가 번식할 수 있습니다. 포도나무의 열매인 포도가 익으면서 점점 맛과 향이 좋아져서 동물이 열매를 먹고 이동하여 똥을 눌 때 씨가 함께 나와 퍼지게 됩니다.

채점 기준	
상	예시 답안과 같은 내용으로 정확하게 쓴 경우
중	예시 답안과 의미는 비슷하나 정확하게 쓰지 못한 경우
하	답을 틀리게 쓴 경우

> **1** ① **예** 흰색의 가늘고 긴 뿌리가 수염처럼 여러 개 나 있다. ② **예** 파, 강아지풀 등   **2** **예** 뿌리를 자르지 않은 양파를 올려놓은 컵은 물이 많이 줄어들었고, 뿌리를 자른 양파를 올려놓은 컵은 물이 거의 줄어들지 않았다. 이것으로 뿌리가 물을 흡수한다는 것을 알 수 있다.   **3** ① 모종에 잎이 있는 것과 없는 것(모종에 있는 잎의 유무) ② 모종의 크기와 종류, 물의 양, 비닐봉지의 크기, 삼각 플라스크의 크기, 실험 시간, 실험 장소 등   **4** ㉠, **예** 뿌리에서 흡수한 물이 잎을 통해 식물 밖으로 나왔기 때문이다.

1 식물은 종류에 따라 뿌리의 생김새가 다양합니다. 고추나 명아주와 같이 굵고 곧은 뿌리에 가는 뿌리들이 난 식물도 있고, 양파, 파, 강아지풀과 같이 굵기가 비슷한 뿌리가 여러 가닥으로 수염처럼 난 식물도 있습니다. 양파는 굵기가 비슷한 흰색의 가늘고 긴 뿌리가 아래쪽에 모여서 여러 개 나 있습니다.

채점 기준

상	양파 뿌리의 생김새와 양파와 비슷한 뿌리 모양을 가진 식물의 예를 예시 답안과 같은 내용으로 쓴 경우
중	예시 답안과 의미는 비슷하나 정확하게 쓰지 못한 경우
하	답을 틀리게 쓴 경우

2 뿌리를 자르지 않은 양파를 올려놓은 컵에 담긴 물은 많이 줄어들고 뿌리를 자른 양파를 올려놓은 컵에 담긴 물은 거의 줄어들지 않았습니다. 이것은 양파가 뿌리를 통해 물을 흡수했기 때문입니다. 이 실험 결과를 통해 뿌리는 물을 흡수하는 기능이 있다는 것을 알 수 있습니다.

채점 기준

상	실험 후 두 컵에 든 물의 양과 뿌리의 기능을 관련지어 예시 답안과 같은 내용으로 쓴 경우
중	예시 답안과 의미는 비슷하나 남은 물의 양과 뿌리의 기능을 관련지어 답을 정확하게 쓰지 못한 경우
하	답을 틀리게 쓴 경우

3 실험 결과를 정확하게 알기 위해서는 실험을 할 때 변인을 통제해야 합니다. 이 실험에서 다르게 해야 할 조건은 봉선화 모종에 있는 잎의 유무 한 가지이며, 나머지 실험 조건인 모종의 크기와 종류, 물의 양, 비닐봉지의 크기, 삼각 플라스크의 크기, 실험 시간, 실험 장소 등은 모두 같게 해야 합니다.

채점 기준

상	실험에서 다르게 해야 할 조건 한 가지와 같게 해야 할 조건을 두 가지 이상 예시 답안과 같은 내용으로 쓴 경우
중	예시 답안과 의미는 비슷하나 실험 조건을 정확하게 쓰지 못한 경우
하	답을 틀리게 쓴 경우

4 잎이 있는 봉선화 모종에 씌운 비닐봉지 안에는 물방울이 더 많이 생겼고, 잎이 없는 봉선화 모종에 씌운 비닐봉지 안에는 물방울이 거의 생기지 않았습니다. 잎이 있는 봉선화 모종에 씌운 비닐봉지 안에 물방울이 더 많이 생긴 까닭은 뿌리에서 흡수한 물이 잎을 통해 식물 밖으로 빠져나갔기 때문입니다.

채점 기준

상	㉠을 쓰고, 비닐봉지 안쪽에 물방울이 생기는 까닭을 예시 답안과 같은 내용으로 쓴 경우
중	㉠을 쓰고, 비닐봉지 안쪽에 물방울이 생기는 까닭을 예시 답안과 의미는 비슷하나 정확하게 쓰지 못한 경우
하	답을 틀리게 쓴 경우

과학

과학

4. 여러 가지 기체

1 산소와 이산화 탄소

개념 확인문제   48~51쪽

1 핀치 집게   **2** (1) ✕ (2) ◯ (3) ◯   **3** 색깔   **4** 냄새   **5** 거품(기포)   **6** 꺼집니다   **7** 이산화 탄소   **8** 색깔, 냄새   **9** 소화기   **10** 이산화 탄소

실전 문제   52~53쪽

01 ①   **02** ①   **03** 산소   **04** ㉠   **05** ②   **06** ①, ③   **07** ⑤   **08** ⑤   **09** ㉢   **10** ㉡   **11** 이산화 탄소   **12** ④

01 기체 발생 장치를 꾸미는 과정은 다음과 같습니다.
(1) 짧은 고무관을 끼운 깔때기를 스탠드의 링에 설치하고, 고무관에 핀치 집게를 끼웁니다.
(2) 유리관을 끼운 고무마개로 가지 달린 삼각 플라스크의 입구를 막습니다.
(3) 깔때기에 연결한 고무관을 고무마개에 끼운 유리관과 연결합니다.
(4) 가지 달린 삼각 플라스크의 가지 부분에 긴 고무관을 끼우고, 고무관 끝에 ㄱ자 유리관을 연결합니다.
(5) 물을 $\frac{2}{3}$ 정도 담은 수조에 물을 가득 채운 집기병을 거꾸로 세웁니다.
(6) ㄱ자 유리관을 집기병 입구에 둡니다.

02 핀치 집게를 조절하여 시약의 양을 조절할 수 있습니다.

03 산소를 발생시키는 데 필요한 두 가지 물질은 묽은 과산화 수소수와 이산화 망가니즈입니다.

04 산소는 색깔과 냄새가 없으며, 다른 물질이 타는 것을 돕고, 금속을 녹슬게 하는 성질이 있습니다.

05 산소가 든 집기병 뒤에 흰 종이를 대고 색깔을 관찰합니다.

06 산소는 우리가 숨을 쉴 때 필요하므로 압축 공기통, 응급 환자의 산소 호흡 장치, 산소 캔 등에 이용됩니다.

07 이산화 탄소를 발생시키는 데 필요한 물질은 탄산수소 나트륨과 진한 식초입니다.

08 처음에 나오는 기체는 삼각 플라스크 안에 있던 공기이므로 처음에 모은 집기병의 기체는 버리고, 곧바로 물을 채운 뒤 이산화 탄소를 다시 모읍니다.

09 이산화 탄소는 색깔과 냄새가 없고, 불을 끄게 하며, 석회수를 뿌옇게 만드는 성질이 있습니다.

10 이산화 탄소가 든 집기병에 석회수를 $\frac{1}{4}$ 정도 넣고 흔들면 석회수가 뿌옇게 됩니다.

11 탄산음료가 든 용기의 마개를 따서 탄산음료를 컵에 따르면 거품을 볼 수 있습니다. 이 거품은 탄산음료에 녹아 있던 이산화 탄소가 나온 것입니다.

12 이산화 탄소는 소화기, 드라이아이스, 탄산음료의 재료로 이용됩니다. 위급할 때 순식간에 부풀어 오르는 자동 팽창식 구명조끼에도 이용됩니다.

2 압력과 온도에 따른 기체의 부피 변화

개념 확인문제   54~57쪽

1 액체, 기체   **2** 압력   **3** 작아집니다   **4** 많이   **5** 물   **6** 작아져   **7** 올라가고, 내려갑니다   **8** 여러 가지   **9** 질소   **10** 네온

실전 문제   58~59쪽

01 ②   **02** ⑤   **03** 단이   **04** (가)   **05** (나)   **06** ㉠   **07** ㉠   **08** ㉡   **09** ㉠ 커지고 ㉡ 작아진다   **10** (1) ◯ (2) ◯   **11** 질소   **12** 네온

01 물이 든 플라스틱 스포이트의 입구를 막고 머리 부분을 손가락으로 누르면 공기의 부피가 작아집니다.

02 공기가 든 주사기의 입구를 손으로 막고 피스톤을 약하게 누르면 피스톤이 약간 들어가고, 공기의 부피는 약간 작아집니다. 공기가 든 주사기의 입구를 손으로 막고 피스톤을 세게 누르면 피스톤이 많이 들어가고, 공기의 부피는 많이 작아집니다.

03 바닷속 깊이 들어갈수록 주위의 압력이 세지기 때문에 빈 페트병은 점점 더 많이 찌그러집니다.

04 공기가 든 주사기의 입구를 손가락으로 막고 피스톤을 누르면 피스톤이 들어가고, 공기의 부피는 작아집니다.

05 물이 든 주사기의 입구를 손가락으로 막고 피스톤을 누르면 피스톤이 잘 들어가지 않고, 물의 부피는 그대로입니다.

06 젤리를 만들기 위해 재료를 뜨거운 물에 녹인 후 젤리가 담긴 컵을 비닐 랩으로 씌워 냉장고에서 굳힌 뒤 살펴보면 비닐 랩이 오목하게 들어간 것을 관찰할 수 있습니다.

07 물방울이 든 플라스틱 스포이트를 뒤집어서 뜨거운 물에 넣으면 물방울이 처음보다 위로 올라갑니다.

08 고무풍선을 씌운 삼각 플라스크를 뜨거운 물에 넣으면 고무풍선이 부풀어 오르고, 얼음물이 든 비커에 넣으면 고무풍선이 오그라듭니다.

09 온도가 높아지면 기체의 부피는 커지고, 온도가 낮아지면 기체의 부피는 작아집니다.

10 물이 조금 담긴 페트병을 마개로 막아 냉장고에 넣고 시간이 지난 뒤 살펴보면 페트병이 찌그러진 것을 볼 수 있습니다. 뜨거운 음식을 비닐 랩으로 포장하면 비닐 랩이 볼록하게 부풀어 오르는 것을 볼 수 있습니다.

11 질소는 식품의 내용물을 보존하거나 신선하게 보관하는 데 이용되는 기체입니다. 또한 혈액, 세포 등을 보존할 때 이용되기도 하며, 비행기 타이어나 자동차 에어백을 채우는 데 이용되기도 합니다.

12 네온은 특유의 빛을 내는 조명 기구나 네온 광고에 이용됩니다.

단원 정리 평가　　　61~63쪽

01 ㉠ 묽은 과산화 수소수　㉡ 이산화 망가니즈　02 핀치 집게　03 ①　04 색깔　05 ㉡　06 ④　07 ⑤　08 ㉠　09 민주　10 ㉠　11 이산화 탄소　12 ㉠　13 ㉡　14 진희　15 ㉠ 높으면　㉡ 낮으면　16 ④　17 ⑤　18 헬륨

01 산소를 발생시키는 데 필요한 두 가지 물질은 묽은 과산화 수소수와 이산화 망가니즈입니다.

02 핀치 집게를 조절하여 묽은 과산화 수소수를 조금씩 흘려 보냅니다.

03 묽은 과산화 수소수를 조금씩 흘려 보내면 가지 달린 삼각 플라스크 내부에서 거품이 발생합니다.

04 산소가 든 집기병 뒤에 흰 종이를 대고 색깔을 관찰합니다.

05 산소의 냄새를 확인할 때는 산소가 든 집기병의 유리판을 열고 손으로 바람을 일으켜 냄새를 맡습니다.

06 공기 중에 산소의 양이 지금보다 많아지면 화재가 자주 발생할 것이고, 불을 끄기 어려울 것입니다. 뿐만 아니라 금속이 쉽게 녹을 것이고, 숨을 들이마실 때 들어오는 산소의 양이 많아져 숨을 쉬는 횟수가 줄어들 것입니다.

07 처음에 나오는 기체는 삼각 플라스크 안에 있던 공기이므로 처음에 모은 집기병의 기체는 버리고, 곧바로 물을 채운 뒤 이산화 탄소를 다시 모읍니다.

08 기체를 모을 때 ㄱ자 유리관을 집기병 속에 깊숙이 넣지 않도록 합니다. 기체가 물을 통과하지 않으면 불순물이 제거되지 않아 냄새가 날 수 있기 때문입니다.

09 이산화 탄소가 든 집기병에 석회수를 $\frac{1}{4}$ 정도 넣고 흔들면 석회수가 뿌옇게 됩니다.

10 이산화 탄소가 든 집기병에 향불을 넣으면 향불이 꺼집니다.

11 탄산 음료에는 이산화 탄소가 녹아 있습니다.

12 생활 속에서 이산화 탄소를 모을 수 있는 다른 방법으로는 진한 식초 대신 레몬즙을 사용하거나, 탄산음료를 흔들어 이산화 탄소를 모으거나, 드라이아이스로 이산화 탄소를 모으는 방법이 있습니다.

13 물이 든 주사기의 입구를 손가락으로 막고 피스톤을 누르면 피스톤이 잘 들어가지 않습니다.

14 높은 산 위에서 빈 페트병을 마개로 닫은 뒤 산 아래로 내려오면 페트병이 찌그러집니다. 높은 산 위와 산 아래의 공기 압력이 다르기 때문입니다.

15 온도가 높아지면 기체의 부피는 커지고, 온도가 낮아지면 기체의 부피는 작아집니다.

16 삼각 플라스크를 얼음물이 든 비커에 넣고, 고무풍선의 변화를 관찰해 보면 고무풍선 속 공기의 온도가 낮아져 고무풍선이 처음보다 작아집니다.

17 공기는 질소와 산소가 대부분을 차지하며 공기는 이 밖에도 이산화 탄소, 아르곤, 크립톤, 제논, 수소, 네온, 헬륨, 수증기 등으로 이루어져 있습니다.

18 헬륨은 비행선, 풍선이나 기구 등에 이용됩니다. 목소리를 변조하거나 차갑게 하기 위한 냉각제로 이용됩니다.

서술형 문제 64~65쪽

01 (1) 묽은 과산화 수소수 (2) ㄱ자 유리관 끝에서 거품이 나온다. 02 (1) 무색(색깔이 없다.) (2) 산소가 든 집기병의 유리판을 열고 손으로 바람을 일으켜 냄새를 맡는다. 03 (1) 탄산수소 나트륨, 진한 식초 (2) 물속에서 유리판으로 집기병 입구를 막고 집기병을 꺼낸다. 04 (1) 산소 (2) 투명하던 석회수가 뿌옇게 흐려진다. 05 (1) ㉠ (2) 물의 부피가 변하지 않는다. 06 공기의 부피가 작아진다. 07 (1) ㉡ (2) 온도가 낮아지면 스포이트 속 기체의 부피가 작아지기 때문이다. 08 (1) 질소 (2) ⓔ 산소가 과자 봉지 속의 내용물을 변하게 할 것이다. 산소는 숨을 쉴 때 필요한 기체이므로 과자 봉지 속에서 벌레가 살 수 있을 것이다.

01 (1) 산소를 발생시키는 데 필요한 두 가지 물질은 묽은 과산화 수소수와 이산화 망가니즈입니다.
(2) 기체 발생 장치에서 묽은 과산화 수소수를 조금씩 흘려 보내면 수조의 ㄱ자 유리관 끝에서 거품이 나옵니다.

채점 기준	
상	㉠에 넣는 물질과 변화를 모두 옳게 쓴 경우
중	㉠에 넣는 물질과 변화 중 일부만 옳게 쓴 경우
하	답을 틀리게 쓴 경우

02 (1) 산소가 든 집기병 뒤에 흰 종이를 대고 색깔을 관찰해 보면 색깔이 없습니다.
(2) 산소가 든 집기병의 유리판을 열고 손으로 바람을 일으켜 냄새를 맡아 봅니다.

채점 기준	
상	산소의 색깔과 냄새를 맡는 방법을 모두 옳게 쓴 경우
중	(1)과 (2) 중 일부만 옳게 쓴 경우
하	답을 틀리게 쓴 경우

03 (1) 이산화 탄소를 발생시키는 데 필요한 두 가지 물질은 탄산수소 나트륨과 진한 식초입니다.
(2) 이산화 탄소가 집기병에 가득 차면 물속에서 유리판으로 집기병 입구를 막고 집기병을 꺼냅니다.

채점 기준	
상	필요한 물질과 집기병을 꺼내는 방법을 모두 옳게 쓴 경우
중	필요한 물질과 방법 중 일부만 옳게 쓴 경우
하	답을 틀리게 쓴 경우

04 (1) 산소가 든 집기병에 향불을 넣었을 때 향불의 불꽃이 커집니다.
(2) 이산화 탄소가 든 집기병에 석회수를 $\frac{1}{4}$ 정도 넣고 흔들면 석회수가 뿌옇게 됩니다.

채점 기준	
상	기체의 종류와 석회수의 변화를 모두 옳게 쓴 경우
중	기체의 종류와 석회수의 변화 중 일부만 옳게 쓴 경우
하	답을 틀리게 쓴 경우

05 (1) 공기 40 mL가 든 주사기의 입구를 손가락으로 막고 피스톤을 약하게 누르면 공기의 부피는 약간 작아지고, 피스톤을 세게 누르면 공기의 부피는 많이 작아집니다.
(2) 물 40 mL가 든 주사기의 입구를 손가락으로 막고 피스톤을 약하게 누르거나 세게 눌러도 물의 부피는 거의 변화가 없습니다.

채점 기준	
상	(1)과 (2) 모두 옳게 쓴 경우
중	(1)과 (2) 중 일부만 옳게 쓴 경우
하	답을 틀리게 쓴 경우

06 물이 든 플라스틱 스포이트의 입구를 막고 머리 부분을 손가락으로 누르면 공기의 부피가 작아집니다.

> **채점 기준**
> 공기의 부피가 작아진다고 썼으면 정답으로 합니다.

07 (1) 얼음물이 든 비커에 물방울이 든 스포이트를 뒤집어 넣고 물방울의 움직임을 관찰해 보면 물방울이 처음보다 아래로 내려갑니다.

(2) 스포이트의 머리 부분에 기체가 들어 있는데, 온도가 낮아지면 기체의 부피는 작아지기 때문입니다.

> **채점 기준**
>
> | 상 | 물방울이 내려가는 것의 기호와 기체의 부피 변화를 모두 옳게 쓴 경우 |
> |---|---|
> | 중 | 기호와 기체의 부피 변화 중 일부만 옳게 쓴 경우 |
> | 하 | 답을 틀리게 쓴 경우 |

08 (1) 질소는 식품의 내용물을 보존하거나 신선하게 보관하는 데 이용됩니다.

(2) 과자 봉지를 질소 대신 산소로 채우면 산소가 과자 봉지 속의 내용물을 변하게 할 것이며, 산소는 숨을 쉴 때 필요한 기체이므로 과자 봉지 속에서 벌레가 살 수 있을 것입니다.

> **채점 기준**
>
> | 상 | 기체의 이름과 산소로 채웠을 때 일어날 일을 모두 옳게 쓴 경우 |
> |---|---|
> | 중 | 기체의 이름과 산소로 채웠을 때 일어날 일 중 일부만 옳게 쓴 경우 |
> | 하 | 답을 틀리게 쓴 경우 |

수행 평가   66~67쪽

1 산소: 묽은 과산화 수소수, 이산화 망가니즈, 이산화 탄소: 탄산수소 나트륨, 진한 식초   **2** 해설 참조   **3** 공기 40 mL: 공기의 부피가 많이 작아진다. 물 40 mL: 물의 부피가 변하지 않는다.   **4** 해설 참조

1 산소를 발생시키는 데 필요한 두 가지 물질은 묽은 과산화 수소수와 이산화 망가니즈이며, 이산화 탄소를 발생시키는 데 필요한 두 가지 물질은 탄산수소 나트륨과 진한 식초입니다.

> **채점 기준**
>
> | 상 | 산소와 이산화 탄소를 발생시키려고 할 때 필요한 물질 두 가지를 모두 쓴 경우 |
> |---|---|
> | 중 | 산소와 이산화 탄소를 발생시키려고 할 때 필요한 물질 중 한 가지만 쓴 경우 |
> | 하 | 산소와 이산화 탄소를 발생시키려고 할 때 필요한 물질 두 가지 모두 쓰지 못한 경우 |

2 (답)

구분	산소	이산화 탄소
색깔	없다.	없다.
냄새	없다.	없다.
향불을 넣었을 때	향불의 불꽃이 커진다.	향불이 꺼진다.

> **채점 기준**
>
> | 상 | 산소와 이산화 탄소의 성질을 모두 옳게 쓴 경우 |
> |---|---|
> | 중 | 산소와 이산화 탄소의 성질 중 한 가지만 옳게 쓴 경우 |
> | 하 | 답을 틀리게 쓴 경우 |

3 공기가 든 주사기의 입구를 손가락으로 막고 피스톤을 세게 누르면 공기의 부피는 많이 작아집니다. 물이 든 주사기의 입구를 손가락으로 막고 피스톤을 세게 누르면 물의 부피는 그대로입니다.

> **채점 기준**
>
> | 상 | 공기와 물이 든 주사기의 입구를 막고 피스톤을 세게 누를 때, 각각의 공기의 부피 변화를 모두 옳게 쓴 경우 |
> |---|---|
> | 중 | 공기와 물이 든 주사기의 입구를 막고 피스톤을 세게 누를 때, 각각의 공기의 부피 변화 중 한 가지만 옳게 쓴 경우 |
> | 하 | 답을 틀리게 쓴 경우 |

과학

4 압력에 따른 기체의 부피 변화를 관찰할 수 있는 생활 속 예는 다음과 같습니다.

(답) • 하늘을 나는 비행기 안에 있는 과자 봉지는 땅에서보다 더 많이 부풀어 오릅니다.

• 바닷속에서 잠수부가 내뿜는 공기 방울이 올라가면서 커집니다.

• 에어 농구화의 공기는 뛰어올랐다가 착지할 때 부피가 작아집니다.

채점 기준	
상	일상생활에서 압력 변화에 따른 기체의 부피 변화와 관련된 예를 옳게 쓴 경우
중	일상생활에서 압력 변화에 따른 기체의 부피 변화는 알고 있으나, 관련된 예를 옳게 쓰지 못한 경우
하	답을 틀리게 쓴 경우

5. 빛과 렌즈

❶ 빛의 굴절

개념 확인문제　　　　　　　　　　　　　**68~71쪽**

1 여러 가지　**2** 햇빛　**3** 여러 가지　**4** 우유　**5** 어두울수록　**6** 굴절　**7** 굴절　**8** 다른　**9** 아래쪽

실전 문제　　　　　　　　　　　　　　**72~73쪽**

01 ㉠　　**02** ④　　**03** 여러 가지　　**04** 태연　　**05** (1) – ㉠ (2) – ㉡　　**06** (1) ○　　**07** ④　　**08** 굴절　　**09** ①　　**10** ㉡　　**11** ③　　**12** ㉠

01 프리즘은 유리나 플라스틱 등으로 만든 투명한 삼각기둥 모양의 기구입니다.

02 프리즘을 통과한 햇빛은 하얀색 도화지에 여러 가지 빛깔이 연속된 모습으로 나타납니다.

03 햇빛을 프리즘에 통과시켰을 때 나타난 결과로 알 수 있는 햇빛의 특징은 여러 가지 빛깔로 이루어져 있다는 것입니다.

04 우리 생활에서 햇빛이 여러 가지 빛깔로 나뉘어 보이는 경우는 유리의 비스듬하게 잘린 부분을 통과한 햇빛이 만든 무지개나 비가 내린 뒤 볼 수 있는 무지개 등입니다.

05 빛은 공기 중에서 똑바로 나아갑니다. 빛을 공기 중에서 물로 비스듬히 비추면 공기와 물의 경계에서 꺾여 나아갑니다.

06 빛을 수면에 비스듬하게 비추면 빛이 공기와 물의 경계에서 꺾여 나아갑니다.

07 투명한 사각 수조에 우유를 넣고 향을 피우면 빛이 나아가는 모습을 잘 관찰할 수 있습니다.

08 빛은 공기 중에서 물로 비스듬히 나아갈 때 공기와 물의 경계에서 꺾여 나아갑니다. 이렇게 서로 다른 물질의 경계에서 빛이 꺾여 나아가는 현상을 빛의 굴절이라고 합니다.

09 물을 붓지 않았을 때 보이지 않던 동전이 물을 부은 다음에는 보입니다.

10 물속에 있는 물체의 모습은 실제보다 위쪽에 있는 것처럼 보입니다. 그 까닭은 빛이 공기와 물의 경계에서 굴절하기 때문입니다.

11 물속에 있는 물체에서 반사된 빛은 물과 공기의 경계에서 굴절하는데, 사람의 눈은 빛의 연장선에 물체가 있다고 생각하여 실제 물체의 위치와 보이는 물체의 위치가 다릅니다.

12 물고기에 닿아 반사된 빛은 물속에서 공기 중으로 나올 때 물과 공기의 경계에서 굴절해 사람의 눈으로 들어옵니다. 그런데 사람은 눈으로 들어온 빛의 연장선에 물고기가 있다고 생각하기 때문에 실제 물고기는 사람이 생각하는 물고기의 위치보다 더 아래쪽에 있습니다.

❷ 볼록 렌즈

개념 확인문제　74~77쪽

1 두껍습니다　2 크게　3 꺾여　4 볼록　5 굴절
6 밝고, 높습니다　7 현미경　8 확대

실전 문제　78~79쪽

01 ㉠　02 ㉡　03 ㉢　04 ㉠, ㉡　05 ㉠　06 룩희
07 ㉡　08 ㉠　09 ③　10 ㉠, ㉡, ㉢　11 현미경
12 ④

01 볼록 렌즈는 렌즈의 가운데 부분이 가장자리보다 두꺼운 렌즈입니다.

02 볼록 렌즈로 멀리 있는 물체의 모습을 보면 실제 물체와 달리 상하좌우가 바뀌어 보이기도 합니다.

03 곧게 나아가던 레이저 지시기의 빛이 볼록 렌즈의 가장자리를 통과하면 빛은 두꺼운 가운데 부분으로 꺾여 나아갑니다.

04 우리 주위에 있는 물체 중에서 물방울, 유리 막대, 물이 담긴 둥근 어항 등은 볼록 렌즈의 구실을 할 수 있습니다.

05 볼록 렌즈는 햇빛을 한곳으로 모으므로 빛이 모인 곳은 주변보다 밝고 온도가 높습니다.

06 볼록 렌즈는 평면 유리와 달리 햇빛을 모을 수 있으며, 볼록 렌즈로 햇빛을 모은 곳은 밝기가 밝고, 온도가 높습니다.

07 햇빛을 볼록 렌즈에 통과시키면 볼록 렌즈는 햇빛을 굴절시켜 한곳으로 모을 수 있습니다. 하지만 평면 유리는 빛을 모을 수 없기 때문에 볼록 렌즈와 같은 결과를 얻을 수 없습니다.

08 볼록 렌즈로 햇빛을 모은 곳은 밝기가 밝고 온도가 높습니다.

09 곤충을 관찰할 때, 책을 읽을 때, 시계의 날짜를 확대해서 볼 때, 상품 정보를 확인할 때, 소품을 제작할 때, 화석을 관찰할 때 볼록 렌즈를 사용할 수 있습니다.

10 볼록 렌즈를 이용해 만든 기구에는 현미경, 망원경, 쌍안경, 사진기, 휴대 전화 사진기 등이 있습니다.

11 현미경은 작은 물체의 모습을 확대해서 볼 수 있게 만든 기구입니다. 현미경에서 대물렌즈는 작은 물체에서 온 빛을 모이게 하여 물체의 모습을 거꾸로 크게 맺히게 하고, 접안렌즈는 맺힌 물체의 모습을 더 크게 보이게 합니다.

12 현미경에서 볼록 렌즈는 대물렌즈와 접안렌즈에 사용됩니다.

단원 정리 평가　81~83쪽

01 준희　02 여러 가지　03 ㉠　04 ㉠　05 해설 참조　06 ㉡　07 ㉡　08 굴절　09 ②　10 ⑤
11 수민　12 ㉠, ㉢　13 (나)　14 ㉠　15 볼록 렌즈
16 ⑤　17 ④, ⑤　18 ②

01 햇빛은 프리즘을 통과하면 하얀색 도화지에 여러 가지 빛깔로 나타납니다.

02 햇빛은 여러 가지 빛깔로 이루어져 있습니다.

03 우리 생활에서 햇빛이 여러 가지 빛깔로 나뉘어 보이는 경우는 유리의 비스듬하게 잘린 부분을 통과한 햇빛이 무지개를 만들 때나 비가 내린 뒤 무지개가 생기는 경우 등이 있습니다.

04 빛을 수면에 비스듬하게 비추면 빛이 공기와 물의 경계에서 꺾여 나아갑니다.

05 (답)

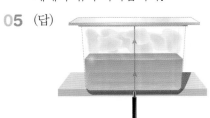

빛을 수면에 수직으로 비추면 빛이 공기와 물의 경계에서 꺾이지 않고 그대로 나아갑니다.

06 빛은 공기 중에서 물로 비스듬히 나아갈 때 공기와 물의 경계에서 꺾입니다. 이렇게 서로 다른 물질의 경계에서 빛이 꺾여 나아가는 현상을 빛의 굴절이라고 합니다.

07 물고기에 닿아 반사된 빛은 물속에서 공기 중으로 나올 때 물과 공기의 경계에서 굴절해 사람의 눈으로 들어옵니다. 그런데 사람은 눈으로 들어온 빛의 연장선에 물고기가 있다고 생각합니다. 하지만 물속에 있는 실제 물고기의 위치는 사람이 생각하는 물고기의 위치보다 더 아래쪽에 있습니다.

08 물속에 있는 물체의 모습이 실제와 다른 위치에 있는 것처럼 보이는 까닭은 공기와 물의 경계에서 빛이 굴절하기 때문입니다.

09 물을 붓지 않았을 때에는 젓가락이 반듯했지만 물을 부은 다음에는 젓가락이 꺾여 보였습니다.

10 물이 담긴 어항으로 멀리 있는 화분의 모습을 보면 상하좌우가 바뀌어 보입니다.

11 우리 주위에 있는 물체 중에서 물방울, 유리 막대 등은 볼록 렌즈의 역할을 할 수 있습니다.

12 곧게 나아가던 레이저 지시기의 빛이 볼록 렌즈의 가장자리를 통과하면 빛은 두꺼운 가운데 부분으로 꺾여 나아갑니다.

13 볼록 렌즈는 평면 유리와 달리 하얀색 도화지 사이의 거리를 조절하여 햇빛을 모을 수 있습니다.

14 볼록 렌즈는 평면 유리와 달리 하얀색 도화지에 만든 원 안의 온도가 주변보다 높습니다.

15 볼록 렌즈를 이용해 햇빛을 모은 곳은 온도가 높기 때문에 볼록 렌즈로 종이를 태울 수 있습니다.

16 볼록 렌즈는 곤충을 관찰할 때, 책을 읽을 때, 시계의 날짜를 확대해서 볼 때, 상품 정보를 확인할 때, 소품을

제작할 때, 화석을 관찰할 때 등의 경우에 사용됩니다.

17 볼록 렌즈를 이용해 만든 기구에는 현미경, 망원경, 쌍안경, 사진기, 휴대 전화 사진기 등이 있습니다.

18 우리 생활에서 볼록 렌즈를 사용하면 좋은 점은 물체의 모습을 확대해서 볼 수 있기 때문에 작은 물체나 멀리 있는 물체를 자세히 관찰할 수 있고, 섬세한 작업을 할 때 도움이 됩니다. 또한 가까운 것이 잘 보이지 않는 사람의 시력을 교정하는 데 도움을 줍니다.

서술형 문제 84~85쪽

01 (1) ㉡ (2) 빛은 공기와 유리가 만나는 경계에서 굴절하기 때문이다. **02** (1) ㉢ (2) 공기와 물과 같이 서로 다른 물체의 경계에서 빛이 꺾이는 굴절이 일어나기 때문이다. **03** (1) ㉡ (2) 물속에 있는 물체는 실제와 다른 위치에 있는 것처럼 보인다. **04** 물을 붓지 않았을 때는 젓가락이 반듯했지만 물을 부은 다음에는 젓가락이 꺾여 보였다. **05** (1) 물방울, 유리 막대, 물이 담긴 둥근 어항 등 (2) 가운데 부분이 가장자리보다 두껍다, 빛을 통과시킬 수 있다. 등 **06** (1) ㉠ (2) 빛은 두꺼운 가운데 부분으로 꺾여 나아간다. **07** (1) 볼록 렌즈 (2) 볼록 렌즈를 이용해 햇빛을 모은 곳은 온도가 높아져 종이를 태울 수 있기 때문이다. **08** (1) 대물렌즈 (2) 작은 물체의 모습을 확대해서 볼 수 있다.

01 (1) 빛은 공기와 유리, 공기와 기름 등과 같이 서로 다른 물질이 만나는 경계에서 굴절합니다.
(2) 빛은 공기와 유리가 만나는 경계와 같이 서로 다른 물질의 경계에서 굴절합니다.

채점 기준	
상	굴절한 부분을 잘 찾고, 빛이 굴절하는 까닭을 정확하게 쓴 경우
중	빛이 굴절하는 곳이나 굴절하는 까닭 중 일부만 옳게 쓴 경우
하	답을 틀리게 쓴 경우

02 (1) 사람은 눈으로 들어온 빛의 연장선에 물고기가 있다고 생각합니다. 하지만 물속에 있는 실제 물고기의 위치는 사람이 생각하는 물고기의 위치보다 더 아래쪽에 있습니다.

(2) 물속에 있는 물체의 모습이 실제와 다른 위치에 있는 것처럼 보이는 까닭은 공기와 물의 경계에서 빛이 굴절하기 때문입니다.

채점 기준	
상	사람이 생각하는 물고기의 위치와 그 까닭을 모두 옳게 쓴 경우
중	사람이 생각하는 물고기의 위치와 그 까닭 중 일부만 옳게 쓴 경우
하	답을 틀리게 쓴 경우

03 (1) 물을 붓지 않았을 때에는 동전이 보이지 않았는데 물을 부은 다음에는 동전이 보입니다.

(2) 물속에 있는 물체의 모습은 실제와 다른 위치에 있는 것처럼 보입니다. 그 까닭은 빛이 공기와 물의 경계에서 굴절하기 때문입니다.

채점 기준	
상	물을 부었을 때의 모습을 찾고, 알 수 있는 사실을 옳게 쓴 경우
중	(1)과 (2) 중 일부만 옳게 쓴 경우
하	답을 틀리게 쓴 경우

04 물을 붓지 않았을 때에는 젓가락이 반듯했지만 물을 부은 다음에는 젓가락이 꺾여 보입니다.

채점 기준	
상	물을 붓지 않았을 때와 물을 부었을 때를 비교하여 모두 옳게 쓴 경우
중	물을 붓지 않았을 때와 물을 부었을 때 중 일부만 옳게 쓴 경우
하	답을 틀리게 쓴 경우

05 (1) 우리 주위에 있는 물체 중에서 물방울, 유리 막대, 물이 담긴 둥근 어항 등은 볼록 렌즈의 구실을 할 수 있습니다.

(2) 볼록 렌즈의 구실을 하는 물체의 특징은 가운데 부분이 가장자리보다 두껍고, 빛을 통과시킬 수 있습니다.

채점 기준	
상	볼록 렌즈 역할을 하는 물체와 그 특징을 모두 옳게 쓴 경우
중	볼록 렌즈 역할을 하는 물체와 그 특징 중 일부만 옳게 쓴 경우
하	볼록 렌즈 역할을 하는 물체와 그 특징을 모두 틀리게 쓴 경우

06 (1) 곧게 나아가던 레이저 지시기의 빛이 볼록 렌즈의 가장자리를 통과하면 빛은 두꺼운 가운데 부분으로 꺾여 나아갑니다.

(2) 레이저 지시기의 빛이 볼록 렌즈의 가장자리를 통과하면 빛은 두꺼운 부분으로 꺾여 나아갑니다.

채점 기준	
상	㉠과 볼록 렌즈의 가운데 부분으로 꺾여 나아간다는 내용을 옳게 쓴 경우
중	㉠이라고만 쓴 경우
하	답을 틀리게 쓴 경우

07 (1) 볼록 렌즈는 빛을 모으는데 빛이 모인 부분은 온도가 높아집니다. 이를 이용하여 햇빛을 모아 태우면 그림을 그릴 수 있습니다.

(2) 볼록 렌즈를 이용해 햇빛을 모은 곳은 온도가 높기 때문에 볼록 렌즈로 종이를 태울 수 있습니다.

채점 기준	
상	렌즈의 종류와 그림을 그릴 수 있는 이유를 모두 옳게 쓴 경우
중	(1)과 (2) 중 일부만 옳게 쓴 경우
하	답을 틀리게 쓴 경우

08 (1) 현미경에서 대물렌즈는 작은 물체에서 온 빛을 모이게 하여 물체의 모습을 거꾸로 크게 맺히게 합니다.

(2) 현미경은 볼록 렌즈인 대물렌즈와 접안렌즈를 이용하여 작은 물체의 모습을 확대해서 볼 수 있게 만든 기구입니다.

과학

채점 기준	
상	대물렌즈라고 쓰고 쓰임새를 옳게 쓴 경우
중	⑴과 ⑵ 중 일부만 옳게 쓴 경우
하	답을 틀리게 쓴 경우

수행 평가　　　　　　　86~87쪽

1 해설 참조　**2** 햇빛은 여러 가지 빛깔로 이루어져 있다.
3 해설 참조　**4** 해설 참조

1 (답)

그림	글
	하얀색 도화지에 여러 가지 빛깔로 나타난다.

프리즘을 통과한 햇빛을 하얀색 도화지에 나타내면 하얀색 도화지에 여러 가지 빛깔로 연속해서 나타납니다.

채점 기준	
상	프리즘을 통과한 햇빛을 그림과 글로 모두 옳게 나타낸 경우
중	프리즘을 통과한 햇빛을 그림과 글 중 한 가지만 옳게 나타낸 경우
하	답을 틀리게 쓴 경우

2 햇빛을 프리즘에 통과시켰을 때 나타난 결과를 통해 햇빛이 연속된 여러 가지 빛깔로 이루어져 있다는 것을 알 수 있습니다.

채점 기준	
상	햇빛이 여러 가지 빛깔로 이루어져 있다는 것을 옳게 쓴 경우
중	햇빛이 빛깔을 띠고 있다는 것을 알고 있으나, 여러 가지 빛깔로 이루어져 있다는 것을 옳게 쓰지 못한 경우
하	답을 틀리게 쓴 경우

3 (답)

모양	특징
	가운데 부분이 가장자리보다 두껍다.

볼록 렌즈는 가운데 부분이 가장자리보다 두꺼운 렌즈를 말합니다.

채점 기준	
상	볼록 렌즈의 모양과 특징을 모두 옳게 그리고 쓴 경우
중	볼록 렌즈의 모양과 특징 중 한 가지만 옳게 그리거나 쓴 경우
하	답을 틀리게 쓴 경우

4 (답) • 크게 보이기도 합니다.
　　　• 상하좌우가 바뀌어 보이기도 합니다.
　　　• 실제 물체보다 크게 보일 때도 있고, 실제 물체와 달리 상하좌우가 바뀌어 보일 때도 있습니다.

채점 기준	
상	가까이 있는 물체를 볼 때와 멀리 있는 물체를 볼 때 모두 옳게 쓴 경우
중	가까이 있는 물체를 볼 때와 멀리 있는 물체를 볼 때 중 한 가지만 옳게 쓴 경우
하	답을 틀리게 쓴 경우

Memo

Memo

Memo

Memo

만점왕

통합본 정답과 해설 6-1

바쁜 초등학생을 위한
국·사·과 교과서 완전 학습서

만점왕 통합본

단원 평가
6-1

만점왕 통합본

국어 · 사회 · 과학

단원 평가
6-1

구성과 특징

개념책
교과서 개념을 충실하게 반영하였으며 실전 문제로 교과 학습을 완벽하게 이해할 수 있도록 내용을 구성하였습니다.

단원평가
다양한 문제를 풀어 보며 자신의 학습 상태를 점검하고 학교 단원 평가에 대비할 수 있도록 내용을 구성하였습니다.

국어 **1**

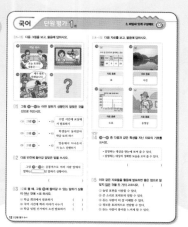

2 사회

과학 **3**

4 정답과 해설

과목별 문제 풀이를 통해 자신의 학습 상태를 점검하고, 학교 단원 평가에 대비할 수 있습니다. 부족한 부분은 해설을 꼼꼼하게 읽어 주세요.

이 책의 차례

[01~04] 다음 시를 읽고, 물음에 답하시오.

봄비

해님만큼이나
㉠큰 은혜로
내리는 교향악

이 세상
모든 것이 다
악기가 된다.

달빛 내리던 지붕은
두둑 두드둑
큰북이 되고

아기 손 씻던
세숫대야 바닥은

도당도당 도당당
작은북이 된다.

앞마을 냇가에선 ─┐
퐁퐁 포옹 퐁   ├ ㉡
뒷마을 연못에선 ─┘
풍풍 푸웅 풍

외양간 엄마 소도 함께
댕그랑댕그랑

엄마 치마 주름처럼
산들 나부끼며
㉢왈츠
봄의 왈츠
하루 종일 연주한다.

01 이 시에서 ㉠이 비유하고 있는 대상은 무엇인지 두 글자로 쓰시오.

( )

02 이 시에서 악기가 되는 것으로 알맞지 <u>않은</u> 것은 무엇입니까? ( )

① 지붕
② 아기 손
③ 앞마을 냇가
④ 뒷마을 연못
⑤ 외양간 엄마 소

서술형 문제

03 ㉡은 어떤 장면을 표현한 것인지 쓰시오.

_____

_____

04 '봄비 내리는 모습'을 ㉢과 같이 표현한 까닭으로 가장 알맞은 것을 보기 에서 골라 기호를 쓰시오.

┌─ 보기 ─────────────────┐
㉮ 소리가 나는 것이 비슷해서
㉯ 큰 소리가 나는 것이 비슷해서
㉰ 작은 소리가 나는 것이 비슷해서
㉱ 경쾌하고 가볍게 움직이는 것이 비슷해서
└────────────────────────┘

( )

☆☆
05 비유하는 표현을 사용하면 좋은 점으로 알맞지 <u>않은</u> 것은 무엇입니까? ( )

① 장면이 쉽게 떠오른다.
② 상황이 실감 나게 느껴진다.
③ 시를 오래오래 읽을 수 있다.
④ 글쓴이의 의도를 쉽게 파악할 수 있다.
⑤ 글이나 그림책의 내용이 쉽게 이해된다.

☆☆
08 ㉡~㉣에 들어갈 내용으로 알맞은 것을 선으로 이으시오.

(1) ㉡ •   • ㉮   책상

(2) ㉢ •   • ㉯   사람

(3) ㉣ •   • ㉰   오락가락하는 기온

[06~08] 다음 생각 그물을 보고, 물음에 답하시오.

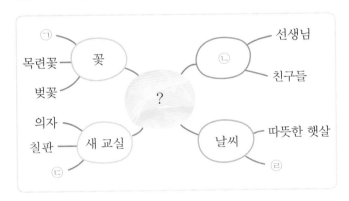

06 이 생각 그물은 무엇을 떠올린 것인지 쓰시오.

( )

09 '친구'를 비유할 대상과 그 대상과의 공통점이 가장 알맞게 연결된 것은 무엇입니까? ( )

	비유할 대상	공통점
①	흥부	내게 힘을 준다.
②	발전소	잘 웃는다.
③	밝은 햇살	멋있다.
④	호수, 바다	깊고 넓다.
⑤	연예인, 조각상	착하고 순박하다.

10 시 낭송을 잘하는 방법으로 알맞지 <u>않은</u> 것은 무엇입니까? ( )

① 항상 낮고 차분한 목소리로 읽어야 해.
② 시의 분위기와 느낌을 살려서 읽어야 해.
③ 노래하듯이 부드럽고 자연스럽게 읽어야 해.
④ 시에서 떠오르는 장면을 상상하면서 읽어야 해.
⑤ 친구들 앞에서 부끄러워하지 않고 자신 있게 읽어야 해.

07 ㉠에 들어갈 수 있는 대상이 <u>아닌</u> 것은 무엇입니까? ( )

① 튤립   ② 진달래
③ 민들레   ④ 개구리
⑤ 개나리

01 다음 빈칸에 들어갈 알맞은 말을 쓰시오.

> 어떤 현상이나 사물을 비슷한 현상이나 사물에 빗대어 표현하는 것을 [　　　　　](이)라고 한다.

(　　　　　　　　　)

서술형 문제

02 보기와 같이 '뻥튀기'를 <u>다른</u> 대상에 비유하여 표현해 보고 그렇게 표현한 까닭을 쓰시오.

보기

대상	비유하는 표현	비유한 까닭
뻥튀기	예 봄날 꽃잎	예 뻥튀기가 봄날 꽃잎처럼 하늘에 흩날리기 때문에

대상	비유하는 표현	비유한 까닭
뻥튀기	(1)	(2)

[03~05] 다음 시를 읽고, 물음에 답하시오.

> 앞마을 냇가에선
> ㉠풍풍 포웅 풍
> 뒷마을 연못에선
> ㉡풍풍 푸웅 풍
>
> ㉢외양간 엄마 소도 함께
> ㉣댕그랑댕그랑
>
> ㉤엄마 치마 주름처럼
> 산들 나부끼며
> ㉥왈츠
> 봄의 왈츠
> ㉦하루 종일 연주한다.

03 ㉠~㉦ 중 운율이 느껴지는 부분을 모두 골라 기호를 쓰시오.

(　　　　　　　　　)

04 ㉧에 쓰인 표현 방법과 <u>다른</u> 것은 무엇입니까? (　　　)

① 쟁반같이 둥근 달
② 솜사탕 같은 구름
③ 봄비는 봄의 교향악
④ 얼음처럼 차가운 바람
⑤ 사자인 듯 울부짖는 아이

05 ㉨가 비유하고 있는 대상으로 알맞은 것은 무엇입니까? (　　　)

① 지붕
② 세숫대야 바닥
③ 이 세상 모든 것
④ 봄비 내리는 소리
⑤ 봄비 내리는 모습

[06~08] 다음 시를 읽고, 물음에 답하시오.

풀잎과 바람

나는 풀잎이 좋아, ㉠풀잎 같은 친구 좋아
바람하고 엉켰다가 풀 줄 아는 풀잎처럼
헤질 때 또 만나자고 손 흔드는 친구 좋아.

나는 바람이 좋아, ㉡바람 같은 친구 좋아
풀잎하고 헤졌다가 되찾아 온 바람처럼
만나면 얼싸안는 바람, 바람 같은 친구 좋아.

06 이 시에서 '친구'를 빗대어 표현한 대상을 두 가지 고르시오. (,)

① 손   ② 바람   ③ 갈대
④ 넝쿨   ⑤ 풀잎

07 ㉠, ㉡과 같이 표현한 까닭을 골라 선으로 이으시오.

(1) ㉠ •

(2) ㉡ •

• ㉮ 만나면 얼싸안는 친구 같아서

• ㉯ 헤어질 때 또 만나자고 손 흔드는 친구 같아서

08 이 시를 읽고 만든 질문 중 느낌과 감상에 관련된 질문에 ○표 하시오.

(1) 이 시의 주제는 무엇인가요? ( )
(2) 이 시는 몇 연 몇 행인가요? ( )
(3) 이 시를 읽으면 어떤 장면이 떠오르나요? ( )
(4) 이 시에서 운율이 느껴지는 부분은 어디인가요? ( )

09 다음은 '친구'를 비유할 대상과 그 대상과의 공통점을 정리한 것입니다. ㉠에 들어갈 내용으로 가장 알맞은 것은 무엇입니까? ( )

새롭게 만난 대상	비유할 대상	공통점
친구	흥부	착하고 순박하다.
	발전소	내게 힘을 준다.
	밝은 햇살	따뜻하다.
	호수, 바다	㉠
	연예인, 조각상	멋있다.

① 깊고 넓다.
② 좁고 얕다.
③ 시끄럽고 요란하다.
④ 딱딱하고 날카롭다.
⑤ 꽉 막혀서 답답하다.

10 시화에 그림을 그리는 방법을 알맞게 말한 사람의 이름을 쓰시오.

진우: 그림은 시를 잘 표현해야 해.
은지: 시 내용이 잘 드러나게 그릴 필요는 없어.
예람: 그림이 멋지다면 시를 읽는 것을 방해해도 돼.
영인: 시의 내용과 상관없는 장면을 상상하여 그려도 돼.

( )

[01~05] 다음 글을 읽고, 물음에 답하시오.

> **가** "얘기 들었어? 사과나무에 황금 사과가 열린대!"
> "황금 사과? 말도 안 돼!"
> "가 보면 알 거 아냐. 우리 눈으로 직접 확인하자고!"
> 그 소식은 아랫동네부터 윗동네까지 쫙 퍼져 나갔지.
> **나** 하지만 사람들은 곧 약속을 어겼어.
> 사과를 따려고 금을 넘어가기 시작한 거야.
> 두 동네 사이에는 다시 싸움이 일어났지.
> 결국 금보다 더 확실하고 분명한 방법이 있어야 했어.
> **다** 사람들은 이제 담을 쌓기 시작했어.
> 사방이 꽉 막힌 높고 단단한 담을.
> 그런 다음 양쪽에 보초를 세우고 담을 넘는 사람이 있나 잘 감시했지.
> 윗동네도 아랫동네도 서로를 의심하는 마음이 차츰차츰 쌓여 갔어. / 그러다 나중에는 서로 잡아먹을 듯이 미워하게 되었지.
> **라** 어느 날, 어린 딸이 물었어.
> "엄마, 저 담 너머에는 누가 살아요?"
> "쉿! 아가야, 절대로 저 담 옆에 가면 안 돼. 저 담 너머에는 무시무시한 괴물들이 산단다."
> **마** 그런데 담 쪽으로 다가가 보니 작은 문이 언뜻 보이는 거야.
> 몸이 오싹거렸지만 그 아이는 계속 다가갔어.
> 열쇠 구멍에서 희미한 빛이 새어 나왔거든.
> 아이는 무서운 마음을 꾹 누르고 구멍 속을 들여다보았어
> "와, 세상에 이럴 수가!" / 아이의 눈에 보인 건 공을 가지고 즐겁게 노는 아이들이었어.
> 엄마가 말한 끔찍한 괴물들이 아니라 자기하고 비슷한 또래 친구들 말이야.

01 이 글에 등장하지 <u>않는</u> 인물은 누구입니까? (　　　)

① 엄마
② 아이
③ 괴물들
④ 윗동네 사람들
⑤ 아랫동네 사람들

02 글 **가**와 **나** 사이에 생략된 내용으로 가장 알맞은 것은 무엇입니까? (　　　)

① 사과나무가 사라졌다.
② 윗동네에 괴물들이 나타났다.
③ 아이들 덕분에 두 동네가 화해했다.
④ 두 동네 사람들이 힘을 합쳐 괴물들과 맞섰다.
⑤ 황금 사과를 놓고 다투던 두 동네 사이에 금이 생겼다.

03 두 동네 사이에 금과 담이 생긴 까닭은 무엇 때문인지 글 **가**에서 찾아 네 글자로 쓰시오.

(　　　　　　　　　)

서술형 문제

04 두 동네 사람들이 황금 사과를 사이좋게 나누려면 어떻게 하는 것이 좋을지 자신의 생각을 쓰시오.

_____

_____

05 다음은 두 동네 사이에 일어난 일을 정리한 것입니다. 일이 일어난 차례대로 기호를 쓰시오.

> ㉠ 두 동네 사이에 황금 사과가 열렸다.
> ㉡ 두 동네 사이에 금과 담이 생기고 서로를 미워하는 마음이 생겼다.
> ㉢ 아이는 담 너머에 자기하고 비슷한 또래 친구들이 사는 것을 보았다.
> ㉣ 어린 딸이 엄마한테 담 너머에 누가 사냐고 묻자 엄마는 무시무시한 괴물들이 산다고 했다.

(　　　) → (　　　) → (　　　) → (　　　)

[06~10] 다음 글을 읽고, 물음에 답하시오.

가 "이 상자는 내 것이여! 이 가게 주인이 나더러 가져가라고 내놓은 거여."

작고 뚱뚱한 할머니는 흠칫 놀라 뒤돌아보았어.

그런데 정작 놀란 건 종이 할머니였어. 작고 뚱뚱한 할머니의 한쪽 눈두덩에 불룩한 혹이 나 있었기 때문이야.

나 하지만 ⊙종이 할머니는 빈 상자를 포기할 수 없었어. 한번 포기하면 다른 곳의 상자나 폐지도 흉측하게 생긴 이 노인에게 빼앗길지 모르니까.

"내 거여! 이 동네에서 폐지 줍는 노인네들은 다 아는구면."

하지만 눈에 혹이 난 할머니는 아무 대꾸도 없이 상자를 실은 유모차를 끌고 가려고 했어.

울뚝, 화가 치밀어 오른 종이 할머니는 눈에 혹이 난 할머니의 팔을 잡고는 힘껏 밀어 버렸어.

다 "너무 싸게 파는구면."

종이 할머니가 한마디 던지자, 눈에 혹이 난 할머니가 씁쓸하게 말했단다.

"그래도 잘 안 팔려라."

그때 동네 꼬마들이 지나가며 소리쳤어.

"눈에 혹이 났어!" / "외계인이다! 도망가자."

종이 할머니는 외계인이라는 소리에 깜짝 놀라서 눈에 혹이 난 할머니의 얼굴을 찬찬히 살펴보았지. 그러고 보니 메이가 그린 초록색 외계인 친구하고 닮은 것도 같았어.

"이 동네로 이사 왔수?"

종이 할머니가 넌지시 물었어.

"한 달 조금 됐는디 말 상대가 없어라. 생긴 게 이래서……." / "……."

종이 할머니는 강낭콩을 받아 들고 돈을 내밀었어.

"⊙심심하면…… 놀러 오우. 우리 집은 도서관 뒷골목 세 번째 집이라오. 참, 대문 안쪽에 폐지들이 쌓여 있어서 금방 찾을 수 있다우."

☆☆☆
06 글 **가** ~ **다** 중 사건이 해결되는 '결말'에 해당하는 부분의 기호를 쓰시오.

(   )

07 ⊙의 까닭으로 알맞은 것은 무엇입니까? (   )

① 눈에 혹이 난 할머니가 싫어서
② 눈에 혹이 난 할머니가 흉측하게 생겨서
③ 눈에 혹이 난 할머니가 강낭콩을 팔아서
④ 한번 포기하면 다른 곳에서도 빼앗길지 몰라서
⑤ 눈에 혹이 난 할머니가 집에 놀러 오기 싫다고 해서

08 글 **나** 에서 알 수 있는 종이 할머니의 감정으로 알맞은 것을 보기 에서 골라 기호를 쓰시오.

> **보기**
> ㉮ 슬프다.   ㉯ 기쁘다.
> ㉰ 행복하다.   ㉱ 화가 난다.

(   )

09 이 글에서 눈에 혹이 난 할머니를 대하는 종이 할머니의 태도는 어떻게 바뀌었습니까? (   )

① 다정하다. → 쌀쌀맞다.
② 따뜻하다. → 미워한다.
③ 너그럽다. → 쌀쌀맞다.
④ 쌀쌀맞다. → 다정하다.
⑤ 미워한다. → 쌀쌀맞다.

서술형 문제
10 이 글에서 종이 할머니가 ⊙과 같이 제안한 까닭은 무엇일지 자신의 생각을 쓰시오.

_____

_____

[01~05] 다음 글을 읽고, 물음에 답하시오.

> **가** 옛날, 전라남도 영암 땅에서 있던 일이다.
>
> 영암 원님이 죽어서 염라대왕 앞으로 끌려갔다.
>
> "염라대왕님, 소인은 아직 할 일이 많습니다. 그런데 벌써 저를 데려오셨습니까? 이승에서 좀 더 살게 해 주십시오."
>
> 원님은 머리를 조아리며 간청했다. 그러자 염라대왕은 수명을 적어 놓은 책을 들여다보고는 아직 원님이 나이가 젊어 딱하다는 생각이 들었다.
>
> **나** 염라대왕은 원님을 저승사자에게 돌려보냈다.
>
> "이승으로 나가려는데 어떻게 가면 될까요?"
>
> "여기까지 데려왔는데 그냥 보내 줄 수는 없다. 너 때문에 헛걸음을 했으니 수고비를 내놓아라."
>
> "어떡하지요? 지금 저는 빈털터리인데……."
>
> "그러면 저승에 있는 네 곳간에서라도 내놓아라."
>
> **다** 원님은 그렇게 하기로 하고 자기 곳간으로 갔다. 그런데 그 곳간에는 특별한 재물이랄 게 없었다. 고작 볏짚 한 단만이 있을 뿐이었다.
>
> "이 사람, 남에게 덕을 베푼 일이라곤 없는 모양이네!"
>
> 옆에 서 있던 저승사자가 코웃음을 치며 말했다.
>
> "어찌해 제 곳간에는 볏짚 한 단밖에 없습니까?"
>
> "너는 이승에 있을 때 남에게 덕을 베푼 일이 없지 않느냐?"
>
> 원님은 순간, 쥐구멍에라도 숨고 싶을 만큼 부끄러웠다. 생각해 보니 자신은 남에게 좋은 일 한 번 변변히 한 적이 없었다.
>
> 단 한번, 몹시 가난한 아낙이 아기를 낳을 때 짚이 없어서 쩔쩔매는 것을 우연히 보고 볏짚 한 단을 구해다 준 게 전부였다.

☆☆
01 글 **가**~**다**는 이야기 구조 중 어디에 해당하는지 골라 선으로 이으시오.

(1) 글 **가**와 **나** ·   · ㉠ 발단

(2) 글 **다** ·   · ㉡ 전개

02 다음은 이 글을 읽고 질문을 만든 것입니다. 질문의 종류로 알맞은 것에 ○표 하시오.

> 사건이 어디에서 시작되었나요?

(1) 추론하는 질문 (   )

(2) 일어난 사실에 대한 질문 (   )

서술형 문제
03 다음은 글 **가**와 **나**의 사건 전개 과정의 일부입니다. 사건의 중심 내용을 요약하여 쓰시오.

> 옛날, 영암 원님이 죽어서 저승에 있는 염라대왕 앞으로 끌려갔는데, 원님이 염라대왕에게 이승에서 좀더 살게 해 달라고 간청하자 염라대왕은 원님을 저승사자에게 돌려보냈다.

_____

_____

_____

04 글 **다**의 내용으로 볼 때, 저승 곳간에 재물이 쌓이게 하려면 어떻게 해야 하는지 쓰시오.

(   )

05 글 **다**를 통해 짐작할 수 있는 원님의 성격으로 가장 알맞은 것은 무엇입니까? (   )

① 인색하다.   ② 따뜻하다.

③ 너그럽다.   ④ 인정이 많다.

⑤ 남에게 베풀 줄 안다.

06 이야기를 요약하는 방법으로 알맞지 <u>않은</u> 것은 무엇입니까? ( )

① 중요하지 않은 내용은 삭제한다.
② 관련 있는 사건은 하나로 묶는다.
③ 중요한 사건의 원인과 결과를 찾는다.
④ 중요한 사건이 잘 드러나도록 가능한 자세하게 쓴다.
⑤ 이야기 구조를 생각하며 각 부분에서 중요한 사건을 찾는다.

[07~10] 다음 글을 읽고, 물음에 답하시오.

소나기

가 소년은 집으로 돌아가던 개울가에서 물장난하는 소녀와 마주쳤습니다. 소년은 옷차림이 초라해서 말을 걸 엄두가 나지 않았습니다. 그래서 소녀에게 비켜 달라는 말도 못 하고 소녀가 징검다리에서 비키기만을 기다렸습니다. 며칠 뒤 징검다리에서 다시 만난 소녀는 세수를 하다 물속에서 하얀 조약돌 하나를 집어 "이 바보."라고 외치며 소년에게 던졌습니다. 소년은 소녀가 던진 조약돌을 간직했습니다.

나 소년과 소녀가 가까워졌습니다. 소녀는 소년에게 산 너머에 가자고 했습니다. 둘은 함께 산으로 놀러갔습니다.

다 산에서 소나기를 만난 소년과 소녀는 수숫단 속에서 비를 피했습니다. 소나기를 피하고 돌아오는 길에 물이 불어나 돌다리가 없어졌습니다. 소년은 소녀를 업고 흙탕물이 된 개울을 건넜습니다. 소년에게 업혔던 소녀의 옷 앞자락에 소년의 등에서 옮은 진흙물이 들었습니다. / 그 뒤로 소녀의 모습이 보이지 않자 소년은 주머니 속의 조약돌만 만지작거리며 소녀를 기다렸습니다. 며칠 뒤 다시 만난 소녀는 그동안 많이 아팠으며 곧 이사를 간다고 쓸쓸해했습니다.

라 며칠 뒤, 소년은 소녀가 앓다가 죽었다는 소식을 듣게 되었습니다. 소녀의 유언은 자신이 입던 옷을 꼭 그대로 입혀서 묻어 달라는 것이었습니다.

☆☆
07 글 **가**~**라** 중 이야기의 사건이 시작되는 부분은 어디인지 기호를 쓰시오.

( )

08 이 글에서 소녀가 소년에게 가자고 한 곳은 어디입니까? ( )

① 학교　　　　　② 개울가
③ 산 너머　　　　④ 징검다리
⑤ 소년의 집

09 이 글의 뒷이야기를 상상하여 쓸 때, 할 수 있는 질문으로 알맞지 <u>않은</u> 것에 ×표 하시오.

⑴ 소년은 슬픔을 어떻게 이겨 냈을까요? ( )
⑵ 소년을 만나기 전에 소녀는 어떻게 살았을까요?
( )
⑶ 소년은 소녀와의 추억을 간직한 채 어떻게 살아 갔을까요? ( )

서술형 문제
10 이 글의 제목을 「소나기」로 한 까닭은 무엇일지 쓰시오.

_____

_____

_____

[01~03] 다음 그림을 보고, 물음에 답하시오.

01 그림 **가**~**다**는 어떤 말하기 상황인지 알맞은 것을 선으로 이으시오.

(1) 그림 **가** •
• ㉠ 수업 시간에 교실에서 발표하기

(2) 그림 **나** •
• ㉡ 학생들이 둘러앉아 학급 토의 하기

(3) 그림 **다** •
• ㉢ 방송에서 아나운서가 뉴스 진행하기

02 다음 빈칸에 들어갈 알맞은 말을 쓰시오.

그림 **가**~**다**는 공통적으로 여러 사람 앞에서 말하는 ☐☐☐인 말하기 상황이다.

(　　　　　　)

03 02로 볼 때, 그림 **라**에 들어갈 수 있는 말하기 상황이 아닌 것에 ×표 하시오.

(1) 학급 회의에서 발표하기 　　　　(　)
(2) 국어 시간에 짝과 이야기 나누기 　(　)
(3) 학급 임원 선거에서 소견 발표하기 (　)

[04~05] 다음 자료를 보고, 물음에 답하시오.

☆☆
04 **가**~**라** 중 다음과 같은 특성을 지닌 자료의 기호를 쓰시오.

• 설명하는 대상을 한눈에 보여 줄 수 있다.
• 설명하는 대상의 정확한 모습을 보여 줄 수 있다.

(　　　　　　)

05 이와 같은 자료들을 활용해 발표하면 좋은 점으로 알맞지 <u>않은</u> 것을 <u>두 가지</u> 고르시오. (　 , 　)

① 높임 표현을 사용할 수 있다.
② 큰 소리로 또박또박 말할 수 있다.
③ 듣는 사람이 더 잘 이해할 수 있다.
④ 정보를 효과적으로 전달할 수 있다.
⑤ 듣는 사람이 흥미를 느끼게 할 수 있다.

서술형 문제

06 다음 발표하는 상황의 특성으로 볼 때, 자료를 어떻게 제시하면 좋을지 쓰시오.

발표하는 상황	교실에서 학급 친구들에게 발표할 때
발표하는 상황의 특성	• 여러 사람 앞에서 발표한다. • 발표 장소가 넓다.

• 교실에서 발표할 때에는

_____

_____

[07~10] 다음 글을 읽고, 물음에 답하시오.

〈제목〉 미래의 인재
〈시작하는 말〉 안녕하세요? 1모둠 발표를 맡은 김대한입니다. 우리의 미래를 생각하면서 우리 모둠은 '미래에는 어떤 인재가 필요할까'라는 주제로 발표를 준비했습니다. 우리 모둠이 준비한 자료는 표와 동영상입니다. 자료를 보면서 발표를 들어 주십시오.
〈자료 1〉 100대 기업의 인재상 변화

순위	2008년	2013년	2018년
1순위	창의성	도전 정신	소통과 협력
2순위	전문성	주인 의식	전문성
3순위	도전 정신	전문성	원칙과 신뢰
4순위	원칙과 신뢰	창의성	도전 정신
5순위	소통과 협력	원칙과 신뢰	주인 의식

■출처: 대한상공회의소, 2018.

〈설명하는 말〉 미래에는 어떤 인재가 필요할까요? 대한 상공회의소에서 조사한 '100대 기업의 인재상 변화'에 따르면 2008년에는 창의성이 1순위였는데 2013년에는 도전 정신이, 2018년에는 소통과 협력이 1순위입니다. 이처럼 시대에 따라 필요한 인재상은 달라지고 있습니다.
우리가 어른이 되는 미래에는 어떤 인재가 필요할까요? 우리 모둠은 인공 지능, 사물 인터넷 같은 4차 산업 혁명으로 이전과는 다른 산업 형태가 나타나면서 필요한 인재상도 달라질 것이라고 예상했습니다. 미래에는 변화가 굉장히 빠른 속도로 일어나기 때문에 미래의 인재에게 가장 중요한 것은 계속 배우려는 의지라고 생각합니다.

07 이 글에서 대한이네 모둠의 발표 주제는 무엇인지 찾아 쓰시오.

(   )

08 대한이네 모둠이 준비한 자료로 알맞은 것은 무엇입니까? (   )

① '100대 기업의 인재상 변화'에 대한 표
② '100대 기업의 인재상 변화'에 대한 도표
③ '100대 기업의 채용 인원 변화'에 대한 표
④ '100대 기업의 인재상 변화'에 대한 동영상
⑤ '100대 기업의 채용 인원 변화'에 대한 동영상

09 대한이네 모둠이 준비한 〈자료 1〉의 특성으로 알맞은 것을 두 가지 고르시오. (,   )

① 정확한 수치를 나타낼 수 있다.
② 수량의 변화 정도를 알 수 있다.
③ 여러 가지 자료의 수량을 비교하기 쉽다.
④ 많은 양의 자료를 간단하게 나타낼 수 있다.
⑤ 음악이나 자막을 넣어 분위기를 잘 전달할 수 있다.

10 대한이네 모둠이 〈자료 1〉을 시작 부분에 제시한 까닭으로 알맞은 것에 ○표 하시오.

(1) 흥미를 끌기 위해서 (   )
(2) 발표를 또박또박 잘하기 위해서 (   )
(3) 마지막까지 집중해서 들을 수 있도록 하기 위해서
(   )

[01~04] 다음 글을 읽고, 물음에 답하시오.

가 나성실: 안녕하세요? 저는 전교 학생회 회장단 선거에 입후보한 나성실입니다. 저는 가고 싶은 학교, 즐거운 학교를 만들고 싶어서 이 자리에 섰습니다. 우리 학교에서는 지난해에 학생들이 학교에 바라는 점을 설문 조사했습니다. 학생들이 학교에 바라는 점 가운데에서 가장 많이 나온 의견은 바로 "깨끗한 화장실을 만들어 주세요."라는 의견으로 47퍼센트가 나왔습니다.

나 나성실: 저는 이러한 여러분의 의견을 교장 선생님께 적극적으로 말씀드리고 전교 학생회에서도 의견을 모아 꼭 깨끗한 화장실을 만들겠습니다. 저는 최근에 『오늘의 순위』라는 책을 우연히 보았습니다. 이 책은 우리나라의 여러 가지를 조사한 순위를 알려 주는 책인데, 우리나라의 초등학생들 가운데에서 꿈이 없는 사람이 남학생은 14.2퍼센트, 여학생은 16.7퍼센트라고 합니다. 꿈을 정하지 못한 것이 아니라 꿈이 없는 학생들이 그만큼이라는 얘기입니다. 백 명 가운데 열다섯 명이 꿈이 없는 학생이라니, 어릴 때부터 공부만 열심히 하라는 말을 지겹게 들어온 결과가 아닌가 싶습니다. 그래서 저는 우리 학교의 학생들만큼은 꼭 누구나 꿈을 하나씩 정하고 그 꿈을 이루려고 노력하도록 도와주고 싶습니다.

01 이 글과 말하기 상황이 같지 <u>않은</u> 것은 무엇입니까?
( )

① 국어 시간에 토의하기
② 친구와 전화 통화 하기
③ 학급 회의에서 발표하기
④ 학급 임원 선거에서 소견 발표하기
⑤ 방송에서 아나운서가 뉴스 진행하기

02 글 **가** 와 **나** 에서 후보자가 활용한 자료를 골라 선으로 이으시오.

(1) 글 **가** •   • ㉠   책

(2) 글 **나** •   • ㉡   설문 조사 결과

03 나성실 후보자가 발표한 공약으로 가장 알맞은 것은 무엇입니까?
( )

① 깨끗한 화장실을 만들겠다.
② 꿈 찾기 기획을 진행하겠다.
③ 『오늘의 순위』라는 책을 읽게 하겠다.
④ 다양한 직업 체험 학습을 가도록 노력하겠다.
⑤ 학생들이 학교에 바라는 점을 설문 조사하겠다.

☆☆
04 이와 같은 말하기 상황의 특성으로 알맞지 <u>않은</u> 것의 기호를 쓰시오.

㉮ 큰 소리로 또박또박 말해야 한다.
㉯ 듣는 사람은 집중해서 들어야 한다.
㉰ 듣는 사람이 이해하기 쉽게 자료를 활용하면 좋다.
㉱ 친한 사이일 때에는 높임 표현을 사용하지 않아도 된다.

( )

05 다음과 같이 발표자가 여행지의 자연환경을 소개할 때 사진 자료를 활용한 까닭으로 알맞은 것에 ○표 하시오.

(1) 정확한 수치를 나타낼 수 있어서   ( )

(2) 많은 양의 자료를 간단하게 나타낼 수 있어서
( )

(3) 있는 그대로의 모습을 보여 줄 때 더 이해하기 쉬워서
( )

06 다음 그림에 나타난 문제점은 무엇입니까? (   )

① 자료가 너무 길다.   ② 자료에 글씨가 없다.
③ 자료가 너무 복잡하다. ④ 자료의 출처를 안 밝혔다.
⑤ 자료의 종류가 발표 내용과 맞지 않다.

[07~09] 다음 글을 읽고, 물음에 답하시오.

〈자료 2〉

■ 출처: 한국교육방송공사(2018), 「지식 채널 e: 일자리의 미래」

〈설명하는 말〉 다음으로 준비한 자료는 한국교육방송공사에서 방송한 「일자리의 미래」입니다. 자료를 보면서 발표를 이어 가겠습니다.

　이 동영상에서는 2020년까지 사라지는 일자리는 510만 개로, 미래에는 한 사람이 평균 4~5개의 직업을 가져야 한다고 합니다. 우리가 이러한 미래 사회에서 성공하려면 여러 분야에서 다양한 능력을 갖춰야 합니다. 경제협력개발기구[OECD]가 정리한 미래 핵심 역량은 도구 활용 능력, 사회적 상호 작용 능력, 자기 삶에 대한 자주적 관리 능력입니다. 앞서 발표한 '100대 기업의 인재상 변화'에서도 나타난 소통, 협력, 전문성과 관련 있다고 생각합니다. 이러한 능력을 키우려고 핀란드, 독일, 아르헨티나와 같은 세계 여러 나라에서는 단순한 암기 교육이 아니라 현실에 적용할 수 있는 능력을 키우는 역량 중심 교육을 강화한다고 합니다.
　미래에는 더 많은 변화가 더 빨리 이루어질 것입니다. 미래에 우리에게 필요한 능력은 기계가 대신할 수 없는, 인간만이 지니는 능력이라고 생각합니다. 기술과 지식을 창의적으로 활용하고 이로써 문제를 해결해 내는 인간만이 지닐 수 있는 능력을 더 키워 나가야 할 것입니다.

07 〈자료 2〉의 종류로 알맞은 것은 무엇입니까? (   )

① 책　　　② 표　　　③ 도표
④ 사진　　⑤ 동영상

08 〈자료 2〉의 내용을 잘못 말한 사람의 이름을 쓰시오.

> 가은: 2020년까지 사라지는 일자리는 510만 개래.
> 희수: 미래 핵심 역량은 소통, 협력, 전문성과 관련 있대.
> 석재: 미래에는 한 사람이 평균 4~5개의 직업을 가져야 한다고 했어.
> 민지: 세계 여러 나라에서는 역량 중심 교육보다는 단순한 암기 교육을 강화하고 있대.

(   )

서술형 문제

09 발표자가 〈자료 2〉를 발표 마지막에 넣었다면 그 까닭은 무엇일지 쓰시오.

_____

_____

10 발표를 들을 때 주의할 점으로 알맞지 않은 것에 ×표 하시오.

(1) 발표하는 목소리 크기에 집중하며 듣는다.
(   )

(2) 발표하는 내용 가운데서 중요한 부분은 적으며 듣는다.
(   )

(3) 발표하는 내용과 방법에 어울리는 자료인지 생각하며 듣는다.
(   )

[01~03] 다음 글을 읽고, 물음에 답하시오.

> 시은: 동물원은 살아 있는 동물들을 모아서 기르는 곳
> 입니다. 자연 상태에서 보기 힘든 다양한 동물을
> 가까이에서 볼 수 있어 동물의 생태와 습성, 자연
> 환경의 소중함을 배울 수 있는 교육 장소입니다.
> 하지만 좁은 우리에 갇혀 살아가는 동물들은 스트
> 레스를 많이 받습니다. '[＿＿＿＿ ㉠ ＿＿＿＿]'에
> 대해 우리 모둠 친구들은 어떻게 생각하나요?

01 이 글에서 시은이가 제시한 문제 상황은 무엇입니까?
( )

① 동물원은 우리에게 큰 즐거움을 준다.
② 사람은 동물을 좋아하고 가까이 해 왔다.
③ 좁은 우리에 갇혀 살아가는 동물들은 스트레스를 받는다.
④ 동물원에서는 쉽게 만날 수 없는 동물을 가까이에서 볼 수 있다.
⑤ 동물원은 동물의 생태와 습성, 자연환경의 소중함을 배울 수 있는 교육 장소이다.

02 ㉠에 들어갈 주제로 알맞은 것은 무엇입니까?
( )

① 동물원은 무엇인가
② 동물원은 필요한가
③ 동물원에 왜 가는가
④ 동물원에 바라는 점은 무엇인가
⑤ 동물원은 동물들을 어떻게 다루는가

03 다음은 **02**의 주제에 대한 주장입니다. 그 근거로 알맞은 것에 ○표 하시오.

> 동물원은 없애야 한다.

(1) 우리에 갇힌 동물은 스트레스를 받는다. ( )
(2) 동물원은 동물에 대해 배울 수 있는 교육 장소이다.
( )

[04~05] 다음 글을 읽고, 물음에 답하시오.

> **가** 요즘에 우리 전통 음식보다 외국에서 유래한 햄버
> 거나 피자와 같은 음식을 더 좋아하는 어린이를 쉽게
> 볼 수 있습니다. 이러한 음식은 지나치게 많이 먹으면
> 건강이 나빠지기도 합니다. 그에 비해 우리 전통 음식
> 은 오랜 세월에 걸쳐 전해 오면서 우리 입맛과 체질에
> 맞게 발전해 왔기 때문에 여러 가지 면에서 우수합니
> 다. 우리 전통 음식을 사랑합시다. 왜 우리 전통 음식
> 을 사랑해야 할까요?
>
> **나** 첫째, 우리 전통 음식은 건강에 이롭습니다. 우리
> 가 날마다 먹는 밥은 담백해 쉽게 싫증이 나지 않으며
> 어떤 반찬과도 잘 어우러져 균형 잡힌 영양분을 섭취
> 하기 좋습니다. 또 된장, 간장, 고추장 같은 발효 식품
> 에도 무기질과 비타민이 풍부하게 들어 있어 몸을 건
> 강하게 해 줍니다. 특히 청국장은 항암 효과는 물론
> 해독 작용까지 뛰어나다고 합니다. 된장도 건강에 이
> 로운 식품으로 알려져 있습니다.

04 글쓴이가 이 글을 쓴 목적은 무엇입니까? ( )

① 발효 식품의 우수성을 널리 알리기 위해
② 외국인에게 우리 전통 음식을 소개하기 위해
③ 우리 전통 음식을 사랑하자고 주장하기 위해
④ 건강에 이로운 음식만 팔자고 주장하기 위해
⑤ 우리 전통 음식은 밥과 반찬으로 이루어져 있음을 설명하기 위해

☆☆
05 글 **가**와 **나**의 중심 문장을 각각 골라 선으로 이으시오.

(1) [글 **가**] •

(2) [글 **나**] •

• ㉠ 우리 전통 음식을 사랑합시다.

• ㉡ 왜 우리 전통 음식을 사랑해야 할까요?

• ㉢ 우리 전통 음식은 건강에 이롭습니다.

[06~09] 다음 글을 읽고, 물음에 답하시오.

가 우리나라뿐만 아니라 세계 곳곳에서 벌어지는 자연 개발은 우리 삶을 위협한다. 이러한 무분별한 개발로 우리 삶의 터전인 자연은 몸살을 앓고, 이제 인류의 생존까지 위협하는 상황에 이르렀다. 우리는 자연의 목소리에 귀를 기울이고 자연을 보호해야 한다. 왜 자연을 보호해야 할까?

나 첫째, ㉠자연은 한번 파괴되면 복원되기가 어렵다. 어린나무 한 그루가 아름드리나무로 성장하는 데 약 30년에서 50년이 걸린다고 한다. 우유 한 컵(150밀리리터)으로 오염된 물을 물고기가 살 수 있는 깨끗한 물로 만들려면 우유 한 컵의 약 2만 배의 물이 필요하다. 이처럼 환경을 오염시키는 것은 순식간이지만 오염된 환경을 되살리는 데는 수십, 수백 배의 시간과 노력이 든다. 자연의 힘이 아무리 위대해도 자정 능력을 넘어서는 오염을 감당하기는 어렵다.

다 둘째, ㉡무리한 자연 개발은 생태계를 파괴한다. 생물은 서로 유기적인 생태계로 얽혀 있으며 주변 환경과 영향을 주고받으면서 살아간다. 자연 개발로 생태계를 파괴하면 결국 사람의 생활 환경을 악화시키는 결과를 초래한다.

라 셋째, ㉢자연은 우리 후손이 살아갈 삶의 터전이다. 당장의 편리와 이익만을 추구하다 보면 우리 후손에게 훼손된 자연을 물려주게 된다. 환경을 고려하지 않은 개발로 물, 공기, 토양, 해양과 같은 자연환경이 돌이키기 힘들 정도로 훼손되면 우리 후손은 그 훼손된 자연 속에서 살아가야 한다. 조상으로부터 금수강산을 물려받은 우리는 후손에게 아름다운 자연을 물려주어야 할 의무가 있다. 자연은 조상이 남긴 소중한 환경 유산이자 후손이 앞으로 살아갈 삶의 터전임을 기억해야 한다.

마 자연은 우리의 영원한 안식처이다. 더 이상 무분별한 개발로 금수강산을 훼손해서는 안 된다. 자연 개발로 사라져 가는 동식물을 다시 이 땅으로 돌아오게 하여 더불어 살아야 한다. 지나친 개발 때문에 나타나는 지구 온난화와 이상 기후 현상이 더 이상 심해지지 않도록 노력하는 일도 우리 모두에게 남겨진 과제이다. ㉣이제 우리 모두 자연 보호를 실천해야 한다.

06 글 **가**에서 글쓴이의 주장을 찾아 쓰시오.

(   )

07 ㉠~㉣ 중 글쓴이의 주장을 뒷받침하는 근거에 해당하지 않는 것의 기호를 쓰시오.

(   )

☆☆
08 논설문의 짜임에 맞게 글 **가**~**마**의 기호를 쓰시오.

서론	(1)
본론	(2)
결론	(3)

09 이 글의 내용이 타당하다고 판단했다면 그렇게 판단한 근거로 알맞지 않은 것에 ×표 하시오.

(1) 근거가 주장과 관련 있다.   (   )
(2) 근거가 주장을 뒷받침한다.   (   )
(3) 주장이 가치 있고 중요하다.   (   )
(4) 근거를 뒷받침하는 내용이 길다.   (   )

서술형 문제
10 다음 문장을 논설문에 적절한 표현으로 바꾸어 쓰시오.

> 국립 공원에 절대로 케이블카를 설치해서는 안 된다.

[01~02] 다음 글을 읽고, 물음에 답하시오.

가 ㉠동물원은 우리에게 큰 즐거움을 줍니다. ㉡3000년 전에 이미 동물원을 만들었을 만큼 사람은 동물을 좋아하고 가까이해 왔습니다. 동물원에서는 쉽게 만날 수 없는 동물을 가까이에서 볼 수 있는데, 열대 지역에 사는 사자나 극지방에 사는 북극곰도 쉽게 만날 수 있습니다. ㉢서울 동물원에만 한 해 평균 350만 명이 방문한다고 합니다. 이렇게 많은 사람이 동물원을 좋아하고 동물원에서 즐거움을 느낍니다.

나 ㉣동물원은 동물을 보호해 줍니다. 야생에서는 약한 동물이 더 강한 동물에게 공격당하거나 먹이가 없어 굶어 죽기도 합니다. ㉤동물원은 자유를 제한하더라도 먹이와 안전을 보장하기 때문에 동물에게 훨씬 이롭습니다. 최근에는 친환경 동물원으로 탈바꿈하는 곳도 많습니다. ㉥동물들이 지내는 환경을 개선하면 동물원은 사람에게도, 동물에게도 이로운 곳이 될 것입니다.

01 이 글의 내용으로 볼 때, 글쓴이의 주장으로 알맞은 것은 무엇입니까? ( )

① 동물원은 없애야 한다.
② 동물원은 있어야 한다.
③ 동물원의 수를 줄여야 한다.
④ 동물원의 동물들을 풀어 주어야 한다.
⑤ 우리에 갇힌 동물들이 스트레스를 받는다.

02 ㉠~㉥ 중 각 문단의 중심 문장을 찾아 기호를 쓰시오.

(1) 글 **가**: ( ) (2) 글 **나**: ( )

[서술형 문제]

03 자신의 생각과 <u>다른</u> 주장에 어떤 마음을 가져야 할지 쓰시오.

_____

_____

[04~05] 다음 글을 읽고, 물음에 답하시오.

가 우리 전통 음식은 오랜 세월에 걸쳐 전해 오면서 우리 입맛과 체질에 맞게 발전해 왔기 때문에 여러 가지 면에서 우수합니다. 우리 전통 음식을 사랑합시다. 왜 우리 전통 음식을 사랑해야 할까요?

나 첫째, 우리 전통 음식은 건강에 이롭습니다. 우리가 날마다 먹는 밥은 담백해 쉽게 싫증이 나지 않으며 어떤 반찬과도 잘 어우러져 균형 잡힌 영양분을 섭취하기 좋습니다.

다 우리 전통 음식을 가까이하면 계절과 지역에 따라 다양한 맛을 즐길 수 있습니다. 우리 조상은 생활 주변에서 나는 여러 가지 재료를 이용해 계절에 맞는 다양한 음식을 만들어 왔습니다.

라 우리 전통 음식에서 우리 조상의 슬기와 문화를 경험할 수 있습니다. 우리 조상은 겨울을 나려고 김장을 하고, 저장 온도와 저장 기간을 조절해 겨울철에도 신선하게 채소를 먹을 수 있도록 했습니다.

마 우리는 우리 전통 음식의 과학성과 우수성을 알고 우리 전통 음식에 관심을 가지고 우리 전통 음식을 사랑해야겠습니다.

☆☆

04 글 **가**~**마**가 하는 역할을 골라 선으로 이으시오.

(1) 글 **가** •

(2) 글 **나**~**라** •

(3) 글 **마** •

• ㉠ 글 내용을 요약하고 주장을 다시 한번 강조한다.

• ㉡ 문제 상황을 밝히고 주장을 분명히 나타낸다.

• ㉢ 주장의 근거와 그 근거를 뒷받침하는 내용을 제시한다.

05 이 글에서 글쓴이가 주장하는 것은 무엇인지 글 **가**에서 찾아 쓰시오.

( )

[06~09] 다음 글을 읽고, 물음에 답하시오.

㉮ 자연은 한번 파괴되면 복원되기가 어렵다. 어린나무 한 그루가 아름드리나무로 성장하는 데 약 30년에서 50년이 걸린다고 한다. 우유 한 컵(150밀리리터)으로 오염된 물을 물고기가 살 수 있는 깨끗한 물로 만들려면 우유 한 컵의 약 2만 배의 물이 필요하다. 이처럼 환경을 오염시키는 것은 순식간이지만 오염된 환경을 되살리는 데는 수십, 수백 배의 시간과 노력이 든다. 자연의 힘이 아무리 위대해도 자정 능력을 넘어서는 오염을 감당하기는 어렵다.

㉯ 무리한 자연 개발은 생태계를 파괴한다. 생물은 서로 유기적인 생태계로 얽혀 있으며 주변 환경과 영향을 주고받으면서 살아간다. 자연 개발로 생태계를 파괴하면 결국 사람의 생활 환경을 악화시키는 결과를 초래한다. 예를 들어 사람의 편의를 돕는 시설을 만들면서 무분별하게 산을 파헤치면 동식물은 삶이 터전을 잃는다. 무리한 자연 개발의 결과로 기후 변화 현상까지 나타나 동물이 멸종 위기에 처하고, 지구 환경이 위협을 받기도 한다. 동식물이 살 수 없는 곳은 사람도 살 수 없는 곳이 된다. 사람도 자연의 일부분이므로 자연과 조화를 이루어야 우리 삶이 풍요로워진다.

㉰ 자연은 우리 후손이 살아갈 삶의 터전이다. 당장의 편리와 이익만을 추구하다 보면 우리 후손에게 훼손된 자연을 물려주게 된다. 환경을 고려하지 않은 개발로 물, 공기, 토양, 해양과 같은 자연환경이 돌이키기 힘들 정도로 훼손되면 우리 후손은 그 훼손된 자연 속에서 살아가야 한다. 조상으로부터 금수강산을 물려받은 우리는 후손에게 아름다운 자연을 물려주어야 할 의무가 있다. 자연은 조상이 남긴 소중한 환경 유산이자 후손이 앞으로 살아갈 삶의 터전임을 기억해야 한다.

☆☆
06 이와 같은 글의 특징이 <u>아닌</u> 것은 무엇입니까? (   )

① 서론, 본론, 결론으로 짜여 있다.
② 글쓴이가 내세우는 주장이 담겨 있다.
③ 읽는 사람을 설득하는 것이 목적이다.
④ 주장을 뒷받침하는 근거와 예시 자료가 있다.
⑤ 개인의 생각이나 의견이 아닌 사실을 있는 그대로 설명한다.

07 이 글은 논설문의 짜임 중 어디에 해당하는지 알맞은 것에 ○표 하시오.

⑴ 글 내용을 요약하고 주장을 다시 한번 강조하는 '결론' 부분이다.   (   )
⑵ 문제 상황을 밝히고 주장을 분명히 나타내는 '서론' 부분이다.   (   )
⑶ 서론에서 제시한 주장의 근거와 그 근거를 뒷받침하는 내용을 제시하는 '본론' 부분이다.   (   )

08 글 ㉮~㉰ 중 예시의 방법으로 근거를 뒷받침한 것을 모두 찾아 기호를 쓰시오.   (   )

09 이 글의 내용으로 알맞은 것을 <u>두 가지</u> 고르시오.
(,   )

① 자연은 파괴되어도 복원되기가 쉽다.
② 무리한 자연 개발은 생태계를 살린다.
③ 자연은 우리 후손이 살아갈 삶의 터전이다.
④ 자연의 힘은 위대해서 아무리 오염을 시켜도 모두 감당할 수 있다.
⑤ 어린나무 한 그루가 아름드리나무로 성장하는 데 약 30년에서 50년이 걸린다.

서술형 문제

10 다음 그림에서 발견할 수 있는 문제 상황을 해결하기 위한 자신의 주장과 근거를 쓰시오.

한 가지 갈래의 책만 읽기

주장   ⑴

근거   ⑵

[01~02] 다음 그림을 보고, 물음에 답하시오.

01 ㉠의 속담을 사용할 수 있는 상황으로 알맞은 것은 무엇입니까? (   )

① 이치에 맞지 않는 상황
② 철없이 함부로 덤비는 상황
③ 여럿이 힘을 합쳐 짐을 나른 상황
④ 용돈을 조금씩 모아 부모님 선물을 산 상황
⑤ 여러 가지 일을 하다 보니 아무것도 이룬 것이 없는 상황

02 ㉡을 말하는 속담의 예로 알맞은 것을 두 가지 고르시오. (,   )

① 땅 짚고 헤엄치기
② 손이 많으면 일도 쉽다
③ 우물을 파도 한 우물을 파라
④ 두 손뼉이 맞아야 소리가 난다
⑤ 사공이 많으면 배가 산으로 간다

[03~05] 다음 그림을 보고, 물음에 답하시오.

03 그림 ㉮와 ㉯의 상황으로 알맞은 것을 선으로 이으시오.

(1) 그림 ㉮ •

(2) 그림 ㉯ •

• ① 동전을 모아서 큰돈을 마련한 상황

• ② 뒤늦게 안전 관리 실태를 점검하는 것을 안타까워하는 상황

서술형 문제

04 ㉠의 속담을 사용할 수 있는 다른 상황을 한 가지 쓰시오.

_____

_____

05 ㉡의 속담 뜻으로 알맞은 것은 무엇입니까? (   )

① 일부만 보고 전체를 미루어 안다.
② 무슨 일이나 그 일의 시작이 중요하다.
③ 쉬운 일이라도 협력해서 하면 훨씬 쉽다.
④ 일이 이미 잘못된 뒤에는 손을 써도 소용이 없다.
⑤ 아무리 작은 것이라도 모이고 모이면 큰 덩어리가 된다.

[06~09] 다음 글을 읽고, 물음에 답하시오.

"가다가 딴전 부리지 말고 곧장 강 도령에게 전해야 한다. 아주 중요한 편지야."
염라대왕이 몇 번씩 다짐을 받았습니다.
"네, 네. 심부름 한두 번 해 보나요. 전 심부름 하나는 틀림없다니까요." / 까마귀는 염라대왕이 준 편지를 물고 인간 세상에 내려왔습니다. 한참 맴을 돌며 내려오는데 어디선가 아주 고소한 냄새가 났습니다.
"이야, 참 고소하다. 어디서 고기 냄새가 날까?"
까마귀는 그만 고기 냄새에 넋을 잃었습니다.
"앗, 저기다. 아니, 말이 쓰러져 있잖아. 어디 가까이 가 볼까?" / 까마귀는 메밀밭가에 죽어 쓰러져 있는 말에게 날아갔습니다. / "꼴깍!"
까마귀는 침을 삼키며 강 도령에게 빨리 편지를 전하고 와서 배불리 먹어야겠다고 생각했습니다.
'아냐, 그새 누가 와서 다 먹어 버리면 어떡하지? 조금만 먹고 빨리 갔다 와야지.'
까마귀는 생각을 바꿔 말고기를 먹고 가기로 했습니다. 까마귀가 말고기를 먹으려고 입을 벌리는 순간, 입에 문 편지가 바람에 날려 어디론가 사라졌습니다. 그래도 까마귀는 정신없이 말고기를 먹었습니다.
"후유, 정말 잘 먹었다. 인간 세상은 참 좋아. 나도 여기서 살았으면 좋겠다. 배불리 먹고 나니 부러울 게 하나도 없구나."
까마귀는 좀 쉬고 난 뒤 편지를 찾았습니다. 그러나 편지는 온데간데없었습니다.
"아니, 편지가 없어졌네. 이거 큰일 났다."
까마귀는 높이 날아올라 이리저리 편지를 찾았습니다. 지나가는 새들을 붙잡고 물어보았지만 편지를 본 새가 아무도 없었습니다.
㉠"하는 수 없다. 아무렇게나 꾸며 댈 수밖에!"
까마귀는 편지 찾는 걸 포기하고 강 도령에게 갔습니다.

06 까마귀가 잃어버린 편지는 누가 누구에게 보내는 것인지 ( ) 안에 알맞은 말을 차례대로 쓰시오.

(   )이/가 (   )에게

☆☆☆
07 ㉠에 어울리는 속담으로 알맞은 것을 보기 에서 골라 기호를 쓰시오.

보기

㉮ 가랑잎으로 눈 가리기: 자기의 존재나 허물을 숨기려고 미련하게 애쓰는 경우를 이르는 말.
㉯ 가랑잎에 불붙듯: 바싹 마른 가랑잎에 불을 지르면 걷잡을 수 없이 잘 탄다는 뜻으로, 걸핏하면 발끈하고 화를 잘 내는 것을 이르는 말.

(   )

08 이 글의 내용으로 볼 때 까마귀의 성격으로 알맞은 것은 무엇입니까? (   )

① 성실하다.   ② 꼼꼼하다.
③ 솔직하다.   ④ 무책임하다.
⑤ 욕심이 없다.

서술형 문제

09 까마귀에게 해 주고 싶은 말은 무엇인지 자신의 생각을 쓰시오.

_____

_____

10 다음 속담의 ㉮와 ㉯에 들어갈 동물로 알맞은 것은 무엇입니까? (   )

• [㉮]도 제 말 하면 온다
• 그물에 걸린 [㉯] 신세

	㉮	㉯
①	닭	토끼
②	토끼	호랑이
③	토끼	원숭이
④	원숭이	토끼
⑤	호랑이	토끼

01 속담에 대한 설명으로 알맞지 <u>않은</u> 것은 무엇입니까?
( )

① 쉬운 격언이나 잠언이다.
② 교훈과 해학이 담겨 있다.
③ 조상의 슬기와 지혜를 알 수 있다.
④ 우리 민족의 생활 방식과 교훈이 담겨 있다.
⑤ 옛날부터 민간에 전하여 내려오는 이야기이다.

[02~03] 다음 그림을 보고, 물음에 답하시오.

02 ㉠과 ㉡ 중 다음의 뜻을 가진 속담으로 알맞은 것의 기호를 쓰시오.

> 일부만 보고 전체를 미루어 안다.

( )

☆☆
03 그림 ⑦와 ⑭에서 속담을 사용한 까닭을 골라 선으로 이으시오.

(1) 그림 ⑦ ·   · ① 듣는 사람이 흥미를 가질 수 있어서

(2) 그림 ⑭ ·   · ② 주장의 논리를 뒷받침해 쉽게 설득할 수 있어서

[04~05] 다음 글을 읽고, 물음에 답하시오.

> 사랑하는 영주야!
> 처음에는 어렵다고 느껴지는 책도 두세 번씩 읽다 보면 어느덧 담긴 뜻을 생각하며 쉽게 읽을 수 있단다. 그러니 힘든 일이 있더라도 꿋꿋하게 견디며 희망을 가졌으면 좋겠다.

04 글쓴이가 영주에게 전하고자 하는 말로 가장 알맞은 것은 무엇입니까? ( )

① 희망을 가지라는 말
② 고생을 그만하라는 말
③ 책을 많이 읽으라는 말
④ 책을 여러 번 읽으라는 말
⑤ 어려운 일이 계속될 것이라는 말

05 이 글과 관련된 속담을 보기에서 모두 골라 기호를 쓰시오.

> 보기
> ㉮ 배보다 배꼽이 더 크다
> ㉯ 쥐구멍에도 볕 들 날 있다
> ㉰ 응달에도 햇빛 드는 날이 있다
> ㉱ 마룻구멍에도 볕 들 날이 있다

( )

06 다음 속담의 뜻으로 알맞은 것을 선으로 이으시오.

(1) 천 리 길도 한 걸음부터 •

(2) 지렁이도 밟으면 꿈틀한다 •

(3) 세 살 적 버릇이 여든까지 간다 •

• ㉮ 무슨 일이나 그 일의 시작이 중요하다.

• ㉯ 어릴 때 몸에 밴 버릇은 늙어서도 고치기 힘들다.

• ㉰ 순하고 좋은 사람이라도 너무 업신여기면 가만있지 않는다.

07 글 ㉮와 ㉯ 사이에 생략된 일로 가장 알맞은 것은 무엇입니까? ( )

① 독장수가 독을 다 팔았다.
② 독장수가 독을 잃어버렸다.
③ 독장수가 독을 집으로 가져갔다.
④ 독장수가 실수로 독을 깨뜨렸다.
⑤ 독장수가 독을 팔아 부자가 되었다.

08 ㉠에서 짐작할 수 있는 독장수의 마음으로 가장 알맞은 것은 무엇입니까? ( )

① 반갑다.　　　　② 설렌다.
③ 기쁘다.　　　　④ 미안하다.
⑤ 속상하다.

[07~09] 다음 글을 읽고, 물음에 답하시오.

㉮ "아이고, 어깨야. 어째 오늘은 독을 사는 사람이 하나도 없네."

독장수는 고갯길을 힘겹게 올랐습니다. 숨을 헐떡거리며 높은 고개턱을 겨우 올라왔습니다. 혹시라도 몸을 잘못 가누면 독이 굴러떨어져 산산조각이 나고 맙니다. 독장수는 너무 힘들어 눈앞이 핑핑 돌 지경이었습니다.

"아이고, 저 나무 밑에서 좀 쉬었다 가야겠다."

독장수는 고개를 다 오르고는 나무 그늘 밑에다 지겟작대기로 지게를 받쳐 세워 놓았습니다. 독장수는 허리춤에 찼던 수건을 꺼내 이마와 얼굴의 땀을 닦았습니다.

"아, 이제 살 것 같다. 아이고, 그놈의 고개 오지기도 해라."

㉯ ㉠독장수는 눈물을 뚝뚝 흘리며 박살 난 독 조각들을 쓰다듬었습니다.

이와 같이 허황된 것을 궁리하고 미리 셈하는 것을 '독장수구구'라고 하고, 실현성이 없는 허황된 계산은 도리어 손해만 가져온다는 뜻으로 ㉡"독장수구구는 독만 깨뜨린다."라는 속담이 쓰입니다.

서술형 문제

09 ㉡의 속담 뜻과 그 속담을 사용할 수 있는 다른 상황을 한 가지 쓰시오.

(1) 속담의 뜻: _____

_____

(2) 속담을 사용할 수 있는 다른 상황: _____

_____

10 다음과 같이 우리나라 속담에 '말'과 관련 있는 속담이 많은 까닭으로 가장 알맞은 것에 ○표 하시오.

• 말이 씨가 된다
• 말이 많으면 쓸 말이 적다
• 아 해 다르고 어 해 다르다

(1) 우리는 관계를 중요하게 생각하는데 말로 상대의 마음을 읽을 수 있어서 ( )
(2) 하고 싶은 말을 동물의 행동이나 특징에 빗대어 쉽게 표현할 수 있어서 ( )

01 다음 낱말의 설명으로 알맞은 것을 선으로 이으시오.

(1) 단서 ·

· ㉮ 어떤 일이나 사건이 일어난 까닭을 풀 수 있는 실마리

(2) 추론 ·

· ㉯ 이미 아는 정보를 근거로 삼아 다른 판단을 이끌어 내는 것

02 다음은 북한 이탈 주민들이 남한에서 정착하여 살아가는 모습을 담은 「우리는 이미 하나」라는 영상 광고를 보고 떠올린 생각입니다. '자신의 경험 떠올리기' 방법으로 생각한 것에 ○표 하시오.

(1) 표정이나 행동을 보면 모두 즐겁게 자신의 일을 하시는 것 같아. ( )

(2) 낯선 곳을 잠깐 여행하는 것도 힘든 점이 많던데 잘 적응하며 사시는 게 놀라워. ( )

03 02에서 떠올린 생각을 바탕으로 「우리는 이미 하나」라는 영상 광고의 제목을 바르게 이해한 사람의 이름을 쓰시오.

승주: 우리 주변의 북한 이탈 주민들이 모두 같은 민족이자 하나의 겨레라는 뜻이구나!
현진: 북한 이탈 주민들과는 자라 온 환경이 다르기 때문에 하나처럼 어울려져 살아가기 어렵다는 뜻인 것 같아.

( )

[04~05] 다음 그림을 보고, 물음에 답하시오.

04 이 그림을 통해 알 수 있는 사실로 알맞지 <u>않은</u> 것에 ×표 하시오.

(1) 그림 속 여자는 병아리에 관심이 없다. ( )

(2) 고양이가 입에 병아리를 물고 달아나고 있다. ( )

(3) 병아리를 물고 가는 고양이를 어미 닭이 쫓아가고 있다. ( )

(4) 그림 속 남자가 고양이를 잡으려고 담뱃대를 뻗고 있다. ( )

서술형 문제
05 이 그림을 보고, 추론할 수 있는 내용은 무엇인지 쓰시오.

_____

_____

[06~08] 다음 글을 읽고, 물음에 답하시오.

현재 서울에 남아 있는 조선 시대의 궁궐은 모두 다섯 곳으로 경복궁, 창덕궁, 창경궁, 경희궁, 경운궁이다.

[궁궐의 건물]

궁궐에는 왕과 왕비뿐만 아니라 왕실의 가족과 관리, 군인, 내시, 나인 등 많은 사람이 살았다. ㉠이 사람들은 각자 자신의 신분에 알맞은 건물에서 생활했고, 건물의 명칭 또한 주인의 신분에 따라 달랐다. 예컨대 궁궐에는 강녕전이나 교태전과 같이 '전' 자가 붙는 건물이 있는데, 이러한 건물에는 궁궐에서 가장 신분이 높은 왕과 왕비만 살 수 있었다. 왕실 가족이나 후궁들은 주로 '전'보다 한 단계 격이 낮은 '당' 자가 붙는 건물을 사용했다. 그 밖의 궁궐 사람들은 주로 '각', '재', '헌'이 붙는 건물에서 생활했다. 그러나 경우에 따라서는 왕도 '전'이 아닌 다른 건물을 사용했다.

06 이 글의 내용으로 볼 때, 현재 서울에 남아 있는 조선 시대 궁궐로 알맞지 <u>않은</u> 것은 무엇입니까? ( )

① 월성 ② 창덕궁 ③ 창경궁
④ 경희궁 ⑤ 경북궁

07 ㉠의 예로 알맞지 <u>않은</u> 것은 무엇입니까? ( )

① 후궁들은 '당' 자가 붙는 건물을 사용했다.
② '전' 자가 붙는 건물에는 왕과 왕비가 살았다.
③ 왕실 가족들은 '전' 자가 붙는 건물을 사용했다.
④ 왕도 경우에 따라서는 '전'이 아닌 다른 건물을 사용했다.
⑤ 그 밖의 궁궐 사람들은 '각', '재', '헌'이 붙는 건물에서 생활했다.

서술형 문제

08 이 글을 읽고, 새롭게 알게 된 내용은 무엇인지 쓰시오.

_____

_____

09 영상 광고를 만드는 과정에서 역할을 나눌 때 주의할 점으로 알맞지 <u>않은</u> 것에 ×표 하시오.

⑴ 친구들의 능력과 선호도를 고려해 역할을 맡을 수 있도록 최대한 배려한다. ( )
⑵ 서로 의견이 맞지 않을 때에는 한 사람이 알아서 혼자 역할을 정해 버린다. ( )

☆☆
10 이야기를 듣거나 읽고 드러나지 않은 내용을 추론하는 방법으로 알맞지 <u>않은</u> 것은 무엇입니까? ( )

① 들은 내용을 차례대로 요약하여 정리해 본다.
② 글에 드러난 정확한 사실만을 살펴봐야 글 내용을 추론할 수 있다.
③ 다의어 또는 동형어가 어떤 뜻으로 쓰였는지 국어사전을 찾아본다.
④ 인물의 말, 행동, 표정 따위를 보고 알 수 있는 사실을 자세히 살펴본다.
⑤ 인물과 같은 상황이라면 마음이 어떨지 자신의 경험을 떠올려 추론해 본다.

[01~05] 다음 글을 읽고, 물음에 답하시오.

> ㉮ 수원 화성은 정조 임금의 원대한 꿈이 담긴 곳으로 볼거리가 많아. 건물 하나만 보는 것보다는 주변 경치를 함께 감상하는 것이 더 좋아. 정조 임금이 엄격하게 고른 ㉠좋은 자리에 지었으니까. 수원 화성은 규모가 커서 다 돌아보려면 꽤 시간이 걸려. 다리가 아프면 화성 열차를 타는 것도 좋겠지. 화성 열차는 수원 화성 구경을 하러 온 사람들을 위해 마련한 열차야.
>
> ㉯ 더 둘러보고 싶은 친구가 있다면 근처에 있는 융건릉과 용주사에 가 볼 것을 추천할게. 융건릉은 사도 세자의 무덤인 융릉과 정조 임금의 무덤인 건릉을 합쳐서 부르는 이름이고, 용주사는 사도 세자의 명복을 빌려고 지은 절이야.

01 다음 밑줄 그은 말 중 ㉠과 쓰인 뜻이 다른 하나는 무엇입니까?　(　　　)

① 그는 집안이 좋다.
② 우리 누나는 성격이 참 좋다.
③ 그 회사에서 만든 물건은 품질이 좋다.
④ 오늘은 물이 좋은 생선이 많이 들어왔다.
⑤ 길 양쪽으로 모양 좋게 버드나무가 늘어서 있다.

02 글 ㉮를 통해 알 수 있는 내용은 무엇입니까?
　(　　　)

① 융건릉과 용주사에도 볼거리가 많다.
② 수원 화성은 정조 임금이 엄격하게 고른 좋은 자리에 지었다.
③ 정조 임금은 수원 화성을 건축하는 데 많은 관심을 가졌다.
④ 더 둘러보고 싶다면 수원 화성 근처의 융건릉과 용주사에 가 볼 수 있다.
⑤ 수원 화성은 세계적인 문화유산으로 인정받을 만큼 훌륭한 건축물이다.

03 글 ㉯에서 수원 화성 근처에 어떤 문화유산이 더 있다고 하였는지 두 가지를 찾아 쓰시오.
　(　　　　　　,　　　　　　)

04 다음에 해당하는 질문들을 골라 각각 선으로 이으시오.

(1) 내용을 추론할 수 있는 질문 •

(2) 글쓴이의 생각을 추론할 수 있는 질문 •

• ㉮ 정조가 수원 화성을 쌓은 까닭은 무엇일까?

• ㉯ 왜 더 둘러볼 곳으로 융건릉과 용주사를 추천했을까?

• ㉰ 수원 화성에 정조 임금의 원대한 꿈이 담겼다고 한 까닭은 무엇일까?

05 다음은 이 글을 읽고 내용을 추론한 것입니다. 어떤 방법으로 추론한 것인지 알맞은 것에 ○표 하시오.

수원 화성은 볼거리가 많다.	수원 화성은 규모가 커서 다 돌아보려면 꽤 시간이 걸린다.	경주 여행을 갔을 때 편한 신발을 신지 않아서 힘들었던 적이 있다.

추론한 내용	수원 화성에 직접 가 보려면 운동화를 신는 것이 좋겠다.

(1) 자신의 경험 떠올리기　(　　　)
(2) 이야기에서 찾을 수 있는 단서 확인하기 (　　　)

[06~09] 다음 글을 읽고, 물음에 답하시오.

지금의 덕수궁은 원래 ⊙경운궁이라고 불렸는데, 성종의 형인 월산 대군의 집이었다. 선조가 임진왜란이 끝난 뒤에 서울로 돌아오니 궁궐이 모두 불타 버려서 이곳을 넓혀 행궁으로 만들었다고 한다. 선조가 죽고 광해군이 왕위에 오른 뒤에 이 행궁을 경운궁이라고 했다. 그러다가 조선 왕조 말기에 고종이 강한 나라들의 정치적 소용돌이에 휘말리면서 거처를 경운궁으로 옮긴 뒤, 비로소 궁궐다운 모습을 갖추었다.

경운궁 안에는 중화전과 같은 전통적 건물, 석조전이나 정관헌과 같은 서양식 건물이 함께 들어서 있다. 중화전은 국가적 의식을 치르던 곳이고, 석조전은 왕이 일상생활을 하던 곳이다. 정관헌은 고종 황제가 커피를 마시며 여가를 즐기거나 손님을 맞이하던 곳이다.

06 이 글에서 현재 ⊙을 부르는 이름은 무엇인지 찾아 쓰시오.

(   )

07 다음 건물에 대한 설명으로 알맞은 것을 선으로 이으시오.

(1) 중화전 •

(2) 석조전 •

(3) 정관헌 •

• ㉮ 왕이 일상생활을 하던 곳이다.

• ㉯ 국가적 의식을 치르던 곳이다.

• ㉰ 고종 황제가 커피를 마시며 여가를 즐기거나 손님을 맞이하던 곳이다.

08 다음은 이 글의 내용을 정리한 것입니다. 빈칸에 들어갈 알맞은 말은 무엇입니까? (   )

경운궁은 선조 때 행궁으로 만들었으며 [   ] 건물과 서양식 건물이 함께 들어서 있다.

① 미래적   ② 현대적   ③ 일본식
④ 전통적   ⑤ 중국식

서술형 문제

09 이와 같은 글을 읽을 때, 뜻을 알지 못하는 낱말이나 문장을 어떻게 이해할 수 있는지 쓰시오.

_____

_____

10 다음은 계획하고 준비한 내용을 바탕으로 하여 영상 광고를 만드는 과정입니다. 가장 먼저 해야 할 일에 ○표 하시오.

(1)

그래. 그 자막을 보면 우리가 경쟁보다 협동을 강조한다는 것을 추론할 수 있을 거야.

자막은 이렇게 넣는 게 좋겠어.

(   )

(2)

맞아. 그 장면이 마지막에 가면 이 영상 광고를 만든 까닭을 친구들이 추론하기 쉬울 거야.

장면 순서는 이렇게 편집해 보자.

(   )

(3)

어떤 부분을 촬영해야 할까?

(   )

(4)
주제를 살리려면 이 장면을 좀 더 넣는 게 좋겠어.

여기서 경기 결과는 영상 광고를 보는 친구들이 추론할 수 있게 하자.

(   )

[01~03] 다음 그림을 보고, 물음에 답하시오.

01 여자아이가 아빠께 궁금해하는 것은 무엇입니까?

(   )

① 생선의 뜻이 무엇인지
② 생일 선물이 무엇인지
③ 어떤 생선을 먹게 될지
④ 어떤 물고기를 낚았는지
⑤ 아빠가 줄임 말을 쓰는지

02 여자아이가 한 말 중 아빠가 이해하지 <u>못한</u> 말을 세 가지 찾아 쓰시오.

(,   ,   )

☆☆
03 다음은 아빠와 여자아이가 말이 통하지 않은 까닭을 정리한 것입니다. (   ) 안의 알맞은 말에 ○표 하시오.

> 여자아이가 줄임 말, (신조어 , 사투리), 비속어를 사용해서 아버지와 (물물 교환 , 의사소통)이 안 되고 있기 때문이다.

[04~05] 다음 글을 읽고, 물음에 답하시오.

나는 선생님과 학생, 학생과 학생끼리도 서로 높임말을 사용하는 언어 문화를 조사했어.

그랬구나. 중화야, 그 사례를 좀 더 자세히 이야기해 주겠니?

○○초등학교에서는 선생님과 학생, 학생과 학생끼리 공부 시간은 물론이고 학교에서 지내는 동안 높임말을 사용한대. 학생들이 서로 "진수 님, 창문 좀 닫아 줄 수 있을까요?"라고 존칭과 높임말을 쓰고, 선생님께서도 "연화 님, 연화 님은 배려심이 참 많아 칭찬해 주고 싶어요."처럼 존칭과 높임말을 사용하는 문화가 자리 잡았다고 해. 그래서 존중하고 배려하는 생활 공동체를 만들어 나가고 있대.

04 남자아이가 조사한 우리말 사용 실태의 내용으로 알맞은 것은 무엇입니까? (   )

① 좋은 언어문화
② 올바른 외국어 사용 문화
③ 잘못된 우리말 사용 실태
④ 우리 토박이말의 사용 실태
⑤ 외국어를 우리말로 다듬는 문화

05 남자아이가 조사한 사례의 긍정적인 면은 무엇입니까?

(   )

① 우리 토박이말을 바르게 사용할 수 있다.
② 잘못된 우리말 사용을 바로잡을 수 있다.
③ 올바른 외국어 사용 문화를 만들 수 있다.
④ 외국어를 우리말로 다듬어 사용할 수 있다.
⑤ 존중하고 배려하는 생활 공동체를 만들 수 있다.

[06~09] 다음 글을 읽고, 물음에 답하시오.

가 요즘 우리 반 친구들이 대화할 때 짜증 난다는 말이나 비속어, 욕설 따위를 사용합니다. 그런 말을 들으면 기분이 나빠지고 화가 나서 다툼도 일어납니다.

나 우리 반에는 공놀이할 때마다 실수해서 같은 편이 되기를 꺼려 하는 친구가 있습니다. 대부분 그 친구와 같은 편이 되면 "짜증 나."라는 말이나 비속어, 욕설을 합니다. 그러던 어느 날, 그 친구가 안쓰러워서 "괜찮아, 넌 잘할 수 있어."라고 말했습니다. 그랬더니 신기하게도 그 친구가 승점을 냈습니다.

다 이 일이 있은 뒤에 우리 반 친구들을 대상으로 조사해 보니 긍정하는 말이 부정하는 말보다 듣기가 좋다는 결과가 나왔습니다. 긍정하는 말을 하면 말하는 사람은 물론 듣는 사람도 마음이 편안해집니다. 예를 들면 "안 돼."보다는 "할 수 있어.", "짜증 나."보다는 "괜찮아.", "이상해 보여."보다는 "멋있어 보여.", "힘들어."보다는 "힘내자."와 같이 부정하는 말을 긍정하는 말로 고쳐 사용하면, 말하는 사람과 듣는 사람 모두 기분도 좋아지고 자신감도 생긴다는 것입니다.

라 또 비속어나 욕설 같은 거친 말보다는 고운 우리말 사용이 자신과 상대의 마음을 아름답게 해 준다는 결과도 있습니다. 상대의 실수에는 너그러운 말을 하고, 내 잘못에는 미안하다는 말을 하며, 상대의 배려에는 고마운 말을 하는 것입니다.

마 긍정하는 표현은 자신은 물론 주변 사람들 마음에 긍정하는 힘을 줍니다. 그리고 고운 우리말 사용이 아름다운 소통을 이루고, 진정한 말맛을 느끼게 합니다. 그러므로 긍정하는 말과 고운 우리말을 사용해야 합니다.

06 이 글을 읽고 부정하는 말을 긍정하는 말로 바꾼 내용으로 알맞지 않은 것은 무엇입니까? (   )

① "힘들어." → "힘내자."
② "짜증 나." → "괜찮아."
③ "안 돼." → "할 수 있어."
④ "하기 싫어." → "귀찮아."
⑤ "이상해 보여." → "멋있어 보여."

07 글 **가**~**마** 중 문제 상황이 드러나 있는 부분의 기호를 쓰시오.

(   )

서술형 문제

08 글쓴이가 이 글을 쓴 까닭은 무엇인지 쓰시오.

_____

_____

☆☆
09 글쓴이의 주장을 뒷받침하는 근거에 해당하지 않는 것을 두 가지 고르시오. (,   )

① 긍정하는 말과 고운 우리말을 사용해야 한다.
② 친구에게 긍정하는 말을 해 주니 좋은 일이 생겼다.
③ 고운 말을 사용하면 말하는 사람과 듣는 사람의 마음을 아름답게 해 준다.
④ 긍정하는 말을 하면 말하는 사람은 물론이고 듣는 사람의 마음도 편안해진다.
⑤ 요즘 우리 반 친구들이 대화할 때 짜증 난다는 말이나 비속어, 욕설 따위를 사용한다.

10 다음 영상 광고의 내용으로 만든 우리말 사례집으로 알맞은 것에 ○표 하시오.

(1) 너무 줄여 말하는 낱말을 바르게 고쳐 쓴 사례집
(   )

(2) 국립국어원 우리말 다듬기 누리집에 올라온 다듬은 말을 엮은 사례집
(   )

[01~02] 다음 그림을 보고, 물음에 답하시오.

서술형 문제

01 그림 ②와 ③에서 말하는 친구는 각각 어떻게 말하였는지 쓰시오.

_____

_____

02 보기는 솔연이와 강민이 중 누구의 마음일지 쓰시오.

> 보기
> • 화난다.   • 속상하다.   • 창피하다.

(   )

03 언어생활 점검표에 들어갈 내용으로 알맞지 않은 것은 무엇입니까? (   )

① 나는 약속을 잘 지킨다.
② 나는 외국어를 사용한다.
③ 나는 줄임 말을 사용한다.
④ 나는 다른 사람을 배려하며 말한다.
⑤ 나는 욕설이나 비속어를 섞어서 말한다.

[04~05] 다음 글을 보고, 물음에 답하시오.

> 며칠 전 우리 반 교실에서 일어난 일입니다. 준형이와 수진이가 교실 뒤쪽을 걷다가 뜻하지 않게 서로 부딪혔습니다. 준형이와 수진이는 서로 노려보면서 눈살을 찌푸렸습니다.

04 준형이와 수진이 사이에 다툼이 커진 까닭으로 알맞은 것은 무엇입니까? (   )

① 장난이 너무 심해서
② 잘난 체하며 으스대듯 말해서
③ 알아들을 수 없는 외계어를 써서
④ 일부러 부딪히고는 모르는 척해서
⑤ 배려하는 말을 하지 않고 비속어를 사용하며 비난해서

05 준형이와 수진이가 말한 ㉠과 ㉡을 올바르게 고친 것에 ○표 하시오.

> (1) ㉠ 왜 부딪히고 난리야.
> ㉡ 헐. 무슨 소리야? 네가 먼저 부딪혔으면서.
(   )

> (2) ㉠ 부딪혀서 미안해. 다치지 않았니?
> ㉡ 괜찮아. 너도 부딪혔는데, 뭘. 괜찮니?
(   )

06 발표할 때 주의할 점으로 알맞은 것을 모두 고르시오.
( )

① 다양한 자료를 활용한다.
② 작은 목소리로 소곤소곤 말한다.
③ 중요한 부분은 강조하며 발표한다.
④ 가능한 한 자료는 활용하지 않는다.
⑤ 듣는 사람이 이해하기 쉽도록 알맞은 목소리로 발표한다.

서술형 문제

07 다음 그림을 통해 알 수 있는 문제점은 무엇인지 쓰시오.

_____

_____

[08~09] 다음 글을 읽고, 물음에 답하시오.

다듬은 우리말 신문   20○○년 ○○월 호

우리말로 다듬어 새로운 낱말 탄생!

국립국어원 우리말 다듬기 누리집에서는 들어온 지 얼마 안 된 어려운 외국어를 쉬운 우리말로 바꾼 사례를 볼 수 있다.

우리말 다듬기 누리집에 올라온 다듬은 말을 오른쪽 표와 같이 사례집으로 엮어 보았다.

다듬을 말	다듬은 말
포스트잇	붙임쪽지
이모티콘	그림말
버킷 리스트	소망 목록
타임캡슐	기억상자
무빙워크	자동길

앞으로 외국어를 우리말로 다듬은 낱말을 자주 사용해 올바른 우리말 사용의 터전을 닦아 나가야겠다.

08 우리말 사례집을 만들기 위해 이 글에 사용된 매체를 보기에서 골라 기호를 쓰시오.

보기

㉮ 책   ㉯ 신문
㉰ 영상 광고   ㉱ 만화 영화

( )

☆☆
09 이 글의 내용으로 알맞은 것에 ○표 하시오.

(1) 우리가 너무 줄여서 말하는 낱말을 바르게 고쳐 쓴 사례집 ( )
(2) 국립국어원 우리말 다듬기 누리집에 올라온 다듬 은 말을 엮은 사례집 ( )

10 올바른 우리말 사례집을 만들려고 합니다. 다음은 무엇에 관한 의견인지 골라 선으로 이으시오.

(1) 책으로 만드는 건 어때?   •

(2) '우리말 바로 하기'로 정하면 어때?   •

(3) 좋은 시를 참고해서 나쁜 말을 고운 우리말로 다듬어 보는 건 어떨까?   •

• ㉮ 어떤 내용으로 만들까요?

• ㉯ 어떤 형식으로 만들까요?

• ㉰ 주제는 무엇으로 정할까요?

01 글쓴이가 말하고자 하는 생각을 찾으며 읽으면 좋은 점으로 알맞지 <u>않은</u> 것은 무엇입니까? (　　　)

① 글을 더 빨리 읽을 수 있다.
② 글을 더 깊이 이해할 수 있다.
③ 자신의 삶을 되돌아볼 수 있다.
④ 글을 쓴 의도나 목적을 알 수 있다.
⑤ 대상에 대한 자신의 생각을 다시 점검할 수 있다.

[02~05] 다음 글을 읽고, 물음에 답하시오.

가 1597년 8월, 나라에서는 이순신을 다시 삼도 수군 통제사로 세웠습니다. 이순신은 전라도로 내려가면서 남은 배와 군사를 모았습니다. 그나마 여기저기 상한 배 12척과 120여 명의 군사를 모을 수 있었습니다.
나 이순신은 오랜 고민 끝에 '울돌목(명량 해협)'을 싸움터로 정했습니다. 울돌목은 육지와 육지 사이에 낀 아주 좁은 바다였습니다. 그 사이를 흐르는 물살이 어찌나 빠른지, 물 흘러가는 소리가 꼭 흐느껴 우는 소리 같다고 해서 그런 이름이 붙은 곳입니다. 또 물살 방향도 하루에 네 번씩이나 바뀌는 특이한 곳이었습니다.
　이순신은 작전을 짰습니다.
다 마침내 수많은 적선이 흐르는 물살을 타고 우리 수군 쪽으로 빠르게 쳐들어왔습니다. 그러나 이순신은 물살 방향이 조선 수군에게 유리해질 때까지 공격하지 못하게 했습니다. 드디어 물살 방향이 반대로 바뀌자 이순신은 일제히 공격하도록 지시했습니다. 단번에 30척이 넘는 적의 배가 부서져 버렸습니다. 일본 배들은 뒤로 물러나려고 했습니다. 그렇지만 물살이 너무 세서 배를 돌릴 수도 없고 앞으로 나아갈 수도 없었습니다. 우리 수군은 이때를 놓치지 않았습니다. 적의 배를 향해 총통을 쏘고 불화살을 날리며 총공격을 했습니다.
　단 13척의 배로 133척의 배를 물리친 기적 같은 전투였습니다. 이 전투가 바로 ㉠'명량 대첩'입니다.

02 글 **가**와 **나**에서 이순신이 처한 상황으로 알맞은 것은 무엇입니까? (　　　)

① 아들 면이 죽었다.
② 부산을 치라는 명령을 받았다.
③ 삼도 수군통제사에서 쫓겨났다.
④ 계속되는 승리로 병사들의 사기가 매우 높다.
⑤ 적은 수의 군사와 배를 가지고 울돌목에서 일본 군과 싸우기로 했다.

03 이 글에서 ㉠을 '기적 같은 전투'라고 한 까닭은 무엇인지 쓰시오.

(　　　　　　　　　　　　　　　　)

☆☆
04 이 글을 통해 알 수 있는 이순신이 추구하는 가치로 알맞은 것에 ○표 하시오.

(1) 어떤 고난도 포기하지 않고 극복하려는 의지를 추구한다. (　　　)
(2) 결과를 위해 수단과 방법을 가리지 않는 추진력 을 추구한다. (　　　)

[서술형]문제
05 이 글을 읽고 이순신이 추구하는 가치가 자신의 삶에 어떤 질문을 던지는지 쓰시오.

_____

_____

_____

06 이야기에서 인물이 추구하는 가치를 파악할 때 살펴보아야 할 것으로 알맞지 <u>않은</u> 것에 ×표 하시오.

(1) 인물이 처한 상황   (   )

(2) 인물의 가족 관계   (   )

(3) 인물이 한 말과 행동   (   )

[07~10] 다음 글을 읽고, 물음에 답하시오.

가 때마침 그녀는 국제연합 해비탯 회의에 참석할 수 있는 기회를 얻었다. 왕가리 마타이는 그곳에서 테레사 수녀와 마거릿 미드에게 큰 감명을 받고, 나무와 숲이 있는 더 푸른 도시를 만들기로 결심했다. 하지만 새로운 꿈을 품고 케냐로 돌아온 왕가리 마타이를 맞이한 것은 말라 죽은 묘목들이었다.

"이제 나무 심기는 그만하면 어때?"

주위 사람들은 나무 심기에만 열중하는 왕가리 마타이를 설득했다.

"나무 심기를 포기할 수는 없어요."

왕가리 마타이는 포기하지 않고 나무 심기를 계속할 수 있는 방법을 찾아보았다. 그리고 곧 그 기회가 왔다. 1977년, 케냐여성위원회에서 왕가리 마타이에게 해비탯 회의에서 보고 들은 것을 연설해 달라고 부탁한 것이다. 왕가리 마타이의 연설은 많은 사람에게 감동을 주었고, 그 뒤 왕가리 마타이는 케냐여성위원회의 위원이 되어 나무 심기 운동을 추진했다.

나 1989년, 케냐 정부는 나이로비 시내 한복판에 있는 우후루 공원에 복합 빌딩을 건설하려고 했다. 우후루 공원은 대도시 나이로비에 남아 있는 유일한 녹지 공간으로, 콘크리트 건물 사이에서 시민들의 쉼터 역할을 하고 있었다. 왕가리 마타이는 도심 속 녹지대와 시민들의 쉼터가 계속 보전되어야 한다고 생각했다. 그녀는 관련 회사와 정부에 편지를 쓰고 언론에 자신의 주장을 알리며 우후루 공원을 지키려고 애썼다.

07 글 **가**와 **나**에서 왕가리 마타이가 처한 상황을 골라 선으로 이으시오.

(1) 글 **가**   •   • ㉠ 주위 사람들이 이제 나무 심기를 그만하라고 말했다.

(2) 글 **나**   •   • ㉡ 케냐 정부가 우후루 공원에 복합 빌딩을 건설하려고 했다.

08 07과 같은 상황에서 왕가리 마타이가 한 일을 보기에서 모두 골라 기호를 쓰시오.

보기
㉠ 언론에 자신의 주장을 알렸다.
㉡ 우후루 공원을 지키려고 애썼다.
㉢ 관련 회사와 정부에 편지를 썼다.
㉣ 나무 심기를 포기할 수 없다고 말했다.
㉤ 케냐여성위원회의 위원이 되어 나무 심기 운동을 추진했다.

(1) 글 **가**: (   )

(2) 글 **나**: (   )

09 왕가리 마타이가 추구하는 가치로 알맞지 <u>않은</u> 것은 무엇입니까?   (   )

① 최선을 추구한다.
② 끈기를 추구한다.
③ 물질적인 이익을 추구한다.
④ 자연환경 보호를 추구한다.
⑤ 모두의 이익과 행복을 추구한다.

서술형 문제

10 왕가리 마타이의 삶의 모습에서 닮고 싶은 점은 무엇인지 쓰시오.

[01~02] 다음 글을 읽고, 물음에 답하시오.

가 나는 책을 많이 읽었어. 누구보다 빅토르 위고 작품을 좋아했는데, 『레 미제라블』은 여러 번 읽었단다. 자신이 받은 도움을 생각하며 어려운 사람들을 돕는 인물 모습이 내 마음을 울렸거든. 이렇듯 빅토르 위고는 현실에서 소외된 사람들의 이야기에도 관심이 있었는데 빈민 구제를 주장하며 정치가로도 활동했어.

나 책 속에는 많은 이야기가 숨어 있어. 그리고 이야기 속 인물들은 우리를 다양한 경험 세계로 데려다주지. 꿈과 희망, 소외된 사람들에 대한 관심, 용기와 도전같이 작가가 말하고자 하는 생각도 듣는단다. 그 많은 이야기에 공감하며 이야기 속 인물의 삶에서 내 삶을 돌아보는 기회가 되는 것도 책이 주는 선물이야. 그래서 책을 읽는 사람은 지혜롭게 세상을 살 수 있다고 해. 나는 책에서 꿈을 찾았고 꿈을 이루는 방법까지 배웠으니 책이 주는 더 특별한 선물을 받은 거지.

01 이 글로 보아 『레 미제라블』의 인물이 글쓴이에게 준 영향으로 알맞은 것은 무엇입니까? ( )

① 용기를 얻었다.
② 꿈과 희망을 품게 되었다.
③ 도전하고 싶은 마음이 들었다.
④ 소외된 사람들에 대해 관심을 갖게 되었다.
⑤ 자신이 받은 도움을 생각하며 어려운 사람들을 돕는 모습이 글쓴이의 마음을 울렸다.

02 이 글에서 글쓴이가 말하고자 하는 생각으로 가장 알맞은 것에 ○표 하시오.

(1) 책을 읽자. ( )
(2) 꿈과 희망을 가지자. ( )
(3) 용기를 갖고 도전하자. ( )
(4) 소외된 사람들에게 관심을 갖자. ( )

[03~05] 다음 시조를 읽고, 물음에 답하시오.

가
하여가
이런들 어떠하며 저런들 어떠하리
㉠만수산 드렁칡이 얽혀진들 어떠하리
㉡우리도 이같이 얽혀져 백 년까지 누리리

나
단심가
이 몸이 죽고 죽어 일백 번 고쳐 죽어
㉢백골이 진토 되어 넋이라도 있고 없고
㉣임 향한 ㉤일편단심이야 가실 줄이 있으랴

03 ㉠~㉤에 대한 설명으로 알맞지 않은 것은 무엇입니까? ( )

① ㉠: 이방원의 생각을 빗대어 표현한 것이다.
② ㉡: 이방원의 생각을 가장 잘 드러낸다.
③ ㉢: 정몽주의 생각을 빗대어 표현한 것이다.
④ ㉣: 이방원을 빗대어 표현한 것이다.
⑤ ㉤: 정몽주의 생각을 가장 잘 드러낸다.

04 시조 가와 나에 드러나 있는 글쓴이의 생각을 골라 선으로 이으시오.

(1) 시조 가 •   • ① 뜻을 함께 모아 새 나라를 세우자.

(2) 시조 나 •   • ② 변함없이 고려에 충성을 다하겠다.

서술형 문제

05 시조 가와 나에서 인상에 남는 표현을 찾아보고 그 까닭을 쓰시오.

_____

_____

[06~09] 다음 글을 읽고, 물음에 답하시오.

㉮ "버들이는 강안이마을에서 늙고 병든 어머니와 둘이 살았어. 가난했지만 누구보다 예쁜 아가씨였단다. 새벽마다 도깨비 샘물을 뜨러 왔었지. 가장 먼저 샘물을 길어 마셔야 효험이 있다니까 어머니 병을 낫게 하려고 새벽마다 온 거였어. 도깨비들은 그때쯤이면 숲으로 숨기 시작하는데 나는 버들이를 보려고 늘 남아 있었지."

㉯ "이제 보니 버들이는 욕심쟁이구나. 샘을 옮기다니! 그러면 다른 동물들은 샘물을 못 마시잖아?"

"파랑이도 그렇게 말했어. 하지만 나도 그걸 원했으니까 ㉠버들이를 탓하지는 마. 나도 어느새 버들이랑 똑같은 생각을 하게 되었던 거야."

"그래서 샘을 옮겨 주었니?"

㉰ "버들이가 묻더군. 도깨비가 제일 무서워하는 게 뭐냐고."

"무서운 거?"

"말 머리와 말 피를 무서워한다고 했지. 그랬더니 그걸로 도깨비들이 집 안에 얼씬거리지 못하도록 수를 써야 한다고 했어. ㉡내가 샘물줄기를 바꾸고 나면 틀림없이 도깨비들이 노여워할 거라고 말이야. 샘물줄기를 찾아 물길을 바꾸고 며칠 뒤에 가 보니까 기와집 앞은 온통 아수라장이었어."

"왜?"

"샘이 마른 이유를 알아내고 동물과 도깨비 들이 모두 그곳으로 모인 거야. 대왕님은 나를 잡아 오라고 불호령을 내렸지. 하지만 아무도 기와집은 건드리지 못했어. 기와집 담에는 빈틈없이 말 피가 뿌려져 있었고 대문에는 말 머리가 높이 올려져 있었던 거야. 끔찍한 광경이었어."

"너는? 너는 어떻게 들어갔어?"

06 글 ㉮의 내용으로 볼 때, 몽당깨비가 ㉠처럼 말한 까닭으로 가장 알맞은 것에 ○표 하시오.

(1) 버들이를 사랑하기 때문에 ( )

(2) 버들이는 욕심쟁이가 아니기 때문에 ( )

(3) 자신이 버들이를 탓하고 있기 때문에 ( )

07 글 ㉰에서 버들이와 몽당깨비가 처한 상황으로 알맞은 것을 선으로 이으시오.

(1) 버들이 •

(2) 몽당깨비 •

• ㉮ 도깨비가 제일 무서워하는 게 뭐냐는 질문을 받았다.

• ㉯ 샘물줄기를 바꾸면 도깨비들이 노여워해 자신의 집으로 찾아올 것이다.

서술형 문제

08 자신이 버들이였다면 ㉡과 같은 생각을 했을 때 어떤 말이나 행동을 했을지 쓰시오.

_____

_____

☆☆
09 버들이가 추구하는 가치로 알맞은 것을 두 가지 고르시오. (,)

① 효를 추구한다.

② 믿음을 추구한다.

③ 사랑을 추구한다.

④ 현실적인 이익을 추구한다.

⑤ 진심을 담아 상대를 대하는 것을 추구한다.

10 인물이 추구하는 가치를 자신의 삶과 관련짓는 방법으로 알맞은 것을 모두 고르시오. ( )

① 이야기와 관련한 자신의 경험을 생각해 본다.

② 자신이 좋아하는 것이 무엇인지 생각해 본다.

③ 친구에게 소개하고 싶은 내용을 생각해 본다.

④ 인물과 자신의 삶을 비교해 보고 느낀 점을 생각해 본다.

⑤ 자신이 처한 문제나 고민을 해결하는 데 도움을 주는 인물의 말과 행동을 생각해 본다.

[01~02] 다음 그림을 보고, 물음에 답하시오.

01 이 그림 속 상황은 언제, 어디에서 일어난 일인지 알맞은 것을 선으로 이으시오.

(1) 언제 •

(2) 어디에서 •

• ㉮ 교실에서

• ㉯ 방과 후에

• ㉰ 운동장에서

• ㉱ 쉬는 시간에

☆☆
02 서연이가 친구들에게 글을 쓴다면 글을 쓰는 목적으로 알맞은 것에 ○표 하시오.

(1) 친구들이 뉴스를 보지 않아 속상한 마음을 전하려고 ( )

(2) 친구들이 학용품을 나눠 주어서 고마운 마음을 전하려고 ( )

(3) 친구들이 학용품을 소중히 다루지 않아 안타까운 마음을 전하려고 ( )

[03~05] 다음 글을 읽고, 물음에 답하시오.

선생님, 안녕하세요? 저는 최연아입니다.

올해 선생님을 만난 건 저에게 큰 행운입니다. 저는 이상하게 국어 공부가 싫었습니다. 책은 만화책 말고는 모두 재미가 없고, 글쓰기도 팔만 아픈 것 같았습니다. 그런데 선생님과 함께 국어를 공부하고 나서는 조금씩 달라지기 시작했습니다.

선생님께서는 읽기와 쓰기를 할 때 도움이 되는 여러 가지 재미있는 방법을 알려 주셨습니다. 그리고 이해가 되지 않는 부분은 없는지, 더 알고 싶은 것이 있는지를 물어봐 주시고 진지하게 들어 주셨습니다. 그래서 저는 용기를 내어 궁금한 점이나 더 알고 싶은 것을 여쭈어보았고, 새로운 내용을 알면서 국어 공부가 점점 더 좋아지기 시작했습니다.

국어 공부를 좋아하게 되니 다른 과목 공부도 재미있었습니다. 모두 선생님 덕분입니다. 선생님께서 수업 시간에 늘 말씀하신 것처럼 몸과 마음이 건강한 사람이 되도록 노력하겠습니다. 선생님, 정말 고맙습니다.

03 연아가 선생님과 나누고 싶은 마음은 무엇인지 쓰시오.

( ) 마음

04 이 글과 같이 선생님께 글을 쓸 때 사용하기에 알맞은 표현은 무엇인지 보기 에서 골라 기호를 쓰시오.

┌─ 보기 ─────────────────────┐
㉮ 건방진 말   ㉯ 공손한 말   ㉰ 친근한 말
└───────────────────────────┘

( )

서술형 문제
05 이 글과 같이 나누려는 마음을 편지로 쓰면 좋은 점은 무엇인지 쓰시오.

_____

_____

[06~08] 다음 글을 읽고, 물음에 답하시오.

가 지효야, 안녕? 나 신우야.

지효야, 아까 내가 네 책상 옆에서 미역국을 엎질렀지? 너는 네 가방이 더러워져서 많이 속상했을 텐데 나에게 "괜찮아?" 하면서 걱정을 해 주었어. 그리고 미역국 치우는 것을 도와주었어.

나 나는 미역국을 엎지르고 너에게 미안하다는 말도 못 하고 멍하니 서 있었어. 너무 당황스러워서 어떻게 해야 할지 생각이 나지 않았어. 그런데 네가 오히려 나를 걱정해 주고 같이 치워 주어서 감동했단다.

다 지효야, 아까는 당황스러워서 너에게 고맙다는 말을 제대로 못 했어. 정말 고마워! 네 따뜻한 마음을 잊지 않을게.

앞으로 내가 도와줄 일이 있으면 꼭 도와줄게. 그리고 우리 앞으로도 친하게 지내자.

06 글 **가**~**다** 중 다음 내용이 들어 있는 부분은 어디인지 기호를 쓰시오.

> 일어난 사건에 대한 생각이나 행동을 표현한다.

( )

07 신우가 지효와 나누고자 하는 마음으로 알맞은 것을 <u>두 가지</u> 고르시오. (,)

① 고마운 마음   ② 화나는 마음
③ 그리운 마음   ④ 미안한 마음
⑤ 안타까운 마음

08 이와 같은 글을 쓸 때 고려할 점으로 알맞지 <u>않은</u> 것은 무엇입니까? ( )

① 일어난 일을 떠올린다.
② 글을 쓰는 목적을 정한다.
③ 나누려는 마음을 생각한다.
④ 읽을 사람을 생각해서 표현한다.
⑤ 맞춤법, 띄어쓰기는 신경 쓰지 않는다.

[09~10] 다음 글을 읽고, 물음에 답하시오.

너희는 항상 버릇처럼 말하기를 "일가친척 중에 한 사람도 불쌍히 여겨 돌보아 주는 사람이 없다."라고 개탄하였다. 더러는 험난한 물길 같다느니, 꼬불꼬불 길고 긴 험악한 길을 살아간다느니 하며 한탄하고 있다. 하지만 이는 모두 하늘을 원망하고 사람을 미워하는 말투로, 큰 병이다.

너희가 아픈 데가 있으면 다른 사람들이 돌보아 주기 마련이었다. 날마다 어떠냐는 안부를 전해 오고, 안아서 부축해 주는 사람도 있었다. 약을 먹여 주고 양식까지 대 주는 사람도 있었다. 이런 일에 너희가 너무 익숙해져 항상 은혜를 베풀어 주기만 바라고 있구나. 너희가 사람의 본분을 망각하지는 않았는지 걱정이다. 그래서 내가 이 편지를 보낸다.

09 이 글에서 정약용이 걱정하고 있는 두 아들의 말버릇은 무엇입니까? ( )

① 남을 비웃는 말버릇
② 남을 칭찬하는 말버릇
③ 공손하지 못한 말버릇
④ 매사에 자신 없는 말버릇
⑤ 남의 도움을 바라는 말버릇

10 정약용이 이 글을 쓴 목적은 무엇입니까? ( )

① 어려운 집안 사정을 알려 주려고
② 두 아들의 아픈 마음을 위로하려고
③ 두 아들을 칭찬하는 마음을 전하려고
④ 두 아들의 마음가짐을 걱정하는 마음을 전하려고
⑤ 두 아들이 아픈 데는 없는지 걱정되어 안부를 물으려고

[01~03] 다음 그림을 보고, 물음에 답하시오.

01 ㉠에 들어갈 말로 가장 알맞은 것은 무엇입니까?

( )

① 슬픈

② 기쁜

③ 서운한

④ 반가운

⑤ 안타까운

서술형 문제

02 서연이가 자원을 아껴 써야 한다는 생각을 한 까닭을 한 가지 더 쓰시오.

• 무분별한 벌목으로 자연이 파괴된다는 뉴스를 시청했기 때문에

•

_____

_____

03 서연이가 글을 쓴다면 누구에게 쓰는 것이 좋을지 **보기**에서 골라 기호를 쓰시오.

> **보기**
> ㉮ 선생님
> ㉯ 친구들
> ㉰ 부모님
> ㉱ 뉴스 진행자

( )

[04~05] 다음 글을 읽고, 물음에 답하시오.

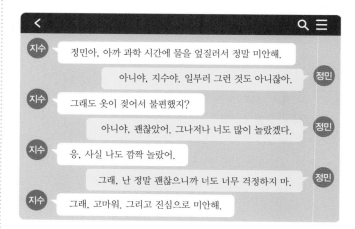

지수: 정민아, 아까 과학 시간에 물을 엎질러서 정말 미안해.

정민: 아니야, 지수야. 일부러 그런 것도 아니잖아.

지수: 그래도 옷이 젖어서 불편했지?

정민: 아니야, 괜찮았어. 그나저나 너도 많이 놀랐겠다.

지수: 응, 사실 나도 깜짝 놀랐어.

정민: 그래, 난 정말 괜찮으니까 너도 너무 걱정하지 마.

지수: 그래, 고마워. 그리고 진심으로 미안해.

04 이 글에서 지수가 정민이와 나누려는 마음으로 알맞은 것을 **두 가지** 고르시오. (,)

① 서운한 마음

② 화나는 마음

③ 미안한 마음

④ 안타까운 마음

⑤ 사과하는 마음

☆☆
05 이 글과 같이 나누려는 마음을 문자 메시지로 쓰면 좋은 점으로 알맞지 **않은** 것에 ×표 하시오.

(1) 읽을 사람의 반응을 바로 볼 수 있다. ( )

(2) 하고 싶은 말을 자세히 나타낼 수 있다. ( )

(3) 자신의 생각이나 느낌을 바로 전할 수 있다.

( )

[06~08] 다음 글을 읽고, 물음에 답하시오.

㉮ 예나 지금이나 남의 도움만을 받으면서 살라는 법은 애초에 없었다. 마음속으로 남의 은혜를 받고자 하는 생각을 버린다면, 절로 마음이 평안하고 기분이 화평해져 하늘을 원망한다거나 사람을 미워하는 그런 병폐는 없어질 것이다.

㉯ 여러 날 밥을 끓이지 못하고 있는 집이 있을 텐데 너희는 쌀이라도 퍼 주고, 추운 집에는 장작개비라도 나누어 따뜻하게 해 주어라. 병들어 약을 먹어야 할 사람들에게는 한 푼의 돈이라도 쪼개어 약을 지을 수 있도록 도와주어라. 가난하고 외로운 노인이 있는 집에는 때때로 찾아가 무릎 꿇고 모시어 따뜻하고 공손한 마음으로 공경해야 한다. 그리고 근심 걱정에 싸여 있는 집에 가서 연민의 눈빛으로 그 고통을 함께 나누며 잘 처리할 방법을 의논해야 한다.

㉰ 남이 어려울 때 자기는 은혜를 베풀지 않으면서 남이 먼저 은혜를 베풀어 주기만 바라는 것은 너희가 지닌 그 오기 근성이 없어지지 않았기 때문이다. 이후로는 평상시 일이 없을 때라도 항상 공손하고 화목하며, 조심하고 자기 정성을 다해 다른 사람의 환심을 얻는 일에 힘쓸 것이지, 마음속에 보답받을 생각은 가지지 않도록 해라.

㉱ 다른 사람을 위해 먼저 베풀어라. 그러나 뒷날 너희가 근심 걱정 할 일이 있을 때 다른 사람이 보답해 주지 않더라도 부디 원망하지 마라. ㉠가벼운 농담일망정 "나는 지난번에 이렇게 저렇게 해 주었는데 저들은 그렇지 않구나!" 하는 소리도 입 밖에 내뱉지 말아야 한다. 만약 그러한 말이 한 번이라도 입 밖에 나오게 되면, 지난날 쌓아 놓은 공덕은 재가 바람에 날아가듯 하루아침에 사라져 버리고 말 것이다.

06 이 글로 보아 정약용이 두 아들과 나누고 싶은 마음으로 가장 알맞은 것을 **보기**에서 골라 기호를 쓰시오.

> **보기**
> ㉮ 고마운 마음 ㉯ 위로하는 마음
> ㉰ 걱정하는 마음 ㉱ 못마땅한 마음

( )

서술형 문제
07 정약용이 ㉠과 같이 말한 까닭은 무엇인지 쓰시오.

_____

_____

☆☆
08 정약용이 두 아들에게 결국 하고 싶은 말은 무엇입니까? ( )

① 오기를 가지고 성공하라는 것
② 늙은 사람들을 보살피라는 것
③ 이웃들과 화목하게 지내라는 것
④ 사람들과 적당한 거리를 두라는 것
⑤ 다른 사람의 도움을 바라지 말고 먼저 베풀며 살라는 것

09 다음을 학급 신문을 만드는 과정에 맞게 차례대로 기호를 쓰시오.

> ㉮ 쓸 내용을 정리한다.
> ㉯ 인상 깊었던 일을 정한다.
> ㉰ 인상 깊었던 일을 글로 쓴다.
> ㉱ 신문 기사를 모아 학급 신문을 완성한다.
> ㉲ 다양한 자료를 활용해 신문 기사를 작성한다.

( ) → ( ) → ( ) → ( ) → ( )

10 학급 신문을 만들 때 고려해야 할 점으로 알맞지 않은 것은 무엇입니까? ( )

① 그림이나 사진은 가능한 사용하지 않는다.
② 읽은 사람의 마음을 고려해서 기사를 쓴다.
③ 기사를 쓸 때에는 사실을 있는 그대로 쓴다.
④ 우리 반 친구들이 함께 겪은 일을 떠올린다.
⑤ 나누고자 하는 마음이 잘 드러나게 표현한다.

01 다음과 같은 구호가 울려 퍼진 역사적 사건으로 알맞은 것은 어느 것입니까? ( )

> • "1인 독재 물러가라."
> • "3·15 부정 선거, 다시 하라."
> • "정부는 마산 사건을 책임져라."

① 4·19 혁명
② 6월 민주 항쟁
③ 5·16 군사 정변
④ 5·18 민주화 운동
⑤ 6·29 민주화 선언

02 다음 내용과 관련 있는 인물을 보기 에서 골라 기호를 쓰시오.

> • 5·16 군사 정변을 일으켜 대통령이 되었다.
> • 정권을 유지하고자 헌법을 여러 번 바꾸었다.

> 보기
> ㉠ 이승만　　㉡ 박정희
> ㉢ 전두환　　㉣ 노태우

( )

03 6월 민주 항쟁의 과정에 대한 설명으로 알맞지 않은 것은 어느 것입니까? ( )

① 시위에 참여했던 대학생 박종철이 경찰에 끌려가 고문을 받다가 사망하였다.
② 계엄군이 시민을 향해 총을 쏘자 분노한 시민들이 계엄군에 맞서 시민군을 결성하였다.
③ 민주화를 요구하는 시위 과정에서 대학생 이한열이 경찰이 쏜 최루탄에 맞아 희생되었다.
④ 시민들은 전두환 정부의 독재에 반대하며 대통령 직선제를 요구하는 시위를 전국에서 벌였다.
⑤ 전국에서 시위가 더욱 거세지자 정부는 결국 시민들의 민주화 요구를 받아들이겠다고 발표했다.

04 6·29 민주화 선언에 포함된 내용으로 알맞지 않은 것은 어느 것입니까? ( )

① 언론의 자유 보장
② 지방 자치제 시행
③ 대통령 권한 강화
④ 대통령 직선제 시행
⑤ 국민의 기본권 보장

05 다음 ( ) 안에 들어갈 알맞은 말을 쓰시오.

> 사람들이 함께 살아가다 보면 서로의 생각이나 입장이 달라서 갈등이나 문제가 생길 수 있는데, 이러한 사회 구성원 간의 갈등과 문제를 해결하는 과정을 ( )(이)라고 한다.

( )

☆☆
06 다음 질문에 대한 대답을 두 가지 고르시오.
(,)

민주주의의 의미는 무엇일까요?

① 대통령이 나라의 모든 일을 결정하는 정치 형태를 의미합니다.
② 모든 국민이 나라의 일을 똑같이 나누어 맡아 처리하는 정치 제도를 의미합니다.
③ 모든 국민이 나라의 주인으로서 권리를 갖고, 나라를 다스리는 정치 형태를 의미합니다.
④ 일상생활에서 문제가 발생했을 때 한 사람이 신속하게 결정하여 해결하는 생활 방식을 의미합니다.
⑤ 일상생활에서 갈등을 해결할 때 모든 사람이 자유롭게 참여하여 대화와 타협으로 해결하는 생활 방식을 의미합니다.

07 다음 설명에 해당하는 민주 선거의 기본 원칙으로 알맞은 것은 어느 것입니까? ( )

> 선거일 기준으로 18세 이상의 국민이면 누구나 투표할 수 있다.

① 보통 선거   ② 평등 선거
③ 직접 선거   ④ 간접 선거
⑤ 비밀 선거

08 민주적 의사 결정 원리 중 다음의 원칙을 사용할 때 주의해야 할 점을 쓰시오.

> 다수의 의견이 소수의 의견보다 합리적일 것이라고 가정하고 다수의 의견을 따른다.

_____

_____

09 다음 내용에 해당하는 민주 정치의 기본 원리를 쓰시오.

> 국가의 주인이 국민이고, 국가의 의사를 결정할 수 있는 최고 권력인 주권이 국민에게 있다는 것을 의미한다.

( )

10 다음과 같은 국가기관에서 하는 일을 두 가지 쓰시오.

> 국회 의원이 국가의 중요한 일을 의논하고 결정하는 기관이다.

_____

_____

11 국무 회의에 참석할 수 있는 사람으로 알맞지 않은 사람은 누구입니까? ( )

① 장관   ② 대통령
③ 대법원장   ④ 국무총리
⑤ 국무 위원

12 다음과 같은 국가기관에서 하는 일로 알맞은 것은 어느 것입니까? ( )

① 법을 만든다.
② 예산안을 심의하여 확정한다.
③ 법에 따라 나라의 살림을 맡아 한다.
④ 사람들 사이의 다툼을 법에 따라 해결한다.
⑤ 정부가 법에 따라 일을 잘하고 있는지 국정 감사를 한다.

사회

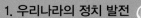

01 3·15 부정 선거에 대한 설명으로 알맞은 것을 두 가지 고르시오.　　　　　　(　 , 　)

① 국회 의원을 뽑는 선거였다.
② 4·19 혁명이 일어난 계기가 되었다.
③ 유신 헌법을 만드는 결과를 가져왔다.
④ 전두환이 대통령이 되기 위해 계획하였다.
⑤ 유권자에게 물건이나 돈을 주고 이승만에 투표하게 하였다.

☆☆
02 다음 설명에 해당하는 역사적 사건으로 알맞은 것은 어느 것입니까?　　　　　　(　)

　　전두환이 정변을 일으켜 정권을 잡았고, 이에 많은 시민과 학생들이 민주화를 요구하는 시위를 벌였다. 1980년 5월에는 전라남도 광주(현재 광주광역시)에서 대규모 민주화 시위가 일어났고, 전두환은 계엄군을 보내 강제로 시위를 진압하여 수많은 사람이 희생되었다.

① 4·19 혁명　　　　　② 6월 민주 항쟁
③ 5·16 군사 정변　　　④ 5·18 민주화 운동
⑤ 6·29 민주화 선언

03 6월 민주 항쟁의 결과로 알맞은 것은 어느 것입니까?
　　　　　　(　)

① 계엄령 해제
② 3·15 부정 선거
③ 6·29 민주화 선언
④ 대통령 간선제 시행
⑤ 시민들의 자유로운 정치 참여 제한

04 다음 그림과 관련 있는 사회 공동의 문제 해결에 참여하는 방법은 무엇입니까?　　　　(　)

① 투표하기
② 1인 시위하기
③ 공청회 참석하기
④ 시민 단체에 가입하여 활동하기
⑤ 누리 소통망 서비스(SNS)에 의견 제시하기

05 다음 설명에 해당하는 것은 무엇인지 쓰시오.

　　지역의 중요한 정책을 결정하기 전에 공공 기관이 전문가와 시민들을 참석하게 하여 의견을 듣는 공개회의를 말한다.

　　　　　　(　　　　　　)

06 다음 내용에 해당하는 민주주의의 기본 정신으로 알맞은 것은 어느 것입니까?　　　　(　)

　　국가나 다른 사람에게 부당한 간섭을 받지 않고, 자신의 의사에 따라 결정하고 행동할 수 있어야 한다.

① 신뢰　　　　　　② 자유
③ 평등　　　　　　④ 평화
⑤ 인간의 존엄성

07 생활 속에서 민주주의를 실천하는 바람직한 태도를 지니고 있지 <u>않은</u> 사람은 누구인지 쓰시오.

> 태오: 다 함께 결정한 일은 따르고 실천해야 해.
> 은별: 공동체의 문제를 해결할 때는 충분한 대화와 토론이 필요해.
> 현규: 대화와 토론을 할 때는 상대방을 배려하고 서로 협의해야 해.
> 수지: 빠르고 정확한 결정을 위해 다수의 의견보다 소수의 의견을 따라야 해.

(   )

08 민주적 의사 결정 원리에 따른 문제 해결 과정 중 다음 (가) 단계에 해당하는 내용으로 알맞은 것은 어느 것입니까? (   )

> 문제 확인하기 ➡ (가) ➡ 해결 방안 결정하기 ➡ 해결 방안 실천하기

① 대화와 타협을 통해 가장 합리적인 방법을 찾는다.
② 의견이 하나로 모이지 않으면 다수결의 원칙을 활용한다.
③ 함께 해결해야 할 문제를 찾고, 그 문제의 발생 원인을 파악한다.
④ 소수의 의견을 존중하여 다수결로 결정된 최종 사항을 보완한다.
⑤ 각자 생각한 해결 방법을 제시하고, 각 방법의 장단점을 토론한다.

09 다음 내용에 나타난 민주 정치의 기본 원리와 그 목적을 쓰시오.

> 우리나라에서는 국가 권력을 분리하여 국회, 정부, 법원이 나누어 맡도록 한다.

(1) 민주 정치의 기본 원리: (   )

(2) 목적: ＿＿＿＿＿＿＿＿＿＿＿＿＿＿＿＿＿

10 다음 (   ) 안에 공통으로 들어갈 알맞은 말을 쓰시오.

> 국회는 (   )을/를 만드는 일을 하며, (   )을/를 고치거나 없애기도 한다. (   )을/를 만드는 일은 국회에서 하는 일 중 가장 중요하다.

(   )

11 다음과 같은 역할을 하는 사람은 누구입니까?
(   )

> • 대통령을 도와 행정 각 부를 관리한다.
> • 대통령이 외국을 방문하거나 그 밖의 이유로 일할 수 없을 때 대통령의 역할을 대신한다.

① 장관   ② 법관
③ 국무총리   ④ 국회 의원
⑤ 지방 자치 단체장

☆☆
12 다음 질문에 대한 대답을 두 가지 쓰시오.

우리나라에서는 공정한 재판을 위해 어떤 제도를 시행하고 있을까요?

＿＿＿＿＿＿＿＿＿＿＿＿＿＿＿＿＿

＿＿＿＿＿＿＿＿＿＿＿＿＿＿＿＿＿

사

회

01 다음에서 설명하는 것은 무엇인지 쓰시오.

> • 가계와 기업이 만나 물건과 서비스를 거래하는 곳이다.
> • 물건과 서비스뿐만 아니라 외환, 주식, 부동산 등이 거래된다.

(   )

02 경제활동에서 가계와 기업의 관계에 대한 설명으로 알맞은 것은 어느 것입니까? (   )

① 서로 아무런 영향을 주지 않는다.
② 가계의 활동은 기업에 부정적인 영향을 준다.
③ 가계와 기업이 하는 일은 서로에게 도움이 된다.
④ 가계와 기업 모두 소비 활동을 주로 하는 경제주체이다.
⑤ 기업이 무엇을 생산하고 판매할지 가계와는 상관이 없다.

☆☆
03 기업의 합리적 의사 결정 과정 중 다음 그림과 관련 있는 단계는 어느 것입니까? (   )

① 상품 생산하기
② 상품 개발하기
③ 소비자 분석하기
④ 생산 방법 정하기
⑤ 홍보 계획 세우기

04 우리나라 경제체제의 특징으로 알맞지 않은 것은 어느 것입니까? (   )

① 기업은 비싸고 질 높은 상품을 만들기 위해 경쟁한다.
② 기업은 더 많은 이윤을 얻기 위해 다른 기업과 경쟁한다.
③ 개인은 더 좋은 일자리를 얻으려고 다른 사람과 경쟁한다.
④ 개인은 경제활동으로 얻은 소득을 자유롭게 사용할 수 있다.
⑤ 개인은 경쟁에서 앞서기 위해 자신의 실력을 높이고자 노력한다.

05 시기에 따라 발달한 산업을 바르게 짝지은 것은 어느 것입니까? (   )

	6·25 전쟁 직후	1960년대	1970~1980년대
①	경공업	중화학 공업	소비재 산업
②	첨단 산업	소비재 산업	중화학 공업
③	중화학 공업	경공업	첨단 산업
④	중화학 공업	소비재 산업	경공업
⑤	소비재 산업	경공업	중화학 공업

06 다음 밑줄 친 부분에 들어갈 경부 고속 국도의 개통으로 얻을 수 있는 이점을 쓰시오.

> ○○ 신문
>
> 정부는 경부 고속 국도는 서울, 수원, 대전, 대구 등 대도시를 거쳐 부산에 이르게 될 것이라고 발표하였다. 경부 고속 국도가 개통되면 _____

07 다음 그래프를 보고 알 수 있는 사회 변화로 가장 알맞은 것은 어느 것입니까? ( )

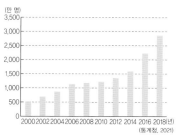

▲ 해외여행자 수의 변화

① 스마트폰의 보급이 증가하였다.
② 우리나라를 방문하는 외국인이 감소하였다.
③ 다양한 국제 행사를 성공적으로 개최하였다.
④ 우리나라의 대중가요가 세계적인 인기를 얻었다.
⑤ 국민 소득이 높아지면서 해외여행이 점점 증가하였다.

08 빈부 격차 문제와 해결 노력에 대한 설명으로 알맞은 것은 어느 것입니까? ( )

① 기후 변화를 발생시키는 문제이다.
② 정부는 새마을 운동을 통해 해결하려고 노력한다.
③ 산업 현장에서 안전 규칙이 잘 지켜지지 않아 발생한다.
④ 사람들 사이에 소득 격차가 커져서 발생하는 문제이다.
⑤ 기업은 친환경 제품을 생산함으로써 문제를 해결하려고 노력한다.

☆☆
09 다음 ( ) 안에 들어갈 알맞은 말을 보기 에서 모두 골라 기호를 쓰시오.

무역이 발생하는 이유는 나라마다 ( ) 이 달라 생산할 수 있는 물건이나 서비스가 다르기 때문이다.

보기
㉠ 자원   ㉡ 인종   ㉢ 자연환경   ㉣ 기술 수준

( )

10 경제 교류를 통해 기업이 얻을 수 있는 이점으로 알맞은 것은 어느 것입니까? ( )

① 다른 나라의 음식을 먹을 수 있다.
② 다른 나라에서 만든 옷을 살 수 있다.
③ 다른 나라에서 만든 드라마나 영화를 즐길 수 있다.
④ 외국 기업에서 일할 수 있게 되면서 일자리가 다양해졌다.
⑤ 다른 나라의 값싼 노동력을 활용하여 생산 비용을 줄일 수 있다.

11 다음 그림에서 ○○ 나라가 경제 교류 과정에서 겪는 문제점으로 알맞은 것은 어느 것입니까? ( )

① 높은 관세로 수입이 줄어들었다.
② 식량이 부족하여 식량 수입이 늘어났다.
③ 근로 환경이 좋아져 실업자가 줄어들었다.
④ 무역 상대국의 수입 제한으로 수출이 어려워졌다.
⑤ 다른 나라에 의존하고 있는 품목의 수입이 어려워졌다.

12 다음 내용과 관련하여 공정 무역을 해야 하는 까닭을 쓰시오.

카카오 농장의 농민들은 하루에 10시간 넘게 일하며 초콜릿에 들어갈 원료인 카카오를 생산한다. 하지만 우리가 1,000원짜리 초콜릿을 샀을 때 카카오를 재배한 농민에게 돌아가는 돈은 50원 정도밖에 안 된다.

_____

_____

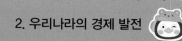

01 경제주체 중 가계의 경제활동에 해당하는 사례를 두 가지 고르시오. (　　,　　)

① 열심히 일해서 돈을 번다.
② 물건이나 서비스를 소비한다.
③ 고용한 직원에게 급여를 지불한다.
④ 이윤을 얻기 위해 서비스를 제공한다.
⑤ 상품을 더 많이 판매할 방법을 고민한다.

02 다음 어린이의 선택 기준에 알맞은 자전거는 어느 것입니까? (　　)

용돈을 모아 자전거를 사려고 해요. 저렴한 가격이면 좋겠어요.

	가격	품질	디자인	서비스
①	8만 원	7단 기어		무상 수리 1년
②	13만 원	• 10단 기어 • 안장과 손잡이 높이 조절 가능		무상 수리 1년
③	15만 원	10단 기어		• 무상 수리 2년 • 무료 배송
④	22만 원	• 21단 기어 • 친환경 소재 • 우수한 제동력		• 무상 수리 3년 • 무료 배송

☆☆
03 경제활동의 자유와 경쟁이 우리 생활에 주는 도움을 두 가지 쓰시오.

_____

_____

04 불공정한 경제활동을 바로잡기 위한 노력으로 알맞지 않은 것은 어느 것입니까? (　　)

① 기업은 새로운 기업이 시장에 진입하는 것을 막는다.
② 개인은 기업이 거짓·과장 광고를 하지 못하도록 감시한다.
③ 정부는 기업끼리 담합하여 가격을 올리지 못하도록 막는다.
④ 정부는 많은 회사가 제품을 만들어 판매할 수 있도록 지원한다.
⑤ 시민 단체는 기업의 불공정한 경제활동을 보면 관련 기관에 신고한다.

05 우리나라의 1970~1980년대 경제성장 모습으로 알맞은 것은 어느 것입니까? (　　)

① 우주 항공 산업이 발달하였다.
② 철강 산업 단지가 많이 세워졌다.
③ 반도체 제품을 주로 생산하였다.
④ 전쟁 후 파괴된 시설을 복구하려고 노력하였다.
⑤ 섬유, 신발, 가발, 의류 등의 제품을 주로 수출하였다.

06 다음 (　　) 안에 공통으로 들어갈 우리나라의 주요 수출품으로 알맞은 것은 어느 것입니까? (　　)

컴퓨터와 가전제품의 생산이 늘어나면서 핵심 부품인 (　　　　)의 중요성이 커졌다. 우리나라 기업들은 1970년대부터 (　　　　)을/를 연구하기 시작하여 1990년대에는 세계적으로 인정받는 생산국이 되었다.

① 자동차　　② 신소재　　③ 반도체
④ 텔레비전　　⑤ 면직물

07 다음과 같이 초고속 정보 통신망이 설치되면서 나타난 사회 변화에 대한 설명으로 알맞은 것은 어느 것입니까? ( )

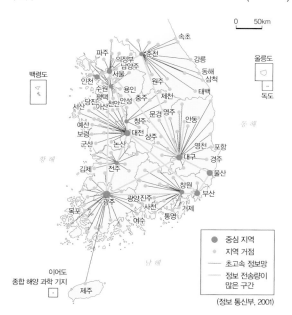

① 중화학 공업이 함께 발달하였다.
② 경공업 발달에 큰 영향을 주었다.
③ 인터넷 관련 기업들이 줄어들었다.
④ 2000년대 후반에 정보 이용자가 줄어들었다.
⑤ 정보 통신 기술 관련 산업들이 함께 발전하였다.

☆☆
08 다음과 같이 나라마다 대표적인 수출품이 다른 까닭을 쓰시오.

프랑스는 덥고 건조한 날씨 덕분에 좋은 품질의 와인을 만들어요.

코트디부아르는 덥고 습한 날씨와 풍부한 노동력을 이용해 카카오를 생산해요.

_____

_____

09 노동 문제의 해결 노력으로 알맞은 것을 보기 에서 골라 기호를 쓰시오.

보기
㉠ 무료 급식소를 운영한다.
㉡ 근로자에게 좋은 일자리를 제공한다.
㉢ 저소득층에게 생계비, 양육비, 학비 등을 지원한다.

( )

10 다음 ( ) 안에 들어갈 알맞은 말을 보기 에서 모두 골라 기호를 쓰시오.

자유 무역 협정(FTA)은 무역을 가로막는 ( )을/를 줄이거나 없애서 상품의 거래가 자유롭게 이루어지도록 나라끼리 한 약속이다.

보기
㉠ 제도   ㉡ 세금   ㉢ 수출   ㉣ 수입

( )

11 우리나라의 수출 경쟁력을 높이는 노력으로 알맞지 않은 것은 어느 것입니까? ( )

① 새로운 기술을 개발한다.
② 새로운 무역 시장을 찾는다.
③ 상품의 질을 더 좋게 만든다.
④ 우리나라의 상품을 적극적으로 홍보한다.
⑤ 다른 나라의 상품에 높은 관세를 부과한다.

12 세계 무역 기구(WTO)가 하는 일로 알맞은 것은 어느 것입니까? ( )

① 각 나라의 관세를 높이는 일을 한다.
② 무역 갈등이 생겼을 때 조정하는 일을 한다.
③ 자유롭고 평등한 노동을 보장하는 일을 한다.
④ 국가 간의 교육, 문화 교류를 추진하는 일을 한다.
⑤ 세계에서 일어난 전쟁을 평화적으로 해결하는 일을 한다.

01 하루 동안 태양과 달의 위치 변화에 대한 설명으로 옳은 것을 보기 에서 모두 찾아 바르게 짝 지은 것은 어느 것입니까? ( )

보기
㉠ 달은 낮 동안에는 움직이지 않는다.
㉡ 낮에 태양은 움직이는 것처럼 보인다.
㉢ 밤 하늘에서 달은 서쪽 하늘에서 떠올라 동쪽 하늘 아래로 진다.
㉣ 하루 동안 태양은 동쪽에서 서쪽 방향으로 움직이는 것처럼 보인다.

① ㉠, ㉢   ② ㉠, ㉣
③ ㉡, ㉢   ④ ㉡, ㉣
⑤ ㉡, ㉢, ㉣

02 다음 그림의 ㉠은 무엇을 나타낸 것인지 쓰시오.

( )

03 지구의 자전에 대한 설명으로 옳은 것은 어느 것입니까? ( )

① 지구는 시계 방향으로 회전한다.
② 지구는 30일에 한 바퀴씩 회전한다.
③ 지구가 태양을 중심으로 회전하는 것이다.
④ 지구가 자전축을 중심으로 회전하는 것이다.
⑤ 지구는 동쪽에서 서쪽 방향으로 하루에 한 바퀴씩 회전한다.

04 다음과 같은 현상의 원인이 되는 지구의 운동을 쓰시오.

• 하루에 한 번씩 낮과 밤이 서로 바뀐다.
• 하루 동안 밤하늘의 별의 위치가 변한다.

( )

[05~06] 다음은 저녁 9시 무렵에 하늘에서 본 별자리입니다. 물음에 답하시오.

05 위 별자리는 어느 계절에 볼 수 있는지 쓰시오.

( )

06 위 남동쪽에서 볼 수 있는 별자리에 대한 설명으로 옳지 않은 것은 어느 것입니까? ( )

① 가을철에는 보이지 않는다.
② 일 년 내내 밤하늘에서 볼 수 있다.
③ 밤하늘에서 볼 수 있는 시간이 길다.
④ 두 계절이나 세 계절에 걸쳐 볼 수 있다.
⑤ 다음 계절 저녁 9시 무렵에는 남서쪽 하늘에서 볼 수 있다.

07 다음은 지구의 운동을 나타낸 것입니다. ㉠과 ㉡은 각각 지구의 무슨 운동을 나타낸 것인지 쓰시오.

㉠ (   )

㉡ (   )

[10~11] 다음은 음력 7~8일 무렵 저녁 7시경에 관찰한 달의 모습입니다. 물음에 답하시오.

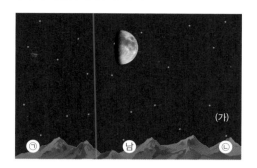

10 5일 전 저녁 7시경에 ㉎ 위치에 있는 초승달을 보았다면, 위의 ㉠과 ㉡은 각각 어느 쪽을 나타내는지 방위를 쓰시오.

㉠ (   )

㉡ (   )

☆☆
08 계절에 따라 볼 수 있는 별자리가 달라지는 까닭으로 옳은 것은 어느 것입니까? (   )

① 달이 공전하기 때문이다.

② 태양이 공전하기 때문이다.

③ 지구가 달을 중심으로 공전하기 때문이다.

④ 별들이 지구를 중심으로 공전하기 때문이다.

⑤ 계절에 따라 지구의 위치가 달라지기 때문이다.

11 위 달을 관찰한 후 7일 뒤 같은 시각, 같은 장소에서 관찰할 수 있는 달의 모양과 위치로 알맞은 것을 골라 기호를 쓰시오.

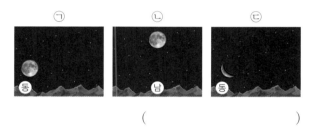

(   )

09 달의 모양과 이름이 바르게 짝 지어진 것은 어느 것입니까? (   )

① 초승달 ② 상현달 ③ 보름달 ④ 그믐달 ⑤ 하현달

12 다음과 같은 지구와 달의 운동 모형에서 표현해야 하는 것으로 옳은 것에 ○표, 옳지 않은 것에 ×표 하시오.

(1) 지구의 자전과 공전을 표현한다. (   )

(2) 달은 움직이지 않도록 고정시킨다. (   )

(3) 지구, 달, 태양의 크기를 고려한다. (   )

01 다음은 하루 동안 보름달의 위치 변화를 관찰하여 나타낸 것입니다. 가장 이른 시간에 관찰한 달의 위치를 찾아 기호를 쓰시오.

(   )

[02~03] 다음은 지구의의 우리나라 위치에 관측자 모형을 붙인 뒤 전등을 켜고 지구의를 서쪽에서 동쪽(시계 반대 방향)으로 회전시켜 보는 실험입니다. 물음에 답하시오.

02 위 실험에서 관측자 모형이 본 전등이 움직이는 방향을 쓰시오.

(   ) → (   )

03 위 실험은 무엇을 알아보기 위한 것입니까? (   )
① 달의 움직임
② 지구의 자전
③ 낮과 밤의 온도 차이
④ 지구와 태양 사이의 거리
⑤ 지구가 공전하는 데 걸리는 시간

04 다음은 지구의 낮과 밤을 나타낸 것입니다. 이에 대한 설명으로 옳지 않은 것은 어느 것입니까? (   )

① ㉠ 지역은 현재 낮이다.
② ㉡ 지역은 현재 밤이다.
③ 지구가 자전하기 때문에 낮과 밤이 생긴다.
④ 우리나라에 낮과 밤은 하루에 한 번씩 나타난다.
⑤ 태양이 동쪽 지평선 위로 떠오를 때부터 밤이 시작된다.

05 지구의 자전과 공전에 대한 설명으로 옳지 않은 것을 보기 에서 골라 기호를 쓰시오.

┌─ 보기 ─────────────────────
㉠ 지구는 자전과 공전을 동시에 한다.
㉡ 지구의 자전 방향과 공전 방향은 반대이다.
㉢ 지구가 자전하는 데는 하루, 공전하는 데는 일
  년이 걸린다.
㉣ 지구가 자전하기 때문에 태양과 달이 동쪽에서
  서쪽으로 움직이는 것처럼 보인다.
└─────────────────────────

(   )

06 오른쪽 오리온자리에 대한 설명으로 옳지 않은 것은 어느 것입니까? (   )

① 봄철 하늘에서도 볼 수 있다.
② 겨울철의 대표적인 별자리이다.
③ 겨울철 저녁 9시 무렵에 서쪽 하늘에 위치한다.
④ 봄철 저녁 9시 무렵에 남서쪽 하늘에서 볼 수 있다.
⑤ 하루 동안 시간이 지남에 따라 동쪽에서 서쪽 방향으로 이동하는 것처럼 보인다.

[07~08] 각 계절별 대표적인 별자리를 든 네 사람이 시계 반대 방향으로 계절 순서에 맞게 전등과 지구의 주위에 앉은 후, 우리나라 위치에 관측자 모형을 붙인 지구의를 (가) → (나) → (다) → (라) 방향으로 회전시키는 실험을 하였습니다. 물음에 답하시오.

07 다음은 위 실험으로 확인하고자 하는 내용에 대한 설명입니다. ( ) 안에 들어갈 알맞은 말을 쓰시오.

> 위 실험은 일 년 동안 지구의 운동과 계절별 대표적인 ( ) 변화의 관계를 알아보기 위한 실험입니다.

( )

08 지구의가 (나) 위치에서 우리나라가 한밤일 때 관측자 모형에게 ㉠가장 잘 보이는 별자리와 ㉡보이지 않는 별자리의 이름을 쓰시오.

㉠ ( )
㉡ ( )

09 건우가 형에게 오늘 밤에 본 달의 모양에 대하여 설명하고 있습니다. 건우가 본 달의 이름을 쓰시오.

> 건우: 형, 오늘 밤에 오른쪽이 더 불룩한 모양의 반달을 보았어.

( )

10 여러 날 동안 달의 모양 변화로 옳은 것은 어느 것입니까? ( )

① 초승달 → 상현달 → 보름달 → 하현달 → 그믐달
② 초승달 → 보름달 → 상현달 → 하현달 → 그믐달
③ 초승달 → 보름달 → 하현달 → 상현달 → 그믐달
④ 보름달 → 초승달 → 상현달 → 하현달 → 그믐달
⑤ 보름달 → 상현달 → 하현달 → 초승달 → 그믐달

11 여러 날 동안 저녁 7시경 같은 장소에서 관찰한 달의 모양과 위치에 대한 설명으로 옳지 않은 것은 어느 것입니까? ( )

① 서쪽 하늘에 초승달이 보인다.
② 남쪽 하늘에 하현달이 보인다.
③ 동쪽 하늘에 보름달이 보인다.
④ 여러 날 동안 달의 모양이 조금씩 변한다.
⑤ 여러 날 동안 달의 위치는 서쪽에서 동쪽으로 조금씩 옮겨 간다.

12 다음과 같이 지구와 달의 운동 모형을 만들 때 모형에 꼭 표현해야 하는 것은 어느 것입니까? ( )

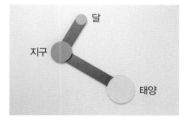

① 지구와 달의 운동
② 지구와 달의 실제 거리
③ 지구와 태양의 실제 크기
④ 지구와 달, 태양의 실제 밝기
⑤ 지구에서 보이는 별자리와 행성들

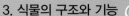

01 다음은 식물 세포의 모습입니다. 식물 세포의 구조 중 동물 세포에는 없는 부분을 골라 기호를 쓰시오.

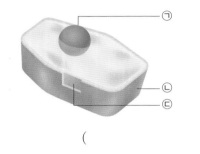

( )

02 고추 뿌리와 파 뿌리의 공통점으로 옳은 것은 어느 것입니까? ( )

① 굵고 곧은 모양이다.
② 뿌리에 양분을 저장한다.
③ 솜털처럼 가는 뿌리털이 나 있다.
④ 굵기가 비슷한 뿌리가 수염처럼 나 있다.
⑤ 벽이나 나무줄기 등에 단단히 붙을 수 있다.

☆☆
03 뿌리의 기능으로 알맞지 않은 것을 보기 에서 골라 기호를 쓰시오.

보기
㉠ 저장 기능   ㉡ 지지 기능
㉢ 흡수 기능   ㉣ 배출 기능

( )

04 식물 줄기의 겉모습에 대한 설명으로 옳지 않은 것은 어느 것입니까? ( )

① 줄기에 잎이 달려 있다.
② 매끈한 껍질에 싸여 있는 줄기도 있다.
③ 줄기를 싸고 있는 껍질의 모습은 다양하다.
④ 느티나무의 줄기는 다른 물체를 감고 올라간다.
⑤ 나무줄기의 껍질에는 두껍고 특이한 무늬가 있다.

05 다음은 붉은 색소 물에 넣어 둔 백합 줄기를 자른 단면입니다. 관찰 결과를 통해 알게 된 점을 바르게 말한 사람의 이름을 쓰시오.

▲ 가로 단면   ▲ 세로 단면

진영: 세포가 죽어서 쌓여 있는 부분이야.
수아: 붉은 점과 선들은 양분이 저장된 곳이야.
미호: 색소 물이 든 부분은 물이 이동하는 통로야.

( )

06 식물이 광합성을 하는 데 필요한 것을 모두 골라 ○표 하시오.

빛	물
산소	단백질
알코올	이산화 탄소

07 잎 모양이 대부분 납작한 까닭으로 옳은 것은 어느 것입니까? (　　　)

① 비를 많이 맞기 위해서
② 식물을 잘 지지하기 위해서
③ 곤충이 쉴 공간을 마련하기 위해서
④ 세균으로부터 식물을 보호하기 위해서
⑤ 양분을 만들 때 필요한 빛을 많이 받기 위해서

08 다음과 같이 우리 눈에는 보이지 않지만 잎의 표면에 있는 작은 구멍인 ㉠을 무엇이라고 하는지 쓰시오.

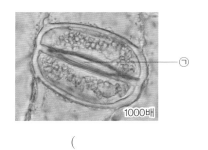

1000배

(　　　　　　)

09 증산 작용의 역할에 대한 설명으로 옳은 것을 보기 에서 모두 골라 기호를 쓰시오.

보기
㉠ 곤충을 유인한다.
㉡ 식물의 온도를 조절해 준다.
㉢ 물을 이용하여 양분을 만든다.
㉣ 뿌리에서 흡수한 물을 식물의 꼭대기까지 끌어 올릴 수 있도록 돕는다.

(　　　　　　)

☆☆
10 꽃을 이루는 부분과 하는 일을 옳게 짝 지은 것은 어느 것입니까? (　　　)

① 암술 - 씨를 만든다.
② 수술 - 꽃잎을 보호한다.
③ 꽃잎 - 꿀과 녹말을 만든다.
④ 꽃잎 - 줄기와 연결할 수 있게 해 준다.
⑤ 꽃받침 - 꽃가루받이가 이루어지는 곳이다.

11 꽃가루받이를 돕는 곤충이 없어진다면 생길 수 있는 일은 어느 것입니까? (　　　)

① 꽃이 피지 않을 것이다.
② 열매가 더 많이 생길 것이다.
③ 씨가 만들어지는 식물이 줄어들 것이다.
④ 곡식과 과일의 생산량이 늘어날 것이다.
⑤ 곤충의 역할을 새가 도와주기 때문에 아무 일도 생기지 않을 것이다.

12 다음 식물이 씨를 퍼뜨리는 방법으로 옳은 것은 어느 것입니까? (　　　)

▲ 제비꽃

① 물에 떠서 퍼진다.
② 동물의 털에 붙어서 퍼진다.
③ 동물에게 먹힌 뒤 똥과 함께 나와 퍼진다.
④ 열매껍질이 터지며 씨가 튀어나가 퍼진다.
⑤ 날개가 있어 빙글빙글 돌며 날아가 퍼진다.

01 양파 표피 세포에 대한 설명으로 옳지 <u>않은</u> 것은 어느 것입니까? ( )

① 세포가 각진 모양이다.
② 세포 속에 둥근 핵이 있다.
③ 맨눈으로 볼 수 없어 돋보기를 사용한다.
④ 핵을 뚜렷하게 보기 위해 세포를 염색한다.
⑤ 세포가 서로 붙어 있고, 벽돌이 쌓여 있는 것처럼 보인다.

02 다음과 같이 뿌리를 그냥 둔 양파와 뿌리를 제거한 양파를 물에 담가 두고 시간이 지난 후 물의 양을 확인하였습니다. 이 실험은 뿌리의 어느 기능을 알아보기 위한 실험인지 쓰시오.

뿌리의 ( )

03 다음에서 설명하는 것은 무엇인지 쓰시오.

• 식물의 뿌리에 솜털처럼 나 있다.
• 이것이 많으면 물을 많이 흡수할 수 있다.

( )

04 다음 나팔꽃 줄기의 생김새에 대한 설명으로 옳은 것은 어느 것입니까? ( )

① 줄기가 굵고 곧다.
② 줄기가 가늘고 짧다.
③ 두꺼운 껍질에 싸여 있다.
④ 다른 물체를 감고 올라간다.
⑤ 가시처럼 변해서 식물의 몸을 보호한다.

☆☆
05 줄기의 기능에 대한 설명으로 옳지 <u>않은</u> 것을 [보기]에서 골라 기호를 쓰시오.

보기
㉠ 식물을 지지한다.
㉡ 물이 이동하는 통로이다.
㉢ 양분을 저장하기도 한다.
㉣ 줄기에 있는 가는 털로 물을 흡수한다.

( )

06 식물의 양분에 대한 설명으로 옳지 <u>않은</u> 것은 어느 것입니까? ( )

① 광합성 과정을 통하여 만들어진다.
② 광합성 과정은 줄기에서만 일어난다.
③ 식물이 살아가는 데에는 양분이 필요하다.
④ 식물은 빛을 이용해 스스로 양분을 만든다.
⑤ 만들어진 양분은 식물 내의 필요한 부분으로 운반되어 사용되거나 저장된다.

07 고추 모종을 이용하여 햇빛을 받은 잎과 햇빛을 받지 않은 잎에서 만들어진 양분을 확인하는 실험을 할 때, 다르게 해야 하는 조건은 어느 것입니까?( )

① 실험 장소
② 고추 모종의 크기
③ 실험에 들어간 시간
④ 실험에 사용하는 용액의 양
⑤ 고추 모종이 받는 햇빛의 유무

[08~09] 봉선화 모종 두 개를 다음과 같은 상태로 햇빛이 잘 드는 곳에 두었습니다. 물음에 답하시오.

▲ 잎이 있는 봉선화　▲ 잎을 없앤 봉선화

08 몇 시간 후 ㉠의 비닐봉지 안에 물방울이 생겼다면, 이 물방울은 식물의 어느 기관에서 나온 것입니까?

( )

① 잎　　　② 꽃　　　③ 뿌리
④ 줄기　　⑤ 열매

☆☆
09 위 실험을 통해 알 수 있는 잎의 작용에 대한 설명으로 옳은 것은 어느 것입니까? ( )

① 잎을 통해 물이 밖으로 나간다.
② 빛, 물, 이산화 탄소가 필요하다.
③ 뿌리에서 물이 흡수되는 작용이다.
④ 비닐봉지 안쪽과 바깥쪽의 온도 차이 때문에 물이 생긴다.
⑤ 잎에서 흡수한 물을 식물의 각 기관으로 보내는 작용이다.

10 사과꽃에 대한 설명으로 옳지 않은 것은 어느 것입니까? ( )

① 향기가 있다.
② 씨를 만드는 일을 한다.
③ 주로 바람에 의해 꽃가루가 옮겨진다.
④ 암술, 수술, 꽃잎, 꽃받침으로 이루어져 있다.
⑤ 수술에서 만들어진 꽃가루가 암술로 옮겨져 씨가 만들어진다.

11 다음은 열매가 생기고 자라는 과정을 순서 없이 나타낸 것입니다. 순서에 알맞게 기호를 쓰시오.

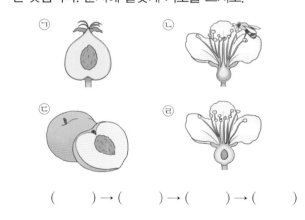

( ) → ( ) → ( ) → ( )

12 가벼운 솜털이 있어 바람에 날려서 씨를 퍼뜨리는 식물끼리 옳게 짝 지은 것은 어느 것입니까? ( )

① 연꽃, 도꼬마리, 콩
② 우엉, 겨우살이, 단풍나무
③ 참외, 벚나무, 도깨비바늘
④ 봉선화, 가죽나무, 코코야자
⑤ 민들레, 박주가리, 버드나무

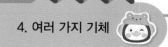
01 기체 발생 장치의 집기병에 산소가 집기병에 가득 찼을 때, 집기병을 유리판으로 덮는 방법을 바르게 설명한 친구의 이름을 쓰시오.

> 민주: 물속에서 유리판으로 집기병 입구를 막고 집기병을 꺼내야 해.
>
> 세연: 물 밖으로 집기병을 꺼낸 후에, 집기병 입구를 유리판으로 덮어야 해.

(   )

02 산소의 성질에 대한 설명으로 옳지 않은 것을 보기 에서 골라 기호를 쓰시오.

> **보기**
> ㉠ 색깔이 없다.
> ㉡ 냄새가 없다.
> ㉢ 다른 물질이 타는 것을 막는다.

(   )

03 다음은 공기 중에 이 기체가 많아질 때 나타나는 현상입니다. 이 기체가 무엇인지 쓰시오.

> • 금속이 쉽게 녹슬 것이다.
> • 화재가 자주 발생할 것이다.
> • 숨을 쉬는 횟수가 줄어들 것이다.

(   )

04 이산화 탄소가 만들어지는 경우가 아닌 것은 어느 것입니까? (   )

① 탄산수소 나트륨과 레몬즙을 섞을 때
② 드라이아이스로 발생한 기체를 모을 때
③ 탄산수소 나트륨과 진한 식초를 섞을 때
④ 탄산음료를 흔들어 발생한 기체를 모을 때
⑤ 묽은 과산화 수소수와 이산화 망가니즈를 섞을 때

05 이산화 탄소의 색깔을 알아보기 위한 것의 기호를 쓰시오.

㉠    ㉡

㉢    ㉣

(   )

06 다음은 드라이아이스를 사용하는 모습입니다. 드라이아이스를 만드는 데 이용된 기체는 무엇인지 쓰시오.

— 드라이아이스

(   )

07 주사기에 공기와 물을 각각 40 mL씩 넣고 피스톤을 눌렀을 때 부피가 변하는 것의 기호를 쓰시오.

▲ 공기 40 mL를 넣은 주사기 피스톤을 눌렀을 때

▲ 물 40 mL를 넣은 주사기 피스톤을 눌렀을 때

(   )

08 다음은 압력 변화에 따른 기체와 액체의 부피 변화에 대한 설명입니다. ( ) 안의 알맞은 말에 ○표 하시오.

액체는 압력을 가해도 부피가 (변하지만, 거의 변하지 않지만), 기체는 압력을 가한 정도에 따라 부피가 (같다 , 달라진다).

09 땅과 하늘의 비행기에서 일어나는 과자 봉지의 부피 변화를 나타낸 모습입니다. 과자 봉지에 가해지는 압력이 더 약한 것의 기호를 쓰시오.

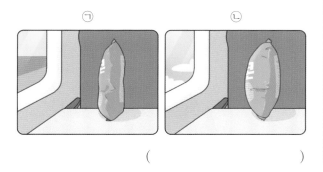

(   )

10 다음 ( ) 안에 들어갈 알맞은 말을 보기에서 골라 각각 쓰시오.

보기
얼음물, 뜨거운 물, 미지근한 물

물방울이 든 플라스틱 스포이트를 뒤집어서 (㉠)이 든 비커에 넣으면 스포이트 안에 든 물방울이 위로 올라가고, (㉡)이 든 비커에 넣으면 스포이트 안에 든 물방울이 아래로 내려온다.

㉠ (   )
㉡ (   )

11 다음 ( ) 안에 들어갈 알맞은 말을 쓰시오.

공기는 여러 가지 기체가 섞여 있는 혼합물이다. 공기는 대부분 ( )와/과 산소로 이루어져 있으며, 이 밖에도 여러 가지 기체가 섞여 있다.

(   )

12 비행선이나 풍선을 띄우는 용도로 사용되는 기체는 어느 것입니까? (   )

① 질소   ② 수소   ③ 네온
④ 헬륨   ⑤ 이산화 탄소

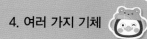
01 기체 발생 장치 꾸미기에 대한 설명으로 옳지 <u>않은</u> 것은 어느 것입니까? ( )

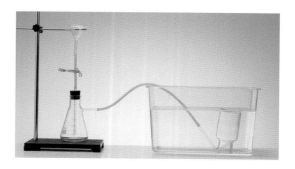

① 고무관에 핀치 집게를 끼운다.
② 깔때기에 짧은 고무관을 끼우고 스탠드의 링에 깔때기를 설치한다.
③ 유리관을 끼운 고무마개로 가지 달린 삼각 플라스크의 입구를 막는다.
④ 수조에 물을 $\frac{2}{3}$ 정도 담고 물을 가득 채운 집기병을 수조에 거꾸로 세운다.
⑤ ㄱ자 유리관을 집기병 속에 깊숙이 넣는다.

02 금속을 녹슬게 하는 성질이 있는 기체는 어느 것입니까? ( )

① 질소 　　② 산소 　　③ 네온
④ 헬륨 　　⑤ 이산화 탄소

03 주변에서 산소가 이용되는 예를 보기 에서 <u>모두</u> 골라 기호를 쓰시오.

> 보기
> ㉠ 소화기
> ㉡ 드라이아이스
> ㉢ 응급 환자의 호흡 장치
> ㉣ 우주 비행사의 호흡 장치

( )

04 다음은 기체를 모으기 위한 실험입니다. 이 실험으로 모으는 기체의 이름을 쓰시오.

> ㈎ 가지 달린 삼각 플라스크에 물을 조금 넣은 뒤 탄산수소 나트륨을 네다섯 숟가락 정도 넣어 기체 발생 장치를 꾸민다.
> ㈏ 진한 식초를 깔때기에 $\frac{1}{2}$ 정도 붓는다.
> ㈐ 핀치 집게를 조절하여 진한 식초를 조금씩 흘려 보낸다.
> ㈑ ㄱ자 유리관을 집기병 입구 가까이에 두고 기체를 모은다.

( )

05 각각의 기체가 든 집기병에 향불을 넣었을 때의 결과로 옳은 것을 보기 에서 찾아 각각 기호를 쓰시오.

> 보기
> ㉠ 향불이 꺼진다.
> ㉡ 향불의 불꽃이 커진다.

(1) 산소: ( ) 　　(2) 이산화 탄소: ( )

06 소화기를 만들 때 이용하는 기체의 이름을 쓰시오.

( )

07 부피가 가장 많이 줄어드는 것의 기호를 쓰시오.

▲ 공기 40 mL를 넣은 주사기 피스톤을 약하게 눌렀을 때

▲ 공기 40 mL를 넣은 주사기 피스톤을 세게 눌렀을 때

▲ 물 40 mL를 넣은 주사기 피스톤을 약하게 눌렀을 때

▲ 물 40 mL를 넣은 주사기 피스톤을 세게 눌렀을 때

( )

08 압력 변화에 따른 기체와 액체의 부피 변화에 대한 설명입니다. ( ) 안에 들어갈 알맞은 말을 각각 쓰시오.

(㉠)은/는 압력을 가해도 부피가 거의 변하지 않지만, (㉡)는 압력을 가한 정도에 따라 부피가 달라진다.

㉠ ( )
㉡ ( )

09 생활 속에서 압력 변화에 따라 기체의 부피가 달라지는 예에 대해 바르게 설명한 친구의 이름을 쓰시오.

수민: 하늘을 나는 비행기 안에 있는 과자 봉지는 땅에서보다 더 많이 부풀어 올라.
하은: 바닷속에서 잠수부가 내뿜는 공기 방울이 물 표면 쪽으로 올라가면서 작아져.

( )

10 물방울이 든 플라스틱 스포이트를 뜨거운 물이 든 비커와 얼음물이 든 비커에 각각 넣었을 때, 스포이트 안에 든 물방울이 위로 올라가는 것의 기호를 쓰시오.

▲ 뜨거운 물   ▲ 얼음물

( )

11 냉장고 속에 있는 찌그러진 페트병을 냉장고 밖에 꺼내 놓았을 때 페트병의 변화로 바르게 짝 지어진 것은 어느 것입니까? ( )

▲ 냉장고에 넣어 두었던 페트병이 찌그러진 모습

	페트병 속 기체의 온도	페트병의 모양
①	낮아진다.	펴진다.
②	낮아진다.	더 찌그러진다.
③	높아진다.	펴진다.
④	높아진다.	더 찌그러진다.
⑤	변화가 없다.	변화가 없다.

12 생활 속에서 질소의 쓰임새로 옳은 것은 어느 것입니까? ( )

① 네온 광고에 이용된다.
② 전기를 만드는 데 이용된다.
③ 응급 환자의 호흡에 사용된다.
④ 자동 팽창식 구명조끼에 이용된다.
⑤ 식품의 내용물을 보존할 때 이용된다.

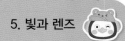

[01~02] 다음은 검은색 도화지의 긴 구멍을 통과한 햇빛을 프리즘에 통과시키는 모습입니다. 물음에 답하시오.

01 검은색 도화지의 긴 구멍을 통과한 햇빛을 프리즘에 통과시켰을 때 햇빛이 하얀색 도화지에 나타나는 모습으로 옳은 것은 어느 것입니까? ( )

① 빨간색 점으로 나타난다.
② 한 가지 빛깔이 나타난다.
③ 아무것도 나타나지 않는다.
④ 여러 가지 빛깔의 점들이 나타난다.
⑤ 여러 가지 빛깔이 연속해서 나타난다.

02 위 실험 결과로 알 수 있는 햇빛의 특징에 대한 설명입니다. ( ) 안에 들어갈 알맞은 말을 쓰시오.

> 햇빛은 ( ) 가지 빛깔로 이루어져 있다.

( )

03 빛이 공기 중에서 물로 비스듬히 나아갈 때의 모습으로 옳은 것의 기호를 쓰시오.

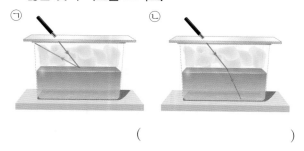

( )

04 빛의 굴절이 일어나는 곳에 대한 설명으로 옳지 <u>않은</u> 것을 보기 에서 찾아 기호를 쓰시오.

> ┌ 보기 ┐
> ㉠ 공기와 물의 경계면에서 빛의 굴절이 일어난다.
> ㉡ 공기와 유리의 경계면에서 빛의 굴절이 일어난다.
> ㉢ 빛이 공기 중이나 물속에서 진행할 때 빛의 굴절이 일어난다.

( )

05 동전이 들어 있는 컵 속의 동전이 보이지 <u>않는</u> 위치에 눈높이를 맞추었습니다. 이 컵에 물을 부었을 때 관찰되는 컵 속의 모습을 바르게 설명한 친구의 이름을 쓰시오.

> 세민: 물을 붓지 않았을 때에는 동전이 보이지 않았는데 물을 부은 다음에는 동전이 보였어.
> 해수: 물을 붓지 않았을 때에는 동전이 두 개로 보였는데 물을 부은 다음에는 동전이 한 개로 보였어.

( )

06 다음은 빛의 성질을 알아보기 위한 실험입니다. 이 실험을 통해 알 수 있는 빛의 성질을 두 글자로 쓰시오.

> 젓가락이 들어 있는 컵에 물을 붓지 않았을 때와 물을 부었을 때 컵 속의 젓가락 모습을 관찰하면 물을 붓지 않았을 때에는 젓가락이 반듯하게 보이지만 물을 부은 다음에는 젓가락이 꺾여 보인다.

빛의 ( )

07 볼록 렌즈로 가까이 있는 글씨를 보았을 때 글씨의 모습으로 옳은 것은 어느 것입니까? ( )

① 실제 글씨 크기와 같게 보인다.
② 실제 글씨의 상하가 바뀌어 보인다.
③ 실제 글씨의 좌우가 바뀌어 보인다.
④ 실제 글씨 크기보다 크고 바르게 보인다.
⑤ 실제 글씨 크기보다 작고 바르게 보인다.

08 우리 생활에서 볼록 렌즈 역할을 하는 물체를 보기에서 모두 찾아 기호를 쓰시오.

> 보기
> ㉠ 물이 담긴 둥근 유리잔
> ㉡ 물이 담긴 투명 지퍼 백
> ㉢ 가운데가 볼록한 불투명한 럭비공

( )

[09~10] 다음은 볼록 렌즈를 통과한 햇빛을 관찰하는 모습입니다. 물음에 답하시오.

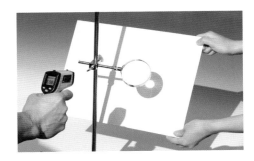

09 볼록 렌즈를 통과한 햇빛이 하얀색 도화지에 만든 원의 크기로 옳은 것의 기호를 쓰시오.

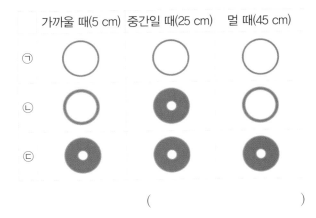

가까울 때(5 cm) 중간일 때(25 cm) 멀 때(45 cm)

㉠
㉡
㉢

( )

10 앞 실험 결과로 알 수 있는 볼록 렌즈의 특징을 설명한 것입니다. ㉠과 ㉡에 들어갈 알맞은 말을 각각 쓰시오.

> 볼록 렌즈로 햇빛을 모은 곳은 밝기가 (㉠), 온도가 (㉡).

㉠ ( )
㉡ ( )

11 현미경과 사진기의 공통점에 대해 바르게 말한 친구의 이름을 쓰시오.

> 지민: 두 기구 모두 볼록 렌즈를 이용해 만들었어.
> 세은: 물체의 크기를 축소해서 볼 수 있는 기구라는 공통점이 있지.

( )

12 볼록 렌즈를 사용하는 상황으로 옳지 않은 것은 어느 것입니까? ( )

① 책을 읽을 때
② 곤충을 관찰할 때
③ 화석을 관찰할 때
④ 상품의 가격을 계산할 때
⑤ 시계의 날짜를 확대해서 볼 때

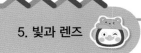
[01~02] 다음은 프리즘을 통과한 햇빛을 관찰하는 모습입니다. 물음에 답하시오.

01 위 실험에서 사용한 프리즘에 대한 설명으로 옳은 것을 보기 에서 찾아 기호를 쓰시오.

> **보기**
> ㉠ 불투명한 원기둥 모양의 기구이다.
> ㉡ 유리나 플라스틱 등으로 만든 기구이다.

(   )

02 위 실험 결과 프리즘을 통과한 햇빛이 하얀색 도화지에 나타난 모습을 바르게 설명한 친구의 이름을 쓰시오.

> 헤이: 하얀색 도화지에 한 개의 점으로 나타나.
> 로아: 하얀색 도화지에 여러 가지 빛깔로 나타나.

(   )

03 다음과 같이 레이저 지시기의 빛을 수조 위에서 비출 때 빛이 나아가는 모습으로 옳은 것을 모두 고르시오.
(   )

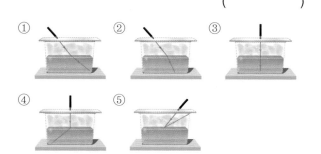

04 빛이 공기와 물의 경계에서 나아가는 모습을 바르게 연결하시오.

(1) 빛을 수면에 비스듬하게 비출 때   •

• ㉠ 꺾이지 않고 그대로 나아간다.

(2) 빛을 수면에 수직으로 비출 때   •

• ㉡ 꺾여 나아간다.

05 젓가락이 들어 있는 컵에 물을 부었을 때 컵 속의 젓가락의 모습에 대한 설명으로 옳은 것은 어느 것입니까? (   )

① 젓가락이 꺾여 보였다.
② 젓가락이 반듯해 보였다.
③ 젓가락의 길이가 길어 보였다.
④ 젓가락의 두께가 얇아 보였다.
⑤ 젓가락의 개수가 더 많게 보였다.

06 다음 현상을 보고, (   ) 안에 들어갈 알맞은 말을 쓰시오.

> 물속에 있는 물체의 모습이 실제와 다른 위치에 있는 것처럼 보이는 까닭은 공기와 물의 경계에서 빛이 (   )하기 때문이다.

(   )

07 할아버지 방에서 볼 수 있는 돋보기안경은 어떤 렌즈로 만들어지는지 쓰시오.

▲ 돋보기안경

( ) 렌즈

08 볼록 렌즈에 레이저 지시기의 빛을 비추었을 때 빛이 나아가는 모습으로 옳은 것의 기호를 쓰시오.

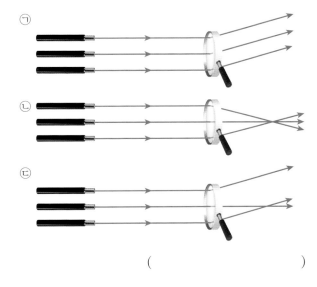

( )

09 오른쪽과 같이 종이에 검은색 등의 사인펜으로 그림을 그린 다음, 햇빛을 모아 검은색 부분을 태워 그림을 그릴 수 있는 도구로 옳은 것은 어느 것입니까? ( )

① 볼록 렌즈   ② 오목 렌즈
③ 평면 유리   ④ 핀치 집게
⑤ 고무풍선

10 다음은 볼록 렌즈와 평면 유리를 통과한 햇빛이 하얀색 도화지에 나타난 모습입니다. ㉠과 ㉡은 볼록 렌즈와 평면 유리 중 각각 어느 것인지 알맞은 말을 쓰시오.

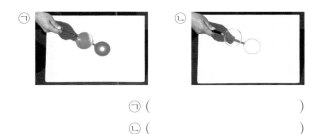

㉠ ( )
㉡ ( )

11 다음의 기구들이 공통적으로 이용한 렌즈의 이름을 쓰시오.

( )

12 현미경에 대한 설명으로 옳은 것을 보기 에서 찾아 기호를 쓰시오.

보기
㉠ 작은 물체를 확대할 때 쓰인다.
㉡ 가까이 있는 물체를 축소할 때 쓰인다.
㉢ 오목 렌즈를 이용해 만든 대표적인 기구이다.

( )

국어 1회   1. 비유하는 표현   4~5쪽

01 봄비   **02** ②   **03** 예 앞마을 냇가와 뒷마을 연못에 봄비가 경쾌하게 내리는 장면을 표현한 것이다.   **04** ㉣
05 ③   **06** 예 봄이 되면 만날 수 있는 것   **07** ④
08 (1) – ㉣   (2) – ㉮   (3) – ㉰   **09** ④   **10** ①

01 이 시는 봄비를 '큰 은혜로 내리는 교향악'으로 표현하고 있습니다.

02 '아기 손 씻던 / 세숫대야 바닥'은 '도당도당 도당당 / 작은북이 된다'고 하였으므로 악기가 되는 것은 '아기 손'이 아니라 '세숫대야 바닥'입니다.

03 ㉡은 앞마을 냇가에 봄비가 내리는 장면과 뒷마을 연못에 봄비가 내리는 장면을 표현한 것입니다.

> **채점 기준**
> 앞마을 냇가와 뒷마을 연못에 봄비가 내리는 장면이라고 썼으면 정답으로 인정합니다.

04 왈츠는 '3박자의 경쾌한 춤곡. 또는 그에 맞추어 남녀가 한 쌍이 되어 원을 그리며 추는 춤.'입니다. 따라서 봄비 내리는 모습과 왈츠의 공통점은 경쾌하고 가벼운 움직임이라고 할 수 있습니다.

05 시를 오래 읽는 것과 비유하는 표현을 사용하는 것은 관련이 없습니다.

06 봄이 되면 만날 수 있는 것을 떠올린 생각 그물입니다.

07 ㉠에는 봄이 되면 만날 수 있는 꽃(봄꽃)이 들어가야 합니다.

08 ㉡에는 선생님과 친구들을 포함할 수 있는 낱말이, ㉢에는 새 교실에서 만날 수 있는 사물이, ㉣에는 봄 날씨와 관련된 말이 들어가야 합니다.

09 '친구'와 비유할 대상 사이의 공통점이 가장 알맞게 연결된 것은 ④입니다.

10 시 낭송을 할 때에는 시의 분위기에 맞는 목소리로 읽어야지, 항상 낮고 차분한 목소리로 읽어야 하는 것은 아닙니다. 시 낭송을 잘하려면 시의 분위기와 느낌을 살려서 읽어야 하고, 노래하듯이 부드럽고 자연스럽게 읽어야 합니다. 또한 시에서 떠오르는 장면을 상상하면서 읽어야 하고, 친구들 앞에서 부끄러워하지 않고 자신 있게 읽어야 합니다.

국어 2회   1. 비유하는 표현   6~7쪽

01 비유하는 표현   **02** (1) 예 나비   (2) 예 번데기가 나비가 되듯이 아주 다른 모습으로 변하는 것이 비슷해서
03 ㉠, ㉡, ㉣   **04** ③   **05** ⑤   **06** ②, ⑤   **07** (1) – ㉯
(2) – ㉮   **08** (3) ○   **09** ①   **10** 진우

01 어떤 현상이나 사물을 비슷한 현상이나 사물에 빗대어 표현하는 것을 '비유하는 표현'이라고 합니다.

02 대상과 비유하는 표현 사이에는 비슷한 점이 있어야 합니다. '뻥튀기'와 공통점이 있는 대상을 찾아 써 봅니다.

> **채점 기준**
> 뻥튀기와 공통점이 있는 대상에 비유해 보고, 그렇게 표현한 까닭을 알맞게 썼으면 정답으로 인정합니다.

03 '운율'은 시가 음악처럼 느껴지게 하는 요소로, 소리가 비슷한 글자나 일정한 글자 수가 반복될 때 생깁니다.

04 ㉮에는 '~같이', '~듯이', '~처럼'과 같은 말을 써서 두 대상을 직접 견주어 표현하는 방법인 직유법이 사용되었습니다. ③은 '봄비'를 '봄의 교향악'으로 비유한 것으로 어떤 대상을 '~은/는 ~이다'로 표현하는 방법인 은유법이 사용되었습니다.

05 봄비 내리는 모습과 ㉯는 경쾌하고 가볍게 움직이는 것이 비슷해서 봄비 내리는 모습을 ㉯에 빗대어 표현한 것입니다.

06 이 시는 '친구'를 바람하고 엉켰다가 풀 줄 아는 '풀잎'과 풀잎하고 헤어졌다가 되찾아 온 '바람'에 비유하고 있습니다.

07 ㉠과 같이 표현한 까닭은 바람하고 엉켰다가 풀 줄 아는 풀잎의 모습이 헤어질 때 또 만나자고 손 흔드는 친구 같기 때문이고, ㉡과 같이 표현한 까닭은 풀잎하고 헤어졌다가 되찾아 온 바람의 모습이 만나면 얼싸안는 친구 같기 때문입니다.

08 (1), (2), (4)는 내용과 형식에 관련된 질문입니다.

09 호수, 바다와 친구의 공통점은 깊고 넓다는 것입니다. ②~⑤는 호수, 바다의 특징으로 보기 어렵습니다.

10 시화에서 그림은 시에 어울려야 합니다. 따라서 시 내용이 잘 드러나야 하며, 시를 읽는 것을 방해해서는 안 될 뿐만 아니라, 시 장면을 상상하며 그려야 합니다.

01 ③ 02 ⑤ 03 황금 사과 04 예 황금 사과를 팔아서 그 돈으로 공원이나 도로를 만드는 등 두 동네에 모두 필요한 일에 사용한다. / 황금 사과를 판 돈을 두 동네가 똑같이 나누어 가진다. 05 ㉠, ㉡, ㉣, ㉢ 06 ㉡
07 ④ 08 ㉣ 09 ④ 10 예 동네 꼬마들이 눈에 혹이 난 할머니를 외계인이라고 놀리는 소리를 듣고 메이의 그림 속 외계인 친구가 생각나서 / 친구가 필요해서

01 (1) – ㉠ (2) – ㉡ 02 (2) ○ 03 예 저승에 간 원님이 염라대왕에게 이승에서 좀 더 살게 해 달라고 간청하자 염라대왕은 원님을 저승사자에게 돌려보냈다. 04 남에게 덕을 베풀어야 한다. 05 ① 06 ④ 07 ㉮
08 ③ 09 (2) × 10 예 소년과 소녀의 사랑이 잠깐 내린 소나기처럼 아주 짧은 시간이지만 잊히지 않는 강한 인상을 주기 위해서이다.

01 이 글에는 두 동네 사람들, 엄마와 아이가 등장하며 괴물들은 실제로 존재하는 것은 아닙니다.
02 글 ㉮에서 황금 사과가 열린다고 하였고, 글 ㉯에서 사람들이 사과를 따려고 금을 넘어가기 시작했다고 하였으므로 황금 사과로 인해 두 동네 사이에 금이 생겼음을 짐작할 수 있습니다.
03 글 ㉯와 ㉰를 통해 두 동네 사이에 금과 담이 생긴 까닭은 황금 사과 때문임을 알 수 있습니다.
04 두 동네가 황금 사과를 공평하게 나눌 방법을 떠올려 봅니다.

채점 기준
두 동네가 모두 만족할 만한 방법을 썼으면 정답으로 인정합니다.

05 황금 사과 때문에 두 동네 사람들에게 미워하는 마음이 생겨서 엄마는 어린 딸한테 담 너머에 무시무시한 괴물들이 산다고 하였는데 아이는 담 너머에 자기하고 비슷한 또래 친구들이 사는 것을 보게 되었습니다.
06 글 ㉰에서 두 할머니 사이의 갈등이 해결되고 있습니다.
07 ㉠ 뒤에 "한번 포기하면 다른 곳의 상자나 폐지도 ~ 빼앗길지 모르니까"라고 그 까닭이 나와 있습니다.
08 종이 할머니는 상자를 주워 가는, 눈에 혹이 난 할머니한테 화가 나서 눈에 혹이 난 할머니를 밀어 버렸습니다.
09 폐지 때문에 처음에는 쌀쌀맞게 대했지만 다시 만났을 때에는 집에 놀러 오라고 하면서 다정하게 대했습니다.
10 동네 꼬마들이 눈에 혹이 난 할머니를 놀리는 소리를 듣고 메이의 그림을 떠올린 다음 ㉡과 같이 제안한 것으로 보아, 메이의 그림과 관계있음을 짐작할 수 있습니다.

채점 기준
글을 통해 짐작할 수 있는 내용을 썼으면 정답으로 인정합니다.

01 글 ㉮, ㉯는 원님이 저승에 가면서 이야기의 사건이 시작되는 '발단' 부분이고, 글 ㉰는 원님의 곳간이 비어서 사건이 본격적으로 발생하고 갈등이 일어나는 '전개' 부분입니다.
02 '사건이 언제, 어디에서 일어났나요?'는 일어난 사실을 묻는 질문입니다.
03 중요하지 않은 내용 삭제하기, 중요한 사건이 일어난 원인 찾기 등 요약하는 방법에 알맞게 중심 내용을 간추려 봅니다.

채점 기준
요약하는 방법에 알맞게 중심 내용을 간추렸으면 정답으로 인정합니다.

04 원님의 곳간이 비어 있는 이유가 남에게 덕을 베푼 일이 없기 때문임을 저승사자의 말을 통해 알 수 있습니다.
05 남에게 덕을 베푼 일이 없어서 원님의 저승 곳간이 비어 있는 것으로 보아, 이승에 있을 때 원님은 인색한 사람이었음을 알 수 있습니다.
06 요약은 가능한 한 짧고 간단하게 하는 것이 좋습니다.
07 이야기의 사건이 시작되는 부분은 이야기 구조 중 '발단'에 해당합니다.
08 글 ㉯에서 소녀는 소년에게 산 너머에 가자고 했습니다.
09 (2)는 앞 이야기와 관련된 질문에 해당합니다.
10 이야기의 내용과 '갑자기 세차게 쏟아지다가 곧 그치는 비'인 '소나기' 사이에 어떤 공통점이 있는지 생각해 보고 제목을 「소나기」로 한 까닭을 짐작해 봅니다.

채점 기준
이야기의 내용과 '소나기'의 특성에 모두 어울리는 까닭을 썼으면 정답으로 인정합니다.

국어 **1**회   3. 짜임새 있게 구성해요   12~13쪽

01 (1) – ⓒ (2) – ⓒ (3) – ⓐ   02 공식적   03 (2) ✕
04 ❹   05 ①, ②   06 예 멀리 있는 친구도 잘 볼 수 있
도록 자료를 크게 확대해서 제시해야 한다.   07 미래에는
어떤 인재가 필요할까   08 ①   09 ③, ④   10 (1) ◯

01   그림 ㉮는 학급 토의, 그림 ㉯는 뉴스 방송, 그림 ㉰는
     수업 시간 발표 상황입니다.

02   그림 ㉮~㉰는 공식적인 말하기 상황입니다.

03   그림 ㉮~㉰는 공식적인 말하기 상황이므로, 그림 ㉱
     에도 공식적인 말하기 상황이 들어가야 알맞습니다.
     그런데 국어 시간에 짝과 이야기 나누는 것은 공식적
     인 말하기 상황에 해당하지 않습니다.

04   사진 자료의 특성에 대한 설명이 제시되어 있습니다.

05   ①과 ②는 자료 활용과는 관계가 없습니다.

06   발표 장소가 넓고, 여러 사람 앞에서 발표해야 한다는
     상황의 특성에 알맞은 자료 제시 방법을 떠올려 봅니다.

> **채점 기준**
> 교실에서 학급 친구들에게 발표하는 상황의 특성에 알맞은
> 자료 제시 방법을 썼으면 정답으로 인정합니다.

07   〈시작하는 말〉에 발표 주제가 드러나 있습니다.

08   대한이네 모둠은 '100대 기업의 인재상 변화'에 대한
     표를 발표 시작 부분에 제시하고 있습니다.

09   〈자료 1〉은 '표'로, ③과 ④는 '표'의 특성입니다. ①과
     ②는 '도표', ⑤는 '동영상'의 특성입니다.

10   미래에 필요한 인재상을 설명할 때 100대 기업의 인재
     상 변화를 보여 주며 흥미를 끌기 위해 발표 시작 부분
     에 제시한 것입니다.

국어 **2**회   3. 짜임새 있게 구성해요   14~15쪽

01 ②   02 (1) – ⓒ (2) – ⓐ   03 ①   04 ㉱   05
(3) ◯   06 ④   07 ⑤   08 민지   09 예 마지막까지
집중해서 들을 수 있도록 하기 위해서 발표 마지막에 넣었
을 것이다.   10 (1) ✕

01   이 글은 전교 학생회 회장단 선거에 입후보한 나성실 후
     보자가 자신의 공약을 발표하는 상황으로 공식적인 말
     하기 상황입니다.

02   글 ㉮에서는 학생들이 학교에 바라는 점을 설문 조사
     한 결과를, 글 ㉯에서는 『오늘의 순위』라는 책 내용을
     활용했습니다.

03   나성실 후보자는 꼭 깨끗한 화장실을 만들겠다고 하였
     습니다.

04   공식적인 말하기 상황에서는 친한 사이여도 높임 표현
     을 사용합니다.

05   (1)은 '도표', (2)는 '표'를 자료로 활용하면 좋은 점입니다.

06   자료를 활용할 때에는 자료의 출처를 정확히 밝히고
     원작자의 동의를 구해야 하는데, 출처를 밝히지 않아
     듣는 사람이 자료를 어디에서 가져왔는지 궁금해하고
     있습니다.

07   〈설명하는 말〉에 발표 자료가 한국교육방송공사에서
     방송한 동영상 자료임을 밝히고 있습니다.

08   미래 핵심 역량을 키우기 위해 세계 여러 나라에서는
     단순한 암기 교육이 아니라 현실에 적용할 수 있는 능
     력을 키우는 역량 중심 교육을 강화한다고 했습니다.

09   동영상 자료를 발표 마지막에 넣은 것은 마지막까지
     집중해서 들을 수 있도록 하기 위해서입니다.

> **채점 기준**
> 동영상 자료를 마지막에 넣어 얻을 수 있는 효과를 썼다면
> 정답으로 인정합니다.

10   발표하는 목소리 크기보다는 발표하는 내용에 집중해
     서 들어야 합니다.

01 ③　02 ②　03 (1) ○　04 ③　05 (1) – ㉠ (2) – ㉢
06 우리는 자연의 목소리에 귀를 기울이고 자연을 보호해야 한다.　07 ㉣　08 (1) ㉮ (2) ㉯, ㉰, ㉱ (3) ㉲
09 (4) ✕　10 예 국립 공원에 케이블카를 설치해서는 안 된다.

01 이 글에는 동물원이 동물의 생태와 습성, 자연환경의 소중함을 배울 수 있는 교육 장소이지만 좁은 우리에 갇혀 살아가는 동물들은 스트레스를 많이 받는다는 문제 상황이 드러나 있습니다.

02 시은이는 모둠 친구들에게 '동물원이 필요한가'를 묻고 있습니다.

03 동물원은 없애야 하는 까닭으로 알맞은 것은 (1)입니다.

04 서론인 글 ㉮에 드러나 있는 '우리 전통 음식을 사랑합시다.'라는 글쓴이의 주장을 통해 글쓴이가 글을 쓴 목적을 알 수 있습니다.

05 글 ㉮의 중심 문장은 글쓴이의 주장, 글 ㉯의 중심 문장은 글쓴이의 주장을 뒷받침하는 근거에 해당합니다.

06 글쓴이는 이 글을 통해 우리는 자연의 목소리에 귀를 기울이고 자연을 보호해야 한다고 주장하고 있습니다.

07 ㉣은 글쓴이의 주장에 해당합니다.

08 글 ㉮는 '서론', 글 ㉯, ㉰, ㉱는 '본론', 글 ㉲는 '결론'에 해당합니다.

09 (4)는 내용의 타당성을 판단하는 근거와 관련이 없습니다.

10 논설문에서 '반드시', '절대로', '결코'와 같이 어떤 사실을 딱 잘라 판단하거나 결정해 단정하는 표현은 조심해서 써야 합니다.

> **채점 기준**
> 제시된 문장에서 '절대로'를 빼고 썼으면 정답으로 인정합니다.

01 ②　02 (1) ㉠ (2) ㉣　03 예 주장을 뒷받침하는 근거가 타당하다면 자신의 생각과 다른 주장도 존중해야 한다.　04 (1) – ㉡ (2) – ㉢ (3) – ㉠　05 우리 전통 음식을 사랑합시다.　06 ⑤　07 (3) ○　08 ㉮, ㉯
09 ③, ⑤　10 (1) 예 한 가지 갈래의 책만 읽지 말자.
(2) 예 다양한 정보를 얻을 수 없기 때문이다.

01 글쓴이는 동물원의 좋은 점을 말하고 있으므로 동물원은 있어야 한다고 주장하는 것으로 보아야 합니다.

02 이 글은 각 문단의 첫 문장이 중심 문장입니다.

03 자신의 생각과 다른 주장도 존중하는 태도를 가져야 합니다.

> **채점 기준**
> 자신의 생각과 다른 주장도 존중해야 한다는 내용을 썼으면 정답으로 인정합니다.

04 글 ㉮는 '서론', 글 ㉯~㉱는 '본론', 글 ㉲는 '결론'에 해당합니다.

05 이 글에서 글쓴이는 우리 전통 음식을 사랑하자고 주장하고 있습니다.

06 이 글은 글쓴이의 주장이 드러나 있는 논설문입니다. ⑤는 설명문의 특성에 해당합니다.

07 이 글은 주장의 근거와 그 근거를 뒷받침하는 내용을 제시하는 '본론' 부분에 해당합니다.

08 글 ㉮에서는 예시의 방법으로 '오염된 환경을 되살리는 데는 수십, 수백 배의 시간과 노력이 든다'는 근거를 뒷받침하고 있습니다. 글 ㉯에서도 예를 들어 '무리한 자연 개발은 생태계를 파괴한다'는 근거를 뒷받침하고 있습니다.

09 자연은 한번 파괴되면 복원되기가 어렵고, 무리한 자연 개발은 생태계를 파괴한다고 하였습니다. 그리고 자연의 힘이 아무리 위대해도 자정 능력을 넘어서는 오염은 감당하기 어렵다고 하였습니다.

10 한 가지 갈래의 책만 읽는다는 문제 상황에 알맞은 주장과 근거를 제시해 봅니다.

> **채점 기준**
> 문제 상황을 해결할 수 있는 주장과 근거를 제시했으면 정답으로 인정합니다.

국어 1회   5. 속담을 활용해요   20~21쪽

01 ③   02 ②, ④   03 (1) – ② (2) – ①   04 예 안전에 주의하지 않고 친구들과 놀다가 다친 뒤에 후회했던 상황   05 ⑤   06 염라대왕, 강 도령   07 ㉮   08 ④   09 예 자신이 해야 할 중요한 일을 잊어버리지 않았으면 좋겠다.   10 ⑤

01 "백지장도 맞들면 낫다."는 쉬운 일이라도 협력해서 하면 훨씬 쉽다는 뜻이므로, ③과 같이 여럿이 협동하는 상황에 사용할 수 있습니다.

02 "백지장도 맞들면 낫다."와 같이 협동과 관련된 속담은 ②와 ④입니다.

03 그림 ㉮는 뒤늦게 안전 관리 실태를 점검하는 동물원의 문제를 안타까워하는 상황이고, 그림 ㉯는 일 년 동안 동전을 모아서 큰돈을 마련한 상황입니다.

04 ㉠은 소를 도둑맞은 다음에서야 빈 외양간의 허물어진 데를 고치느라 수선을 떤다는 뜻으로 일이 이미 잘못된 뒤에는 손을 써도 소용이 없다는 말입니다.

> **채점 기준**
> 일이 이미 잘못된 뒤에 손을 쓰려는 상황을 썼으면 정답으로 인정합니다.

05 ㉡은 아무리 작은 것이라도 모이고 모이면 나중에 큰 덩어리가 된다는 말입니다.

06 까마귀는 염라대왕이 강 도령에게 보내는 편지를 말고기를 먹느라 잃어버렸습니다.

07 자신의 잘못을 숨기려고 아무렇게나 꾸며 대겠다고 말하는 까마귀의 모습에 어울리는 속담은 ㉮입니다.

08 말고기를 먹느라 편지를 잃어버리고는 아무렇게나 꾸며 대려고 하는 까마귀의 모습을 통해 욕심이 많고, 무책임하며 거짓말도 잘하는 성격임을 알 수 있습니다.

09 자신이 해야 할 아주 중요한 일을 잊어버리고 아무렇게나 꾸며 대려고 하는 까마귀에게 어떤 말을 해 주면 좋을지 떠올려 봅니다.

> **채점 기준**
> 까마귀의 말이나 행동과 관련이 있는 생각을 썼으면 정답으로 인정합니다.

10 '호랑이도 제 말 하면 온다', '그물에 걸린 토끼 신세'가 알맞습니다.

국어 2회   5. 속담을 활용해요   22~23쪽

01 ⑤   02 ㉡   03 (1) – ① (2) – ②   04 ①   05 ㉯, ㉰, ㉱   06 (1) – ㉮ (2) – ㉳ (3) – ㉯   07 ④   08 ⑤   09 (1) 예 실현성이 없는 허황된 계산은 도리어 손해만 가져온다. (2) 예 친구가 노력은 하지 않고 욕심으로 헛된 장래 희망을 꿈꾸는 상황   10 (1) ○

01 속담은 예로부터 민간에 전하여 오는 쉬운 격언이나 잠언을 말합니다. ⑤는 민담에 대한 설명입니다.

02 ㉠은 바늘 가는 데 실이 항상 뒤따른다는 뜻으로 사람 사이의 긴밀한 관계를 비유적으로 이르는 말입니다.

03 그림 ㉮에서는 듣는 사람의 흥미를 끌기 위해, 그림 ㉯에서는 자기 의견을 뒷받침하기 위해 속담을 사용하였습니다.

04 글쓴이는 영주에게 힘든 일이 있더라도 꿋꿋하게 견디며 희망을 가지라고 말하고 있습니다.

05 ㉮는 주된 것보다 딸린 것이 더 크거나 많다는 뜻으로, 상황이 이치에 맞지 않을 때 사용하는 속담입니다.

06 (1)은 무슨 일이나 그 일의 시작이 중요함을, (2)는 순하고 좋은 사람이라도 너무 업신여기면 가만있지 않음을, (3)은 어릴 때 몸에 밴 버릇은 늙어서도 고치기 힘듦을 뜻하는 속담입니다.

07 글 ㉯에서 독장수가 박살 난 독 조각들을 쓰다듬는 것으로 보아 독장수의 독이 깨지는 일이 벌어졌음을 짐작할 수 있습니다.

08 글 ㉯에서 독장수가 눈물을 뚝뚝 흘리며 독 조각들을 쓰다듬는 모습으로 보아 독이 깨져서 속상해하는 마음을 짐작할 수 있습니다.

09 ㉡은 '실현성이 없는 허황된 계산은 도리어 손해만 가져온다'는 뜻이므로 그것과 관련된 상황을 떠올려 봅니다.

> **채점 기준**
> 실현성이 없는 허황된 계산을 하는 상황을 썼으면 정답으로 인정합니다.

10 (2)는 동물과 관련 있는 속담이 많은 까닭에 해당합니다.

01 (1) - ㉮ (2) - ㉯ **02** (2) ○ **03** 승주 **04** (1) ✕
05 예 고양이가 입에 병아리를 물고 달아나는데 어미 닭이 새끼를 되찾으려고 기를 쓰고 쫓아가고 있다. **06** ①
07 ③ **08** 예 현재 서울에 남아 있는 조선 시대 궁궐이 몇 개이고 무엇인지 알았다. / 궁궐 사람들은 자신의 신분에 알맞은 건물에서 생활했음을 알았다. **09** (2) ✕ **10** ②

01 어떤 일이나 사건이 일어난 까닭을 풀 수 있는 실마리는 '단서'라고 하고, 이미 아는 정보를 근거로 삼아 다른 판단을 이끌어 내는 것은 '추론'이라고 합니다.

02 (1)은 표정이나 행동을 보고 추론한 것이므로 '말이나 행동에서 단서 확인하기'에 해당합니다.

03 북한 이탈 주민들이 잘 적응해서 살아가고 있다는 것은 우리 모두 같은 민족이자 하나의 겨레로 함께 어울려져 살아갈 수 있다는 것을 뜻합니다.

04 그림 속 여자는 고양이가 병아리를 물고 달아나자 놀라서 바라보고 있습니다.

05 이 그림에는 병아리를 물고 달아나는 고양이를 쫓는 어미 닭과 부부의 모습이 생동감 있게 그려져 있습니다.

> **채점 기준**
> 그림을 통해 추론할 수 있는 내용을 썼으면 정답으로 인정합니다.

06 현재 서울에 남아 있는 조선 시대 궁궐은 경복궁, 창덕궁, 창경궁, 경희궁, 경운궁 다섯 곳이라고 하였습니다.

07 왕실 가족들은 주로 '전'보다 한 단계 격이 낮은 '당' 자가 붙는 건물을 사용했습니다.

08 글 앞부분은 현재 서울에 남아 있는 조선 시대의 궁궐에 대해 설명하고 있으며, [궁궐의 건물]은 궁궐 사람들이 자신의 신분에 맞는 건물에서 생활했음을 설명하고 있습니다.

> **채점 기준**
> 이 글에 드러나 있는 내용을 썼으면 정답으로 인정합니다.

09 서로 의견이 맞지 않을 때에는 민주적인 절차를 거쳐 역할을 나누어야 합니다.

10 글에 드러난 정확한 사실뿐만 아니라 자신이 평소에 아는 사실을 바탕으로 하여 어떤 사실을 더 알 수 있는지 생각해 보아야 합니다.

01 ② **02** ② **03** 융건릉, 용주사 **04** (1) - ㉮ (2) - ㉯, ㉰ **05** (1) ○ **06** 덕수궁 **07** (1) - ㉯ (2) - ㉮ (3) - ㉰ **08** ④ **09** 예 앞뒤 문장에서 알 수 있는 사실을 바탕으로 하여 그 뜻을 추론할 수 있다. **10** (3) ○

01 ②는 성품이나 인격 따위가 원만하거나 선하다는 뜻으로 쓰였고, 나머지는 대상의 성질이나 내용 따위가 보통 이상의 수준이어서 만족할 만하다는 뜻으로 쓰였습니다.

02 ①은 글 ㉯를 통해 추론한 사실이고, ②는 글 ㉮를 통해 알 수 있는 내용이며, ③은 글 ㉮의 내용을 통해 추론할 수 있는 사실이고 ④는 글 ㉯를 통해 알 수 있는 내용입니다.

03 수원 화성 근처에 더 둘러볼 만한 곳으로 융건릉과 용주사가 있다고 하였습니다.

04 ㉮는 내용을 추론할 수 있는 질문이고 ㉯와 ㉰는 글쓴이의 생각을 추론할 수 있는 질문입니다.

05 경주 여행을 갔던 자신의 경험을 떠올려 수원 화성에 갈 때에도 운동화를 신는 것이 좋겠다는 추론을 하였습니다.

06 글의 첫머리에서 지금의 덕수궁은 원래 경운궁이라고 불렸다고 하였습니다.

07 중화전은 국가적 의식을 치르던 곳이고 석조전은 왕이 일상생활을 하던 곳이며, 정관헌은 고종 황제가 커피를 마시며 여가를 즐기거나 손님을 맞이하던 곳입니다.

08 경운궁 안에는 중화전과 같은 전통적 건물, 석조전이나 정관헌 같은 서양식 건물이 함께 들어서 있다고 하였습니다.

09 글에서 뜻을 알지 못하는 낱말이나 문장은 앞뒤 문장에서 알 수 있는 사실을 바탕으로 하여 그 뜻을 추론할 수 있습니다.

> **채점 기준**
> 앞뒤 문장을 통해 추론한다는 내용을 썼으면 정답으로 인정합니다.

10 촬영 장면을 구체적으로 계획한 다음, 장면 촬영하기, 자막 넣기, 장면 순서 편집하기 등을 거칩니다.

해설

국어 1회　7. 우리말을 가꾸어요　28~29쪽

01 ②　02 생선, 핵노잼, 헐　03 신조어, 의사소통
04 ①　05 ⑤　06 ④　07 ㉮　08 ◉ 긍정하는 말
과 고운 우리말을 사용하자는 주장을 하기 위해서이다.
09 ①, ⑤　10 (1) ○

01 여자아이는 아빠께 이번 자신의 생일 선물이 무엇인지
　 물어보고 있습니다.

02 아빠는 여자아이가 사용한 줄임 말('생선'), 신조어('핵
　 노잼'), 비속어('헐')를 이해하지 못했습니다.

03 아빠와 여자아이가 말이 통하지 않은 까닭은 여자아이가
　 사용하는 말을 아빠가 이해하지 못했기 때문입니다.

04 남자아이는 선생님과 학생, 학생과 학생끼리도 서로
　 높임말을 사용하는 좋은 언어문화를 조사하였습니다.

05 선생님과 학생, 학생과 학생끼리도 서로 높임말을 사
　 용하는 언어문화를 통해 존중하고 배려하는 생활 공동
　 체를 만들어 나가고 있다고 하였습니다.

06 "귀찮아."도 부정하는 말에 해당합니다. "하기 싫어."
　 는 "해 보자."로 바꾸는 것이 알맞습니다.

07 글 ㉮에 요즘 우리 반 친구들이 대화할 때 짜증 난다는
　 말이나 비속어, 욕설 따위를 사용하는 문제 상황이 드
　 러나 있습니다.

08 이 글은 글쓴이가 주장을 펼치기 위해 쓴 논설문으로,
　 글의 결론 부분인 글 ㉲에 글쓴이의 주장이 드러나 있
　 습니다.

> **채점 기준**
> 올바른 우리말 사용에 대한 글쓴이의 주장을 펼치기 위해서
> 라는 의미가 드러나 있으면 정답으로 인정합니다.

09 ①은 글쓴이의 주장, ⑤는 문제 상황에 해당합니다.

10 너무 줄여 말하는 낱말을 바르게 고쳐 쓴 사례를 영상
　 광고로 만든 것입니다.

국어 2회　7. 우리말을 가꾸어요　30~31쪽

01 ◉ 그림 ❷는 친구를 비아냥거리며 비꼬는 말로 부정
적으로 말했고, 그림 ❸은 친구에게 힘을 주는 말로 긍정
적으로 말했다.　02 솔연이　03 ①　04 ⑤　05 (2) ○
06 ①, ③, ⑤　07 ◉ 우리말이 파괴되고 있다. / 바르고
고운 우리말 사용이 이루어지지 않고 있다.　08 ㉯　09
(2) ○　10 (1) – ㉯　(2) – ㉰　(3) – ㉮

01 그림 ❷의 친구는 부정적으로, 그림 ❸의 친구는 긍정
　 적으로 말하였습니다.

> **채점 기준**
> 그림 ❷는 부정적, 그림 ❸은 긍정적이라는 의미가 들어 있
> 으면 정답으로 인정합니다.

02 솔연이는 무시당하는 기분이 들어 속상했을 것이고,
　 강민이는 격려해 주니 힘이 나고 기분이 좋았을 것입
　 니다.

03 ①은 언어생활과는 관계가 없습니다.

04 서로 배려하는 말을 하지 않고 비속어를 사용하며 비
　 난했기 때문입니다.

05 배려하는 말로 알맞게 고친 것은 (2)입니다.

06 발표 효과를 높이려면 사진, 동영상, 그림, 도표 등 다
　 양한 자료를 활용하는 것이 좋습니다. 발표할 때는 여
　 러 사람이 들어야 하므로 알맞은 목소리로, 중요한 부
　 분은 강조하며 발표합니다.

07 그림은 올바르지 못한 우리말 사용 실태를 보여 주는
　 자료입니다.

> **채점 기준**
> 올바르지 못한 우리말 사용이라는 의미가 들어 있으면 정답
> 으로 인정합니다.

08 이 글은 국립국어원 우리말 다듬기 누리집에서 자료를 수
　 집해 신문 형식으로 만든 올바른 우리말 사례집입니다.

09 이 글은 국립국어원 우리말 다듬기 누리집에서 들어온
　 지 얼마 안 된 어려운 외국어를 쉬운 우리말로 다듬은
　 자료를 사례집으로 엮은 것입니다.

10 (1)은 '형식', (2)는 '주제', (3)은 '내용'과 관련된 의견입
　 니다.

01 ①　02 ⑤　03 단 13척의 배로 133척의 배를 물리쳤기 때문에　04 (1) ○　05 예 나에게 비슷한 상황이 일어난다면 어떻게 생각하고 행동할 것인가? / 나는 주어진 일에 최선을 다했는가?　06 (2) ×　07 (1) - ㉠ (2) - ㉡　08 (1) ㉣, ㉤ (2) ㉠, ㉡, ㉢　09 ③　10 예 모두의 이익과 행복을 추구하는 왕가리 마타이의 선한 삶의 태도를 닮고 싶다.

01 글쓴이가 말하고자 하는 생각을 찾으며 읽는 것은 글을 읽는 속도와는 상관이 없습니다.

02 글 ㉮에서 이순신은 12척의 배와 120여 명의 군사를 모으고, 글 ㉯에서 일본군과 울돌목에서 싸우기로 하였습니다.

03 글 ㉰에서 '단 13척의 배로 133척의 배를 물리친 기적 같은 전투'라고 하였습니다.

04 이 글을 통해 불리한 상황에서도 포기하지 않고 끝까지 싸우려는 이순신의 모습을 엿볼 수 있습니다.

05 불리한 상황에서도 끝까지 싸우는 이순신의 삶을 통해 스스로를 돌아볼 수 있는 질문을 만들어 써 봅니다.

　　채점 기준
　　이순신이 추구하는 가치와 관련이 있는 질문이면 정답으로 인정합니다.

06 인물이 추구하는 가치를 파악할 때에는 인물이 처한 상황, 인물이 한 말과 행동을 살펴보아야 합니다.

07 글 ㉮에서는 주위 사람들이 나무 심기를 그만하라고 하였으며, 글 ㉯에서는 케냐 정부가 우후루 공원에 복합 빌딩을 건설하려고 하였습니다.

08 ㉣, ㉤은 주위 사람들이 나무 심기를 그만하라고 했을 때 한 행동이고, ㉠, ㉡, ㉢은 케냐 정부가 우후루 공원에 복합 빌딩을 건설하려고 했을 때 한 행동입니다.

09 물질적인 이익을 추구하는 것은 왕가리 마타이가 아니라 케냐 정부입니다.

10 왕가리 마타이가 추구하는 가치가 무엇인지 살펴보고 그것을 통해 본받고 싶은 것을 찾아 써 봅니다.

　　채점 기준
　　왕가리 마타이의 삶과 관련이 있는 내용을 썼으면 정답으로 인정합니다.

01 ⑤　02 (1) ○　03 ④　04 (1) - ① (2) - ②　05 예 시조 ㉯의 "백골이 진토 되어"라는 표현이 인상에 남는다. 정몽주의 마음이 그만큼 확고함을 빗대어 잘 표현했기 때문이다.　06 (1) ○　07 (1) - ㉯ (2) - ㉮　08 예 몽당깨비에게 앞으로 어떻게 해야 할지 함께 방법을 찾아보자고 했을 것 같다.　09 ①, ④　10 ①, ④, ⑤

01 자신이 받은 도움을 생각하며 어려운 사람들을 돕는 인물 모습이 글쓴이의 마음을 울렸다고 하였습니다.

02 책을 읽으면 지혜롭게 세상을 살 수 있다고 하였습니다.

03 ㉣은 '고려'를 빗대어 표현한 것입니다.

04 시조 ㉮의 '우리도 이같이 얽혀져'를 통해 이방원은 정몽주에게 새 나라를 세우는 데 함께하자고 했으며, 시조 ㉯의 '임 향한 일편단심'을 통해 정몽주는 변함없이 고려에 충성을 다하겠다는 생각을 드러내고 있습니다.

05 두 시조에서 인상적인 표현과 그 까닭을 함께 써 봅니다.

　　채점 기준
　　인상적인 표현에 맞게 그 까닭을 썼으면 정답으로 인정합니다.

06 글 ㉮의 "버들이를 보려고 늘 남아 있었지."라는 말에서 몽당깨비가 버들이를 사랑하고 있음을 알 수 있습니다.

07 글 ㉰에서 버들이는 샘물줄기를 바꾸면 도깨비들이 노여워해 자신의 집으로 찾아올 것이라고 생각했으며, 몽당깨비는 "도깨비가 제일 무서워하는 게 뭐냐"는 질문을 버들이에게 받았습니다.

08 샘물줄기가 바뀐 것을 안 도깨비들이 노여워할 때 자신이라면 어떻게 했을지 생각해 봅니다.

　　채점 기준
　　문제 상황에 어울리는 말이나 행동을 썼으면 정답으로 인정합니다.

09 어머니 병을 낫게 하려고 새벽마다 도깨비 샘물을 뜨러 간 모습에서 효를 추구한다는 것을, 자신을 사랑하는 몽당깨비를 저버리고 샘물만 취하는 모습에서 현실적인 이익만을 추구한다는 것을 알 수 있습니다.

10 ②와 ③은 인물의 삶과 자신의 삶을 관련짓는 방법으로 보기 어렵습니다.

국어 1회   9. 마음을 나누는 글을 써요   36~37쪽

01 (1) – ㉣ (2) – ㉠   02 (3) ○   03 고마운/감사한
04 ㉯   05 ㉐ 하고 싶은 말을 자세히 나타낼 수 있다.
06 ㉯   07 ①, ④   08 ⑤   09 ⑤   10 ④

01 이 그림 속 상황은 쉬는 시간에 교실에서 있었던 일입니다.

02 서연이가 글을 쓰는 목적은 친구들이 학용품을 소중히 다루지 않는 것에 대해 안타까움을 전하기 위해서입니다.

03 끝인사 부분에 "선생님, 정말 고맙습니다."라고 표현한 것을 통해 선생님께 고마운(감사한) 마음을 전하고자 이 편지를 썼음을 알 수 있습니다.

04 선생님께 글을 쓸 때에는 공손한 말을 사용합니다.

05 나누려는 마음을 편지로 쓰면, 하고 싶은 말을 자세히 나타낼 수 있어 좋습니다.

> **채점 기준**
> 마음을 편지로 전했을 때의 장점을 썼으면 정답으로 인정합니다.

06 일어난 사건에 대한 생각이나 행동이 들어 있는 부분은 글 ㉯입니다.

07 신우가 미역국을 엎질러서 지효 가방이 더러워졌지만, 오히려 자신을 걱정해 주고 같이 치워 준 지효에게 미안한 마음과 고마운 마음을 전하기 위해 이 글을 썼습니다.

08 맞춤법, 띄어쓰기를 잘 지켜야 글의 내용을 잘 이해할 수 있습니다.

09 정약용은 남의 도움을 바라는 두 아들의 말투를 걱정하고 있습니다.

10 정약용은 은혜를 베풀어 주기만을 바라는 두 아들의 마음가짐을 걱정하는 마음을 전하려고 유배지에서 이 글을 썼습니다.

국어 2회   9. 마음을 나누는 글을 써요   38~39쪽

01 ⑤   02 ㉐ 분실물 보관함에 쌓여 있는, 자원으로 만든 학용품(연필과 지우개)들을 보았기 때문에   03 ㉯
04 ③, ⑤   05 (2) ×   06 ㉰   07 ㉐ 지난날 쌓아 놓은 공덕이 하루아침에 사라지게 될 것이기 때문이다.   08 ⑤   09 ㉯, ㉠, ㉰, ㉱, ㉣   10 ①

01 서연이는 친구들이 학용품을 소중히 다루지 않아 안타깝게 생각하고 있습니다.

02 서연이는 분실물 보관함에 쌓여 있는 연필과 지우개 등 자연 자원으로 만든 학용품을 보았기 때문에 자원을 아껴 써야 한다는 생각을 하였습니다.

> **채점 기준**
> 분실물 보관함에 쌓여 있는 학용품을 보았기 때문이라고 썼으면 정답으로 인정합니다.

03 서연이가 글을 쓰는 목적은 친구들이 학용품을 소중히 다루지 않는 것에 대해 안타까움을 전하기 위해서입니다. 따라서 친구들에게 글을 써야 합니다.

04 지수는 과학 시간에 물을 엎질러서 정민이의 옷이 젖은 것에 대해 미안한 마음이 들어 사과하려고 이 문자 메시지를 보낸 것입니다.

05 (2)는 나누려는 마음을 편지로 썼을 때의 좋은 점입니다.

06 정약용은 두 아들의 마음가짐을 걱정하는 마음으로 이 글을 쓰고 있습니다.

07 글 ㉰의 맨 마지막 부분에 ㉠과 같이 말한 까닭이 드러나 있습니다.

> **채점 기준**
> 지난날 쌓아 놓은 공덕이 사라지게 된다는 의미로 썼으면 정답으로 인정합니다.

08 정약용이 두 아들에게 결국 하고 싶은 말은 다른 사람의 도움을 바라지 말고 먼저 베풀라는 것입니다.

09 학급 신문을 만드는 과정은 먼저 인상 깊었던 일을 정한 다음, 쓸 내용을 정리하고, 인상 깊었던 일을 글로 씁니다. 그런 뒤 쓴 글과 그림이나 사진 자료로 신문 기사를 완성하고, 그 신문 기사를 모아 학급 신문을 만듭니다.

10 학급 신문에는 그림이나 사진 자료 등을 사용해서 실감 나게 표현하는 것이 좋습니다.

01 ①   02 ㉡   03 ②   04 ③   05 정치   06 ③, ⑤
07 ①   08 예 다수결의 원칙을 사용하기 전에 충분한 대화와 토론을 통해 타협하려고 노력한다. / 다수결의 원칙을 사용할 때에도 소수의 의견을 존중한다. 등   09 국민 주권   10 예 법을 만든다. / 예산안을 심의하고 확정한다. / 국정 감사를 한다. 등   11 ③   12 ④

01 이승만 정부의 독재 정치와 3·15 부정 선거에 분노한 시민들이 1960년 4월 19일 전국에서 대규모 시위를 벌였는데, 이를 4·19 혁명이라고 합니다.

02 박정희는 5·16 군사 정변을 일으켜 대통령이 되었고, 정권을 유지하고자 헌법을 여러 번 바꾸었습니다.

03 전두환이 보낸 계엄군이 폭력적으로 시위를 진압하여 많은 사람이 다치거나 죽자, 시민들이 시민군을 조직해 맞선 역사적 사건은 5·18 민주화 운동입니다.

04 6·29 민주화 선언에는 대통령 직선제 시행, 언론의 자유 보장, 지방 자치제 시행, 국민의 기본권 보장 등의 내용이 담겨 있습니다.

08 다수결의 원칙은 소수의 의견이 존중받지 못하는 단점이 있으므로 다수결의 원칙을 사용하기 전에 충분한 대화와 토론을 통해 타협하려고 노력해야 합니다. 또한 다수결의 원칙을 사용할 때에도 소수의 의견을 존중해야 합니다.

> **채점 기준**
> '충분한 대화와 토론을 통해 타협한다.' '소수의 의견을 존중한다.'는 내용이 들어가면 정답으로 합니다.

10 국회에서는 법을 만들고, 고치거나 없애기도 합니다. 정부가 세운 예산안을 살펴보고 검토하여 최종 확정하는 일도 합니다. 또한 정부가 법에 따라 일을 잘하고 있는지 살피는 국정 감사를 합니다.

> **채점 기준**
> 입법, 예산안 심의·확정, 국정 감사 중 두 가지 내용이 들어가면 정답으로 합니다.

11 국무 회의에는 대통령, 국무총리, 장관을 비롯한 국무 위원들이 참석합니다.

01 ②, ⑤   02 ④   03 ③   04 ①   05 공청회   06 ②
07 수지   08 ⑤   09 (1) 권력 분립 (2) 예 권력 분립을 통해 한 기관이 국가의 중요한 일을 마음대로 처리할 수 없도록 서로 견제하고 균형을 이루어 국민의 자유와 권리를 보장하기 위해서이다.   10 법   11 ③   12 예 법원의 독립과 법관의 신분을 보장한다. / 특정한 경우를 제외하고 모든 재판의 과정과 결과를 공개한다. / 한 사건에 대해 급이 다른 법원에서 세 번까지 재판을 받을 수 있다(삼심 제도).

03 6월 민주 항쟁의 결과 전두환 정부는 대통령 직선제를 포함한 시민들의 민주화 요구를 받아들이겠다는 6·29 민주화 선언을 하였습니다.

06 민주주의의 기본 정신으로는 인간의 존엄성, 자유, 평등이 있습니다. 자유는 국가나 다른 사람에게 부당한 간섭을 받지 않고 자신의 의사에 따라 결정하고 행동할 수 있는 것을 의미합니다.

07 일상생활에서 중요한 일을 결정하거나 문제를 해결할 때는 먼저 충분한 대화와 타협의 과정이 필요합니다. 이러한 과정을 거친 후 여러 의견을 하나로 모으기 어려울 때 다수결의 원칙을 사용할 수 있습니다.

09 권력 분립의 목적은 여러 국가기관이 국가 권력을 나누어 맡음으로써 서로 견제하고 균형을 이루어 국민의 자유와 권리를 보장하는 것입니다.

> **채점 기준**
> 국민의 자유와 권리를 보장하기 위해서라는 내용이 들어가면 정답으로 합니다.

11 대통령을 도와 행정 각 부를 관리하고, 대통령이 일할 수 없을 때 대통령의 역할을 대신하는 사람은 국무총리입니다.

12 우리나라는 공정한 재판을 위해 법원의 독립과 법관의 신분을 보장하며, 특정한 경우를 제외하고 모든 재판의 과정과 결과를 공개합니다. 또한 원칙적으로 한 사건에 대해 급이 다른 법원에서 세 번까지 재판을 받을 수 있도록 하는 삼심 제도를 두고 있습니다.

> **채점 기준**
> 법원의 독립, 법관의 신분 보장, 재판의 공개, 삼심 제도 중 두 가지 내용이 들어가면 정답으로 합니다.

해설

사회 1회   2. 우리나라의 경제 발전   44~45쪽

01 시장   02 ③   03 ③   04 ①   05 ⑤   06 예 공장에서 생산된 제품을 쉽고 빠르게 운반할 수 있다. / 전 국토가 하루 생활권 안에 들어갈 수 있을 만큼 교통이 편리해진다. 등   07 ⑤   08 ④   09 ㉠, ㉢, ㉣   10 ⑤   11 ④   12 예 생산자가 정당한 대가를 받을 수 있도록 하기 위해서이다.

01 가계와 기업은 시장에서 만나 거래합니다.

03 기업의 합리적 의사 결정 과정은 '소비자 분석하기 → 상품 개발하기 → 생산 방법 정하기 → 홍보 계획 세우기'의 순서로 진행됩니다.

04 우리나라는 자유와 경쟁을 보장하는 경제체제입니다.

05 6·25 전쟁 직후 밀가루, 설탕, 면직물 등을 만드는 소비재 산업이, 1960년대에는 경공업이, 1970~1980년대에는 중화학 공업이 발달했습니다.

06 1970년에 서울에서 부산에 이르는 경부 고속 국도가 개통되면서 공장에서 생산된 제품을 쉽고 빠르게 운반할 수 있게 되었습니다.

> **채점 기준**
> 교통이 편리해졌다는 내용이 들어가면 정답으로 합니다.

07 경제성장으로 국민 소득이 높아지면서 해외여행자 수가 증가하였습니다.

08 급속한 경제성장으로 부유한 사람과 가난한 사람의 소득 격차, 즉 빈부 격차가 커졌습니다.

09 나라마다 자연환경, 자원, 기술 수준, 생산 여건 등이 다르기 때문에 서로 무역을 합니다.

10 기업은 다른 나라 기업과 교류하면서 다른 나라의 값싼 노동력을 이용할 수 있고, 새로운 기술과 아이디어를 주고받을 수 있습니다.

11 제시된 그림은 무역 상대국의 수입 제한으로 ○○ 나라가 수출이 어려워지는 경우입니다.

12 공정 무역이란 생산자에게 공정한 대가를 주고 물건을 사는 무역 형태를 말합니다.

> **채점 기준**
> 생산자에게 정당한 대가가 돌아가게 하기 위해서라는 내용이 들어가면 정답으로 합니다.

사회 2회   2. 우리나라의 경제 발전   46~47쪽

01 ①, ②   02 ①   03 예 개인은 자신의 재능과 능력을 더 잘 발휘할 수 있다. / 소비자가 원하는 물건을 자유롭게 살 수 있다. / 기업은 싸고 질 좋은 물건을 개발하여 많은 이윤을 얻을 수 있다. / 국가 전체의 경제 발전에 도움을 준다. 등   04 ①   05 ②   06 ③   07 ⑤   08 예 나라마다 자연환경과 자원, 생산 여건 등이 다르기 때문이다.   09 ㉢   10 ㉠, ㉢   11 ⑤   12 ②

01 가계는 기업에 노동력을 제공하여 임금을 받고, 생활에 필요한 물건과 서비스를 소비합니다.

02 어린이의 선택 기준은 저렴한 가격입니다. ①의 자전거 가격이 가장 저렴합니다.

03 자유와 경쟁을 보장하는 경제활동은 국가 전체의 경제 발전에도 도움이 됩니다.

> **채점 기준**
> 개인이나 기업이 자유와 경쟁을 통해 얻을 수 있는 이점이 들어가면 정답으로 합니다.

04 새로운 기업이 시장에 진입하는 것을 막는 것은 불공정한 경제활동입니다.

05 ①은 2000년대 이후, ③은 1990년대 이후, ④는 6·25 전쟁 직후, ⑤는 1960년대 경제성장 모습입니다.

07 1990년대 후반 전국에 초고속 정보 통신망이 설치되면서 정보 통신 기술 관련 산업이 함께 발전하였습니다.

08 나라마다 풍부하거나 뛰어난 것이 달라 수출하는 물품이 다릅니다.

> **채점 기준**
> 나라마다 자연환경, 자원, 기술 수준 등이 다르다는 내용이 들어가면 정답으로 합니다.

09 ㉠, ㉢은 빈부 격차를 해결하기 위한 노력에 해당합니다.

10 자유 무역 협정(FTA)은 자유로운 경제 교류를 위해 나라와 나라 사이에 세금, 법과 제도 등의 문제를 줄이거나 없애기로 한 약속입니다.

11 다른 나라의 제품에 높은 관세를 부과하면 무역 마찰이 발생할 수 있습니다.

12 세계 무역 기구(WTO)는 나라 간에 무역 문제가 일어났을 때 심판 역할을 하는 국제기구입니다.

01 ④　**02** 자전축　**03** ④　**04** (지구의) 자전　**05** 봄 (봄철)　**06** ②　**07** ㉠ (지구의) 공전 ㉡ (지구의) 자전
08 ⑤　**09** ③　**10** ㉠ 동쪽 ㉡ 서쪽　**11** ㉠　**12** (1) ○ (2) × (3) ○

01 ㉠　**02** 동쪽, 서쪽　**03** ②　**04** ⑤　**05** ㉡　**06** ③
07 별자리　**08** ㉠ 거문고자리 ㉡ 오리온자리　**09** 상현달　**10** ①　**11** ②　**12** ①

01 지구는 서쪽에서 동쪽으로 하루에 한 바퀴씩 자전하므로 하루 동안 태양과 달은 동쪽에서 서쪽 방향으로 움직이는 것처럼 보입니다.

02 지구의 북극과 남극을 이은 가상의 직선을 자전축이라고 합니다. 지구는 자전축을 중심으로 자전합니다.

03 지구가 자전축을 중심으로 하루에 한 바퀴씩 회전하는 것을 지구의 자전이라고 합니다. 지구는 서쪽에서 동쪽(시계 반대 방향)으로 자전합니다.

04 지구가 서쪽에서 동쪽으로 하루에 한 바퀴씩 자전하기 때문에 태양과 달, 별들이 동쪽에서 서쪽으로 움직이는 것처럼 보이고, 하루에 한 번씩 낮과 밤이 서로 바뀌게 됩니다.

05 각 계절의 밤하늘에서 오랜 시간 볼 수 있는 별자리를 계절의 대표적인 별자리라고 합니다. 목동자리, 사자자리, 처녀자리는 봄철의 대표적인 별자리이며, 태양과 같은 방향에 있어 볼 수 없는 가을철을 제외하고, 두세 계절에 걸쳐 볼 수 있습니다.

07 ㉠은 태양을 중심으로 지구가 일 년에 한 바퀴씩 도는 지구의 공전이고, ㉡은 자전축을 중심으로 회전하는 지구의 자전입니다.

08 지구가 태양을 중심으로 공전하면서 계절에 따라 지구의 위치가 달라지기 때문에 지구에서 보이는 별자리가 달라집니다.

09 달은 모양에 따라 이름이 있습니다. ①은 그믐달, ②는 하현달, ③은 보름달, ④는 상현달, ⑤는 초승달의 모습입니다.

10 음력 2~3일 무렵 태양이 진 직후 서쪽 하늘에서 초승달을 볼 수 있습니다. 그러므로 ㉠은 동쪽, ㉡은 서쪽 하늘을 나타냅니다.

11 음력 7~8일 무렵 태양이 진 직후 남쪽 하늘에 상현달이 뜬 후 7일 뒤인 음력 15일 무렵 같은 시각에는 보름달이 동쪽 하늘에서 뜨는 것을 관찰할 수 있습니다.

01 보름달은 음력 15일 무렵 동쪽 하늘에서 떠올라 시간이 지남에 따라 남쪽 하늘을 지나 서쪽 하늘로 움직이는 것처럼 보입니다.

02 지구의를 서쪽에서 동쪽으로 회전시키면 관측자 모형이 본 전등은 동쪽에서 서쪽으로 움직이는 것처럼 보입니다.

04 태양이 지평선 위로 떠오를 때부터 지평선 아래로 질 때까지의 시간을 낮이라고 합니다. 지구가 자전하면서 태양 빛을 받는 쪽은 낮이 되고, 태양 빛을 받지 못하는 쪽은 밤이 됩니다.

05 지구는 자전과 공전을 동시에 합니다. 지구의 자전 방향과 공전 방향은 서쪽에서 동쪽 방향으로 같습니다. 지구가 서쪽에서 동쪽 방향으로 자전하기 때문에 태양과 달이 동쪽에서 서쪽 방향으로 움직이는 것처럼 보입니다.

06 오리온자리는 겨울철 저녁 9시 무렵에 남쪽 하늘에 위치한 겨울철의 대표적인 별자리이며, 봄철 저녁 9시 무렵에 남서쪽 하늘에서 볼 수 있습니다.

08 지구가 여름철인 ㉴ 위치에 있을 때 여름철의 대표적인 별자리인 거문고자리가 가장 잘 보이고, 태양과 같은 방향에 있는 겨울철의 대표적인 별자리인 오리온자리는 태양 빛이 너무 밝기 때문에 보이지 않습니다.

09 오른쪽이 더 불룩한 반달은 상현달, 왼쪽이 더 불룩한 반달은 하현달입니다.

10 달은 15일 동안 점점 커지다가 보름달이 되면 이후 15일 동안 점점 작아집니다. 여러 날 동안 달의 모양은 초승달 → 상현달 → 보름달 → 하현달 → 그믐달 순으로 변화합니다.

11 여러 날 동안 저녁 7시경 같은 장소에서 달의 모양과 위치를 관찰하면 초승달은 서쪽 하늘에서 보이고, 상현달은 남쪽 하늘에서 보이고, 보름달은 동쪽 하늘에서 보입니다. 여러 날 동안 달의 위치는 서쪽에서 동쪽으로 조금씩 옮겨 가면서 그 모양도 달라집니다.

해설

01 ㉡ 02 ③ 03 ㉣ 04 ④ 05 미호 06 빛, 물, 이산화 탄소 07 ⑤ 08 기공 09 ㉡, ㉣ 10 ① 11 ③ 12 ④

01 ③ 02 흡수 기능 03 뿌리털 04 ④ 05 ㉣ 06 ② 07 ⑤ 08 ① 09 ① 10 ③ 11 ㉡, ㉣, ㉠, ㉢ 12 ⑤

01 문제에 주어진 그림의 식물 세포에서 ㉠은 핵, ㉡은 세포벽, ㉢은 세포막을 나타냅니다. 세포벽은 세포막 바깥쪽을 둘러싸며 세포의 모양을 일정하게 유지하고 세포를 보호하는 역할을 합니다. 동물 세포에는 세포벽이 없습니다.

02 고추는 굵고 곧은 뿌리에 가는 뿌리들이 나 있고, 파는 굵기가 비슷한 뿌리가 여러 가닥으로 수염처럼 나 있습니다. 고추와 파의 뿌리에 솜털처럼 난 뿌리털은 흙 속의 물 흡수를 돕습니다.

03 뿌리는 물을 흡수하는 흡수 기능, 양분을 저장하는 저장 기능과 식물체를 지지하는 지지 기능을 합니다.

04 느티나무의 줄기는 굵고 곧은 모양입니다.

05 붉은 색소 물에 넣어 두었던 백합 줄기에서 붉게 물든 부분은 물이 이동한 통로를 의미합니다.

06 식물이 빛과 이산화 탄소, 물을 이용하여 스스로 양분을 만드는 것을 광합성이라고 합니다.

07 광합성에는 빛이 필요하고, 식물의 잎이 넓고 납작하면 광합성에 필요한 빛을 더 많이 받을 수 있습니다.

08 잎의 표면에 있는 구멍인 기공은 수증기를 내보내는 증산 작용을 하는 통로입니다. 산소, 이산화 탄소와 같은 기체 교환도 기공에서 일어납니다.

09 증산 작용은 식물의 온도를 조절해 주고, 뿌리에서 흡수한 물을 식물의 꼭대기까지 끌어 올릴 수 있도록 돕는 역할을 합니다.

10 꽃에서 암술은 꽃가루받이를 거쳐 씨를 만들고, 수술은 꽃가루를 만듭니다. 꽃잎은 암술과 수술을 보호하며, 꽃받침은 꽃잎을 보호합니다.

11 꽃가루받이를 돕는 곤충이 없어진다면 식물이 꽃가루받이를 제대로 하지 못해 씨와 열매가 만들어지는 식물이 줄어들 것입니다. 곡식이나 과일의 생산량이 줄어 가격이 오르고 굶주리는 사람이 많아질 수도 있습니다.

01 양파 표피 세포를 포함한 대부분의 세포는 크기가 매우 작아 맨눈으로 볼 수 없고, 광학 현미경을 사용하여 관찰할 수 있습니다.

03 식물의 뿌리에는 솜털처럼 가는 뿌리털이 나 있습니다. 식물은 뿌리의 표피 세포로 물을 흡수하는데, 뿌리털은 뿌리의 표면적을 넓혀 주는 역할을 합니다. 따라서 뿌리털이 많으면 물을 많이 흡수할 수 있습니다.

04 나팔꽃은 감는줄기를 가지고 있어 줄기가 다른 물체를 감고 올라갑니다.

05 줄기는 식물을 지지하고, 뿌리에서 흡수한 물이 이동하는 통로 역할을 하며, 줄기에 양분을 저장하기도 합니다. 솜털처럼 가는 뿌리털이 있어 물을 효율적으로 흡수하는 부분은 뿌리입니다.

06 광합성은 주로 잎에서 일어나지만, 잎뿐만 아니라 줄기 등의 엽록체가 있는 부분에서 일어납니다.

07 잎에서 광합성을 통해 만들어지는 양분을 확인하는 실험을 할 때, 고추 모종 두 개 중 한 개에는 어둠상자를 씌우고 다른 한 개에는 어둠상자를 씌우지 않음으로써 고추 모종이 받는 햇빛의 유무를 달리하여 실험해야 합니다.

09 증산 작용은 잎에 도달한 물의 일부가 기공을 통해 식물 밖으로 빠져나가는 작용입니다. 증산 작용은 햇빛이 강하고 온도가 높은 낮에 활발하게 일어납니다.

10 사과꽃은 곤충에 의해 꽃가루받이가 이루어지는 충매화입니다. 충매화는 곤충을 유인하기 위해 꽃이 화려하고 향기가 있습니다.

11 꽃가루받이가 이루어지면 암술 속에서 씨가 생겨 자랍니다. 씨가 자라면서 암술이나 꽃받침 등이 함께 자라서 열매가 됩니다.

12 민들레, 박주가리, 버드나무의 씨에는 가벼운 솜털이 있어 씨가 바람에 날려서 퍼집니다. 바람에 의해 씨가 퍼지는 꽃을 풍매화라고도 합니다.

01 민주　02 ㉢　03 산소　04 ⑤　05 ㉠　06 이산화 탄소　07 ㉠　08 거의 변하지 않지만, 달라진다　09 ㉡　10 ㉠ 뜨거운 물 ㉡ 얼음물　11 질소　12 ④

01 산소는 물에 잘 녹지 않으므로 물속에서 모읍니다. 물속 집기병에 산소가 모이면 빠져나가지 않게 유리판으로 집기병 입구를 막고 집기병을 꺼냅니다.

02 산소는 스스로 타지 않지만 다른 물질이 타는 것을 돕습니다.

03 공기 중에 산소의 양이 지금보다 더 많아지면 화재가 자주 발생하고, 불을 끄기 어려울 것입니다. 또한 금속이 쉽게 녹슬고, 한 번 숨을 쉴 때 들이마시는 산소의 양이 많아져 숨을 쉬는 횟수가 줄어들 것입니다.

04 묽은 과산화 수소수에 이산화 망가니즈를 섞으면 산소 기체가 발생합니다.

05 이산화 탄소의 색깔을 관찰하기 위해서는 이산화 탄소가 든 집기병 뒤에 흰 종이를 대고 색깔을 관찰합니다.

06 이산화 탄소는 소화기, 드라이아이스, 탄산음료의 재료 이용됩니다. 응급 상황에 사용하는 자동 팽창식 구명조끼에도 이용됩니다.

07 공기가 든 주사기의 입구를 손가락으로 막고 피스톤을 누르면 공기의 부피가 작아집니다. 하지만 물이 든 주사기의 입구를 손가락으로 막고 피스톤을 누르면 물의 부피는 그대로입니다.

08 기체는 압력이 달라지면 부피가 달라집니다. 압력이 커지면 기체의 부피는 작아지고, 압력이 작아지면 기체의 부피는 커집니다.

09 비행기 안에 있는 과자 봉지는 땅에서보다 하늘을 나는 동안 더 부풀어 오릅니다. 비행기 안의 압력은 땅보다 하늘에서 더 낮기 때문입니다.

11 공기는 여러 가지 기체가 섞여 있는 혼합물입니다. 공기는 대부분 질소와 산소로 이루어져 있으며, 이 밖에도 여러 가지 기체가 섞여 있습니다.

12 헬륨은 비행선이나 풍선을 공중에 띄우는 용도로 이용됩니다.

01 ⑤　02 ②　03 ㉢, ㉣　04 이산화 탄소　05 (1) ㉡ (2) ㉠　06 이산화 탄소　07 ㉡　08 ㉠ 액체 ㉡ 기체　09 수민　10 ㉠　11 ③　12 ⑤

01 ㄱ자 유리관을 집기병 입구에 둡니다. 이 때 ㄱ자 유리관을 집기병 속에 깊숙이 넣지 않도록 합니다.

02 산소는 철이나 구리와 같은 금속을 녹슬게 합니다.

03 산소는 응급 환자의 호흡 장치, 잠수부의 압축 공기통, 우주 비행사의 호흡 장치, 물질의 연소 등에 이용됩니다.

04 기체 발생 장치에 탄산수소 나트륨을 넣고 식초를 떨어뜨리면 이산화 탄소가 발생합니다. 식초 대신에 레몬즙을 넣어도 이산화 탄소를 얻을 수 있습니다.

05 산소는 물질이 타는 것을 돕는 성질이 있으므로 향불의 불꽃이 커지고, 이산화 탄소는 물질이 타는 것을 막는 성질이 있으므로 향불이 꺼집니다.

06 이산화 탄소는 소화기, 드라이아이스, 탄산음료의 재료로 이용합니다. 또한 자동 팽창식 구명조끼에도 이용합니다.

07 물을 넣은 주사기의 피스톤은 약하게 누를 때나 세게 누를 때 모두 부피가 거의 변하지 않습니다. 공기를 넣은 주사기의 피스톤을 세게 누를 때 부피가 가장 많이 줄어듭니다.

08 액체는 압력을 가해도 부피가 거의 변하지 않지만, 기체는 압력을 가한 정도에 따라 부피가 달라집니다.

09 바닷속에서 잠수부가 내뿜는 공기 방울이 물 표면 쪽으로 올라가면서 커집니다.

10 플라스틱 스포이트를 뜨거운 물과 얼음물에 각각 넣으면 뜨거운 물이 든 비커에서는 물방울이 처음보다 위로 올라가고, 얼음물이 든 비커에서는 물방울이 처음보다 아래로 내려옵니다.

11 냉장고 속에 있는 찌그러진 페트병을 냉장고 밖에 꺼내 놓으면 페트병 속 기체의 온도가 높아져서 찌그러진 페트병이 펴집니다.

12 질소는 식품의 내용물을 보존하거나, 신선하게 보관하는 데 이용됩니다.

과학 1회   5. 빛과 렌즈   60~61쪽

01 ⑤   02 여러   03 ⓒ   04 ⓒ   05 세민   06 굴절   07 ④   08 ㉠, ⓒ   09 ⓒ   10 ㉠ 밝고, ⓒ 높다   11 지민   12 ④

01 프리즘을 통과한 햇빛이 하얀색 도화지에 나타난 모습을 관찰하면 여러 가지 빛깔이 연속해서 나타납니다.

02 프리즘을 통과한 햇빛이 여러 가지 빛깔로 보이는 것은 햇빛이 여러 가지 빛깔로 이루어져 있기 때문입니다.

03 빛을 공기 중에서 물로 비스듬히 보내면 공기와 물의 경계에서 꺾여 나아가는 것을 확인할 수 있습니다.

04 빛은 공기와 물, 공기와 유리 등과 같이 서로 다른 물질이 만나는 경계에서 굴절합니다.

05 물을 붓지 않았을 때에는 보이지 않던 동전이 물을 부은 다음에는 보입니다.

06 물속에 있는 물체의 모습은 실제와 다른 위치에 있는 것처럼 보입니다. 그 까닭은 빛이 공기와 물의 경계에서 굴절하기 때문입니다.

07 볼록 렌즈는 가운데가 가장자리보다 볼록한 렌즈로, 빛을 한곳으로 모으는 성질이 있습니다. 볼록 렌즈로 가까운 곳의 물체를 보면 실제 물체보다 크게 보입니다.

08 우리 주위에 있는 물체 중에서 물이 담긴 둥근 유리잔, 물이 담긴 투명 지퍼 백 등은 볼록 렌즈의 역할을 할 수 있습니다.

09 볼록 렌즈와 하얀색 도화지 사이가 가까울 때(5 cm)와 멀 때(45 cm)는 테두리가 굵지 않은 원을 만들지만, 중간일 때(25 cm)는 테두리가 굵고 중심이 작은 형태의 원을 만듭니다.

10 볼록 렌즈로 햇빛을 모은 곳은 다른 곳에 비해 밝기가 밝고, 온도가 높습니다.

11 현미경과 사진기는 우리 생활에서 볼록 렌즈를 이용해 만든 기구입니다.

12 볼록 렌즈를 사용하는 상황에는 곤충을 관찰할 때, 책을 읽을 때, 시계의 날짜를 확대해서 볼 때, 상품 정보를 확인할 때, 소품을 제작할 때, 화석을 관찰할 때 등이 있습니다.

과학 2회   5. 빛과 렌즈   62~63쪽

01 ⓒ   02 로아   03 ②, ③   04 (1) – ⓒ, (2) – ㉠   05 ①   06 굴절   07 볼록   08 ⓒ   09 ①   10 ㉠ 볼록 렌즈, ⓒ 평면 유리   11 볼록 렌즈   12 ㉠

01 프리즘은 유리나 플라스틱 등으로 만든 투명한 삼각기둥 모양의 기구입니다.

02 프리즘을 통과한 햇빛은 굴절하여 여러 가지 빛깔로 나타납니다.

03 레이저 지시기의 빛을 수조 위에서 비스듬히 비추면 공기와 물의 경계에서 꺾여 나아갑니다. 공기와 물의 경계에 수직이 되게 비추면 빛은 직진합니다.

04 빛을 수면에 비스듬하게 비추면 빛이 공기와 물의 경계에서 꺾여 나아가고, 빛을 수면에 수직으로 비추면 빛이 공기와 물의 경계에서 꺾이지 않고 그대로 나아갑니다.

05 물을 붓지 않았을 때에는 젓가락이 반듯했지만 물을 부은 다음에는 젓가락이 꺾여 보였습니다.

06 물속에 있는 물체의 모습이 실제와 다른 위치에 있는 것처럼 보이는 까닭은 공기와 물의 경계에서 빛이 굴절하기 때문입니다.

07 돋보기안경은 볼록 렌즈로 만듭니다.

08 곧게 나아가던 레이저 지시기의 빛이 볼록 렌즈의 가장자리를 통과하면 빛은 두꺼운 가운데 부분으로 꺾여 나아가고, 볼록 렌즈의 가운데 부분을 통과하면 빛은 꺾이지 않고 그대로 나아갑니다.

09 종이에 검은색 등의 사인펜으로 그림을 그린 다음, 볼록 렌즈로 햇빛을 모아 검은색 부분을 태워 그림을 완성합니다.

10 볼록 렌즈를 통과한 햇빛은 어느 정도 거리에서는 한 점에 모여서 원의 크기가 작아지지만, 평면 유리를 통과한 햇빛은 모두 큰 원을 만듭니다.

11 볼록 렌즈를 이용해 만든 기구에는 현미경, 망원경, 쌍안경, 사진기, 휴대 전화 사진기 등이 있습니다.

Memo

출처

구분	쪽	사진／문헌	출처
국어	38쪽	「일자리의 미래」	「지식 채널 e: 일자리의 미래」, 한국교육방송공사, 2018.
	77쪽, 86쪽, 90쪽	김득신, 「야묘도추」	간송미술문화재단
사회	4쪽	시위에 나선 초등학생들	뉴스뱅크
	5쪽	5·16 군사 정변을 일으킨 군인들	뉴스뱅크
	5쪽, 28쪽	5·18 민주화 운동	뉴스뱅크
	6쪽, 9쪽	대통령 직선제를 요구하는 시민들	뉴스뱅크
	6쪽, 26쪽	6월 민주 항쟁 당시 명동 성당에 모인 시민들	뉴스뱅크
	7쪽	촛불 집회	뉴스뱅크
	9쪽, 26쪽	박종철을 추모하는 시민들	뉴스뱅크
	11쪽	주민 자치 회의	뉴스뱅크
	11쪽	지방 의회	뉴스뱅크
	11쪽	공청회	뉴스뱅크
	11쪽, 16쪽	선거	뉴스뱅크
	28쪽	5·18 민주화 운동 당시 여학생 일기	5.18 광주민주화운동기록관
	32쪽	채용 박람회	뉴스뱅크
	36쪽	섬유 공장	국가기록원
	36쪽, 40쪽	6.25 전쟁으로 폐허가 된 서울	뉴스뱅크
	36쪽, 52쪽	밀가루 원조 포대	부산시립박물관
	36쪽, 52쪽	가발 공장	국가기록원
	37쪽	포항 제철소	한국정책방송원
	37쪽	우주 항공 산업	한국항공우주연구원
	37쪽, 40쪽, 52쪽	반도체 산업	뉴스뱅크
	37쪽	관광 산업	뉴스뱅크
	38쪽	흑백텔레비전	국립민속박물관
	38쪽	경부 고속 국도 개통	뉴스뱅크
	38쪽	컴퓨터	국립민속박물관
	38쪽	고속 철도 개통	뉴스뱅크
	38쪽, 41쪽	우리나라 가수의 해외 공연 모습	뉴스뱅크
	38쪽, 44쪽	여행객	연합뉴스
	41쪽	로봇 산업	뉴스뱅크
	45쪽	신품종 개발	연합뉴스
	45쪽	세계 무역 기구	WTO
단원 평가	15쪽	「일자리의 미래」	「지식 채널 e: 일자리의 미래」, 한국교육방송공사, 2018.
	24쪽	김득신, 「야묘도추」	간송미술문화재단
	42쪽	선거	뉴스뱅크